中国社会科学院学部委员专题文集
ZHONGGUOSHEHUIKEXUEYUAN XUEBUWEIYUAN ZHUANTI WENJI

经济转型和民生

赵人伟 ◎ 著

中国社会科学出版社

图书在版编目(CIP)数据

经济转型和民生 / 赵人伟著 . —北京：中国社会科学出版社，2015.1
（中国社会科学院学部委员专题文集）
ISBN 978-7-5161-5132-7

Ⅰ.①经… Ⅱ.①赵… Ⅲ.①转型经济—关系—人民生活—研究—中国 Ⅳ.①F120.3②D669.3

中国版本图书馆 CIP 数据核字（2014）第 272566 号

出 版 人	赵剑英
责任编辑	卢小生
责任校对	李　东
责任印制	戴　宽

出　　版	中国社会科学出版社
社　　址	北京鼓楼西大街甲 158 号（邮编 100720）
网　　址	http://www.csspw.cn
	中文域名：中国社科网　010-64070619
发 行 部	010-84083685
门 市 部	010-84029450
经　　销	新华书店及其他书店
印刷装订	环球印刷（北京）有限公司
版　　次	2015 年 1 月第 1 版
印　　次	2015 年 1 月第 1 次印刷
开　　本	710×1000　1/16
印　　张	35.75
插　　页	2
字　　数	573 千字
定　　价	108.00 元

凡购买中国社会科学出版社图书，如有质量问题请与本社联系调换
电话：010-84083683
版权所有　侵权必究

《中国社会科学院学部委员专题文集》编辑委员会

主任 王伟光

委员 （按姓氏笔画排序）

王伟光　刘庆柱　江蓝生　李　扬
李培林　张蕴岭　陈佳贵　卓新平
郝时远　赵剑英　晋保平　程恩富
蔡　昉

统筹 郝时远

助理 曹宏举　薛增朝

编务 王　琪　刘　杨

前　言

哲学社会科学是人们认识世界、改造世界的重要工具，是推动历史发展和社会进步的重要力量。哲学社会科学的研究能力和成果是综合国力的重要组成部分。在全面建设小康社会、开创中国特色社会主义事业新局面、实现中华民族伟大复兴的历史进程中，哲学社会科学具有不可替代的作用。繁荣发展哲学社会科学事关党和国家事业发展的全局，对建设和形成有中国特色、中国风格、中国气派的哲学社会科学事业，具有重大的现实意义和深远的历史意义。

中国社会科学院在贯彻落实党中央《关于进一步繁荣发展哲学社会科学的意见》的进程中，根据党中央关于把中国社会科学院建设成为马克思主义的坚强阵地、中国哲学社会科学最高殿堂、党中央和国务院重要的思想库和智囊团的职能定位，努力推进学术研究制度、科研管理体制的改革和创新，2006年建立的中国社会科学院学部即是践行"三个定位"、改革创新的产物。

中国社会科学院学部是一项学术制度，是在中国社会科学院党组领导下依据《中国社会科学院学部章程》运行的高端学术组织，常设领导机构为学部主席团，设立文哲、历史、经济、国际研究、社会政法、马克思主义研究学部。学部委员是中国社会科学院的最高学术称号，为终生荣誉。2010年中国社会科学院学部主席团主持进行了学部委员增选、荣誉学部委员增补，现有学部委员57名（含已故）、荣誉学部委员133名（含已故），均为中国社会科学院学养深厚、贡献突出、成就卓著的学者。编辑出版《中国社会科学院学部委员专题文集》，即是从一个侧面展示这些学者治学之道的重要举措。

《中国社会科学院学部委员专题文集》（下称《专题文集》），是中国社会科学院学部主席团主持编辑的学术论著汇集，作者均为中国社会科学院学部委员、荣誉学部委员，内容集中反映学部委员、荣誉学部委员在相关学科、专业方向中的专题性研究成果。《专题文集》体现了著作者在科学研究实践中长期关注的某一专业方向或研究主题，历时动态地展现了著作者在这一专题中不断深化的研究路径和学术心得，从中不难体味治学道路之铢积寸累、循序渐进、与时俱进、未有穷期的孜孜以求，感知学问有道之修养理论、注重实证、坚持真理、服务社会的学者责任。

2011 年，中国社会科学院启动了哲学社会科学创新工程，中国社会科学院学部作为实施创新工程的重要学术平台，需要在聚集高端人才、发挥精英才智、推出优质成果、引领学术风尚等方面起到强化创新意识、激发创新动力、推进创新实践的作用。因此，中国社会科学院学部主席团编辑出版这套《专题文集》，不仅在于展示"过去"，更重要的是面对现实和展望未来。

这套《专题文集》列为中国社会科学院创新工程学术出版资助项目，体现了中国社会科学院对学部工作的高度重视和对这套《专题文集》给予的学术评价。在这套《专题文集》付梓之际，我们感谢各位学部委员、荣誉学部委员对《专题文集》征集给予的支持，感谢学部工作局及相关同志为此所做的组织协调工作，特别要感谢中国社会科学出版社为这套《专题文集》的面世做出的努力。

《中国社会科学院学部委员专题文集》编辑委员会
2012 年 8 月

目 录

自序 学术自述 …………………………………………………… （1）

第一篇 居民收入分配和财产分布

劳动者个人收入分配的若干变化趋势 …………………………… （3）
当前收入分配中两种现象的反差 ………………………………… （19）
我国转型期中收入分配的一些特殊现象 ………………………… （26）
中国居民收入分配：城市、农村和区域 ………………………… （43）
中国居民收入差距的扩大及其原因 ……………………………… （68）
中国居民收入差距的来龙去脉 …………………………………… （91）
建立"不进则退"的税收理念 …………………………………… （100）
中国居民财产分布研究 …………………………………………… （105）
收入分配、财产分布和渐进改革
　　——纪念《经济社会体制比较》创刊20周年 ……………… （134）
重视居民财产及其收入的意义 …………………………………… （142）
关注收入分配中的纵向失衡问题 ………………………………… （147）

第二篇 计划和市场

论社会主义经济中计划与市场的关系 …………………………… （159）
计划和市场关系的几个问题 ……………………………………… （180）
社会主义计划经济和市场机制 …………………………………… （190）
我国计划和市场问题讨论述评 …………………………………… （212）

市场化改革进程中的实物化倾向 ·· (240)
中国市场取向改革中所遇到的若干困难 ··· (261)
总结经验,继续前进
　　——计划和市场的关系问题的再探索 ·· (268)
德国社会市场经济和经济转型印象 ·· (270)

第三篇　经济体制转型和经济发展转型

中国经济体制改革目标模式的总体设想 ··· (283)
我国经济改革过程中的双重体制问题 ·· (314)
对1985年"巴山轮会议"的回顾 ·· (333)
布鲁斯教授谈经济管理体制的改革 ·· (349)
布鲁斯关于社会主义经济模式的理论 ·· (356)
科尔奈经济思想研究
　　——对科尔奈若干经济学著作的解读 ·· (372)
曼德尔经济理论简析
　　——简评曼德尔《论马克思主义经济学》第十五至十七章 ············· (388)
改革中的中国经济体制
　　——经济改革十年的回顾 ··· (394)
中国经济改革二十年的回顾与展望
　　——特点、经验教训和面临的挑战 ··· (406)
中国经济体制改革三十年断想 ·· (422)
关于发展战略的指导思想问题
　　——参加联合国教科文组织有关会议的一些印象和感想 ·············· (433)
总结省域经济转型的有益探索
　　——评方民生等著《浙江制度变迁与发展轨迹》一书 ··················· (439)
中长期发展规划借鉴国际经验的问题
　　——解读《中国经济中长期发展和转型:国际视角的思考
　　　与建议》 ·· (448)
经济学人的探索和转型 ··· (468)

第四篇　社会保障和福利体系

从经济转型看中国的社会保障体制改革 …………………………（475）
以瑞典为代表的福利国家的转型及其对中国的启示 ……………（486）
对东欧国家卫生部门改革的有益探索
　　——读科尔奈等著《转轨中的福利、选择和一致性》一书 …………（525）
对我国农村医疗改革的十年探索
　　——读《减轻经济全球化中的健康脆弱性：中国农村
　　案例研究》………………………………………………（534）

自序　学术自述

　　我1933年3月23日出生于浙江省金华县城东区一个普通的知识分子家庭。父亲是金华中学（今金华第一中学）的地理教员。在童年时期恰逢抗日战争，只能随父母一边逃难一边求学。在小学阶段，我辍学的时间超过就学的时间，根本没有机会进行系统的学习。

　　抗战结束以后，我于1946年考入金华中学初中部读书。在中学阶段，应该说接受的教育是比较系统的。1953年在金华中学高中毕业后，经全国统一招生考入北京大学经济系，从此开始了一生的经济学学习和研究生涯。

　　在大学学习阶段，正值第一个五年计划时期。这一阶段，除了临毕业时的反右派运动以外，政治运动相对较少，因此，大学期间所受的教育也还算比较系统。不过，当年的大学教育在"一边倒"的背景下，照搬苏联的一套，特别是在社会科学领域，完全是灌输式的，而不是启发式的。在若干年的时间里，学生都忙于上课记笔记，考试背笔记。老师的情况则更为特别：1952年高等院校院系调整以后，许多名校（包括清华、北大、燕京等）的经济学名教授都集中到北大来，诸如马寅初、陈岱孙、陈振汉、赵迺抟、周炳琳、樊弘、徐毓楠、严仁赓等。这些名教授许多是哈佛、剑桥、哥伦比亚等大学的博士，但他们都只能按苏联的教科书和苏联专家拟定的教学大纲来讲课。不过，话要说回来，"五四"以来北京大学的优良传统，特别是蔡元培校长掌校时期提倡的兼容并包精神，时任校长马寅初在经济学和人口学研究中的独立思考精神，仍然对自己的治学理念具有无形和深刻的影响。总的来说，我在北大期间所受的教育，既有死记死背教条的一面，又有独立思考的一面。

　　1957年大学毕业以后，我被分配到中国科学院经济研究所工作。1977年中国社会科学院成立以后，经济研究所归属于中国社会科学院。我在经济研究所工作了一生，直至退休。

在经济研究所工作的一生中可以分为以下几个阶段。

第一，政治运动夹缝中学术研究的打基础阶段。从参加工作到"文化大革命"以前的这一阶段政治运动很多，但我仍然不忘在夹缝中从事经济学的学习和研究。特别是在三年困难时期，积极参加了薛暮桥、孙冶方、于光远等主持的一些重大经济问题（如商品生产和价值规律问题、经济核算和经济效果问题、再生产问题）的讨论，经常做一些记录和资料整理工作，也作过少量研究。总的来说，这一阶段只能算是打基础而已。

第二，"文化大革命"十年的丢失阶段和"文化大革命"间歇中进一步打基础的阶段。"文化大革命"十年总的来说是丢失的。不过，我的内心并没有放弃学术研究，因此，在运动的间歇中仍然坚持学习和研究。例如，1972—1974年在顾准的指导下学习经济学和英语，1975—1976年利用经济研究所图书馆的藏书自学经济学和英语。这可以说是为以后的研究进一步打基础的阶段。

第三，改革开放以来第一个十年的怒放阶段。这一阶段从事研究的领域比较多。首先是参加批判"四人帮"的经济理论；接着是根据十一届三中全会精神探索经济改革的方向，包括：探索计划和市场的关系问题，介绍东欧改革派的经济理论，经孙冶方推荐到牛津大学师从布鲁斯教授从事经济改革理论的研究，参加各种有关中国经济改革的国际研讨会（包括1985年的"巴山轮"会议），研究比较经济学和参与筹建中国比较经济学研究会，等等。可见，这一阶段主要是探索经济体制的转型问题。

第四，改革开放以来第二个十年的重点深入阶段。1991年以后，我不再担任学术行政工作，有较多时间从事学术研究。而且，在上一阶段后期，我已经启动了一个课题——中国居民收入分配研究。由于这一课题需要收集城乡居民大量的微观数据，而且要运用国际上比较通行的经济理论和分析方法，所以，这一阶段我把主要精力投入收入分配课题的研究，组织国内的中青年学者和邀请国外专家从事实证研究。与此同时，我还到国外的许多大学担任访问学者，同国外学者进行交流，推动这一课题研究的深入发展。

第五，改革开放以来第三个十年的适度拓展和综合的阶段。这一阶段除继续研究收入分配问题以外，还进一步拓展到财产分布和社会保障领域，并对三十年来的经济改革、整个经济体制转型的问题进行了回顾和总结。

我于1962年任助理研究员，1979年任副研究员，1985年任研究员，1990年任博士生导师。

曾任中国社会科学院经济研究所所长、《经济研究》杂志主编；中国比较经济学研究会副会长、北京凯恩克劳斯经济研究基金会理事长。2006年8月被授予中国社会科学院荣誉学部委员。

20世纪80年代以来，曾先后担任英国牛津大学圣·安东尼学院、美国哥伦比亚大学、加州大学（UCR）、德国杜伊斯堡大学、英国牛津大学万灵学院、香港岭南大学访问学者。

我认为，自己多年来的学术成果都体现在学术探索之中。概括起来，我的学术探索可以分为以下几个互相联系的方面。

一　计划和市场以及与此相关的经济体制转型问题的探索

在20世纪70年代末和80年代，我主要研究经济体制转型中的计划和市场的关系问题以及经济体制模式比较、目标模式的选择、双重体制的过渡等问题。1979年我同刘国光合作发表了《论社会主义经济中计划与市场的关系》一文。这篇文章的意义在于提出要在物力资源的配置、财力资源的配置和人力资源的配置上发挥市场机制的作用。换言之，就是要打破计划经济的一统天下，而且，不仅仅是要在计划经济的外部或边缘加上一点市场机制作为补充，而且是要将市场机制打入计划经济的内部。这些研究成果按当时国内的标准来看是属于前沿的，起的是推动改革的作用，在国内外产生了广泛影响，并因这一问题的研究在1984年获得第一届孙冶方经济科学论文奖。当然，从发展的眼光看，当时的研究仍然具有较大的局限性。因为当时强调市场机制的作用仍然具有一定的风险，所以并没有从根本上跳出计划经济的大框框，只是在计划经济的大框架内尽可能地发挥市场机制的作用。此后，我一直沿着这一方向继续进行探索，并顺理成章地在90年代实现了向市场经济的根本转变。

此后的二十多年，我一直继续关注经济体制的转型问题，主要是研究经济体制转型中的难点问题和面临的挑战。这些问题大体上可以分为以下几个方面。

（一）正确处理拨乱反正同改革开放的关系

中国的改革开放是在经历了"文化大革命"的十年动乱、国民经济处于濒临崩溃的情况下提出来的。改革之初的政策文件和经济学文献中，常常把改革开放和拨乱反正当作相似的任务加以论述，有人则索性把拨乱反正等同于改革开放，甚至认为恢复到1956年的状态（所谓的"黄金时代"）就是改革的目标。我则在有关文章中坚持认为，尽管当年提出的拨乱反正的任务和改革开放的任务有重叠之处，但毕竟不是一回事，只有把两者加以区分，才能使改革不是简单地恢复到过去的最佳点，而是要实现未来的更高点。

（二）关注市场化改革进程中的实物化倾向

我认为，计划经济的主要特征除了决策的高度集中以外就是资源的实物配置。因此，市场取向的经济改革必然要克服资源配置的实物化倾向。但是，在我国市场取向的经济改革中，却往往受到实物化倾向的阻扰。我同几位年轻研究人员对这一问题进行了研究，并在《经济研究》上发表了《市场化改革进程中的实物化倾向》一文，指出实物化倾向是市场化改革进程中的一种阻抑现象。文章对实物化倾向的表现、成因、弊端以及解决办法进行了系统分析。对实物化倾向的分析不仅有利于认识市场取向改革的艰难性，而且也有利于推动这一改革的进程。

（三）总结和评估经济改革的渐进方式所带来的成本上升的风险

早在改革开放之初，国内外经济学家就对中国经济改革应该采取激进方式还是渐进方式进行了热烈的讨论。总的来说，我倾向于渐进改革，但又时刻警惕渐进改革中的双重体制摩擦所带来的风险。我认为，根据中国经济情况的复杂性，只能采取渐进的、双轨过渡的方式，而且，这种方式无论是在"一调二放"的价格改革中还是在允许非国有经济进入的所有制改革（所谓"打外围战"）中都已经取得了显著成效。这些成效说明，渐进改革的初衷是要降低改革的成本；但是，我同时也认为，经济改革的渐进方式也有成本上升的风险。渐进改革的内涵是增量改革。具体来说，就是增量或新增的财富进入新体制（市场轨），存量或原有的财富留在老体制（计划轨）。随着改革的推进和经济的发展，留在老体制内的财富的比重将不断下降，而进入新体制的财富的比重则将不断上升，从而有利于最终以新体制来取代老体制。然而，实际上，中国许多新增的财富并没有按照增量改革的要求进入新体制（例如大量新增的公务用车都以实物配给的形式进入了老体制），增量进入老体制是改革成本上升的一种表现。

（四）正确发挥市场的功能和政府的功能

我认为，中国20世纪70年代末和80年代初关于计划和市场问题的讨论，到了90年代后期和21世纪初期，已经进一步演化成为如何正确发挥市场的功能和政府的功能问题。我在总结中国三十年经济改革经验的文章中明确提出，在我国的经济体制转型过程中出现了市场功能和政府功能的混淆，出现了市场化不足（该市场化的没有市场化）和市场化过度（不该市场化的已市场化）并存的局面。

我写道，在个人产品或私人产品的领域，主要是吃、穿、用领域，已经实现了通过市场机制来配置资源，交由个人来负责。在公共产品领域，主要是国防、环保、基本公共服务等领域，则通过政府来配置资源，则由国家来负责。在这两个领域，应该说功能和责任的区分是比较清楚的，问题出在准公共产品的领域。

在准公共产品领域，主要是教育、医疗、低收入者的住房等，则应该分别通过市场和政府，换言之，分别由个人和国家来负责。这一领域的难点是如何划分市场的功能和政府的功能。由于这一领域存在着灰色地带，容易发生政府和个人之间互相推诿的问题。中国在20世纪90年代以来的改革中就发生了把这一领域的责任过多地推给个人、过多地依赖市场的倾向，不妨称之为过度市场化或过度商业化的倾向；进入21世纪以来，正在纠正这一倾向。当然，在从计划经济向市场经济的转轨过程中，有些部门、有些领域（尤其是垄断部门和领域）则仍然存在着市场化程度不足的问题。如何解决市场化程度不足和过度并存的问题，仍然是今后改革的一个重任。

二 收入分配和财产分布问题的探索

收入分配领域是我的研究工作持续时间最长、耗费精力最多的领域。这一领域的研究从20世纪80年代中后期开始，一直持续了大约二十年的时间。由我主持的收入分配课题组对城乡居民的收入在1988年和1995年进行了两次全国性的调查；进入21世纪以后，课题组转由李实主持，我退居二线任顾问，在2002年和2007年又作了两次全国性调查。在这些调查基础上所进行的研究及其成果，在国内外产生了广泛的影响。我在收入分配领域以及在进一步引申的财产分布领域所做的研究及其成果，可以归纳为以下几个方面。

（一）研究方法的转变
1. 从拨乱反正转向理论实证

在粉碎"四人帮"以后、改革开放初期，中国经济学界曾经对按劳分配问题进行了热烈的讨论。当时讨论的主要议题是要不要按劳分配、按劳分配是资产阶级法权还是无产阶级法权、按劳分配是不是产生资产阶级分子的基础，等等。这些讨论在拨乱反正方面起了很大的作用。我当时的主要精力放在经济体制转型问题的研究上，没有直接参与这方面的讨论，不过仍然十分关注这一讨论。20世纪80年代初关于经济体制转型的研究中，我从东欧改革的文献中借鉴了一些对传统体制进行实证分析的经验。于是，我试图把这种实证的方法运用到收入分配领域的研究中来。在20世纪80年代中期，我对传统体制下工资和价格基本双冻结给不同代人所产生的不同效应进行了实证分析，特别是对青年一代的不利影响进行了实证分析。我在《经济研究》上发表了《劳动者个人收入分配的若干变化趋势》一文，明确指出：在工资长期冻结的情况下，表面上似乎在冻结面前人人平等，但实际上会在老中青三代人之间产生代际的或纵向的收入分配失衡。这种分析无疑对计划经济体制下的冻结政策进行了科学的总结，为经济改革的必要性和经济改革的方向提供了理论支持，可以说是在上述拨乱反正的基础上的进一步研究。这种向实证分析初步转变的探索得到了经济学界同行的肯定，并因此而在 1986 年获得了第二届孙冶方经济科学论文奖。1991 年英国出版的 *International Journal of Social Economics* 还专门译载了这篇文章。

2. 从理论实证发展到经验实证

不过，我随后不久就发现，这种没有数据支撑的实证研究有很大的局限性。当我听到国外有的经济学家对东欧改革文献中的一些没有数据支撑的实证研究批评为"实证非实证"时，才恍然大悟：没有数据支撑的实证只能称之为理论实证；有数据支撑的实证，即经验实证，才称得上是真正的实证。因此，到 20 世纪 80 年代末和 90 年代初，我在收入分配领域的研究上才逐步地走上了经验实证的道路，并取得了一系列的研究成果。例如，我在分析经济转型中收入分配的一些特殊现象时指出，在双重体制并存的情况下，收入分配领域出现了平均主义和收入差距过大并存的现象；在我国经济转型的特殊条件和特殊的政策背景下，城乡居民收入差距出现了先缩小后扩大的情况；在改革的重点转入城市以后，城市职工收入结构中出现了工资部分相对缩小和工资外部分明显扩张的现象。这些有数据支撑的研究成果在国内外都产生了较大的影响。在国际上，我和李实主持的课题组所提供的数据甚至有一个专有名词：Chips（China Household Income Projects）。我和李实还因此而在 1994 年获得第六届孙冶方经济科学论文奖。

（二）对收入分配状况及其原因的分析

收入分配状况：从平均主义盛行到收入差距过大。

我认为，改革以前的中国是一个均等化程度很高（或不平等程度很低）的社会。同时，在收入分配中也存在着一些不平等因素。这种平等中存在着不平等，不平等中又存在着平等的状况，说明了中国社会经济状况的复杂性。总的来说，平均主义盛行仍然是中国收入分配改革的起点。

经过三十多年的改革，尽管人们的收入水平有了普遍提高，但收入差距却越来越大。我对收入差距变化的各个方面进行了研究，包括总体收入差距、城乡收入差距、地区收入差距、部门（特别是垄断部门和竞争部门）收入差距、财产收入差距等。此外，我还对改革以来收入分配变化的各个阶段及其主要倾向进行了分析。我认为，20 世纪 70 年代末至 80 年代中为第一阶段，这一阶段的主要倾向仍然是平均主义。80年代中后期至90年代初为第二阶段，这一阶段的主要倾向是两种现象（计划体制内的平均主义和体制外和体制间的收入差距较大）的并存。90年代中期以来为第三阶段，这一阶段的主要倾向是收入差距过大。根据课题的调查，到1995年全国的基尼系数已经达到了0.445。如果考虑到这一阶段因权钱交易、贪污腐败、垄断、寻租和设租等活动引起的收入差距的非正常扩大，收入分配问题更加突出，已成为社会关注的一个焦点。

收入差距扩大的原因。

除了分析收入差距变化的实际状况以外，我在分析收入差距变化的原因方面是有特色的。在国际上，许多经济学家着重研究的是经济增长同收入分配的关系。在中国，情况则要复杂得多。我国不仅在经济体制方面是处在从计划经济向市场经济的转型期，而且在经济发展方面是处在从二元经济向现代经济的转型期。在这种大背景下，影响收入分配格局变化的因素极其复杂。这种复杂性，一方面增加了研究的难度；另一方面也提供了更多探索的空间和余地。我把影响中国经济转型期收入差距变化的原因分为四大类和二十个左右的因素，并对这些因素如何影响收入分配的变化作了分析。就四大类来说，就有经济发展（或经济增长）、经济改革（或体制变迁）、经济政策和对外经济关系。分析这些因素对收入分配的影响不仅符合中国的实际情况，而且有利于研究的深入。

在分析收入差距变化的原因时，有关收入差距扩大同经济改革的关系是人们最为关注也是争议最多的问题。我认为，在进行这种分析时，有两种倾向需要防止。一种是把收入差距的扩大以及出现的问题都简单地归罪于经济改革本身；另一种是把收入差距的扩大简单地归结为经济改革所应该付出的代价。对于收入差距的扩大，应该分为三个不同层次来对待：第一层次是属于有利于提高效率的激励部分，这部分是属于克服平均主义的改革成果，从而应该加以肯定。第二层次是属于经济改革所必须付出的代价。例如，中国的改革只能采取双轨过渡的渐进方式，从而必然会出现利用双轨进行"寻租"等活动。在一定限度内，这可以说是改革所应付出的代价。第三层次是属于过高的代价，或者说是属于不应该付的部分，是应该防止和避免的部分。

我认为，既然收入差距过大也不能简单地从市场取向的经济改革中去找原因，那么，主要应该从体制（以及与之相关的政策）中去找。因此，相应的判断只能是：深化改革，包括经济改革和政治改革，是解决收入分配问题的根本出路。

（三）对财产分布状况的分析：从几乎没有个人财产到个人财产的高速积累和显著分化

进入21世纪以后，我还在收入分配问题研究的基础上探讨了财产分布问题。我认为，国内对财产分布问题的研究迄今还处在起步阶段，但无疑这是一个重要的起步。财产分布问题的重要性已经开始显现：首先，在改革开放之初，中国居民几乎没有个人财产，但改革开放以来，居民的财产经历了一个高速积累和显著分化的时期。其次，我国已经确立了小康社会与和谐社会的建设目标。这一目标的实现不仅取决于收入分配的状况，而且取决于财产分布的状况。因此，可以预见，财产分布问题必将成为人们关注的一个新焦点。无论从决策的战略性还是从研究的前瞻性角度来看，都需要重视财产分布问题。就收入和财产的一般区别来说，财产是一个时点上的存量，而收入是单位时间内的流量。收入和财产之间存在着互动关系：过去的流量必然影响当今的存量；而当今的存量又必然影响今后的流量。随着财产规模的不断扩大和财产分布格局的变化，财产分布不仅对整个宏观经济的稳定具有重要影响，而且对今后收入分配的长期变化也有重要影响。

至于中国财产分布现状，2002年全国总财产分布的基尼系数已经达到0.550，高于同年收入分配的基尼系数（0.454），在各项资产中，房产的基尼系数为0.6302，金融资产的基尼系数为0.6291。按照国际标准，中国财产分布的基尼系数还不算特别高。但是，如果考虑以下两点，仍然不能不引起人们的高度重视：第一，发达国家个人财产的积累已经经历了数百年时间，而我国从20世纪80年代中期算起，也只经历了大约二十年时间。可以说，中国个人财产积累的这种速度和势头都是超常的。第二，中国收入分配的基尼系数已经显著地超过发达国家，而如上所述，当今的收入分配的分化必然会影响今后财产分布的分化，因此今后一段时间财产分布差距的进一步拉大可以说是难以避免的现实。

我认为,党的十六大提出的"扩大中等收入者的比重"的思想以及党的十七大提出的"创造条件让更多群众拥有财产性收入"的思想具有重要的指导意义。这些思想把构建小康社会和和谐社会的目标具体化了。用经济学的语言来说,壮大中产阶级是社会稳定的基础。我曾经在有关的文章中论述道,重视居民的财产及其收入具有重要意义。这些意义可以概括如下:第一,体现了藏富于民的思想,也体现了全面建设小康社会的精神。第二,明确了居民除了劳动收入以外,还有财产性收入,既有利于提高人力、物力、财力资源配置的效率,又有利于拓宽居民增加收入的渠道,体现了居民收入来源的多元化。第三,指出了收入和财产之间的互动关系。第四,要防止财产及其收入的差距过大。为了防止财产及其收入差距过大,我还提出应该研究如何让农民从土地(哪怕是承包经营权)中得到应有的权益问题以及是否应该征收财产税和遗产税的问题。

三 社会保障问题的探索

21世纪初,我把研究适度拓展到社会保障领域。社会保障体制的改革与上述经济体制转型和收入分配改革是密切相关的。例如,收入分配和财产分布的研究必然要涉及再分配问题,这就在很大程度上涉及社会保障的问题;而且,社会保障体制的改革或转型本来就是整个经济体制转型的部分。我在这一领域的研究及其成果可以概述如下。

(一)分析中国社会保障体制改革的复杂性

社会保障体制的改革可以说是席卷全球的浪潮。在西方,社会保障体制改革往往被称为福利制度的转型。我认为,从国际比较的角度来看,中国福利制度转型的背景是最为复杂的。在中国,除了福利制度本身的转型以外,还有两个更大的转型作为背景,即从二元经济向现代经济的转型(经济发展转型)和从计划经济向市场经济的转型(经济体制转型)作为背景。然而,在经济发达的OECD国家,它们已经是现代市场经济国家,没有这两个转型作为福利制度转型的背景。即使在东欧国家,也只有体制转型作为背景，而没有发展转型作为背景。在中国，三个转型同时并进，增加了福利制度转型或社会保障改革的复杂性。

（二）强调社会保障一般原则的中国化，并把经济考量和道德考量结合起来

在社会保障领域实行个人责任和社会互济相结合、保障水平同经济水平相适应、以人为本等原则，可以说是国际公认的。我认为，这些原则必须加以中国化。例如，以保障水平同经济水平相适应的原则来说，根据中国经济发展的实际水平，我国现阶段的社会保障只能是低水平的。以社会保障应该以人为本的原则来说，具体到发达国家就成为福利普遍性原则，即福利标准是全国统一的；但具体到中国现阶段的实际情况，则只能具体化为广覆盖或全覆盖的原则，但很难在短期内实现全国统一的福利标准。在社会保障改革中最难处理的是个人责任和社会互济的关系。这里向我们提出了一个非常重要的问题，那就是：社会保障不仅是经济问题，而且是道德问题。社会保障措施的出台需要决策者有经济考量加道德考量，社会保障措施的受惠者则应该既是经济人，又是道德人。

（三）研究如何借鉴其他国家的经验教训问题

我认为，国外许多国家的许多经验和教训，值得我们借鉴。

例如，在几乎所有进行福利制度改革的国家都面临着政府所承担的责任和风险过大和福利开支支付上的危机。即使像瑞典这样的国家，改革以前的公共开支高达GDP的70%也还发生了严重的支付危机，因此，在改革中如何实现需求约束的适度硬化，减少支付上的困难，也是任何实行改革的国家所要实现的一个重要目标。

又如，在福利制度改革以前，许多国家都存在着福利欺诈和福利依赖问题。因为，所谓吃"大锅饭"的福利机制设计本身就只有单向的需求膨胀机制而缺乏反向的供给约束机制。这种机制不仅会导致供不应求的经济问题，而且会引发诸如"泡病号"等福利欺诈的道德问题。可见，福利制度的推行不仅是一个经济问题，而且是一个道德问题。一个健全的福利制度的建设，不仅要依赖于经济发展水平的提高和经济体制的完善，而且有赖于公民道德情操的锤炼。

再如，即使发达的福利国家，改革以前也存在着对劳动积极性的反激励和收入的隐性转移问题。人家从"同工同酬"演化成"对所有的工作付同样的报酬"；我们则从"同工同酬"演化成"干多干少一个样，干好干坏一个样，干和不干一个样"，颇有相似之处。因此，如何改变这种对劳动积极性的反激励和收入的隐性转移，我们完全可以从人家的改革中获得借鉴。

同上述社会保障、收入分配、财产分布相联系，我还探讨了再分配问题，包括克服逆向再分配、实现适度再分配等。

经过了五十多年的风风雨雨，我在治学的人生旅途中也有点点滴滴的感悟。

20世纪80年代，在担任经济研究所所长期间，我曾经对发扬优良的学风和所风提出过以下见解。

1. 兼容并包、多元共存的风气和精神

学术发展的一个重要条件是要有一个学术自由的环境和气氛。这是符合马克思主义的，马克思本人就写道："你们赞美大自然悦人心目的千变万化和无穷无尽的丰富宝藏，你们并不要求玫瑰花和紫罗兰发出同样的芳香，但你们为什么却要求世界上最丰富的东西——精神只能有一种存在形式呢？"这也是符合党的"百花齐放、百家争鸣"方针的，所谓"百"，就是要承认精神世界的多样性和多元化。坚持这样一种精神，不但同坚持马克思主义不相抵触，而且恰恰是为了在新的条件下发展马克思主义。

2. 团结、和谐的气氛

经济研究所的团结从总体来说是好的，有一种无形的内聚力。但在某种特定的场合，人际关系显得紧张了一些，特别是在带有某种情绪的情况下。其实，有许多问题，如果不是感情用事，而是冷静地、理智地加以分析，在和谐的气氛中进行对话，是很容易解决的。因此，应该提倡宽容和对话。有同志提出，人际关系是否宽松与和谐，是我们是否具有学者风度的表现，是我们本身学术素质的表现。这个意见是很中肯的，应该把增进团结、和谐的气氛作为提高学术素质和发扬学者风度的任务来提倡。

3. 平等竞争和文明竞争的精神

团结、和谐的气氛并不排斥竞争。只有鼓励竞争，才能形成一个奖勤罚懒的机制，才能使优秀人才脱颖而出。当然，在竞争中要讲究和遵守竞争的规则，正如各种比赛中要遵守比赛规则一样；特别要提倡尊重别人的独立人格，因为，不管能力高低，大家在人格上是完全平等的，换言之，我们所要的竞争是以承认和尊重竞争对手的独立人格为前提的——这就是文明竞争的问题。

4. 严谨、踏实和坐冷板凳的精神

这种风气和精神本来就是经济研究所的一个优良传统。但是也应该看到，在急功近利和行为短期化成为时代弊病的年代，经济研究所的这种优良传统和学风也在一定程度上受到了损害。那种追求一时新闻效果的行为，那种自我吹捧的行为，是不符合科学精神的，是同我们所的优良传统格格不入的。当然，在一个从停滞转向改革、从封闭转向开放的大转变年代里，产生理论上饥不择食和实践上急功近利的弊病可以说有其复杂的社会历史成因。但是，作为一个学术研究机构，我们必须敏锐地洞察到这一点，并及时地加以纠正和引导。

我们的时代需要产生学术大师。而学术大师级人物的产生，就从个人努力这方面来说，十年寒窗也只能打个基础。通过出奇制胜只能成为昙花一现的人物，很难成为功基深厚的学术大师。

5. 探索、创新和开拓的精神

科学研究本身就是探索、创新和开拓，不然，科学的生命也就完结了。我所在改革高潮中是有开创精神的。在改革遇到困难、在经济处于调整的时期，仍然应该继续保持和发扬这种精神。调整是为了更好地改革和发展。改革高潮时期要防止头脑发热，调整时期要防止灰溜溜。改革高潮中的行为短期化要克服并吸取教训，调整中的行为短期化则要防止。经济研究所绝不能失掉改革的旗帜。

20世纪90年代，我对如何繁荣经济科学问题提出过以下见解。

第一，要正确处理经济热点和冷点的关系。首先要有坐冷板凳的精神，才能对热点问题发表真知灼见。而且，这个热点问题的专家，不见得又是别的热点问题的专家。从这个意义上讲，没有冷，就没有热。

第二，要有对研究成果的科学评价机制。这是提高经济学水平的重要条件之一。对于一项经济研究成果的评价，主要应看它对经济运行是否作出了规律性的分析和解剖,而不能仅看它的某些提法和用词如何。

第三,经济学研究中应该把民族性和国际化结合起来。学术无国界,学术领域的国际交流或国际化,实际上对各个国家和民族都是有利的;相反,闭关自守则只能捆住自己的手脚。学术的国际交流,包括经济学的国际交流,总是双向的乃至是互补的。改革开放以来,我们从国外学习和吸取的东西比过去增加了许多,外国也从中国学习和吸收了一些有用的东西。在国际交流中,我们不但能够促进我国经济学研究的国际化和现代化,而且能够以自己的民族特色来做出更大的国际贡献,促使中国的经济学研究走向世界。

第四,要区分学术部门和政府部门的功能。学术研究部门的功能不同于政府行政管理部门的功能,这应该说是常识。孙冶方担任经济研究所所长期间,从来不以行政长官自居,对研究所的行政级别是完全淡化的。外国有许多国家都不把研究所所长、大学校长列入官僚系列。企业的功能不同于政府的功能,所以人们早就提出要实现政企分开;既然学术部门的功能不同于政府部门的功能,那么,提出要实现政学分开似乎也是合乎逻辑的。区分两种不同的功能,有利于克服学术研究机构的行政化倾向,有利于防止担任学术领导职务的学者们的官僚化倾向,从而有利于研究机构更好地出成果和出人才。

改革开放三十多年来,我逐渐形成了这样的看法:经济在转型,经济学在转型,经济学家也在转型。在这里,经济的转型是指经济体制的转型和经济发展的转型。经济学的转型则是指经济问题的研究从一种封闭的、停滞的状态向开放的、发展的、努力吸收人类文明先进成果的方向的转变。经济学家的转型则是指经济研究工作者同上述两个转型相适应,使自己的研究工作跟上时代的步伐。

经过多年的实践,我深深体会到,要对经济问题的一个领域进行比较深入的研究,往往要求研究人员具有较高的和较全面的素养。这些素养包括:有较高的理论素养,即能够掌握迄今为止人类文明在本领域所创造的理论成果;掌握比较先进的分析方法和工具,特别是经济计量的工具;掌握同研究主题有关的数据,最好是有第一手数据或资料;对研究的主题要有实感,最好是通过一定的实地调查来取得和增强这种实感,并且要把实感和数据结合起来进行分析；要有较好的表达能力，包括：分析框架的合理性、叙事和推理的逻辑性以及文字上的准确性和清晰度（除中文的表达能力以外，最好还有一种乃至一种以上外语的表达能力）；能围绕主题进行纵向的（时间的）和横向的（空间的）比较。这样的素养看来很难在某一个研究人员身上得到全面的体现。因此，当今的许多研究课题往往要组织一个团队来进行合作研究。这种合作研究从原则上来说应该采取老中青相结合的形式。

根据我自身的经验，这种合作不仅是静态的，而且是动态的。换言之，老年人应该逐步退出，青年人则应该不断进入。这就是研究中的代际合作和代际交替问题。多年来，我在收入分配领域的研究中就采取了这种形式和机制。用通俗的话来说，就是几代人联合作战，加上几代人连续作战。其中，如果联合作战主要体现为静态的话，那么，连续作战则主要体现为动态。由于过去半个世纪中中国特殊的国情，像我这个年龄段的人从事研究的黄金时间往往是被耽误了的，因此，按上述素养来要求，也往往有更多的欠缺。在认识到自身的这种局限性以后，我认为自己应该自觉地实行快速折旧，着力培养青年一代的快速成长，才能使我们的经济学研究较快地赶上国际先进水平，较好地为经济改革和经济发展服务。

2013年
12月7日

第一篇

居民收入分配和财产分布

劳动者个人收入分配的若干变化趋势

社会主义经济中劳动者个人收入的分配问题，不仅是社会主义经济建设中的重大实际问题，而且是社会主义政治经济学中的重要理论课题。本文试图以过去我国的实际经验为背景，对我国劳动者个人收入分配的若干变化趋势从理论上作一探索。在分别研究这些变化趋势以前，先谈一下我对按劳分配的绝对性和相对性的看法。

一　从按劳分配的绝对性和相对性谈起

在以往的讨论中，我国经济学界对如何理解按劳分配问题一直存在两种看法。有的同志认为，所谓按劳分配，就是指劳动者所获得的报酬量同他们为社会所提供的劳动量在经过社会扣除以后完全相等，或者说，不同的劳动者所获得的劳动报酬的比例同他们所提供的劳动量的比例完全一致。[①] 有的同志则认为，按劳分配不一定严格地要求在劳动者的劳动量同他们所取得的报酬之间保持固定的比率。假定四个劳动者为社会所提供的劳动量之比是1∶2∶3∶4，不论他们所得到的报酬之比是1∶2∶3∶4，或是2∶3∶4∶5或是3∶4∶5∶6，都是符合按劳分配规律的。[②] 持前一种意见的同志中有的还认为，根本不应该区分严格的按劳分配和非严格的按劳分配，如

[①] 参见蒋学模《谈谈按劳分配中的劳动问题》，《经济研究》1964年第8期；金汶：《按劳分配在科学社会主义中的地位》，《中国社会科学》1980年第4期；乔淑《坚持按劳分配就要坚持计算劳动量》，《中国经济问题》1981年第2期。

[②] 参见仲津《再来谈谈"按劳分配"问题》，《学习》1957年第6期，并见许毅、王琢、戴园晨《按劳分配与工资政策》，《新建设》1958年5月号；曾启贤等《运用抽象法分析"按劳分配"的几点体会》，《关于按劳分配问题——经济学界1977年三次讨论会发言汇编》，生活·读书·新知三联书店1978年版，第194—195页。

果承认有非严格的按劳分配，那就是理论上不彻底。

在我看来，上述两种意见的争论，不是理论上彻底不彻底的问题，也不能简单地说哪种意见对，哪种意见不对。在这里，实际上向我们提出了如何全面理解按劳分配的绝对性和相对性的问题。前一种意见强调的是按劳分配的绝对性；后一种意见强调的是按劳分配的相对性。只有对这一规律的绝对性和相对性作全面理解，才能更好地认识和运用这一经济规律。从抽象的意义上讲，按劳分配规律同价值规律一样，都具有其绝对性，前者要求等量劳动获得等量报酬，后者要求社会必要劳动量决定价值量并按价值量进行交换。但在具体的经济生活中，经济规律往往表现为相对的规律。例如，在自由资本主义经济中，价值规律是通过价格围绕价值的波动乃至通过价值转化为生产价格来贯彻的，这是因为，除了社会必要劳动决定价值这一本质因素外，还有供求关系、各资本家集团之间瓜分利润等因素的影响。在社会主义经济中，按劳分配规律也不能不具有其相对性，即人们在自觉地利用这一经济规律时，除了考虑等量劳动获得等量报酬这一本质因素以外，还必须考虑如何有利于劳动能力和劳动贡献不同的劳动者之间的团结和社会安定等因素。因此，在现实经济生活中往往表现为劳动者所获得的报酬量同他们为社会提供的劳动量在保持大体一致的前提下有一定程度的偏离。

按劳分配的绝对性和相对性及其相互关系，可以用正态分布和非正态（偏斜）分布的图形来表示。如果图1的横轴代表劳动者的劳动贡献的大小和劳动报酬的高低，纵轴代表劳动者的人数。而且，为了集中分析劳动贡献和劳动报酬之间的关系，我们把劳动者劳动能力和劳动贡献之间的差异加以舍象，或者说，把经济学界经常讨论到的劳动的三种形态（潜在形态、流动形态和凝结形态）之间的差异加以舍象，那么，劳动者的劳动贡献呈正态分布，即贡献属于中等的人数最多，其他人比较均匀地分布于两侧，只有少数人是属于贡献最小和最大的，如钟形曲线 A 所示。所谓绝对意义上的按劳分配，就是劳动者的收入分布同他们的贡献分布相吻合，即劳动报酬曲线同劳动贡献曲线相重合，都如曲线 A 所示。所谓相对意义上的按劳分配，就是收入属于中间偏低的人数最多，如斜钟形曲线 B 所示。

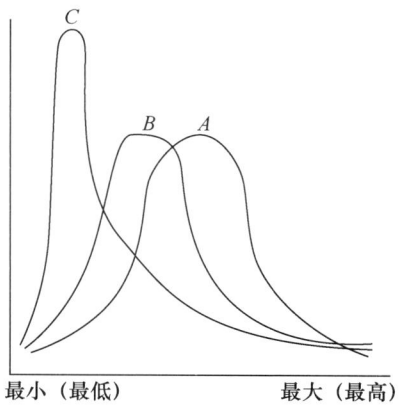

图 1

在现实经济生活中劳动者的收入呈斜钟形分布是不难理解的，问题的难点在于如何掌握这个斜度。当然，这个斜度要受许多条件的制约，如历史上已经形成的收入分配状况，生产力的发展水平和国民收入的水平，国民收入中积累和消费的比例关系，消费基金中个人消费和社会消费的比例等。但不管怎样，曲线 B 都必须受制于曲线 A，即 A 对 B 应该有一种吸引力。正像价格不能离开价值而任意摆动一样，曲线 B 也不应该摆脱 A 而任意倾斜。只有这样，才不至于把按劳分配的相对性推向极端从而违背按劳分配规律。这也正是我们强调按劳分配的相对性的同时并不否认按劳分配作为一个规律的绝对性的根本原因。然而，令人遗憾的是，在我国确实出现过这种违背按劳分配规律的情况，特别是在经过了"大跃进"和"十年动乱"之后，我国广大职工的收入分布呈尖塔形曲线 C 所示的状态，即过多的职工（主要是中青年职工）处在低收入的状态。这种被极度扭曲的状态，是很难以按劳分配的相对性来解释的，只能说是违背了按劳分配的客观规律。因此，在现实经济生活中贯彻按劳分配原则，既不能机械地使收入分布呈钟形，更要竭力避免呈尖塔形，而应该呈斜钟形。

值得附带提出来的一个问题是：在我国过去经济学的文献中，往往把最高收入和最低收入的差距作为衡量收入差距的唯一标志,[①] 也就是说,仅仅以全距来考察劳动者收入的离差情况,应该说这是不够全面的。在最高收入和最低收入的差距不变乃至有所缩小的情况下,由于不同收入水平的劳动者的分布状况的变化,仍然会产生很多不合理的因素。上述尖塔形的分布就是一个明显的实例,本文第三节将对此展开探讨。

二 劳动者之间收入差距的变化趋势

劳动者之间个人收入差距的变化会呈现出什么样的趋势,是我国经济学界所关心的一个问题。早在60年代初就有同志提出,根据我国的实际情况,劳动者之间劳动报酬的差距将有一个从小到扩大再缩小的过程(所谓"小大小"趋势)。例如,汪洋同志提出:"在我国的具体条件下,按劳分配规律可能会经历一个作用不够充分到作用比较充分的过程。""在劳动报酬差距的变化趋势上可能出现这样的情况:在社会主义建成以前,随着生产力的发展,在人们的生活水平普遍有了很大提高的情况下,劳动报酬的差距比现在的差距从总的方面来看有扩大的趋势,而在社会主义建成以后向共产主义过渡阶段,劳动报酬差距则将出现逐渐缩小的趋势。"[②] 我认为,汪洋同志根据我国经济建设正反两方面的经验教训,早在二十多年以前就提出了上述看法,是颇有见地的。

我国原来(指党的十一届三中全会以前)劳动者之间劳动报酬的差距比较小、收入分配比较均等的状况举世公认。我们暂且撇开对这种状况的评价,先对造成这种状况的原因作一概略的分析:(1)由于生产力水平比较低,可供分配给劳动者的个人消费品比较少,只能根据"大家有饭吃"的精神保证广大劳动人民都能得到基本的生活资料。(2)在生产力水平比较低,社会分工和商品关系极不发达的情况下,不同的劳动者往往从事于类似的工作(特别是在农村),劳动才能未能得到发展,劳动贡献上的差别也未能显示出来,自然地使劳动报酬上的差距也不能拉开。(3)由于"左"

---

① 参见国家劳动总局政策研究室编《我国劳动工资问题讲稿》,劳动出版社1982年版,第280—281页。

② 汪洋:《关于按劳分配规律的一点体会》,《经济学动态》1962年第22期。

的干扰，按劳分配原则受到了严重冲击。特别是在1958年和1975年，出现了两次否定按劳分配的浪潮，造成劳动报酬和劳动贡献相脱节。（4）小生产者的平均主义传统观念在我国有深厚的社会基础。这种观念往往混淆普遍贫穷和共同富裕之间的界限，甚至把低工资乃至供给制说成是有利于消灭三大差别的重要措施，有利于社会主义向共产主义过渡、按劳分配向按需分配过渡的重大步骤。意识形态上的这种传统观念和政治上的"左"的干扰相结合，就产生了分配关系上许多强行拉平的做法。

显然，前两个因素所带来的均等是生产力水平比较低所引起的客观必然性，是符合生产关系一定要适合生产力性质这一经济规律的。而且，在物质条件低微的情况下，能够从"统筹兼顾"的思想出发，加上组织工作做得比较好，保证了广大劳动人民的最低生活需要，这在一定限度内也反映了社会主义制度的优越性。至于后两个人为因素所带来的均等，实际上是平均主义，是违背按劳分配的客观规律的。可见，只有对我国原来的分配比较均等的问题作一分为二的分析，才能做出比较全面的、科学的评价。

那么，从发展社会主义经济的要求来看，是维持原状好，还是适当地扩大差距好呢？原来均等状态中属于人为因素所带来的平均主义的那一部分，不利于工作效率的提高和经济的发展是非常明显的，无疑应该彻底打破。这是促使劳动者收入差距扩大的第一个层次的问题。原来均等状态中属于生产力水平低所带来的那一部分，也不能静止地来看待。在一定限度内，它保证了人民的基本生活需要，从而保证劳动力再生产得以正常进行，有利于再生产过程的维持和发展，无论从效率还是从平等的观点来看都是可行的。但超过了一定的限度，当生产力水平有所提高以后，仍然维持原来的那种均等状态，就将阻碍生产力的进一步发展。

为了提高效率，必须在一定程度上加以打破。这是随着社会主义经济的发展促使劳动者收入差距扩大的第二个层次的问题。

可见，自党的十一届三中全会以来所实行的让一部分劳动者先富裕起来的政策是符合我国实情和社会主义经济发展方向的政策。这一政策的正确性不仅已被五六年来的实践所证明，而且已由党的十二届三中全会的决定作了科学的总结。决定中所概括的打破普遍贫穷的状态，让一部分劳动者先富裕起来，然后实现全体社会成员共同富裕的目标，清楚地勾画出劳动者之间收入差距"小大小"的变化趋势。

　　至于能不能借助洛伦茨曲线和基尼系数这样的工具来分析社会主义制度下收入差距及其变动趋势的问题，经济学界尚有不同的看法。① 我想趁此机会谈谈自己的看法，并作一点比较的分析。是不是可以分为以下几种情况而加以区别对待：

　　（1）利用洛伦茨曲线和基尼系数对我国劳动者的收入差距和资本主义国家的收入差距作静态比较时，绝不能简单类比，但可以作参考。例如，在资本主义私有制条件下，劳动收入和剥削收入并存，而在社会主义公有制条件下，只有劳动收入没有剥削收入。在两种不同社会制度下基尼系数所反映的收入差别不仅有质的不同，而且在量上也必然是资本主义大于社会主义。再如，在我国目前的条件下，有些因素的差别不可能在基尼系数中得到足够的反映（像住房的因素就因房租过低和补贴过多而无法反映实际的差别）。因此，对我国的基尼系数和资本主义国家的基尼系数作比较时，必须考虑到这些不可比的因素。据杨小凯同志的计算，1981年湖北六个省辖市的基尼系数为0.128，农村的基尼系数为0.1545，县属城镇的基尼系数为0.1473；经加权推算的结果，1981年湖北全省的基尼系数为0.1332②。又据赵学增同志的计算，我国1980年第一季度46个城市的基尼系数为0.178，1978年河北保定地区23个县的基尼系数为0.029。③ 据联合国目前掌握的资料，资本主义各国的基尼系数则在0.2至0.6之间。尽管我国的基尼系数不能同资本主义国家的基尼系数作简单类比，但我国基尼系数大大低于资本主义国家，是不是多多少少可以作为一种参考性的指标，用来对我国长期以来在收入分配方面所存在的平均主义问题进行分析呢？因为我国收入分配的指导思想是按劳分配而不是绝对平均主义。我们并不主张基尼系数越小越好乃至等于零最好。在这种情况下，把我国的基尼系数同其他国家的基尼系数作比较并不是完全没有意义的。

---

　　① 厉以宁：《有益的探讨、可贵的起步》，《经济研究》1984年第4期；许金声：《关于洛伦茨曲线和基尼系数的应用问题》，《经济学动态》1984年第12期；厉以宁：《读许金声文章后的一点想法》，《经济学动态》1984年第12期。

　　② 杨小凯：《社会经济发展的重要指标——基尼系数》，《武汉大学学报》1982年第6期。

　　③ 赵学增：《关于我国劳动者工资（工分）分配的洛伦茨曲线和基尼系数的考察》，《天津财经学院学报》1982年第4期。

（2）对我国社会主义发展的各个不同阶段劳动者收入差距的变化趋势作动态分析时，由于是同质范围内的量的分析，洛伦茨曲线和基尼系数无疑是适用的。当然，各个不同发展阶段基尼系数定在什么位置上最为适宜，确实没有一个固定的标准（就连积累和消费的比例也不能定出一定固定的标准，但我们仍然应该研究各不同发展阶段积累和消费的适当比例关系）。是不是可以这样说：社会主义经济发展的各个不同阶段效率与平等的最佳结合点也就是各该阶段基尼系数的适宜点。在社会主义还处在不发达的条件下，平等的因素要考虑得多一点；在社会主义从不发达向发达发展的阶段，效率的因素要考虑得多一点；在社会主义已达到发达的阶段，则似乎又可以多考虑平等的因素。当然，这里所说的不发达情况下的平等和发达情况下的平等，基尼系数是分辨不出来的，也就是说，基尼系数并不能识别什么是普遍贫穷，什么是共同富裕。这是我们在运用这种分析工具时所必须把握的。

（3）利用基尼系数对我国收入差距的变化趋势同资本主义国家收入差距的变化趋势作动态的比较分析时，也不能作简单的类比，只能作参考。例如，在 50 年代，库兹涅茨借助于基尼系数对一些国家的收入分配状况进行了分析，提出了"倒 U 字形假设"。按照这种假设，发展中国家从原来的收入分配比较平等开始，在其发展的中期和后期阶段，为了提高效率，必须扩大收入差距，使社会变得不平等，而达到发达国家水平以后，收入分配重新趋于平等。但后来的事实表明，并不是所有发展中的资本主义国家都是如此的。有的国家从原来的不平等变得更加不平等（如巴西），有的国家则从原来的不平等变得比较平等（如斯里兰卡）。如果以库兹涅茨的分析和一些发展中的资本主义国家的情况作为参考，对于我国劳动者收入差距的变化趋势似乎可以得出以下两点看法：第一，从国外的情况来看，基尼系数呈下降趋势的国家一般基尼系数的起点都是比较高的（在 0.5 左右），即从比较不平等作为起点，向比较平等的方向变化的。迄今还没有见到一个基尼系数原来就很低（如 0.2 左右）的国家向更低的方向变化的。因此，即使考虑到不同社会制度的不可比因素以后，我国以基尼系数低于 0.2 为起点向上升（即扩大差距）是符合发展的要求的。第二，据库兹涅茨的分析，发展中的资本主义国家基尼系数要达到 0.55 的高度以后才呈下降趋势，而有的国家（和地区）则以0.5左右为起点下降到0.3左右。考虑到我国是发展中的社会主义国家，尽管发展过程中收入差距会有所扩大，但基尼系数的最高点要比资本主义国家低得相当多，也就是说，尽管我国劳动者收入差距的变动会呈现出"小大小"的趋势，但起伏的幅度是不会太大的。总起来是不是可以这么说，社会主义制度的特点和优越性，并不是表现在绝对均等（基尼系数等于零）上，而是表现在基尼系数比较小和变化起伏比较小上。

三　劳动者在各年龄段收入的变化趋势

按劳分配当然不是按年龄分配。然而，每一个劳动者在其工作年龄的不同阶段，劳动贡献是不同的。正是在这个限度内，需要对按劳分配同年龄的关系问题，或者说劳动者在各年龄段收入的变化趋势问题作一纵断面的考察。

每一个劳动者在从开始工作到退休为止这几十年的时间内，劳动贡献是有变化的。在正常情况下，劳动者一生中劳动贡献的曲线呈抛物线状态，即在工作起点时贡献较小，壮年期达到高峰，近老年期又有所下降。当然，从事不同职业的劳动者成熟期是不一样的，例如，煤矿工人、某些体育和文艺工作者的成熟期就比较早，他们的劳动贡献比其他职业的劳动者要较早地达到高峰。但撇开某些职业的特殊情况，一般来说，总是在壮年期达到高峰。根据按劳分配原则，一般来说，劳动者一生中的劳动报酬也应该呈抛物线状态，即初参加工作时比较低，壮年期达到高峰，而后有所下降。至于劳动报酬的下降是在壮年期过后就表现出来还是在退休以后通过领取比工资要低的退休金表现出来的，尚有不同的看法。考虑到一般来说劳动者从壮年期到退休前这一段有比较丰富的工作或劳动经验，同时考虑到工龄等因素，我们可以设想，在壮年期劳动报酬达到高峰以后直到退休为止的这一阶段，报酬仍然处于基本稳定的状态是比较切实可行的。因此，就一般情况而论，劳动者一生中比较理想的劳动报酬曲线应该是基本上同劳动贡献曲线相适应的一条抛物线，如图2中的 L 线所示（在图2中，横轴代表年龄，纵轴代表劳动报酬水平）。假定劳动者在工作起点和退休点的劳动报酬水平为既定,如图 2 所示,那么他们一生中所得劳动报酬的走向可以有三种基本类型,分别如图 2 中 L、M、N 线所示。显然,在这三种基本走向中,沿 L 线的走向是最符合按劳分配规律的;沿 M 线的走向实际是论年头增加收入的办法,是不足取的;沿 N 线的走向是最不符合按劳分配规律的,更是应该防止的。遗憾的是,由于上面已经说过的原因,在以往的经济生活中,来自后两种走向的干扰都曾严重地出现过。党的十一届三中全会以后,党和政府虽然经过重大的努力来克服以往经济生活中遗留下来的问题,但"冰冻三尺,非一日之寒",要通过调整和改革实现 L 线所示的走向,还必须付出更大的努力和经历一个相当长的时期。

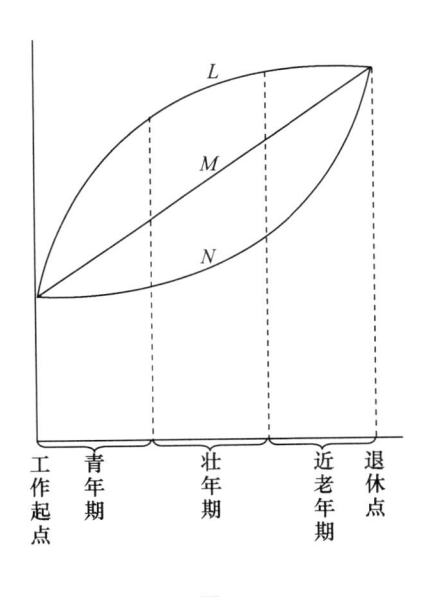

图 2

近几年来,社会舆论对中年人,特别是中年知识分子的工资偏低的状况寄予很大的同情。他们自参加工作以后,工资长期冻结或很少提高,直到党的十一届三中全会以后,情况才略有改善。这一代人的工资,大体上是沿 N 线所示的走向变化的,也就是说,这一代人是违背按劳分配规律后果的最大承受者,得到社会舆论的同情以及党和政府的关怀,并采取措施加以补救,是完全应该的。

当然,"左"倾错误的干扰、经济的困难是造成经济关系的这种扭曲的根本原因,但在经济困难面前所采取的长期冻结工资的对策,也是形成这种扭曲的一个直接原因。

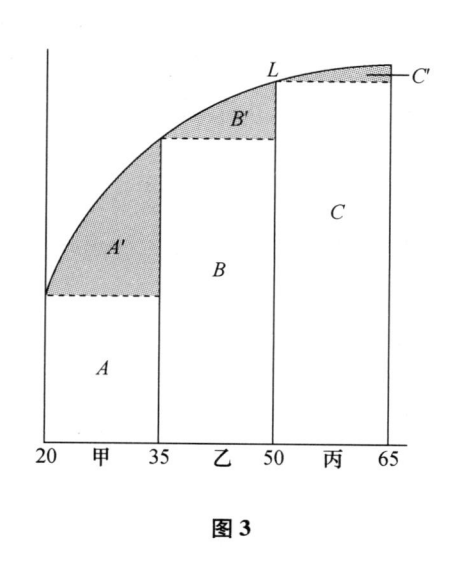

图3

为了说明工资的冻结对不同年龄的职工所带来的影响,我们可以设计一个简单的图形来表示。在图3中,横轴代表年龄,纵轴代表工资水平。为了把问题纯化,我们假定工资是唯一的劳动报酬收入,并且不考虑价格因素的影响。假定有甲、乙、丙三人,其他条件都相同,仅仅在不同的工作年龄阶段遇到了长期的工资冻结,而且工资冻结以前他们各自得到的工资收入也是符合按劳分配规律的,即分别沿 L 曲线的走向取得工资。如果甲、乙、丙三人分别在 20 岁、35 岁和 50 岁时开始遇到了工资冻结,为期均为 15 年。以按劳分配原则来衡量,他们受工资冻结所带来的后果是不一样的。如图3所示,$A + A'$、$B + B'$、$C + C'$ 分别为甲、乙、丙三人在正常情况下在该时期内应得的工资量,A、B、C 分别为甲、乙、丙三人在工资冻结时期内所获得的工资量,A'、B'、C' 分别为甲、乙、丙三人在该时期内的承受量或负荷量。显然,根据按劳分配规律的要求,劳动者在其发展的不同年龄阶段劳动贡献从而劳动报酬的变化是不一样的,在图3中,L 曲线在各阶段的斜率或斜度是不一样的,斜率越大,负荷量也越大,如图3

所示，$A' > B' > C'$。以上还仅仅是就绝对负荷量来说的，如果考虑到各个劳动者在各个不同年龄阶段工资水平和工资总量的不同，那么差别就更大。如图所示，甲、乙、丙三人在该时期内所得的工资量分别为 A、B、C，由于 $A < B < C$，因此

$$\frac{A'}{A+A'} > \frac{B'}{B+B'} > \frac{C'}{C+C'}$$

的程度，又要大于 $A' > B' > C'$ 的程度，也就是说，在工资冻结情况下，劳动者甲、乙、丙三人不仅绝对负荷量是不一样的，他们之间相对负荷量的差别要更大一些。

我们从理论上总结这一段历史的经验是为了更加自觉地向正常的状态转化，即促使劳动者一生中劳动报酬的走向从 N 曲线向 L 曲线的方向转化。当然，我们也应该清醒地看到，像工资和价格这样的问题，长期的冻结是不利的，急剧的变动恐怕也不行。面对被长期扭曲了的经济关系，我们只能采取逐步疏通的措施，一步一步地走向正常化。近年来在工资调整上所采取的一些措施，尽管有一些还不能令人满意，就某些措施来说，还有论年头涨工资的倾向，但已经打破了原来的僵局，逐步地摆脱 N 曲线的走向，向 L 曲线的走向移动，从总的趋向来看是好的。某些论年头加工资的措施，从战略上来看是不可取的，但作为打破原有僵局的临时措施，也不是完全不可以理解的。只要我们坚定不移地遵循按劳分配的客观规律，就能够使劳动者一生中劳动报酬的变动趋势也逐步走向正常化和合理化。

如果能够按照上述变动趋势来安排劳动者一生的劳动报酬，至少有以下两个好处：（1）它将有利于生产效率的提高和社会主义物质文明的建设。从劳动力再生产的角度来看，由于这样做能保证劳动者在劳动贡献最大的时期及时地得到相应的物质条件，使分配成为推动生产发展的强大力量。这样，将促进整个社会经济有机体新陈代谢功能的旺盛。要不然，劳动贡献和相应的物质条件在时间上是分离的，或仅仅具有"追认"的性质，整个再生产过程就无法顺利进行。（2）它将有利于对青年一代进行前途教育和社会主义精神文明的建设。事实证明，社会主义精神文明的建设和物质文明的建设是不可分的。如果让青年人通过自身艰苦奋斗十年二十年都难

以在经济上自立,生儿育女都有困难的话,那么,单纯地指责他们的物质欲望是没有什么意义的。治本的办法是要改变被扭曲了的分配关系,使新一代人看到,只要在社会主义建设过程中通过自身的艰苦奋斗对国家和社会做出较大贡献的同时也能得到相应的物质利益,才能在正道畅通的前提下堵塞一切歪门邪道。也只有从宏观上克服被扭曲了的分配关系,才能解决普遍存在的家庭内部的不正常的"再分配关系"(如由老一代人来抚养第三代人等)。

四 消费品分配中商品方式(市场方法)的变化趋势

消费品的分配,既可以采取实物供给的方式(非市场方法),也可以采取商品买卖的方式(市场方法)。在经济体制改革以前的一个长时期内,由于我国当时的体制模式带有军事共产主义因素,过多地运用了实物供给方式,抑制了商品买卖方式。

消费品分配领域中的供给制因素主要表现在以下两个方面。

1. 按人头的定量供应

对某些保证人民生活基本需要的消费品实行定量供应或实物配给,是在非常时期,特别是在战争时期和战后初期被许多国家所使用的办法,也就是说,这是一种特定情况下的临时措施。但是,我国却由于种种原因,在实行了大约三十年之久才开始着手加以改变。这种做法的弊病是限制了劳动者个人(家庭)在既定货币收入范围内选择消费品和服务项目的自由,从而削弱了他们的经济利益和经济责任。消费者在购买定量供应的物品时,虽然也要支付货币,但在实物票证占优先地位的情况下,货币起的是消极作用,也就是说,货币仅仅是一种计算的工具,货币的多少并不构成选择的基础。显然,在劳动者货币收入为既定的前提下,实物配给的范围越大,自由选择的范围就越小。回顾一下我国在实物配给最盛行的年代,城市职工中有的低收入者除了购买定量供应范围内的消费品以外,几乎没有能力再购买其他消费品;在农村甚至出现了一些超支户(即按人头的实物配给超过全户的收入)。在这种情况下,当然更谈不上什么选择消费品的自由。

2. 按职务的免费供应

这种免费供应同上面所说的定量供应有两点区别：第一，它是在货币收入以外的超额分配，而定量供应是在货币收入以内的限额分配。第二，它是满足较高的消费需要而不像定量供应那样仅仅是满足最基本的生活需要。不过，它同定量供应一样，都是供给制的因素，我国虽然在1956年对全部党政机关工作人员改行了反映按劳分配要求的工资制，但对他们中间的小部分人在实行工资制的同时还保留了一部分供给制残余，如按行政职位免费供应个人消费品和服务等。这种供给制的残余，不仅不利于贯彻按劳分配的原则，而且越来越不能适应实际经济生活发展的需要。家用电话的分配和使用就是一个简明的事例。在过去一个相当长的时期内，我国家用电话的分配是按行政职务实行免费供给的办法。但家用电话的需要是无法单纯以行政职务来衡量的。近年来某些用户实行自费安装电话实际上就是对原有分配办法的一种突破。由于这种按职位的免费供应是货币收入以外的供给，不仅同消费者没有经济利害关系（同其货币收入不挂钩），而且也无法进行货币监督，必然造成对有限资源使用上的浪费及其他弊病。

除了以上两项以外，在价格和工资不合理情况下对许多消费品所实行的大量补贴，是一种变相的供给。高额补贴不仅缩小了消费基金中可以通过按劳分配归劳动者个人直接支配的份额，而且往往造成新的经济利益关系的不协调。谁租用的房子多，谁通过房租补贴所占的便宜也越多，就是一个明显的事例。

要克服上述供给制因素所带来的弊病，必须在消费品分配领域中发展商品货币关系，或者说，必须扩大消费品分配中市场方法的运用。在这方面，匈牙利经济学家科尔纳的分析是可资借鉴的。[1] 他把社会主义经济中消费品和服务对家庭的分配方法分为市场方法、非市场方法以及介乎两者之间的混合方法。他还以东欧的经验为背景，把社会主义经济的发展分为三个时期，即革命取得胜利后的初期、传统的经济管理体制下的相对和平时期、经济管理体制改革以后的时期（这一时期以匈牙利的经验为主）。他列举了若干消费项目在各不同时期分配方法的变化。从他所列下表中可以明

---

[1] Janos Kornai, *Economics of Shortage*, North-Holland Publishing Company, Amsterdam · New York · Oxford, 1980, p. 440.

显地看出,非市场的方法逐步减少,市场的方法则逐步增长。当然,各类不同的消费项目,情况又不完全一样,大体上是这样:(1)吃、穿、用类,早已完全通过市场方法来分配;(2)教育、保健类,仍以非市场方法为主;(3)城市住宅类,虽然在较大程度上保留了非市场方法,但市场方法已日益增长。

表1　　　　　社会主义经济中对家庭的各种分配方法的作用

方法　时期 产品类别	I 革命年代、内战或战争时期	II 传统的经济管理体制下相对和平时期	III 经济管理体制改革以后的时期
食品	多数:非市场 一些:市场(合法市场和黑市)	市场	市场
衣着	少许:非市场 大多数:市场	市场	市场
其他工业品	市场	市场	市场
城市住宅	非市场	大多数:非市场 少许:市场(主要是灰市和黑市)	多数:非市场 日益增长:市场(主要是合法市场,部分是灰市和黑市) 少许:混合市场
汽车	—	主要:混合方法 少许:市场	主要:市场 少许:混合市场
娱乐、旅游	—	主要:非市 少许:市场	部分:市场 部分:非市场
教育	非市场	主要:非市场 少许:市场	主要:非市场 少许:市场
保健	非市场	主要:非市场 少许:市场(合法市场或灰市)	主要:非市场 少量但日益增长:市场(合法市场或灰市)

近年来,我国消费品分配的方法也是沿着这一趋势在改变的。令人惋

惜的是，由于各种干扰，这一趋势在我国起步比较晚。但是，只要我们总结了自己的历史经验，又吸收了人家的经验，完全可以使分配方法的改变建立在更加自觉的基础上。当然，其中有不少问题，如各不同消费项目商品化的程度、进度和条件等，都还需要进一步研究，但这一趋势可以说是不可避免的。

如果继续按照这一趋势来分配消费品，我想至少有以下两个好处。

第一，它将有利于通过分配来促进生产和建设。例如，粮食分配上的定额和限价（统销），必然要求粮食生产和采购上的定额和限价（统购）。而后者往往使粮食生产者在经济上处于不利地位。这种不利地位又往往导致粮食生产的不足，加剧粮食供应上的困难，形成一种恶性循环。从长期来看，只有把粮食的分配和生产逐步纳入商品化的轨道，才能变恶性循环为良性循环。又如，住房分配上的供给制因素（表现为低房租、高补贴等），必然导致住房的建造和维修在经济上缺少动力，从而进一步加剧住房供应上的困难；加上这种分配办法还助长人们多占房、占好房甚至占而不用，造成对住房的一种虚假的需求，或超过实际支付能力的需求，从而使住房的供给和需求之间的矛盾更加尖锐。如果逐步消除住房分配上的供给制因素，把住房的分配和建造、维修都逐步纳入商品化的轨道，必将有利于变恶性循环为良性循环。

第二，它将有利于克服资源浪费和舞弊行为。有些消费项目的免费供应必然因为同消费者没有经济利益关系而造成有限资源的浪费。家用电话使用中的浪费就是一个例子。据我所知，即使在一些发达国家，家用电话的使用也是计时收费的，人们很少在打电话中无谓地拖延时间和浪费金钱；而在我国，却常常可以看到免费使用电话中的浪费现象，这是同社会主义的原则不相符的现象，也是同我国电话设施的后进状态极不相称的现象。而且如前所述，从长期来看，消费品分配中的实物供给办法不但不能从根本上解决供给上的短缺，反而会加剧这种短缺，而浪费和舞弊往往是短缺经济的两大共生现象。在短缺经济中，外部供给上的不足不仅造成生产单位的内部贮藏倾向，而且造成个人或家庭作为消费单位的内部贮藏倾向，外部缺乏和内部贮藏互为因果，造成有限资源积压式的浪费。我们过去往往把诸如住房分配中的不正之风或舞弊行为仅仅归结为某些人的思想意识问题，而没有把它同短缺经济及其分配方法本身的缺陷联系起来，应该说是不够的。如果我们通过逐步商品化的办法来平衡某些消费项目的供给与需求，使那些企图从中渔利的人无利可图，也许是一种釜底抽薪的办法。

以上研究的是分析目前和今后一个相当长时期内消费品分配方法的发展趋势。至于在更远的将来，在物资极为丰富的前提下，某些达到了充分满足水平的消费项目退出市场方法来分配是有可能的。因此，从非常长的时期看，消费品分配的市场方法也会呈现出小→大→小的趋势。

（原载《经济研究》1985 年第 3 期）

当前收入分配中两种现象的反差

如何看待个人收入分配中的差距问题已经成为当前的一个热门话题。我想就此谈几点个人的看法。

一 问题在哪里？

近来常常可以听到这样的议论："富了摆摊的，穷了上班的"；"手术刀不如剃头刀，搞原子弹的不如卖茶叶蛋的"。这说明，收入分配中的一些不合理现象已经引起了人们的关注。人们可以列举许多现象来说明收入差距的不合理，例如，出租汽车司机的收入显著超过公共汽车司机的收入；一部分合资企业职工的收入大大高于同类国有企业职工的收入；某些私人企业的雇主雇用了较多的雇工，也获得了大量的非劳动收入；某些承租人的收入，即使考虑到风险报酬的因素，也是偏高的；部分职工从事第二职业和部分离退休人员再就业过程中也存在着收入偏高的问题。至于少数人通过非法途径获取暴利的收入，更是引起群众的不满。面对这些现象，人们当然有理由提出这样的质疑：究竟应该让哪一部分人先富起来？

少数人收入不合理偏高，确实是我们面临的一个迫切的经济问题和社会问题，而不仅仅是人们的心理因素所产生的一种虚幻的不公平感。但是，我们也决不能据此而简单地作出判断，说我国个人收入分配方面所存在的问题已经从平均主义问题转化为收入差距过大的问题了。我认为，比较全面和切合实际的判断应该是：一方面个人收入分配中的平均主义的痼疾尚未治愈，但另一方面又出现了少数人和少数经济活动收入偏高的问题。目前社会上反响比较强烈的是后一个问题，其实这两个问题是不可分割的。正因为这两种截然相反现象的鲜明对比，才形成了强烈的反差，从而引起了社会上强烈的反响。

平均主义问题仍然是我国收入分配中一个不可忽视的方面，而且是主要方面。党的十三大所做的"当前分配中的主要倾向，仍然是吃大锅饭，搞平均主义"的论断并没有过时。根据国内外许多专家的研究，我国改革以前无论城市居民还是农村居民，收入分配都是比较均等的。用国际上通行的基尼系数[①]来衡量，其数值比世界上许多发展中国家都要低得多。改革以来，农村的基尼系数虽然略有上升，据一种统计，从1978年的0.2124上升到1985年的0.2636，但城市的基尼系数反而略有下降，据一种统计，从1977年的0.185下降到1984年的0.168。改革以来，我们着重提高了低工资职工的收入，1985年的工资套改以后实行了差距更小的工资制度。例如，大学教授、副教授、讲师和助教之间的工资收入差距比50年代小得多，而新获得职称的教师都进入了该职称的最低工资档次。有人称这种情况为新平均主义，看来不是没有道理的。

对于上述两种现象，人们纷纷加以分析并试图作出概括。有的同志认为，在以按劳分配为主要分配形式的领域内，存在着平均主义的问题；在以非按劳分配为主要形式的领域内，则存在着收入差距过大的问题。还有的同志则认为，从总体上看，平均主义仍然是个人收入分配中的主要问题；但在局部范围内已经出现了收入悬殊的问题。上述第一种概括不太确切，因为既然是按劳分配，就不应该是平均主义，只能说在试图实行按劳分配的领域内，实际上产生了平均主义的倾向。至于上述第二种概括，可以说是比较确切的，但似乎只涉及问题的量的方面，而没有涉及问题的质的方面，特别是未涉及体制问题。我们不妨从另一个角度做出如下概括：在国家直接控制所能达到的范围内，老平均主义尚未取消，新平均主义已经出现；在国家直接控制所不能及而间接控制系统又未能有效建立和运行的场合，部分人和部分经济活动的收入偏高。所谓开公共汽车和开出租汽车的关系、上班的和摆摊的关系、搞原子弹的和卖茶叶蛋的关系、第一职业和第二职业的关系……不正是直接控制所能及和所不能及的关系吗？

---

① 基尼系数是衡量收入分配均等化程度的一种指标。在收入分布为绝对不平等时，其数值为1。在0与1之间，其数值越高，说明收入分布越不平等；其数值越低，说明收入分布越平等。

二 原因在哪里？

可见，当前我国收入分配中所存在的问题和现象是非常复杂的，既不同于传统的社会主义经济体制中所存在的典型现象——平均主义，又不同于资本主义经济中所存在的典型现象——收入悬殊，又同我国经济体制改革所要实现的目标——通过合理拉开收入差距来达到共同富裕相去甚远。在我看来，上述新老平均主义同少数人和少数经济活动收入过高并存的现象是我国经济体制改革过程中所出现的特殊现象。当然不能认为所有这些现象都是经济体制改革过程中不可避免地要出现的，而只能说其中有的是体制转换中难以避免的，有的则是改革不配套和管理上的缺陷所造成的，有的则是历史上遗留下来尚待进一步加以克服的。在这里，我只想提出几个问题或者从几个侧面来分析产生上述现象的原因。

（一）双重体制的问题

我国的经济体制改革是要把以直接的、通过行政办法为特征的旧体制转变为以间接的、通过市场参数控制为特征的新体制。由于新旧体制的转换并非一个早上就能实现的，我国的经济体制改革实际上已经走上了双重体制的道路。产品的生产是双重的，分为计划内和计划外（这里所说的计划专指指令性计划）；物资的供应也是双重的，有计划内保证的，也有自由采购的；价格也是双重的乃至多重的，计划内实行较低的计划价格，计划外实行较高的、不同程度上反映市场规律的价格（浮动价格、协议价格、自由价格）。双重体制的并存，特别是双重价格的并存必然给经济生活带来一系列的矛盾和摩擦，使计划内和计划外的经济利益关系很难加以协调和平衡，并给投机倒卖非法牟取暴利的活动提供了温床。加上目前计划外的那部分经济活动还未能被有效地纳入间接控制的轨道，在一定程度上存在着自流和失控的状态。双重体制的矛盾和摩擦，表现在个人收入分配问题上，就是计划外经济活动的收入明显地高于计划内经济活动的收入（在劳动贡献相同的前提下）。可见，上述两种现象的反差，在相当大的程度上是我国经济体制改革过程中双重体制的矛盾和摩擦在个人收入分配领域的表现。

(二) 机会不均等的问题

在传统体制下，根本排斥市场机制，否认企业之间、个人之间存在竞争，连劳动力流动都要受到严格限制，当然谈不上平等的竞争机会。当时的机会不均等被平均主义的收入分配所掩盖，不易被人们所察知。改革开放以来，引入了市场机制和竞争机制，但这些机制都很不完备，它们的运行又很不规则，加上传统体制的行政命令机制仍在起作用，于是机会不均等的问题就显得突出起来了。人们对收入差距拉大中不合理部分的抱怨，往往不只是针对这种差距本身，而且是针对这种不合理差距的一个重要前提——机会不均等。社会上许多收入差距不合理的现象，都同机会不均等有关。例如，工作能力相差无几的一对夫妻或一对姐妹，仅仅因为一个人在国营企业工作，另一个在合资企业工作，收入可以有成倍的差距；同是汽车司机，出租车司机的收入要比公共汽车司机的收入高得多。这样一些差距，并不是由工作能力和劳动贡献的差别而引起的，而是机会不不均等的结果。正如有的公共汽车司机所说的："要是允许交本子干别的，我们这里至少有80%的司机立马交本子开出租去。"在所有制多元化的改革过程中，不用所有制经济成分之间所出现的新的不平等环境，也是一个引人注目的问题。例如，国营经济和私营经济相比，往往在价格和税收等客观条件方面处于不利地位，使私营企业职工的收入高于国营企业职工的收入。

(三) 变化无序问题

改革以来我国收入分配格局的变化有的是符合改革方向的，但也出现了一些不符合改革方向的变化，我们不妨把这种情况称为变化无序的问题。例如，让一部分劳动者先富起来的政策，当然也应该让全民所有制内部工资劳动者中的一部分人先富裕起来，换言之，在工资体制的改革中也应该体现这一政策，但迄今为止工资体制的改革并没有体现这一点。工资劳动者的收入反而出现了进一步拉平的趋势，现行的工资体制仍然没有跳出平均主义、吃大锅饭的框框，不符合促进效率提高的前提下体现社会公平的新路子。再如，我国原有的收入分配格局中，实物供给的因素很多。改革以来，在收入分配和消费支出方面的货币化程度已有所提高，在吃、穿、用方面实物供给的范围有明显缩小,这是符合改革方向的。但是,房租、水电、公共交通等项目的收费标准仍然采取长期基本冻结的措施。在居民货币收入不断提高的情况下,城市职工生活费支出中房租支出占整个生活费支出的比重反而有所下降,从1978年的1.93%下降到1986年的0.90%;水电支出所占比重则从1978年的1.35%下降到1986年的1.11%。当然,政府不得不为此而增加大量的补贴,变相地增加了实物补贴的因素。而补贴和实物供给对大多数人来说总是同平均主义相联系的,无从体现通过分配来促进效率提高这一根本要求。

(四) 通货膨胀问题

1989年来出现了通货膨胀或物价上涨幅度过大的问题。在这种情况下,不但少数人可以通过投机倒卖活动获取暴利,而且使货币工资收入者处于不利地位。据国家统计局公报,1987年全国三个直辖市和各省会城市的调查,纯因物价上涨而使实际收入下降的户占总调查户的21%。国家为弥补职工生活而发放的补贴固然能在一定程度上补偿职工实际收入下降所造成的损失,但这种补贴也只能进一步强化职工内部的平均主义倾向。通货膨胀的结果必然使计划内价格和计划外价格的差距进一步扩大,使国家直接控制范围内经济活动的收入和国家直接控制范围以外经济活动的收入之间的差距进一步扩大,从而使上述两种现象反差的程度进一步加深。

三 出路在哪里?

由于产生上述不合理现象的原因是多方面的,消除这些不合理现象的措施也应该是多方面的。

第一,在全面所有制内部,特别是目前国家直接控制所能达到的范围内,必须坚决打破平均主义的老框框,逐步加以放活,同时也要加强管理,做到既有活,又有治。有活有治的标志是形成一种使收入和效益挂钩的经济机制,使收入的提高差距的拉开都同效益相联系。离开了效益的提高来增加收入,从而收入的提高不是靠财富的增加而是单纯靠财富的转移(甚至靠挖国家的墙脚或挖别人的口袋),岂不是成了无源之水?离开了效益的提高来拉开收入差距，则违背了拉开收入差距的根本目的，岂不是成了无本之木？目前许多企业都在探索使工资总额同经济效益挂钩的种种形式，是值得提倡的。如果在这个范围内仍然是干好干坏一个样，促使人们对本职工作玩忽职守，同时鼓励他们从第二职业中去"自谋生路"，我认为这是本末倒置的做法。如果物理学的教师搞好教学工作不能得到相应的报酬，而必须从卖茶叶蛋中才能谋得生计，那只能败坏我们的教育事业，贻误我们的下一代。有人说，西方的大学不是也从自身的财产和经营活动中获取收益吗？是的，他们这样做正是为了从经济上保证大学教授能安心从事本职教学与研究工作。我们并不主张大学教授钻到象牙塔中去。但是，如果我们的大学教授必须分出大量时间从事与本职工作无关的经营活动才能维持生计，那我们为什么要辛辛苦苦地去培养出那么多大学教授呢？我认为，这种"自谋生路"的思想并不是建立在分工和社会化大生产基础上的商品经济观念，而毋宁说是建立在自给自足的小生基础上的自然经济观念在新条件下的复活。

第二，在国家直接控制系统以外而间接控制系统尚极不完备的领域，则应尽可能地加强管理，绝不能放任自流。当然，间接控制系统的完善还有赖于整个经济发展水平和市场发育的程度的提高，但目前有些管理上的缺陷是人为因素造成的，完全可以通过改进工作来解决。例如，因税负畸轻畸重而造成的国营、集体和个体经济单位之间收入的悬殊，完全可以通过调整税负来解决。对于凭借长官意志给少数企业在税负问题上吃偏饭、给优惠的做法，应该通过加强法制加以制止。对于那些根本无账可查的个体户和私营企业，则要从建账工作开始来提高管理水平。对于那些合法的过高收入，则要通过征收所得税的办法来加强宏观调节和控制。对于采取假、冒、骗等非法手段所获得的非法收入，则应通过法律手段严加取缔。

第三，变化无序问题，例如收入分配中在商品货币关系扩大的同时又出现与之相反的实物化倾向的问题，主要是因为改革缺乏经验、缺乏总体的、配套的和长短结合的设想引起的。迄今为止的不少补贴措施是头痛医头、脚痛医脚的产物，只有通过加强改革的配套性和预见性，才能逐步解决诸如补贴泛滥成灾的问题。

第四，要解决收入分配的差距问题，还不能就分配论分配。整个国民经济是一个有机的整体，各个环节、各个方面都处在互相联系和互相制约之中。例如，在通货膨胀率很低的情况下，人们不会感到物价因素对收入分配有多大影响，但是，在通货膨胀率较高，甚至物价上涨率超过利息率从而形成负利率的情况下，人们就会十分敏锐地感到通货膨胀如何使上述收入分配中的两种不合理现象之间的矛盾和摩擦进一步加深，因此，治理通货膨胀、平抑物价，就成为促使收入分配合理化的一个不可缺少的客观条件。

第五，对于收入分配不合理的一个重要客观前提——机会不均等的问题，则要区别不同情况、通过不同措施来加以解决。有的是人为因素所造成的不平等竞争机会（如税负不合理），应该通过改进工作尽快地加以解决。有的是历史上遗留下来的（如对人口流动和人才流动的限制），则应该努力创造条件逐步加以解决。有的则受制于经济的发展水平和市场的发育程度（如间接调控系统的不完备和市场分配机制的不完善、各种垄断和封锁因素的存在），则只能在改革和发展中逐步解决。

※　　　※　　　※

通过上述分析可以看出，我国当前收入分配中的上述问题和现象是相当复杂的。要解决这些问题，消除不合理现象，并不是轻而易举的，也不可能一蹴而就；但只要我们弄清它们的来龙去脉和前因后果，对症下药，绝不是办不到的。随着整个经济体制改革的深入发展和国民经济的稳定增长，个人收入分配中上述两种现象的反差将逐步缩小，使收入分配真正走上在促进效率提高的前提下体现社会公平的新轨道。

（本文写于1989年12月，发表于英国《剑桥经济学杂志》1990年9月号：*Cambridge Journal of Economics* 1990，14，pp. 345 – 349）

我国转型期中收入分配的一些特殊现象[*]

一 引言

我国的经济体制改革已经进行了 12 年。在这个时期,居民的收入分配格局也发生了很大变化。本文拟集中考察我国经济体制转变过程中居民收入分配方面所出现的一些特殊现象。例如,在改革过程中,由于指令性计划范围的逐步缩小,或者说,国家直接控制的部分逐步缩小,整个经济生活分为计划内和计划外两个系统(这里所说的计划专指指令性计划),在前一个系统内仍然存在着平均主义现象,在后一个系统内则出现了收入差距过大的现象,这两种现象通常被人们称为收入分配不公。又如,在城市居民收入和乡村居民收入都有大幅度提高的情况下,两者收入差距的变化有时呈缩小的趋势,有时呈扩大的趋势,因此,如何协调好城乡居民之间的收入分配,就成为人们所关注的问题。再如,在改革过程中,特别是在 1984 年改革的重点转入城市以后,在城市职工以及整个城市居民的收入有大幅度提高的情况下,城市职工收入中工资部分呈相对缩小的趋势,而工资外部分则呈相对扩大的趋势。这种现象也引起了人们的关注。

我认为,出现这样一些现象并不值得惊讶,这只不过说明经济生活的实践、改革的进程向我们提出了新的课题。分析这些现象以及这些现象所反映出来的问题,是为了促使收入分配的合理化和把改革推向新的阶段。

本文所引用的资料,一部分来自中国社会科学院经济研究所收入分配

---

[*] 本文中一些统计资料的计算,得到李实同志的大力帮助,在此谨致谢意。

课题组（以下简称本课题组）对 1988 年城乡居民收入分配状况所做的抽样调查①，一部分则来自国家统计局及其他渠道。由于本课题组的抽样调查仅限于 1988 年，所以，在进行动态分析时，较多地运用了其他来源的资料。

二 平均主义和收入差距过大两种现象的并存和反差

改革以前我国个人收入分配的均等化程度比较高，或者说平均主义现象比较突出，可以说是公认的。据世界银行的考察报告，我国 1979 年全国的基尼系数为 0.33，农村的基尼系数为 0.31，1980 年城市的基尼系数为 0.16。② 又据有人计算，我国 1978 年农村的基尼系数为 0.237，1977 年城市的基尼系数为 0.185。③ 改革以来实行了让一部分劳动者先富裕起来的政策，以便通过合理拉开收入差距，运用激励机制促进效率的提高来达到共同富裕的目标。这一政策无疑是正确的。但改革的实践表明，实际情况的变化比原来想象的要复杂得多。

若干年来，我国的经济改革是要把以直接的、通过行政指令办法控制为特征的旧体制转变为以间接的、通过市场参数控制为特征的新体制。但是，新旧体制的转换并非一个早上就能实现，因此，在改革中出现了新、旧两种体制并存的局面。产品的生产是双重的，分为计划内和计划外；物资的分配也是双重的，有计划内保证的，也有计划外自由采购的；价格也是双重的乃至多重的，计划内实行较低的计划价格，计划外实行较高的、不同程度上反映市场规律的价格（浮动价格、协议价格和自由价格）。如果我们把视野拓宽一点就可以发现，在个人收入的分配领域也存在着双重体制，都存在着计划内和计划外两个系统。两个系统的并存和摩擦，使个人收入分配也出现了极其复杂的情况。④ 下面分别就 4 个层面来进行考察。

---

① 本文资料除注明出处者外，均引自本课题组的抽样调查结果。
② 转引自刘国光主编《中国经济发展战略问题研究》，上海人民出版社 1984 年版，第 388—389 页。
③ 李成瑞：《关于中国近几年的经济政策对居民收入和消费状况影响的统计报告》，《统计研究》1986 年第 1 期。
④ 参见赵人伟《中国收入分配中两种现象的反差》，英国《剑桥经济学杂志》1990 年 9 月号。这里所说的计划内和计划外两个系统，虽然是泛指整个国民经济的，但由于本文下一部分所要分析的乡村经济活动的特殊性和相对分割的状况，所以一般来说并不包括乡村的经济活动在内。

(一) 计划外系统

我们通常所说的计划外或直接控制以外的经济活动，并未建立起一个有效的间接控制系统，市场规则也不健全，偷税漏税等情况比较普遍，总的来说，收入比较高，尤其是悬殊比较大。从本课题组抽样调查的结果可以看出，1988 年私营部门（这一部门没有指令性计划，属计划外系统），包括个体户、私营企业、合资企业和外资企业工作人员每人年货币收入差距非常悬殊。按十等分组计算的结果（见表1），20% 最低收入者的收入只占总收入的 3.4%，20% 最高收入者的收入则占总收入的 54.1%，后者为前者的 15.9 倍（由于表 1 中私营部门最低收入这一栏为负数，故此栏略去不计，改用第二和第三栏）。这一部门的基尼系数高达 0.4929。报刊上公布的一些典型事例，也说明了同样的情况，如据北京市的调查，雇主比雇工的收入高 10 倍；上海市私营企业近千户，雇工 1.5 万人，私营企业主的年收入都在万元以上，一些雇工较多的雇主年净收入可达 5 万乃至 10 万元。一些外资企业的中方管理人员的收入也特别高。

表 1　　1988 年城市国营部门和私营部门工作人员按十等分组的每人年货币收入水平（元）

十等分组组序（从低到高）	国营部门 最低	国营部门 最高	国营部门 平均	私营部门 最低	私营部门 最高	私营部门 平均
1（最低）	1064.40	791.90	-1180.00	0	93.69	
2	1064.40	1321.20	1204.24	0	331.00	157.80
3	1321.20	1496.80	1414.04	365.00	704.40	546.46
4	1497.60	1644.00	1572.26	708.00	1080.00	913.30
5	1644.00	1790.40	1716.00	1080.00	1404.00	1215.85
6	1790.40	1935.60	1861.69	1412.00	1884.00	1542.26
7	1935.60	2106.00	2016.73	1885.20	2487.60	2167.78
8	2106.00	2336.40	2213.77	2532.00	3360.00	2979.03
9	2336.40	2722.80	2503.96	3385.20	4460.40	3818.65
10（最高）	2724.00	30092.40	3682.02	4557.60	29231.20	7394.95

说明：这里国营部门系指国营企业及国家机关和事业单位；私营部门包括个体户、私营企业、合资企业和外资企业。

（二）计划内系统

在计划内或国家直接控制的范围内，收入分配的差距要大大小于计划外。从本课题组抽样调查的结果来看，国营部门（包括国营企业、国家机关和事业单位）工作人员货币收入①的差距要比上述私营部门工作人员货币收入的差距小得多。国营部门工作人员中，20%最低收入者的收入占总收入的10.52%；20%最高收入者的收入占总收入的32.60%，后者为前者的3.1倍（见表1）。这一部门的基尼系数为0.2321。

根据上述计算，我们可以制出表2。从表2能明显地看出计划内系统收入差距小和计划外系统收入差距大的情况。

表2　1988年计划内系统收入差距和计划外系统的收入差距

	收入最低的20%所占收入的份额（%）	收入最高的20%所占收入的份额（%）	基尼系数
计划内系统	10.52	32.60	0.2321
计划外系统	3.40	54.08	0.4929

计划内系统收入均等化的情况还可以从1985年工资改革以后的情况看出。1985年实行了结构工资制，即把工资分成4个部分，包括基础工资、职务工资、工龄工资（津贴）和奖励工资，后来又把前两部分合称为标准工资。据国家统计局提供的资料，1985年的工资改革使城市职工工资收入差距进一步缩小。低、高级工作人员的工资收入比例，大体上从1:3下降到1:2（见表3）。有人称这种情况为新平均主义，看来不是没有道理的。

表3　工资改革前后高、低级人员工资收入的比例

	工资改革以前（1985年）	工资改革以后（1988年）
大学：助教与教授	1:4.1	1:21
研究单位：实习研究员与研究员	1:3.0	1:2.0

---

① 本课题组抽样调查中国营部门工作人员的货币收入基本上能反映计划内系统的职工收入状况。

续表

	工资改革以前（1985年）	工资改革以后（1988年）
医院：医生与主任医师	1:3.0	1:2.2
中学：三级教师与高级教师	1:3.0	1:1.8
国家机关：办事员与局长	1:3.1	1:1.6

资料来源：国家统计局对45个城市的抽样调查。转引自李学曾等《建立以效率为导向的工资体制》，《经济研究》1989年第2期。

（三）在两个系统之间

从本课题组的抽样调查结果看，两个系统工作人员平均收入的差距并不算大。1988年国营部门工作人员的平均货币收入为1876元，而私营部门工作人员的平均收入为2200元，后者仅比前者高出14.7%。但是为什么近年来社会上对计划外系统收入偏高有如此强烈的反响呢？在我看来，可能有以下原因：

（1）地区分布上的原因。由于计划外系统收入偏高的人集中在经济比较发达的地区特别是沿海开放地区，因此，两个系统收入的差别在各地区是不一样的。从表4可以看出，在经济比较发达地区的一些城市，个体经营者的收入同全民所有制职工工资的差别是相当显著的。当然，表4中仅列出全民所有制职工的工资收入，而未包括工资外收入。如果按照本文后半部分所估算的工资外收入的比重加以调整，两者的差距会小一些，但仍有相当大的差别。

（2）结构上的原因。由于计划外系统中收入分布很不均等，极少数人获得畸高的收入，不仅引起计划内系统高收入者的攀比，而且也引起了这一系统内中、低收入者的攀比。这里特别需要指出的是：在计划外系统中，并不是所有的人都是富裕的。就以个体户来说，中西部地区的个体户多数收入相当低，即使像上海这样的大城市，个体户中收入显著偏高的（年收入10000元以上者）也仅占总户数的20%。

表4 1988年个体经营者收入同全民所有制职工工资收入的比较

城市	（1）个体经济者收入（元）	（2）全民所有制职工工资（元）	（3）对比：（1）/（2）
北京	7458	1725	4.32
上海	6000	2060	2.91

续表

城市	(1) 个体经济者收入（元）	(2) 全民所有制职工工资（元）	(3) 对比：(1)/(2)
沈阳	7608	1648	4.62
青岛	8479	1681	5.04
包头	5000	1495	3.34
景德镇	4440	1511	5.18

（3）统计上的原因。本文的统计包括国家统计局的统计和本课题组的抽样调查，应该说都是不够完备的。双重经济体制的摩擦所造成的资源流失及其对收入分配的影响，并未包括在上述统计之内，而这一点恰恰成为人们抱怨收入分配不公的焦点之一。因此，我们必须进入第4个层面的分析。

（四）两个系统的缝隙

表5　　　　　　　　　城乡居民家庭人均年收入的比较

年份	(1) 乡村居民家庭人均年收入（元）	(2) 城市居民家庭人均年收入（元）	(3) 对比之一：（乡村居民人均收入为1）	(3) 对比之二：（以城市居人均收入为100）
1957	73	254	3.48	29
1964	102	243	2.38	42
1978	134	316	2.36	42
1979	160	377	2.36	42
1980	191	439	2.30	44
1981	223	500	2.24	45
1982	270	535	1.98	50
1983	310	573	1.85	54
1984	355	660	1.86	54
1985	398	749	1.88	53
1986	424	910	2.15	47
1987	463	1012	2.19	46

续表

年份	（1）乡村居民家庭人均年收入（元）	（2）城市居民家庭人均年收入（元）	（3）对比之一：（乡村居民人均收入为1）	（3）对比之二：（以城市居民人均收入为100）
1988	545	1192	2.19	46
1989	602	1388	2.31	43
1990	630	1523	2.42	41

资料来源：《中国统计年鉴》（1981，1983，1989，1990，1991）；《国民经济统计摘要》1984。其中，1979年数值为1978年和1980年的平均值（参见朱玲《我国经济改革进程中个人收入分配的特点》，《改革》1991年第5期）。

双重经济体制的集中表现是双重价格体制。双重价格的落差（牌价和市价的差别）形成了一个巨大的差额。据有的学者的研究和估计，1988年我国的这项差额（广义可以概称为"租金"）高达约3569亿元，其中国家控制商品的牌市价差总额约1500亿元，国家银行贷款的牌市利差总额约1138.81亿元，进口商品所用外汇的牌市汇差总额约930.43亿元。3项合计约占当年国民收入的30%。[1] 这些租金正是在双重体制缝隙中流失的。尽管上述估算的方法还可以进一步商讨，租金的具体数额也可能估算偏高，但巨额租金的存在无疑是寻租活动以及腐败现象和收入分配不公的重要土壤。

通过以上分析可以看到，我国收入分配中的上述现象，既不同于传统的社会主义经济体制中所存在的典型现象——平均主义，又不同于传统的资本主义经济中所存在的典型现象——收入差距悬殊，又同我国经济体制改革和经济发展战略中所要实现的目标——通过合理拉开收入差距促进经济效率的提高来实现共同富裕——相去甚远。在我看来，新老平均主义同少数人和少数经济活动收入过高并存的现象是我国经济体制改革过程中所出现的一种特殊现象。

三 城乡居民收入差距的先缩小后扩大

改革以前，我国城乡居民之间的收入差距比较大。如表5和图1所示，

---

[1] 胡和立：《1988年我国租金价值的估算》，《经济社会体制比较》1989年第5期。

改革以前传统体制鼎盛时期的 1957 年，城市居民的收入相当于乡村居民收入的 3.48 倍，或者说，后者为前者的 29%；到改革前夕的 1978 年，城市居民的收入仍相当于乡村居民收入的 2.36 倍，或后者为前者的 42%。产生这种差距，显然是同发展中国家的二元经济结构分不开的，即整个国民经济明显地分为两个系统——现代工业部门和传统农业部门，前者资本密集，集中在城市；后者劳动密集，分散在农村。此外，这种差距也同体制和政策的因素有密切关系。例如，改革以前，我国一直采取农产品的低价政策，并把它作为积累工业化所需资金的手段之一，同时采取了严格限制农村居民迁入城市的户籍制度，进一步强化了城乡两个经济系统的分割。根据世界银行的研究，"中国城市与农村收入比率远远大于亚洲其他低收入国家（平均约为 1.5），稍稍大于中等收入国家（平均约为 2.2）"[1]。具体国别的比较可参见表 6。中国改革以前城乡居民收入差距大于其他发展中低收入国家，应该说同体制和政策因素有更为直接的联系。

表 6　　　　　　　　农村与城市收入不均的国际比较

国别	城市平均收入对农村收入的比率（按人口计算）
中国（1979）	2.5
印度（1973—1974）	1.4
孟加拉国	1.5
菲律宾	2.1
泰国（1975—1976）	2.2
巴西（1976）	2.3
哥伦比亚（1970）	2.3

资料来源：世界银行考察报告：《中国：社会主义经济的发展》（1981），中文版第 49 页。

改革以来，城乡居民收入差距的变化经历了两个明显不同的阶段：1984 年以前，两者的差距呈缩小的趋势；1984 年以后，两者的差距又呈重新扩大的趋势。如表 5 和图 1 所示，城市居民同乡村居民收入的比率从

---

[1]《中国：社会主义经济的发展——世界银行经济考察团对中国经济的考察报告》（1981 年），中文版第 49 页。

1978 年的 2.36 下降到 1983 年的 1.85，或者说，同期乡村居民的收入占城市居民收入的比率从 42% 上升到 54%；1984—1990 年，上述两个比率分别从 1.86 上升到 2.42，从 54% 下降到 41%。也就是说，到 1990 年，城乡居民收入的差距不仅已大大超过改革以来两者差距最小的 1983 年和 1984 年，而且已略为超过改革前夕的 1978 年。

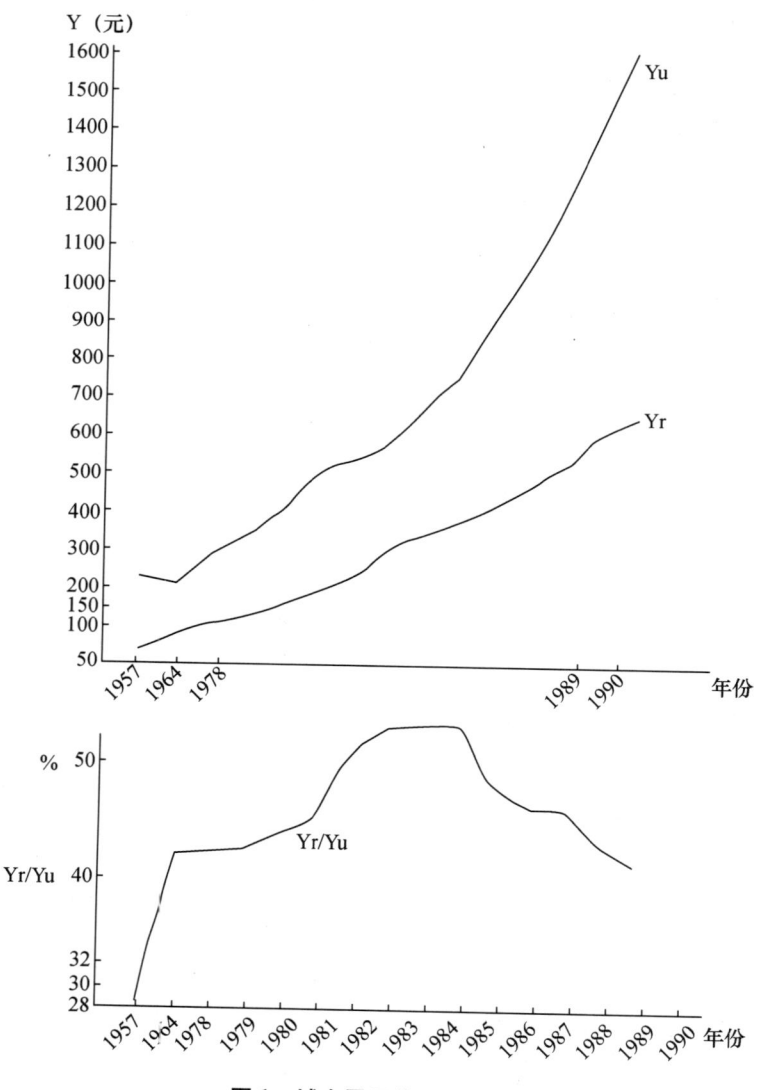

图 1　城乡居民收入的比较

第一阶段乡村居民收入大幅度增长和城乡居民收入差距大幅度缩小的原因主要有：（1）国家大幅度地提高了农产品的计划收购价格，并缩小了农产品计划收购部分的比重，使农民在出售农产品时可以从较高的计划价格和更高的市场价格中得到较前为多的利益。（2）实行农户的联产承包责任制，极大地提高了农民的生产积极性，大幅度地增加了农产品的产量，为增加农民收入提供了物质前提。

第二阶段城乡居民收入差距重新扩大的原因有：（1）上述促使农民收入大幅度增长的因素具有很强的补偿性质（大幅度提高农产品的收购价格）和突变性质（体制的变更促使潜在生产能力的释放），不可能持续很久。（2）1984年起经济体制改革的重点转入城市，使城市居民的收入有了大幅度的增长。（3）农业生产资料价格的上涨，提高了农产品的生产成本，相应的抑制了农民纯收入的增长。

以上是利用国家统计局资料对12年来城乡居民收入差距变化所作的分析，下面利用本课题组1988年抽样调查资料对城乡居民收入的关系作进一步分析。

首先，考察1988年城乡居民收入的水平。根据本课题组的抽样调查，1988年城市居民家庭人均年收入为1837.01元，乡村居民家庭人均年收入为778.44元；而国家统计局公布的上述两项数字则分别为1192元和545元。产生这种差别的原因是本课题组的调查资料尽可能地把各种补贴，特别是住房补贴和消费品的价格补贴都计算在内，而统计局的资料一般不考虑补贴因素。由于1984年以后城市居民的补贴有显著增长，所以加进补贴后城乡居民收入的差距就更大。1988年城市居民同乡村居民收入的比率就不是统计局的2.19，而是2.36；乡村居民收入占城市居民收入的比率就不是统计局的46%，而是42%。

其次，从3个基尼系数的比较来看。根据本课题组的抽样调查，我们可以计算出城市、乡村和全国3个基尼系数。由于对住房补贴在计算上的细小差别，对这3个基尼系数的计算也略有差别。对住房补贴作较高的估计时，3个基尼系数分别为：城市0.232；乡村0.333；全国0.385。对住房补贴作较低估计时，3个基尼系数则分别为：城市0.213；乡村0.338；全国0.351。从全国的基尼系数不仅显著地高于城市的基尼系数，而且也高于乡村的基尼系数可以看出，我国目前城乡居民收入的差别是比较大的。

再次，城乡居民收入的差别，还可以从全国家户十等分组中城乡家户各占的比例来加以考察。如表7所示，在全国抽样调查的19267家户中，城市为9009户，乡村为10258户。其中，20%收入最低的家户，城市为34户，占0.18%，乡村为3806户，占19.75%；20%收入最高的家户，城市为3476户，占18.04%，乡村为431户，占2.24%。换言之，收入最高的家户集中在城市，收入最低的家户则集中在乡村。

表7　　　　　　　　全国家户十等分组中城乡家户各占比例

十等分组组序（从低到高）	城市家户 户数	城市家户 百分比（%）	乡村家户 户数	乡村家户 百分比（%）
1（最低）	8	0.42	1912	99.58
2	26	1.35	1894	98.65
3	83	4.32	1837	95.68
4	236	12.29	1684	87.71
5	717	37.34	1203	62.86
6	1280	66.67	640	33.33
7	1525	79.43	395	20.57
8	1658	86.35	262	13.65
9	1725	89.84	195	10.16
10（最高）	1751	88.12	236	11.88

说明：总户数：19267户，其中城市9009户，乡村10258户。

这种不均衡分布，根据表7所绘制的图2显示得更为清楚。在图2中，横轴代表收入的高低，纵轴代表家户所占的百分比。由于收入高的家户集中在城市，而收入低的家户集中在乡村，所以图形中的 X 显得比较高。我们完全可以想象，如果城乡居民收入差距很小，则图2中的 X 将呈矮扁状。

以上分析了12年来城乡居民收入差距先缩小后扩大的情况以及当前城乡居民收入差距程度。根据以上实情，从总结改革和发展经验角度，提出以下看法：

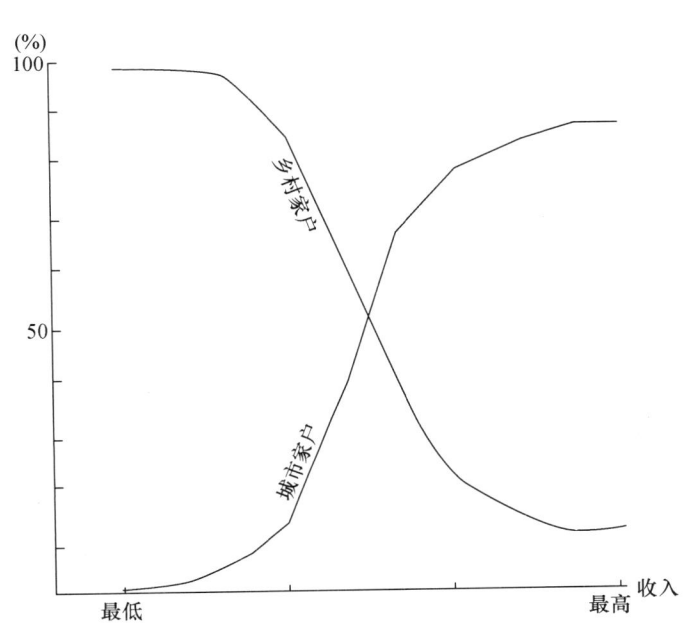

（图：纵轴为百分比，0到100%；横轴为收入，从"最低"到"最高"；两条曲线分别标注"乡村家户"和"城市家户"）

图 2　城乡家户按收入高低的分布

第一，由于影响城乡居民收入的诸因素在各个时期的作用强度不一样，因此，在一个短时期内两者差距的变化有所起伏是难免的。但是，在一个较长的时期内，例如上述 12 年时间内，两者的差距先缩小后扩大是不是一种必然现象呢？我认为并不是必然的。我们应该总结经验教训，在制定今后的经济发展战略时，特别是在确定长期发展战略目标时，促使两者差距向逐步缩小的方向发展。当然，在今后的发展中，我们并不能老是希望发生 1978—1984 年两者差距大幅度缩小那样的奇迹，但也不希望再现 1984—1990 年两者差距大幅度扩大的情况。我们希望的是：在总方向为逐步缩小的前提下，使两者差距变化的幅度小一些，发展得更为平稳一些。

第二，上述变化的起伏，显然同我国经济改革先在农村起步然后转入城市的改革步骤的选择有关。由于改革不可能一蹴而就，各项改革措施在时序上有先有后是不可避免的，我国改革从农村发展到城市的顺序总的来说是成功的。但上述城乡居民收入差距变化的起伏表明，各项改革措施的配套仍嫌不足。改革以前的传统体制把城市和乡村分割为两个彼此相对封闭的系统，改革以来虽然采取了某些措施使两个系统彼此开放，但开放的程度和步骤仍受到种种制约。特别是在遇到经济困难和经济调整的时期，就不得不强化分割的措施，如严格限制农民进城等。上述1988年以来城乡居民收入差距迅速扩大显然同这几年来的治理整顿和紧缩措施有密切关系。我们希望，随着治理整顿时期的结束，新的改革和发展措施的推行，城乡居民收入差距扩大的趋势将会得到抑制并加以扭转。

第三，城乡居民收入的差距及其变化状况，实际上是从一个侧面反映了城市和乡村、工业和农业之间的经济关系。要逐步缩小城乡居民之间的收入差距，最根本的途径是要提高农业劳动生产率、逐步实现农业的现代化。也只有这样，才能为城市和工业的进一步发展提供一个良好的基础。因此，协调好城乡居民之间的收入分配关系问题，归根到底是协调好农业同工业的关系、乡村同城市的关系问题。协调好这些关系，使之处于互相促进的良性循环状况，将有利于四个现代化目标的实现。

四 城市职工收入结构中工资部分的相对缩小和工资外部分的扩张

改革以来，特别是改革的重点转入城市以来，城市职工的收入有了明显增长。在增长过程中，一个令人瞩目的现象是：城市职工的收入结构中，工资外收入的增长速度快于工资内收入的增长速度，从而使城市职工的总收入中，工资外收入的比重越来越大，工资内收入的比重相对下降。

按照我国现行的统计方法，通常把工资分解为三部分，即标准工资、津贴和奖金，统称为工资性收入。工资外收入则包括四部分：（1）从单位得到的其他收入，包括货币收入和实物收入，如洗理费、交通费、独生子女补助费、旅差补助等。（2）其他劳动收入，如兼职收入、稿费、讲课费等。（3）转移性收入，包括赡养收入、赠送收入等。（4）其他实物收入，指从工作单位以外得到的各种实物折算的收入。

工资外收入在计算上不可能很精确。根据国家统计局城镇居民家庭收入调查的资料和银行的现金收支资料，把城市职工工资内收入和工资外收入的概况分别列出表8和表9。

这两种计算的具体结果虽然有差别，但都说明了一个问题，即工资外

表8　　　　　　城市职工工资内收入和工资外收入（之一）

	（1）工资性收入（元/人）	（2）工资外收入（元/人）	（3）总收入(1)+(2)	（4）对比之一(2)/(1)(%)	（5）对比之二(2)/(3)(%)
1985年	1056.92	269.56	1326.48	25.50	20.32
1990年	2057.12	713.97	2771.09	34.70	25.76

资料来源：国家统计局的抽样调查。

表9　　　　　　城市职工工资内收入和工资外收入（之二）

	（1）工资性收入（亿元）	（2）工资外收入（亿元）	（3）总收入(1)+(2)	（4）对比之一(2)/(1)(%)	（5）对比之二(2)/(3)(%)
1978年	523.6	93.8	617.4	17.91	15.19
1985年	1386.58	399.96	1786.54	28.85	22.39
1990年	3067.88	1394.93	4462.81	45.47	31.26

资料来源：根据银行的现金收入情况计算。

收入比重正在扩大。按前一种计算，工资外收入占工资性收入的比重，已从1985年的25.5%扩大到1990年的34.7%；工资外收入占总收入的比重，已从1985年的20.32%扩大到1990年的25.76%。按照后一种计算，工资外收入占工资性收入的比重，已从1978年的17.91%扩大到1985年的28.85%和1990年的45.47%；工资外收入占总收入的比重，已从1978年的15.19%扩大到1985年的22.39%和1990年的31.26%。

工资外收入的比重比上述两项计算的结果要大一些，主要原因是上述两项计算均未包括房租补贴和价格补贴。如果包括这些补贴，工资外收入的比重会更高。薛暮桥认为，"国家对职工的物价补贴和房租补贴，合起来与职工的工资数额大体相等。因此实际上我国实行的是半工资、半供给制。"[1]

---

[1] 薛暮桥：《谈谈劳动工资制度的改革》，载《中国社会主义劳动工资问题》，劳动人事出版社1989年版，第11—12页。

工资外收入有两个非常明显的特点：一个是透明度低；另一个是实物化程度高。相反，工资内收入的特点则是透明的和货币化的。因此，如果我们把城市居民的货币收入同实物收入作一比较，将对上述城市职工的工资内收入和工资外收入的关系的分析起一种补充和验证的作用。现以浙江省城市居民1988年的实物收入同货币收入的关系为例来进行考察。

如表10所示，浙江省城市居民1988年人均实物收入折合为585.82元，而货币收入（生活费收入）为1453.31元，实物收入为货币收入的40.31%，实物收入为总收入的28.73%。

表10　　　　　　　　浙江省1988年城市居民的实物收入

项目	总额（亿元）	人均额（元）	相当于人均生活费收入*（%）
（1）价格补贴	11.31	180.29	12.41
（2）单位内部实物福利	8.79	140.12	9.64
（3）房租补贴	16.65	65.41	18.26
合计	36.76	585.82	40.31

说明：*1985年浙江省城市居民家庭人均生活费收入为1453.31元（见《浙江统计年鉴》）。
资料来源：浙江省经济信息中心：《预测与分析》第38期，1990年4月13日。

从以上事实可以看出，无论从城市职工工资内收入同工资外收入的关系，还是从城市居民货币收入同实物收入的关系来看，我国当前工资外收入、实物收入的比重已达到了相当高的地步。

为什么工资外收入和实物收入的比重比传统体制下还高呢？这也只能从新旧体制的交替中寻找原因。在新旧体制交替的过程中，收入渠道的多元化和分配主体的多元化是难以避免的，但对于工资外的分配部分和实物分配部分往往缺乏相应的调控机制，企业和单位作为分配的主体也往往缺乏自我约束机制。

在可分配的资源为既定的情况下，当更多的资源通过工资外渠道和实物形式加以分配时，通过工资内渠道和货币形式进行分配的份额就要相应地减少。反之，当国家对工资内渠道和货币形式的分配严加控制时，一些可分配的资源又往往通过工资外的渠道和实物形式流失。例如，当国家通过征收"奖金税"来控制滥发奖金时，一些企业就以"职工食堂购进"的名义给职工发食品，以"职工劳动保护"的名义给职工发用品，甚至通过发"购物券"的办法来逃避国家的控制和监督。① 当然，也有的问题是由于各项改革措施的不够配套所引起的。例如，改革以来，城市居民的货币收入已有提高，但住房租金仍然是冻结的。这使得国家对城市居民的暗补不断扩大，而城市居民则相应的获得了更多的暗收入或实物收入。历年来城市居民人均每年房租开支在生活费总开支中的比重不断下降（已降到1%以下）清楚地说明了这一点（见表11）。

表11　城镇居民人均每年房租开支占人每年生活费总开支的比重

项目	1957年	1964年	1981年	1982年	1983年	1984年	1986年	1987年	1988年	1989年	1990年
（1）城镇居民人均年生活费支出（元）	220.00	220.68	456.84	505.92	559.44	673.20	798.96	884.40	1103.98	1210.95	1278.89
（2）城镇居民人均年房租支出（元）	5.16	5.76	6.36	7.98	7.80	6.48	7.20	7.74	7.873	8.82	9.36
（3）对比（2）/（1）（%）	2.32	2.61	1.39	1.50	1.52	1.39	0.96	0.90	0.88	0.71	0.73

资料来源：《中国统计年鉴》（1987、1988、1989、1991）。

由于工资外收入只有一小部分（如稿费等）是同劳动贡献相联系的，大部分是按人头或按身份、职位来分配的，很难对劳动效率的提高起到激励作用；加上这种分配方式的透明度低，不但不利于国家的统计和监督，而且增强了人们的不公平感。因此，如何提高工资内收入、货币收入和明收入的比重，降低工资外收入、实物收入和暗收入的比重，确实是摆在我们面前的一项任务。

---

① 关于一些单位向职工发"购物券"的情况以及国务院办公厅明令禁止发放购物券的情况，可见《人民日报》1991年6月2日的报道。

五　结束语

以上分析的三种现象从根本上来说是体制转换过程中所产生的特殊现象。因此，只能坚定不移地把改革继续推向前进，克服体制转换过程中的种种无序状态，使整个经济体制进入新体制的运行轨道，才能从根本上解决问题。当然，改革问题同发展问题是密不可分的，特别像缩小城乡居民收入差距的问题，就不仅取决于改革，而且取决于整个农村经济的现代化，即不仅要解决双重经济体制的问题，而且要解决二元经济结构的问题。要解决收入分配不公的问题，还必须解决与此相关的诸如人口流动和人才流动等问题，这也不仅仅是改革问题，而且是发展问题。

今后改革和发展战略的选择必须具有综合配套的思想和长远的考虑，才利于上述问题的解决。所谓综合配套，就是各项措施要彼此协调，不仅乡村的改革和城市的改革要彼此协调，各个领域的改革，如工资改革、价格改革、住房改革、税收改革、社会保障改革等，都要做到互相协调。所谓长远的考虑，就是要克服短期行为，例如，用增加补贴的办法来抑制通货膨胀，只能造成收入分配关系的扭曲，应尽力避免或减少使用。

对于计划外收入和工资外收入，则必须加强控制和管理。这可以分为两个方面：一方面是政府必须努力建立和健全市场规则，特别是税收制度，以逐步完善间接控制系统；另一方面是要使企业和机关等单位作为收入分配的主体具有自我约束机制。

在深化改革过程中，提高收入分配的透明度是一项艰巨的任务。在市场规则不健全的情况下，堵塞各种暗中流失的渠道固然是一件难事，但变暗补（住房补贴和物价补贴等）为明增（增加工资），即减少补贴、增加工资是可以着手的措施。

只要通过各种努力渡过经济体制改革的转换期，我们相信，改革初期所提出的目标——通过合理拉开差距促进效率的提高来实现共同富裕——一定能够实现。

（本文写于1991年12月；原载《经济研究》1992年第1期）

中国居民收入分配:城市、农村和区域

中国社会科学院经济研究所收入分配课题组和美国加利福尼亚大学、哥伦比亚大学、英国牛津大学学者共同承担的中国收入分配的研究课题,经过双方三年多的共同努力,现已取得了一些可喜成果。1991年12月28—30日,双方合作成员在我国西安召开了研讨会,提交了19篇论文,其中不乏佳品。这些论文成果依据大量的调查数据,运用现代经济学的分析方法,抓住国内外学者和政策制定者所普遍关心的中国收入分配中的一些问题进行了实证分析和经验研究,并从中得出一些值得重视的政策含义和主张。本文是对上述研究成果所做的研究性评论。

中国经济问题从根本上讲,可以归纳为改革和发展两大主题。不仅现在是这样,而且在将来相当长时期中,都将成为经济学界和经济政策制定者最为关心的问题。而作为经济改革和经济发展结果之一的居民收入分配的状况,不但构成了评价改革和发展成功与否的重要体系标准,而且会反过来加速或延迟经济改革和经济发展的进程。

一 总体描述

经济改革十二年来,中国居民收入分配格局发生了很大变化。在多种所有制结构演变影响下,在城乡两大经济系统彼此分离的状态下,在经济机制转轨过程中劳动力市场处于早期发育阶段,在地方经济分割主义有相当影响力的今天,对我国居民的收入分配格局作一个概括性的判断,用一个统一的理论框架对其进行分析都是非常困难的。不管是时间序列数据所表明的我国居民收入分配的历史变化过程,还是横截面数据所显示某些解释变量在居民收入决定和收入分配中的相对重要性,都带有原有经济体制的痕迹和正在成长中的新经济体制的因素。

收入分配课题组获得的1988年城乡居民收入调查数据，为对我国收入分配基本格局的判断提供了一个经验基础，依据数据分析的结果和其他相关的资料，我国居民收入分配的基本格局可以概括为以下几个方面。

在过去十年中，我国居民收入分配的不均等程度有不断扩大的趋势。我们的样本数据表明，1988年全国居民收入的基尼系数是0.382。这一数字明显高于世界银行估计的1980年我国居民收入的基尼系数0.33。[①] 尽管两个年度的基尼系数的估算依据了不同的数据来源和不同的收入定义[②]，但是两者差额的很大一部分应该由城乡收入差距的扩大、城市内部和农村内部收入不均等程度的上升和区域之间收入差距的扩大等因素加以解释。

国家统计局公布的时间序列数据证实，在过去十几年中，我国城乡居民之间收入差距经过了一个U字形过程，即1978—1984年城乡居民收入差距先缩小，1984—1990年城乡居民收入差距又逐步扩大[③]。值得指出的是，1990年城乡居民收入差距超过了改革前夕的1978年。而且城乡收入差距扩大也是导致全国居民收入不均等程度上升的一个主要因素。从我们1988年样本数据分析的结果中可以看出，城市人均收入水平可以解释全国居民收入差异的82.5%，而农村人均收入水平则只能解释11.4%[④]在农村居民收入构成中，除了个人工资性收入外，其余收入项目的拟基尼系数（Pseudo Gini Coefficient）都小于全国的基尼系数。也就是说，这些收入项目都起到缩小全国居民收入差距的作用。与此相反，城市居民收入的所有构成项目都具有很高的拟基尼系数（0.69—0.84），城市收入水平的相对上升只能导

---

① 世界银行：《中国：社会主义经济的发展》第一卷，华盛顿，1983年英文版，第83—95页。

② 第一，世界银行对我国居民收入的基尼系数的估算是依据国家统计局的分组数据，我们的计算是依据原始数据。第二，国家统计局住户收入调查所使用的收入定义与我们所用的收入定义有些不同。国家统计局的城市居民收入主要是货币收入，我们所用的收入还包括了实物收入和包括根据市场价格估算的住房补贴在内的各种补贴。我们与国家统计局在农村居民收入定义上的不同主要是，我们的收入定义包括了农村居民自有住房的折旧金，此外，我们对自我消费的那部分农产品的价值是按市场价格估算的。

③ 参见1981—1991年的《中国统计年鉴》。

④ 对某一样本群体来说，总收入和基尼系数可以由其分项收入的拟基尼系数（或称集中率Concentration Ratio）来表示。具体公式为 $G = \sum u_i g_i$，其中 G 为总收入的基民系数；u_i 为第 i 项收入在总收入中的比例；g_i 为第 i 项收入的拟基尼系数，它是按总收入排序计算的第 i 项收入的基尼系数；$u_i g_i$ 为第 i 项收入对总收入不平等程度的绝对贡献；因而 $u_i g_i / G$ 为其相对贡献。关于这方面的详细讨论可参见 N. kakwani, *Income Inequality and Poverty*, Oxford University Press, 1980, pp. 175–181。

致全国居民收入不均等程度的扩大。

我国城市居民收入分配的不均等程度也显示出不断扩大的趋势。根据世界银行估计，1980年，我国城市居民收入的基尼系数为0.16[①]。根据我们样本的估算，1988年，我国城市居民收入的基尼系数为0.233，比1980年上升了约46%。如果说城市居民收入差距的扩大是由一部分人获得畸高收入为特征的，那么城市收入分配的另一个特征则表现为新的平均主义。

我国农村居民收入差距也经过了一个先缩小后扩大的过程。世界银行对我国农村1978—1986年的基尼系数估算的结果表明，1978—1982年，农村居民收入差距是逐步缩小的，基尼系数由0.32降为0.22；从1983年开始农村居民收入差距逐年扩大，1986年的基尼系数上升为0.31。根据我们的样本进行估算，1988年农村居民收入的基尼系数为0.338。我国农村收入不均等程度加剧的一个重要原因在于区域间经济发展的不平衡；而这种不平衡又产生于区域内部产业结构的演变，特别是乡镇工业发展规模和速度上的差异。

我国区域（省份）之间收入差距也有不断扩大的趋势。依据国家统计局的数据，不论用各省农村人均纯收入计算的省际基尼系数，还是用最高省份农村人均收入与最低省份农村人均收入的比率作为衡量指标，1980—1990年，我国农村省际的收入差距几乎呈现直线上升的趋势。区域之间收入差距的扩大也是导致全国收入差距扩大的一个重要因素。我们1988年的样本分析表明，全国农村居民收入的总体之差的81.87%可以由省际的收入差异加以解释，而剩下的18.13%由省内的收入差异来解释。

从纵向看，我国居民收入差距不论是城市，还是农村；不论是城乡之间，还是区域之间，都有不断扩大的趋势。然而，从横向看，与亚洲其他国家和地区相比，我国（大陆）居民收入的不均等程度除了高于台湾（省）和略高于韩国等少数国家或地区外，明显低于亚洲其他一些国家，但是，值得注意的是，亚洲其他国家城市收入分配的不均等程度普遍大于农村地区，而我国的情况恰好相反。相比而言，我国城市收入分配的均等程度是亚洲国家中最高的，而我国农村收入分配的均等程度在亚洲国家中处

[①] 世界银行：《中国：社会主义经济的发展》第一卷，华盛顿，1983年英文版，第83—95页。

于中等水平。

二 城镇收入分配：计划和市场的作用

对我国城镇居民收入分配的考察可以置于计划和市场两大系统和两种不同调节机制相互并存和相互作用这样一种体制背景下进行。计划和市场不但会直接造成就业于这两大系统内部的职工收入分配上的明显差异，而且还会改变决定职工和居民户收入和收入分配的其他因素和变量的相对重要性。

（一）城镇居民收入的构成及其分配

根据收入的不同来源，我国城镇居民的可支配收入可以分解为8部分，即在职职工的工资性货币收入，离退休人员货币收入，非就业（非离退休）人员收入，补贴和货币收入，自有住房折旧金，个体、私营企业主收入，资产收入，其他收入（如转移收入）。表1给出了各项收入分配的均等程度及其在总收入中的比重，从中可以看出总收入分配的均等程度与各项收入分配的均等程度之间的关系。

从各项数字比较中至少有这样几点值得重视。（1）在职职工的工资性货币收入在城镇居民总收入中的比重仅为44.42%。尽管它是构成居民总收入的最大份额，但是它所占的比重并不是很大。（2）主要由住房补贴、食物补贴和职工补贴性货币收入构成的居民补贴收入，在总收入中所占的比重在各项收入来源中排在第二位，高达39.08%。如果加上医疗补贴，城镇居民的补贴性收入就会与职工的工资性货币收入不相上下。（3）城镇居民人均总收入的基尼系数为0.233，说明收入均等程度是偏高的。除了在职职工工资性货币收入（拟基尼系数为0.178）、各类票证补贴（拟基尼系数为0.130）和其他补贴和实物收入（拟基尼系数为0.208）的分配不均等程度低于总收入外，其他分项收入的分配的不均等程度都高于总收入。

此外，我们不难看出，较多受到计划和行政管制的职工工资性收入和补贴的分配呈现较高的均等程度，而较多受到市场影响的个体、私营企业主收入及资产收入的分配却呈现较低的均等程度。

表 1　　　　　　　　　城镇居民收入差距及其来源

收入及其构成	1. 各项收入比重 ui（%）	2. 基尼系数或拟基尼系数（G or gi）	3. uigi 绝对贡献	4. uigi/G（%）相对贡献
1. 在职职工的货币收入	44.42	0.178	0.079	33.9
2. 离退休人员的货币收入	6.83	0.335	0.023	9.8
3. 非就业人员的收入	0.47	0.433	0.002	0.9
4. 补贴和实物收入				
其中：（1）各类票证补贴	5.26	0.13	0.007	2.9
（2）住房补贴	18.14	0.311	0.056	24.2
（3）其他补贴和实物收入	15.68	0.208	0.033	14.0
5. 自有房屋折旧金	3.9	0.338	0.013	5.7
6. 个体、私营企业主收入	0.74	0.413	0.003	1.3
7. 资产收入	0.49	0.437	0.002	0.9
8. 其他收入	4.06	0.377	0.015	6.6
总收入	100.00	0.233	0.233	100.00

（二）不同所有制部门内部收入差距的比较

从不同所有制部门内部职工的收入水平和收入差距比较中，可以进一步了解计划和市场对收入分配格局的不同效应。过多受到计划和行政干预的国有企业职工与更多受市场调节的个体企业、合资企业和外资企业（统称为私有部门）的职工相比，两者的平均货币收入水平相差不大。根据我们的样本数据，1988 年前者的货币收入为 1876 元，后者为 2200 元。如果考虑到国有部门职工在住房条件、医疗、劳保等方面享有的优越待遇，那么两者的实际收入会相差无几。然而，国有部门和私有部门却具有显然不同的收入分配格局。国有部门职工货币收入的差距仍不明显，基尼系数为 0.232。私有部门的收入差距却是显而易见，基尼系数高达 0.493。

经过对职工收入构成的进一步考察我们发现，国有部门具有不同于私有部门的分配机制。在包括性别、年龄组、民族身份、教育水平、所有制形式、职业种类、就业性质、就业部门省份等十组哑变量的回归分析中，合资企业的职工货币现金收入比国有企业职工高出大约 19%，基本工资高出31%，而基本工资以外的其他收入却低8%。这说明前者重于职工收入的工资化，后者则更偏重于职工收入的福利化。

国有部门既是受到较多计划管制的部门，又是可以从计划体系中获得较多优惠的部门。相比之下，集体所有制部门只受到前一种管制，而不享有后一种优惠。与国有部门相比，集体所有制职工的平均货币收入低17%，但货币收入分配的均等程度却几乎相同。国有部门和集体所有制部门职工货币收入上的差异主要产生于两个部门劳动力资源配置、劳动力素质和企业规模上的差异。相对国有部门来说，集体所有制部门女性职工比例高、职工所在企业规模小和职工文化程度低。

（三）教育收益率与"脑体倒挂"假说

我国经济界长期以来争论不休的"脑体倒挂"假说，在本课题的研究中受到了挑战。从理论上讲，回答脑体收入是否倒挂问题可以归结为对个人教育收益率的估算问题。如果估算的结果表明个人教育收益率是正值，那么就不存在一般意义上的脑体倒挂问题；反之，则是成立的。

国际上对个人教育收益率的估算方法大多是采用明瑟（J. Mincer）的公式[1]，即：

$$LY = b_0 + b_1 S + b_2 E + b_3 E^2 + u \tag{1}$$

其中，LY是个人收入的对数，S为教育年限，E为就业时间（通常以年为单位），u为误差项。该公式的经济学含义是，在不考虑教育的直接费用时，系数b_1表示收入获得者在受教育期间获得的人力资本的收益率，或是放弃收入的收益率（也称为个人教育收益率）；b_2和b_3为个人在工作经验中（包括在职培训）获得的人力资本的收益率。利用以上公式和我们1988年的样本对城镇17981个职工的货币收入与其教育年限和工作经验进行回归分析，可以获得各个变量系数的估计值。结果表明，每项估计值都是高度显著性的。表示个人教育收益率的b_1的估计值为3.8%。它表明，平均说来，在就业时间相同的情况下，每增加一年的教育可以提高个人收入3.8%。这个结果对"脑体倒挂"假说是一个否定的回答。

---

[1] J. Mincer, *Schooling, Experience and Earnings*, New York: Columbia University Press, 1974.

个人教育收益率为正值意味着现阶段不存在脑体收入绝对倒挂的问题，但是并不意味着这种教育收益水平是合理的。我国的个人教育收益率，不但与其他发展中国家相比是偏低的[①]，而且也低于我国国内银行存款的利率。这说明，收入机制对教育或人力资本的补偿是不足的。不难想象，随着将来教育直接费用（个人支付的学杂费等）的日益上升，教育会越来越失去其经济上的吸引力。

我国个人教育收益偏低的主要原因在于我国的工资政策和工资增长机制。首先，由于我国工资政策上没有对具有中专以下（包括高中）教育水平的新职工规定有差异的起始工资，那么对于具有高中、初中，甚至小学文化程度的职工来说，决定他们工资差异的就不是教育水平的差异，而是就业时间的长短，除非高文化程度的职工具有更多的晋升机会。其次，"文化大革命"以后的几次"一刀切"式的工资普调和地区间或部门间的工资轮长，基本上是完全不考虑职工教育水平上的差异，从而造成原来不同教育水平职工之间工资差距的进一步缩小。

研究教育水平与收入水平之间关系的另一种方法是将教育程度作为哑变量与职工的其他各种特征变量放在一个回归模型中进行估计。从估算结果中，可以看出在其他特征变量不变（或相同）情况下，不同教育程度（档次）职工之间的收入差异。这种方法的研究结果表明，职工的教育程度与其收入水平是高度正相关的。如果以三年以下小学教育为基准，三年以上小学教育程度的职工的货币收入高出0.6%，小学毕业的高出3.79%，初中毕业的高出9.14%，高中毕业的高出9.78%，中专毕业的高出11.21%，大专毕业的高出12.77%，大学毕业以上的高出18.10%。可见这样一些结果也是不利于"脑体倒挂"假说的。

计划和市场两种收入决定机制对教育在收入中的贡献的评价是不同的。将市场化程度较高的广东省与市场化程度较低的河南省进行比较可以看出，在职工收入决定中，广东省赋予教育这一变量更大的重要性。在广东省，大学以上文化程度职工的收入高出文盲和半文盲职工收入35.89%，而在河

[①] 根据世界银行对11个国家的公共部门的职员的收入与其教育水平进行估算的结果，平均说来，个人的教育收益率大约为10%。见 Psacharopoulos（1985）" Returns to Education: A Further International Update and Implications", *Jouranal of Human Resources*, p. 585。

南省这一数字仅为13.59%。这种比较又或多或少说明了市场机制在评价人力资本方面比计划机制有更高的灵敏度。

(四) 重新评价补贴的功能

城镇居民获得补贴，不论从绝对量，还是从相对量上来看，都对城镇居民的收入分配和城乡居民收入差距产生不可低估的影响。对于后一个问题的研究主要涉及补贴的绝对水平，我们将在本文的第四部分加以说明。对于前一个问题，不但涉及补贴在居民收入中的比重，而且涉及补贴在居民之间的分布（分配）。下面将从这两个方面来论述补贴在城镇居民收入分配中的作用。

由于对住房补贴和医疗补贴估算方法上的差异，城镇居民从各种途径获得的各种补贴总额没有一个十分准确的数值。根据对住房补贴高估和不包括医疗补贴的计算结果，1988年我国城镇居民户获得的人均补贴额为719.84元，相当于其可支配收入的39.08%。根据包括医疗补贴和对住房补贴低估的计算结果，城镇居民户的补贴额相当于总收入的41.12%。在各种补贴中，住房补贴独占鳌头。平均说来，它相当于居民户人均可支配收入的18.14%；相当于居民户货币总收入的13.5%。

补贴会对城镇居民收入分配产生何种效应呢？它是扩大还是缩小收入差距呢？在城镇居民按人均收入划分的十等分组中，与居民总收入相比，补贴分配的不均等程度略高一些。这表明高收入的居民户获得了更大比例的补贴，而低收入居民获得了较小比例的补贴。如果进一步对各种补贴项目加以分解，不难看出，各项补贴对总收入差距的效应是不同的（见表2）。在各种补贴中，住房补贴是值得进行专门说明的。住房补贴明显地具有扩大城镇居民收入差距的效应。根据居民人均可支配收入排序而计算的住房补贴的拟基尼系数高达0.311，远高于城镇居民可支配收入的基尼系数0.233。由于住房补贴在居民可支配收入中占有相当的比重，它的分配可解释居民可支配收入不均等程度的24.2%。

补贴分配的不均等化及其产生的扩大收入差距的效应向我们提出了两个问题。一是补贴的功能是什么？在多数市场经济国家中，补贴主要是作为对低收入阶层的一种补偿收入，以使其能够具有维持必要的生存条件和缩

表 2 补贴的收入分配效应

	十等分组中最高收入组与最低收入组的比例
总收入	4.023
各项补贴	
1. 副食价格补贴	2.812
2. 交通费	6.696
3. 其他货币性补贴	3.164
4. 票证及实物收入	6.605
5. 住房补贴	3.671
6. 医疗补贴	2.569
7. 粮油补贴	1.863
8. 副食补贴	3.121
9. 其他消费补贴	4.647

小由市场机制造成的明显的收入差距。这样一种功能在我国制定补贴初始时，也是被加以考虑并曾经发挥过积极的作用。为什么随着时间的推移，补贴在缩小收入差距方面的功能会朝着相反的方面发展呢？对这个问题，在我们没有对我国补贴机制进行深入研究之前，是不可能给予回答的。二是为什么计划和行政手段对补贴不能进行较为均等或偏向于低收入者的分配呢？有些补贴，如居民粮油补贴，尽管实行了 30 多年，至今仍具有较高的分配均等程度，这在某种程度上是与粮油配给量长期保持不变有关的。而有些不断有增量产生的补贴，如住房补贴，会随着时间的推移不断地变换着分配机制，最终会形成一种有利于扩大收入差距的补贴分配机制，尽管这种机制名义上仍是由行政手段（或计划手段）控制的。

（五）高收入阶层与寻租[①]活动。

如前所述，我国城镇居民的收入差距并不显著，但是这并不意味着社会上不存在高收入者，尽管这部分人的相对比例是不高的。根据我们 1988

---

① 寻租，指寻求租金的活动。这里的所谓"租金"，一般指在价格双轨制的情况下，市场价格减计划价格而形成的差价；也有人认为是均衡价格减计划价格而形成的差价。

年的样本,考虑了各种补贴和实物收入后,十等分组中的最高收入户的人均可支配收入大约为3868.2元,占样本总收入的21%;而最低收入组的人均可支配收入为921元,占样本总收入的5%。最高收入组与最低收入组的比例为4.2:1。根据人们的经验估计,高收入者大多集中在个体户和私营企业主中,并且已有很多的典型调查说明了这一点。在我们的样本中,私营、个体部门职工的最高收入组的平均货币收入为7394.95元。这一数字相当于国营部门职工最高收入组的两倍。不可否认,个体户和私营企业主由于担心政策上的多变和出于偷税漏税的目的,他们中的高收入者会低报其经营收入。从研究角度看,如果知道了他们这种低报心理的普遍性,根据经验获得的他们上报与实际收入的比例,那么可以对他们的平均实际收入进行较为现实的估计。

还有一部分高收入者是人们在现实生活中可以感觉到,但在抽样调查和统计数据上无法得到反映。这部分人主要是体制转轨过程中的寻租者。由于这部分人的寻租收入因人而异,因而具有极大的隐蔽性,因此对他们收入水平的估计是相当困难的。然而,寻租活动与收入分配关系的研究是相当有意义的。

从逻辑上讲,寻租活动与收入分配的关系可以分为三个层次进行研究。第一,对整个社会租金总量的估算问题,它涉及寻租活动定义的确定和租金的计算方法;第二,对社会租金流失量的估算问题,即考察社会租金总量的多大比例最终流入个人腰包;第三,租金流失量的分布问题,即租金最终是流入高收入阶层,还是流入低收入阶层,还是一种均匀分布,因为租金流失量的不同分布会对整个社会居民的收入分配产生不同的效应。由于对第二个层次和第三个层次的研究都要求有准确的调查数据资料为基础,现阶段很难获取这方面的信息,因此我们的讨论局限在第一个层次上。

关于租金的估算问题,争论的焦点是按照计划价格与市场价格的差额,还是依据计划价格与均衡价格的差额来估算租金总量。根据前一种计算,1988年我国租金总量大约为3569亿元,相当于当年国民收入的30%[①]。后一种算法没有给出具体的估计值,因为均衡价值仅仅是理论价格。在没有

[①] 胡和立:《1988年我国租金价值估算》,《经济社会体制比较》1989年第5期。

完全竞争市场的情况下，均衡价格是很难被确切知道的。前一种计算方案的合理性在于它假定了现实中市场份额和市场交易量并不随寻租活动的增加而发生变动，因而市场价格即使是扭曲的，但是不变的。另外它把租金量看作一个潜在量，而不是实现的量。后一种计算方案则假定了市场份额会随着潜在租金转化为实现的租金而不断扩大，从而导致市场价格的下跌。当市场份额扩大到一定规模时，市场均衡价格就会出现。因而，实现的租金仅仅来自于计划价格与均衡价格之间的差额。不难知道，按第二种计算方案估算出的租金量远低于按第一种计算方案得出的租金量。

（六）收入决定中年龄的作用

利用我们1988年样本数据进行回归分析，结果表明在中国城镇职工中，货币收入与年龄结构的关系表现为一种倒U字形，即货币收入随着年龄的增长，特别是工作年限的延长而上升，到达某一年龄时，货币收入水平达到最高点，然后开始下降。这一关系几乎在所有经济中都是存在的。对于收入或工资与年龄的这种倒U字形关系的理论解释主要有两种。一种解释认为，工作经验有助于人力资本的形成，工资的增长变化完全是由人力资本的生命周期变化决定的。第二种解释认为，企业愿意支付年功序列工资，完全为了减少本企业老职工的"跳槽"机会。以上两种解释都假定存在着劳动力市场和企业有权自由决定工资。这一假定显然是不符合中国实际情况的。因此，对于这种倒U字形关系则只能由中国特有的工资制度方面的因素来解释。

在我国，工作年限在职工工资增长机制中的重要作用是众所周知的事实。在职工的一个相当长的年龄段内，工作年限对货币收入差异的解释力超过了教育年限的解释力。工作年限（或年龄）与收入水平的这种高度相关性在很大程度上是一种社会文化心态和行政性工资管理体制长期结合的结果。在一个崇尚经验和敬重年长者的社会中，按照工作年限晋升工资的办法，对于集中统一的工资管理体制来说可以说是一种最为有效的办法。这种方法的最大优点就在于它的决策成本和操作成本的最小化和社会摩擦最小化。同时，在没有劳动力市场的情况下，对于每个职工来说，个人的其他特征变量，如职业、工作部门、文化程度等都几乎成为固定不变的量，而只有年龄是一个自然变量。这样将年龄（或工作年限）变量与工资变量挂钩才能保证工资政策的连续性和使所有职工产生工资增长的预期。而且，从整个生命周期的角度加以评价，似乎这种分配结果又是较为均等的。

一些分析结果为我们的这种解释提供了一些证据。如果把职工的全部货币收入分为基本工资和其他货币收入两部分，虽然两部分收入与职工的年龄结构关系都表现为倒 U 字形，但是两者的最高点却落在不同的年龄上。基本工资的最高点落在 55—60 岁年龄组上，这说明职工的基本工资在退休前达到最大化；而其他货币收入的最高点落在 41—45 岁年龄组上，随后开始下降，在退休前下降 13 个百分点。前一种收入的决定主要是由计划管制的，后一种收入更多地是由企业决定和受到市场的影响。

三 发展过程中的农村收入分配

如果说城镇居民收入分配格局是计划机制和市场机制并存和相互作用的结果，那么，可以说农村居民收入分配格局是经济发展过程的具体反映。相对于城镇，农村收入分配的不均等程度较高。利用我们 1988 年的数据计算出来的农村居民收入的基尼系数为 0.338，高出城镇约 50%。而且，从近几年的经验数据看，中国农村居民收入分配不均等程度有不断扩大的趋势。因而我们有必要深入探讨影响农村收入差距扩大的一些因素。与农村收入分配的不均等同时并存的是农村贫困问题。对农村贫困的原因和机制加以分析，并在此基础上找到消除贫困的有效政策措施，不论是对于农村经济发展，还是对于缩小收入差距，都是有意义的。从长期趋势看，考察农村居民收入分配与财产分布的关系对于理解收入分配的变化趋势是有帮助的。因此，在评价农村收入决定和收入分配的影响因素的一些研究成果后，我们将转向后两个方面的内容。

（一）影响收入差距的各项收入来源分析

农户的可支配收入，根据不同的研究目的，可以分解为不同的分项收入。在我们的研究中，农户可支配收入，根据其来源，被分为家庭生产经营收入（包括现金收入和自产自销产品）、个人工资性收入、房产折旧金、从集体和企业获得的非工资收入、资产收入、净补贴、其他收入（如转移收入）。总收入和各项收入的均等程度可见表3。

表3　　农村居民总收入及分项收入的分配

总收入及其构成	1. 各项收入比重 ui（%）	2. 基尼系数或拟基尼系数（G or gi）	3. 绝对贡献 uigi	4. 相对贡献 uigi/G（%）
1. 家庭生产经营收入	74.21	0.282	0.209	61.8
其中（1）现金收入	-33.08	-0.436	-0.144	-42.6
（2）自产自销产品	-41.13	-0.159	-0.065	-19.2
2. 个人工资性收入	8.73	0.710	0.062	18.3
3. 房产折旧金	9.67	0.281	0.027	8.0
4. 从集体和企业获得的非工资性收入	2.4	0.487	0.012	3.6
5. 资产收入	0.170	0.484	0.001	0.3
6. 净补贴	-1.9	0.052	-0.001	-0.3
7. 其他收入（转移收入等）	6.71	0.418	0.028	8.3
总收入	100	0.338	0.338	100

从表3可以看出，家庭生产经营收入构成了农村居民户总收入的主要部分，所占比例为74.21%。它的分配较为均等，拟基尼系数为0.282，比总收入的基尼系数（0.338）约低20%。然而，家庭生产经营收入中的两部分的分配不均等程度也是不同的。现金收入表现出较高的不均等程度，拟基尼系数为-0.436，高于总收入基尼系数约29%；而自产自销产品的分配的不均等程度是很低的，拟基尼系数仅为-0.159。由于家庭生产经营收入作为一个整体具有较低的不均等程度，因此它对总收入不均等程度的解释力为61.8%，低于其在总收入中所占的比例。个人工资性收入在总收入中所占的比例为8.73%，但是它的分配不均等程度相当高，拟基尼系数0.710，因而它对总收入不均等程度的解释力为18.3%，远高出其在总收入中所占的比例。最后值得注意的是房产折旧金的分布。房产折旧金主要是依据房屋现值估算出来的，它的较低的不均等程度（拟基尼系数0.281）反映了农村居民占有房产方面的均等化。

如果进一步将农户的生产经营收入划分为农业生产经营收入和非农收入，并分别对其拟基尼系数进行测算，那么可以看到后者的不均等程度（拟基尼系数为0.398）明显高于前者（拟基尼系数为0.242）。结合个人工资性收入的较高不均等化，可以做出以下判断：农户的非农经济活动是导致农村收入分配趋于不均等化的一个主要原因。然而，这样一种收入不均等化的过程一方面反映了我国农村产业结构的演变，另一方面也反映了地区经济发展的不平衡性。

（二）收入决定的多变量回归分析

这里我们主要对用来解释我国农村居民收入决定的两组回归模型的估算结果进行评述。在第一组回归模型中，三个模型的被解释变量分别为农户总收入、家庭生产经营收入和个人工资性收入。三个模型的解释变量几乎是相同的，其中虚拟变量有职业种类、省份和党员身份，连续变量有家庭中男性劳动力比率、文化程度、生产性固定资产价值、土地面积、其他资产价值、化肥施用量、兼营率和商品率[①]。从模型估计的结果看来，这样几点是有意义的：第一，农户劳动力的平均文化程度对总收入的影响是显著的。在文盲、半文盲至大学毕业以上八个文化水平中，农户成员平均每提高一个水平，可使农户总收入提高34.97元。同样，农户劳动力的文化程度与家庭生产经营收入之间的相关性也是高度显著的。然而，在工资性收入函数的分析中，劳动力文化程度这一变量的系数估计值是很低的，而且统计上是不显著的。第二，农户中男性劳动力的比率对总收入的影响并不显著。男性劳动力的比率每提高1/3，农户总收入仅提高50元。但是家庭人口规模对总收入的影响却是显著的。如果假定其他因素不变，平均说来，农户每增加一个成员，可以使其总收入增加239元，它相当于农户人均收入的31%，相应的会使农户人均收入减少11%。假定其他变量会随着家庭人口规模的扩大而发生变动，那么农户每增加一个成员则可以使其总收入增加576元，并且只会使人均收入下降4%。考虑到家庭人口规模带来的消费方面的节约性，因此家庭人口规模的扩大并不会对农户实际收入水

---

① 兼营率＝农户工、副业产品销售总额与农产品销售总额的比率；商品率＝农产品销售总额与其生产经营收入的比率。

平构成不利影响。这也说明农户的强烈的家庭规模的扩张倾向并没有感受到经济上的自我限制。第三，生产性固定资产对农户总收入，特别对家庭生产经营收入的影响是明显的。生产性固定资产对总收入的年收益率为6%，对家庭生产经营收入的收益率为9%。与此相反，土地面积对农户总收入和家庭生产经营收入的贡献是微不足道的。尽管该变量的系数估计值在统计上是显著的，但是其数值是极低的，每增加一亩地仅使家庭生产经营收入增加1.18元。这一结果可能是由以下几个因素造成的：（1）土地人均占有量与地区经济发展水平成反比。这种反比关系不但存在于各省之间，也存在于各省内部，因此在省份作为虚拟变量的回归模型中，这种反比关系的影响仍难以被全部加以消除。（2）土地质量的差异没有反映在回归模型中，因为这种差异会影响到土地生产力与土地面积之间的线性关系。（3）土地面积可能实际上并不构成引起家庭生产经营收入差距的因素，这是与土地这种稀缺要素的配置方式有关的。农村现时的土地分配可能是根据农户的配套农用资产的拥有量进行的，以便保证土地利用上的高效率。这样，土地对收入的贡献隐含在其他生产性资产中，因而土地对收入的直接效应变得不明显。（4）土地收益率低是一种实际状况。由于农产品相对价格的不断下跌和农业投入品价格的不断上升，导致了土地的边际生产力下滑到很低的水平上。这样几种解释需要进一步的估算，才能得到证实。第四，表现农户生产多样化的兼营率对农户总收入的影响统计上并不显著，而且系数估计值很低（1.40）。而反映市场发育程度的商品率对农户总收入的影响是高度显著性的，系数估计值高达1642.8。这表明，商品率每提高10%，农户总收入相应的提高164.28元。

第二组回归模型中的被解释变量为农户人均收入，解释变量有劳动力在家庭人口中的比率、家庭人均教育水平、工资收入者在劳动力中的比率、非农收入在总收入中的比例、家庭成员平均年龄、生产性固定资产、水浇地的比例、商品率、地理位置（其中以四川、贵州、云南、陕西、甘肃、青海和宁夏为西部地区，其他省份为非西部地区）和党员身份。从解释变量的系数估计值来看，劳动力比率对农户人均收入的影响是高度显著的。在一个5口之家中，每增加1个劳动力可使农户总收入增加357元。劳动力中工资收入者的比率的上升也同样会以更大幅度提高农户总收入。例如，在三个劳动力的农户中，每增加一个工资收入者可使农户人均收入增加226元。这在某种程度上反映了就业于乡镇企业的农民与从事农业经营活动的农民之间收入上的明显差异。还有，水浇地的比率也是影响农户收入的一个重要变量。水浇地比率每提高10个百分点可使农户人均收入提高约22元。除此之外，其他一些解释变量的估计结果与前一组模型大体相同。

（三）农户财产分布的分析

居民财产价值，一方面是其收入长期积累的结果，它的分布的均等程度在一定程度上反映了过去相当长时期内居民收入分配的均等程度，另一方面又会对居民现期收入和收入分配的均等程度产生一定影响。对中国农村居民的财产分布的研究可以分为两个层次进行：一是单纯研究居民财产分布本身的均等程度；二是分析财产分布和收入分配的关系。

中国农户财产主要由土地、房产、生产性固定资产、金融资产等几部分构成。表4给出了总财产和分项财产分布的不均等状况。

表4　　　　　农村居民户财产的分布状况（1988年）

人均财产	百分比（%）	基尼系数	拟基尼系数
总财产	100	0.311	0.311
土地（价值）	58.8	0.310	0.268
房产（价值）	31.2	0.488	0.380
生产性固定资产	7.7	0.559	0.250
金融资产	3.1	0.859	0.500
非住房负债	-0.8	0.934	-0.014

从表4不难看出，农户总资产的分布具有相当高的均等度，基尼系数为0.311。在各项财产中，土地价值的分布最为均等，基尼系数为0.310；金融资产的分布是最不均等的，基尼系数高达0.859，说明它集中在少数农户手中。按总财产排序计算出来的每项财产的拟基尼系数，表明了其分布与总资产分布的关系。土地和生产性固定资产的拟基尼系数都低于总资产的基尼系数，这说明它们的分布有助于缩小农户总财产分布的不均等程度。

而房产和金融资产的拟基尼系数则表明其分布格局显示了农户对各项财产积累的先后次序：首先投资于与土地相配套的生产性固定资产，然后是房地产，最后为金融资产。总体来讲，中国农村财产分布的不均等程度远远低于其他发展中国家，也低于中国农村收入分配的不均等程度。后一种情况在世界其他国家中是很难找到先例的。

对中国农户较为均等的财产分布的解释有两种：一是土地分布的均等化是由制度性因素决定的。由于土地价值在农户总财产中占有相当大的比重，土地分布的高度均等化自然会起到降低总财产分布不均等的作用。二是由于土地的均匀分布，在家庭经营的土地规模有限、农产品相对价格不断下降等因素的影响下，与土地相配套的农用固定资产的分布也就不可能表现出较高的不均等程度。这在很大程度上是由生产技术关系决定的。

（四）农村贫困

对收入分配的研究不能不涉及贫困问题。一个国家或地区贫困人口的规模和贫困的程度既反映了该国或地区的经济发展水平，又与其收入分配的不均等程度相关。经济发展水平的提高有助于减少贫困，而收入差距的扩大则会加剧贫困。

在过去十年中，我国在减少农村贫困方面做出了很大成绩，特别在开发和扶持贫困地区摆脱贫困方面取得了很多有价值的经验[①]。但是，从根本上消除农村贫困人口仍是一个非常艰巨的任务。在 80 年代前期，正值我国农村经济改革的鼎盛时期，我国农村贫困人口的数量和贫困程度都出现了大幅度的下降，大约从 1984—1985 年开始，农村贫困问题又有加重的趋势。而且，我国长期以来把贫困问题的解决主要限于贫困地区，忽略了非贫困地区中的分散的贫困人口，而根据我们的样本估算，1988 年大约有 2/3 的农村贫困人口生活在非贫困地区。

在贫困研究方面，一个非常重要的工作是确定贫困线。在这方面通常所用的两种方法是营养标准法和收入标准法。根据前一种方法的估算，1988 年我国农村大约有 17.8% 的居民户处在贫困线以下。根据收入标准法，

---

① 参见世界银行《贫困：1990 年世界发展报告》（英文版），牛津出版社，第 72 页。

考虑到价格变动、地区差异、家庭规模的消费节约等因素,1988年我国农村贫困线约为330元,相应的可以确定贫困户的比例为12.1%,贫困人口的比例为13%。

根据对农村贫困人口的收入水平及收入分布的研究,可以对我国农村贫困的总体特征做出以下描述:第一,贫困户人均收入的分布较为集中,大多数贫困户集中在200—300元(贫困线)的区间内。贫困人口收入的基尼系数为0.164,相当于农村总体基尼系数(0.338)的一半。第二,用人均贫困距[①](poverty gap)(92元)衡量的贫困程度不是十分严重。1988年的贫困距相当于贫困人口平均收入的38%。第三,由于以上两个特征,消除贫困问题所需的税收负担是较轻的。只需对农村非贫困人口征收约1.6%或对城市人口征收约1.8%的税款,转移给贫困人口,就可以使他们收入达到贫困线以上。第四,对大部分分散在非贫困地区的贫困人口来说,除了救济、补助等措施之外,其他扶贫政策都变得更加难以实施。

与非贫困户相比,贫困户有其不同的经济社会特征。根据我们1988年的样本数据的分析结果,农村贫困户的这样几个特征值得注意:(1)家庭人口规模大。贫困户人口规模为5.29人,非贫困户为4.95人。(2)拥有水浇地的比例低。贫困户的水浇地的比例为35.5%,而非贫困户为63.6%。(3)资产拥有量低,例如贫困户的金融资产价值相当于非贫困户的44.3%,房产价值相当于45.5%。

通过一些回归模型的模拟计算可以获得一些减少贫困的政策手段。第一,在贫困地区发展乡镇企业和让贫困户有更多的机会进入农村工业活动是减少贫困的一个最有效的办法。贫困户中的工业劳动力比例每提高33%,可使贫困率由原来的13%减少到0.7%。第二,改善农田水利设施,提高水浇地比例也是减少农村贫困的一条途径。贫困户水浇地的比例每提高10%,贫困率可减少2.3个百分点。第三,发展多种经营,提高商品率也有助于减少贫困。商品率每增加10%,贫困率可减少4—6个百分点。第四,增加贫困人口的教育机会。贫困户人均教育水平每增加一年,可使农村贫困率

---

① 贫困距(T)通常被用于衡量贫困的程度。它的计算公式为:$T = q(Z - \tilde{Y}p)$ 其中 q = 贫困人数;Z = 贫困线;$\tilde{Y}p$ = 贫困人口的平均收入。由此可以推出人均贫困距:$G = T/q = (Z - \tilde{Y}p)$。

减少0.6个百分点。

四 区域间和区域内收入差距

从较广的意义上讲,我国区域间居民收入分配的研究应该包括这样三个主要方面:一是城乡两大区域之间的收入差距的研究;二是地区或省份之间收入差距的研究;三是地区内或省内收入差距的区间或省际的比较研究。区域之间收入与收入分配的巨大差异,既是区域之间经济发展不平衡的后果之一,也是与我国长期以来实行的向城市倾斜的经济发展战略相关的,也反映了发展中国家二元经济结构的某些共同特点。

(一) 城乡收入的巨大反差

城乡居民收入分配的不平等是我国收入分配领域中一个突出的问题。

从时间序列数据观察,尽管这些数据大大低估了城镇居民的实际收入,城乡居民收入差距是显而易见的,并且在过去改革的12年中出现了先缩小后进一步扩大的趋势。根据我们的数据,按照居民的可支配收入进行比较,1988年我国城乡居民的收入比例为2.41:1,高于国家统计局公布的2.17:1的比例。如果把城乡居民户按收入水平进行十等分组,可以看出城乡居民户各自在不同收入组中的分布。如表5所示,城镇居民户大多数集中在高收入组中,而农村居民户在低收入中占有极高的比例。

从收入构成上看,城乡居民收入差距主要来自城镇居民的高补贴和高福利,而不是城镇职工的名义上的劳动报酬收入。1988年城镇居民获得的各种可计算的补贴和福利性收入(如退休金)的人均额高达854.5元,占其总收入的46.39%,相当于农村人均收入的112%。如果再加上不便于计算的福利性收入,城镇居民获得的实际补贴额还会更高。更值得注意的是,补贴,特别是城镇居民的住房补贴不但在城镇居民收入分配中起到扩大收入差距的效应,而且在扩大城乡之间居民收入差距方面表现得更加突出。在全国居民总收入的基尼系数及其分项收入的拟基尼系数关系的分析中,城镇居民补贴在全国居民总收入中所占的比例是16.8%,而它却可以解释全国居民收入不均等程度的32.4%。

城乡收入的不均等与城乡之间居民教育机会（人力资本）的不均等的相互作用，可能使得两种不均等本身趋于更加严重。根据我们的调查数据，城乡之间居民教育水平的差异是显著的。在其他条件相同情况下，平均说来城镇居民比农村居民多受 4.5 年教育。由于国家教育经费的投向向城镇倾斜，农村教育处于一种相对供给不足和教育质量低下的状态。前一种状况造成了农民子女上学难的问题，后一种状况导致了农村较低的教育收益率，这又反过来影响到农户对教育的需求。在我国这样一种以劳动收入为居民户主要收入来源的经济中，随着劳动力市场的形成，人力资本量就会成为影响居民收入差距的主要因素。因此，现阶段我国城乡居民教育水平和教育机会方面的明显差异在将来会进一步成为导致城乡居民收入差距扩大的一个重要因素。

表 5　　　　　全国居民户十等分组中城乡居民户各占的比例

单位：%

		按人均收入划分的十等分组。*（从低到高）									
		1	2	3	4	5	6	7	8	9	10
城乡居民户在每组中比例	城镇	0.42	1.35	4.32	12.29	37.34	66.67	79.43	86.35	89.84	88.12
	农村	99.58	98.65	95.68	87.71	62.66	33.33	20.57	13.65	10.16	11.88

说明：* 总户数：19267 户，其中城镇 9009 户，农村 10258 户。

城乡之间居民收入巨大反差的一个直接效应是造成农村劳动力向城市转移。尽管现阶段我国通过户籍制度和严格的行政管理手段对农村劳动力的外流加以限制，但是在现行的城乡之间收入差距的情况下，农村劳动力的流动倾向是可以通过建立模型加以预测的。利用托达罗（Todaro）的劳动力流动模型[1]和我们 1988 年的调查数据，可以计算出每一地区农村劳动力分别流向本地区城市和流向其他地区城市的意愿或概率。计算结果表明，每省农村劳动力愿意流向城市的概率在 70% 以上。一旦对农村劳动力流动

---

[1]　在托达罗模型中，劳动力从农村流向城市的概率是城市预期收入与农村现期收入之间差额的函数，而城市预期收入是城市职工现期收入和在城市获得工作机会的函数。

的行政限制被取消，城市形成了自由流动的劳动力市场，城市工作岗位向农村劳动力开放，那么以上预测的农村劳动力流动的强烈倾向就可能会成为现实。当然，随着农村劳动力的外流，他们的流动倾向会逐渐减弱，因为农村劳动力的外流一方面会压低城市劳动力的价格和提高农村劳动力的边际生产力，另一方面会增加城市寻找工作的难度。这是该模型运用上没有考虑到的。另外，该模型还忽略了一些非经济因素，如方言、文化习惯，对劳动力流动的限制作用。

（二）省际收入差距的分析

由于城镇和农村是两个严重地被分割的运行系统，对省际居民收入差距的探讨也应该分为城镇和农村两部分进行。

我国省际农村居民收入差距表现得更为明显。按照国家统计局的数据进行计算，1988年我国农村居民人均纯收入的省际基尼系数为0.188[①]，并且在过去10年中，省际农村居民收入差距是一种不断扩大的趋势，省际基尼系数由1980年的0.137上升到1990年的0.197，省际收入差距扩大了44%。如前所述，省际农村居民收入的不均等已成为整个农村居民收入差异的主要原因。利用其他资料来源进行的分析也证实了这一点。在1987年全国2400个县的收入差异的分析中，估算出来的泰尔指数（Theil Index）表明，省际的差异可以解释县际收入差异的71%，而省内的差异只能解释29%。

总体来讲，省际农村居民收入差距形成的原因可归结为省际经济发展不平衡。具体分析又发现影响这种差距的一些不同层次的因素。

根据农户的收入来源，个人工资性收入和非农收入在扩大整个农村收入不均等程度和省内不均等程度方面都起到明显的作用。由此可以进一步做出推断：工资性收入和非农收入也是导致省际收入差距扩大的主要因素。对于这样一种推断还需要进一步证实。论证的具体方法有两种。一是可以对各省的人均收入与各省工资性收入在总收入中的比例进行相关分析，根据相关系数的高低，可以判断上述推断是否成立。二是可以按省人均收入

---

① 省际基尼系数是把每省作为一个计算单位，把省人均收入作为单位收入水平计算出来的。

排序算出省人均工资性收入的省际拟基尼系数,根据其对省际人均收入差异的解释力的大小来判断上述推断是否成立。

农村省际居民收入差距的扩大是经济发展过程中的一个阶段性现象呢,还是一种持续的后果?根据现有的数据,很难对此下一个准确的判断。根据过去十几年的数据,我国农村人均收入增长与省际收入差距的大小之间存在着高度的相关性。但是,这种相关性并不意味着二者之间存在着必然的因果关系。如果对 1980—1990 年的农村人均收入的增长率与省际收入差距的上升率进行比较,就会发现二者之间的相关程度很低。这说明,快速的经济增长并非是导致收入差距更快地扩大的因素。如果假定农村省际收入差距的扩大主要来自于各省乡镇工业发展的不平衡这一推断是成立的,那么,随着落后省份不断地扩大其乡镇工业的比例,在达到某一时点后,省际收入差距将会出现不断缩小的趋势。此外,随着农村劳动力在省与省之间流动受到越来越少的行政因素和政策因素的限制,富裕地区相对高的劳动力价格会从落后地区吸引越来越多的劳动力;同时,落后地区的资源优势和资金、技术人才的相对短缺又会吸引富裕地区资金、技术和人才的流入。这样一个互相流动的过程也有助于缩小省际收入的差距。

省际收入差距城市小于农村。根据我们 1988 年调查数据,在被调查的 10 个城市样本省份中,最高省份(广东省)城市人均收入为 3016 元,最低省份(山西省)为 1379 元,前者为后者的 2.19 倍。农村的这一相应数字为 3.72 倍。城市省际人均收入的差异除了反映了各省发展水平、产业结构和劳动力素质的差异外,在很大程度上反映了各省所有制结构和市场作用方面的一些不同点。较大比例的个体、私营、外资、合资经营成分是和一个地区的较高人均收入水平相一致的。例如,广东省人均收入比江苏省高出 67.5%,而人均的个体、私营企业主收入却高出 87.5%。此外,城市省际人均收入的差异也是与职工货币收入的差异相关的。在城市职工货币收入的多变量回归分析中,省际职工人均货币收入的差异也很明显。最高省份的职工人均货币收入比最低省份高出 52.6%。相比之下,货币收入中的基本工资部分在省际的差异远小于其他货币收入部分。例如,对于前者来说,最高省份比最低省份高出 18%,而对于后者来说,相应的数字为 109%。由于基本工资更多地受到行政管制,而其他货币收入中则受市场影响较大,二者在货币总收入中的比重在某种程度上反映了一个地区的市场利用程度。尽管一个地区的市场发育程度与该地区的人均收入水平之间的相关性不可能仅由这样一个例子加以证明,但是前者对后者的影响作用是不可否认的。

(三) 省内收入分配及省际比较

省内收入分配的研究及省际的比较至少具有两方面的意义。第一,可以判断省内收入分配的一些决定因素是带有普遍性,还是特殊性。这对于理解全国和整个农村或城市地区的收入分配格局是有帮助的。第二,可以对省内收入不均等程度与其收入水平之间的关系进行研究,其结果有助于对各个省,以至全国收入不均等程度的长期变化趋势作出判断。考虑到我们样本的可利用性,这里我们集中于我国农村省内收入差距的比较。

从已获得的 28 个省市数据的分析结果来看,各省农村收入差距是参差不齐的。有的省 (如江苏省) 的基尼系数高达 0.383,有的省 (如江西省) 的基尼系数低到 0.230。从根本上讲,各个省内部的收入差距的大小主要是由省内经济发展不平衡程度决定的。具体说来,乡镇企业和非农产业发展的速度、规模和分布是解释省内收入差异大小的主要因素。对于五个基尼系数最高的省份来说,工资性收入和非农收入对总收入不均等程度的平均解释力是 41%,农业经营收入的解释力为 45.4%;而对于五个基尼系数最低的省份来说,相应的数字分别为 30.2% 和 53.2%。可见,省内收入差距的大小是与以上两种收入的份额和分配均等程度相关的。

各省内收入差距与其收入水平之间是否存在着一种关系?如果回答是肯定的,那么这种关系是一种线性的,还是一种非线性的?对于这两个问题的回答实际上可归结为用分省横截面数据来论证我国农村是否存在着库兹涅茨的"倒 U 形假说"。虽然这一假说已有 30 多年的历史,它仍处在被证实和被证伪的过程中。有的学者利用一些国家的经验数据证实了这个假说的真实性,有的学者利用不同国家的经验数据得出了否定的回答[①]。如果这一假说被加以证实,那么它所具有的政策含义是相当明确的。有的学者

---

① 关于"倒 U 形假说"的主要经验研究结果可参见 R. M. Sundrum, *Income Distribution in Less Developed Countries*, Routledge, London and New York, 1990, pp. 77 – 88。

曾经利用1987年我国农村分县的数据来分析省内基尼系数与省内农村人均收入等变量之间的关系，其结果无法说明省内收入差距与其人均收入水平之间的任何规律性。同样，根据我们1988年的样本数据的分析结果，我国各省农村收入分配的不均等程度与其人均收入也是不相关的。即使将不同的省份按照地理位置和生产结构的多样化程度重新加以分类，上述两个变量之间仍不存在相关性。由此可见，利用分省的横截面数据很难证实我国农村地区经济发展与居民收入分配之间的"倒U形"关系。

然而，上述证据也并不意味着从根本上否定了"倒U形"关系在我国农村地区存在的可能性，因为利用分省的横截面数据进行这方面分析有一定的局限性。第一，我国省域范围广，内部差异大，因此，省内收入差距的变动除了受到产业结构和发展过程的影响外，更大程度还受省内地区差异的影响。鉴于这种推测，如果利用抽样数据对县的人均收入水平与其收入差距进行回归分析，可以缩小省内地区差异对其收入差距的影响。第二，利用横截面数据进行这方面分析的局限性在于它假定各地区都具有同一的动态发展轨迹，只不过每个地区都处在该轨迹上的不同点而已，显然，这样一种假定是值得推敲的。如果利用时间序列数据进行分析可以避免以上局限性，其结果会更有说服力。遗憾的是我国现有的农村居民抽样调查公布的数据很难为这种分析提供帮助[①]。然而，即使有了过去十几年的时间序列数据，也可能难以对"倒U形"关系是否存在做出证实，因为我国农村以经济结构转变为主要特征的经济增长仅仅才出现10年左右时间，有可能我们现在仍处在"倒U形"轨迹上的上升阶段。何时将出现"拐点"不是依据现有时间序列数据能够加以预测的。

通过以上的介绍和评论，我们想就中国居民收入分配问题研究提出以下看法：

第一，许多经济问题的研究，特别像收入分配问题的研究，必须掌握大量事实，以实证分析为基础，才能使规范分析有可靠的事实依据，才能使政策建议具有科学的根据。本课题所反映出来的研究成果，虽然不是为经济决策提供一种可供直接操作的方案，但它的政策含义是非常明显的。

---

① 例如《中国统计年鉴》公布的我国农村居民户抽样调查资料，对居民户分组不是按等分法，而是按收入区间法。因此，很难从中推断出农村居民收入差距的任何指标。

因此，我们希望这些研究成果能对今后的经济决策直接地或间接地、近期地或长期地起到积极的作用。

第二，收入分配问题是整个国民经济问题的一个重要侧面——但也仅仅是一个侧面。它既从一个侧面反映了整个国民经济的运转状况，又从一个侧面制约着经济改革和经济发展的进程。因此，我们必须认清收入分配问题的位置。换言之，要改进收入分配的状态，就分配论分配是论不通的，必须从大处着眼，从总体出发，才能做到从小处着手，对收入分配问题提出切实可行的政策建议。没有这种大配套的观念作为背景，收入分配中的某一项改革措施（如机关事业单位的工资改革）往往难以取得单项突进之功效。

第三，就收入分配问题本身而言，又有一个小配套的问题，迄今为止，人们的注意力似乎集中在城市居民的收入分配问题上，特别是其中的收入分配不公问题上。然而，上述研究表明，农村居民的收入分配问题、区域间的收入分配问题，特别是城乡居民收入分配的差距问题，都是收入分配中的重要问题。城乡居民收入分配关系的合理化，从长期来看，将影响城市居民收入的进一步改善，乃至影响农业这一国民经济基础的巩固和整个工业化的进程。

第四，中国经济问题的研究，特别像收入分配问题的研究，既要注意吸收外来的先进分析方法，又要深深植根于中国的国情。上述研究成果表明，运用一些先进的现代分析方法，确实有助于加深对中国国情的了解和掌握。当然，本课题的研究，无论从运用现代分析方法和研究中国国情方面来看，还是从两者的结合方面来看，都还是一种尝试。欠妥之处，在所难免。但这种尝试无疑是有益的。它不仅有利于经济建设的实践，而且有利于提高经济学的水平。我们希望，本课题的研究成果对中国收入分配问题的研究能起到一种抛砖引玉的作用。

（本文与李实合作，是在两作者共同讨论的基础上写成的，由李实执笔，赵人伟修改校订。原载《改革》杂志1992年第2期）

中国居民收入差距的扩大及其原因

一　引言

中国的经济体制改革已经进行了将近二十年。在这一过程中，居民收入分配的格局发生了很大变化。

本文试图对收入分配格局的变化，特别是收入差距扩大的状况作一考察。由于收入分配涉及面很广，本文拟集中考察收入分配变化的一些重要方面。

为了更好地考察改革以来收入分配的变化情况，还拟对改革以前中国居民收入分配的特点作一简要的回顾与分析，以便对这种变化的起点和背景有一个基本的了解和判断。

中国的经济改革是同经济发展和增长紧密联系在一起的，换言之，中国从计划经济向市场经济转换的过程是同从二元经济向现代经济转换的过程交织在一起的。中国居民收入分配格局的变化是在这样两个转变的过程中实现的。因此，本文还试图从经济发展、经济改革以及与此有关的政策因素中去分析收入差距变化的原因。

最后，我们拟对今后如何改进收入分配提出一些具有政策含义的建议。

本文所引用的资料，一部分来自中国社会科学院经济研究所收入分配课题组（以下简称经济所课题组）对 1988 年和 1995 年城乡居民收入分配状况所做的抽样调查，另一部分来自国家统计局以及其他渠道。凡未注明出处者，均来自上述两次抽样调查。

二　改革以前收入分配的特点

这里所说的改革以前，是指 1956 年计划经济体制确立至 1978 年提出改革这二十多年时间。总的来说,改革以前的中国是一个均等化程度很高（或不平等程度很低）的社会,但同时也存在一些不平等的因素。为什么说中国在改革以前是一个均等化程度很高的社会呢？根据许多研究文献,中国在改革前夕或改革之初,收入分配的基尼系数比世界上大多数发展中国家都要低。城市的基尼系数在0.2以下,农村的基尼系数略高,但多数估计都在0.21—0.24（见表1）。而许多发展中国家,城市的基尼系数则在0.37—0.43,农村的基尼系数则在0.34—0.40（见表2）。

表1　　　　对改革前收入不平等程度的各种估计（基尼系数）

城市	农村	全国	估计者
0.16 (1980)	0.31 (1979)	0.33 (1979)	（世界银行,1983）
0.185 (1980)	0.237 (1978)		（李成瑞,1986）
0.16 (1978)	0.212 (1978)		（任才方、程学斌,1996）
0.165 (1978)	0.222 (1978)		（Irma Adelman 等,1987）

说明：估计者资料来源见文末参考文献。

表2　　　　亚洲一些国家收入分配的不平等程度

国家和年度	基尼系数		
	农村	城市	全国
印度（1975/1976）	0.34		0.42
孟加拉国（1985/1986）	0.36	0.37	0.37
印度尼西亚（1976）	0.40		
泰国（1975/1976）	0.39		0.47
菲律宾（1985）	0.37	0.43	0.43
韩国（1971）	0.325		0.36

资料来源：卡恩等：《中国居民户的收入及其分配》,载赵人伟、格里芬主编《中国居民收入分配研究》,中国社会科学出版社1994年版,第86页。

改革以前中国收入均等化程度较高，至少有三个原因：第一，制度原因。社会主义制度是以生产资料公有制为特征的，因此，从1949年至1956年逐步实行生产资料公有化以后，居民除了少量储蓄存款的利息收入以外，几乎没有财产收入。第二，政策原因。决策者认为，社会主义所追求的目标是社会公平，加上建设初期应该多积累少消费，即使是劳动收入也应该是低而平均的。第三，中国文化传统中"不患寡而患不均"的平均主义观念的束缚。这种观念离开效率来谈公平，不求做大"蛋糕"来讲分配，往往划不清共同富裕和普遍贫困之间的界限。

如果我们作进一步考察则可以发现，即使在均等化程度很高的状态下，仍然存在和隐藏着一些不平等的因素。例如：

1. 城乡居民之间的收入差距比较大。据世界银行的计算，中国城乡居民人均收入的比率是2.5（1979年），比亚洲其他低收入国家要高（平均约为1.5），稍高于中等收入的国家（平均约为2.2）（见表3）。

表3　　　　　农村居民与城市居民收入不平等的国际比较

国别	比率（城市人均收入/农村人均收入）	年份
中国	2.5	1979
印度	1.4	1973—1974
孟加拉国	1.5	1966—1967
菲律宾	2.1	
泰国	2.2	1975—1976
国别	比率（城市人均收入/农村人均收入）	年份
巴西	2.3	1976
哥伦比亚	2.3	1970

资料来源：世界银行考察报告：《中国：社会主义经济的发展》（1981），中文版，第49页。

改革以前中国城乡居民收入差距较大的一般原因是同其他发展中国家一样都存在着二元经济结构，即现代工业部门同传统农业部门并存。差距较大的特殊原因是中国的决策者当时实行了特殊的政策，尤其是农产品低价收购政策，并把它作为积累工业化所需资金的手段之一，同时采取了严格限制农村居民迁入城市的户籍制度，进一步强化了城乡两个经济系统的分割（赵人伟，1992）。可见，在当时收入分配高度均等化情况下，特别是在城镇内部的均等化程度还高于农村内部的情况下,由于城乡之间收入的较大差别,对农村居民来说,仍然存在着不均等的因素。

2. 在消费品的分配方式上,强调实物分配方式,即供给制,而抑制市场分配方式(通过货币购买)。在强调实物分配的情况下,居民的货币收入的差距要小于实际收入的差距。实物分配实际上是一种暗的或隐性的福利补贴制度,这种补贴制度的初衷是要对低收入阶层作一种补偿,起缩小收入差距的作用。但实行的结果则不尽然。首先,占人口大约80%的农村居民并不享有城镇居民所获得的补贴。其次,即使对城市居民来说,也只有按人口定量供应的那部分消费品(如粮、棉、油),其补贴是按平均主义的原则分配的,但按职位供应的那部分消费品(如住房、汽车、电话等),其补贴的分配是高度不平等的。应该说,这样一种补贴制度或福利制度,也是均等主义掩盖下的一种不均等因素。

3. 工资的长期冻结,造成对青年一代不利的收入分配格局。改革以前,1956—1976年,工资基本上是冻结的。当然,这一期间基本生活消费品的价格基本上也是冻结的。从表面看,在这种工资和物价"双冻结"面前人人都是平等的,因为大家都同样地失去了增涨工资的机会。但实际上长期的工资冻结对不同代人的收入分配效应是不一样的,它造成代际的不平等,形成了对青年一代不利的收入分配格局(赵人伟,1985;Zhao Renwei,1991)。这种情况所造成的后果在80年代初甚至成为一个突出的社会问题。应该说,在非战争年代,持续如此之久的工资基本冻结是相当特殊的。这也属于均等主义掩盖下的一种不均等因素。

不过,话要说回来,尽管改革以前的中国在收入分配中存在着上述一些不平等的因素,但总的来说,当时的中国还是一个平均主义盛行的社会。正如李思勤教授所说的,中国改革以前在收入分配上是高度平均主义的经济(Carl Riskin,1987)。这种平等中存在着不平等,不平等中又存在着平等的状况,说明了中国社会经济状况的复杂性。对这种复杂性进行分析,是为了对改革的起点和背景有一个较为深入的了解。

三 改革以来中国居民收入差距变化的一些重要方面

综上所述,改革以前中国收入分配中的主要倾向是强调公平而忽视效率,再加上一些貌似公平的不公平因素,导致经济生活中缺乏必要的激励机制,造成生产上的低效率。所以,改革一开始中国的决策者提出了"让一部分人先富裕起来"的政策,这一政策的目标是克服收入分配上的平均主义,加强激励机制,提高效率,在做大"馅饼"的基础上最终实现共同富裕。近二十年来改革和发展的经验表明,总的趋势是按照改革初期提出的目标发展的。不过,由于体制转型中出现了非常复杂的情况,收入分配的变化也比原来想象的要复杂得多。在这里,我们拟对改革以来收入分配变化的一些重要方面作一考察。

(一) 变化的总趋势:收入差距明显扩大

我们先用国家统计局公布的时间序列资料对改革以来中国农村和城市的基尼系数变化作一考察,然后再根据经济所课题组1988年和1995年两次抽样调查的数据作进一步的验证。

从表4和根据表4所绘制的图1中可以看出,改革以来无论是农村还是城镇,由基尼系数所反映出来的收入差距从总体来说呈现出一种上升的趋势,尽管个别年份有缩小的情况。其中,农村居民收入的基尼系数从1978年的0.212上升到1995年的0.340,城镇居民收入的基尼系数从1978年的0.16上升到1995年的0.28。

表5是根据经济所课题组的两次抽样调查所计算出来的基尼系数。尽管其数值同统计局公布的结果有一些差异,但无论是农村还是城镇,基尼系数的上升、收入差距的扩大这样一个总的趋势是一致的。其中,农村的基尼系数从1988年的0.338上升到1995年的0.429,同期,城镇的基尼系数从0.233上升到0.286,全国的基尼系数从0.382上升到0.445。

表4　　　　　1978—1995年农村和城镇居民收入的基尼系数

年份	农村	城镇
1978	0.212	0.16
1979	0.237	—
1980	—	0.16
1981	0.239	0.15

续表

年份	农村	城镇
1982	0.232	0.15
1983	0.246	0.15
1984	0.258	0.16
1985	0.264	0.19
1986	0.288	0.19
1987	0.292	0.20
1988	0.301	0.23
1989	0.300	0.23
1990	0.310	0.23
1991	0.307	0.24
1992	0.314	0.25
1993	0.320	0.27
1994	0.330	0.30
1995	0.340	0.28

资料来源：李实等：《中国经济改革中的收入分配变动》，为1997年8月研讨会准备的论文。

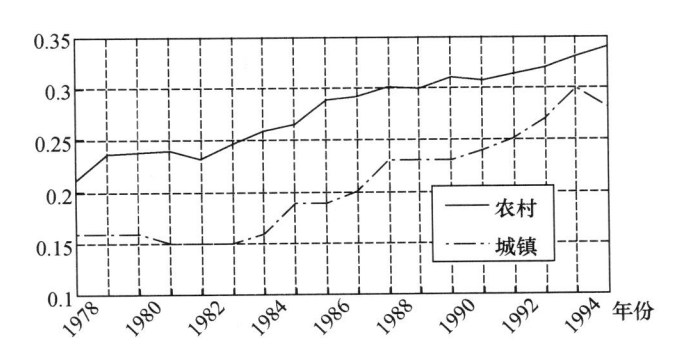

图1　1978—1995年农村和城镇居民收入的基尼系数

表5　　　　　　　　　　1988年和1995年的基尼系数

年份	农村	城镇	全国
1988	0.338	0.233	0.382
1995	0.429	0.286	0.445

表6　　　　　　　　　　1978—1995年城乡居民收入及差距

年份	名义人均收入（元） 农村	名义人均收入（元） 城镇	实际人均收入（元） 农村	实际人均收入（元） 城镇	城乡人均收入比率 实际	城乡人均收入比率 名义
1978	134	316	134	316	2.36	2.36
1979	—	—	—	—	—	—
1980	191	439	146	401	2.75	2.30
1981	233	458	161	408	2.53	2.05
1982	270	500	191	433	2.27	1.83
1983	310	526	210	451	2.15	1.70
1984	355	608	231	507	2.19	1.71
1985	398	685	238	510	2.14	1.72
1986	424	828	240	577	2.40	1.95
1987	463	916	246	586	2.38	1.98
1988	545	1119	247	594	2.41	2.05
1989	602	1261	228	575	2.52	2.10
1990	686	1387	249	625	2.51	2.02
1991	709	1544	252	662	2.63	2.18
1992	784	1826	266	721	2.71	2.33
1993	922	2337	275	794	2.89	2.54
1994	1221	3179	295	864	2.93	2.60
1995	1578	3893	325	906	2.79	2.47

资料来源：《中国统计年鉴》1986年、1996年；李实等：《中国经济改革中的收入分配变动》，为1997年8月研讨会准备的论文。

（二）城乡居民收入差距：老问题

我们仍然用国家统计局公布的时间序列资料和经济所课题组的两次抽样调查资料来对城乡居民收入差距的状况作一考察。

从表6和图2可以看出，城乡居民收入的差距在80年代初呈缩小的趋势；从80年代中期到90年代中期则呈扩大的趋势。城乡居民人均实际收入的比率1983年为2.15；到了1987年，其比率已恢复到改革前夕的1978年的水平，到1994年达到最高点，即2.93。

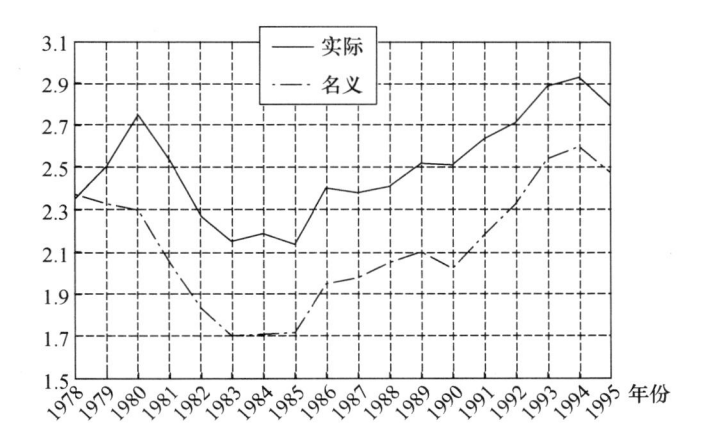

图 2 1978—1995 年城乡居民收入的比率

根据经济所课题组的两次抽样调查，如果我们把样本中的全部居民按收入高低进行十等分组，那么，无论是 1988 年还是 1995 年，乡村居民集中地分布在低收入组，城市居民集中地分布在高收入组。从表 7 和图 3（图 3 的纵轴代表居民所占的百分比，横轴代表收入的高低）可以看出，这种分布状况在 1988 年和 1995 年之间没有发生显著的变化。有趣的是，在低收入和中低收入各组，几乎没有什么变化；一些微小的变化则发生在中高收入各组（扩大了差距）和最高收入组（缩小了差距）。这可能是因为：农村乡镇企业的迅速发展，使少数企业的雇主很快地进入最高收入组；但乡镇企业的雇员即使能进入中高收入组，但由于个人能力和体制性因素的限制，其收入的增长仍然慢于城市的中高收入组。

表 7　　　　按收入十等分组城乡居民各占的比例

单位：%

十等分组组序	1988 年		1995 年	
	乡村居民	城市居民	乡村居民	城市居民
1（最低）	99.24	0.76	99.36	0.64
2	97.94	2.06	97.41	1.59
3	95.37	4.63	94.95	5.05
4	89.30	10.70	90.36	9.64

续表

十等分组组序	1988 年 乡村居民	1988 年 城市居民	1995 年 乡村居民	1995 年 城市居民
5	77.53	22.47	76.95	23.05
6	56.71	43.29	55.53	44.47
7	36.37	63.63	34.16	65.84
8	24.87	75.13	23.10	76.90
9	20.47	79.53	18.92	81.08
10（最高）	19.55	80.45	23.78	76.22

说明：居民人数：1988 年为 83179 人；1995 年为 56435 人。

（三）区域间居民收入差距：诸多争议的问题

关于区域间收入差距的问题，包括差距（特别是相对差距）是否扩大的问题以及如何看待收入差距扩大的问题，学术界一直存在着争议（刘树成等，1994；胡鞍钢，1994；余根钱，1996）。在这里，我们仅根据经济所课题组的两次抽样调查，分别考察农村区域间和城市区域间收入差距的变化情况。

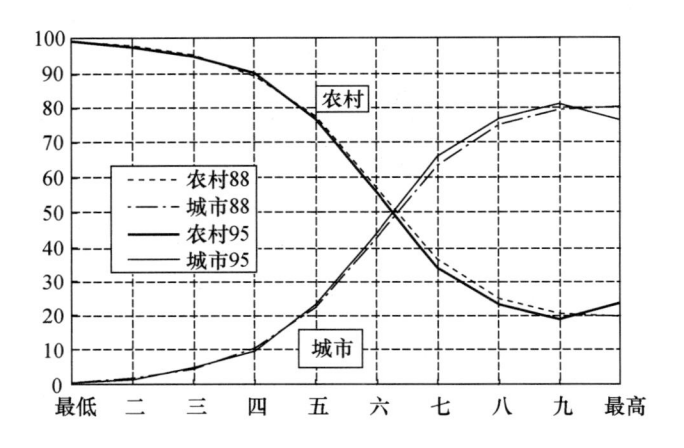

图 3 城乡居民按收入高低的分布

表8 农村三大地区人均收入及其变化
（1988年和1995年，按1988年价格）

	1988年		1995年		区域内收入绝对差（元）(3)-(1)	区域内收入相对差(3)/(1)	区域间收入相对差（以西部为100）	
	(1)人均收入（元）	(2)基尼系数	(3)人均收入（元）	(4)基尼系数			1988年	1995年
东部地区	891	0.34	3150	0.45	2260	3.54	161.7	243.9
中部地区	606	0.3	1599	0.33	993	2.64	110.0	123.8
西部地区	551	0.29	1292	0.38	742	2.35	100	100

说明：三大地区的划分如下（1988年包括28个省市；1995年包括19个省市）：
东部地区：<u>北京</u>、上海、天津、<u>辽宁</u>、河北、<u>山东</u>、<u>江苏</u>、<u>浙江</u>、福建、<u>广东</u>、广西、海南
中部地区：<u>山西</u>、内蒙古、<u>吉林</u>、黑龙江、安徽、<u>江西</u>、河南、湖北、湖南
西部地区：<u>四川</u>、贵州、云南、陕西、<u>甘肃</u>、青海、宁夏
（有着重号者为1995年调查的19个省市）

从表8和表9可以看出，1988—1995年，农村三大地区的人均收入均有明显增长，但东部地区增长得最快，中部地区其次，西部地区增长得最慢。从三大地区基尼系数的变化可以看出，三大区域内的收入差距都有所扩大。从区域间收入的相对差可以看出，三大区域间的收入差距也有所扩大。区域间收入差距的这种变化，在经济发达的江苏省和经济比较后进的甘肃省之间表现得更为显著。不过，从两省七年间基尼系数的变化可以看出，省内收入差距的扩大则甘肃省比江苏省要更为显著。

表9 江苏和甘肃两省农村人均收入及其变化
（1988年和1995年，按1988年价格）

	1988年		1995年		省内收入绝对差（元）(3)-(1)	省内收入相对差(3)/(1)	省际收入相对差（以甘肃为100）	
	(1)人均收入（元）	(2)基尼系数	(3)人均收入（元）	(4)基尼系数			1988年	1995年
江苏	843	0.38	3444	0.349	2610	4.13	186.6	334.7
甘肃	447	0.28	1029	0.338	582	2.30	100	100

由于城市抽样调查的覆盖面比较小，我们只分为沿海和内地两个组来

进行考察。

表 10　　　　　沿海和内地城市人均收入及其变化
（1988 年和 1995 年，按 1988 年价格）

	1988 年		1995 年		区域内收入绝对差（元）(3)-(1)	区域内收入相对差 (3)/(1)	区域间收入相对差（以内地为100）	
	（1）人均收入（元）	（2）基尼系数	（3）人均收入（元）	（4）基尼系数			1988 年	1995 年
沿海	1584	0.213	2502	0.277	918	1.58	134.6	149.0
内地	1177	0.22	1679	0.247	502	1.43	100	100

说明：沿海和内地的划分如下（1988 年包括 10 个省市；1995 年包括 11 个省市，即加了四川省）：
沿海：北京、广东、江苏、辽宁
内地：山西、河南、安徽、四川、湖北、云南、甘肃

从表 10 和表 11 可以看出，1988—1995 年，沿海和内地城市的人均收入也有明显增长。从基尼系数的变化可以看出，沿海内部和内地内部的收入差距都有所扩大。从区域间收入的相对差可以看出，沿海和内地之间的收入差距以及沿海省份江苏和内陆省份云南之间的收入差距均有所扩大。

表 11　　　　　江苏和云南两省城市人均收入及其变化
（1988 年和 1995 年，按 1988 年价格）

	1988 年		1995 年		省内收入绝对差（元）(3)-(1)	省内收入相对差 (3)/(1)	省际收入相对差（以甘肃为100）	
	（1）人均收入（元）	（2）基尼系数	（3）人均收入（元）	（4）基尼系数			1988 年	1995 年
江苏	1412	0.174	2251	0.23	839	1.59	111.4	123.7
云南	1268	0.198	1820	0.21	552	1.44	100	100

如果我们进一步比较农村区域间同城市区域间收入差距的扩大情况，那么，上述数据表明：农村区域间收入差距的扩大程度要显著地高于城市区域间收入差距的扩大程度。

（四）财产收入差距：新问题

如前所述，改革以前中国居民除了少量的个人储蓄的利息收入以外，

几乎没有什么财产收入。改革以来,居民的财产收入,特别是城市居民的财产收入增长很快,而且分布也颇为不均等,已经成为人们关注的一个新问题。由于城市居民的财产收入同住房补贴及自有住房租金估价这三项收入之间有密切的关系,所以我们有必要把它们联系起来进行考察。

表 12　　　　城市居民的财产收入、补贴及自有住房租金估价

	1988 年 Ui	1988 年 Ci	1995 年 Ui	1995 年 Ci
(一) 财产收入	0.49	0.437	1.3	0.489
(二) 补贴及实物收入				
1) 住房补贴	18.14	0.331	13.93	0.322
2) 实物收入	2.21	0.233	0.99	0.284
3) 票证补贴	5.26	0.13	—	—
(三) 自有住房租金估价	3.90	0.338	10.28	0.371

资料来源:李实等:《中国经济改革中的收入分配变动》,为 1997 年 8 月研讨会准备的论文。
Ui 为该项收入在个人总收入中的比重(百分比)。
Ci 为该项收入的集中率,即该项收入分配的不平等程度。

从表 12 可以看出,城市居民财产收入从 1988 年占个人总收入的 0.49% 上升到 1995 年占个人总收入的 1.3%。住房补贴和自有住房租金估价这两项的变化最为明显。其中,住房补贴明显下降,从 1988 年的 18.14% 下降到 1995 年的 13.93%,下降了 4.21 个百分点;而自有住房租金估价则明显上升,从 1988 年的 3.9% 上升到 1995 年的 10.28%,上升了 6.38 个百分点。这两项的一升一降,显然同 80 年代末以来住房商品化改革的推进有密切的联系,即一方面是自有住房的增加,另一方面是住房补贴的下降。由于公有住房是以极低的价格出售给居民的,虽然出售公房的同时就意味着取消了住房补贴,买房的居民也付出了一定的价格,但住房市场价格同实际出售价格之间则存在着巨大的差额。[①] 这表明,住房商品化等于一次性地将公有财产转化为个人财产。[②] 因此,如果把自有住房租金估价也算作一种财产性收入,那么,

---

[①] 公有住房的实际出售价格同市场价格之间的差额,各个地区是不一样的。一般来说,中小城市的差额要小于大城市。在特大城市的黄金地段,差额就很大。就一般情况而论,市场价格比实际出售价格要高出 1—2 倍;极端的事例可能要高出二十倍(汪利娜,1997)。

[②] 实际上,我国城市居民买到住房以后并不能即刻转让,即产权的转让有一个过程。

1995年城镇居民的财产收入已达到11.58%，比1988年的4.39%上升了7.19个百分点。另外，不仅狭义的财产收入有很高的集中率（1995年为0.489），而且自有住房租金估价也有相当高的集中率（1995年为0.371）。非常有趣的是，自有住房租金估价的集中率还要高于住房补贴的集中率（1995年为0.322）。关于住房商品化对收入分配的效应，我们将在下一节进一步讨论。从表12还可以看出，上述这三项收入的集中率都要高于城镇居民收入分配的基尼系数（1995年为0.286）。

除了自有住房的租金估价以外，我国目前个人财产收入的形式主要有利息、红利、租金等。根据国家统计局的资料，仅以个人储蓄的利息收入而言，1978年只有6亿元，占个人收入的比重仅为0.3%；但到1995年，利息收入已达3000亿元，占个人收入的比重达到7.9%（国家统计局等《收入分配问题》课题组，1996）。

财产收入的不平等来自财产分布的不平等。从表13和表14可以看出，进入90年代以来，我国城市居民金融资产的增长极其迅速，户均金融资产已从1990年末的7869元增加到1996年6月末的30982元；户均实际金融资产已从1990年末的7869元增加到1996年6月末的14715元，即增长87%。而且，其分布颇为不平等。按五等分组，1996年6月末，最高20%家户的户均金融资产为最低20%家户的户均金融资产的12倍。

表13　城市居民的金融资产及其变化

	1990年末			1996年6月末			
	总额（亿元）	户平均（元）	构成（%）	总额（亿元）	户平均（元）名义	户平均（元）实际	构成（%）
居民金融资产	5404	7869	100.0	27110	30982	14715	100.0
其中：							
银行存款	4084	5941	75.5	22718	25961	12331	83.8
有价证券	1052	1532	19.5	2467	2821	1338	9.1
手存现金	272	396	5.0	1085	1233	586	4.0
其他	—	—		840	970	461	3.1

资料来源：国家统计局：《统计报告》第21号，1996年11月8日。

说明：1996年实际户均金融资产是以1990年城市居民消费价格指数为基期进行计算的。

表 14　　　　　　　　　城市居民金融资产分布

（按五等分组，1996 年 6 月 30 日）

城市家户按五等分组 组序（从高到低）	户均金融资产（元）	占居民金融资产总额的比重（%）
1（最高）	74359	48
2	35629	23
3	24786	16
4	13942	9
5（最低）	6192	4

资料来源：国家统计局：《统计报告》第 21 号，1996 年 11 月 8 日。

（五）高收入阶层和寻租活动：难题

改革以来，高收入阶层的问题一直引起社会强烈的反应，但如何弄清高收入阶层的规模及其实际的收入水平，一直是困扰着人们的一大难题。现在我们能够掌握的有限资料有两类：一类是社会上的各种案例调查；另一类是上述两次抽样调查。前一类的缺陷是对全国的代表性不清楚，后一类的缺陷是许多高收入人士根本进不了抽样调查的样本。

根据浙江温州市的一项研究，在一般私营企业中，企业主的年收入为一般职工的 21 倍；在具有百万资产以上的私营企业中，企业主的年收入为一般职工的 79 倍（郑达炯，1994）。另据中国社会科学院社会学研究所的调查，我国年收入在 100 万元以上的已有 100 万户（高晓岩，1995）。人们称这些人为新富起来的人，主要由一部分私营企业主、部分合资企业中的中方管理人员、出场费很高的歌星、影星等十多类人员组成。

尽管经济所课题组的两次抽样调查很难有代表性地涵盖高收入人士，但从表 15 可以看出，高收入组同低收入组的比率有明显的上升：最高 3% 收入组同最低 10% 收入组的比率从 1988 年的 7.69 上升到 1995 年的 11.82；最高 3% 收入组同最低 20% 收入组的比率从 1988 年的 4.92 上升到 1995 年的 6.31。

至于寻租活动，迄今只有两篇文章对 1988 年和 1992 年的租金总额进行了估算（胡和立，1989；万安培，1995）。目前还无法对租金的分布和流失问题进行准确研究。但一般都认为，租金的分布是极不平衡的。

表 15　　　　　城市人均工资收入的分布及比率的变化（元）
（1988 年和 1995 年）

	1988 年	1995 年 名义	1995 年 实际
1）最高 3% 收入组	5567.4	19447.70	8533.3
2）最低 10% 收入组	724.4	1644.69	721.6
3）最低 20% 收入组	1131.4	3081.41	1352.1
比率 1（3%/10%）	7.69	11.82	
比率 2（3%/20%）	4.92	6.31	

说明：1995 年的实际收入是以 1988 年城市居民消费价格指数为基期进行计算的。

以上我们从几个不同的侧面分析了改革以来中国居民收入差距扩大或收入不平等增长的情况。不过，值得指出的是，同时期我国的贫困也有显著的减轻。我国的贫困人口已经从 1978 年的 2.5 亿下降到 1995 年的 6500 万（朱凤岐等，1996）。这种不平等增长和贫困下降并存的状况主要是因为改革以来实现了高速的经济增长，换言之，改革以来居民收入差距的扩大是在"馅饼"不断做大的基础上发生的。关于经济增长、不平等和贫困之间的关系，世界银行的报告从国际比较的角度进行了分析（世界银行发展报告，1996）。

四　收入差距扩大的原因和价值判断

分析改革以来收入分配差距扩大的原因是一个复杂的任务。长期以来，人们往往用经济增长或发展来解释收入差距的扩大，特别是根据西蒙·库兹涅茨的"倒 U 形假设"来解释发展中国家在经济起飞过程中收入差距的扩大（Simon Kuznets，1955）。即使作为这一假设例外的台湾经验，在经济高速增长的同时获得了收入分配上比较平等的结果，也是集中探讨经济增长同收入分配的关系，即探讨经济增长是否会引起收入差距的扩大。然而，根据中国的实际情况，我们认为至少应该考察以下三个方面的因素对收入分配的效应，即（1）经济增长或发展；（2）经济改革或体制变迁；（3）经济政策及其变化（见表 16）。当然，这三方面的因素对收入分配差距的效应，都有扩大的一面，又有缩小的一面。在过去十多年中，扩大的效应起了主导作用，所以收入分配的差距总体来说是扩大的。另外，这三类因素之间是互相关联的。下面逐一分析这些因素对收入分配差距的效应。

表 16　　　　　增长、改革和政策对收入分配的效应

各种因素	对收入分配差距的效应	
	对城市内部或对乡村内部	对城市和乡村之间
1）经济增长或经济发展		
• 城市非国有经济的较快发展	＋	＋
• 农村非农产业的较快发展	＋	－
• 农业生产的发展（特别1979—1983年）		－
2）经济改革或体制变化		
A. 有序变化		
• 农村价格改革	－	－
• 农村家庭联产承包责任制	－	－
• 农村劳动力的流动		
• 城市住房制度的改革	＋	＋
B. 无序变化		
• 寻租活动	＋	＋
• 内部人控制	＋	＋
• 垄断	＋	＋
• 腐败	＋	＋
3）经济政策及其变化		
• 农产品低价收购		＋
• 农业税		＋
• 农民的税外负担		＋
• 个人所得税	－	－
• 城市补贴的减少		
a. 按人头	＋	－
b. 按职位	－	－
• 城市居民福利转化为个人财产	＋	＋

说明："＋"表示扩大差距即增加不平等；"－"表示缩小差距即降低不平等。有的因素作用方向复杂难以简单判断其效应者，则以空白表示。

(一) 经济增长或发展

改革以来的事实表明,在经济增长或发展方面,城市非国有经济的较快发展(同国有经济相比)和农村非农产业的较快发展(同农业相比)是引起收入差距扩大的两个强有力因素。表 17 和表 18 都是根据经济所课题组的两次抽样调查计算出来的结果。从表中可以看出,城市非国有部门的基尼系数明显地高于国有部门,农村非农产业的基尼系数明显地高于农业。因此,在非国有经济和非农产业较快发展的情况下,收入差距的扩大是一种非常自然的现象。应该指出,并不是所有的经济增长因素都会引起收入差距的扩大。例如,1979 年至 1983 年农业生产的迅速发展对城乡之间的收入差距就起明显的缩小作用,对农村内部则很难做出综合性判断。根据一些相关的计算(李实等,1997),这一阶段农村内部收入差距略有扩大,但这很难说是由农业生产的发展引起的,也许是非农产业的不平衡发展所引起的。

表 17　　城市国有部门和非国有部门工作人员工资收入的基尼系数

	1988 年	1995 年
国有部门	0.222	0.283
非国有部门	0.286	0.347

表 18　　农村农业收入和非农产业收入的基尼系数

	1988 年	1995 年
农业	0.242	0.239
非农产业	0.390	0.512

(二) 经济改革或体制变迁

由于中国采取了渐进改革的方式,在体制转型中出现了双重体制并存的局面,再加上一些非经济因素的影响,使得经济改革或体制变迁中发生了许多无序的问题。因此,把体制变迁的因素划分为有序变化和无序变化这两类是可行的。

20 世纪 80 年代初期农村的价格改革和家庭联产承包责任制的推行,特别是土地的承包到户,对农民来说是普遍受益的,所以这些改革措施对农村内部来说起的是缩小差距的作用,而对城乡收入差距来说,起的更是显著缩小的作用。

至于农村劳动力的流动,对城乡收入的差距起缩小作用是比较明显的;但它对农村内部收入分配的效应则比较复杂:由于农村劳动力流出的地区分布极不平衡,因此,对于整个农村地区来说,它扩大了收入差距,但对某一个社区内部来说,又有缩小收入差距的作用。因此在表 16 中我们没有加以标明。

20 世纪 80 年代后期以来城市住房制度的改革是一项非常重要的改革措施。有的学者认为,其意义相当于农村当年推行家庭联产承包责任制。虽然这次改革还在进行之中,不过它对收入分配的初步效应已相当明显。如上所述,自有住房租金估价的集中率不但高于城镇的基尼系数,而且还要高于住房补贴的集中率,所以,住房制度的改革已经扩大了收入分配的差距。由于这一改革没有对原有公房分配中形成的不平等因素加以认真的考虑,例如,对有公房者和无公房者、有好房者和有次房者、有大房者和有小房者的差别没有按市场经济的原则进行认真的算账。其结果,不但扩大了城市居民收入分配的差距,而且扩大了城乡居民收入分配的差距。而且,原来公房分配中最不平等的部分迄今尚未改革。如果住房商品化改革的有关政策,特别是其中的价格政策保持不变,那么,可以预期,随着住房改革的进一步推进,还将进一步扩大收入分配上的差距。应该指出,住房制度的改革从根本上来说是将原有体制中隐形收入不平等显形化的过程。但是,当自有住房租金估价的不平等超过了住房补贴的不平等时,就应该看到,这是显形化过程中追加的不平等,是改革过程中一个值得引注意的问题。

至于体制变迁中的无序因素对收入分配的效应,是最不容易调查清楚的问题,也是引起社会上强烈反响的问题。

在无序因素中,特别引人注目的是寻租活动。如上所述,关于租金的分布,迄今尚无准确的研究,但一般都认为,租金的分布极不平衡。因此,说寻租活动扩大了收入差距并且是形成高收入阶层的重要因素,应该是没有什么疑问的。

内部人控制（青木吕彦、钱颖一，1995）也是体制变迁中一个重要的无序因素。在体制转轨过程中，对公有资产的集中控制逐步放松，各部门、各地方和各企业都有了对公有资产的控制权。对公有资产占有量的差别所造成的利益往往通过内部人控制而转化为本部门、本地区和本单位乃至有关个人的利益。这部分利益的分配很不透明，也很不均等。国有资产的大量流失都同内部人控制有关。

体制转轨过程中的各种垄断行为，包括部门垄断、行业垄断等，也是造成收入分配不平等增加的原因。通过垄断行为获取暴利被有的经济学家称为比寻租活动更为严重的造租活动。至于腐败所造成的分配不均，特别是权钱交易所造成的分配不均，更是人们所深恶痛绝但又是很难调查清楚的因素。

从上述分析可以看出，并不是体制变迁的所有因素都扩大了收入分配的差距，相反，上述有序变化中的若干因素还缩小了收入分配的差距。因此，把收入差距的扩大归罪于经济改革本身是不合理的。当然，我们也应该看到，所有无序变化的因素都扩大了收入的差距。这种无序变化在某种意义上可以说是改革所付出的代价或成本。但是，究竟我们应该付出多大的代价，或者说，哪些代价是非付出不可的，哪些代价是可以避免的，仍然是一个有待探讨的问题。

（三）经济政策及其变化

除了上述经济增长和体制变迁以外，经济政策及其变化对收入分配的效应也是不可忽视的。在这里，我们想着重分析一下经济政策同城乡收入差距的关系。如上所述，改革以来城乡收入的差距，在20世纪80年代中至90年代中出现了长达十年左右的扩大趋势。1995年以后有所转机，但为时尚短，还未形成一种趋势。那么，长达十年左右的扩大趋势究竟主要是由什么因素所引起的呢？看来，这很难说主要是由经济增长的因素所引起的。从国际经验来看，发展中国家在从二元经济向现代经济转换的过程中，城乡差距呈逐步缩小的趋势。从我国自身的经验来看，农村工业化的进展，主要表现为农村非农产业的快速发展，起的是缩小城乡收入差距的作用。

至于体制变迁的因素，其中有序部分往往起缩小差距的作用，而无序部分则很难在国家统计局和经济所课题组的抽样调查中得到反映。因此，也很难说上述数据中所反映出来的城乡居民收入差距的扩大主要是由经济改革或体制变迁的因素所引起的。我们认为，长达十年城乡收入差距的扩大，在相当大的程度上同原有体制下的"政策惯性"有着密切的关系。长期存在的城乡分割是原有体制下的一种政策产物。农产品的低价收购政策、对农民的税收政策、对农民的税外负担政策、对城市居民的福利补贴政策、限制农民进城政策，都是原有政策的重要组成部分。改革以来，这些政策有所松动和改变，但离根本性改变尚有距离。20世纪80年代初期和1995年以来大幅度提高农产品收购价格的政策有力地缩小了城乡收入的差距，这从另一个角度说明了政策因素对城乡收入差距的重要作用。值得注意的是，如果把建立在补贴基础上的城市居民的福利转化为个人财产（如上述住房改革），那么，这种政策将进一步扩大城乡居民收入的差距。

对于上述收入差距的扩大，有着各种各样的价值判断和社会反应。

有一种意见认为，改革以来中国的收入差距尽管在扩大，但尚未超过合理的区间，还不能说已经出现明显的"贫富悬殊"。收入差距的扩大是经济增长的代价之一，如果能控制在保证社会稳定和正常运行的范围内，应该说是可以接受的（李培林，1995）。世界银行的报告也认为，"将工资、收入和财富的差距扩大到一定的程度是转轨的必要的组成部分，因为让市场决定工资会创造出提高效率的激励因素，而这种激励因素对于成功的改革是至关重要的"（世界银行发展报告，1996）。

另一种意见则认为，国际上通常的看法是：基尼系数在0.3—0.4属于中等程度的贫富差距，而我国的基尼系数已超过了0.4。这样，在短短的十几年间，我国已经从一个平均主义盛行的国家，变成为超过了国际上中等不平等程度的国家，甚至超过了美国的不平等程度，因而是值得令人忧虑的（李强，1995）。

对此，我们提出以下两点看法：

第一，用基尼系数来衡量不平等的程度时不能简单化。例如很难把0.3—0.4的区间作为衡量任何一个国家均等化程度是否合理的标准。实际上，人口规模的大小、国土面积的大小、社会经济的均质性（Homogeneity）等因素都会影响基尼系数的高低。中国是一个人口规模和国土面积很大、社会经济的均质性很低的国家，用基尼系数来衡量时自然要比与此情况相反的国家和地区高一些。

第二，对于收入差距扩大的现象，必须区分是暂时出现的、非恒定的现象，还是长时期内出现的、比较恒定的现象。例如，根据经济所课题组的两次抽样调查，1988年城市私有部门工作人员货币收入的基尼系数为0.49，到1995年这一数值已下降到0.40。看来，这种变化同进入私有部门的人员不断增加、竞争机制逐步增进、市场规则逐步改进等都有关系。因此，我们可以这么说，1988年私有部门收入差距很大是一种短期内出现的、非恒定的过渡现象。因此，究竟在收入分配方面中国会变成什么样的状态，还要看下一步的改革如何走。如果通过深化改革，建立起既有市场机制的基础作用，又有政府有效宏观调控的经济，收入差距就可以逐步走向合理化。如果转型期的无序状态不能得到有效克服，收入差距扩大的趋势和状态继续发展而找不到一个转折点，而且把这种状态加以凝固化和定型化，那么，就会使我国变成一个真正的两极分化的社会。可见，我们既不能因转型期出现的一些现象而匆忙地作出判断，也不能忽视收入差距扩大趋势的进一步深化所可能造成的后果的严重性。

五　结束语一些建议

以上我们对改革以来收入分配差距的扩大状况及其前因后果作了分析。那么，究竟应该如何改进收入分配状况呢？

1. 首先必须抓住深化改革这个环节。只有深化改革，才能从根本上解决转型期的种种无序状态所带来的收入不平等问题。一方面不能因为收入差距的扩大就否定改革的方向，甚至要求回到老体制去；另一方面不能因为我国采取的是渐进改革而放慢改革步伐，从而增加改革的成本，甚至使一些本来属于转型期的暂时现象凝固化。

2. 其次要抓住发展这个环节。只有经济发展了，"蛋糕"做大了，才能为公平分配和减轻贫困打下牢固的物质基础。从我国情况来看，特别要重视农村经济的发展，加速二元经济向现代经济的转换。只有加速这一进程，才能为缩小城乡收入差别、地区收入差别创造必要的条件。重视农村经济的发展要提到战略的高度来认识——不仅要提供粮食保障和维持社会稳定，而且要缩小城乡收入的差别，实现全民族的现代化。

3. 还要改善一系列的政策措施，例如：（a）个人所得税政策。这是缩小高收入阶层同一般人之间收入差距的一项重要政策措施。为了发挥这一政策的作用，首先要提高收入的透明度，其次还要让人们乐于接受。（b）社会保障政策。这是解决因失业、疾病和年老等因素所带来的贫富不均的最重要政策措施。（c）劳动力流动政策。这是为缩小收入差距提供一个前提——机会均等。（d）教育政策。要增加人力资本的投资，特别要增加基础教育的投资。只有这样，才能提高人口的素质，并为缩小收入差距提供另一个前提——缩小教育背景上的差距。

4. 政府应该在收入再分配上发挥有效的功能。在比较成熟的市场经济中，税收和福利（特别是其中的补贴）是政府对收入进行再分配的重要手段。从原则上说，通过税收和福利的调节，即通过收入的再分配，应该能缩小收入的差距。但在计划经济时代，对农村是实行净税收的政策，对城市则实行净福利、净补贴的政策，被人们称为逆调节的政策，其结果是扩大了收入的差距。这种状况，在转型期已经有所改善，但要使这两种手段进入市场经济下宏观调控的轨道，还需要作进一步的努力。这里特别需要注意的是必须把这两个手段联系起来运用，而不能顾此失彼。例如，对某一高收入群体实行累进的所得税，本来是为了缩小收入差距，但如果同时对这一群体实行高福利和高补贴，就会使所得税变成负所得税，失去了原来的意义。

综上所述，改进收入分配状况确实是一项极其艰巨的任务。不过，只要我们把它看作是改革和发展大业的一部分，在努力推进改革和发展的同时，改进收入分配状况的前景应该是乐观的。

参考文献

1. 世界银行：《中国：社会主义经济的发展》，华盛顿哥伦比亚特区，1983 年。
2. 李成瑞：《关于中国近几年的经济政策对居民收入和消费状况影响的统计报告》，《统计研究》1986 年第 1 期。
3. 任才方、程学斌：《从城镇居民收入看分配差距》，《经济研究参考资料》1996 年第 157 期。

4. 卡恩等：《中国居民户的收入及其分配》，载赵人伟、格里芬主编《中国居民收入分配研究》，中国社会科学出版社 1994 年版。
5. 赵人伟：《中国转型期中收入分配的一些特殊现象》，《经济研究》1992 年第 1 期。
6. 刘树成等主编：《中国地区经济发展研究》，中国统计出版社 1994 年版。
7. 胡鞍钢：《中国地区差距报告》，中国科学院生态环境研究中心印制，1994 年。
8. 余根钱：《地区收入差距问题》，《经济学消息报》1996 年 4 月 19 日。
9. 汪利娜：《中国的住房价格和收入分配》，为 1997 年 8 月研讨会准备的论文。
10. 国家统计局等《收入分配课题组》：《目前收入分配中存在的主要问题和对策》，国家统计局科学研究所：《研究参考资料》1996 年第 94 期。
11. 郑达炯：《从私营企业主、百万富翁与职工的收入情况看社会收入差别的变化》，为"社会转型期公平问题及对策研讨会"提供的论文，1994 年 12 月。
12. 高晓岩：《变动着的中国阶层》，《中华工商时报》1995 年 3 月 18 日。
13. 胡和立：《1988 年我国租金价值的估算》，《经济社会比较杂志》1989 年第 5 期。
14. 万安培：《租金规模的动态考察》，《经济研究》1995 年第 2 期。
15. 朱凤岐等：《中国反贫困研究》，中国计划出版社 1996 年版。
16. 世界银行发展报告：《从计划到市场》，中国财政经济出版社 1996 年版。
17. 李实、赵人伟、张平：《中国经济改革中的收入分配变动》，为 1997 年 8 月研讨会准备的论文。
18. 青木昌彦、钱颖一主编：《转轨经济中的公司治理结构》，中国经济出版社 1995 年版。
19. 李培林：《经济转型、分配差距与社会公平》，《现代化研究》（台北）1995 年 10 月号。
20. 李强：《中国大陆的收入差距问题》，收入分配国际研讨会论文，1995 年 6 月。
21. Irma Adelmen and David Sunding, "Economic Policy and Income Distribution in China", *Journal of Comparative Economics*, September, 1987.
22. Zhao Renwei, "The Trend of Changes in the Distribution of Workers' Income", *International Journal of Social Economics*, England, Special Issue, Vol. 18, Numbers 8/9/10, 1991.
23. Carl Riskin, "China's Political Economy", Oxford University Press, 1987.
24. Simon Kuznets, "Economic Growth and Income Inequality", *The American Economic Review*, March, 1955.

（本文与李实合作：赵人伟执笔，李实计算。原载《经济研究》1997 年第 9 期）

中国居民收入差距的来龙去脉

在这世纪之交和千年之交的转折时刻,对我国居民收入分配问题,特别是其中的收入差距问题作一点回顾与前瞻性的理性思考是颇有意义的。在这篇短文里,首先对改革开放以前收入分配格局特点作一回顾性分析。这些特点所反映的是中国式的计划经济所留下的遗产,也可以说是这一领域改革的起点。其次是对改革开放二十年来收入分配格局的变化和在这一变化中所出现的突出问题作一力所能及的解剖。最后是对收入差距扩大的前因后果从政策含义作一前瞻性的思考。

一 计划经济留下的遗产

改革开放以前的中国(这里是指 1956 年计划经济体制确立以后至 1978 年提出改革以前这二十多年时间)在收入分配方面有什么特点呢?如果用一句最简单的语言来概括,可以这么说:改革以前的中国是一个均等化程度很高或不平等程度很低的社会,但同时也存在着和隐含着一些不平等的因素。

为什么说中国在改革以前是一个均等化程度很高的社会呢?根据许多研究文献,中国在改革前夕或改革之初,收入分配的基尼系数比世界上大多数发展中国家都要低。城市的基尼系数在 0.2 以下,农村的基尼系数略高,但多数估计都在 0.21—0.24。而许多发展中国家,城市的基尼系数则在 0.37—0.43,农村的基尼系数则在 0.34—0.40。

改革以前中国收入均等化程度较高,至少有三个原因:第一,制度上的原因。社会主义制度是以生产资料公有制为特征的,因此,从 1949—1956 年逐步实行生产资料公有化以后,居民除了少量储蓄存款的利息收入以外,几乎没有财产收入。第二,政策上的原因。决策者认为,社会主义所追求的目标是社会公平，加上建设初期应该多积累、少消费，即使是劳动收入也应该是低而平均的。第三，中国文化传统中"不患寡而患不均"的平均主义观念的束缚。这种观念离开效率来谈公平，不求做大"蛋糕"来讲分配，往往划不清共同富裕和普遍贫困之间的界限。

不过，如果作进一步考察则可以发现，即使在那样一种均等化程度很高的状态下，仍然存在着和隐藏着一些不平等的因素。例如：

（1）城乡居民之间的收入差距比较大。据世界银行的计算，中国城乡居民人均收入的比率是2.5（1979年），比亚洲其他低收入国家要高（平均约为1.5），稍大于中等收入的国家（平均约为2.2）。

改革以前中国城乡居民收入差距较大的一般原因同其他发展中国家一样，都存在着二元经济结构，即现代工业部门同传统农业部门并存。差距较大的特殊原因是中国的决策者当时实行了特殊的政策，尤其是农产品低价收购的政策，并把它作为积累工业化所需资金的手段之一，同时采取了严格限制农村居民迁入城市的户籍制度，进一步强化了城乡两个经济系统的分割。可见，在当时收入分配高度均等化的情况下，特别是在城镇内部的均等化程度还高于农村内部的情况下，由于城乡之间收入的较大差别，对农村居民来说，仍然存在着不均等的因素。

（2）在消费品的分配方式上，强调实物分配方式，即供给制，而抑制市场分配方式（通过货币购买）。在强调实物分配的情况下，居民的货币收入差距要小于实际收入差距。实物分配实际上是一种暗的或隐性的福利补贴制度，这种补贴制度的初衷是要对低收入阶层作一种补偿，起缩小收入差距的作用。但实行的结果则不尽然。首先，占人口大约80%的农民居民并不享有城镇居民所获得的补贴。其次，即使对城市居民来说，也只有按人口定量供应的那部分消费品（如粮、棉、油），其补贴是按平均主义的原则分配的，但按职位供应的那部分消费品（如住房、汽车、电话等），其补贴的分配是高度不平等的。应该说，这样一种补贴制度或福利制度，也是均等主义掩盖下的一种不均等因素。

（3）工资的长期冻结，造成对青年一代不利的收入分配格局。改革以前，1956—1976年，工资基本上是冻结的。当然，这一期间基本生活消费品的价格基本上也是冻结的。从表面来看，在这种工资和物价"双冻结"

面前人人都是平等的，因为大家都同样地失去了增涨工资的机会。但实际上长期的工资冻结对不同代人的收入分配效应是不一样的，它造成代际的不平等，形成了对青年一代不利的收入分配格局。这种情况所造成的后果在20世纪80年代初期甚至成为一个突出的社会问题。在非战争年代，持续如此之久的工资基本冻结是相当特殊的。即使是当年的苏联和东欧各国，也没有出现过这种情况。应该说，这是同"大跃进"和"文化大革命"造成的特殊背景有关的，可以说是计划经济的中国式特殊形态所产生的特殊现象。这种现象也属于均等主义掩盖下的一种不均等因素。

不过，话要说回来，尽管改革以前的中国在收入分配中存在着上述不平等的因素，但总的来说，当时的中国还是一个平均主义盛行的社会。这种平等中存在着不平等，不平等中又存在着平等的状况，说明了中国社会经济状况的复杂性。对这种复杂性进行分析，是为了对改革的起点和背景有一个较为深入的了解。

二　改革二十年来的变化

针对这样一种复杂的背景和起点，改革一开始中国的决策者就提出了"让一部分人先富裕起来"的政策。这一政策的目标是克服收入分配上的平均主义，加强激励机制，提高效率，促进经济的发展，在做大"馅饼"的基础上最终实现共同富裕。

这一政策目标就是人们通常所说的"效率优先、兼顾公平"的原则。我认为，这样一个原则，对于以平均主义为起点的一定发展阶段来说，无疑是一种可行的选择。而且，这同国际上讨论很多的库兹涅茨"倒U形假设"的前一阶段也有某种相似之处。不过，二十年来的经验表明，收入分配格局的变化比原来的设想要复杂得多。收入差距是扩大了，但是实际上又超出了克服平均主义的范围；而且，有些差距的拉大同促进效率的提高毫无关系。

二十年来中国居民收入分配的变化，可以从以下五个方面来概述：（1）变化的总趋势：收入差距明显扩大。按照中国社会科学院经济研究所课题组的调查，1995年全国的基尼系数已达0.445。按照南开大学经济研究所的调查，如果包括非法和非正常收入在内，1994—1997 年全国的基尼系数均已超过了 0.5。(2) 城乡居民收入差距：先缩小、后扩大。城乡收入差距在改革初期有所缩小，但 80 年代中期以来呈扩大的趋势，根据中国社会科学院经济研究所课题组的调查，城乡居民人均实际收入的比率 1978 年为 2.36，1985 年下降到 2.14，1987 年扩大到 2.38（即恢复到改革初期的水平），1995 年扩大到 2.79。(3) 区域间居民收入的差距：诸多争议的问题。关于区域间收入差距的问题，特别是相对差距是否扩大的问题，学术界一直存在着争议。不过，根据中国社会科学院经济研究所课题组的调查，从各个方面看，区域间收入差距都有所扩大，其中，农村区域间收入差距的扩大程度显著高于城市区域间收入差距的扩大程度。(4) 财产收入差距：新问题。如前所述，改革以前，中国居民除了少量的个人储蓄的利息收入以外，几乎没有什么财产收入。改革以来，居民的财产收入，特别是城市居民的财产收入增长很快，而且分布也颇为不均等；其中，因金融资产和住房分布的不平等而带来的收入分配不平等更成为引人注目的新问题。(5) 高收入阶层和寻租活动：难题。高收入阶层的问题一直引起社会上强烈的反应。但如何弄清高收入阶层的真实状况，一直是困扰着人们的一大难题。现在我们能够掌握的资料有两类：一类是各种案例调查；另一类是抽样调查。前一类的缺陷是对全国的代表性不清楚；后一类的缺陷是许多高收入人士根本进不了抽样调查的样本。因此，这方面的研究迄今为止是不能令人满意的。[①]

　　从时序上看，我认为二十年来收入分配格局的变化可以分为以下三段：第一，在改革开放初期，即 70 年代末和 80 年代初期和中期，收入分配方面的主要倾向仍然是计划经济时期遗留下来的平均主义。第二，到了 80 年代中后期和 90 年代初期，由于双重体制的并存和摩擦，在收入分配方面的主要特征是两种现象（计划体制内的平均主义与体制外和体制间的收入差距很大）的并存。所谓"手术刀不如剃头刀"、"搞原子弹的不如卖茶叶蛋的"之类的抱怨，就是双重体制的并存和摩擦初现时的矛盾在收入分配问

[①] 这五个方面的概括以及中国社会科学院经济研究所课题组抽样调查的有关数据，详见赵人伟、李实《中国居民收入差距的扩大及其原因》，载《经济研究》1997 年第 9 期；赵人伟、李实、李思勤主编《中国居民收入分配再研究》，中国财政经济出版社 1999 年版。

题上的反映。第三，到了 90 年代后期，尽管平均主义问题在某些部门和企业内还存在，但从全社会来看，收入差距过大已经成为主要倾向，特别是同激励机制（促进效率提高）无关的收入膨胀，即所谓的暴富，更引起了社会上强烈的不满。

那么，目前收入分配方面最为突出的问题是什么呢？我认为除了权钱交易、贪污腐败等上述不容易调查清楚的所谓暴富问题之外，比较容易调查清楚的有以下两个问题：

1. 城乡收入差距过大的问题。由于计算口径和方法不同，对城乡收入差距程度的估计也往往不一致。但对改革开放以来城乡收入差距先缩小后扩大的总趋势的判断是没有什么分歧的。除了上述课题的研究成果以外，世界银行的有关报告指出，世界上多数国家城乡收入的比率为 1.5，这一比率超过 2 的极为罕见。但中国在 1995 年这一比率已经达到 2.5。而且，如果加上城市居民所享有的实物性福利，城市居民的实际收入会增加 72%。[1] 即使考虑到农民进城打工从而缩小城乡收入差距这一因素之后，1995 年城乡实际收入的比率也在 4 左右。国家统计局前不久公布的 2000 年第一季度国民经济运行情况指出，第一季度城镇居民人均可支配收入同比实际增长 6.9%，而农村居民人均现金收入同比实际增长 1.3%。当然，一个季度甚至个别年份的数据并不见得能代表一种趋势；而且，现金收入同可支配收入也不完全对应。不过，这至少从一个侧面说明了如何扭转城乡收入差距扩大的趋势仍然是我们面临的一个迫切问题。在我国即将加入 WTO 的时刻，农业问题、农民收入问题、城乡收入差距问题将面临更大的挑战。

这种举世无双的城乡收入差距，不仅是一个经济问题，而且是一个社会问题，还涉及全民族（不仅仅是城市）实现四个现代化的问题。

2. 因财产分布的不平等而引起的收入分配不平等的问题。这主要表现在两个方面：第一，因金融资产分布的不平等而引起的。进入 90 年代以来，我国城市居民金融资产的增长极其迅速，而且，其分布颇为不平等。根据国家统计局的调查，按五等分组，1996 年 6 月末，最高 20% 家户的户均金融资产为最低 20% 家户的户均金融资产的 12 倍。目前这一差距还在扩

---

[1] 参见世界银行报告《共享增长的收入：中国收入分配问题研究》，中国财政经济出版社 1998 年版，第 14—17 页。

大之中。第二，因住房分布的不平等而引起的。根据中国社会科学院经济研究所课题组的研究，如果把住房改革后居民自有住房的估算租金也当作一种财产收入的话，那么，在迄今为止的住房改革中，自有住房估算租金的不平等系数（1995年为0.371）已经超过了计划经济时代形成的住房补贴（暗补）的不平等系数（1995年为0.322），而住房补贴的不平等系数又超过了城镇居民总体的不平等系数（1995年为0.286）。这说明，住房改革中把原来隐形收入（暗补）的不平等加以显形化只不过是承认原来的不平等的话，那么，当自有住房估算租金的不平等超过了原有住房补贴的不平等时，就应该看到，这是显形化过程中追加的不平等。而且，还应该看到，这种状况如不及时采取措施还有进一步恶化的危险。在面临实物分房向货币分房过渡的关头，有的部门和单位正在加紧买房和盖房，超标准地给职工分大房和分好房，给职工一份"最后的晚餐"。人们发现，住房的双轨价格的差别，远比一般商品的双轨价格的差别要大。特别是像北京这样的城市，多分一间房的意义少则十万多则数十万元。因此，"寻租"活动以外还产生了"设租"活动。部门垄断和行业垄断则正是这种设租活动的重要条件。计划经济时代的统一性瓦解了，市场经济应有的平等竞争则尚未建立起来。因垄断而产生的设租，不但会阻碍住房改革的进程，而且会引起新的分配不公。这不能不引起人们的严重关切。

三　世纪之交的展望

面对收入差距的上述变化和问题，学术界和社会上对于其前因与后果出现了各种各样的议论，在此我不想一一加以讨论，而仅从政策含义这一层面作一些前瞻性思考。

在我看来，收入分配差距的扩大至少有三方面的原因，即经济的增长或发展、经济改革或经济体制的变迁、经济政策及其变化。在经济发展方面，主要是农村非农产业的较快发展和城市非国有经济的较快发展这两个因素。在经济体制的变迁方面，又可以分为有序变化和无序变化两个方面。在经济政策方面，则可以分为计划经济时代所遗留下来的"政策惯性"和现行的宏观经济政策。

在分析收入差距的扩大同经济改革的关系时，我认为有两种倾向都需要防止。一种是把收入差距的扩大以及出现的问题都简单归罪于经济改革本身；另一种是把收入差距的扩大简单归结为经济改革所应该付出的代价。我认为，对于收入差距的扩大，应该分为三个不同层次来对待：第一层次是属于有利于提高效率的激励部分，这部分是属于克服平均主义的成果，从而应该加以肯定。第二层次是属于经济改革所必须付出的代价。例如，中国的改革只能采取双轨过渡的渐进方式，从而必然会出现利用双轨进行"寻租"等活动。在一定限度内，这可以说是改革所应付出的代价。第三层次是属于过高的代价，或者说是属于不应该付的部分，或应该防止和避免的部分。当然，第二层次同第三层次之间的界限是很不容易分清的，特别是难以量化。但我想从理论上讲是能成立的。

在政策设计上，我认为应该从以下几个方面入手：

（1）必须抓住深化改革这个环节。只有深化改革，才能从根本上解决转型期的种种无序状态所带来的收入不平等问题。一方面不能因为收入差距的扩大就否定改革的方向，甚至要求回到老体制去；另一方面不能因为我国采取的是渐进改革而放慢改革的步伐，从而增加改革的成本，甚至使一些本来属于转型期的暂时现象凝固化。

（2）要抓住发展这个环节。只有经济发展了，"蛋糕"做大了，才能为公平分配和减轻贫困打下牢固的物质基础。二十年来，尽管收入差距有明显的扩大，但贫困人口也有明显的下降。按官方统计，已从1978年的2.5亿下降到目前的3000多万。这主要是因为改革以来实现了高速的经济增长。如果没有经济的发展，在收入差距扩大的情况下是很难减轻贫困的。从我国的情况来看，特别要重视农村经济的发展，加速二元经济向现代经济的转换。只有加速这一进程，才能为缩小城乡收入差别、地区收入差别创造必要的条件。重视农村经济的发展要提到战略的高度来认识——不仅要提供粮食保障和维持社会稳定，而且要缩小城乡收入的差别，实现全民族的现代化。

（3）要改善一系列的政策措施，例如：（a）个人所得税政策。这是缩小高收入阶层同一般人之间收入差距的一项重要政策措施。为了发挥这一政策的作用，首先要提高收入的透明度，其次还要让人们乐于接受。（b）

社会保障政策。这是解决因失业、疾病和年老等因素所带来的贫富不均的最重要政策措施。(c) 劳动力流动政策。这是为缩小收入差距提供一个前提——机会均等。应该说，迄今为止，我国劳动力市场的发育程度还是很低的，这方面今后还大有文章可做。(d) 教育政策。要增加人力资本的投资，特别要增加基础教育的投资。只有这样，才能提高人口的素质，并为缩小收入差距提供另一个前提——缩小教育背景上的差距。

（4）政府应该在收入再分配上发挥有效的功能。在比较成熟的市场经济中，税收和福利（特别是其中的补贴）是政府对收入进行再分配的重要手段。从原则上来说，通过税收和福利的调节，即通过收入的再分配，应该缩小收入的差距。但在计划经济时代，对农村是实行净税收的政策，对城市则实行净福利、净补贴的政策，被人们称为逆调节的政策，其结果是扩大了收入的差距。这种状况，在转型期已经有所改善，但要使这两种手段进入市场经济下宏观调控的轨道，则还需要作进一步的努力。这里特别需要注意的是必须把这两个手段联系起来运用，而不能顾此失彼。例如，对某一高收入群体实行累进的所得税，本来是为了缩小收入差距，但如果同时对这一群体实行高福利和高补贴，就会使所得税变成负所得税，失去了原来的意义。

（5）加强宏观经济政策对收入分配的影响的研究。究竟宏观经济政策，特别是货币政策和财政政策对居民收入的差距有什么影响，我们的研究还很不够。根据美国经济学家小加尔布雷思（James K. Galbraith）的研究，美国从60年代后期至90年代后期的30年中收入差距的扩大并不是由非人力的市场力量所引起的，也不是生产因素所引起的，而主要是政策因素所引起的。所谓政策因素，主要是放弃充分就业的目标，用高利率的政策来控制通货膨胀。这种政策造成不平等增加，从而毁坏了美国的中产阶级，使中产阶级成为反通货膨胀政策的牺牲品。中产阶级的沦落还削弱了美国的民主制度。美国已从一个中产阶级的民主社会变成一个崇尚权威主义的半民主社会（authoritarian quasi democracy）。[①] 尽管中国的国情同美国相差很大，但是，究竟我国的经济政策应该促进社会形成一个什么样的阶级或阶

---

① James K. Galbraith, *Created Unequal: The Crisis in American Pay*, The Free Press, New York, 1998, pp. 3 – 22.

层结构才有利于社会的稳定、才有利于推动经济的改革和发展呢？这确实是一个令人深思的问题。看来，一个两头小、中间大的社会结构应该是我们长期的政策目标。

（6）加强对收入差距变化转折点的研究。迄今为止，我们还没有找到收入差距，是城乡收入差距从扩大到稳定乃至缩小的转折点。能不能像人口问题研究那样，找到一个从增长到稳定乃至有所减少的转折点呢？因此，在收入分配问题上，加强这个转折点的研究和预测，也是摆在我们面前的一项重要任务。我们有理由希望，未来的21世纪中在这方面会有新的突破。

（本文应吉林人民出版社范春萍之约而写，完成于2000年7月，四年多以后，收入《面向21世纪人文社会科学100个重大问题》一书，山东教育出版社2005年版；出版时的题目改为《中国居民收入差距研究》）

建立"不进则退"的税收理念

诺贝尔经济学奖得主约瑟夫·斯蒂格利茨在他的《经济学》一书中写道:"如果富人比穷人缴纳更多的税,但并不是按比例递增的,那么这种税收制度仍然被认为是累退的。"[①] 他解释说,税收要讲公平,而在试图界定公平的含义时,经济学家集中于两个原则:横向公平,指境况相同或相似的人应当缴纳相同或相似的税;纵向公平,指境况好的人应当多纳税。富人比穷人缴纳其收入中更大份额的税收制度被称为累进制,不然就被称为累退制。

这种税收理念,按照中国人的表达习惯,我们不妨把它概括为"不进则退"的税收理念。我认为,这种"不进则退"的理念对于我们建立科学的税收制度、转移支付制度,进行收入再分配、调节贫富之间的收入差距具有重要意义。按照这种理念,个人所得税一般实行累进税率而不是比例税率,即收入高的人的税率要高于收入低的人的税率。我国利用个人所得税进行收入差距的调节可以说刚刚起步,由于种种条件的限制,还不可能在征收个人所得税的所有领域都实行累进制。就以利息税来说,由于存款实名制还不完备,我国目前还只能实行比例税率,而不是累进税率,即对所有的存款都征收20%的利息税。应该说,这种征收办法是不完备的,具有过渡性。因为这种办法不能起缩小贫富差距的作用,不符合上述的纵向公平的原则。试想,如果在同一时期,某甲获得利息收入10000元,某乙获得利息收入1000元。两者税前收入的比例为10∶1。缴纳20%的利息税以后,甲的税后利息收入为8000元,乙的为800元。两者税后收入的比例仍然是10∶1。他们的利息收入差距在税前和税后没有变化。可见,为了调节贫富之间的收入差距,应该从比例税向累进税过渡。

[①] 约瑟夫·斯蒂格利茨:《经济学》第二版上册,中国人民大学出版社2000年版,第481页。

当然，这种"不进则退"的税收理念是从相对意义上来说的。如果从绝对意义上来说，比例税制是既没有（累）进也没有（累）退，仅仅是相对于纵向公平的要求，它才是（累）退的。例如，在上述利息税的实例中，大家的税率都是20%，既没有进，也没有退。

由此，我们似乎可以对"不进则退"的理念区分为绝对意义上的"不进则退"和相对意义上的"不进则退"。这样一种区分，在日常生活中是经常可以遇到的。举一个浅显的例子来说：在我还是一名中学生的时候，老师经常用以下一段话来告诫学生们努力学习："学如逆水行舟，不进则退；心似平原走马，易放难收。"其实，不论是行舟也好，还是学习也好，"不进则退"都有绝对和相对两种状况。

就以行舟来说，我们设想驾驶一艘江轮在长江上行驶，以上海为起点，以重庆为目的地，逆江而上。如果在轮船到达武汉以后驾驶者放弃了继续前进，任凭江轮顺着江水往上海方向倒流，那是绝对意义上的"不进则退"（当然，这是就轮船同地球的相对关系来说的，如果进一步考虑地球的自转和地球绕太阳的公转等因素，情况就更为复杂，无须在此讨论，只能由天文学家和哲学家们去讨论了）。如果在轮船到达武汉以后驾驶者抛下船锚把船固定在武汉，既不向重庆方向前进，也不向上海方向后退。从绝对意义上讲，这可以说是"不进不退"。但是，由于其他船只还在继续前进，因此，同其他还在继续前进中的船只相比较而言，换言之，从相对意义上来说，这仍然是一种"不进则退"。

再以学习来说，对于一种非常好的学说，有人可以认真地学习，学得很好，进步很快；也有人则敷衍了事，根本学不进去。但是，即使是那些学得很好的人，如果其中有人对于这种好学说采取教条主义的态度，不能根据时代的进步和实践的变化而加以发展，甚至采取原教旨主义的态度，对发展和进步进行排斥和打击，那也是一种相对意义上的"不进则退"的表现。

当然，问题并不是那么简单。甲可以说乙在退，乙也可以说甲在退。因此，对于什么是进、什么是退，还有一个定位和定向的问题，才能防止出现"视进为退"或"视退为进"的状况。前面我们举的是所得税的实例来讨论进退问题，下面我们将回顾和总结一下我国改革开放以来关于计划和市场问题的论战来进一步讨论进退的问题。

从20世纪70年代末到90年代初,我国经济学界就计划和市场的关系问题进行了非常热烈的大论战,这是具有重要意义的、牵涉到经济改革方向问题的大论战。撇开枝节问题不说,主要有两种意见:一种意见是:只有逐步摈弃计划经济,走向市场经济,才是经济改革的大方向;另一种意见是:只有把市场机制或市场调节放在补充和辅助的地位,坚持计划经济的主体地位,才符合经济改革的大方向。显然,这两种意见的进退观是不一样的:前者视自己为进,视后者为退;后者也视自己为进,而视前者为退。经过十多年的讨论,到了1992年,邓小平的南方谈话和中共十四大才最终肯定了从计划经济转向市场经济的改革方向。

总结这场大论战及其成果,对我们树立正确的进退观有什么意义呢?

首先,不应该拘泥于名词概念的表象之争,而应该注重问题的实质。例如,就计划经济中的"计划"一词来说确实不坏,改革并不是要否定任何意义上的计划,而是要扬弃特定意义上的计划经济,具体来说就是要扬弃经过苏联、东欧和中国等国家实践过的、事实证明是不可持续的那样一种计划经济。西方经济学界往往有人把这样一种经济称为"命令经济",甚至"动员的命令经济"。我倒比较赞赏日本经济学家石川滋对计划经济所做的概括。他说:中国原来的经济体制在广义上可以定义为"集中管理的实物计划资源配制体制"[①]。石川滋教授的这一概括把传统特定意义上的计划经济的如下两个特点表达出来了:一是过度集中,抹杀了决策主体的多元性和利益的多元性;二是资源配置的实物化,否定了市场机制在资源配置中的作用。显然,这样一种体制是低效率的、不可持续的,只能被市场经济所取代。所以,就经济体制来说,什么叫进、什么叫退,最终都要以效率标准或生产力标准来衡量。

再者,还要区分改革中的"前进"和拨乱反正中的"反正"。20世纪80年代初,在经济改革问题上有一个颇为流行的说法是"拨乱反正"。按照《现代汉语词典》的解释,所谓"拨乱反正",就是"治理混乱的局面,恢复正常秩序"。什么是正常秩序呢?一种流行的说法是:治理"大跃进"

[①] 石川滋(Shigero Ishikawa):《社会主义经济和中国的经验——对经济改革的展望》,《科技导报》1986年第2期。

之乱，恢复到 1956 年那样一种状态，治理"文化大革命"之乱，恢复到 1965 年那样一种状态，才叫正常秩序。诚然，在我国计划经济的实践中，1956 年和 1965 年是秩序比较正常的时段，我们不妨称之为比较有序的计划经济时段。在 80 年代初期，我们有一些同志在向外宾介绍中国经济改革的情况时，常常把我国 50 年代的经济，特别是上述两个时段的经济当作中国经济的"黄金时代"来介绍。难怪有的外国朋友当时就提出这样的疑问："既然你们认为那时是黄金时代，那么只要恢复到那个状态就行了，又何必提出经济改革的要求呢？"可见，改革是一种真正意义上的前进，而不是简单地恢复到原有体制中一种比较好的状态。把"拨乱反正"当作改革绝不是真正意义上的改革。再有序的计划经济，哪怕是有市场机制或市场调节作补充的计划经济，也还是计划经济，而不是让市场机制起资源配置基础作用的市场经济。

还有，区分战略上的前进和战术上的以退为进也是必要的。众所周知，苏联在 20 世纪 20 年代初期从军事共产主义向新经济政策的转变是一种战术上的却退，容许私人经济在一定程度上的发展，容许多种经济成分并存，是为了等待时机成熟时向公有制经济和计划经济过渡。事实也是如此，到了 20 年代末，苏联就向公有制和计划经济全面推进了。所以，当年苏联实行新经济政策只不过是一种战术上的以退为进，而不是战略方向的一种改变。但是，我们不能说我国自 1978 年底党的十一届三中全会以来的改革仅仅是一种战术上的退却而不是一种战略上的前进。我国著名经济学家薛暮桥老先生的女儿薛小和女士曾经对我说："我父亲在 50 年代是参与中国计划经济的创建工作的。经过几十年的实践，到 80 年代转到以市场经济为方向的改革道路上来是很不容易的。"我深信，薛老当年参与创建计划经济时确实认为计划经济能创造更高的劳动生产率。但是，经过几十年的实践，他确实已经醒悟到计划经济的不可持续性，只有有宏观条控的市场经济才能创造更高的劳动生产率。因此，他毅然放弃了计划经济之路，走上了向市场经济转变的改革之路。薛老的转变在老一辈共产党人和经济学家中具有代表性。我认为，这种转变是真诚的，也是可贵的。因为，这种转变遵循的是实践标准，而不是个人得失。他没有因为自己参与过计划经济的创建而拖住向市场经济转变而后退，令人索然起敬。我认为，像薛老这样从参与计划经济的创建到投身于市场经济的改革都是建立在信念和实践基础上的活动，属于一种"与时俱进"的活动，而不是放弃信念和背离实践的风派活动。我们不应该对当年他们参与计划经济的创建而进行过多的指责，因为当年他们是把计划经济当作一种伟大的试验来进行的。在实践的基础上能够"知错必改"也就了不起了。因此，从实践和信念两个角度来衡量，他们原来走向计划经济和后来走向市场经济应该说都属于进而不是退。于是，我们留下的唯一希望是不要把今天走向市场经济的改革当作当年苏联的新经济政策，即把它当作战术上的以退为进而不是战略上的前进。我们不愿看到的是：在生产力得到进一步发展的情况下，再来一次高度集中的、以实物配置资源为特征的计划经济。

（原载《经济学家茶座》第十一辑，山东人民出版社 2003 年版）

中国居民财产分布研究

一 引言

我国的改革开放事业已经经历了四分之一世纪。在这一个重要的历史时期内，随着我国经济的高速增长和居民收入水平的不断提高，居民收入分配格局的变化，特别是收入差距的扩大，一直是人们关注的一个重要问题。由于收入分配和财产分布（或分配）之间有着密切的相互关系，特别是 20 世纪 90 年代以来，我国居民的个人财产经历了一个高速积累和显著分化的时期，因此，我国居民财产的分布问题就理所当然地成为人们关注的一个新的焦点。

我国已经确立了全面建设小康社会的目标。而人们的康乐（wellbeing）程度不仅取决于收入状况，而且取决于财产状况。换言之，康乐的分配不仅取决于收入的分配，而且取决于财产的分布。（Michael Schneider，2004）我们正在推进社会主义和谐社会的建设。而和谐社会的建设不仅同就业、社会保障、收入分配等因素密切相关，而且同财产分布密切相关。社会主义和谐社会的建设，不仅要扩大中等收入者的比重，而且要扩大中等财产拥有者的比重。看来，这些都是财产的分布越来越引起人们关注的重要原因。

我们这里所说的财产，从总体来说指的是财富。但当我们把这些财产或财富分为各个具体项目（如土地、房产、金融等）时，则往往把这些子项目称为资产。当我们把财产同所有权联系起来时，又会使用产权这一概念。本文对财富、财产、资产等不同词汇在含义上把它们当作同义词使用，仅仅根据习惯在不同场合和不同角度使用不同的词汇。本文在探讨财产分布时有时也使用财产分配这一表述，在这里，分布和分配是当作同义词来使用的，也仅仅由于习惯而在不同的场合使用不同的表述。

就收入和财产的一般区别来说，收入指的是人们（一个人或一个家庭）在一定时期内（通常为一年）的全部进账；而财富指的是人们在某一时点所拥有资产的货币净值。可见，财富是一个时点上的存量，而收入是单位时间内的流量。收入和财产之间存在着互动关系：过去的流量必然影响当今的存量；而当今的存量又必然影响今后的流量。随着财产规模的不断扩大和财产分布格局的变化，财产分布不仅对整个宏观经济的稳定具有重要影响，而且对今后收入分配的长期变化也有重要影响。

由于迄今为止研究我国财产分配的资料和文献不多，本文主要根据中国社会科学院经济研究所收入分配课题组 2002 年家庭调查的数据为基础，对农村、城市和全国居民个人财产的分配状况作一个概括性的分析。必要时，我们将联系该课题组 1988 年和 1995 年的有关调查研究成果（见 Terry Mckinley，1993；Mark Brenner，2001），并参照国家统计局城市社会经济调查总队 2002 年城市居民家庭财产的有关调查研究成果（见国家统计局城调队，2003），作一些比较分析。在有限的范围内，我们也要关注一下财产分配同收入分配的关系。

本文所引用的资料，除特别注明出处者以外，都来自中国社会科学院经济研究所收入分配课题组的调查资料。

二 农村居民财产的分布

为了分析农村居民财产的分布状况，首先需要对财产的水平（规模）和构成作一简单的考察。从静态来看，如表 1 所示，农村居民的财产可以分为六项，即土地、房产、金融资产、生产性固定资产、耐用消费品和非住房债务。其中，房产是按房产总值扣除购房尚未偿还的债务之后的价值计算的，即房产净值。非住房债务是指住房债务以外的一切其他债务。各项财产的加总额减去非住房债务以后的价值为按净值计算的财产总值。[①]

[①] 有关本文各项财产计算的说明，请见文章的附录。

表1　　　　　　　　2002年农村人均财产的水平和构成

财产及其构成项目	平均值（元）	比例（%）
财产总额（净值）	12937.81	100
其中：		
土地价值	3974.32	30.72
房产净值	5565.006	43.01
金融资产	1592.615	12.31
生产性固定资产	1181.616	9.13
耐用消费品价值	793.2804	6.13
非住房债务	-169.0233	-1.31

在六项财产中，土地和房产仍然是最大的两项，约占74%。从动态来看，1988年以来的变化是很大的：（1）总财产的规模有很快的增长。人均财产总额1988年为2869.5元，1995年为10560.6元，2002年为12937.81元。扣除物价因素，1988—1995年的实际增长率为67%，1995—2002年的实际增长率为13%，1988—2002年的实际增长率为89%。（2）土地价值的变化特别引人注目。人均土地价值1988年为1698.3元，1995年为4944.6元，2002年为3974.32元。扣除物价因素，尽管1988—1995年增长了32%，但1995—2002年反而下降了26%。因此，从构成上看，人均土地价值在总财产中的比重迅速下降，而房产价值和金融资产价值的比重则迅速上升。土地价值的比重从1988年的59%下降到1995年的47%，再下降到2002年的31%；而房产净值和金融资产则分别从31%提高到32%、43%和从3%提高到10%、12%。住房和金融资产比重的提高反映了中国农村市场改革进程的加速，但作为农业生产中最稀缺资源的土地的重要性下降得如此迅速则是不正常的现象。我们认为，其原因是多重的。首先是工业化和交通现代化进程中占用的耕地过多，使农村人均土地迅速下降；其次，由于农产品价格低迷等因素导致土地的收益太低。整个90年代农民种地几乎无利可图，土地单位面积的产量和产值都处于徘徊状态，而土地的价值是根据农业总产值来计算的，因此，对土地的作用有低估的问题。

下面转而分析2002年农村财产的分布问题。

首先按十等分组的办法来进行分析。我们把农村人口按人均净产值排列,分为人数相等的十个部分,每部分包含总人口的十分之一,然后进行比较。从表2可以看出,在各类财产中,金融资产的分布是最不平等的。人均财产最多的20%人口拥有55.25%的金融资产,而人均财产最少的20%人口则仅有4.54%的金融资产,两者的比率为12.17∶1。分配不平等位居第二的是房产,人均财产最多的20%的人口拥有50.94%的住房,他们和人均财产最少的20%人口所拥有的住房(4.71%)的比率为10.82∶1。耐用消费品和生产性固定资产分配的不平等程度非常接近,上述的比率分别为6.56∶1和6.55∶1。在所有各类财产中,土地的分配是最为平等的。人均财产最多的10%人口拥有总财产的30.51%,但却只拥有19.05%的土地。人均财产最多的20%人口所拥有的土地和人均财产最少的20%人口所拥有的土地的比率为34.44/8.47=4.07∶1。非住房债务的分布状况则同其他财产项目的分布状况不同:尽管十等分组中各组所占比重的变化不像其他财产项目那样有规则地上升或下降,而常常有起有伏,但总体来说仍然是穷人所欠的债务比富人要多。人均财产最多的20%人口和人均财产最少的20%人口所欠非住房债务的比率为2.42∶1。

表2　　　　　　　　2002年农村人口按十等分组各组所持财产的比重

单位:%

组别 (从低到高)	财产总额 (净值)	土地价值	房产净值	金融资产	生产性 固定资产	耐用消费 品价值	非住房债务
1(最低)	2.01	3.35	1.73	1.74	3.14	2.91	33.47
2	3.68	5.12	2.98	2.80	3.96	4.07	10.44
3	4.86	6.54	3.99	3.69	4.7	5.54	7.02
4	5.97	7.66	5.24	4.74	5.26	6.01	5.21
5	7.09	8.88	6.25	5.79	6.84	7.23	7.89
6	8.37	9.91	7.77	6.82	7.95	8.13	6.04
7	9.89	11.16	9.36	8.58	9.74	9.49	6.73
8	12.03	12.94	11.77	10.59	11.96	10.86	5.07
9	15.60	15.39	15.74	16.01	14.41	14.67	6.64
10(最高)	30.51	19.05	35.20	39.24	32.07	31.10	11.49

从动态来看，1988—2002年，总财产（净值）分布的差距有明显的扩大。人均财产最多的20%的人口拥有的总财产和人均财产最少的20%的人口所拥有的总财产的比率从1988年的5.18∶1扩大到1995年的5.33∶1，再扩大到2002年的8.10∶1。这三年比率的变化对于不同的财产项目来说是不一样的。房产呈先缩小后扩大的趋势，三年的比率分别为：8.13∶1；7.15∶1；10.82∶1。金融资产也呈先缩小后扩大的趋势，其比率分别为13.75∶1；9.34∶1；12.17∶1。土地的变化最小，其比率分别为4.01∶1；4.30∶1；4.07∶1。不过，从十四年的总趋势来看，增长快的和起作用大的金融资产和房产，其分配差距也在拉大；而增长慢的和起作用小的土地，其分配的差距也比较小，而且变化也不大。

其次，我们用基尼系数和集中率等指标来分析农村居民财产的分布状况。

由于居民财产的价值是居民收入长期积累的结果，因此，一般来说，不论是发达国家还是发展中国家，财产分布的不平等程度都要超过收入分配的不平等程度，换言之，财产的基尼系数要高于收入的基尼系数（详后）。但是，长期以来，中国的农村则是一个例外。根据经济研究所课题组的调查，中国农村1988年收入分配的基尼系数为0.338，财产分布的基尼系数为0.311；1995年收入分配的基尼系数为0.381，财产分布的基尼系数为0.351。这两个年份财产分布的不平等程度都低于收入分配的不平等程度。但是，这种情况到了2002年则发生了根本的变化。

表3　中国农村的收入分配和财产分配（1988年、1995年、2002年）

	1988年	1995年	2002年
收入分配的基尼系数	0.338	0.381	0.366
财产分布的基尼系数	0.311	0.351	0.399

资料来源：李实、岳希明，2004；Terry Mckinley，1993；Mark Brenner，2001。

2002年农村财产分布的基尼系数为0.399，而同年收入分配的基尼系数为0.366，即财产分布的不平等程度超过了收入分配的不平等程度。这种情况说明，在世纪之交的年代，中国农村财产分布和收入分配的不平等状况经历了一个转折点——从收入分配更为不平等转化为财产分布更为不平等（见表3和图1）。这种情况的发生，并不是土地价值在财产中的比重增大或土地分配变得更不平等所引起的，而是其他有关财产项目比重增大和不平等加深所引起的。不过，这种情况的发生无论如何也说明中国农村收入分配和财产分布的关系正在朝着一个通常的方向前进。尽管中国农村土地的高均等分布还抑制着农村总财产不均等程度的提高，但它毕竟已经跨越了转折点，并预示着财产分布和收入分配不平等程度进一步拉大的趋势。

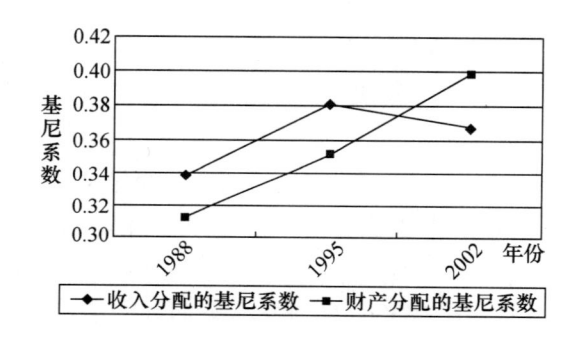

图1 农村收入分配和财产分配的变化（1988年、1995年、2002年）

从表4可以看出，在各项财产中，土地价值的分布最为均等，其基尼系数为0.452。金融资产的分布则最不均等，其基尼系数为0.681。按总财产排序计算出来的每项财产的拟基尼系数（集中率）表明各项财产的分布状况及其与总财产分布的关系。土地的集中率只有0.260，大大低于总财产的基尼系数0.399，表明土地的分布对总财产的分布起的是明显缩小不均等程度的作用。生产性固定资产和耐用消费品的集中率略低于总财产的基尼系数，说明这两项财产的分布对总财产的分布起的是略有缩小不均等程度的作用。而金融资产和房产的集中率则大大高于总财产的基尼系数，说明这两项财产的分布对总财产的分布起的是明显扩大不均等程度的作用。生产性固定资产的集中率几乎同总财产的基尼系数相等，说明其分布对总财产的分布没有发生扩大或缩小不均等程度的效应。生产性固定资产的分布没有表现出较高的不均等程度是同土地的高均等分布相联系的。在土地均等分布和家庭经营的土地规模有限情况下,很难推动农业固定资产的投资,也很难使这种投资有较高的不均等程度。至于耐用消费品比较均等的分布则是容易理解的,因为,目前中国农村几乎没有特别高档的耐用消费品,而一般的耐用消费品如电视机之类则比较易于普及。

表4　　　　　　　　2002年农村人均财产分布的不平等状况

财产	财产均值（元）	比重（%）	基尼系数	集中率	贡献率（%）
财产总额（净值）	12937.81	100	0.399	0.399	100
其中:					
土地价值	3974.32	30.72	0.452	0.260	20.02
房产净值	5565.006	43.01	0.538	0.456	49.15
金融资产	1592.615	12.31	0.681	0.492	15.18
生产性固定资产	1181.616	9.13	0.665	0.394	9.02
耐用消费品价值	793.28	6.13	0.659	0.377	5.79
非住房债务	-169.0233	-1.31	0.95	-0.246	0.81

由于土地的分布具有很低的不均等程度,因此它对总财产的不均等程度的解释力或贡献率仅为20.02%,显著地低于它在总财产中所占的比重（30.72%）。相反,由于金融资产和房产具有较高的不均等程度,因此,它们对总财产的不均等程度的贡献率（分别为15.18%和49.15%）也高于它们在总财产中所占的比重（分别为12.31%和43.01%）。

从动态来看,1988—2002年,总财产的基尼系数有明显的扩大,从1988年的0.311扩大到1995年的0.351,再扩大到2002年的0.399。其中,各个财产项目的变化是不一样的。三年中,土地的集中率分别为0.275、0.285、0.260,房产的集中率分别为0.41、0.382、0.456,金融资产的集中率分别为0.578、0.44、0.492。

总体来说,在中国农村各项财产中,在上述14年间,土地的重要性（比重）在降低,其分布的不均等程度也在降低,其对总财产不均等程度的贡献率也在降低。反之,房产和金融资产的重要性则在增长,其分布的不均等程度也在提高（金融资产的某些年份略有例外）,其对总财产不均等程度的贡献率也在提高。例如,在总财产中,土地的重要性在1988年和1995

年都占第一位，房产占第二位；但到了2002年，房产占了第一位，土地则退居第二位。

我们认为，对于这样一种变化应该做一分为二的分析。一方面，它反映了经济发展和经济改革的进展。随着农村经济的发展，特别是农村非农产业的发展和农村经济市场化程度的提高，必然会伴随着金融业和房产业的发展及其重要性的增强。但是，土地作为最稀缺和不可再生的资源，其重要性降低到如此的程度，使我们不能不从土地制度本身的缺陷上去寻找深层次的原因。目前的土地名义上是集体所有，由家庭和个人承包使用，但实际上农民个人和地方政府都没有责任去爱惜和经营土地。有的学者认为，我国现行的农村土地制度实际上是准国家所有制（朱秋霞，2004）。土地迄今并没有按照市场经济的规律得到优化的配置和合理的经营。土地的不断重新分配使得农民无法把土地当作自己的财产去投资和经营，国家征用的土地既得不到应有的补偿，也得不到节约的使用。90年代普遍出现的土地撂荒（包括农村的土地撂荒和城市郊区经济开发区的土地撂荒）现象，就是一个鲜明的写照。这是土地迄今还没有进入市场的一个严重后果。当农民对土地的投资和经营得到抑制时，他们自然地把投资的方向集中在房产和金融上面。因此，如何通过土地制度的深化改革，使农村各项财产都得到合理的分布，做到"地尽其力"和"物尽其用"，仍然是一个有待探讨的问题。

三 城镇居民财产的分布

同探讨农村居民财产分布时一样，在分析城镇居民财产分布状况之前，我们也将对城镇居民财产的水平（规模）和构成作一大略的考察。

如表5所示，城镇居民的财产也可以分为六项，即房产、金融资产、生产性固定资产、耐用消费品、其他资产和非住房债务。同农村一样，房产是按净值计算的，房产总值中扣除购房的未偿还债务即为房产净值。总债务减去未偿还的住房债务即为非住房债务。各项财产的加总额减去非住房债务以后的价值为财产总额（净值）。

表 5　　　　　　　　　　2002 年城镇人均财产水平和构成

财产及其构成项目	平均值（元）	比例（%）
财产总额（净值）	46133.5	100
其中：		
金融资产	11957.79	25.92
房产净值	29703.13	64.39
生产性固定资产	815.487	1.77
耐用消费品价值	3338.165	7.24
其他资产的估计现值	619.6779	1.34
非住房债务	-300.7456	-0.65

从财产的规模或水平来看，2002 年，城镇居民人均财产总额为 46133.5 元，而农村居民人均财产总额为 12937.81 元，两者的比率为 3.57:1。同期官方公布的城乡居民收入的比率为 3.1:1。由于官方公布的数据没有充分考虑城市居民和农村居民在享受各种补贴（如住房、医疗、养老、交通、教育等）方面的差异，因此许多研究认为，城乡居民收入的实际差距要大大超过官方公布的差距（见李实和岳希明，2004）。我们从 2002 年城市居民财产分布的差距超过农村居民财产分布的差距中也可以看出，作为收入的补贴的差距也会年复一年地沉淀下来变成扩大财产分布差距的一个重要因素。

城市居民财产的构成同农村居民财产的构成相比，最大的差别是前者有土地，而后者没有土地。在六项财产中，农村居民最大的两项是房产和土地，占 73.73%；城市居民最大的两项是房产和金融资产，占 90.31%。这主要是城市居民在房产价值上拥有突出的比重所引起的。在城市居民的财产中，房产占的比重高达 64.39%，而农村居民则只占 43.01%，竟然相差 21.38 个百分点。另一个差别是生产性固定资产在农村占 9.13%，而在城市则只占 1.77%。总体来说，虽然城乡居民的财产都是由六项组成的，但城市居民的财产更加集中地分布在少数几项之中。

至于城市财产的分布，我们仍然先用十等分组的方法来进行分析。

从表 6 可以看出，由于部分城镇居民的债务超过了其财产总额，从而造成了人均财产最少的 10% 的人口拥有相当低的财产份额，低到了几乎可以忽略不计的程度。而对于人均财产最多的10%的人口来说，他们拥有的财产占城镇总财产的份额高达33.85%。还有，人均财产最少的20%的人口所拥有的财产份额也只有2.75%，而人均财产最多的20%的人口所拥有的财产份额达到51.07%，后者超过前者的18倍。在各类财产中，房产分布是最不均等的。人均财产最少的10%的人口，其房产净值是负数，即其房产总值还抵偿不了尚未偿还的住房债务。人均财产最多的20%的人口拥有52.36%的房产，而人均财产最少的20%的人口则仅有1.52%的房产，两者的比率为34.45∶1。分配不均等居于第二位的是生产性固定资产，按上述拥有财产最多和最少的人口各为20%来算，两者拥有生产性固定资产的比率为11.34∶1。其他各项财产的这一比率依次为：金融资产为10.53∶1；其他资产为7.15∶1；耐用消费品为4.57∶1。

表6　　　　　　　　2002年城镇人口按十等分组各组所持财产的比重

单位:%

组别（从低到高）	财产总额（净值）	金融资产	房产净值	生产性固定资产	耐用消费品价值	其他资产估计现值	非住房债务
1（最低）	0.203	1.62	-0.54	0.376	4.25	2.18	32.32
2	2.55	3.14	2.06	4.03	4.84	3.98	10.31
3	3.98	4.17	3.80	4.76	5.34	4.44	11.89
4	5.25	4.89	5.22	5.36	6.56	6.12	4.28
5	6.54	6.37	6.50	3.84	7.95	6.23	2.98
6	8.01	7.78	8.02	7.07	8.60	9.25	7.75
7	9.92	9.78	9.96	8.56	9.74	13.11	8.80
8	12.55	12.22	12.70	16.13	11.33	10.69	6.33
9	17.22	18.17	17.15	14.24	14.28	15.87	4.09
10（最高）	33.85	31.93	35.21	35.69	27.17	28.22	11.22

为什么房产在城市居民各项财产的分布中有如此之高的不均等程度，而且其不均等程度还大大超过农村房产的分布呢？看来，其原因应该追溯到计划经济条件下的城市住房分配制度。众所周知，在短缺经济情况下，粮、棉、油等是按人头分配的（有点像农村的土地分配），而住房是按职位

分配的，从而在相当大的程度上是同权力挂钩的；而且不同职位的人的住房标准又是由处于权力高层的人所制定的。因此，由于权力因素的介入，在计划经济的条件下住房分配就是高度不均等的。在向市场经济转型中住房制度的改革，主要是 90 年代以来住房制度的改革，不仅因袭了计划经济下住房分配的不平等，而且还进一步扩大了这种不平等（赵人伟、李实，1997）。应该说，90 年代城市住房制度的改革并没有遵循市场经济的基本准则。国家将原来的公房出售给个人时，其出售价格的形成基本上没有考虑住房的位置和质量，而主要甚至仅仅考虑住房的面积。因此，在出售中占有优良位置和拥有高质量住房的人就能获得一大笔租金。而且，在住房改革中，许多城市和部门还任意提高不同职位的职工的住房标准，从而又可以使一部分人可以在扩大住房面积上获得又一笔租金。如果说，城市住房的市场价是由市场形成的话，那么，在由公房转化为私房中的销售价则是任意设定的。因此，在住房制度的改革中，公房出售价和商品房市场价之间形成了一个巨大的差额。据汪利娜和魏众的研究，全国 11 个省、市 1995 年商品房市场价同公房出售价之比平均为 7.69∶1，在两者差距最大的湖北省，其比率甚至高达 22.2∶1（见表 7）。90 年代住房改革中的这种设租活动，甚至比 80 年代双重体制下商品交易中的寻租活动具有更大的获利空间。城市居民房产分布的这种不均等程度，不仅在同城市居民其他资产分布的不均等程度相比时鹤立鸡群（按上述拥有财产最多和最少的人口各为 20% 来计算，城市居民两者拥有财产总额的比率为 18.55∶1，而两者拥有房产的比率为 34.45∶1）；而且在同农村居民房产分布的不均等程度相比也显得高高在上（城市房产的上述比率为 34.45∶1，农村房产的上述比率为 10.82∶1）。

表 7　　　　　　　　1995 年商品房市场售价和公有房出售价的差异

单位：元/平方米

样本省市	商品房市场售价	公有房出售成本价	商品房与公有房出售价之比
北京	3226.52	403.68	7.99∶1
山西	919.06	238.56	3.85∶1
辽宁	1491.45	272.85	5.47∶1
江苏	1247.26	191.28	6.52∶1

续表

样本城市	商品房市场售价	公有房出售成本价	商品房与公有房出售价之比
安徽	897.80	105.83	8.48:1
河南	780.02	166.80	4.68:1
湖北	2187.50	98.53	22.20:1
四川	1050.20	87.04	12.50:1
广东	3100.00	247.59	12.07:1
云南	1276.34	201.01	6.35:1
甘肃	1169.87	241.53	4.84:1
平均售价	1576.91	204.97	7.69:1

资料来源：汪利娜、魏众，1999；Wang Lina，2001。

为什么生产性固定资产在城市居民各项财产的分布中有较高的不均等程度，而且其不均等程度也显著超过农村同类资产的分布呢？看来，这是由城乡居民所从事的行业或职业上的差别造成的。在城市，生产性固定资产集中在少数个体户和私营企业主手中（据国家统计局的上述调查，投资于各种经营活动的城市居民仅占全部城市居民的一成左右）；而在农村，生产性固定资产则相对地分散在众多的农户手中。

同房产和生产性固定资产相比，金融资产的分布没有想象中的那样不均等，而且如上所述，城市金融资产分布的不均等程度比农村还低一些[①]。在各项财产中，耐用消费品的分布是最为均等的，这一点似乎比较容易理解。因为，经过二十多年经济的高速发展和人民生活水平的大幅度提高，对于一般城市居民来说，拥有像彩电、冰箱之类的消费品多已不成问题，而拥有像汽车这样的消费品又毕竟是少数家庭，无法因此而大幅度地拉开差距。在上述各项财产中，非住房债务的分布是最令人感兴趣的。持有财产最低的10%的人口拥有32.32%的债务，而持有财产最高的10%的人口居然也拥有11.22%的债务。这是不是说明，在中国城市，最穷的人不得不

---

① 在经济研究所课题组2002年的问卷调查中，有14.48%的城市居民拒绝填写银行存款的数额，而农村居民则没有出现这种情况。看来，城市居民金融资产的总量存在着低估的问题，其分布的不均等程度也存在着低估的问题。

借债，而最富的人则敢于借债来进行消费和投资呢？

下面，让我们转而用基尼系数和集中率等指标来分析城市居民财产的分布状况。

表8　　　　　　　　　2002年城镇人均财产分布的不平等状况

财产	财产均值（元）	比重（%）	基尼系数	集中率	贡献率（%）
财产总额（净值）	46133.5	100	0.4751	0.4751	100
其中：					
金融资产	11957.79	25.92	0.5961	0.4439	24.22
房产净值	29703.13	64.39	0.5442	0.4989	67.62
耐用消费品现值	3338.165	7.24	0.9839	0.323	4.92
生产性固定资产	815.487	1.77	0.5018	0.4838	1.80
其他资产	619.6779	1.34	0.9148	0.3831	1.08
非住房债务	300.7456	-0.65	0.9777	-0.2596	0.36

如前所述，在我国农村，财产分布不均等的程度超过收入分配不均等的程度是在不久前世纪之交的年代发生的。然而，在我国城市，却并没有出现这种两线交叉的转折点。财产分布的基尼系数1995年为0.411（见李实、魏众、古斯塔夫森，2000），2002年为0.4751；收入分配的基尼系数1995年为0.280，2002年为0.319（见李实、岳希明，2004）。这种情况表明，财产分布和收入分配形成的是两条前者高于后者的平行线，而且两者的差距还在扩大之中。

从表8可以看出，在城市的各项财产中，房产的各个指标都居于一马当先的高位。房产净值为29703.13元，占财产总值的64.39%，其拟基尼系数（集中率）为0.4989，高于总财产的基尼系数0.4751，表明房产的分布对总财产的分布起的是扩大不均等程度的作用。由于其所占比重大并且分布不均等的程度高，所以它对总财产的不均等程度的解释力或贡献率竟高达67.62%，甚至比它在总财产中所占的高比重还要高出3.23个百分点。生产性固定资产的集中率为0.4838，也高于总财产的基尼系数，从而对总财产的分布起的是扩大不均等程度的作用。但是，由于它在总财产中的比重只占1.77%，所以，它对总财产不均等程度的贡献率是相当小的，仅为

1.8%。金融资产的集中率为0.4439,低于总财产的集中率,从而对总财产的分布起的是缩小不均等程度的作用。不过,由于它在总财产中的比重较高,仅次于房产而居于第二位,占财产总额的25.92%,因此,它对总财产不均等程度的贡献率也居第二位,为24.22%。耐用消费品的集中率仅为0.3230,明显低于总资产的基尼系数,其对总财产的分布起的是明显的缩小不均等程度的作用,不过,由于它在总财产中所占的比重仅为7.24%,所以,它对总财产不均等程度的贡献率仅为4.92%。

总体来说,在城市的六项财产中,有房产和生产性固定资产这两项是超过总资产的不均等程度的;而在农村的六项财产中,则有房产和金融资产这两项是超过总资产的不均等程度的。因此,在财产分布的不均等中,无论是城市还是农村,房产所起的都是举足轻重的作用。

如上所述,2002年城市居民拥有的财产总额为农村居民的3.65倍。不过,分项来看,情况则有很大的差别。其中,金融资产为7.51倍,房产为5.34倍,耐用消费品为4.20倍。这说明,尽管农村金融资产的分布比城市具有更高的不均等程度,但城市居民拥有比农村居民高得多的金融资产。尽管无论是城市还是农村房产的分布都有很高的不均等程度,但城市居民比农村居民拥有高得多的房产价值。无论是城市还是农村,耐用消费品的分布都是相对均等的,但城市居民仍然比农村居民拥有价值高得多的耐用消费品。由于上面已经说过的原因,农村居民拥有的生产性固定资产,不仅其在总资产中的比重超过城市(前者为9.13%,后者为1.77%),而且其绝对值也超过城市(前者为1181.616元,后者为817.487元)。

从纵向看,1995年城市居民人均财产总额为12385元(折合为2002年价格为13698元),而2002年城市居民人均财产总额为46134元,1995—2002年的实际增长率为236.8%,年均增长率为18.9%。其中,房产同期从5412元增长到29734元(折合2002年价格为5985元),实际增长率为396.3%,年均增长率为21.74%($3.963^{(1/7)} - 1 = 0.2174$);金融资产同期从3427元(折合2002年价格为3841元)增长到11958元,实际增长率为211.3%,年均增长率为17.6%。同期,金融资产价值在总财产中的比重从28%下降到25.92%,房产净值的比重则从43.7%上升到64.39%。金融资产和房产净值合起来的比重则从71.7%上升到90.31%。这说明,在世纪之交的年代，中国城市居民财产积累的过程中，房产和金融资产这两项起的是举足轻重的作用，特别是其中房产价值的增长，无论从绝对值上看，还是从比重上看，都起着一马当先的作用。

在探讨城市居民财产的分布时，对金融资产（和负债）的具体构成和分布状况作更为具体的分析是颇有意义的。

表9　　　　2002年城镇人均金融资产（和负债）的构成和分布

资产（和负债）	均值（元）	构成（%）	基尼系数	集中率	贡献率（%）
金融资产	11957.79	100	0.5961	0.5961	100
其中：					
1. 银行定期存款	5975.307	49.97	0.6919	0.6023	50.49
2. 银行活期存款	1662.306	13.90	0.7116	0.4732	11.03
3. 股票	1240.141	10.37	0.9302	0.7325	12.74
4. 各种债券	390.7546	3.27	0.9741	0.7732	4.24
5. 借出款	475.1597	3.974	0.953	0.6739	4.49
6. 家庭经营活动自有资金	365.609	3.06	0.9816	0.6695	3.44
7. 向企业或其他经营活动的投资（不含股票和债券）	168.7289	1.41	0.9848	0.6406	1.52
8. 住房公积金累计额	1034.852	8.65	0.7607	0.4381	6.36
9. 贮蓄类商业保险总额	469.0462	3.92	0.9340	0.6162	4.05
10. 收藏品的估计市场价值	175.8827	1.47	0.9738	0.6623	1.63
债务	1702.018	100	0.9517	0.9517	100
其中：					
1. 建房和购房的借款	1401.272	82.33	0.9664	0.9595	83.00
2. 经营性贷款	141.1545	8.29	0.9944	0.9511	8.28
3. 购买耐用消费品的借款	15.3532	0.90	0.997	0.8785	0.83
4. 治病所欠的债务	55.7442	3.28	0.9932	0.895	3.08
5. 其他生活困难所欠债务	29.1198	1.71	0.9948	0.8701	1.56
6. 教育性借款	59.3738	3.49	0.9908	0.8803	3.23

说明：城市个人总样本量20632中，人均金融资产总额为0的样本量为1470，占总样本量的比例为7.12%；另外，人均定期存款和活期存款之和为0的样本量为2987，占总样本量的比例为14.48%。

从表9可以看出，在城市居民金融资产的十个子项目中，银行定期存款几乎占一半（49.97%），随后依次是银行活期存款（占13.9%）、股票（占10.37%）和住房公积金（占8.65%）。四项合计，占82.89%。就金融资产各个子项目的分布情况来看，银行定期存款的集中率为0.6023，活期存款的集中率为0.4732。前者略高于总金融资产的基尼系数，后者则低于总金融资产的基尼系数。这说明，定期存款有扩大金融资产分布差距的效应，而活期存款则有缩小金融资产分布差距的作用。在金融资产的各个子项目中，有八个项目的集中率超过总金融资产的基尼系数，起扩大金融资产分布差距的效应，只有两个项目（活期存款和住房公积金）的集中率低于总金融资产的基尼系数，起缩小金融资产分布差距的作用。但由于多数子项目的比重很小，真正对总金融资产的分布差距发生较大作用的只有三项。其中，起扩大作用的为定期存款和股票，其贡献率分别为50.49%和12.74%；起缩小作用的为活期存款，其贡献率为11.03%。

再来看债务。2002年，城市人均债务总额为1702.018元，相当于资产总额的14.2%。从中可以看出，中国城市居民债务的比重并不算高。在债务的六个子项目中，只有建房和购房的借款这一项独占鳌头。这一项在债务中的比重占82.33%，集中率为0.9595，略为超过总债务的基尼系数0.9517，其对总债务的不均等程度的解释力或贡献率为83%。

总体来看，中国城市居民的金融资产集中在银行存款上。如果再联系上面所说的城市居民整个资产的构成，我们似乎可以进一步发现：不仅城市居民的财产是集中在房产和金融资产这两项上面，而且城市居民的债务也集中在住房债务上面，住房债务为非住房债务的4.66倍。

城市居民财产的这种构成说明了什么呢？正如有的研究者指出的，这种状况表明，城市居民"财产的性质还停留在生活资料层面，他们的投资意识较淡，储蓄仍然是城市家庭最钟情的投资方式"。（见国家统计局城市社会经济调查总队，2003）我们认为，储蓄比重大是多方面的因素所造成的。首先是其他投资渠道不畅通，例如，由于股票市场的不规范和风险难测，导致许多居民望而却步，即使有富余钱也只好往银行放。其次是转型期不确定因素增多，像养老、防病、子女教育等方面的开支，个人承担的部分都有扩大的趋势，迫使人们不得不往银行存钱，以备不时之需。再者，由于传统文化的影响,中国人习惯于在既定的可支配收入的范围内压缩消费倾向而扩大储蓄倾向,尽管这种过度偏离的倾向并不利于消费和整个经济的增长,但这种文化传统上的"路径依赖"也并不是可以轻易改变的。

四 全国居民财产的分布

在分别探讨了农村和城市居民财产分布的基础上,下面对全国居民财产的分布状况作一概括性的探讨。

从表10可以看出,全国人均财产的总水平、各项财产的水平和各项财产的比重,其数值都在城市和农村之间。经过全国人口的平均(具体计算见附录)以后,全国人均财产的总额既不是农村人均的12937.81元,也不是城市人均的46133.5元,而是25897.03元。在财产的各个子项目中,土地这一项是最令人注目的。

表10   2002年全国人均财产水平和构成

财产及其构成项目	平均值(元)	比例(%)
财产总额(净值)	25897.03	100
其中:		
土地价值	2420.767	9.35
金融资产	5642.684	21.79
房产净值	14989.26	57.88
生产性固定资产	1037.309	4.01
耐用消费品价值	1784.31	6.89
其他资产的估计现值	241.6361	0.93
非住房负债	-218.9326	-0.84

由于城市人口没有土地,所以经过全国人口的平均以后,土地的价值从农村人均的3974.32元下降到全国人均的2420.767元,其比重也从占农村人均财产的30.72%下降到占全国人均财产的9.35%。其他各项财产的变化都没有土地那么大,变化最小的要属耐用消费品这一项,其比重既不是农村的6.13%,也不是城市的7.24%,而是6.89%。这说明,城乡之间耐

用消费品拥有量的差距是比较小的。在全国居民财产的七个子项目中，最重要的是房产、金融资产和土地三项，三项合起来占居民财产总额的89.02%，其中尤以房产和金融资产两项最为突出，两项合起来占财产总额的79.67%。

至于全国财产的分布，我们仍然用十等分组的办法和基尼系数等指标进行分析。从总财产来看，人均财产最多的20%的人口拥有59.3%的财产，而人均财产最少的20%的人口则仅有2.80%的财产，两者的比率为21.18∶1。这个比率比农村或城市分别计算时都要高（农村为8.1∶1；城市为18.55∶1）。如果以拥有财产最多的10%的人口同拥有财产最少的10%的人口相比，那么，两者拥有财产的比率为60.89∶1。显然，财产分布上的这种巨大差距是同城乡之间的巨大差别分不开的。在各项财产中，房产的分布是最不均等的。人均财产最多的20%的人口拥有65.84%的房产，而人均财产最少的20%的人口则仅有1.05%的房产，两者的比率为62.7∶1。而且，人均财产最少的10%的人口，其房产净值是负数，即同上述城市的状况相似，其房产总值还抵偿不了尚未偿还的住房债务。至于其他各项财产的分布，金融资产分布的不均等程度仅次于房产，上述的比值（20%最高组同20%最低组相比）为29.13∶1。分布不均等程度较低的是耐用消费品，上述比值为9.556∶1。至于非住房负债的分布，则是最高组和最低组负债较多，而中间各组的负债较少。这种情况是不是像我们分析城市财产分布时所见到的那样，是由于穷人不得不借债，而富人则因为有既有的财产作后盾而敢于多借债来进行消费和投资呢？

表11　　　　2002年全国人口按十等分组各组所持财产的比重

单位：%

组别（从低到高）	财产总额（净值）	土地价值	金融资产	房产净值	生产性固定资产	耐用消费品价值	其他资产的估计现值	非住房负债
1（最低）	0.68	4.43	0.997	-0.18	2.82	2.84	0.96	30.39
2	2.12	8.67	1.31	1.23	4.52	2.81	0.78	8.65
3	2.95	11.03	1.80	1.93	5.40	3.49	0.63	5.97
4	3.81	13.86	2.12	2.59	8.07	3.88	1.11	5.78
5	4.84	15.01	3.16	3.62	8.90	4.94	1.55	6.94

续表

组别（从低到高）	财产总额（净值）	土地价值	金融资产	房产净值	生产性固定资产	耐用消费品价值	其他资产的估计现值	非住房负债
6	6.23	15.76	4.41	5.09	11.80	6.08	3.04	6.82
7	8.32	14.05	7.16	7.63	10.74	8.96	6.64	8.64
8	11.76	8.34	11.87	12.15	10.12	13.02	12.35	5.07
9	17.89	5.84	19.40	19.30	13.92	18.22	24.16	10.95
10（最高）	41.41	3.00	47.80	46.54	23.72	35.77	48.80	10.80

从表12可以看出，2002年，全国总财产分布的基尼系数已经达到0.550，既高于同年收入分配的基尼系数（0.454），又高于同年城乡分别计算的财产分布的基尼系数（城市为0.4751，农村为0.399）。应该说，这一结果是合乎逻辑的：在城乡各自的财产分布差距都已超过收入分配差距情况下，在财产分布的城乡差距又非常巨大的情况下，全国财产分布的基尼系数安能不居于领先地位呢？在各项资产中，有房产、金融资产和其他资产的估计现值三项的集中率超过总财产的基尼系数，从而对总财产的分布起的是扩大不均等程度的作用。但是，由于其他资产的估算现值比重极小（只占0.93%），所以，它对总财产的不均等程度的解释力或贡献率仅为1.16%。不过，房产和金融资产两项则起着关键的作用：房产的集中率为0.6302，贡献率为66.32%；金融资产的集中率为0.6291，贡献率为24.92%。在各项财产中，土地的作用是最耐人寻味的。不仅其在总财产中的比重仅为9.35%，而且其集中率仅为-0.0452，其对总财产不均等程度的解释力或贡献率为-0.77。耐用消费品的集中率为0.408，贡献率为6.02%，这说明耐用消费品在全国居民中的分布是比较均等的。

从国际比较的角度来看，财产分布的基尼系数大于收入分配的基尼系数是一种常态。按照James B. Davies和Anthony F. Shorrocks的研究，发达国家收入分配的基尼系数在0.3—0.4，而财产分布的基尼系数则在0.5—0.9。财产最多的1%的人口拥有总财产的15%—35%，而收入最多的1%的人口则拥有总收入的不到10%（James B. Davies and Anthony F.

Shorrocks，1999）。按照 Smeeding 的研究，21 个发达国家在 20 世纪 90 年代中期收入分配的基尼系数大约为 0.3，但这些国家在 20 世纪后半叶财产分布的基尼系数为 0.52—0.93，如果不包括在外居住的瑞典人，则为 0.52—0.83（转引自 Michael Schneider，2004）。按照国际标准，我国现阶段财产分布的基尼系数还不算很高。但是，如果考虑到以下两点，仍然不能不引起人们的高度重视：第一，发达国家个人财产的积累已经经历了数百年的时间，而我国从 20 世纪 80 年代初算起，也只经历了大约二十年的时间。可以说，中国个人财产积累的这种速度和势头都是超常的。第二，我国收入分配基尼系数已经显著地超过上述发达国家，而如上所述，当今的收入分配的分化必然会影响今后财产分布的分化，因此今后一段时间财产分布差距的进一步拉大可以说将是难以避免的现实。

表 12　　　　　　　　　　2002 年全国人均财产分布的不平等状况

财产	财产均值（元）	比重（%）	基尼系数	集中率	贡献率（%）
财产总额（净值）	25897.03	100	0.550	0.550	100
其中：					
土地价值	2420.767	9.35	0.6686	-0.0452	-0.77
金融资产	5642.684	21.79	0.7404	0.6291	24.92
房产净值	14989.26	57.88	0.6736	0.6302	66.32
生产性固定资产	1037.309	4.01	0.8373	0.2963	2.16
耐用消费品价值	1784.31	6.89	0.6431	0.48	6.01
其他资产的估计现值	241.6361	0.93	0.9669	0.6885	1.16
非住房负债	-218.9326	-0.84	0.9674	-0.1749	0.27

至于财产分布同收入分配的关系，本文只能在极其有限的范围内加以涉及。下面，我们拟利用 2002 年的数据，对全国人均财产分布和人均收入分配的状况作一简单比较。把调查样本中全部城乡居民按人均收入的高低和按人均拥有财产的高低进行十等分组。表 13 列出了 2002 年按收入和按财产进行十等分组后城乡居民在各组中所占的百分比。图 2 则是在表 12 的基础上绘制的曲线图。

表 13　　　　　2002年按收入和按财产十等分组城乡居民各占的比例

单位:%

十等分组组序	人均收入		人均财产	
	农村居民所占比例	城市居民所占比例	农村居民所占比例	城市居民所占比例
1（最低）	98.73	1.27	75.26	24.74
2	97.26	2.74	89.78	10.22
3	94.96	5.04	89.41	10.59
4	90.64	9.36	90.63	9.37
5	79.36	20.64	83.03	16.97
6	62.18	37.82	72.63	27.37
7	43.87	56.13	55.02	44.98
8	22.48	77.52	29.21	70.79
9	12.69	87.31	18.08	81.92
10（最高）	6.91	93.09	5.99	94.01

图2的纵轴代表居民所占的百分比，横轴代表由低到高的收入和财产的等分组。从中可以看出，农村居民都集中地分布在低收入组和低财产组，而城市居民则集中地分布在高收入组和高财产组。这说明，无论是收入的分配还是财产的分布，城乡之间的差距都是比较大的。不过，如果我们进一步考察财产分布的差距和收入分配的差距时，情况就比较复杂。在低收入—财产组（图中的1—4组），财产分布的差距小于收入分布的差距，在中收入—财产组（图中的4—7组），财产分布的差距大于收入分布的差距，在高收入—财产组（图中的7—9组），财产分布的差距又小于收入分布的差距，到了最高收入—财产组，即第10组，两者分布的差距基本持平。

对于低收入—财产组的这种情况是比较容易理解的。因为，再穷的农村居民总还拥有一小块土地，特别是在土地的产出和来自土地的收入非常微薄的情况下，即使在土地的价值得不到足够估计的情况下，收入的差距超过财产的差距也是很自然的事情。在中收入—财产组，财产的差距超过收入的差距也是可以理解的。因为，在中等组，土地的作用相对减弱，而房产和金融资产的作用则相对增强，以致土地的作用被房产和金融资产抵消了还有余，于是就出现了财产的差距超过收入的差距的情况。但是，第7

组以后发生的收入差距再次超过财产差距则是比较难以解释的。是不是房改房的作用在城市高收入和高财产的群体中的作用在下降呢？看来，这是一个尚需进一步探讨的问题。

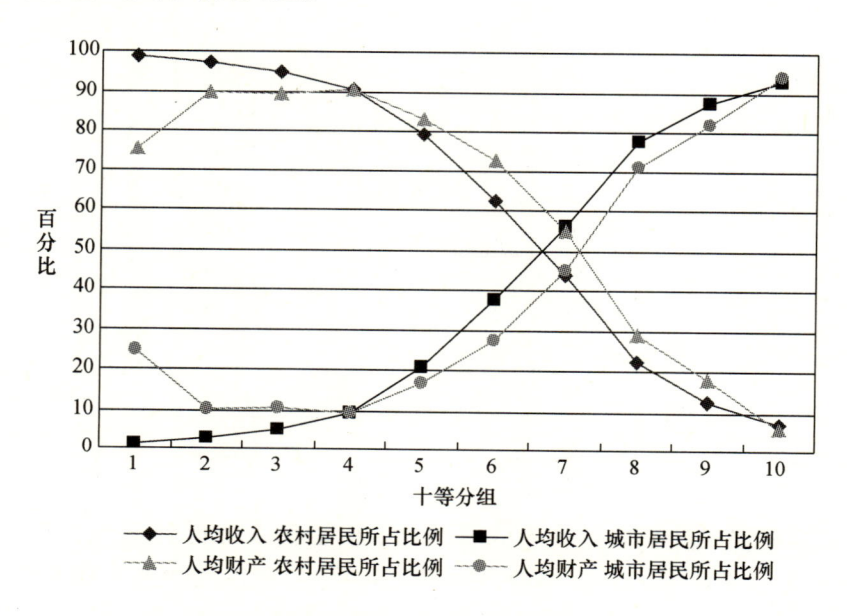

图2　城乡居民按收入高低和财产高低的分布

五　结束语——一些政策建议

改革开放以来，中国城乡居民已经从几乎没有什么财产的居民变成了拥有财产的居民，或者说，中国居民已经实现了从无产者向有产者的转变。而且，从20世纪90年代以来，中国居民还经历了一个为期不算长的财产高速积累期。尽管这个过程还有许多不如人意之处，但从总体上来说，应该高度肯定这是改革开放的重大成果之一。

综观中国城乡居民的各项财产，最主要的是三大项，即土地、房产和金融资产。如上所述，三项合计，占资产总额的89.2%。只要把这三项资产及其分布处理得当，就抓住了根本。从上述分析可以看出，这三项资产及其分布有各自的特点，也有各自的问题。

土地问题上似乎存在着一种悖理：土地是如此的重要和稀缺，但土地的价值是如此的被低估，土地的使用又是如此的粗放。如上所述，土地产权（property right）不清晰仍然是困扰我们的一大问题，它已经成为提高土地使用效率的一大障碍。此外，土地管理上的种种缺陷，也成为我国目前土地利用效率低和浪费现象十分严重的重要原因。因此，深化土地管理制度的改革，加强土地管理就成为当务之急。（温家宝，2004）

20 世纪 80 年代以来的城乡建房高潮以及 90 代以来城市住房制度的改革，确实在很大程度上圆了人们的住房梦，在一定程度上实现了"居者有其屋"的理想。但是，城市的住房改革是在经济转型的特殊情况下进行的。对许多居民来说，住房的获得不是收入长期积累的结果，而是一夜之间从无房者变成了有房者。加上如上所述的设租活动的存在，使住房分布很不均等。所以，房产的主要问题是分布太不均等。如果说，已经形成的不均等是一种既成的事实的话，那么，今后的对策只能是以下两条：一是防止设租活动的再现；二是通过开征财产税和遗产税等办法来缩小财产分布上的差距。诚然，开征这些新的税种在中国这样的国家并不是一件容易的事情。不过，千里之行，始于足下。难道我们可以引进不利于缩小收入差距的利息税（目前实行的是被称为累退税的比例税），而就无法引进有利于缩小财产差距的财产税和遗产税（应该是有利于缩小财产差距的累进税）吗？

金融资产在我国城乡居民中的高速积累虽然是一件大好事，但也存在着问题。除了分布尚嫌不均等之外，主要问题是结构不合理。由于各种不确定因素太多，使居民金融资产的构成中银行存款占了六成四。这种过于强烈的储蓄倾向不仅不利于启动消费和内需，而且不利于整个经济的健康成长。显然，这个问题不能通过单项措施来解决，而只能通过深化改革、理顺各种经济关系来解决。

在迄今为止的一个不太长的历史阶段内，我国经历了一个居民财产高速积累和分化的时期，城乡居民财产分布的差距已经超过了收入分配的差距。二十多年以前，世界银行认为，当时的中国居民除了可以略去不计的极少量利息收入以外，几乎没有什么财产收入（见世界银行，1981）。然而现在和今后的情况就不可同日而语了。从长期来看，在居民收入来源的构成中，来自财产的收入的重要性将进一步增长，例如，在城市，将有更多的居民会获得来自房产的收入——房租。因此，财产分布差距的扩大必将成为影响收入差距扩大的一个重要因素。这种情况对国家宏观调控政策中的再分配政策提出了更高的要求，即要使税收政策和转移支付政策更有利于缩小收入差距和财产差距的方向发展，从而有利于社会的稳定。

为了正确运用再分配政策，首先必须改变历史上遗留下来的"逆向再分配"问题。所谓"逆向再分配"，就是违背了收入再分配的初衷——通过再分配不是缩小收入和财产的差距而是扩大了这种差距，通俗地说，就是没有"抽肥补瘦"，而变成了"抽瘦补肥"。在计划经济时代，对农村实行的是净税收的政策，对城市实行的是净福利、净补贴的政策，被人们称为逆调节的政策，其结果是扩大了城乡间收入和财产的差距。改革开放以来，这种状况虽然有所改变，但仍然存在。应该指出，我国城乡之间存在的巨大的收入差距和财产差距，是同上述"逆向再分配"状况有密切关系的。近年来实行的农村税费改革无疑是改变这种状况的有力举措，但要从根本上改变这种状况仍然需要一个过程。

当政府把税收作为再分配的重要手段时，特别要注意税收的累进还是累退。为了发挥税收在再分配中的积极作用，一般都采用累进税率，而且设有起征点。但是，这应以收入和财产都有较高的透明度为前提。例如，由于我国目前银行存款的实名制还不完备、利息收入的透明度还不高，征收利息税还只能实行比例税率，而不是累进税率，即对所有的存款利息都征收20%的利息税。应该说，这种办法是不完备的，具有过渡性，因为它不能起缩小收入差距的作用。斯蒂格利茨甚至认为，"如果富人比穷人缴纳更多的税，但不是按比例递增的，那么这种税收制度仍然被认为是累退的"（斯蒂格利茨，2000）。可见，根据这种"不进则退"的税收理念，要发挥税收的调节功能，就必须在提高收入和财产透明度的基础上向累进制方向发展。我们上述建议中的财产税和遗产税，显然其方向都应该是累进税而不是比例税。

在国家宏观经济政策中，税收和转移支付这两项无疑对缩小财产分布和收入分配的差距起着比较直接的作用。不过，我们也不能忽视其他的宏观经济政策对缩小上述差距的作用——尽管有些政策看起来不像税收和转移支付那么迅速见效，但从根本上来说仍然是一些有利于长治久安的政策。

例如，(a) 教育政策。在当今的时代，劳动这一生产要素在参与收入和财产分配中的作用，已经不再单纯地取决于劳动的数量，而是更重要地取决于劳动的质量。而劳动质量的提高又在很大的程度上取决于教育。因此，改善低收入和低财产人群的教育状况，就成为缩小收入和财产差距的一个重要前提。换言之，通过改善教育，可以使人们在人力资本的差距上有所缩小，从而为人们取得比较平等的收入和财产创造一个比较平等的起点。(b) 劳动力流动政策。逐步消除劳动力流动的种种障碍，就能够为人们在参与收入和财产的分配过程中有一个比较平等的机会。改革开放以来的事实已经证明，劳动力流动，特别是城乡之间劳动力的流动，已经在缩小收入和财产的差距上起了显著的作用。当然，我们也应该看到，计划经济时代对劳动力流动严格限制所造成的原有格局，并不是短期内就能改变的。阻碍劳动力流动的制度性障碍，如户籍制度、福利制度、住房制度、用工制度等障碍，虽然在迄今为止的改革中已经解除了很多，但离市场经济的要求还相差甚远。因此，培育和健全劳动力市场，特别是城乡之间可以自由流动的劳动力市场，仍然是今后宏观经济政策的一个重要方面。(c) 产业结构转换政策。宏观经济政策还应该通过促进产业结构的转换来改进收入和财产分配的状况。缩小城乡之间收入和财产的差距是摆在我们面前的一项历史任务。在今后的长时期内，提高农民收入和缩小城乡之间收入和财产的差距的根本途径是加速产业结构的转换，积极发展第二、第三产业，努力推动劳动力从第一产业向第二产业，特别是向第三产业的转移。

参考文献

国家统计局城市社会经济调查总队编：《财富：小康社会的坚实基础》，山西经济出版社2003年版。

Michael Schneider (2004) "The Distribution of Wealth", Edward Elgar Publishing, Inc. Northampton, USA.

Terry Mckinley (1993) "The Distribution of Wealth in Rural China", in Keith Griffin and Zhao Renwei (eds.), *The Distribution of Income in China*, London, Macmillan.

Mark Brenner (2001) "Reexaming the Distribution of Wealth in Rural China", in Carl Riskin, Zhao Renwei and Li Shi (eds.), *China's Retreat from Equality*, New York, M. E. Sharpe.

朱秋霞：《论现行农村土地制度的准国家所有制特征及改革的必要性》，南京财经大学（Working Paper），2004年11月12日。

李实、岳希明：《中国城乡收入差距调查》，《财经》2004年第3—4期。

赵人伟、李实：《中国居民收入差距的扩大及其原因》，《经济研究》1997年第9期。

李实、魏众、古斯塔夫森：《中国城镇居民财产的分配》，《经济研究》2000年第3期。

汪利娜、魏众：《城市住宅福利与收入分配》，载赵人伟、李实、李思勤主编《中国居民收入分配再研究》，中国财政经济出版社1999年版。

Wang Lina (2001) "Urban Housing Welfare and Income Distribution", in Carl Riskin, Zhao Renwei and Li Shi (eds.), *China's Retreat from Equality*, New York, M. E. Sharpe.

James B. Davies and Anthony F. Shorrocks (1999), "The Distribution of Wealth", in A. B. Atkinson and F. Bourguignon (eds.), *Handbook of Income Distribution*：Volume I.

温家宝（2004）：《深化土地管理制度改革　依法切实加强土地管理》，《人民日报》2004年12月15日。

世界银行：《中国：社会主义经济的发展——世界银行经济考察团对中国经济的考察报告》，中国财政经济出版社1981年版。

约瑟夫·斯蒂格利茨：《经济学》上册，中国人民大学出版社2000年版。

附　　录

（一）关于农村人均财产各项计算方法的说明

农村个人总样本为37969。

1. 土地价值的计算

首先，在土地面积上，是按一亩水浇地等于两亩旱地进行了调整。其次，计算出每户家庭的农业经营纯收入（毛收入－生产费用）。最后，按照1988年和1995年的测算方法，认为农业经营纯收入中的25%是土地带来的，土地的收益率是8%。从而得出家庭的土地价值。由于问卷中有的农户没有回答关于农业经营毛收入和生产费用的问题，但回答了土地面积。为此，将该农户所在的县平均农业经营纯收入作为替代，算出农户的家庭土地价值。然后再平均到家庭中的每个人，算出人均的土地价值。

2. 房产的计算

问卷中有关于房产的问题，对于房屋产权不属于自己的，房产值作为0

值处理；问卷中有个别农户在房屋产权属于自己的前提下，回答了房屋居住面积，但未回答房产价值。对此的处理是，将该农户所在县的平均每平方米房产价值计算出，再乘以该农户的居住面积得出其家庭房产价值，再平均到家庭中的每个人。

3. 生产性固定资产价值

问卷中有生产性固定资产价值和具体分项的问题。首先计算出各分项的总和，然后比较总值和分项之和，将分项之和替代与之不等的总值，得出家庭生产性固定资产价值，再平均到家庭中的每个人。

4. 耐用消费品价值

问卷中有关于耐用消费品价值的问题。有的农户如果没有回答具体价值，但回答了电视机、自行车、洗衣机等拥有情况的话，首先对全体样本做出一个函数：

耐用消费品价值 = a1 × 彩电 + a2 × 黑白电视机 + a3 × 自行车 + a4 × 摩托车 + a5 × 电冰箱 + a6 × 洗衣机 + a7 × （音响/收录机） + a8 × （录像机/影碟机） + a9 × 空调机 + a10 × 家用汽车

用回归的方法估计出各个系数。其次，对于回答了拥有情况而没有回答具体价值的农户用系数分别乘以各项的拥有量得出家庭耐用消费品价值，再平均到家庭中的每个人。

5. 金融资产

首先，对于农村总样本进行了抽样检查，将录入错误改正。其次，将金融资产的各分项加总与问卷中的总值相比，替代与分项加总不一致的总值，得出家庭金融资产，再平均到家庭中的每个人。

6. 负债

将负债的总项值和分项值比较，用分项值替代与之不一致的总项值，得到家庭负债，再平均到家庭中的每个人。

7. 将人均土地价值、人均房产、人均生产性固定资产、人均耐用消费品价值、人均金融资产之和减去人均债务得出人均总财产。

（二）关于城市人均财产各项计算方法的说明

城市个人总样本为20632。

1. 房产的计算

问卷中有关于房产的问题，对于房屋产权不属于私房、商品房、房改房的，房产值作为 0 值处理；问卷中涉及房产的问题有三个，选取了最大值。问卷中有个别家庭在房屋产权属于自己的前提下，回答了房屋居住面积，但未回答房产价值。对此的处理是，将该家庭所在城市的平均每平方米房产价值算出，再乘以该家庭的居住面积得出其家庭房产价值，再平均到家庭中的每个人。

2. 生产性固定资产价值和其他资产的估计现值

直接用问卷中的回答值。

3. 耐用消费品价值

问卷中有关于耐用消费品价值的问题。有的家庭如果没有回答具体价值，但回答了电视机、自行车、洗衣机等具体拥有情况的话，首先对全体样本做出一个函数：

耐用消费品价值 = a1 × 彩电 + a2 × 黑白电视机 + a3 × 自行车 + a4 × 摩托车 + a5 × 电冰箱 + a6 × 洗衣机 + a7 × （音响/收录机） + a8 × （录像机/影碟机） + a9 × 空调机 + a10 × 家用汽车

用回归的方法估计出各个系数。其次，对于回答了拥有情况而没有回答具体价值的家庭用系数分别乘以各项的拥有量得出家庭耐用消费品价值，再平均到家庭中的每个人。

5. 金融资产

首先，对于城市总样本进行了抽样检查，将录入错误改正。其次，将金融资产的各分项加总与问卷中的总值相比，替代与分项加总不一致的总值，得出家庭金融资产，再平均到家庭中的每个人。

6. 负债

将负债的总项值和分项值比较，用分项值替代与之不一致的总项值，得到家庭负债，再平均到家庭中的每个人。

7. 将人均房产、人均生产性固定资产、人均耐用消费品价值、人均其他资产的估计现值、人均金融资产之和减去人均债务得出人均总财产。

（三）关于全国人均财产的计算说明

由于城市总样本为 20632，农村样本为 37969，两者的比例与国家统计局的农村与城市人口比例不符，因而要进行相应的调整。本文采用的方法是：随机增加城市样本至 24367，使之与农村样本的比例符合国家统计局的比例。然后，将城市与农村样本合并为一个数据库共 62336 个样本。其中，城市样本的人均土地价值作为 0 值，农村的人均其他资产的估计现值作 0 值处理。再将人均房产、人均金融资产、人均耐用消费品价值、人均生产性固定资产、人均土地价值、人均其他资产的估计现值、人均债务加总为人均财产。

（本文由赵人伟执笔，李实参与设计，丁赛计算。原载《新知研究院研究报告》，西南财经大学出版社 2006 年版）

收入分配、财产分布和渐进改革

——纪念《经济社会体制比较》创刊 20 周年

一 谈一谈收入分配问题

收入分配是整个社会经济系统中一个十分重要的子系统。收入分配的状况不仅影响生产的效率，而且影响人们的切身利益，从而影响社会的协调与稳定。从 1988 年以来，我和国内外一些同行合作研究中国居民收入分配问题，出版了《中国居民收入分配研究》和《中国居民收入分配再研究》等书。通过系统的实证分析，我认为应该客观全面地看待中国经济改革和经济发展过程中收入分配格局的变化。在这些变化中，有三个问题特别值得重视。

（一）关于如何衡量和看待全国的收入差距问题

众所周知，收入差距一般是用基尼系数来衡量的。对于全国的基尼系数，目前有各种估计，概括起来可以分为以下三种：低估计为 0.4 左右；中估计为 0.45 左右；高估计为 0.5 左右。如果不考虑计算方法上的差异，此三种不同估计的差别是：第一种估计主要考虑货币收入，较少考虑实物收入，特别是补贴收入。第二种估计较多考虑了实物收入。第三种估计则不仅考虑了货币收入和实物收入，而且也考虑了非法收入和非正常收入。

针对基尼系数的日益扩大，人们提出了各种各样的看法。其中有两种看法值得讨论。一种看法是，由于国际上有人把 0.4 作为差距是否过大的警戒线，为了使我国的收入差距控制在合理范围内，应当尽量把基尼系数控制在 0.4 以内。但是我国是一个幅员辽阔、人口众多、均质性很低的社会，客观上容许有较高的基尼系数，不必机械地、死死地守住 0.4 这条线。但突破这条线后，究竟放松到什么程度比较合适，需认真研究。另一种看法是：我国是二元经济社会，城乡之间的收入有较大差别是不可避免的，因此，只能分别计算城市和乡村的基尼系数，而不能合起来计算全国的基尼系数。不然，就会夸大我国的收入差距。我认为，全国的基尼系数、城市的基尼系数、乡村的基尼系数，乃至各省的基尼系数等，都能各自说明不同的问题，完全没有必要取此舍彼或厚此薄彼。事实上，许多属于二元经济的发展中国家也都分别计算城乡的和全国的基尼系数，我国似乎没有必要在这个问题上寻求例外。

（二）关于如何衡量和看待城乡收入差距的问题

由于计算口径和方法的不同，对城乡收入差距程度的估计往往不一致，但对改革开放以来城乡收入差距先缩小后扩大的总趋势的判断没有什么分歧。世界银行有关报告指出，世界上多数国家城乡收入差距的比率为 1.5，这一比率超过 2 的极为罕见。但我国即使按官方估计，1995 年这一比率已达 2.5，如果加上城市居民所享有的实物性福利，城市居民的实际收入会增加 72%。即使考虑到农民进城打工从而缩小城乡收入差距这一因素，1995 年城乡实际收入差距比率也在 4 左右。根据官方公布的资料，我国城乡收入差距的比率到 2003 年已经达到 3.2，或 3.2∶1。根据民间的各种不同估计，目前我国城乡收入的差距为 4∶1、5∶1 甚至 6∶1。而且，值得特别注意的是，越是经济欠发达的地区，城乡收入差距越大。这种城乡收入差距，不仅是一个经济问题，还是一个社会问题，不能不引起全国上下的极大关注。

（三）如何对待住房分布的不平等而引起的收入差距问题

根据中国社会科学院经济研究所课题组的研究，如果把住房改革后居民自有住房的估算租金也当作一种财产收入的话，那么，在迄今为止的住房改革中，自有住房估算租金的不平等系数（1995 年为 0.371）已经超过了计划经济时代形成的住房补贴（暗补）的不平等系数（1995 年为

0.322），而住房补贴的不平等系数又超过了城镇居民总体的不平等系数（1995年为0.286）。这说明，住房改革中把原来隐形收入（暗补）的不平等加以显形化只不过是承认原来的不平等的话，那么，当自有住房估算租金的不平等超过了原有住房补贴的不平等时，就应该看到，这是显形化过程中追加的不平等。而且，还应该看到，这种状况在20世纪90年代中后期以来的住房改革中进一步恶化了。在从实物分房向货币分房过渡的关头，有的部门和单位加紧买房和盖房，超标准地给职工分大房和分好房，给职工一份"最后的晚餐"。人们发现，住房的双轨价格的差别，远比一般商品的双轨价格的差别要大。特别是像北京这样的城市，多分一间房的意义少则十万多则数十万元。如果说，80年代后期所盛行的"寻租"活动是利用既有的价差来谋取利益的话，那么，90年代后期所盛行的"设租"活动则是通过设置价差来谋取利益了。因为，"寻租"中的市场价和计划价都是给定的——计划价是计划经济时代所遗留下来的，市场价是体制转型中在市场上形成的。然而，"设租"就是另外一回事了。如果说，"设租"中的市场价也是给定的话，那么，"设租"中的计划价就有很大的主观性和随意性了——它往往取决于有权者和垄断者的主观意志和利益驱动。这种因权力和垄断而引起的新的分配不公，不能不引起人们的严重关切。

  针对上述收入差距的扩大，人们纷纷探究其原因，特别是探究其与经济改革的关系。我认为，在分析收入差距的扩大同经济改革的关系时，有两种倾向需要防止。一种是把收入差距的扩大以及出现的问题都简单地归罪于经济改革本身；另一种是把收入差距的扩大简单地归结为经济改革所应该付出的代价。我认为，对于收入差距的扩大，应该分为三个不同层次来对待：第一层次是属于有利于提高效率的激励部分，这部分有利于克服平均主义和促进经济的发展，是经济改革的成果，从而应该加以肯定。第二层次是属于经济改革所必须付出的代价。例如，中国的改革只能采取双轨过渡的渐进方式，从而必然会出现利用双轨进行"寻租"等活动。在一定限度内，这可以说是改革所应付出的代价。第三层次是属于过高的代价，或者说是属于不应该付的部分，或应该防止和避免的部分。当然，第二层次同第三层次之间的界限是很不容易分清的，特别是难以量化，但我想从理论上讲是能成立的。而且，有一些"设租"活动，特别是房地产开发和住房改革中所出现的"设租"活动,应该说在相当大的程度上是可以避免的。

二 谈一谈财产分配或财产分布的问题

居民收入分配格局的变化,特别是收入差距的扩大,已经引起人们的高度关注。但是,迄今为止,财产分配或财产分布问题的研究还处于起步阶段。由于收入分配和财产分布之间有着密切的相互关系,特别是20世纪90年代以来,我国居民的个人财产经历了一个高速积累和显著分化的时期,可以预见,我国居民财产的分布问题将会成为人们关注的一个新的焦点。

我国已经确立了全面建设小康社会的目标。而人们的康乐程度不仅取决于收入状况,而且取决于财产状况。换言之,康乐的分配不仅取决于收入的分配,而且取决于财产的分布。看来,这也是财产的分布越来越引起人们关注的原因之一。

就收入和财产的一般区别来说,收入指的是人们(一个人或一个家庭)在一定时期内(通常为一年)的全部进账;而财富(wealth)指的是人们在某一时点所拥有资产的货币净值。可见,财产是一个时点上的存量,而收入是单位时间内的流量。收入和财产之间存在着互动的关系:过去的流量必然影响当今的存量;而当今的存量又必然影响今后的流量。随着财产规模的不断扩大和财产分布格局的变化,财产分布不仅对整个宏观经济的稳定具有重要影响,而且对今后收入分配的长期变化也有重要影响。

根据中国社会科学院经济研究所课题组的调查,在全国居民财产的各个项目中,最重要的是房产、金融资产和土地三项,三项合起来占居民财产总额的89.02%,其中尤以房产和金融资产两项最为突出,两项合起来占财产总额的79.67%。

至于全国财产的分布,无论用十等分组的办法还是用基尼系数来分析,都是很不平等的。就以十等分组法来说,从总财产来看,人均财产最多的20%的人口拥有59.3%的财产,而人均财产最少的20%的人口则仅有2.80%的财产,两者的比率为21.18:1。这个比率比农村或城市分别计算时都要高（农村为8.1∶1；城市为18.55∶1）。如果以拥有财产最多的10%的人口同拥有财产最少的10%的人口相比，那么，两者拥有财产的比率为60.89∶1。显然，财产分布上的这种巨大差距是同城乡之间的巨大差别分不开的。在各项财产中，房产的分布是最不均等的。人均财产最多的20%的人口拥有65.84%的房产，而人均财产最少的20%的人口则仅有1.05%的房产，两者的比率为62.7∶1。而且，人均财产最少的10%的人口，其房产净值是负数，即其房产总值还抵偿不了尚未偿还的住房债务。至于其他各项财产的分布，金融资产分布的不均等程度仅次于房产，上述的比值（20%最高组同20%最低组相比）为29.13∶1。

再从基尼系数来看，2002年，全国总财产分布的基尼系数已经达到0.550，既高于同年收入分配的基尼系数（0.454），又高于同年城乡分别计算的财产分布的基尼系数（城市为0.4751，农村为0.399）。应该说，这一结果是合乎逻辑的：在城乡各自的财产分布差距都已超过收入分配差距的情况下，在财产分布的城乡差距又非常巨大的情况下，全国财产分布的基尼系数安能不居于领先的地位呢？在各项资产中，有房产、金融资产和其他资产的估计现值三项的集中率超过总财产的基尼系数，从而对总财产的分布起的是扩大不均等程度的作用。但是，由于其他资产的估算现值比重极小（只占0.93%），所以，它对总财产的不均等程度的解释力或贡献率仅为1.16%。不过，房产和金融资产两项则起着关键的作用：房产的集中率为0.6302，贡献率为66.32%；金融资产的集中率为0.6291，贡献率为24.92%。

从国际比较的角度来看，财产分布的基尼系数大于收入分配的基尼系数是一种常态。发达国家收入分配的基尼系数在0.3—0.4，而财产分布的基尼系数则在0.5—0.9。财产最多的1%的人口拥有总财产的15%—35%，而收入最多的1%的人口则拥有总收入的不到10%。21个发达国家在20世纪90年代中期收入分配的基尼系数大约为0.3，但这些国家在20世纪后半叶财产分布的基尼系数为0.52—0.93。按照国际标准，我国现阶段财产分布的基尼系数还不算很高。但是，如果考虑到以下两点，仍然不能不引起人们的高度重视：第一，发达国家个人财产的积累已经经历了数百年的时间，而我国从20世纪80年代初算起，也只经历了大约二十年的时间。可以说，中国个人财产积累的这种速度和势头都是超常的。第二，我国收入分配的基尼系数已经显著地超过上述发达国家，而如上所述，当今的收入分配的分化必然会影响今后财产分布的分化，因此今后一段时间财产分布差距的进一步拉大可以说将是难以避免的现实。

改革开放以来，中国城乡居民已经从一群几乎没有什么财产的居民变成了一群拥有财产的居民，或者说，中国居民已经实现了从无产者向有产者的转变。二十多年以前，世界银行认为，当时的中国居民除了可以略去不计的极少量利息收入以外，几乎没有什么财产收入。然而现在和今后的情况就不可同日而语了。从长期来看，在居民收入来源的构成中，来自财产的收入的重要性将进一步增长，例如，在城市，将有更多的居民会获得来自房产的收入——房租。因此，财产分布差距的扩大必将成为影响收入差距扩大的一个重要因素。这种情况对国家宏观调控政策中的再分配政策提出了更高的要求，即要使税收政策和转移支付政策更有利于缩小收入差距和财产差距的方向发展，从而有利于社会的稳定。

三 谈一谈渐进改革所面临的新挑战问题

早在20世纪70年代末和80年代初，我国经济学界就对经济改革究竟应该采取激进方式还是渐进方式的问题进行了热烈的讨论。在实践中，中国的改革除了80年代初期农村家庭联产承包责任制的改革带有激进因素以外，从总体上来看采取的是渐进方式。而且，根据中国的国情，这种转轨方式基本上是成功的。不仅许多中国学者，而且一些从总体上主张激进改革的外国学者，都认为中国的渐进改革方式是成功的。例如，美国哈佛大学教授J. Sachs是在苏联和东欧的一些国家推行激进改革方式（所谓"休克疗法"）的著名学者，但他于90年代初来中国讲学时也肯定了中国改革的渐进方式。又如，英国牛津大学教授W. Brus在80年代初来中国讲学时曾主张中国改革应采取"一揽子"方式，即激进方式，以避免双轨价格这种"交通规则混乱"所带来的摩擦。然而，当他90年代初再次来华访问时，也认为中国改革的渐进方式是适合中国国情的。

但是，在成功中仍然面临挑战。

首先需要指出的是，渐进改革本身就面临着挑战。因为，渐进改革和激进改革的区分并不是绝对的，两者孰优孰劣更不是绝对的。在前一时期的改革中，我们确实通过渐进的方式以较小的风险和较低的成本取得了较大的成果。不过，中国改革的渐进方式本身就有"先易后难"、"先外围后攻坚"的内涵。因此，我们必须清醒地认识到，最困难的问题还没有解决，今后必须着力于攻坚和克服难点。

另外，渐进改革的本意是要降低改革的成本，但同时也存在着改革成本上升的风险。渐进改革常常被人们称为"增量改革"，即财富的存量部分仍然留在旧体制，而财富的增量部分则进入新体制，按市场的规则去运行。但实践中却出现了新财富进入旧体制的问题。一个典型的事例是公车的使用。改革开放以来，增加了大量的公用新车，但这些新车基本上进入了旧体制。按旧体制运行的浪费已是人所共知的事实，这种浪费现象既不符合建立节约型社会的要求，也不符合建立和谐社会的要求，而且1998年也曾经拟定过公车使用货币化改革的方案。但时过七年，这一改革仍然是处在步履维艰之中。这种新财富进入旧体制的现象是不是一种代价或成本？这种代价或成本是非付不可的吗？这种现象的长期持续难道不是对渐进改革的一种挑战吗？

渐进改革所面临的另一个挑战是如何防止和克服权钱交易（有人还把权钱交易的现象归结为权贵资本）。上面所说的在房地产开发和住房改革中所出现的设租活动，实际上就是利用权力来获取经济利益的活动。我国在90年代出现的设租活动使我们付出了沉重的代价。如果说，80年代的寻租活动的获利空间是半倍到一倍的话，那么，90年代的设租活动的获利空间往往会达到数倍乃至数十倍。显然，并不是所有这些代价都是改革过程中非付不可的。因此，摆在我们面前的任务是要防止继续付出不必要的代价。

从上述事例可以看出，要把经济改革继续推向前进，就必须对权力加以监督和制衡。在权力缺乏制衡的情况下，公有制很容易变成有权人的私有制。为了防止有人利用权力化公为私，权力制衡是必不可少的。为了加强权力制衡，在继续推进经济改革的同时推进政治改革也是必不可少的。

在这里，我还想顺便谈一下社会经济转型对经济学的要求。经济转型推动了经济学的转型，而经济学的转型不仅体现为经济学研究内容、方法的转型，更体现为经济学家的转型。

中国的经济学研究必须植根于中国的实际和国情。根据我们的经验，我们不仅要从事实证研究，尽可能掌握第一手的原始资料，还要始终掌握我国现阶段经济的大背景——从计划经济向市场经济的体制转型和从二元经济向现代经济的发展转型。

中国的经济学研究要努力吸收国外的一些先进的、适合于中国国情的理论与方法。通过向国外学习，可以在短时间内提高中国学者的研究能力，提高经济学研究的科学性。

显然，只要把握以上两点，我们就不但能够促进我国经济学研究的国际化和现代化，而且能够以自己的民族特色来做出更大的国际贡献，促使中国的经济学研究走向世界。

要实现以上所述的任务，必须有几代人的联合作战和连续作战。我们清醒地看到，中国是在经历了数十年的封闭以后才走上改革开放之路的。我国的经济处在转型之中，我国的经济学家也处在转型之中。对于老一代经济学家来说，这种转型是比较艰难的。但是，如果在艰辛之中认识到自己所起作用的过渡性，那么，着力于新一代经济学家的成长，就成为再自然不过的事情了。从十多年来中国社会科学院经济研究所收入分配课题组的研究状况，我们不但可以看到几代人联合作战的成果，而且可以喜看新一代人的迅速成长，更可以展望几代人连续作战之功效。

（原载《经济社会体制比较》2005年第5期）

重视居民财产及其收入的意义

2007年10月举行的中国共产党第十七次全国代表大会的报告中有好几处谈到居民或家庭的财产和财产收入的问题。例如，第一部分在谈到过去五年的成就时说，"城乡居民收入较大增加，家庭财产普遍增多"；第八部分在谈到推进以改善民生为重点的社会建设时说，"创造条件让更多群众拥有财产性收入"。应该说，在党的全国代表大会的报告里如此重视居民的财产问题还是首次，而且还很有新意。

根据我个人的学习体会，十七大报告如此重视居民拥有个人（家庭）财产和财产性收入，具有极其重要的意义。

一 指出居民拥有个人财产的重要性，体现了藏富于民的思想，也体现了全面建设小康社会的精神

我体会，承认居民拥有财产性收入的前提是承认居民拥有个人财产。十七大报告不仅指出了居民个人财产普遍增多的事实，而且从居民拥有财产性收入的角度指出了居民拥有个人财产的重要性。

20世纪80年代初，世界银行组织一个代表团来我国考察，该团的专家们写了一份报告。其中提到：中国居民从很低的工资中剩下一点钱存在银行，从银行极少量的存款里面取得极少量的利息，这可以说是财产性收入；除此之外，中国居民就没有什么财产性收入可言了。所以，当年中国居民的财产性收入少到可以略去不计。经过将近三十年的改革，今天的情况已经是不可同日而语了。现在，我们终于认识到：社会主义绝不是国富民穷的社会，而是国富民也富的社会，具体来说，就是既有公有财产，又有个人财产的社会。在全国人大通过物权法的基础上，党代会又进一步肯定了

居民拥有个人财产的重要性，应该说，这是改革开放的重要成果，也是改革深化的一个具体表现。

"创造条件让更多群众拥有财产性收入"的真义，不仅重视居民收入的提高，而且重视居民财产的增加。收入是一定时期内的流量，财产是一定时点上的存量，就像一条河流在一定时段内流出的水是流量，而一定时点上水库里所存的水则是存量。看一个居民或一个家庭的富裕程度，不仅要看其每月、每年的收入有多少，而且要看其在一定的时间点上所积累的财产有多少。

二 明确了居民除了劳动收入以外，还有财产性收入，既有利于提高人力、物力、财力资源配置的效率，又有利于拓宽居民增加收入的渠道，体现了居民收入来源的多元化

按照市场规律，各种生产要素收入同各种生产要素的价格之间是有密切联系的。如果市场规律不受干扰的话，那么，通过各种要素的收入的合理性就可以透视出各种要素价格的合理性。而要素价格的合理性就可以反映出各种要素的稀缺性，从而使各种要素，用我们习惯的话来说，就是使人力、物力、财力资源得到合理的配置，从而提高资源配置的效率。反之，如果要素的收入和要素的价格不合理，就会造成信号的混乱，从而造成资源的浪费。前些年土地这一要素的收入和价格的不合理所造成的土地开发中的浪费现象，就是一个明显的实例。

既重视劳动收入，又重视财产收入，还有利于拓宽居民增加收入的渠道，体现了居民收入来源的多元化，从而有利于社会的和谐与稳定。即使在西方发达国家，工人除了拥有劳动收入以外还可以拥有财产收入，对于生活的稳定也是有意义的。例如，我在英国当访问学者期间就曾经看到，有的失业工人在失业期间除了失业救济之外没有工资收入，就将个人拥有的住房腾出一部分出租，从而取得一些房租收入来维持生计。可见，收入来源的多元化对于维持家庭和社会的稳定是有好处的。

当然，重视增加财产收入，并不是忽视增加劳动收入。然而，十多年

来，我国劳动者报酬占GDP的比重却呈现下降的趋势。据中国社会科学院工业经济研究所最近发布的2007年《中国企业竞争力报告》蓝皮书透露，1990年至2005年，劳动者报酬占GDP的比重从53.4%下降到41.4%，降低了12个百分点。20世纪80年代，人们担心的是出现"工资侵蚀利润"的现象；而今天，人们担心的是出现"利润侵蚀工资"的现象。看来，十七大报告所指出的要"提高劳动报酬在初次分配中的比重"是有针对性的。这说明，在GDP高速增长、企业利润和国家财政收入都大幅度提高的情况下，绝不能忽视劳动收入的相应提高。只有这样，才能使广大劳动群众都能共享改革开放的成果。进一步来说，用压低职工工资或劳动者收入的办法来提高企业的利润并不利于发挥劳动者的积极性和提高经济效率；只有在企业利润的增长同劳动者收入的增长之间建立起一种平衡的关系，才符合建设以人为本的和谐社会的要求。

三 指出了收入和财产之间的互动关系

十七大报告不仅重视居民收入和财产的增加，而且点出了收入和财产的互动关系。居民的收入增加了，用于消费外的部分就可以转化为财产。当居民把消费之外的收入用于购买股票或存入银行时，收入就转化为金融资产；当居民把消费之外的收入用于购买房子时，收入就转化为物质资产中的房产。反过来，当居民的财产增多时，财产就可以转化为收入。像出租房子所获得的租金，银行存款所获得的利息，购买股票所分得的红利，都是财产性收入。

在处理收入和财产之间的互动关系时，我们需要防止的是在收入差距过大和财产差距过大之间形成一种恶性循环的关系，而是要在收入差距适度和财产差距适度之间形成一种良性循环的关系。当然，实现这个任务并不是一件简单的事情，首先是要遏制差距不断扩大的势头，争取早日实现从扩大到缩小的一个拐点，然后根据实际情况寻求一个符合我国国情的适度差距。

四　要防止财产及其收入的差距过大

我体会，十七大报告中所说的"让更多的群众"拥有财产性收入这句话本身就含有防止财产及其收入差距过大和实现共同富裕的意思。如上所说，三十年以前，中国居民的财产及其收入少到可以略去不计。但是，在将近二十年的时间内，我国居民的财产却发生了高速积累和显著分化的过程。根据中国社会科学院经济研究所课题组的初步研究，我国居民的财产有六七个子项目，其中最主要的是三项，即房产、金融资产和土地，土地主要是指农村。这三项大体上的比重是房产占将近六成，金融资产占两成一，土地占将近一成，三项合计，约占居民财产的九成。2002年我国居民收入差距的基尼系数是0.45左右，财产收入的基尼系数是0.55左右，财产分布的不平等程度比收入分配的不平等程度高出大约十个百分点。其中，房产和金融资产分布的不平等程度更高，都达到0.6以上。

从国际比较角度来看，我国收入分配的基尼系数已经明显超过发达国家；我国财产分布的基尼系数虽然没有超过发达国家，但财产高速积累和显著分化的势头是很明显的。可见，如何防止收入分配差距和财产分布差距的进一步扩大，确实是摆在我们面前的一项重要任务。当然，实现这个任务并不是一件简单的事情，首先是要遏制差距不断扩大的势头，争取早日实现从扩大到缩小的一个拐点，然后根据实际情况寻求一个符合我国国情的适度差距。

至于如何创造条件来防止贫富差距过大的问题，我认为首先是要深化改革。许多导致收入差距和财产差距过大的问题都同权钱交易、寻租设租等活动联系在一起的，换言之，是同权力缺乏制衡联系在一起的。为了防止有人利用权力化公为私，权力制衡是必不可少的。为了加强权力制衡，在继续推进经济改革的同时推进政治改革也是必不可少的。我国的改革虽然已经进行了将近三十年，但我们应该清醒地认识到，改革还没有完成。在我国的经济生活中，既存在着市场竞争的因素，又存在着垄断的因素。人所共知的是，市场竞争不能解决分配公平、贫富差距问题，需要政府的介入；各种垄断，包括部门垄断和地区封锁等，则不但不能解决收入和财产的公平分配问题，而且只能加剧贫富差距的拉大。这些问题都只能通过深化改革来解决。

其次是要发挥政府的再分配功能。通俗地说，再分配就是"抽肥补瘦"，具体来说就是政府通过税收和转移支付（包括补贴）等手段让收入和财产从富人手中转移到穷人手中，以便在维护激励的前提下实现社会的公平与和谐。然而，在现实生活中，往往会发生同再分配的初衷相违背的情况，即通过政府的再分配功能并没有达到"抽肥补瘦"的目标，反而出现了"抽瘦补肥"的情况，即所谓的"逆向再分配"。为了正确地运用再分配政策，首先必须改变历史上遗留下来的"逆向再分配"问题。在计划经济时代，对农村实行的是净税收的政策，对城市实行的是净福利、净补贴的政策，被人们称为逆调节的政策，其结果是扩大了城乡间收入和财产的差距。改革开放以来，这种状况虽然有所改变，但仍然存在。应该指出，我国城乡之间存在的巨大的收入差距和财产差距，是同上述"逆向再分配"状况有密切关系的。近年来实行的农村税费改革无疑是改变这种状况的有力举措，但要从根本上改变这种状况仍然需要一个过程。

在防止财产及其收入差距过大方面，我认为有两个问题是值得提出来研究和讨论的。

第一，农民如何从土地这一重要的财产（哪怕是承包经营权）中获得应有的收入或收益，就是一个值得研究的大问题。众所周知，过去二十多年来，在土地的流转中，农民所得到的收益是很少的。这种状况是不是造成贫富差距拉大的原因之一？如何改变这种状况？都是应该按照十七大的精神加以解决的问题。

第二，为了防止财产分布差距过大，要不要逐步创造条件在税收体制中引入财产税和遗产税？这个问题学术界已经有人（包括我在内）提出，当然还存在着不同的看法，而且还要解决许多相关的技术问题和利益问题。尽管对如此重大的问题做出决策是要慎重的，但对这样的问题加强调查研究是完全有必要的。

（本文发表在《中国改革》2008年第1期，发表时的题目改为《正确处理财产收入与劳动收入的关系》；此前，曾在上海《新沪商》杂志2007年12月号摘要发表）

关注收入分配中的纵向失衡问题

内容摘要 我国收入分配问题的研究，迄今为止都集中在横向失衡或横向不平等上面，然而，在现实生活中，不同代人之间的收入分配不平等或收入分配的纵向失衡或曰代际失衡是客观存在、亟待关注的。如果说国外的代际失衡主要表现在公共服务领域，那么我国的代际失衡则表现得更为广泛，这是由我国特殊的发展背景和特殊的政策背景形成的。收入分配纵向失衡的突出表现有：长期的工资冻结造成的代际失衡；在职人员同离退休人员之间的代际失衡；退休人员内部的失衡；离休人员同退休人员之间的失衡；住房价格的急剧变动造成的代际失衡。破解收入分配的纵向失衡问题，需要用战略眼光和战术措施力避发展过程中的大起大落问题；处理好政策演变中的连续性和协调性问题，特别是要防止政策"一刀切"所带来的弊病；重视决策过程中不同利益集团的多方博弈问题，特别要尊重并保障弱势群体的参议权。

一 纵向失衡——收入分配研究中一个值得拓展的领域

在我国收入分配问题的研究中，迄今人们都集中在居民收入分配的横向失衡或横向不平等[①]上面，这无疑是正确的。改革开放三十多年来，在居民收入分配方面，我国已经由一个平均主义盛行的国家变成了一个高度不

---

① 本文把横向失衡（horizontal imbalance）和横向不平等（horizontal inequality）视为同义语，把纵向失衡（vertical imbalance）和纵向不平等（vertical inequality）视为同义语。本文所说的纵向失衡，系指代际失衡。

平等的国家。尽管国内外学术界对我国居民收入分配不平等程度的估计还有差异，不过，用基尼系数来衡量的不平等程度已经大大超过了 0.4 的国际警戒线，甚至已经接近 0.5 的水平。因此，中国收入分配已经列入最不平等国家的行列。正因为如此，收入分配问题一而再、再而三地成为社会关注的一个焦点。长期以来，人们对城乡间的收入差距、城市内部的收入差距、乡村内部的收入差距、部门间的收入差距（特别是垄断部门和竞争部门间的收入差距）进行了许多研究。应该说，这些研究的注意力都放在横向的不平等上面。近年来，这一领域的研究有所拓展。例如，针对 20 世纪 90 年代以来我国劳动收入在国民收入中比重不断下降的情况，我国经济学界对国民收入在国家、企业和个人之间的分配关系，特别是提高居民收入在国民收入中的比重问题进行了许多研究。这方面的研究显然是对上述居民收入分配关系研究的一种拓展。用通俗的语言来表述，就是从小分配关系（居民之间的收入分配关系）拓展到大分配关系（国家、企业和居民之间的收入分配关系）。再如，由于收入分配和财产分配有着互动关系，又鉴于改革开放以来我国居民已经从几乎没有什么个人财产发展到个人财产的高速积累和显著分化的状况，我国经济学界对财产的分配状况也进行了若干研究。这些研究表明，我国个人财产分配的不平等程度已经大大超过了收入分配的不平等程度。对财产分配及其同收入分配的关系的研究，显然也是对上述居民收入分配关系研究的一种拓展。不过，就这两方面的拓展来说，人们关注的重点仍然是横向的不平等问题，具体来说，是考察在一个时点上居民之间的收入和财产的分配关系以及国家、企业、居民之间的收入分配关系；即使有时有不同时点和不同时段的考察，但考察的重点仍然是横向的不平等问题，很少涉及不同代人之间收入分配的不平等问题。但是，在现实生活中，不同代人之间的收入分配不平等或收入分配的代际失衡问题是客观存在的。在这里，我们把不同代人之间的收入分配失衡定义为收入分配的纵向失衡，或简称代际失衡。当然，我们不能用平均主义的观点来看是否失衡。这里的所谓失衡，是指收入的差距超过了合理的区间。在这篇短文里，我仅就自己的所见所闻，对这一问题提供一些案例和思考，并对其成因进行一些探讨，其目的在于抛砖引玉，供学术界同行们进一步切磋。

二 收入分配纵向失衡的若干实例

(一) 长期的工资冻结造成的代际失衡

我国从 1956 年实行工资改革以后到 1977 年实行工资调整以前的大约二十年时间，实行的是工资基本冻结的政策。其间，只有 1963 年对部分人员实行了工资小幅调整的政策。工资的长期冻结造成了对青年一代不利的收入分配格局。从表面来看，工资的长期冻结似乎对所有的人的影响都是相同的，换言之，在工资冻结面前是人人平等的。但是，实际情况则不是如此。因为，在人的生命周期的不同阶段，劳动贡献曲线的变化是不一样的。总的来说，劳动者一生中劳动贡献的曲线呈抛物线状态，即在工作起点时贡献较小，壮年期达到高峰，近老年期又有所下降。因此，劳动者一生中的劳动报酬也应该呈抛物线状态，即初参加工作时比较低，壮年期达到高峰，而后有所下降。然而，工资冻结则意味着把劳动报酬的曲线变成了一条不变的直线。这种因工资的长期冻结而造成的对青年一代不利的收入分配格局，当年无论是在国家机关、事业单位（包括学校），还是在国有企业，情况都是类似的。最近，我对我所在的当年中国科学院经济研究所（1977 年以后为中国社会科学院经济研究所）的有关情况做了一点回忆和调查：我把 1957 年前后至 1977 年前后一直在经济研究所就职的人员中选了两组人员：一组是 1957 年（或前后）的正研究员和行政 11 级以上的高级干部（简称高研组）；另一组是 1957 年（或前后）的初级研究人员，其中多数的职称是实习研究员（简称低研组）。经我本人的回忆和查阅有关资料，在 1957 年，上述高研组的平均年龄约 45 岁，低研组的平均年龄约 25 岁；高研组的平均月工资为 227 元，低研组的平均月工资为 64 元。1963 年，国家对部分低研组人员的工资作了微调。不过，经过局部微调，低研组的平均月工资仅仅长了 8 元，到 1977 年只有 72 元。高研组的工资虽然未作调整，但直到 1977 年，仍然大大高出低研组的工资。到 1977 年，上述两组人员的年龄都长了 20 岁。换言之，经过 20 年的变迁，低研组人员的年龄已经达到 20 年以前高研组的程度，但是，他们的工资仍然不及 20 年以前高研组人员工资的三分之一。这种情况，即使在实行计划经济的苏联和东欧国家也未曾出现过。这种极具中国特色的教训确实值得我们总结和反思。这种代际失衡的情况及其后果，20 世纪 80 年代曾在社会上引起了反响。学术界反响比较明显的是北京中关村地区出现了若干中年科学工作者英年早逝的相关报道；文艺界反响比较突出的是《人到中年》电影中所描写的陆文婷大夫（由潘虹主演）的尴尬处境——不仅回报大大低于付出，而且因其社会地位同所得的回报一样低下而遭遇鄙视。

（二）在职人员同离退休人员之间的失衡

这里我们以高等院校（研究机构同高等院校一致）为例。众所周知，1956 年工资改革的时候，高等院校的职务（或职称）和工资等级是有差别的。从职务或职称来说，高等院校分为正教授、副教授、讲师和助教四个等级，但工资则分为 12 个等级（1957 年扩大为 13 个等级）。正教授的工资为 1 级、2 级、3 级、4 级，副教授的工资为 4 级、5 级、6 级、7 级，讲师的工资为 7 级、8 级、9 级、10 级，助教的工资为 10 级、11 级、12 级、13 级。但是，1985 年的工资改革推行的是职务工资制，取消了一个职务或职称下面的不同工资级别。这种体制在实行了大约 20 年以后，又逐步恢复了一个职务或职称之下分为几个工资等级的体制。例如，正教授的工资分为 1 级、2 级、3 级、4 级共四个等级。于是，1985 年以来形成的职务或职称又要重新进入相应的工资等级。就以正教授来说，他们要分别进入 1 级、2 级、3 级、4 级，而起点则只能是 4 级。但是，这种恢复只适用于在职人员。于是发生了一个问题：从 1985 年以来的大约 20 年间退休的人员应该怎么办呢？由于他们已经退休，不能进入重新设置的工资等级。如果他们退休金只能同相当职称的最低档（例如，正教授的最低档是 4 级）相适应，那又如何反映他们在这 20 年间所做出的劳动贡献的差别呢？这种体制和政策的变迁显然造成了对离退休人员不利的收入分配格局，换言之，在收入分配问题上造成了在职人员同离退休人员之间的代际失衡。

（三）退休人员内部的失衡

2006 年的工资改革中，我应有关方面之约撰写了一篇文章。文章发表以后收到许多读者来信，谈的是退休人员内部收入分配的失衡问题。例如，同样是局级干部，或同样是处级干部、科级干部，二十年以前退休的、十年以前退休的和近期退休的，收入差距很大。原因有两个：第一，退休金是按临退休前的工资按一定的替代率计算的。由于我国经济的快速发展，即使是同等级别的干部，在不同时间段，临退休前的工资水平是不一样的，换言之，退休越晚，临退休前的工资就越高。于是造成这样一种后果：对促进改革开放和经济发展作出贡献的一代人不能享有相应的成果。第二，由于在职人员额外补贴不断增高，而计算退休金时并不将这些补贴作为基数。于是，我国的退休金的名义替代率即使达到90%以上乃至100%，实际替代率往往在50%以下，而西方国家即使只有60%左右的替代率，其实际替代率也往往高于我国。

（四）离休人员同退休人员之间的失衡

在外国，年老时只有退休的制度安排，而我国则有退休和离休两种不同的制度安排，即1949年10月1日以前参加工作的人享受离休的待遇，此后参加工作的人则只能享受退休的待遇。这种制度安排虽然可以对新中国成立以前参加工作的人员给以较多的照顾，具有一定的积极意义；但同时也在离休人员和退休人员之间的收入和经济利益带来纵向的不平衡。最为突出的是在1950年抗美援朝期间参加工作的人员同1949年10月1日以前参加工作的人员之间的不平衡。2002年我曾经在某国有企业的调查中看到这样的实例：有的抗美援朝干部曾作流血贡献，但有病时往往因报销比例太低而无法住进医院，而仅仅在大约一年以前参加工作的离休干部则可以常住在医院享受较高的公费医疗待遇。

（五）住房价格的急剧变动造成的代际失衡

住房作为财产是存量，收入则是流量。存量和流量之间存在着互动关系，存量分配的失衡必然会加剧流量分配的失衡。2005年以来，我国住房价格的飙升造成了收入和财产分配上严重的代际失衡。正如有的学者指出的，由于住房价格的急剧变动，我国社会实际上已经分为35岁以上和35岁以下的两大人群。35岁以上的人群，要么分到了福利房，要么30岁左右结婚时买了房子。然而，35岁以下的人群由于年龄的原因没有赶上福利分房，到了结婚的时候想买房，但房价上涨了好几倍，就只能望房兴叹。可见，近年来房价的飞涨造成了对20世纪70年代中期以后出生的一代人不利的分配格局。

以上所列举的仅仅是收入分配中纵向失衡的一些案例。说到纵向失衡问题，不仅中国存在，而且国外也存在。

国外有关纵向失衡问题的研究，主要集中在养老、医疗和教育等社会福利领域。例如，在养老保障中，如果年轻一代的劳动者缴纳高额税赋以资助领取公共年金的退休老人，但他们也许永远得不到与他们的缴费相同的补偿，这就会产生付出和补偿之间的代际失衡问题。又如，医疗服务往往是针对人的生命周期的某个特殊阶段提供的，大部分医疗服务都用在人的生命周期的初期和末期，特别是末期，从而医疗服务的提供者（负担者）和接受者之间会产生分离，产生代际失衡。教育服务主要是提供给年轻一代人的，也存在着代际问题。因此，代际问题就成为收入分配研究中的一个重要维度。国外有的学者提出要关注代际和谐。我想，所谓提倡代际和谐，并不是要反对代际互助。人类文明发展到今天这个地步，各个领域的代际互助，包括收入分配领域的代际互助是完全必要的。问题是要掌握一个度，使代际互助不要变成代际失衡。当然，掌握这个度是一件不容易的事情。据说，美国的艾森豪威尔总统在任期间曾经通过发行国债的办法来筹资建设州际高速公路。不过，在执政生涯的末期，他一方面为自己支持了州际公路系统的建设而感到骄傲，另一方面又为自己留下了国债而感到惋惜。可见，在"骄傲"和"惋惜"之间，在"为子孙后代造福"和"吃子孙饭"之间如何取得平衡，在艾森豪威尔的头脑中也是困惑难解的。

如果说，国外的代际失衡主要表现在公共服务领域，那么，我国的代际失衡则表现得更为广泛，这是由我国特殊的发展背景和特殊的政策背景所形成的。下面，我们拟就我国特殊背景下收入分配中的纵向失衡或代际失衡的成因问题作一探讨。

三　收入分配纵向失衡的成因探讨

（一）发展过程中的大起大落问题

上述纵向失衡有许多是因发展过程中的大起大落造成的。长达20年的工资基本冻结显然同1958年"大跃进"的失败造成的三年经济困难和"文革"造成的经济困难有关联。众所周知，在上述20年期间，我国曾经发生过3年的经济负增长。那么，在这两次经济困难之间为什么有1963年的工资局部调整（提高）呢？这是因为，在"大跃进"造成的经济困难之后，实行了"调整、巩固、充实、提高"的八字方针，使国民经济有了一定程度的复苏，为调整工资提供了些许物质基础。遗憾的是：此后不久，又开展了"四清"运动和"文化大革命"，使经济再度陷入困境。可见，经济困难是造成上述工资基本冻结带来的收入分配关系扭曲的根本原因。

住房价格的飙升显然是经济发展失衡在价格波动上的反映。经济发展不可能是一条直线，但如何防止急剧的波动，即防止所谓的大起大落，仍然是一个值得研究的问题。上述住房价格飙升所带来的收入分配和财产分配上的代际失衡，还仅仅是因果关系链条中的初级层次，即分配失衡同房价的关系。这个链条中的更深的层次是房价为什么会飙升？人们都会说，原因很多；在诸多原因中，不可否认的是土地出让费用太高。然而，土地出让费用太高是同地方政府的土地财政分不开的。于是，有的国际专家认为，中国的地方政府过度依赖土地出让作为收入来源，这等于剥夺了未来的市民可以从土地资产中获得的收入，并认为这是一颗"定时炸弹"，应该尽快加以排除。如果这一评论是可取的话，那么，既然今日的土地财政是剥夺了下一代人的收入，就又产生了另一个代际失衡的问题。仅仅在住房问题上，我们就面临了双重的代际失衡问题。究竟应该如何解开双重代际失衡这个结？看来，既要有战略眼光，又要有战术措施。

（二）政策演变中的连续性和协调性问题

人们常说各项改革措施和各项政策应该配套。在英语中，则常常用一致的、协调的来表达这种思想。不过，人们往往是从横向的比较来看这种协调性的。实际上，政策和措施的这种协调性不仅表现为横向，而且还表现为纵向。具体来说，就是政策的发展变化要有一定的连续性。上述 1985 年的工资改革显然同先前的工资改革（1956 年的工资改革形成了改革开放以前工资制度的基本框架）和后来的工资改革（2006 年的工资改革）缺乏纵向的协调性和连续性。工资形成机制是沿用计划体制还是要转变为以市场机制为基础，这确实是属于体制改革问题（特别要注意劳动力是否能流动、劳动力市场是否形成）。但是，一些属于工资等级的划分之类的问题，诸如教授的工资要不要分为 1、2、3、4 个等级，则不存在姓计划、姓市场的问题，更不存在姓资姓社等问题，在体制改革中，并没有必要在这类纯技术问题上进行朝三暮四式的变动。

在住房改革问题上，也存在着政策的连续性问题。众所周知，20 世纪 90 年代，在邓小平南方谈话和中国共产党十四大的指引下，中国掀起了进一步推动市场取向改革的热潮。但是，也许是由于对市场经济中市场和政府的不同作用缺乏深入了解的缘由，改革中出现了一些简单化的思维和政策。例如，社会上流传着这样一个口号："遇到问题找市场，不要找市长。"在政策实践中，则将一些本来不应该都推向市场的准公共产品（诸如教育、医疗、低收入者的住房等）过多地推向市场。于是，社会上出现了市场化不足（该市场化的没有市场化）和市场化过度（不该市场化的推向市场）并存的局面。可以说，20 世纪 90 年代的住房改革实行了过度市场化的政策。到了 21 世纪，当我们对这些准公共产品的性质有了进一步的认识以后，又不得不回过头来进一步发展保障房。

上述离休人员同退休人员之间的失衡虽然不涉及政策的连续性问题，但却涉及政策的"一刀切"问题。按照参加工作的时间来区分不同群体是一种简便而明快的办法，但是，也会产生"一刀切"的弊病。看来，这种政策在贯彻中应该根据实际情况加以调整，才能使这种代际失衡加以稀释。

（三）决策过程中不同利益集团的多方博弈问题

决策过程中必须有多方的博弈才能使各方的利益在博弈中得到比较均衡，以避免利益过分地向某一或某些集团倾斜，从而损害其他集团的利益。

如上所述，工资长期基本冻结的政策固然同经济发展的大起大落所造成的经济困难有密切的关系，但在经济困难面前作何种政策选择则同决策过程中有无不同利益集团的博弈有关。从总结经验教训的角度来看，当年的冻结政策选择显然同弱势群体无权参与博弈有关，由既得利益集团单方面所选择的政策只能有利于既得利益集团，从而使得因经济困难而造成的经济损失主要由年轻一代来承担。吸取以往的经验教训，今后有关收入分配改革的决策中，必须听取各个不同利益集团的意见，特别是其中弱势群体的意见，并且要促使各个不同利益集团之间的多方博弈，才能实现各方利益的均衡，避免利益的失衡，包括纵向的或代际的失衡。

（原载《探索与争鸣》2012 年第 5 期）

第二篇

计划和市场

论社会主义经济中计划与市场的关系

当前,全党工作的着重点正在转移到社会主义现代化建设上来。为了适应这样一个转变,保证我国国民经济稳步发展,我们必须总结将近三十年来经济假设的经验和教训,对管理体制和经营管理方法进行认真的改革。怎样完成我们面临的这项改革任务,有许多重大的理论和实际问题迫切需要我们去研究和解决。其中一个对社会主义的经济管理带有全局性的问题,就是如何处理好计划和市场的关系问题。这篇文章拟对这个问题作一初步探索。

一 社会主义经济中计划和市场相结合的必然性

长期以来,在社会主义政治经济学中存在这样一种看法,即认为,既然社会主义经济是计划经济,资本主义经济是市场经济,因此社会主义经济与市场是不相容的,把社会主义计划经济理解为对市场的一种简单的和绝对的否定。尽管后来逐渐承认了社会主义经济中商品生产和价值规律的存在,但仍然把商品生产、价值规律、市场机制的作用同计划的作用置于绝对排斥的地位,似乎计划起作用的地方,市场机制就不起作用;或者反过来说,计划作用到不了的地方,市场机制才起作用。按照这种观点,社会主义的优越性不能表现在对市场的利用上,而只能表现在多市场的限制或排斥上,仿佛计划的作用越大,市场的作用越小,社会主义的优越性才能显示出来。这样一种把市场视为同社会主义经济的本性不相容的观点,给我们的经济生活带来了一系列消极后果。例如:

生产与需要脱节。由于片面强调计划和忽视市场,企业生产什么和生产多少,主要按照从上而下的指令性计划指标,而不能很好地按照社会的实际需要来安排。按照道理,按计划生产与按需要生产应当是一致的。但是，在社会主义条件下，离开了市场机制，一个统一的计划中心事实上无法精确地反映对千百万众产品的千变万化的需求。这样，按上面布置下来的计划生产出来的东西，往往货不对路，造成积压，而社会上需要的东西又供应不足。再加上企业生产的产品大部分是由国家统购包销的，企业所需生产资料大部分又是由国家统一分配计划调拨的，生产企业同消费者之间缺乏横的联系，不能直接见面，以致生产者不了解消费者的需要，消费者也不能对生产施加影响，计划指标不符合实际需要的缺陷不能通过市场机制灵活地反映出来，并得到及时的纠正，使产供销脱节的问题长期难以解决。

计划价格脱离实际。由于在制定价格时忽视价值规律的客观要求，使得许多产品的计划价格长期地、大幅度地同价值相背离。在这样的价格条件下，企业在产值、利润等指标上表现出来的经营成果不能反映企业本身经营状况的好坏；由不合理的价格因素引起的亏本和盈利，也无法据以辨别企业经营的优劣。计划价格很少考虑供求的变化，长期固定不变。当出现商品不足、供不应求的时候，往往不采用调整价格的办法来促使增加供给和控制需求，而是采用票证来限额供应，使票证起了补充货币的作用，造成价值尺度的多元化。① 人们还把凭票限额供应叫做"计划供应"，似乎它就是社会主义计划经济本质的一种体现。殊不知，这是任何一个被围困的城防司令都会想出来的办法，同社会主义计划经济毫无本质联系。当然，社会主义计划经济不是不可以在一定时期和一定条件下利用这种限额限价的供应办法。但是，由于这种办法不能从经济上鼓励增加这些供应不足的商品的生产，而且往往会固定和加深这些商品的生产者的不利地位而使生产和供给减少，所以，它不但不能从根本上解决供需矛盾，而且往往进一步加剧这个矛盾。

资金分配上的供给制。我们不但在产品的生产和交换上，而且在资金的筹措和分配上，也忽视了市场的作用，突出表现是财政上统收统支。过去，我们企业的收入，包括企业的纯收入和基本折旧基金，全部或大部分

---

① 马克思指出："价值尺度的二重化是同价值尺度的职能相矛盾的。""凡有两种商品依法充当价值尺度的地方，事实上总是只有一种商品保持着这种地位。"（《马克思恩格斯全集》第23卷，人民出版社1972年版，第114页及第115页注释）我们的许多物价票证，不是事实上也变成了有价票证了吗？

上分缴；企业发展生产、改进福利等开支，则都伸手向上面要。国家对企业无偿供给全部固定资产和大部流动资金，企业对资金的使用效果可以不负任何经济责任，不管经营好坏、盈利亏本，工资基金不少拿，企业是"吃大锅饭"，职工是靠"铁饭碗"。由于物质利益与经营成果脱节，企业的经济核算不能不流于形式，单纯为记账核算，而不是利用职工集体的物质利益来促进生产效果的提高。在这样的情况下，尽管发出许多行政命令和号召，企业和职工对于节约生产消耗、改进产品质量、增加品种以适应市场消费者的需要，也缺乏持久的内部动力，各方面的拖拉浪费，就长期难以克服。

企业结构上的自给自足倾向。社会主义经济是建立在社会化大生产基础上的，企业之间、地区之间、部门之间都存在着广泛的专业分工和协作的关系。特别是随着科学技术的进步，生产专业化和协作也将进一步发展。但是，由于忽视市场关系，用小生产的经营方式对待社会主义的大生产，使得我们许多企业不是向专业化和协作的方向发展，而是向万事不求人、自给自足的方向发展。因此，我国的工业企业普遍存在着"小而全"、"大而全"的情况，许多企业不仅办成了全能厂，而且办成了一个社会。当然，这种情况，并不是完全由企业内部的原因所造成的。供产销的不平衡，协作单位不遵守合同、协作件得不到保证等原因，往往也迫使企业向全能厂方向发展。但从全社会来看，这些都是与排斥市场关系有关的。

上述种种情况表明，忽视商品生产、价值规律和市场机制的作用，实际上并不利于社会主义计划经济的发展。社会主义计划经济的一个重要特征就是要正确地安排和保持国民经济的适当比例，求得生产和需要的平衡。列宁说："经常的、自觉地保持的平衡，实际上就是计划性"[①]。但是，在社会主义经济中，如果排斥市场机制，就往往会带来供、产、销的脱节，而难以求得生产和需要之间的平衡；如果各类产品计划价格长期违背价值规律的要求，各类产品的比价关系安排得不合理，那就往往使这些产品的生产不能按照客观要求的比例协调发展。社会主义计划经济的另一个重要特征就是节约活劳动和物化劳动的消耗。当然，节约劳动时间和按比例地分

---

① 《列宁全集》第3卷，第566页。

配劳动时间是相互联系的。正如马克思所指出的："时间经济以及有计划地分配劳动时间于不同的生产部门，仍然是以集体为基础的社会首要的经济规律，甚至可以说是程度极高的规律。"① 但是，在社会主义条件下，如果否认商品货币关系，拒绝利用价值规律，不讲经济核算，就必然导致高消耗、低质量和低效率，不能实现用最小限度的劳动消耗取得最大限度的效果这一社会主义计划经济的本质要求。

从实践看，是否承认市场的存在并积极利用它来为计划经济服务，对于社会主义经济的发展关系极大。近三十年来，在我国社会主义建设过程中，有两次经济发展比较快，一次是第一个五年计划时期，一次是三年调整时期。这两个时期都比较注意利用价值规律，利用市场，其结果城乡协作较好，农轻重的关系比较协调，各方面也比较重视经济核算和经济效果。但是，在我国国民经济的发展中，有两次受到比较大的挫折，一次是第二个五年计划时期，一次是在60年代中期至70年代中期。这两次大的挫折在政治上是同林彪、"四人帮"等人的破坏分不开的；在理论上则往往同他们在商品、货币、价值规律问题上制造混乱，抹杀市场的作用有关。应该指出，那种否认社会主义社会中商品货币关系的积极作用，把计划和市场看作互不相容的观点，不但在实践上造成了很大危害，而且在理论上也是站不住脚的。

诚然，以生产资料公有制为基础的社会主义经济是有计划发展的经济。但是，经济的有计划发展并不是同市场关系相对立的，而是同自发性或生产的无政府状态相对立的，后者是一切以私有制为基础的社会经济的一个基本特征。而市场经济关系却不是私有制的社会经济所特有的。同市场关系相对立的是自然经济而不是计划经济。自然经济中不存在商品货币关系，只存在实物分配关系，这是一切自给自足和闭关自守的社会经济的一个基本特征。而市场经济关系却是建立在社会分工和协作的基础上的。市场经济关系并不一定都是自发性的和无政府状态的，这要看它同什么样的所有制相联系。在社会主义公有制的条件下，市场经济关系则是可以由人们自觉地加以控制，为社会主义计划经济服务的。市场经济关系既然是以社会

---

① 马克思：《政治经济学批判大纲》第一分册，人民出版社1975年版，第112页。

分工和生产的社会化为物质前提的，从这一点来说，它与建立在社会化大生产基础上的社会主义计划经济非但不是互相排斥，毋宁有共通之处。社会主义的计划经济是存在商品货币关系条件下的计划经济，它只能同自发的市场经济以及自然经济相对立，而不能同人们自觉地加以控制的市场经济关系相对立。

长期以来，人们之所以片面强调计划而忽视市场，主要是因为有这样两个传统观念在作祟：一个是把市场同自发性等同起来，特别是同资本主义市场经济的无政府状态等同起来；另一个是把计划经济同自然经济混为一谈。前一个传统观念，往往成为一些人反对利用市场的武器，谁要一谈利用市场，就说谁是在搞资本主义。后一个传统观念，则往往成为一些人用自然经济来冒充社会主义计划经济的理论依据。在这两个相互联系的传统观念的保护伞下，在貌似坚持社会主义计划经济和反对资本主义市场经济的口号下，许多不符合社会主义经济发展利益的东西得到了繁育滋长：单纯的行政办法管理经济代替了经济办法管理经济；按"长官意志"办事代替了按客观经济规律办事；宗法家长式的统制代替了人民群众当家做主；适合于自然经济的封建衙门式的管理代替了适合于社会化大生产的科学管理；等等。在我们这样一个原来商品经济很不发达、目前依然有80%的人口是半自给农民的国家里，上述一些传统观念和做法是有其深厚的社会基础的。我们现在面临着的历史任务是实事求是地按照客观经济规律，发展商品经济来为实现社会主义四个现代化服务。我们要在社会主义建设中利用商品货币关系，正确处理计划和市场的关系，改革种种不符合社会主义客观经济规律的观念和制度，就必须打破上述那些根深蒂固的传统观念。

为了彻底打破这些传统观念，把计划和市场很好地结合起来，还必须进一步探索社会主义条件下商品货币关系和市场存在的原因问题。对于这个问题，相当多的经济学者一直是用生产资料的两种形式的社会主义所有制的并存来解释的。我们认为，在现阶段，两种形式的社会主义所有制之间的商品货币关系对于社会主义经济的发展是很重要的。特别是在我国现在农业人口比重还很大，集体所有制在农业生产中占有举足轻重地位的情况下，更要重视两种公有制之间的商品关系，尊重集体所有制单位作为商品生产者的自主权。但是，单纯地用两种公有制的并存来解释社会主义制度下之所以存在商品货币关系和市场，是没有看到问题本质的。因为，这种看法实际上仍然认为商品和市场关系是同社会主义公有制最重要的部分即全民所有制的性质不相容的，它只能从来自全民所有制外部的影响，而不能从全民所有制内部本身来说明为什么必然存在着商品和市场关系。经济学界历来流行的一些观点，诸如全民所有制内部调拨的生产资料实质上已不是商品而仅仅留有商品的外壳（"外壳论"）；价值规律对生产不起调节作用，它已被国民经济有计划按比例发展规律所代替（"代替论"）；价值规律以及有关的价格、利润、成本、利息等价值范畴不被看作客观的经济机制，而只当作可用可不用的核算工具（"工具论"），等等，实际上都是从上述"外因论"的基本观点所派生出来的。应当指出，所有这些被称为概括了社会主义各国经验的种种观点，并不符合所有社会主义国家的实际经验；而继续坚持这些观点给实践带来的危害，则是越来越清楚了。

我们认为，社会主义全民所有制内部之所以还存在着商品和市场关系，是由社会主义阶段所特有的物质利益关系决定的。在生产资料公有制的条件下，虽然人与人之间剥削与被剥削的关系从而物质利益上的对抗已经消灭了，但是，由于在社会主义阶段，劳动还不是像在共产主义阶段那样是生活的第一需要，而仅仅是谋生的手段，人们劳动能力和贡献又不相同，因此人们物质利益上的差别还存在。而且人们之间物质利益上的这种差别不仅表现在个人与个人之间，还表现在全民所有制内部不同企业之间。不同企业凡不是由于客观因素而由于自身经营所造成的生产成果上的差别，要给不同企业及其职工带来物质利益上的差别，否则就不利于生产的发展。因此，全民所有制内部各个企业（相对独立的经济核算单位）之间的经济关系，必须采取等价补偿和等价交换的原则。不遵守这种原则，就意味着否认人们物质利益上的差别，从而就会打乱人们之间的物质利益关系。社会主义条件下所特有的这种物质利益关系，正是社会主义条件下商品和市场关系存在的直接原因（当然，分工、生产的社会化是物质前提）。这样一种商品关系或市场关系，其根源深藏于人们的物质利益的差别之中，反映这种关系的有关的经济范畴，绝不是可用可不用的工具，也不是徒具形式的外壳，而是一种客观存在的、有实际内容的经济机制。这里还要看到，所谓社会主义公有制条件下人们的劳动是直接的社会劳动，是仅就个别劳动同社会劳动的联系摆脱了私有制基础上的自发市场的阻割而言的。实际上，在社会主义阶段，由于个别劳动者只有把自己的劳动仅仅当作谋生手段才能同社会所有的生产资料相结合，劳动者与劳动者之间、企业与企业之间还不能不实行等量劳动相交换即等价交换的原则，所以劳动的直接社会性，还不能不通过有计划的市场来表现。也就是说，人们有计划地分配社会劳动和节约社会劳动，还不能不通过反映社会主义阶段所特有的物质利益关系的市场机制来实现。

由此可见，社会主义经济中计划和市场的关系，既不是相互排斥，也不是由外在原因所产生的一种形式上的凑合，而是由社会主义经济的本质所决定的一种内在的有机结合。如果说，生产资料的社会主义公有制带来的人们之间的物质利益上的根本一致是社会主义经济能够实行计划管理的客观依据的话，那么，人们之间物质利益上的上述差别，是社会主义经济中还存在着市场的直接原因。社会主义经济中人们之间物质利益上的这种一致与不一致，正是社会主义经济中计划与市场在矛盾中实现统一的客观基础。实践证明，如果片面地强调计划，忽视市场，就容易只看到人们之间根本利益的一致而忽视他们在利益上的差别，容易只看到全局的利益而忽视局部的利益和个人的利益，从而不利于调动企业和职工群众的积极性；如果片面地强调市场，忽视计划，则往往会产生相反的倾向，使基层和群众的积极性流于盲目和无政府的混乱境地。因此，要正确处理社会主义经济中各方面的物质利益关系，调动一切积极因素来加速社会主义的建设，就必须从理论上和实践上解决好计划和市场相结合的问题。

二 关于社会主义计划经济条件下如何利用市场的问题

由上节的分析可知，在社会主义制度下计划同市场非但不是互不相容的，而且一定要相互结合，才能充分发挥社会主义的优越性，在考察社会主义经济中计划与市场的问题时，既不能离开计划来孤立地谈市场，也不能离开市场来谈计划。由于迄今为止我们在这个问题上的主要倾向，是片面地重计划而轻市场，当前为了纠正这一偏向，首先要着重解决如何在计划经济条件下发展商品经济、利用市场机制的问题。

商品经济的发展和市场机制的利用，离不开市场舞台上出现的各个商品生产者的活动。社会主义市场的主体，除了集体所有制企业单位外，主要是全民所有制（有的国家是社会所有制）企业单位。这些企业单位既向市场提供各种消费品和生产资料，又向市场购买各种生产资料。要发挥市场的作用，全民所有制企业单位不具有一定的经济自主权力，不能够作为相对独立的商品生产者相互对待，是不行的。如果全民所有制的企业单位老是处在束手束脚、无权无责的地位，所谓利用市场就不过是一句空话。所以，我们当前这个问题是同扩大企业权限的问题密切联系在一起。

同时，在计划经济条件下利用市场，又离不开发挥同价值范畴有关的经济杠杆和经济机制（诸如供求、价格、成本、利润、信贷、利息、税收等）的作用，把各个生产单位的经营成果同生产者的物质利益联系起来。这正是用经济办法管理经济的实质所在。如果不重视利用这些经济杠杆和经济机制的作用，不注意企业和个人的经济利益，而单纯地用行政办法管理经济，也根本谈不上什么利用市场。所以，我们当前这个问题又是同用经济办法管理经济的问题密切联系在一起的。

总之，在计划经济条件下利用市场，既同管理权限上扩大企业权力有关，又同管理方法上充分运用经济办法和经济手段有关。所有这些，都是为了使社会拥有的物力、财力和人力资源，按照社会的需要，得到合理的分配和节约的使用。那么，在物力、财力、人力资源的安排和使用上，应当怎样紧密地联系管理权力的下放和经济办法的运用，更好地发挥市场机制的作用呢？

（一）物力资源的安排和使用。这主要商品的产供销问题。在这方面，要加强市场机制的作用，就要以销定产，按产定供，做到产需结合

企业生产什么，生产多少，根据什么来确定？企业生产的产品，按照什么方式来销售？企业进行生产所需的生产资料，按照什么方式取得供应？上节我们讲过，现在实行的基本上是按照从上而下的指令性计划指标进行生产，按照统购包销的方式进行产品的销售，并按照统一分配、计划调拨的方式进行生产资料的供应。所有这些组织产供销的办法，往往造成社会生产和社会需要的脱节，使社会主义生产目的不能得到很好的实现。大家知道，社会主义生产的目的是满足社会的需要，根据社会的需要来决定生产什么和生产多少，这是社会主义经济的一个根本原则。按国家计划来安排生产和按社会需要来安排生产，从根本上来说是一致的，但实际上却存在着矛盾。因为，国家计划主要考虑国家的需要，只能从总体上反映社会的需要，而不可能具体地、灵活地反映社会经济生活各个方面千变万化的需要，也不可能考虑到每个企业单位的具体生产技术条件。要解决这个矛盾，做到产需对路，使社会生产在产品数量、品种、质量上都符合社会需要，企业生产计划就不能一一由上面下来的指令性指标定死，而要在国家计划总的指导下，根据市场的具体需要和企业本身的具体情况和利益，通过签订各种产销合同和购销合同来确定。与此相应，无论是消费资料的流通还是生产资料的流通，都要改变那种不管有无销路，都由国营商业部门或物资机构统购包销的做法。除极少数短缺而在短期内不可能保证充分供应的物资要由国家组织供需部门协商分配外，其他物资都通过市场买卖。消费资料的流通要逐步实行商业选购和工业自销相结合的办法，以适应消费者的需要，做到以销定产；生产资料的流通也要逐步商业化，实行产销双方直接挂钩，或者通过中间批发商业企业来进行，以适应生产者的需要，做到按产定供。供应不足的物资，企业可以联合或单独投资发展生产，满足需要。这些在产供销问题上加强利用市场机制的办法，对于消除货不对路、商品积压和匮乏并存的现象，对于促进不断提高产品质量、降低产品成本、改善花色品种，对于增进生产者的利益，以及对于保障消费者的权利[①]，都是十分必要的。

（二）财力资源的安排和使用，即财务管理和资金管理的问题。在这方面要加强市场机制的作用，就要实行企业的财务自理和自负盈亏，实行资金的有偿占用和按经济效果投放资金的原则

迄今为止，我们在财务管理上基本上实行的是统收统支办法，在基本建设投资和部分流动资金的分配上是实行财政无偿拨款的供给制办法，使

---

① 参见黄范章《消费者权力刍议》，《经济管理》1979 年第 2 期。

企业经营成果同企业集体和职工个人利益脱节,使企业对合理地有效地使用国家资金没有任何物质上的兴趣和责任,助长了企业在制订计划时讨价还价,争投资、争物资、争外汇的倾向。财政资金管理上的这种单纯行政办法,不利于提高投资效果和促进企业精打细算。要纠正这种状况,在这个方面也要在国家统一计划的指导下加强利用市场机制,主要是要改变统收统支为企业财务自理和自负盈亏,并加强银行信贷的作用。企业自负盈亏的比较彻底的方式,是在合理调整价格和税收的前提下,企业除按国家规定缴纳各项税收、费用和贷款本息外,不再上缴利润,剩余收入全部由企业按国家的统一法令政策,自主地决定用于扩大再生产的投资、提高职工收入和集体福利。作为过渡的办法,可以实行在企业保证国家规定的上缴税收和利润等经济任务下,从企业利润中提取一定比例的企业基金,用于职工的物质鼓励和集体福利,并与基本折旧基金留成和大修理基金一道,用于企业的挖潜、革新、改造等发展生产方面的需要。

改变资金的无偿占用为有偿占用,首先是对那些用国家财政拨款建立的固定资产由国家按照资金的一定比率征收资金占用税。这种占用税或付款的办法同企业利润留成制结合在一起,就能使那些资金利用和经营效果比较好的企业能够从实现的较多的利润中得到较多的留成,从而得到较多的物质利益。而那些基金利用和经营效果不好的企业,就只能得到较少的利益或得不到利益。因此,实行有偿使用资金的制度,有利于促进企业和职工挖掘一切潜力,努力节约使用资金,充分发挥占用资金的效果。

在实行比较完全的企业财务自理的情况下,应该考虑逐步废弃全部基本建设投资和一部分流动资金由国家财政拨款的办法。除了企业从纯收入或利润留成中提取生产发展基金,自筹解决一部分外,基本建设投资基本上应改由银行贷款来解决,流动资金改行全额信贷。银行在发放基建投资和流动资金贷款时,要接受国家计划的指导,同时要考虑各个部门和各个子项目的投资效果,实行由选择发放贷款的制度。

在自负盈亏、财务自理的条件下,企业以自留的收入和必须还本付息的银行贷款来发展生产,自然不会再像在资金无偿供给时那样不负责任、满不在乎,而非要兢兢业业、精打细算不可。在这里,我们还要注意银行利息的杠杆作用,利用它来动员社会暂时闲置的货币资金,控制信贷资金的投放，促进企业加强经济核算，加速资金周转，讲究资金的使用效果。为此，我们要从调节资金供需以有利于发展商品生产和商品流通出发，采取差别的利率政策，适时调整银行利率，改变过去那种长期固定不变或只降不升的利率政策。

（三）劳动力资源的安排和使用。在这方面要加强市场机制的作用，就要实行择优录用，容许一定程度的自由择业，用经济办法调节劳动力的供需

过去，在人财物资源的安排分配上，单纯地、完全地用行政的手段，离开市场机制最远的，要算是劳动力资源的分配了。通过劳动部门按计划指标分配劳动力的办法，虽然花了不少力量，在一定程度上保证了一些部门对劳动力的需要，解决了一些人员的就业。但这种单纯的行政分配方式带来不少问题。从企业来说，往往不能按照自身的需要来招收工人；从个人来说，往往不能按照自己的所长和兴趣选择职业，做什么样的工作完全取决于上级的分配，在实际工作中难免出现乔太守乱点鸳鸯谱的现象。这种状况显然不利于合理地使用劳动力，调动人的积极性；不利于贯彻经济核算制，提高经济活动的效果。在劳动就业领域存在的专业不对口、长期两地分居以及还存在一定数量的待业人口等问题，固然在相当大的程度上是由林彪、"四人帮"极"左"思潮的干扰和破坏所造成的，但同劳动力资源分配上的缺乏市场机制也有密切的关系。在劳动力的调配合使用上存在的走后门、裙带关系等怪现象，不但同社会主义经济制度的本性不相容，而且是一种在资本主义商品经济中也难以见到的，比资本主义更落后的封建性的东西。

要消除劳动力分配和使用上种种不合理现象，做到人尽其才，我们认为，在劳动力安排中应当实行择优录用原则，实行计划分配和自由择业相结合的原则。企业在国家计划的指导下和国家法律规定的范围内，有权根据生产技术的需要和择优录用的原则，通过劳动部门，招收合乎需要的职工。也有权将多余人员交劳动部门调剂给需要的单位，或组织培训，适当安排。职工待业期间的生活费由社会保险基金中支付。个人在服从社会总的需要的前提下，应有一定程度的选择工作岗位的自由。应当看到，择业的自由，是每个人的自由发展的一个重要组成部分。而每个人的自由发展，诚如科学的共产主义理论奠基人所指出的，乃是一切人自由发展的条件[①]。在社会主义阶段，特别是在我国现在这样生产力水平比较低的情况下，要实行共产主义阶段那样充分自由地选择工作岗位是不可能的。但是，社会主义还默认每个个人的劳动能力是他的天赋特权，而且在实行按劳分配原则的情况下，劳动力简单再生产乃至扩大再生产（包括抚育、培养、进修等）的费用，在不同程度上还是由劳动者个人和家庭来负担的。因此，我们不能不承认每个劳动者对自己的劳动力有一定程度的个人所有权，从而允许人们在一定程度上有选择工作岗位的自由。这对于更好地实现各尽所能、按劳分配原则，对于个人才能的发挥和整个社会的发展，都是有利的。

当然，个人择业一定程度的自由，并不意味着容许劳动力无控制地在企业之间、部门之间、城乡之间和地区之间自由流动。对于劳动力流动的控制，主要的不应该采取行政和法律的手段，而应该采取经济办法。例如，可以采用连续工龄津贴的办法，以鼓励职工长期留在一定企业单位工作；可以按照实际情况调整地区工资差别和采取改善生活条件的措施，以稳定职工在边远地区工作；等等。此外，还可以根据国内外市场需要，利用我国劳动力丰富、工资成本低的条件，采取各种灵活方式，广开就业门路，如广泛发展服务事业，发展各种形式的劳务出口事业，等等。这既有利于解决待业人员的就业问题，又有利于改善市场供应，增加外汇收入和提高生产技术水平。

以上，我们从商品的产供销、从人财物的安排和分配上论述了在社会主义计划经济条件下如何利用市场机制的问题。应当指出，在市场机制的利用中，有两个综合性的问题需要特别提出，即价格问题和竞争问题。这里，我们就这两个问题作一概略的探讨。

价格问题。长期以来，由于否认价值规律对社会主义生产的调节作用，把同价值规律有关的经济范畴仅仅看作是一种计算的工具或形式，以便于核算等为理由，主张价格要长期固定不变，把计划价格相对稳定的方针变为长期冻结的方针。但是，由于经济生活在不断变化，影响各类产品价格的各种客观因素也在不断变化，价格也不可能是固定不变的。人为地冻结

---

① 参见马克思、恩格斯《共产党宣言》，《马克思恩格斯选集》第1卷，第273页。

物价，就会使价格越来越脱离客观实际，违背客观规律的要求。例如，劳动生产率的变化从而产品价值的变化，是决定价格变动的一个根本性因素。大家知道，各部门之间劳动生产率的变化是不一致的，就我国现阶段的情况来说，工业部门的劳动生产率要比农业部门增长得快一些。但是，价格的长期固定不变，就使得各类产品的比价关系不能反映这些产品的劳动生产率从而价值的变化情况。目前，我国存在的农业产品价格的剪刀差，实际上并不完全是由历史的因素所造成的。工农业产品之间的交换比价，本来就是一种相对关系，在工业劳动生产率的提高快于农业的情况下，保持原来的比价关系不变就意味着"剪刀差"的扩大。又如，供求关系是影响价格的一个重要因素。但是，不容波动的固定价格却不能反映供求关系的变化。许多产品长期供求失衡，也无法通过价格变动来调整供需。对于一些因价格过于偏低而亏损的产品，用财政补贴来维持它们的价格固定不变，固然在一定时期内对于保证生产的进行和人民生活的稳定有积极作用，但这种办法从根本上来说不利于促进经营管理的改善和生产的发展，它毕竟是一种治标的办法。只有通过发展生产、增加供给的治本办法，才能从根本上解决供不应求的矛盾。过去，我们为了保持价格的固定不变付出了极大的代价，大量的票证和排队所换来的是低标准的平均分配，而不是生产和供给的迅速增长。而且往往造成一种恶性循环：什么东西实行了限额限价的供应，什么东西的生产就由于缺乏必要的刺激而上不去，从而这种东西的供应紧张也就越难解决。大量的事实证明，价格如不合理，计划的目标也难以实现。我国目前许多产品价格与价值背离越来越远，它已影响到某些部门特别是农业和原材料燃料工业的发展，影响到农轻重关系的协调。

为了改变这种情况，除了按照三中全会关于缩小工农业产品交换差价的精神，继续调整各主要部门的产品比价关系外，还要允许企业对产品的计划价格有一定程度的浮动权。这实际上是承不承认价格是一种市场机制的问题。允许价格在一定幅度内浮动，有利于调节供求关系和促进生产的发展，这正是在计划的指导下利用市场机制的一个表现。当然，允许价格的这种浮动并不意味着不要任何价格控制。价格浮动幅度的规定和变动，实际上是离不开计划指导的。对于少数同广大群众生活有密切关系的主要消费品和对生产成本影响面大的重要生产资料，在一定时期内由国家统一订价实行价格控制,是更有必要的。

此外,为了衡量各部门的经济效果,还涉及价格形成的基础问题。这里不可能详细地讨论这个问题。我们赞成用资金利润率作为一个企业和一个部门生产经营状况的标准。为此必须有一个可资比较的价格前提,就是以生产价格为基础制定价格只有这样,才能对物质技术装备不一样、资金占用不一样的部门和企业,按照一个统一的尺度进行衡量,使不同部门和企业生产经营状况的优劣,通过它们实际资金利润率的高低综合地反映出来。也只有这样,才能给我们以客观的根据来确定资金的投放方向和社会劳动的合理分配,为发展社会主义经济创造更为有利的条件。

竞争问题。只要存在商品经济,就意味着有竞争。一定程度的竞争,和上面所说的一定程度的价格浮动,是互相联系、互为条件的,它们都是市场机制的有机组成部分。没有价格的浮动和差别,就没有竞争;反过来,没有竞争,价格的浮动和差别也不能真正实现,市场的供求规律就不能正常运行,价值规律也难以得到贯彻。① 在社会主义计划经济条件下,在物力、财力、人力资源的分配上利用市场机制,就不能不容许有一定程度的竞争。上面所说的按照市场需要进行生产和组织供销,按照投资效果来决定资金的投放,按照择优录用的原则进行人员的安排,实际上也都离不开竞争。

一讲起竞争,人们就容易把竞争简单地同资本主义连在一起。其实,竞争并不是资本主义所特有的经济范畴,而是商品经济的范畴。早在奴隶社会和封建社会,竞争就随着商品生产和商品交换的发展而出现了。封建社会的手工业行会制度,就有限制竞争的作用,如果没有竞争,也就谈不上对竞争的限制。随着资本主义的发展,行会也就逐步消失了。可见,资本主义只不过是随着商品关系的普遍化而把竞争也推向普遍化罢了。但是,从历史的观点来看问题,即使资本主义商品经济条件下的竞争,也并非只有消极的作用,它曾经促进了资本主义生产力的巨大发展。社会主义制度下客观上既然存在商品生产和商品交换,如果我们否认竞争,实际上就是

---

① 恩格斯说:只有通过竞争的波动从而通过商品价格的波动,商品生产的价值规律才能得到贯彻,社会必要劳动时间决定商品价值这一点才能成为现实。(《马克思恩格斯全集》第21卷,第215页。)

否认商品经济的客观存在，否认价值规律的作用。社会主义社会中各个企业是以商品生产者的身份在市场上出现并相互对待的，它们生产的商品的质量和花色品种是否为市场为消费者所欢迎，它们在生产商品中个别劳动消耗是高于还是低于社会必要劳动消耗，以及高多少低多少，都要影响企业及其职工的物质利益。各个企业间进行的竞争，对于改进生产技术、改善经营管理、降低各种消耗、提高劳动生产率、提高产品质量、改进花色品种，都起着积极的作用。这种竞争使企业的经营成果得到市场的检验，使消费者对价廉物美品种多样的商品的需求得到满足，并促进整个社会生产力的向前发展。如果说，争取更多的物质利益是企业生产发展的一种内在动力的话，那么，企业彼此之间的竞争是企业生产发展的一种外在的压力。如果我们不容许竞争，做什么生意、办什么事情都是只此一家别无分号，一切都统得死死的，那只能使商品的花色品种越来越少，质量越来越差，生产和流通中的浪费越来越大。总之，竞争促进进步，垄断造成停滞和倒退，这在一定意义上对社会主义也是适用的。不仅全民所有制的企业之间要容许一定程度的竞争，更要容许集体所有制单位之间及其与全民所有制企业之间的一定范围的竞争，还要容许集市贸易在国家法律规定范围内的竞争。这种竞争，不仅对增加市场上价廉物美商品的供应，增加农民的收入有好处，而且对于督促全面所有制企业单位改善经营管理和服务质量也大有好处。

当然，社会主义市场的竞争同资本主义市场的竞争存在着原则的区别，最根本的一条就是社会主义公有制条件下的竞争是建立在根本利益一致基础上的竞争，而资本主义私有制条件下的竞争是建立在根本利益相对抗的基础上的你死我活的竞争。社会主义竞争不但不排斥合作，而且以合作为基础，同合作相结合。因此，它必须受社会主义法律的约束，在国家计划的指导下进行。只有这样，社会主义的竞争才能在促使后进赶先进、先进更先进的同时，避免无政府的混乱、贫富的两极分化和劳动者的失业等资本主义竞争所造成的种种恶果。

社会主义制度下的竞争，同我们历来讲的社会主义竞赛，既有共同点，也有区别。社会主义的竞赛和竞争，都是促使后进赶先进、先进更先进的手段。但是，社会主义竞赛不一定同参加竞赛者的物质利益相联系，也不发生淘汰落后的问题。而社会主义的竞争则必然同竞争者的物质利益紧密相连，并且有淘汰落后的问题。那些在竞争中证明不能适应市场需要，不是由于客观原因长期不能维持简单再生产的亏损企业，就必须为维护全社会的整体利益而加以淘汰，或关或停或并或转，并且追究有关的失职人员的物质责任。这种被淘汰企业的职工通过国家劳动部门另行安排工作，不致像资本主义社会企业倒闭时那样发生失业。但在调整转移过程中，他们的收入当然不能同经营正常的企业职工相比，他们的物质利益不能不受到企业关停并转的影响，这也是促使企业全体职工关心企业命运的一种有力的经济手段。

总之，社会主义计划经济下市场因素可以发挥积极作用的领域是相当广泛的。在商品的产供销上，在资金的管理上和劳动力的安排上，都可以利用市场机制来为社会主义建设服务。在这当中，一定限度内的价格浮动和一定程度上的竞争，是必要的。运用得当，就能使市场有利于计划目标的实现，使各种社会资源得到合理的有效的利用，使各种社会需要得到应有的满足。

三 关于在利用市场机制的条件下加强经济发展的计划性问题

在我国社会主义经济建设的过程中，长期存在着忽视市场、否认利用市场机制来为社会主义计划经济服务的倾向，不反对这种倾向，就不能发挥市场的积极作用，就不能把社会主义经济中的计划同市场很好地结合起来。但是，为了正确地解决计划和市场的关系问题，我们还必须防止和反对另一种倾向，即片面夸大市场的作用、忽视乃至否定计划的作用的倾向。应该指出，在讨论这个问题的时候，国内外都曾出现这类倾向。例如，有人笼统地把计划经济称作官僚主义的经济，认为人们只能在市场和官僚主义之间进行选择；有的人把计划管理同用单纯的行政手段管理等同起来，把计划经济看成某种有贬义的东西。

这样看来，把社会主义经济中计划市场视为互不相容的东西，否认两者相互结合的可能性，可以来自两个不同的方向，立足于两个不同的极端：

一个是立足于计划来排斥市场,认为只有一切都听从于上面下来的计划才算是社会主义经济;另一个是立足于市场来排斥计划,认为只有市场的需要才能反映社会的需要,计划则是障碍市场需要的满足的官僚主义的东西。这后一种看法显然也是错误的。我们认为,必须强调社会主义经济的计划性,尤其是在我们重新认识社会主义经济中市场的意义的时候,更加不能忽视国家计划或社会计划的指导作用。在利用市场机制条件下的计划指导,这是同官僚主义的管理风马牛不相及的。只有单纯地按行政命令、"长官意志"办事的所谓"计划管理",才是官僚主义。而我们这里讲的计划管理既然是通过市场的作用来实现、来校正的计划管理,这种计划管理当然是不能与官僚主义混为一谈的。

为什么在利用市场的同时要加强计划的指导作用呢?因为,社会主义公有制体检下的市场同资本主义私有制条件下的市场是根本不通的。资本主义的市场是在生产无政府状态下盲目地起作用的。马克思指出:"资产阶级社会的症结正是在于,对生产自始就不存在有意识的社会调节。合理的东西和自然必须的东西都只是作为盲目起作用的平均数而实现。"[1] 社会主义经济中尽管还存在着市场,但社会主义经济的本质特征,不是无政府状态,而是对再生产过程的有意识的社会调节即有计划的调节。正如恩格斯所指出的:"当人们按照今天的生产力终于被认识了的本性来对待这种生产力的时候,社会的生产无政府状态就让位于按照全社会和每个成员的需要对生产进行的社会的有计划地调节"。[2] 这种社会的有计划的调节,从社会主义发展的实践来看,对于社会主义制度下存在的市场因素也是适用的。所以,社会主义经济中的市场是不能离开国家计划的指导和调节而自发地运行的。尽管我们需要大力发展社会主义的商品生产,加强利用市场因素来为社会主义建设服务,但我们毕竟不是自由放任主义者,我们不能让亚当·斯密所说的"看不见的手"来左右我们的经济发展,因为那只手的作用是以资产阶级利己主义为出发点的;而社会主义经济中的物质利益关系却是以个人利益、局部利益同整体利益相结合,个人利益、局部利益服从整体利益为特征的,这只有经过国家计划或社会计划的调节才能得到正确

---

[1] 《马克思恩格斯选集》第 4 卷,第 369 页。
[2] 《马克思恩格斯选集》第 3 卷,第 319 页。

的处理。因此，社会主义经济的发展如果单凭市场的调节而没有计划的指导是不行的。

例如，作为市场主体的一个个消费者根据自己的消费偏好所做的选择，一个个生产者单位根据自己的利益所做的抉择，不一定都符合社会的总体利益。由于这是市场主体自由决策的结果，社会的人、财、物资源的分配利用，不一定都是经济合理的，不一定符合社会发展的要求。在加速实现社会主义工业化和现代化的过程中，往往要求社会产业结构和生产力布局在短期内有一个较大的改变，而如果任由一个个市场主体自由决策和行事，往往不能适应这种迅速改变产业结构和生产力布局的要求。诸如此类社会主义经济发展中带有全局性的问题，单凭市场机制是解决不了的，而必须依靠国家或社会计划来进行调节，实现这种转变。可以设想，如果没有国家计划的协调，任由市场去调节，要实现生产力布局的合理化，特别是发展边远落后地区的经济，那将是非常缓慢和非常困难的。

又如，在社会主义经济中，还存在着不同的生产单位因客观条件（如自然条件、市场销售条件、装备程度等）的不同所带来的收入上的差别。这种级差收入如果任凭市场去调节和分配，国家计划不加干预，就会不合理地扩大不同单位之间物质利益上的差别，违背社会主义的分配原则。如果从更宽的角度来看，社会主义应该既反对收入差距上的过分悬殊，又反对平均主义，而且为了反对平均主义的倾向，在一定时期还要实行差别发展，使一部分人先富裕起来，然后带动大家共同富裕，造成一种大家都往前赶的局面。像这种对于利益差距有时要扩大有时要缩小（从整个社会主义历史时期的长期趋势来看是要逐步缩小的）的控制和调节，完全交给市场而不要计划，显然是做不到的。

还有一些从局部看是有利的但从整体看是不利的，或从局部看是不利的但从整体看是有利的经济行为，也必须由社会进行有计划的调节。像保护环境、解决公害问题，就个别生产单位来说，会增加开支、减少收入，放任市场去管，就难以妥善解决。又如产品的标准化，对于促进生产和提高劳动生产率、合理地利用资源，无疑是有利的，但在容许市场竞争的情况下，某些生产单位为了取得技术上的有利地位，就有可能产生一种逃避标准化的倾向。没有社会统一控制的、工团主义式的合作社企业之间的竞争,虽然处于生产资料公有制的条件下,也不能避免无政府的混乱以及由此产生的其他恶果。因此,在利用竞争的积极作用的同时,为了防止竞争所可能带来的消极作用,也不能不要社会统一的计划调节。

总之,为了确保经济发展的社会主义方向,为了确保国民经济各部门、各地区的协调发展,为了维护整个社会的公共利益和正确处理各方面的物质利益关系,都必须在利用市场机制的同时,加强国家计划的调节。有人对计划和市场的关系作了这样一个形象的比喻:计划的决策好像是处在山顶上看问题,市场的决策好像是处在山谷里看问题。前者看不清细节,但能综观全貌;后者看不到全貌,但对自己、对近处却看得很仔细。从一定意义上看,这一比喻是有道理的;社会的经济计划领导机关所做的决策往往侧重于考虑整体的全局的利益,而市场上一个个商品生产者和消费者的抉择则侧重于考虑个人和局部的利益。社会主义社会处理国家、集体和个人三者利益关系的原则是统筹兼顾、适当安排,而不能只顾一头。因此,在三者利益的协调中,既需要市场机制的调节,又绝对不能忽视统一计划的指导。

那么,应该怎样加强国民经济的计划管理,发挥统一计划的指导作用呢?这个问题的回答,同人们对于什么是计划经济的理解有着密切的关系。前面说过,过去长期流行着一种观点,即认为只有国家从上而下下达指令性计划指标,才算是社会主义计划经济,有时还认为指令性计划包括的范围越广,指标越多,就表明计划性越强。在这种理解下,一讲加强统一计划和集中领导,往往就想到要把企业的管理权力收到上面来,把财权、物权、人权收到上面来。这样,国民经济领导机关就把该由地方和企业去管的事情越俎代庖地揽上来,把基层和企业的手脚捆得死死的,这显然不利于社会主义经济的发展。党的十一届三中全会决议中批评的管理权力过于集中,就是指的这种情况。社会主义计划经济的特征并不是有没有指令性计划,也不在于国家经济领导机关集中了多少财人物权,而在于社会能否自觉地按照事先的科学预测采取有效措施来保证社会经济生活的各个方面互相协调地向前发展,并保证社会劳动的节约。把有无指令性计划当作计划经济的唯一标志,把集中财物人权当作加强计划管理的主要内容,这是与排斥市场机制的利用相表里的一种关于计划经济的错误观念。那么,在承认市场与计划相结合的必要性并积极利用市场机制来为社会主义建设服务的情况下,究竟应该如何加强计划指导呢?

我们认为,首先要把计划工作的重点放在研究和拟订长远规划特别是五年计划上来,解决国民经济发展的战略性问题,主要是确定国民经济发展的主要目标和重大比例关系,如国民收入中的积累和消费的比例,基本建设规模、投资分配方向和重点建设项目,重要工农业产品的发展水平和人民生活水平提高的程度。五年计划要列出分年指标。年度计划在此基础上略作调整,重点放在研究制订实现计划的政策措施上。要逐步缩小指令性计划的范围,最终废弃国家向企业硬性规定必须完成的生产建设指标。国家计划对国民经济的发展具有预测的性质,对企业和地方的经济活动具有指导意义,但除极少数非常特殊重要事项外,对企业和地方一般不具有约束力。各个企业参照国家计划的要求,根据市场情况,在充分挖掘内部潜力的基础上独立自主地制订自己的计划。在这里,我们不要看轻了国家计划的指导意义,因为一个个企业对国民经济发展的全貌和方向,是不清楚的,它们所据以拟订自己的计划的市场情况的变化,却是同国民经济发展的全局和方向息息相关的。企业要尽可能准确地对市场情况作出判断,离开不了国家计划提供的情报。国家计划拟订得越是科学,越是符合实际,就越能对企业的经济决策和行动给以可靠的引导,企业就愈是要考虑使自己的决策和行动符合国家计划的要求,从而国家计划的威信也就越高。反之,那些主观主义的、凭"长官意志"拍脑袋拍出来的计划即使具有百分之百的"指令性",却是没有任何真正的威信的。在这方面,我们过去的经验教训难道还不够深刻吗?所以,研究和拟订能够给企业的经济活动以可靠指导的、尽可能符合科学要求的国民经济计划,对于经济计划领导机构来讲,任务和责任不是减轻了而是真正的加重了。

为了提高国家计划的真正权威,使国家计划同基层企业计划很好结合起来,国家计划还要在企业自主计划的基础上经过层层协调来制订。计划协调工作要自下而上、上下结合,逐级平衡。凡是企业之间、公司之间经过横的市场联系、通过经济协议能够解决的产销平衡问题、资金合作和劳动协作问题,就不必拿到上一级去解决。只有那些下面解决不了的问题,才逐级由国家去平衡解决。这样,既可使基层企业摆脱从上面来的无谓的行政干扰，又可以使国家经济领导机构摆脱烦琐的行政事务，而致力于研究和制定方针政策，协调一些关系国民经济全局的重大的发展任务。

为了保证社会生产的协调发展，使国家计划规定的目标能够实现，一个十分重要的问题是发挥各项经济政策措施对经济活动的指导作用。这些政策措施主要有价格政策、税收政策、信贷政策、投资政策、收入分配政策、外贸外汇政策等。国家通过这些经济政策，鼓励那些社会需要发展的生产建设事业，限制那些社会不需要发展的事业，使企业的经济活动有利于国家计划的完成，达到计划预定的目标。例如，为了克服我国目前原材料、燃料工业落后于加工工业的状况，加速原材料、燃料工业部门的发展，国家必须在各种经济政策上对这些部门开放绿灯，诸如给予优惠贷款、调整价格和减免税金等。相反，为了限制普通机床工业的发展，国家则可以采取限制贷款数额，实行高息高税，降低产品价格等办法。这样，通过经济政策的调节，促使企业从自身经济利益的考虑，也必须沿着国家计划所规定的方向来安排自己的各项经济活动。由此可见，通过经济政策来指导经济的发展，运用经济手段来实现国家计划的目标，这是同利用市场机制分不开的，从一定意义上也可以说，经济政策乃是使国家计划与市场机制沟通起来的一个结合点。

在实行以上体制的同时，国家还要通过健全法制，严格经济立法，广泛建立各种形式的群众监督和社会监督的制度，特别是通过建立和健全银行簿记监督的制度，来协调市场关系和整个国民经济的发展。关于这方面的问题，这篇文章不打算详论了。

社会主义经济中的计划与市场的关系问题，涉及社会主义经济管理的各个方面，十分复杂，它的解决不可能是一蹴而就的，而需要一定的条件，要通过一定的步骤。当前，我们要拿出一定的时间调整国民经济的比例关系，同时着手经济体制的改革，继续进行现有企业的整顿，把整个经济工作的水平大大提高一步。我们要在调整和整顿的过程中，进行某些必要的改革，同时探索进一步改革的正确途径。计划与市场关系的正确处理，也只有通过这一调整、整顿和改革的过程才能逐步实现。

（与刘国光合作写成，载《经济研究》1979 年第 5 期）

计划和市场关系的几个问题

一 社会主义经济建设实践提出来的问题

全面改革经济管理体制,需要我们研究和解决许多重大的理论问题和实际问题,其中一个十分重要的问题,就是如何正确认识和处理计划和市场的关系问题。

对于目前我国经济生活中存在的许多问题是否同忽视利用市场的作用有关,是存在不同看法的。有些同志认为,由于林彪、"四人帮"的长期干扰和破坏,国民经济一度陷于无政府、半无政府状态,现在的问题不是计划的作用多了,市场的作用少了,而是大量计划外的东西在冲击计划内的东西。他们认为,过去第一个五年计划时期以及 60 年代初国民经济调整时期,经济发展速度都比较快,就是由于我们采取了一整套加强计划管理的措施,现在只要经过调整和整顿,恢复到过去那一套计划管理体制,就能适应当前工作着重点转移的需要,何必要强调利用市场、提出什么计划和市场的关系问题呢?

诚然,我国目前经济生活中存在的问题,首先是由于林彪、"四人帮"的干扰破坏,其中包括对计划管理工作的严重破坏所造成的,但不能不看到,这同经济管理体制中存在的缺陷,包括忽视市场的作用,也有相当大的关系。我国现行的经济管理体制,基本上是 50 年代初从苏联学来的,它对当时我国经济的恢复和发展起了一定的作用。但是它的根本缺陷是管理权限过于集中,企业缺乏经营管理的自主权,国家计划管得过多、过死,忽视市场和价值规律的作用。后来尽管对这种体制做过某些改革,但总的来说,由于过去的改革一般局限于在中央集权和地方分权上兜圈子,很少触及国家与企业、计划与市场的关系,因而现行的经济管理体制仍然没有跳出原来的老框框，国家计划统得过死、缺乏市场机制所带来的种种问题，仍然没有得到解决。这种管理体制若不全面改革，势必同社会主义现代化建设的发展产生越来越大的矛盾。所以，要不要对这种体制进行全面改革，实际上是能不能真正实现工作着重点的转移、加快实现四个现代化的问题。

当前我们实行的"调整、改革、整顿、提高"的八字方针，调整是中心。这里，我们碰到一个问题，那就是：计划和市场的关系问题是不是仅仅同经济体制的改革有关，而与国民经济的调整无关呢？有这样一种看法，似乎只有在改革的时候才能讲管理权力的下放和发挥市场的作用，而在国民经济的调整中则只能强调集中统一和计划调节。当然，为了搞好国民经济的调整，必要的集中统一是需要强调的，否则，国民经济重大比例关系的失调是难以调整过来的。但是，如果不注意通过管理权力的适当下放和市场机制的利用来调动各个方面的积极性，调整的任务也是难以顺利实现的。试问：要改变国民经济各部门之间比例关系严重失调的状况，使工业和农业、重工业和轻工业、原材料燃料工业和加工工业都得到协调的发展，光有国家计划的指导，而不去利用价格这一经济杠杆，不去调整各类产品之间的比价关系，能够办得到吗？又如，调整中要解决一批企业关、停、并、转的问题。这样的任务，当然要有计划、有步骤地去做。但是，在做出什么企业该关、停、并、转，什么企业该继续维持和发展生产的决定时，就必须以企业的经营状况特别是产品质量、品种、消耗、成本和盈亏状况为依据，受价值规律和市场机制的检验，而不能单纯地依靠行政命令来解决。

回顾过去的经验教训，为什么我们的经济管理经常出现一统就死，一死就放，一放就乱，一乱又统的现象呢？这是同我们没有处理好计划和市场、集中和分散之间的辩证关系有关的。用简单地统的办法来治乱，好像是比较省力的，但这种办法很难跳出上述那个循环。用计划和市场相结合、集中和分散相结合的办法，做到活而不乱，管而不死，则是比较费力的。我们要防止在调整的过程中重新建立起过去那一套过度集中的经济管理体制，等到几年以后再从头进行改革，而必须使调整和改革很好地衔接起来。调整、改革、整顿、提高四个方面的任务是互相联系、互相促进的，我们必须在调整中进行必要的改革，逐步建立起计划调节与市场调节相结合的体制。

总之，正确处理计划和市场的关系，不仅关系到经济体制改革本身的长远方向，而且同当前国民经济的调整和整顿紧密相连，这是经济建设的实践向我们提出来的一个重要课题。

二　社会主义制度下商品生产和价值规律问题讨论的继续和进展

新中国成立以来，我国经济学界对社会主义制度下商品生产和价值规律问题进行了长期讨论，当前关于计划与市场关系问题的讨论，实际上是多年来上述问题讨论的继续。当前的讨论与过去相比，理论上有一些什么新的东西呢？看来至少有以下三点是值得注意和进一步研究的。

（一）关于社会主义制度下商品生产和市场关系存在的原因问题

过去，相当多的经济学者是用两种形式的社会主义所有制的并存来解释的，这是1959年和后来调整时期的讨论高潮中大多数同志的观点。应该看到，这种观点对于克服1958年以来流行的侵犯集体所有制单位利益、侵犯农民利益的"共产风"、"平调风"，对于保护集体所有制单位作为商品生产者的自主权利，是有一定的积极意义的。当时面临的主要任务是要解决两种公有制之间的关系和人民公社内部的管理体制问题，理论界的注意重点放在不同所有者之间的商品货币关系上，而没有转到全民所有制内部商品货币关系的分析上来，这是可以理解的。因此，当时普遍是从集体所有制的存在这种外部原因来解释全民所有制内为什么存在着商品货币关系。这种观点常常被人们称为"外因论"。与过去不同，当前讨论的实践背景是要解决整个社会主义经济管理体制，特别是全民所有制内部管理体制的问题，人们的注意力自然要转到全民所有制内部的商品货币关系方面来，并且进一步发现了上述的"外因论"不是从本质上来解释社会主义制度下存在商品和市场的原因，不能够说明全民所有制内部的市场机制，从而不能够适应全民所有制经济管理体制改革的要求。尽管经济学者对于全民所有制内部存在商品货币关系和市场机制原因的解释有所不同，如有的同志着重从劳动性质和物质利益关系的特点来解释，有的同志着重从社会主义全民所有制的不成熟性即它同共产主义全民所有制的差别来解释，等等，但几乎一致地克服了上述的"外因论"，开始从全民所有制内部的经济关系来探索存在商品货币关系的原因，这不能不说是理论上的一大进展。它涉及是不是真正承认社会主义全民所有制内部存在着市场关系，能不能利用市场机制的问题。对于全民所有制内部市场机制的认识和利用问题如果得到正确解决，那么，对于整个社会主义经济中市场机制的认识和利用问题也就更不难解决了。

（二）计划规律和价值规律之间，计划和市场之间究竟是此长彼消的关系、板块拼凑的关系还是互相渗透的关系

过去，比较流行的观点是把它们之间的关系看成是互相对立、互相排斥的关系，似乎计划规律起作用的地方，价值规律和市场机制就不起作用；或者认为，只有在计划作用到不了的地方，市场机制才起补充作用。而对于什么是计划规律起作用的范围和什么是市场规律起作用的范围，则又是观点不同。例如，有的同志认为只有集市贸易才属市场调节的范围，其余的都属计划调节的范围；有的同志把市场的范围理解得稍微大一点，认为除集市贸易外，议购也属市场调节的范围，而统购、派购则属计划调节的范围；有的同志则把市场范围理解得更宽一点，认为集体所有制与全民所有制之间以及各集体所有制经济单位之间的商品流通属市场调节的范围，全民所有制内部的物资流通则属计划调节的范围，把市场范围理解得再宽一点的同志，则认为全民所有制内部凡通过商业部门的物资流通也属市场调节的范围，而只有通过物资分配部门的物资调拨才属计划调节的范围。尽管上述这些看法对市场和计划的范围有不同的理解，但都是把它们看成为太极图式的此长彼消的关系，或者看成是板块拼凑的关系。按照这种理论，无论在被认为是市场调节的部分，或者在被认为是计划调节的部分，都不存在什么计划调节和市场调节相结合的问题；如果要说两者的结合，也只是计划与市场两块拼凑式的结合。在目前的讨论中，越来越多的同志放弃了这种看法，认识到社会主义经济中的计划和市场之间，是你中有我、我中有你的互相渗透关系。计划调节离不开市场的作用，市场调节也不能离开计划的指导。例如，在一般被认为是计划调节程度最强的领域即全民

所有制内部各单位间产品的统一分配和计划调拨，也应当根据价值规律的要求规定合理价格，利用经济杠杆，才能较好地适应按比例发展的要求和有利于经济核算。大量的日用消费品的有计划地组织生产和销售，更应当充分利用价值规律和市场机制，以使计划更加切合实际，符合消费者的需要。至于通过集市贸易的那些产品的生产和流通，似乎完全受市场调节，其实也要受国家农产品收购计划的指导和价格的影响。显然，从计划和市场的此长彼消论或板块拼凑论发展到内在结合论，可以说是当前讨论中理论上的又一进展。只有这样，我们才能在整个社会主义经济中特别是在全民所有制经济中切实地解决计划与市场的结合问题，真正做到在计划的指导下充分发挥市场机制的作用，同时在充分利用市场机制的条件下加强国家计划的指导作用。

（三）关于社会主义计划经济的模式问题

长期以来，我们曾把50年代初从苏联学来的那一套高度集中的经济管理体制当作社会主义计划经济的唯一模式，似乎只有国家从上而下地下达指令性计划指标，财政资金实行统收统支，物资流通实行统购包销，才叫做社会主义计划经济，否则就是修正主义或者别的什么异端。现在我们的眼界扩大了，除了看到列宁、斯大林领导下的苏联的社会主义计划经济模式外，还看到与此不同的社会主义计划经济模式。在不同的模式中，计划与市场结合的程度和方式都是不相同的。其中有的仍比较强调集中计划，同时大力扩大企业和工人的权力，加强对市场机制的利用；有的则以分散管理、工人自治、实行市场经济与社会计划相结合为主要特征。在当前的讨论中，尽管大家对于计划调节与市场调节的理解不完全一致，但是由于眼界扩大了，越来越多的同志认识到，社会主义的计划经济并不限于我们过去习惯的那一种模式。只要坚持社会主义的公有制，不允许人剥削人的现象发生，是可以采取种种不同的计划与市场的结合方式的。从只承认一种计划经济的模式到认识到社会主义计划经济容许采取不同的模式，也不能不认为是理论上的又一大进展。应该指出，选择或者设想建立那一种模式，是关系到经济管理体制改革方向的一个极其重要的问题。当然，我们不能照抄别国的经验，而应当在总结本国经验的基础上，并借鉴各国经验，比较各种计划—市场模式的得失，采取适合于我国情况的方案。应当说，在实践是检验真理唯一标准的观念日渐深入人心的情况下，我们现在已经有了进行这种研究和选择的条件，而且一定可以通过实践，探索出一套适合于我国情况的社会主义计划经济管理的新体制来，以适应实现四个现代化的需要。

三　关于利用市场作用的问题

在社会主义计划经济的条件下如何利用市场，是一个牵涉面很广的问题。这里只对几个有关发挥市场作用的关键性问题，谈一点看法。

（一）必须承认社会主义企业作为相对独立的商品生产者的地位，赋予企业应有的经营管理权限

利用市场，离不开市场舞台上出现的各个商品生产者的活动。社会主义市场的主体，除了集体所有制企业单位和个人消费者之外，主要是全民所有制企业单位。这些单位既向市场提供各种消费品和生产资料，又向市场购买各种生产资料和消费品。如果国家对这些企业限制得过多过死，使其处于无责无权地位，那么，所谓利用市场只不过是一句空话。所以，应该使企业能够以相对独立的商品生产者的身份在市场上开展自己的活动，扩大企业的自主权，凡是企业自己能办的事，尽可能让企业自己去办。

（二）管理经济必须充分运用经济方法，发挥同价值范畴有关的各种经济杠杆（如价格、成本、利润、工资、奖金、信贷、利息、税收等）的作用

在存在商品经济的条件下，计划的目标是不是符合实际，社会资源的分配是不是符合社会需要的比例，以及资源利用效果即费用同效用的比较，都要通过价值范畴来反映，通过经济杠杆来调节。只有利用价值范畴和经济杠杆，才能把企业的经营成果同企业集体和职工个人的物质利益联系起来，正确处理各方面的物质利益关系，促使企业从自身经济利益考虑，沿着国家计划规定的方向来安排自己的各项经济活动。这正是用经济办法管理经济的实质所在。如果不利用这些经济杠杆的作用，不注意企业集体和职工个人的物质利益，而单纯地用行政办法来管理经济，就谈不上利用市场，也不利于计划目标的实现。当然，我们提倡经济办法，并不否定行政办法，不能把两者割裂开来。要提高经济管理水平，必须把行政办法和经济办法有机地结合起来，这也是计划调节与市场调节相结合在管理方法这一侧面的表现。

(三) 必须使我们的价格反映价值规律的要求和客观实际的变化

经济生活在不断发展变化，影响各类产品价格的各种客观因素也在不断变化。如果人为地使价格长期固定不变，把价格相对稳定的方针变成长期冻结的方针，就势必使价格越来越脱离客观实际，从而违背了客观经济规律。过去，我们为了保持价格的固定不变花了极大的力气，付出了极大的代价。我们采取统购、派购和定量供应等办法来保证供求平衡，在过去曾起过积极作用，在今后一定时期内我们仍要利用这种办法，但这并不是社会主义计划经济必须永远采取的办法。实际上，有些社会主义国家并没有采用这些办法，有的在物资匮乏的时期采用过，后来都取消了。可见，这些办法同社会主义计划经济并没有必然的联系，而仅仅是对于某些有关国计民生的产品在生产不足、供不应求的情况下所采取的临时性措施。对于平衡供求来说，这些办法毕竟是一种治标的办法，如果长时期地、大范围地使用，就会造成一种恶性循环：什么东西实行了限价限额的收购和供应，什么东西的生产就由于缺乏必要的刺激而上不去，什么东西的供应也就愈加紧张，这又迫使我们不得不进一步扩大限价限额的收购和供应。现在，我们对许多重要的农产品和工业品还不可能立即取消这种限价限额的收购和供应办法，但必须认识这只是一种权宜措施。要从根本上解决供不应求的矛盾，做到各种产品的产需平衡和按比例地发展，就必须尊重价值规律，使产品的价格接近于价值，保持合理的比价关系，并使价格能够灵活地反映客观实际的变化。为此，就要允许企业和地方对产品的计划价格有一定程度的浮动之权；允许企业之间协商价格；实行统一价格、浮动价格、协议价格相结合的体制。当然，物价变动牵涉到千家万户，一定要十分谨慎。价格的变动和价格浮动幅度的规定都不能离开计划的指导。对于少数同广大群众生活有密切关系的主要消费品和对生产成本影响面大的重要生产资料，在一定时期内由国家统一定价，实行价格控制，是有必要的。

（四）要有一定程度的竞争

在社会主义计划经济条件下利用市场机制，就要容许有一定程度的竞争。例如，按照市场的需要进行生产和组织供销，按照投资效果的大小决定资金的投放，以及按照择优录用原则进行人员的安排等，实际上都离不开竞争。在社会主义制度下，各个企业以相对独立的商品生产者的身份在市场上相互对待，开展社会主义的竞争，这对提高劳动生产率、提高产品质量、改进花色品种、改善经营管理、降低各种消耗，比任何行政命令都更为有效。这种竞争使各个企业的经营成果得到市场的检验，使消费者对价廉物美、品种多样的商品需要得到满足，并促进整个社会生产力向前发展。如果说，争取更多的物质利益是企业生产发展的一种内在动力的话，那么，企业彼此之间的竞争就是企业生产发展的一种外在的压力。

综上所述，在社会主义计划经济条件下要发挥市场调节的作用，就必须扩大企业作为相对独立的商品生产者的权限，采用与价值规律和价值范畴有关的经济办法。在这当中，容许一定限度内的价格浮动和一定程度上的竞争，是必要的。运用得当，就能使市场调节有利于计划目标的实现，使各种社会资源得到合理的有效的使用，使各种社会需要得到应有的满足。

四　关于加强计划指导的问题

在国家计划的指导下，正确运用市场机制，能够使社会劳动（物化劳动和活劳动）按照社会需要的比例，得到合理的有效的利用，从这一点看，市场调节与计划调节两者作用的方向是一致的。但是，它们之间在客观上也存在着矛盾。忽视它们之间的一致性，会使我们不去积极利用市场；忽视它们之间的矛盾性，会使我们放松对市场的计划指导。

计划调节与市场调节之所以会发生矛盾，是由于社会主义经济中计划和市场的客观依据是不一样的。社会主义能够实行计划的客观依据，是生产资料公有制带来的人们之间物质利益上的一致；而市场关系存在的客观依据则是由于社会主义阶段还存在人们之间物质利益上的差别。这种客观依据上的不一样,使得计划和市场各自解决问题的角度也不一样。在一般情况下,国家计划的决策,往往侧重于从整体利益来考虑问题,而市场上一个个商品生产者和消费者的抉择,则往往侧重于考虑局部的和个人的利益。即使在社会主义公有制条件下,作为市场主体的一个个消费者根据自己的消费偏好所做的选择,以及一个个生产单位根据自己的利益所作的抉择,并不一定总是符合社会的总体利益的。由这些市场主体自由决策的结果,社会的人、财、物的分配和使用,不一定都是经济合理的,不一定都符合社会发展的总体要求。例如,在加速实现社会主义工业化和现代化的过程中,往往要求社会产业结构和生产力布局在短时期内有一个较大的改变,而如果任由一个个市场主体自由决策和行事,往往不能适应这种迅速改变产业结构和生产力布局的要求。可以设想,如果没有国家计划的协调,任由市场去调节,要实现产业结构的改变和生产力布局的合理化,特别是发展边远落后地区的经济,那将是非常缓慢和非常困难的。又如,在社会主义经济中,还存在着不同的生产单位非因主观努力,而因客观条件(如自然条件、市场销售条件、装备程度等)的不同所带来的收入上的差别。这种级差收入如果任凭市场去调节和分配,社会不加干预,就会不合理地扩大不同单位之间物质利益上的差别,违背社会主义的分配原则。还有一些从局部来看是有利的但从整体来看是不利的,或者从局部来看是不利的但从整体来看是有利的事情,都不能单纯让市场去调节,而必须强调社会的有计划调节。

这样看来,市场调节和计划调节的统一和矛盾,实际上反映着社会主义经济中局部利益、个人利益与整体利益的统一和矛盾。社会主义社会处理三者利益关系的原则是统筹兼顾、适当安排,在三者利益发生矛盾的时候,局部的、个人的利益要服从整体利益。因此,在三者利益的协调中,既需要市场机制的调节,也需要统一计划的指导,而在两者之间发生矛盾的时候,市场调节就必须服从计划调节。正是在这个意义上,我们在实行计划调节与市场调节相结合的国民经济管理体制中,要以计划调节为主,同时充分重视市场调节的辅助作用。

计划调节与市场调节的上述关系表明,尽管社会主义经济中存在着商品和市场关系，社会主义经济的本质特征毕竟是计划经济。有的同志以社会主义阶段还存在着商品和市场为理由，认为社会主义经济本质上是商品经济，还没有进入计划经济的阶段，否认社会主义经济的本质特征是计划经济。这种看法混淆了社会主义公有制条件下的商品和市场同资本主义私有制条件下的商品和市场的区别，实际上把它们看成是一样的东西，这在理论上是站不住脚的。同时，这种看法将导致削弱计划调节乃至取消计划经济，因而在实践上是有害的。另外，还有一些外国的评论家，把中国将要实行的计划与市场相结合的国民经济管理体制，说成是社会主义加资本主义的体制，叫做什么"市场社会主义"、"混合经济"等。这一类曲解，仍然没有跳出把社会主义市场同资本主义市场等同起来的老框框，同样是不值一驳的。中国人民在今后的经济管理体制的改革中，将坚定不移地走社会主义计划经济的道路，这是任何力量也阻挡不了的。

（与刘国光合作，原载《红旗》杂志 1979 年第 9 期）

社会主义计划经济和市场机制

一 国民经济的有计划发展是社会主义制度优越性的一个重要表现

社会主义经济是建立在生产资料公有制基础上的计划经济,是作为无政府状态的资本主义经济的对立物而产生的。经济的有计划发展是社会主义制度区别于资本主义制度的一个本质特征,也是社会主义制度优越性的一个重要表现。这样一种优越性,不仅是马克思主义创始人的科学预见,而且已为包括我国在内的一些社会主义国家的建设实践所证实,还必将为未来的实践所进一步证实。

然而,现实经济生活中却存在着许多非本质因素的干扰,而且社会主义计划经济本身还有一个发展过程。因此,要揭示社会主义计划经济的优越性,首先必须排除这些干扰因素,从本质上即从纯粹形态上进行考察;同时,还必须暂时避开社会主义计划经济发展中的不同模式,先从一般形态上加以考察。

那么,社会主义计划经济从本质上说究竟有什么样的优越性呢?

(一) 它能够在全社会范围内实现经济的有计划发展

我们知道,只要存在着社会分工,任何社会生产都存在着按一定比例分配社会劳动的客观要求。但在资本主义制度下,由于存在着生产的社会化和生产资料的资本主义私人占有之间的矛盾,这种按比例分配社会劳动的必要性是通过盲目的、自发的过程,即通过平衡的不断被破坏来实现的。正如马克思所指出的:资产阶级社会的症结正是在于,对生产自始就不存在有意识的社会调节。① 只有在生产资料公有制的社会主义条件下，才能实现有计划地分配社会劳动，经常地、自觉地保持国民经济的平衡。诚然，在社会主义计划经济的影响日益深入人心的情况下，现代资本主义国家也正在编制五花八门的"计划"。不仅各个垄断组织在加强它们的计划性，而且资本主义国家也在加强国家对经济生活的干预，并被美化为"有计划的资本主义"。但是，事实上，各个企业乃至垄断组织内部计划性的加强并不能改变整个社会生产的无政府状态；恰恰相反，由于各个垄断组织之间的竞争更为剧烈，各个垄断组织内部计划性的加强只能导致资本主义整个社会生产无计划性的加剧。至于资本主义国家对经济生活所进行的干预，也只能在一定范围内和一定程度上对资本主义生产起调节作用，不可能用统一的计划来调节整个社会生产。只有在社会主义公有制条件下，才能够在全社会范围内实现经济的有计划发展。社会主义计划经济的这种优越性，使得社会在实现共同目标方面具有巨大的能力。试想，如果不是社会主义计划经济的这种优越性，列宁和斯大林领导下的苏联能够在短期内实现工业化并集中全社会的力量在抗击法西斯侵略者的战争中取得如此巨大的胜利吗？如果不是社会主义计划经济的这种优越性，我国能够在50年代就打下了社会主义工业化的初步基础，并在此后一个不长的时期内，建立起独立的比较完整的国民经济体系吗？

（二）它能够克服私人资本主义经济所造成的种种浪费，从而获得更高的效率

众所周知，资本主义经济是一种存在着惊人浪费的经济。社会主义计划经济则能够克服这种浪费，这不仅是由于它消灭了剥削，从而结束了寄生性消费给社会带来的负担，而且是由于它为合理组织社会再生产，充分利用人力、物力、财力资源提供了客观可能性。在资本主义盲目竞争的条件下，资本家只注意对自身资本的节约，而不顾社会资源的浪费，往往对许多物质资源进行掠夺性的开采，对人力资源进行榨取性的使用。许多生产建设项目是通过私人资本之间的盲目竞争而启发形成的，根本不考虑从

---

① 马克思：《致路·库格曼（1868年7月11日）》，《马克思恩格斯选集》第4卷，第369页。

全社会来看经济上是否合理和需要。各个资本家集团为了争夺市场,广告充斥着社会的各个角落,大大超过了为消费者提供情报所必要的限度。这种为多余的广告所支付的费用(且不说有些广告的欺骗性),无论对社会来说还是对个别消费者来说,都是一种虚费。在社会主义计划经济条件下,则完全可以克服上述种种浪费,从而获得更高的效率。我国第一个五年计划时期以及其他一些年份的实践证明,在计划经济运转比较正常从而克服浪费卓有成效的情况下,社会主义完全可以做到在社会总产品和国民收入方面有较高的增长率,并在此基础上使积累和消费都有较快的增长,从而实现国家建设和人民生活共同高涨的目标。

(三) 它能够摆脱生产相对过剩的经济危机

在资本主义制度下,生产过剩的经济危机是不可避免的。自从1825年资本主义经济发生危机以来,特别是1929—1933年大危机以来,资产阶级经济学家费尽心机想使资本主义经济摆脱危机,但只要上述资本主义基本矛盾存在,生产的扩大和群众有支付能力需求之间的矛盾也就无法解决,从而生产过剩的经济危机也就无法摆脱。有人说,社会主义经济不是也经常出现生产不足的经济严重失调吗?有的经济学家不是还论证过供不应求是社会主义经济的客观规律吗?其实,社会主义计划经济就其本质来说既同生产过剩的经济危机没有必然联系,也同生产不足的经济严重失调没有不解之缘。相反,自觉地保持国民经济各部门的协调发展,保持物资、财政、信贷和外汇等各方面的综合平衡,才是社会主义计划经济的客观要求。社会主义公有制为自觉地保持经济的平衡发展提供了可能。

此外,社会主义计划经济的优越性还表现在其他许多方面,如在保证劳动就业方面以及在防止收入分配的过分悬殊方面,都是资本主义经济所无可比拟的,这里不再一一论述。

现在的问题,既然社会主义计划经济有这么多优越性,为什么在我国三十年来的经济建设中没有能够充分发挥出来呢?特别是在两次起落的"两落"中,为什么还会出现比较严重的比例失调和浪费现象呢?看来主要有以下两条原因:第一条是"左"倾错误的干扰,这对于我国三十年来经济的大起大落可以说起了决定性的作用;第二条是社会主义计划经济管理体制本身还不够成熟和完善，也就是说，我们原来实行的模式，还不够成熟和完善，至少从发展的眼光来看，还不是最优的模式。因此，要更好地发挥社会主义计划经济的优越性，除了防止和排除干扰以外，还必须完善经济管理体制，探索一个比较理想的计划经济模式。下面，我们就来探索如何在社会主义计划经济中恰如其分地利用市场机制，从而使社会主义计划经济运行得更加完善，使社会主义经济制度的优越性能更加充分地发挥出来。

二 含有市场机制的计划经济是历史的趋势

关于社会主义计划经济应该如何运行的问题，例如，经济的有计划发展是不是意味着一切经济活动都要由一个统一的中心来决策，是不是必然排斥市场机制的作用，是长期以来众说纷纭的问题。不过，实践的发展和理论的探索已越来越清楚表明，排斥市场机制的经济并不是社会主义计划经济的理想模式。若干社会主义国家都设法在计划经济的实践中利用市场机制，我国也正在国民经济的调整和改革中把计划和市场结合起来。国内外许多经济学家也正在探索含有市场机制的社会主义计划经济如何运行的问题。我们认为，这样一种计划经济尽管还有许多问题需要进一步研究和解决，但从原则上来说是正确的。这可以说是一种历史的经验，也是一种历史的趋势。

人们在实践中探索社会主义计划经济如何运行的问题，从十月革命算起，已有六十多年的历史，从第二次世界大战以后建立起来的一些社会主义国家的经验算起，也已有三十多年的历史。从历史的经验来看，人们对于社会主义阶段是不是存在商品货币关系或市场机制的问题，在认识上是一步一步地发展过来的。第一步：认为无产阶级革命一胜利就可以立即消灭商品货币关系。苏联军事共产主义时期经济关系普遍实物化的情况，是同认识上的这一步相适应的。第二步，承认无产阶级取得政权以后要经历一个过渡时期，而过渡时期的经济是以社会主义成分同非社会主义成分并存为特征的，在这种情况下，利用商品货币关系和市场机制是不可避免的。

苏联新经济政策时期和我国三大改造基本完成以前利用商品货币关系的情况是同认识上的这一步相适应的。然而，正因为仅仅把商品货币关系同非社会主义经济成分的存在联系起来，所以，苏联在20年代末30年代初实行农业集体化的过程中又出现了经济关系重新实物化的倾向。我国在三大改造基本完成以后，特别是在人民公社化的过程中，也出现过企图立即消灭商品货币关系的倾向。第三步：承认社会主义集体所有制经济是商品经济，并且由于集体所有制经济的存在，也就使得包括全民所有制经济在内的整个国民经济都需要利用商品货币来进行核算和分配。也就是说，只承认全民所有制经济内部存在着形式上的商品和货币，起一种计算的作用，而不承认其中存在着市场机制或价值规律的调节作用。斯大林时期苏联社会主义经济建设的长期实践和我国社会主义经济建设的长期实践，都是同认识上的这一步相适应的。第四步：认为商品货币关系不仅存在于社会主义集体所有制经济，而且也存在于社会主义全民所有制经济；不能把市场机制的作用排除在社会主义经济的最重要部分——全民所有制经济之外，并且必须以其内在的原因来解释。斯大林去世以后东欧有的社会主义国家的经济改革以及我国正在准备和着手的经济改革，是同认识上的这一步相适应的。

如果上述分析可取的话，那么，在做进一步分析时，上述四步认识的前两步似乎可以舍去，因为，无论从理论上还是从实践上看，最困难的是从第三步迈到第四步。众所周知，即使到了第三步，似乎把商品货币关系同社会主义公有制联系起来了，但由于只同社会主义集体所有制经济联系起来，对全民所有制经济来说，商品货币关系不仅是由外部原因引起的，而且是徒具形式的外壳或工具，仍然不是内在的经济机制；这种情况反过来又影响集体所有制经济的商品性质，由于在全民所有制经济内部用惯了命令和调拨的办法，往往对集体所有制经济也摆脱不了"一平二调"的做法，直到承认了全民所有制内部也存在着市场机制、承认了国营企业作为相对独立的商品生产者的地位以后，才比较彻底地承认了集体所有制经济的自主权。

按照上述第三步认识所建立起来的社会主义计划经济，从根本上来说，仍然是一种排斥或缺乏市场机制的经济，我们不妨称它为传统的社会主义计划经济模式，或斯大林领导时期的苏联模式。这样一种模式在运行上所存在的弊病，已被越来越多的人所认识。例如，在经济活动的决策方面，存在着过于集中的倾向，错综复杂的、不同层次的经济活动不能分别由各个经济活动的主体各自来决策，而由一个统一的中心来包揽，这种决策上的单层化往往成为产生官僚主义和主观主义的重要原因。在管理方法方面，主要采用行政手段自上而下地发布命令，而不考虑或很少考虑通过经济手段、发挥经济利益的动力作用来实现预期的计划目标。在国民经济各部分的联系方面，纵的联系占优势，横的联系仅仅起补充的作用，各企业、各地区和各部门存在着自给自足的倾向，阻碍专业化和协作的发展。在经济计算和资源分配方面，实物形式占优势，货币仅仅是计算的工具，货币所表示出来的数值，如价格的高低，不构成选择的基础。由此看来，即使是按照上述第三步认识所建立起来的社会主义计划经济，仍然没有划清社会主义计划经济同自然经济的界限。如前所述，如果把这种情况放到人类社会主义经济实践的长河中去考察，那么，这可以说是社会主义发展早期阶段的一种幼稚性或不成熟性的表现。

至于为什么社会主义发展早期的计划经济存在上述种种弊病，人们可以寻找出各种各样的原因。在这里不准备逐一分析这些原因，不过，举出以下两条原因看来对总结历史经验是有好处的。

第一，这种情况显然是同社会主义首先在一些生产力水平比较低的国家取得胜利的历史条件分不开的。无论是旧俄时代还是旧中国，都是小生产占优势的国家，生产上的自给自足倾向，经济联系上的实物形式，上下级之间单纯的行政命令，所有这些反映自然经济特征的东西，都有着深厚的历史传统。在这样的情况下从事社会主义经济建设，就使得社会主义早期阶段的计划经济带有一定程度的自然经济的烙印或色彩。尽管早在20年代初列宁就提出了警告：我们决不受莫名其妙地轻视商业的"感情的社会主义"或旧俄国式、半贵族式、半农民式、宗法式的情绪的支配[①]，但是，后来情况的发展表明，要摆脱这种历史传统并不是一件轻而易举的事情。斯大林领导下所建立起来的社会主义计划经济模式无疑起了重要的历史作

---

① 列宁：《论黄金在目前和在社会主义完全胜利后的作用》，《列宁选集》第4卷，第580页。

用,但从历史的局限性这一面来看,它仍然没有完全摆脱"旧俄国式"的轻商思想的影响。至于我国,除了仿效斯大林领导时期的模式以外,可以说还加上了一层"旧中国式"的轻商思想的影响,这种影响在 1958 年和 1975 年两次否定社会主义商品生产的浪潮中表现得最为突出。

第二,这种情况还同一些国家建设社会主义的具体环境有一定联系。我们知道,苏联 30 年代的社会主义建设是在帝国主义的军事包围和战争威胁的情况下进行的。这种客观形势迫使当时苏联的经济体制适应军事上的特殊需要,从而成为在经济管理中强调行政命令的作用、忽视市场的作用的原因之一。正因为如此,有的经济学家把斯大林领导下所建立起来的经济体制称为准战时经济体制。至于我国,不仅在新中国成立以前就有革命根据地时期形成的军事共产主义经济的传统,而且在 50 年代末 60 年代初以后的一个长时期内,在相对孤立的国际环境下,经济体制一直受这种传统的影响。人们往往还把按照当时某种特殊需要所形成的某些做法当作一般作法,例如,把动员的方法视为最有效的办法而用作管理国民经济的主要方法,把经济关系实物化倾向视为常态而加以固定化,这就进一步加深了把计划经济同实物经济混同起来的误解。

从总结上述历史经验中,我们似乎已经可以得出这样一个总的看法:人们对社会主义计划经济如何运行的问题确实有一个逐步探索的过程,在这个过程中,不仅要逐步摆脱旧的历史传统和其他特殊情况的影响,而且要按照实践是检验真理唯一标准的原则不断地创新。正因为如此,发挥社会主义计划经济的优越性是一个过程。同时,历史的经验也表明,社会主义计划经济的优越性并不是表现在对市场机制的绝对排斥上,而是表现在对市场机制的有计划的恰如其分的利用上。如果不划清社会主义计划经济和自然经济的界限,认为社会主义计划经济是注定同市场机制不相容的,那就不可能充分发挥社会主义经济制度的巨大优越性,促进经济的有效运行和迅速发展。因此,要做到有力地维护和充分地发挥社会主义计划经济制度的优越性,我们就必须把立足点放在含有市场机制的社会主义计划经济上。

关于如何维护和发挥社会主义计划经济的优越性问题,简单地考察一下西方经济学界的一场论战也是有一定参考价值的。二三十年代,西方一些反社会主义的经济学家利用当时社会主义计划经济理论中的一些自然经济倾向和苏联经济实践中的实物化倾向,把社会主义公有制经济等同于自然经济,从而以批判自然经济在组织生产上的无效能来攻击社会主义计划经济,妄图否定社会主义的生存权利。而一些拥护社会主义的经济学家则认为,社会主义的公有制和经济的计划化是应该坚持的,但必须利用市场机制的某些积极职能。他们认为在社会主义公有制条件下把计划化和市场机制结合起来,能够达到最合理的资源分配和最适度的生产规模,使消费者获得最大的满足,这样一种社会主义经济比资本主义经济要来得优越。尽管这些经济学家当时并未从事社会主义计划经济的实践,而且他们提出的某些论点的科学性上也有待于鉴别,但这场论战至少对我们有这样一点启发,即不划清社会主义计划经济同自然经济的界限,不但不能有力地维护社会主义经济制度的优越性,反而会给一切社会主义的反对派以可乘之机。

三 社会主义经济的灵活运行

长期以来,有些人总是习惯于把社会主义计划经济同刻板乃至僵化联系起来,似乎社会主义天生就应该是如此的。其实。社会主义计划经济之所以给人们以这样一种印象,主要是由于排斥市场机制的结果,是没有划清社会主义计划经济同自然经济界限的结果,并不是注定非如此不可的。

如前所说,要是社会主义经济是一种含有市场机制的计划经济,特别是让市场机制进入①全民所有制经济这个神圣的园地,那么,社会主义计划经济是能够做到灵活而富有效率地运行的。

这种含有市场机制的社会主义计划经济的灵活性究竟表现在哪些方面呢?这是一个涉及面很广的问题,这里只举出几个主要方面作一概述。

(一) 企业的经济活动方面

利用市场机制离不开市场上出现的各个商品生产者的活动,在全民所

---

① 这里所说的"进入"和其他地方所说的"引入",均不具有人为地将从外面强加给经济过程的意思,而是针对排斥市场机制的做法,按照经济观必然性对市场机制加以利用的意思。

有制内部，首先离不开各个企业的活动。因此，利用市场机制就意味着企业具有相对独立的商品生产者的地位，并以这样的地位或身份在市场上展开自己的活动，这可以说是全民所有制经济中利用市场机制的关键性问题。企业有了这样的地位，就使得自己的经济活动具有相当的灵活性和主动性。例如，企业生产什么和生产多少一般地说不由国家下达的强制性指标或指令性指标来规定，而是在国家计划总的指导下，由企业根据市场需要和自身利益来确定。与此相应，企业所生产出来的产品的销售，企业进行生产所需要的生产资料的供应，原则上不再由商业部门或物资部门统购包销和调拨分配，无论是消费资料的流通还是生产资料的流通，都通过市场买卖。这样，在产供销关系上，就有利于实现以销定产、按产定供和产需结合。在财力资源的安排和使用方面，那种由国家统收统支的供给制办法则为企业财务自理和自负盈亏所代替，国家的资金由企业无偿占用的办法则为有偿占用所代替，企业对自己的财务收入有了更大的支配权，也承担了更大的责任，有利于充分利用资金和提高资金的使用效果。在人力资源的安排和使用上，也不再由国家包揽和单纯按行政办法进行分配，企业在国家计划的指导下，有权根据择优录用的原则招收合乎需要的职工，也有权将多余的人员调剂给需要的单位，或组织培训，进行适当安排。

当然，根据我国的实际情况，实现上述要求需要有一个过程，绝不能一蹴而就。就以人力资源的分配和使用方面利用市场机制来说，反对改革的习惯势力还存在，利用市场机制的具体方式也有待于进一步探求，不是很短时间就能做得很好的，但这无疑是改变劳动就业方面的"统包统配"制度或"铁饭碗"制度的必由之路。目前正在提倡和试行的招聘制度，实际上是在朝着这一方向走。

（二）个人的经济活动方面

在社会主义计划经济中引入市场机制，还扩大了个人经济活动的自由。这表现在两个方面，一是在既定的收入范围内，个人有更多的选择消费品和劳务项目的自由；二是在服从社会总的需要的前提下，个人有一定程度的选择工作岗位的自由。长期以来，人们往往把个人经济活动方面排斥市场机制的一些做法，例如，消费品的实物配给或定量供应的办法和就业岗位完全由上级按行政命令进行分配的办法,看作是社会主义计划经济的本质或优越性的表现,其实,这完全是一种误解。

就以消费品的配给制来说,这本来是在供不应求的情况下所采取的一种临时性措施,是任何社会制度在遇到战争或其他特殊原因造成严重供不应求的情况下都可以采取的措施。这种措施固然会给人民的生活以基本的保证,但同时也会带来许多不便。因为,即使在既定的收入范围内,消费者的需要和爱好也是千差万别的。有的人宁愿放弃配给他的缝纫机而多得一辆自行车;有的母亲会放弃配给她的肉而多换一份牛奶给她的孩子。显然,这种千差万别的需要靠配给制的办法是无法满足的。但是,无论先苏联的经济学文献还是我国的经济学文献,都曾经把这种经济关系实物化的倾向当作社会主义经济计划化加强的表现,把这种应该逐步加以摆脱的临时性措施当作战略方向来加以肯定和提倡。值得高兴的是,这种误解近年来在我国已经在很大程度上得到了消除。

至于个人选择职业的一定程度的自由,同上述用人单位按照择优录用的原则进行挑选,可以说是一个问题的两个方面。因此,这样一种自由是打破人力资源分配方面的"统包统配"制度所必不可少的,只有有了这样一种自由,才能克服"统包统配"制度所带来的许多弊病,调动人们的积极性,实现人尽其才,提高经济活动的效果。而且,这样一种自由还是克服平均主义、实现按劳分配原则的必要前提。我们难以想象,在人力资源的调配和使用完全依靠行政手段而同工资、奖金的高低没有联系的情况下,能够比较准确地贯彻按劳分配的原则。事实证明,离开同择优录用的择业自由相联系的劳动报酬上的变化,即使按单位、按统一的百分比进行定期的工资调整,职工之间劳动报酬的差别也很难准确地、及时地反映劳动贡献的差别。

(三) 社会经济联系方面

社会主义经济是建立在社会化大生产基础上的,企业之间、地区之间、部门之间都存在着广泛的分工协作关系。在社会主义条件下,这种分工协作关系不能不是一种商品关系,不能不通过市场来进行。但是,在排斥或缺乏市场机制的社会主义计划经济中,这种分工协作的经济联系受到了压抑，各企业、各部门和各地区都存在着自给自足的倾向。企业结构上的"大而全"、"小而全"情况已为人所共知。实际上，不仅各企业如此，各地区和各部门也往往是如此。正如有的同志所说的，按条条管，就是按条条建立各个封闭式的自然经济体系；按块块管，就是按块块建立封闭式的自然经济体系。两个不同的部所属的企业，即使近在毗邻，也很难建立分工协作关系；相邻的省、地、县，不顾自己的条件如何，都要建立自己的一套完整的经济体系。在社会主义计划经济中利用市场机制，就是要打破这种互相封锁、自我封闭的状态，通过发展广泛的分工协作关系来把国民经济搞活，促进生产的发展。我们所说的发挥优势，扬长避短，实际上就是要使各企业、各地区和各部门在通过市场建立和发展起来的分工协作体系中发挥各自的长处，避开各自的短处，从而使整个国民经济都能得到生动活泼的、高效率的发展。

当然，克服自给自足的倾向并不是轻而易举的事情，有时还会遇到各种各样的曲折。例如，有的地方以发挥优势为名，进行新的地区封锁和部门分割，以小（企业）挤大（企业），等等，实际上这恰恰是违背发展社会分工和发挥优势的原则的。这也说明，我们必须通过保护竞争，才能打破各种封锁，发展广泛的分工协作关系，使各地区和各部门之间建立起比较合理的分工协作关系。

（四）在价格体系方面

在计划经济中利用市场机制，离不开一个比较灵活的价格体系。如果把价格的相对稳定理解为绝对冻结，那么价格就不可能成为一种市场机制，充其量只能成为一种计算的工具。要使价格真正成为一种市场机制，就必须使价格反映价值规律的要求和客观情况的变化，使它具有一定的灵活性。例如，各类产品的价格必须反映各类产品劳动生产率和价值的变化情况，才能使各类产品的比价关系比较合理，从而有利于企业的经济核算和国民经济各部门的协调发展。同时，价格还必须灵活地反映供求关系的变化情况。尽管计划价格不能完全随行就市，依供求情况的变化而随时变动，但完全不考虑供求状况的冻结物价只能是一种短期的措施，把这种短期措施长期地固定下来，也不利于从根本上改善经营管理和发展生产。为了使价格体系具有一定的灵活性，还必须采用多种价格形式。例如，我国正在考虑试行三种价格形式即统一价格、浮动价格和协议价格相结合的价格体制，这无疑是一种有益的尝试。

四 社会主义经济的自觉调节

前面我们讨论的重点是社会主义计划经济的灵活运行问题，是要划清计划化同刻板化、僵化的界限。但是，这仅仅是问题的一个侧面；问题的另一个侧面是，社会主义计划经济同时是有控制地运行的经济，也就是说，还必须划清灵活性同盲目性、自发性的界限。只有划清后一界限，才能克服把市场机制同自发性、盲目性和无政府状态等同起来的传统观念，才能比较全面地揭示含有市场机制的社会主义计划经济的优越性。

这样一种经济为什么不是自发地、盲目地运行的呢？从根本上来说，是由社会主义公有制决定的，具体来说，可以从以下几个方面来进行考察。

（一）从决策的角度来看

如前所述，在社会主义计划经济中引入市场机制，就意味着变单一的集中决策为分层决策，即不同层次的经济活动要由经济活动的各个主体分别决策，例如，把市场机制引入企业的经济活动，就意味着企业对自己日常的经济活动有了相对独立的决策权，企业可以根据来自市场的信息自行决定生产什么、生产多少，并自行选择供货来源和销售方向。把市场机制引入个人的经济活动，就意味着个人对自己的经济活动有了相对独立的决策权，个人可以根据来自市场的信息选择购买什么样的消费品和做什么样的工作。那么，在这种分层决策的情况下，是不是意味着国家或社会就失去了对整个经济生活的控制，从而整个经济就陷入了盲目发展的境地呢？不是。在社会主义公有制条件下，必然存在一定范围的集中决策，例如涉及国民经济发展的战略性问题（如国民经济的增长速度、国民收入在积累和消费之间的分配、投资基金在国民经济各部门之间的分配等问题）的宏观经济活动，就是必须由中央来决策的。在这种情况下，企业日常性经济活动和个人经济活动决策的分散化，并不会导致经济发展的盲目性，并不会使国家对企业和个人的经济活动失去控制。就企业的经济活动来说，日常的产供销活动由企业自己来做主，虽然给企业以一定程度的自由，但这种自由并不是无限的。因为，宏观经济活动由中央来决策，就给企业的活动范围规定了一个总的轮廓，在重大投资的规模和方向、积累和消费的比例有了一个总的规定的情况下，企业只能在这个范围内进行自由活动。就个人选择职业来说，虽然有了一定程度的自由，但国家仍然可以通过宏观经济活动的集中决策来进行总的控制。例如，国家通过投资决策，就会影响各个不同部门所能提供的就业岗位，个人只能在这个范围内进行自由选择；又如，国家通过教育计划，就会从总体上把握个人所能从事的工作的种类，也就是说，个人能够从事什么样的工作，实际上是要受国家教育计划的控制的。具有远见卓识的计划工作者绝不是用单纯的行政命令去死死地规定每个人的具体的工作岗位，而是从总体上去把握劳动力供给与需求的平衡。可见，要使一个社会经济体系有秩序地运行，关键不在于对微观经济活动的细枝末节作种种强制性的规定，而在于对宏观经济活动作出真正有科学根据的战略决策，使这种决策对微观经济活动真正具有指导的意义。如果对宏观经济活动的战略性问题缺乏一个比较清晰的图景，而忙于对付微观经济活动中千变万化的种种问题；如果没有一个切实可行的中、长期计划，而忙于"一年计划、计划一年"，那是一种舍本逐末的做法。因此，在计划经济中引入市场机制从而实行分层决策的结果，绝不是削弱了计划经济，而是使计划经济运转得更加完善。这样做，能够使国家计划从一些烦琐的细节中摆脱出来，既能发挥下面的积极性，又能使中央多考虑大的和长远的事情，绝不是削弱了计划，而是加强了计划。

（二）从竞争的角度来看

利用市场机制就意味着有竞争，这已是无可否认的事实，即使以扩大"社会主义竞赛"含义的办法来拒绝使用"社会主义竞争"这一概念也只能陷入语义上的争论，并不能改变事情的本质。社会主义竞争在推动改善经营管理、提高产品质量、降低产品成本、采用先进技术、克服"吃大锅饭"等方面的积极作用，也已经成为有目共睹的事实，不管人们喜欢不喜欢，它客观上在推动着生产力的发展。问题的焦点和难点就在于揭示社会主义竞争如何不至于像资本主义竞争那样，成为一种盲目的和自发的力量。

社会主义竞争是建立在生产资料公有制基础上的，是在计划指导下的有限度的竞争，它所要解决的是人民内部先进和落后的矛盾，即要通过竞争来鼓励先进、鞭策落后，而不像资本主义竞争那样，实行"大鱼吃小鱼、小鱼吃虾米"的原则。社会主义竞争因有以下特点不至于成为一种盲目的和自发的力量：

第一，这是一种有淘汰而没有破产的竞争。有竞争就有淘汰；而只有淘汰，才能按照赏罚分明的原则，鼓励先进，鞭策落后。但这种淘汰绝不像资本主义企业间的竞争所造成的"倒闭"和"破产"那样，迫使被淘汰者去跳楼自尽或流落街头。诚然，被淘汰企业的有关失职人员必须承担责任，但国家仍然要给以生活上的保证。也就是说，这种淘汰是要克服"吃大锅饭"和"打消耗战"，而不是要使一部分人没有饭吃和没有工作做。例如，在国民经济的调整时期，要集中力量解决一批企业的关、停、并、转的问题，才有利于以后国民经济的发展。即使在国民经济比较正常发展的情况下，也会有这样的问题，只不过不像调整时期那么突出罢了。在社会主义制度下，这种表现为关、停、并、转的淘汰是国民经济有计划发展所必需的，又是借助于竞争机制来实现的。显然有限度的竞争在这里成为人们实现国民经济有计划、按比例发展的手段，而不是一种自发的力量。

第二，这是一种有波动而没有危机的竞争。企业在竞争的条件下根据市场信息来安排自己的产供销活动，必然产生这样一种情况，即有的东西时而生产得多了一点，有的东西时而又生产得少了一点，也就是说，供求关系并不是处于绝对均衡的状态之下。我们认为，这样一种适度的波动不但不是一种自发的、可怕的东西，而是使生产调整到满足需要的过程中所必不可少的东西。问题不在于排斥这样一种波动，而在于利用这样一种波动，进行及时的调整，以保证经济的有计划发展。我们决不能要求社会主义计划经济使供求关系处于一种绝对的均衡状态。事实上，要求绝对均衡，带来的往往是失去均衡，那种边生产、边积压、边供不应求的状态，似乎既没有竞争，也没有波动，但并没有给社会主义计划经济带来什么好处。当然，由于社会主义竞争是在计划指导下进行的，这样一种波动必然要控制在一定的限度之内，不至于像资本主义那样发生生产相对过剩的经济危机。

第三，这是一种有劳动力的一定流动而没有产业后备军的竞争。在竞争中有企业的淘汰，再加上劳动力资源分配上实行择优录用和容许一定程度的自由择业，就会发生劳动力在企业间、地区间和部门间的流动问题。有的同志认为，既然就业是企业和个人双方选择的结果，有一部分劳动者暂时处于生产过程之外是自然而然的事情，这种现象可以称为结构性待业，并应该使之成为社会主义计划经济的调节器之一。我们认为，如果含有市场机制的社会主义计划经济确实应该存在着结构性待业的话，那么，必须在质的方面和量的方面都有其规定性。就质的方面来说，它根本不同于资本主义的产业后备军，即不应该使一部分工人的没有工作成为另一部分工人的过度工作和备受剥削的条件。就量的方面来说，它应该保持在劳动力流动所必要的范围之内，特别不应该以结构性待业存在的必要来为诸如林彪、"四人帮"的破坏而造成的灾难性后果作辩护。

（三）从调节的角度来看

上面我们谈到了社会经济活动的分层决策问题。我们知道，由不同层次的经济活动所构成的整个社会经济生活是一个有机的整体。因此，必须在分层决策的情况下保证各个层次的经济活动的密切配合和联系。而在利用市场机制的社会主义计划经济中，这种联系一般又不能采取强制性的手段，必须采取一系列的调节手段。在宏观经济活动由国家集中决策的情况下，不仅如上所述会对企业和个人的经济活动发生总的影响和控制，而且国家还可以通过一系列调节手段对这些活动发生具体的影响和控制。国家通过价格、税收、信贷等调节手段，可以影响和控制企业的经济活动，例如，对于需要限制生产的产品降低价格，需要鼓励生产的产品提高价格；对于需要限制生产的产品增加税收，需要鼓励生产的产品减免税收；对于需要发展的企业降低利率、多给贷款，需要限制的企业提高利率、少给或不给贷款；等等。至于国家通过价格和工资等调节手段，会影响个人对消费品的选择和就业岗位的选择，那更是显而易见的事情。

这样一些调节手段的利用，尽管都是同价值范畴分不开的，但不能认为这仅仅是一种市场调节而同统一计划无关。在含有市场机制的社会主义计划经济中，计划规律和价值规律的作用是交织在一起的，运用这些调节手段不仅反映了价值规律的要求，而且反映了计划规律的要求，像价格、税收、信贷这样一些调节手段，都不是个别企业所能左右和操纵的，也不是盲目、自发地形成，而是在计划指导下形成的，可以说，这些调节手段的运用，是在宏观经济活动和微观经济活动的联结上体现了计划指导下对市场机制的运用。实际上无论哪一个层次的经济活动，都离不开市场机制的作用，又离不开国家计划的指导。在被认为市场机制作用特别大的微观经济活动领域，实际上不能离开计划发展的轨道；在被认为计划作用特别大的宏观经济活动领域，实际上也不能离开市场上所反映出来的各种偏好；至于联结宏观经济活动和微观经济活动的调节手段，则更明显地反映了计划指导和市场机制的融为一体。因此，不能认为运用价格等调节手段就意味着使社会经济生活陷入了盲目调节的境地。盲目调节是以私有制为基础的没有控制的经济的特征。在社会主义公有制的基础上，在国家对宏观经济活动有了总的控制的前提下运用这些调节手段，是以总的社会偏好和长期的社会经济合理性为出发点的，其目的是要使微观经济活动尽可能地适应宏观经济活动决策的要求，这同生产资料私有制和宏观经济活动决策分散化的情况下运用类似的调节手段在性质上是不一样的。当然这可以说是一种间接调节。这种间接调节，是计划指导下的市场调节的一种具体表现，因此，它不同于自发经济中的事后调节，而是事先调节的一种灵活的形式，或者是事先调节的补充。

当然，国家还可以通过有组织的协调来加强大量微观经济活动彼此之间的配合和宏观经济活动与微观经济活动之间的衔接；通过经济政策指导经济活动，通过经济立法保证经济活动的顺利进行。不过，这样一些行政手段的运用都是同上述经济手段密不可分的。

以上我们从几个不同的角度考察了利用市场机制的社会主义计划经济为什么不是一种盲目运行的经济。如果反过来对问题作进一步的考察，我们还可以提出这样的问题，即在完全排斥市场机制的情况下是不是能够消除经济生活中的自发因素呢？社会主义各国的历史经验证明，在经济关系普遍实物化、市场机制严重地受到人为限制的情况下，例如在生产资料和消费品借助于行政手段普遍实行配给制的场合，往往伴随着出现投机倒把和黑市交易等情况，在按实物进行分配这一流通渠道之外，自发地形成一个"地下"的流通渠道，这表明，自发因素倒是刻板化和僵化的必然伴侣。前些年，我们指出了国民经济中存在着半计划、半无政府状态。这种半无政府状态，当然是同林彪、"四人帮"的干扰破坏分不开的。然而，许多事情往往不是由单一的因素造成的，如果除去上述干扰破坏的因素之外，进一步就经济体制本身而言，那么应该说，某种程度的无政府状态，正是把计划化搞成僵化、什么都想统又不可能都统起来的结果。从这一意义上说，只有恰如其分地利用市场机制，把计划经济中的原则性和灵活性很好地结合起来，才能避免刻板性和自发性两极共生的现象。

计划和市场之间这种内在结合的关系，在理论的理解上和实际的应用上都有较大的难度。但是，只有真正攻下这一难关，才能使含有市场机制的社会主义计划经济既是灵活运行的经济，又不是自发发展的经济。从这一点来说，社会主义计划经济的优越性的发挥程度如何，要以计划和市场的内在结合的程度为转移。

五　计划、市场与经济利益

究竟计划和市场仅仅是组织和管理经济的工具，同时也是经济利益关系的反映呢？这是一个尚未充分进行讨论的问题，也是往往被人们所忽视的问题。然而，在实际上，确实有不少人自觉地或不自觉地把计划和市场仅仅看作是组织和管理经济的工具。

例如，有的人说，无论是计划也好，还是市场也好，都是组织管理经济的一种工具或手段，资本主义和社会主义都可以加以利用，而且事实上目前资本主义国家正在日益增多地利用计划，社会主义国家则正在日益增多地利用市场，因此，从利用计划和市场这一点上看不出社会主义和资本主义有什么区别。

又如，有的人从上述前提出发，对于社会主义制度下要不要利用市场的问题单纯地归结为技术问题。其中，有的人从技术上去论证社会主义非利用市场不可。他们说，社会产品有几万种、几十万种，如按不同规格花色计算那就为数更多，要把这些产品的生产、分配和流通都纳入计划中去，而且调节得更好,那是不可能的,因此,有必要以市场调节来补充计划调节的不足。有的人则从技术上去论证社会主义完全可以不要市场。他们说,经济生活中产销脱节等问题都是因为计划的失算带来的,同排斥市场机制无关,因此,关键在于加强调查研究,增强计划的可靠性,而不必进行什么市场调节。在外国经济学界也有类似的看法,如有的经济学家认为,由于现代电子计算技术的发展,已有可能通过一个发达的电子计算机网来收集和加工经济资料,保证集中计划的可能性;这种建立在完备的信息技术基础上的集中计划既可以防止因经济资料的不足或加工上的不及时而带来的官僚主义和主观主义,又可以避免利用市场所带来的麻烦。

上述种种看法虽然各有差异,甚至具有完全不同的结论,但都有一个共同的缺陷,就是只看到了计划和市场的纯技术方面,而没有看到它们是经济利益关系的反映。我们认为,计划和市场都具有两重性质。作为组织管理经济的工具,它们无论在社会主义制度下还是在资本主义制度下都能够被利用——尽管利用的程度和情况大不一样;但作为生产关系或经济利益关系的反映,它们在社会主义制度下和资本主义制度下都具有根本不同的性质。

在资本主义制度下,市场反映了一个个彼此截然分离的私人商品生产者之间的经济利益关系。社会范围内的某种程度的"计划"虽然能够在一定程度上缓和各个私人商品生产者之间的矛盾,但不能从根本上消除他们之间经济利益上的冲突。特别是由于劳动力转化为商品,资本家和雇佣工人之间利益上的对抗是不可能消除的。诚然,西方一些资本主义国家,特别是在第二次世界大战以后,确实加强了对资本主义市场经济的干预,一些资产阶级经济学家还把这种国家干预叫做"经济计划化",并称这种市场调节和国家干预的经济为"混合经济"。但是,这些国家干预或"计划",从根本上来说都是服从于私人资本的利益的,可以说这是在资本主义基本矛盾尖锐和经济危机加深的情况下所采取的一种缓和措施,不能改变私人资本主义市场经济的根本性质。例如,在资本主义市场经济运转失灵、经济衰退、失业增加的情况下,国家通过赤字预算、直接投资等办法来保证经济的继续运行,是要从根本上维护资本主义的剥削制度,保证资本家对工人的继续剥削;在某些行业和部门(如农业)失利的情况下,国家通过价格、税收、信贷等政策来加以保护和支持，是为了协调各资本家集团之间的经济利益关系；在劳工运动强大的情况下，资本主义国家采用一系列福利措施，是为了缓和工人阶级和资产阶级之间利益上的冲突；等等。但是，这些干预或"计划"，都只能缓和资本主义市场经济的矛盾，而不能在这种经济制度内根本解决这些矛盾。资本主义市场经济的本质是要维护私人资本的利益，在那里，社会整体利益被视为私人利益的简单加总，不存在私人利益服从整体利益的问题；不管采取多少"计划"措施，资本主义市场经济在运行上不可能完全摆脱"看不见的手"的调节，在经济利益关系上则不可能实现社会的共同目标。

在社会主义制度下，生产资料的公有制使得人们之间的经济利益在根本上是一致的，这是社会主义经济能够实行计划的客观依据。然而，由于社会主义阶段人们劳动性质的特点，还使得人们之间必须保持经济利益上的差别，这是社会主义公有制经济中还存在着市场的直接原因。从经济利益关系的角度来看，社会主义经济中计划和市场的关系，正是人们之间经济利益关系的一致性和差别性的反映。因此，在社会主义计划经济中恰如其分地利用市场机制，或者说处理好计划和市场的关系正是要根据社会主义经济的这种客观必然性，协调好人们之间的经济利益关系。

社会主义经济中人们之间经济利益关系的一致性和差别性集中表现在国家（整体）、集体（局部）和个人之间的经济利益关系上。一般情况下，国家计划的决策，往往侧重于考虑整体的利益，而市场上一个个商品生产者和消费者的决策，则往往侧重于考虑局部的和个人的利益。因此，在社会主义计划经济中利用市场机制，不仅是社会主义经济有机体的灵活运转所必需的，而且也是保持社会主义经济中人们之间经济利益的差别，特别是保障企业和个人经济利益上的特殊性所必需的，尽管现代电子计算技术在收集和加工经济资料方面显示了非凡的能力，我们必须充分地利用这种技术来改进计划工作，加强计划工作的准确性和及时性，但是我们不同意那种认为发达的电子计算技术可以完全代替市场机制的观点。事实上，单一的集中决策的缺陷不仅是在收集和加工经济资料方面的困难，而且是在协调经济利益关系方面的无能。即使电子计算技术的发展能够逐步解决上述技术上的困难，但在协调经济利益关系方面，却仍然离不开市场机制和分层决策。我们不能想象，如果不给企业和个人根据市场信息对自己的经济活动进行决策的任何权力，就能够确保他们的经济利益和协调彼此之间的经济利益关系。

当然，我们指出利用市场机制和分层决策来保障企业和个人在经济利益上的差别或特殊性的必要，并不是要使局部的、个人的利益离开整体利益或摆在整体利益之上。在社会主义经济中，整体利益不是个人利益、局部利益的简单加总，存在着个人利益、局部利益服从整体利益的问题。这也就是说，我们在实行含有市场机制的社会主义计划经济体制中，必须保证统一计划的指导。与此相联系，在社会主义全民所有制经济中，不管企业的独立自主权扩大到什么程度，其独立性都是相对的。我们在强调企业具有自己独特的经济利益的同时，又强调企业的利益必须服从国家的或社会的利益，即国家或社会的整体利益是第一位的，企业的局部利益是第二位的。这表明，我们的扩大企业自主权，同资本主义的自由企业制度是有根本区别的。

当然，在社会主义经济中，要通过处理好计划和市场的关系来协调好人们之间的经济利益关系，并不是一件容易的事情。但我们无疑应该朝着这一方向进行探索。举例来说，竞争的限度如何掌握的问题，就是一个涉及经济利益关系如何协调的综合性问题，有待我们进行具体的研究。如前所述，在社会主义条件下，只要有市场机制，就会有竞争；只要有竞争，就会有淘汰。而从经济利益的角度来看，竞争和淘汰的实质就在于承认参与竞争者（企业和个人）之间经济利益上的差别。克服优劣不分、赏罚不明的"大锅饭"和"捧铁饭碗"的状态。只有这样，才能调动企业和个人的积极性，保证微观经济效率的提高。然而，社会主义必须保障竞争中被淘汰者必不可少的经济利益。只有这样，才能调动全体社会成员的积极性，保证宏观经济效率的提高。这种必不可少的经济利益的保障以及竞争中企业之间、个人之间经济利益差距的掌握，显然又离不开国家计划的指导，要服从于社会的整体利益。也就是说，竞争是有限度的。前面我们说过，为了打破封锁和垄断，必须保护竞争；但是为了协调各方面的经济利益关系，又必须使竞争有一定的限度。因此，应该探索一种适度的（最优程度的）竞争，利益的最优结合，有利于宏观效率和微观效率的统一以及效率与平等的统一。

总之,在社会主义计划经济中,协调人们之间的经济利益关系是离不开市场机制的,只有恰如其分地(适度地)利用包括竞争机制在内的市场机制,才能使各方面的经济利益关系达到一种最优的结合状态。

以上,我们从一般的意义上分析了社会主义计划经济的优越性,又从几个不同的侧面分析了含有市场机制的社会主义计划经济的优越性。下面,我们拟从中引出几点看法,作为归结:

(1) 含有市场机制的社会主义计划经济究竟应该如何运行是一个在实践和理论上都还正在探索的问题。但已有经验表明,这一探索的方向无疑是正确的,而且具有重大的意义。历史的趋势表明,事情已经从社会主义计划经济要不要利用市场机制的问题逐步发展到如何恰如其分地利用市场机制的问题,也就是说,问题已越来越集中到计划和市场以什么形式和以何种程度相结合这一点上来。这是传统的社会主义经济模式所不曾面临过的问题,因为在那里市场机制从根本上来说是被排斥或被忽视的。因此,我们所说的含有市场机制的社会主义计划经济的优越性,不仅是同资本主义经济相比而言的,而且也是同传统的社会主义经济模式相比而言的。所以,探讨社会主义计划经济中如何利用市场机制的问题,实际上还涉及社会主义经济最优模式的选择问题。

(2) 社会主义计划经济中利用市场机制和资本主义市场经济中利用计划并不意味着两种不同性质的社会经济制度在趋同(聚合)。在两种不同的社会经济制度共存的情况下,互相吸收对方所用的方法和工具是不可避免的,但这不能根本改变不同生产关系的性质。只要生产资料的资本主义所有制不改变,建立在这样一种所有制基础上的市场经济不可能服从一个共同的计划目标,从根本上摆脱经济发展的盲目性;也不可能消除人们之间的经济利益上的对抗,协调各方面的经济利益关系,使个人的、局部的利益服从于社会的、公共的利益。可见,"趋同论"的要害是只看到经济生活现象的一些变化,而没有看到经济关系的本质。

(3) 社会主义计划经济中利用市场机制并不意味着在倒退或社会主义不如资本主义,而是要开辟社会主义向前发展的道路。特别在像我国这样一个原来生产力水平比较低下、小生产占优势的国度里进行社会主义建设,还涉及如何摆脱自然经济的影响的问题。可见,选择含有市场机制的社会主义计划经济模式,是要摆脱落后,向前迈进。马克思主义不是教条,社会主义也不是僵死不变的东西。社会主义经济将在马克思主义的指引下,在吸收人类全部文化成果和总结新的实践经验的基础上不断前进。"倒退论"和"不如论"是眼光短浅和缺乏信心的表现。

(本文载董辅礽主编《社会主义制度及其优越性》,北京出版社 1981 年版)

我国计划和市场问题讨论述评

一 我国讨论计划和市场问题的背景和意义

我国经济学界关于社会主义经济中计划和市场问题的讨论，主要是在1978年底党的十一届三中全会以后展开的。尽管对"计划与市场"、"计划经济与市场经济"、"计划经济与市场调节"、"计划调节与市场调节"等提法是否确切尚有不同看法①，但五年多来却围绕这一问题进行了连续不断和非常热烈的讨论。看来，提法或表述上的差异是任何学术争论中难以避免的，然而，如此热烈的讨论确实反映了问题本身所包含的深刻背景和重要意义。对此，可以大体归纳为如下几点。

（一）是对内搞活经济和进行经济体制改革的客观需要

不管参加讨论的同志对计划和市场的作用持有什么不同的看法，但几乎一致地认为，这是一个同经济体制改革有密切关联的重大经济问题。有的同志说："正确认识和处理计划经济和市场调节的关系，这是我国经济体制改革的一个根本问题。"② 有的同志说："社会主义经济体制改革的种种尝试都是围绕着如何克服单纯的指令性的、排斥商品、排斥市场的计划模式所造成的弊病而展开的"，因此，这是"一个划时代的经济问题"，解决好这个问题，"将为我国经济体制改革的总体规划提供客观的科学根据"③。有

---

① 参见孙冶方《坚持以计划经济为主市场调节为辅》，《中国财贸报》1982年4月13日。
② 方生：《认识相互联系的三个层次——对"以计划经济为主，市场调节为辅"方针的一点理解》，《经济研究》1982年第7期。
③ 舒东：《基本特征与调节机制》，《社会科学动态》1982年第14期。

的同志还从社会主义经济体制不同模式比较和选择的角度来论述这一问题的重要性,认为"比较各种计划—市场模式的得失","选择或者设想建立哪一种模式,是关系到经济管理体制改革方向的一个极其重要的问题"①。有的同志还认为,既然"计划与市场的关系问题,是体制改革的核心问题",就应该"以计划与市场的关系作为划分体制模式的主要标志"②。

(二) 是对外实行开放政策的重要反映

在党的十一届三中全会以前的一个长时期内,我国经济学界对不少问题的讨论是在相对闭塞的环境中进行的,但从那时以来的讨论,是在对外实行开放政策的环境下进行的。这种环境的变化,无疑对计划和市场问题的讨论开阔了视野。有的同志说:"从国际范围看,苏联 20 年代就开始讨论计划与市场的问题了。现在这个问题可以说是一个世界性的问题"③。有的同志说,这个问题"从社会主义经济诞生以后,就一直吸引着全世界理论家们的注意。二三十年代对这个问题开展的大辩论,就是在西方世界进行的"④。从这一意义来说,我国有关这一问题的讨论,是世界性讨论的一个组成部分。尽管我国的讨论是在建设具有中国特色的社会主义这个总主题之下进行的,但在对外学术交流日益发展的形势下,我国的讨论自然要吸收国际社会所已经取得的并同我国国情相适合的有用成果。我们不仅吸收了东欧经济学家们的一些成果,而且也吸收了西方经济学家们的某些成果。我们不仅在讨论的内容上,而且在所使用的概念和术语上,都同外部世界有了更多的交流。这也是克服知识老化和进行知识更新的一个重要方面。当然,与此同时,我们也以自己的成果对国际社会作出了有益的贡献。

(三) 是社会主义制度下商品生产和价值规律问题讨论的继续和进展

新中国成立以来,我国经济学界对社会主义制度下商品生产和价值规律问题进行了长期讨论。五年多来关于计划和市场问题的讨论,既是新问

---

① 刘国光、赵人伟:《计划和市场关系的几个问题》,《红旗》1979 年第 9 期。
② 参见《首都经济理论界座谈计划经济和市场调节问题》,《经济学动态》1982 年第 2 期。
③ 刘国光:《关于研究和讨论计划与市场问题的一点想法》,《财贸经济》1982 年第 2 期。
④ 苏星:《我对计划经济和市场的理解》,《光明日报》1982 年 8 月 15 日。

题，又不完全是新问题。有的同志说："计划与市场关系问题的讨论，有时是在计划经济与商品经济的关系，或者计划规律与价值规律的关系名义下进行的"①。从它是社会主义制度下商品生产和价值规律问题讨论的继续这一点来说，并不完全是新问题，但从它在内容上和表述上都有进展这一点来说，又是新问题。看来我们可以以十一届三中全会为分界线，在此以前的讨论主要是以社会主义制度下商品生产和价值规律为题进行的，在此以后的讨论主要是以社会主义经济中的计划和市场为题进行的。当然，在此以前，早在1956年就已经提出了这个问题。例如，有的同志说，当时陈云同志提出的"计划生产是工农业生产的主体，按照市场变化而在国家计划许可范围内的自由生产是计划生产的补充"的论断就是他对于我国社会主义经济的著名设想的内容之一。② 当然，在此以后，有许多论述仍然是以社会主义计划经济条件下如何发展商品生产和商品交换为题进行的。

  有的同志还从十一届三中全会以后我国经济学界对计划与市场问题的研究和讨论所取得的重要进展来论述其意义：例如，第一，过去占统治地位的思想是：计划经济与商品经济、计划规律与价值规律、计划调节与市场调节这几对范畴是互相对立、互相排斥的，现在一般认为是可以互相结合的。第二，过去占统治地位的思想是：社会主义经济中的商品关系实际上只存在于不同所有制之间，全民所有制内部只保留商品关系的外壳；价值规律对社会主义生产只起影响作用，不起调节作用。现在一般认为，全民所有制内部，包括生产资料的生产和流通，也是商品关系；价值规律同计划规律一起，都对社会主义经济起调节作用。第三，过去有关全民所有制内部商品关系的"外壳论"是出自于"外因论"，即从集体所有制的存在这种外部原因来解释，现在则从全民所有制内部原因来解释。尽管经济学界对此有各种不同的解释，如有的同志着重从劳动性质和物质利益关系的特点来解释，有的同志着重从社会主义全民所有制的不成熟性来解释，但几乎一致地克服了"外因论"。第四，过去认为，社会主义计划经济只有高度集中的计划管理体制这种唯一的模式。现在越来越多的人认识到，只要坚持社会主义的公有制和按劳分配，不允许出现剥削现象，就可以采取

---

  ① 刘国光：《关于研究和讨论计划和市场问题的一点想法》，《财贸经济》1982年第2期。
  ② 邓力群：《正确处理计划经济和市场调节之间的关系》，《经济学周报》1982年2月22日。

各种不同的计划与市场相结合的方式。第五，对计划与市场的结合方式，过去只提到国民经济的主要部分实行计划管理，补充部分实行市场调节。现在提出计划管理的那一部分要运用价值规律的作用，市场调节的那一部分也要受国家计划的制约。①

（四）是经济理论探索中的一个重大课题

在讨论中，有的同志提出，计划和市场问题的重要性，还在于它是政治经济学理论中有待进一步探讨的重大课题。"到现在为止，还没有一个国家在计划与市场的关系上得到完满的解决"。"这个问题看来随着社会主义经济和经济体制的发展，将会有长期的讨论。在一些比较具体的问题上，我们不必忙于做出拘束后人的定论，而应通过实践进行不断探索，找出适合于当时条件的答案"②。

二 怎样从计划和市场的关系来理解社会主义经济的性质

五年多来，我国经济学界对社会主义经济的基本特征进行了讨论。这里，仅就怎样从计划和市场的关系或计划性和商品性的关系的角度来认识社会主义经济性质的讨论作一介绍。按照对社会主义经济中的计划性和商品性的估计程度的差异，大体上可以分为以下五种看法。

（一）社会主义经济是计划经济，不是商品经济

持这种观点的同志强调社会主义经济的本质特征只能是计划经济。但是细分起来也有差别。其中有的同志（如陶大镛）否认社会主义经济中有商品性，有的同志（如李震中）则不否认社会主义经济中存在着商品生产，但不同意把它概括到社会主义经济的基本特征中去。陶大镛说："从自然经济到商品经济再到计划经济，既然标志着人类社会经济发展的三个阶段，社会主义制度必然代替资本主义制度，社会主义计划经济必然代替无政府

---

① 参见《首都经济理论界座谈计划经济和市场调节问题》，《经济学动态》1982年第2期。
② 刘国光：《关于研究和讨论计划与市场问题的一点想法》，《财贸经济》1982年第2期。

状态的市场经济或资本主义商品经济,这才是社会历史和经济发展的客观规律。所以,把'社会主义商品经济'这一范畴跟'社会主义计划经济'并用或混用,是不妥当的。要么是商品经济,要么是计划经济,二者必居其一。我认为,社会主义经济的本质特征只能是计划经济。"① 也有同志说:"社会主义仅仅是计划经济,而不是商品经济。②"李震中说:"作为社会主义经济基本特征的,应该是计划经济,而不是商品经济。计划经济可以成为社会主义生产方式区别于其他生产方式的主要标志之一,而商品经济却做不到这一点。"商品经济既"不能作为资本主义经济的基本特征",也"不能作为社会主义经济的基本特征"。他还特别指明:"否认商品经济是社会主义经济的特征,不等于否认社会主义制度下存在着商品生产,这是两回事。社会主义经济是商品经济和社会主义制度下存在着商品生产,这是两个不同的命题"③。

(二) 社会主义经济是有商品关系的计划经济,或含有市场机制的计划经济

持这种观点的同志既重视社会主义经济的计划性,又重视它的商品性,但认为计划性是主要属性,商品性是辅助属性,从而主张以计划经济为落脚点。他们从各自角度表述了这一观点。有的同志说:"社会主义还广泛地存在着商品生产、商品交换,从这个意义上说它是商品经济也是可以的。但社会主义经济最重要的特征不是商品经济,而是建立于生产资料公有制基础上的计划经济。"④ 有的同志作了更为详尽的表述,认为"我国现阶段的社会主义经济,是以生产资料公有制为基础并占绝对优势,存在多种经济成分和广泛的商品生产,商品交换的计划经济。"⑤ 有的同志说:"社会主义的本质特征是计划性,其辅助的属性是商品性"。⑥ 有的同志说:"社会主

---

① 陶大镛:《是计划经济,还是商品经济?》,《光明日报》1982 年 6 月 26 日。
② 参见文通、瑞璞《全国党校政治经济学教学座谈会》,《人民日报》1981 年 10 月 16 日。
③ 李震中:《也谈计划和市场问题》,《光明日报》1981 年 12 月 26 日。
④ 薛暮桥:《计划经济和市场调节》,《世界经济导报》1982 年 6 月 21 日。
⑤ 龚雪林:《关于计划经济和市场调节的几点看法》,《社会科学》1982 年第 9 期。
⑥ 何建章在"坚持计划经济为主,市场调节为辅"座谈会上的发言,《财贸经济》1982 年第 4 期。

义经济是含有市场机制的计划经济。"①

（三）社会主义经济是计划经济和商品经济的统一

持这种观点的同志强调的是计划性和商品性（或市场性）的统一，而不是强调以何者为主。有的同志说："计划性与市场性相结合是社会主义经济的本质特征。"② 有的同志说："不能把社会主义的计划经济和社会主义的商品经济对立起来。社会主义的商品经济，是建立在公有制基础上有计划发展的商品经济，它是和自然经济、产品经济相对立的；而社会主义经济是计划经济和商品经济的统一，从一方面看是商品关系的计划经济，从另一方面看是有计划发展的商品经济。"③

（四）社会主义经济是有计划的商品经济

持这种观点的同志并不否认社会主义经济的计划性，但强调社会主义条件下要大力发展商品生产和商品交换。有的同志说："社会主义经济是一种新型的商品经济，这种商品经济是以公有制为基础的，商品生产者之间的根本利益是一致的，因而整个社会的商品生产和商品流通不是盲目的、无政府状态的，而是有计划发展的"；"有计划的商品经济，如同生产资料公有制和按劳分配一样，是社会主义经济制度不可或缺的基本特征"④。有的同志认为，过去我们之所以长期实行高度集中的、以行政管理为主的经济管理体制，"是来源于我们对社会主义经济性质的认识。具体地说，是由于我们过去不把社会主义经济看成有计划的商品经济，而实际上把它看成自然经济或半自然经济。现在我们要进行经济体制改革，就是要对我国的社会主义经济性质有一个正确的认识。""我国社会主义现阶段的经济，是有计划的商品经济。""承认社会主义经济是有计划的商品经济，这在理论上是一个很大的进步。"⑤

---

① 赵人伟：《社会主义经济是含有市场机制的计划经济》，《财贸经济丛刊》1980年第4期。
② 孙尚清、陈吉元、张卓元：《再论社会主义经济的计划性与市场性相结合》，《社会主义经济中计划与市场的关系》，中国社会科学出版社1980年版。
③ 王珏：《计划经济与市场调节》，《财贸经济》1982年第5期。
④ 王珏、吴振坤：《社会主义经济是有计划的商品经济》，《光明日报》1981年2月28日。
⑤ 马洪：《关于经济管理体制改革的几个问题》，《经济研究》1981年第7期。

(五) 社会主义经济是商品经济

持这种观点的同志往往是从人类社会经济发展的阶段提出问题的。细分起来，他们的看法也有差别。有的同志（如何伟）把人类社会经济的发展分为自然经济、商品经济和计划经济三个阶段，有的同志（如刘明夫）则分为自然经济、商品经济和产品经济三个阶段（或三种经济形式）。尽管他们都认为现阶段我国还处在商品经济的阶段，但前者认为尚未进入计划经济阶段，后者则认为计划经济要建立在商品经济的基础上。何伟说："商品经济是人类社会发展到一定历史阶段的产物。如果人类社会的经济发展可以划分为自然经济、商品经济和计划经济三个阶段的话，那么，目前全世界还处在商品经济阶段。自然经济已经落后了，过时了，计划经济的条件还不很具备，尤其在一些发展中国家，更是如此。"① 刘明夫说："从自然经济的经济形式过渡到商品经济的经济形式，这是人类历史上的一个大进步。""如果撇开不同的阶级关系，单就分工协作的关系是否发达，交换关系是否占有枢纽的地位，来区分不同的经济形式，那么迄今为止人类历史上，还只有自然经济和商品经济这两种。""计划经济，在现代中国还只能够建立在商品经济的基础上。这是一个不可逾越的历史过程，又是不可违反的客观规律。"②

尽管对于社会主义经济的性质有上述种种不同看法和表述，但完全否认社会主义经济具有商品性或计划性的意见是极少的。至于对其他多种不同意见，有的同志提出，应该采取"求同存异"的态度，因为"这几种意见里都有一个共同点，就是既不能因强调了计划经济就否定商品生产和商品交换，也不能因强调了商品生产和商品交换就否定计划经济。"③

---

① 何伟：《论社会主义制度下的商品经济兼论企业的独立性问题》，《经济学动态》1979 年第 3 期。

② 刘明夫：《社会主义经济的经济形式问题》，《经济研究》1979 年第 4 期。

③ 何建章在"坚持计划经济为主，市场调节为辅"座谈会上的发言，《财贸经济》1982 年第 4 期。

三 社会主义经济中计划和市场的具体关系

如果说,上述对社会主义经济性质的讨论是从总体上认识和把握社会主义经济中计划和市场关系的话,那么,下面介绍的则是基于上述认识的对计划和市场的具体关系的讨论。

首先需要说明的是,与上述关于社会主义经济性质问题的认识相适应,讨论中有个别同志认为,既然"社会主义经济仅仅是计划经济,而不是商品经济",那么,社会主义经济中也就根本不存在市场调节,因而"关于以计划调节为主、市场调节为辅,在国家计划指导下发挥市场调节的作用,把计划调节和市场调节结合起来而不要对立起来等提法,都是错误的"[①]。有的同志还论证说,计划调节和市场调节"从经济机制看,二者互相矛盾,彼此对立,它们所赖以存在的条件是迥异的,所要达到的效果是完全不同的。"[②] 不过,绝大多数同志认为社会主义经济中计划和市场(或计划经济和市场经济、计划调节和市场调节、计划经济和市场调节等)是可以结合的。

(一) 计划和市场有哪些结合形式

1. "板块结合说"

主张把国民经济划分为几块,分别由计划和市场来调节。例如,有的同志提出:"对于有关国计民生的重要产品,必须实行计划调节,就是说,由国家统一计划生产、统一规定价格、统一进行产品的分配。""对于其他产品,则可以实行市场调节的方式。"[③] 对于这种"板块结合说",不少同志提出了异议,认为"这种观点的不足之处是将计划调节和市场调节的作用范围截然分开"[④]。按照这种划分法,在实践上必然造成很大弊病,因为,"所谓计划调节的那块,往往忽视产品比价的合理性,使得计划指标不能很

---

① 文通、瑞璞:《全国党校政治经济学教学座谈会》,《人民日报》1981年10月16日。
② 马黎文:《对计划调节与市场调节的一种看法》,《财贸经济丛书》1981年第3期。
③ 北方十三所高校编:《政治经济学(社会主义部分)》,陕西人民出版社1979年版,第321页。
④ 龚雪林:《关于计划经济和市场调节的几点看法》,《社会科学》1982年第9期。

好地实现；所谓市场调节的那块，往往忽视计划的指导，以致造成盲目生产和重复建设等问题。"① 也有的同志对这种异议提出了质疑，认为即使是"计划调节离不开市场的作用，市场调节也离不开计划的指导"，"那也还有个主要是由什么调节的问题。既然有主要由计划调节的和主要由市场调节的，那就还是分为两部分。因此，分两部分是客观存在，而不是人为的。"②

2. "渗透结合说"

有鉴于"板块结合说"的不足，不少同志提出了"渗透结合说"，认为"社会主义经济中的计划性和市场性是相互渗透的，你中有我、我中有你"；③ 或者说"计划调节与市场调节是实现社会主义经济按比例发展的两种形式，它们之间本来是紧密结合，互相渗透，你中有我，我中有你，把它们截然分开以至对立起来是不够妥当的"。④

3. "胶体结合说"

这是从"渗透结合说"发展而来的。看来，持这种看法的同志是把胶体式结合作为渗透式结合的高级形态（从而作为改革的方向或目标）提出来的。他们把计划与市场之间的互相渗透关系区分为以下两种情况："第一种是，国民经济的总体分为两个部分（两块），一部分是计划调节，一部分是市场调节，同时每种调节部分都渗透有另一种调节的因素。第二种情况是，整个国民经济不再分为两块，计划机制和市场机制胶合成为一体，在统一的国家计划指导下发挥市场机制的作用。"并且认为，从发展来看，"随着指令性计划范围的缩小，指导性计划和利用价值杠杆进行调节范围的扩大，最终将形成为在统一的国家计划指导下充分利用市场机制，把计划和市场紧密胶合在一起的统一体。"⑤

对于"渗透结合说"和"胶体结合说"，也出现了一些商榷意见。例如，有的同志认为，这种看法不适当地扩展了非指令性国家计划指导下的

---

① 黄振奇：《对计划调节与市场调节的几点看法》，《财贸经济》1981年第4期。
② 有林：《计划生产是主体自由生产是补充》，《经济研究》1981年第9期。
③ 孙尚清、陈吉元、张卓元：《社会主义经济的计划性与市场性相结合的几个理论问题》，《社会主义经济中计划与市场的关系》，中国社会科学出版社1980年版，第106期。
④ 何建章、王积业、吴凯泰：《关于计划调节和市场调节相结合问题》，《经济研究》1980年第5期。
⑤ 刘国光：《略论计划调节和市场调节的几个问题》，《经济研究》1980年第10期。

市场调节范围，把所有产品的生产和流通都囊括在内，这就从根本上否定了指令性计划调节是社会主义经济中的一个有机组成部分。这样发展下去，很难同共产主义高级阶段"有意识的社会调节"相衔接。① 也有的同志说："这种观点的不足之处是计划调节与市场调节不分主次，市场调节的范围遍及全部社会经济。"②

4. "宏观微观结合说"

这实际上是从另一个角度表达计划和市场之间互相渗透的有机结合的关系。有的同志说，计划调节和市场调节"结合的根本点是：宏观经济（主要指整个国民经济的发展方向）方面必须实行严格的计划管理，在微观经济（主要指各基层企业的经济活动）方面必须在国家计划的指导下充分发挥市场调节的作用。"③ 有的同志说："在被认为市场机制作用特别大的微观经济活动领域，实际上离不开计划发展的轨道；在被认为计划作用特别大的宏观经济活动领域，实际上也不能离开市场上所反映出来的各种偏好；至于联结宏观经济活动和微观经济活动的调节手段，则更明显地反映了计划指导和市场机制的融为一体。"④ 在讨论中，也有同志对上述观点提出了商榷意见（详见第五节）。

5. "板块—渗透多层次结合说"

这种看法的着眼点在于分析目前和今后一个时期内两者结合的复杂情况。例如，有的同志说："国民经济各个部分都在国家计划指导下利用市场机制，同时它们受计划控制和市场影响的程度又有不小的区别，把这种状况称为层次（类似板块）的渗透结合，可能较为符合当前和今后相当长时期内的实际情况。"⑤ 有的同志还对这种情况作了更为具体的分析，认为："社会主义经济的计划和市场的结合，是一个错综复杂、互相交织的综合体系。它不是一种形式的结合，而是几种形式的结合，其中大的结合中又套

---

① 谷书堂、常修泽：《论社会主义经济的计划与市场的结合》，《经济研究丛刊》；《国民经济调整与经济体制改革》，山东人民出版社1981年版，第13页。

② 龚雪林：《关于计划经济和市场调节的几点看法》，《社会科学》1982年第9期。

③ 许涤新：《在国家计划指导下充分发挥市场调节的辅助作用》，《世界经济增刊》1981年第4期。

④ 董辅礽主编：《社会主义经济制度及其优越性》，北京出版社1981年版，第200页。

⑤ 桂世镛、周叔莲：《加强计划指导，正确利用市场的作用》，《人民日报》1981年6月11日。

着小的结合。从总体看,首先是指令性的计划调节部分和有计划的市场调节部分相结合,这是一种'板块式'结合。其中从计划指导下的市场调节这部分看,计划指导和市场调节是渗透式结合,二者融为一体;在计划调节这部分中,指令性计划与指导性计划外的市场调节又是'板块'结合,但又不是绝对的'板块',因为指令性计划调节也要伴之以经济杠杆的作用,而指令性计划外的市场调节也要受国家计划的指导。"①

(二)决定计划和市场的不同结合程度有哪些因素

在讨论计划和市场如何结合的问题时,有的同志提出了确定计划调节程度的依据和市场调节程度的依据的问题,或者说,在决定计划和市场的不同结合程度时需要考虑哪些因素的问题。这是同计划和市场的结合形式密切联系的,不过讨论中不像结合形式问题那样有较多的争议。

有的同志提出,既然在社会主义公有制条件下,任何产品都离不开计划调节和市场调节,那么,"能够区分的,只能是各类产品计划调节的程度和方式以及各类产品市场调节的程度和进入市场的方式。"并认为,"划分不同产品计划调节程度的客观依据"主要有以下五条:第一,生产社会化程度;第二,产品在国民经济中的地位和作用;第三,各类产品的供给和需求情况;第四,生产资料所有制状况;第五,重点企业与非重点企业。"决定不同产品市场调节程度和进入市场的方式的因素"主要有以下四条:第一,企业的所有制性质;第二,产品的用途;第三,产品是大是小,是通用还是专用;第四,市场供求情况。②

有的同志把决定计划作用程度和决定市场作用程度的因素综合起来进行分析,认为在确定计划指导和控制的范围、程度和形式时,在考虑如何相应地利用市场的作用时,应考虑以下一些因素:"第一,生产资料所有制的状况。一般来说,对于全民所有制经济,计划控制和指导的程度要高一些,对于集体所有制经济则要低一些,对于允许存在的个体经济则要更低一些。""第二,生产的社会化程度。对于面向全国的产品的生产和流通,

---

① 谷书堂、常修泽:《论社会主义经济的计划与市场的结合》,《国民经济调整与经济体制改革》(《经济研究丛刊》),山东人民出版社 1981 年版,第 20—21 页。

② 黄振奇:《对计划调节与市场调节的几点看法》,《财贸经济》1981 年第 4 期。

计划控制和指导的程度要高一些，对于其他产品的生产和流通，计划控制和指导的程度可以低一些。""第三，对经济发展的重要性。对于影响全局的经济活动和关系国计民生的产品，计划控制和指导的程度就要高一些，对于其他经济活动和产品则可以低一些，对于一般的供求比较平衡的物资则可以低一些。对于某些长线产品，必须在计划上加以严格控制"。①

（三）有没有计划经济或计划调节为主、市场经济或市场调节为辅的问题

有两种意见：一种是不主张以计划经济或计划调节为主；一种是主张以计划经济或计划调节为主、市场调节为辅。

在持前一种意见的同志中，又有各种说法。例如，有的同志认为："必须改革现行的计划管理，既让价值规律起主要作用，又要以计划辅之。"② 有的同志则既不同意"计划经济为主，市场经济为辅"，又不同意"市场经济为主，计划经济为辅"，而主张"计划经济为主导，市场经济为基础，把计划经济和市场经济放在同等重要的地位上，充分发挥计划经济和市场经济的作用，使计划经济、市场经济结合起来，互相补充、互相促进。"③ 也有的同志说："我国计划经济必须建立在市场经济的基础之上。"④

在持后一种意见的同志中，对于什么叫"计划经济为主"的问题，又有不同的理解，主要有以下两种理解：

一种理解是：以计划经济为主，就是以指令性计划为主。理由是："关系国家经济命脉的重要企业是由国家经营的，关系国计民生的产品是由国家掌握的，对这部分占工农业总产值大部分的生产实行指令性计划，就表明我们的经济基本上是计划经济。"⑤

另一种理解是：以计划经济为主，就是指令性计划和指导性计划结合起来为主。

---

① 桂世镛、周叔莲：《加强计划指导，正确利用市场的作用》，《人民日报》1981年6月12日。
② 何伟：《论社会主义制度下的商品经济兼论企业的独立性问题》，《经济学动态》1979年第3期。
③ 王章琥、代二德：《把计划经济建立在市场经济的基础上》，《财经研究通讯》1979年第1期。
④ 沈海山：《市场经济是计划经济的历史前提和现实基础》，《南京大学学报》（哲学社会科学版）1979年第3期。
⑤ 邓力群：《正确处理计划经济和市场调节之间的关系》，《经济学周报》1982年2月22日。

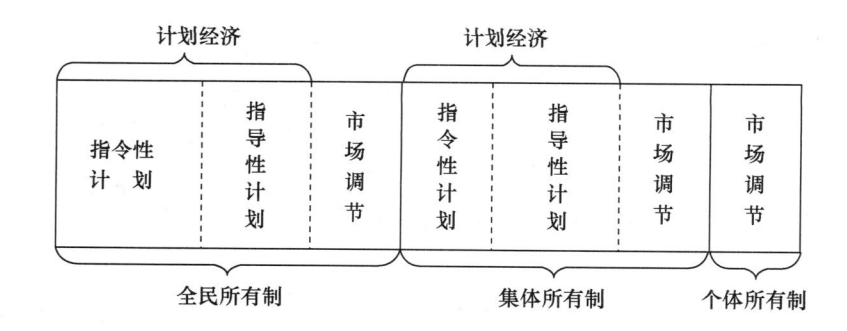

```
                计划经济                       计划经济
        ┌─────────────────┐        ┌─────────────────┐
        │指│指│  │        │指│指│  │  │
        │令│导│市│        │令│导│市│市│
        │性│性│场│        │性│性│场│场│
        │计│计│调│        │计│计│调│调│
        │划│划│节│        │划│划│节│节│
        └─────────────────┘        └─────────────┘   └──┘
        └──────全民所有制──┘        └──集体所有制──┘   个体所有制
```

"其中，指令性计划和指导性计划属于计划经济的范围，它们占到工农业总产值的绝大部分，市场调节的部分在工农业总产值中所占比重较小。"① 这种看法在一个时期内，特别是 1982 年前后相当流行。②

（四）怎样认识三种管理形式（指令性计划、指导性计划和市场调节）的属性

在讨论中，一般认为，我国现阶段的经济管理应该采取指令性计划、指导性计划和市场调节三种形式。但对这三种管理形式的属性问题，具体来说，对指导性计划和市场调节这两种形式是不是也属于计划经济范畴或计划管理形式的问题，却有不同的看法。

1. 怎样看待指导性计划，或者说，怎样看待有计划地利用经济杠杆？

大体上有以下三种看法：

第一种：认为指导性计划是利用价格、税收、利率等经济杠杆来进行的调节，应属于市场调节的范畴，不过，持这种看法的同志中，有的后来放弃了这种看法，因为这种看法"不恰当地认为计划调节大部分要通过市场调节来实现"。③

第二种：认为指导性计划是利用经济杠杆来保证国家计划的实现，应属于计划管理。有的同志论证说，"诚然，指导性计划是一种主要通过运用

---

① 李震中、胡乃武：《关于"计划经济为主、市场调节为辅"的几个理论问题》，《经济理论与经济管理》1983 年第 4 期。
② 王忍之、桂世镛：《坚持和改进指令性计划制度》，《计划经济与市场调节文集》第 1 辑，红旗出版社 1983 年版，第 283—289 页。
③ 薛暮桥：《关于经济管理体制改革理论问题的讨论》，《光明日报》1982 年 5 月 19 日。

市场机制来实现的计划形式，但它不是市场调节。""在这里，是人们自觉地运用价值规律来达到预期的目的，而不是自发地在受价值规律的摆布。所以，把指导性计划视为市场调节，无论从逻辑上还是从事实上都是说不通的。"①

第三种：认为有计划地利用经济杠杆既属于计划管理，又属于市场调节，"一身二任"。"从国家的角度看，它是计划指导的一种手段和方法；而从企业的角度来看，则是具体体现企业经济利益的工具。通过经济杠杆的作用，使计划指导和市场调节紧密融合在一起，形成一个统一体，即计划指导下的市场调节。"②

2. 怎样看待市场调节？

看来，由于参加讨论者对社会主义经济中市场调节的性质或价值规律作用的性质以及对社会主义经济中计划和市场结合形式有不同的认识，从而对市场调节是不是属于计划经济范畴或计划管理形式也有不同的看法。主要有以下两种：

第一种：认为市场调节不属于计划经济的范畴或计划管理的形式。例如，有的同志说："我们管理经济的形式有三种，即指令性计划、指导性计划和市场调节。前两种属于计划管理的范畴，后一种则是计划经济的补充。不能说市场调节是计划管理的一种形式"。③

第二种：认为市场调节也应属于计划经济的范畴。例如，有的同志说："按照计划（包括指令性计划和指导性计划）进行生产的部分，当然是属于计划经济的范畴，而且是计划经济的主体。至于起着辅助作用的市场调节部分，虽然不纳入国家计划，带有自发性，但也应该属于计划经济的范畴。因为这部分生产也要在国家计划许可的范围内进行，而不能完全脱离计划指导，放任自流，各自为政。"④ 有的同志还进一步分析说："社会主义计划

---

① 林子力：《论计划与市场》，《经济理论与经济管理》1982 年第 5 期。
② 谷书堂、常修泽：《论社会主义经济的计划与市场的结合》，《国民经济调整与经济体制改革》（《经济研究丛刊》），山东人民出版社 1981 年版，第 18 页。
③ 桂世镛：《关于正确认识计划经济为主市场调节为辅的几个问题》，《经济研究》1984 年第 5 期。参见景平《计划经济和市场调节问题讨论述评》，《红旗》1982 年第 22 期。
④ 方生：《认清相互联系的三个层次——对"以计划经济为主、市场调节为辅"方针的一点理解》，《经济研究》1982 年第 7 期。

经济是在生产资料公有制基础上，依据社会化大生产的要求，对整个社会经济实行有计划的管理，它既包括由指令性计划和指导性计划进行管理的部分，也包括对不纳入国家计划的自由生产、自由市场是整个社会主义统一市场的组成部分。这一部分自由市场的调节是从属的、次要的，但仍然处在国家统一计划的间接控制和影响之下，并受到国家工商行政机构的管理和监督，所以把它完全排除在计划经济之外成为与计划经济相对立的范畴，恐怕未必妥当。"①

四 怎样评价原有的经济体制

如前所述，许多同志认为，计划和市场问题是经济体制改革中的核心问题。当人们把计划和市场问题的讨论同经济体制改革问题直接联系起来时，就必然涉及对原有经济体制的评价和对新的经济体制的设想。

在评价原有经济体制方面，有一些认识是共同的。例如：第一，原有经济体制是有缺陷的，不能原封不动；第二，在分析原有经济体制的弊病时，应该把不属于经济体制本身的问题撇开，特别应该把政治动乱的因素撇开，以便把经济体制放到纯粹形态中来考虑；第三，在以往经济生活的实践中，也有运行比较正常或比较好的时期，特别是第一个五年计划时期，情况就比较好。

当然，讨论中仍然从不同的侧面反映出对原有经济体制评价上的差异。

（一）为什么有的时期特别是"一五"时期我国经济运行得比较好？

这个问题上的不同看法并不是就本问题进行针锋相对的争论中反映出来的，而往往是在各自分析运行较好时期的原因时流露出来的。

有的同志说："我国在 50 年代开始建立计划经济的时候，学的是苏联的计划管理体制。这种体制的特点，是片面强调指令性计划，不运用价值规律，排斥市场的作用，有很多弊病。但是，在第一个五年计划头几年，这种计划管理体制的缺点还没有充分暴露出来。原因是当时我国生产资料

---

① 刘国光：《坚持经济体制改革的基本方向》，《人民日报》1982 年 9 月 6 日。

所有制的社会主义改造尚未基本完成,存在五种经济成分,不可能完全采取苏联的计划管理体制。我们只是对一部分国营企业和大型公私合营企业实行直接计划,同时比较注意利用价格、税收、信贷等经济杠杆,自觉利用价值规律和市场机制的作用,而且在不能下达计划的地方,允许自己生产、自由贸易,让市场自发起调节作用。在这种情况下,我国的经济生活并不像后来那样僵化,市场也比较繁荣。加上经济政策比较正确,经济发展情况很好。"①

有的同志则认为:"问题不能简单地归咎于集中。""我国第一个五年计划时期的经济发展速度快、经济效果好、人民生活得到显著提高,主要原因就是由于指导思想正确,制订的计划大体符合客观规律。60年代的经济调整,做得卓有成效,再一次显示了计划经济制度的巨大威力。这说明只要我们尊重客观规律,就不仅能够依靠计划经济制度迅速发展经济,而且能够依靠它自觉地纠正经济工作中的失误。这是资本主义社会依靠自发的市场调节所根本不能比拟的。"②

从上述两种不同的分析中可以发现:对于我国有的时期特别是"一五"时期经济运行较好的原因,前一种分析主要归结为原有经济体制尚未完全确立(指"一五"时期);后一种分析主要归结为原有经济体制尚能比较正常运行(包括"一五"时期和60年代初的调整时期)。这两种不同的归结,反映了对原有经济体制的不同评价,也反映了对社会主义经济中计划和市场的关系、集中和分散的关系等问题的不同看法。

(二) 怎样对待原有的经济体制?

第一种看法:强调对原有体制加以改造。

有的同志认为,所谓经济体制的改革,"不仅仅是指对原有体制里面的不完善、不合理的细节进行修改补充,更重要的是要改造原有的经济模式本身,就是说,要对原有体制的不合理的基本框架和主要运行原则加以改

---

① 廖季立:《谈谈计划经济和市场》,《中国财贸报》1982年6月8日。
② 龚士其、许毅:《坚持计划经济为主市场调节为辅》,《经济研究》1983年第6期。

造，当然，这种改造一定要在坚持社会主义基本经济制度的前提下进行。"①有的同志说，高度集中的计划管理体制，"由于着重依靠行政手段管理经济，忽视市场和价值规律的作用，不讲求经济效果，产生了不顾市场和社会需要，单纯追求产量、产值，以产定销、产销脱节，长线产品盲目增产，短线产品和新产品搞不上去等等毛病。……这种计划管理体制已经不能适应四个现代化的要求，到了非改不可的时候了。"

第二种看法：强调对原有体制加以改进。

有的同志说："我国在1949年之后建立起来的计划体制，就其基本点来说是正确的，是符合计划经济要求的。""要改进计划体制，但不能推倒重来"。"计划经济的基本原则必须坚持，计划体制必须改进"。"不能把经济指导思想上的失误和政治动荡所造成的损害归咎于计划经济制度"。"为什么有些人对计划经济失去信心呢？一个重要原因是没有认真地分析我们过去经济发展遭受挫折的主要根源，把不应当由计划制度所承担的责任归罪于计划制度。计划经济是一颗明珠，可惜被灰尘蒙蔽了。除了灰尘，计划经济必定能现出耀眼的光辉。"② 有的同志说："我们决不应……把经济建设和经济工作中产生缺点、错误和损失的责任，不加分析地算在曾经帮助我们取得成绩，也帮助过我们克服和渡过困难的计划经济的'账'上。"③

五 怎样看待指令性计划——经济体制改革争论中的一个焦点

如果说，计划和市场的关系问题是经济体制改革中的一个核心问题的话，那么，如何看待指令性计划的问题又是计划和市场关系问题中的一个核心问题。这就不难理解，为什么这个问题就成为按什么体制或模式来进行改革的争论中的一个焦点。

---

① 刘国光：《关于经济体制模式问题》，吉林经济学团体联合会编：《经济体制改革理论问题》，1984年，第4—5页。

② 何建章：《我国全民所有制经济计划管理体制存在的问题和改革方向》，《经济研究》1979年第5期。

③ 房维中：《一条不可动摇的基本原则——对坚持计划经济为主，市场调节为辅的几点认识》，《红旗》1982年第9期。

1979年以来，学术界陆续出现了主张逐步取消或基本上取消指令性计划的观点。例如，有的同志提出，应该"逐步改变指令性计划为指导性计划"。①的有同志认为："对于指令性计划，既要看到它在特定条件下的必要性和比其他管理办法较为及时有效的优越性，更要看到它在一般情况下的局限性和缺陷。所有实行指令性计划的国家的经验都表明，这种计划管理形式比较难以解决产需脱节、资源浪费、质量品种差、微观效益低这些传统的集中计划体制的固有弊病。"因此，"要逐步缩小指令性计划的范围，扩大指导性计划的范围。""在三种经济管理形式中，将来的文章主要做在第二种形式即指导性计划上面。"②

上述观点引起了激烈的争论。这场争论大体上是围绕以下几个问题展开的。

（一）指令性计划是不是社会主义计划经济的基本标志？

有的同志说："把指令性计划作为社会主义计划经济的基本标志并没有什么错。所谓计划经济，无非是指由社会按照预定计划自觉管理下的国民经济。这样的经济，是生产资料归整个社会所有，劳动是全社会范围内的联合劳动的必然结果和客观要求。""取消指令性计划会是一种什么情况呢？就会像资本主义国家的计划那样，顶多对各企业的生产和经营起一些协调的作用。"③有许多同志提出了类似的观点，如"把有没有指令性计划当作划分社会主义计划经济还是资本主义市场经济的一个重要标志，是正确的"；④"坚持指令性计划，才能划清社会主义计划经济同资本主义国家干预经济的界限"；⑤"如果计划完全是指导性、参考性的，而不是必须执行的，那就不是真正的计划经济"；⑥ 等等。

持不同意见的同志则认为，"把计划经济和实行指令性计划完全等同起

---

① 叶军哲：《必须坚持以计划经济为主》，《湖北财经学院学报》1982年第2期。
② 刘国光：《坚持经济体制改革的基本方向》，《人民日报》1982年9月6日。
③ 邓力群：《正确处理计划经济和市场调节之间的关系》，《经济学周报》1982年2月22日。
④ 薛莘、马骠：《坚持社会主义道路必须实行计划经济》，《光明日报》1982年5月9日；并参见徐景安《怎样实行以计划经济为主的体制》，《光明日报》1982年6月20日。
⑤ 吕律平、郑新立：《试论指令性计划》，《中国财贸报》1982年4月20日。
⑥ 龚士其、许毅：《坚持计划经济为主，市场调节为辅》，《经济研究》1982年第6期。

来"是"适应过分集中计划体制的需要并在其影响下形成的传统政治经济学理论"中"一个根深蒂固的成见"。① 有的同志论证说,"认为没有指令就等于没有计划"和"认为通过经济杠杆来控制就抹杀了社会主义和资本主义的区别"这两个观点值得商榷。因为,宏观经济决策通过指令还是通过经济杠杆来控制微观经济活动的问题"是计划控制采取什么方式的问题,而不是要不要计划的问题"。"尽管这些杠杆无论资本主义经济还是社会主义经济都是可以利用的,但利用这些杠杆的大前提是不一样的:社会主义经济是以宏观经济活动决策的集中化为前提的,从而从总体上保证了经济的有计划运行,说到底,是在服从社会共同利益的前提下利用这些杠杆来促使微观效率的提高;而资本主义经济中不可能有这一前提,资本主义国家对这些杠杆的利用只能对彼此冲突的私人利益起某些协调作用,不存在服从社会共同利益的问题,也不可能做到全社会经济的有计划发展。"② 有的同志还举出实例,说明有些企业"大部分生产任务是根据市场的需要自行安排的","如果采取各种间接计划的方法,使企业这部分生产经营活动符合国家统一计划的要求,即使不是根据国家下达的指令性计划生产的,也是计划经济。"③

(二)指令性计划是不是社会主义全民所有制的重要体现?

有的同志认为,"实行指令性计划",不仅是"社会主义计划经济的基本标志",而且是"我国社会主义全民所有制在生产的组织和管理上的重要体现"④。有的同志论证说:"在社会主义全民所有制经济中,取消指令性计划","就意味着生产资料所有者的社会主义国家不能作为全体人民的代表,直接支配和使用生产资料。""全民所有制就不可能在经济上得到实现。""下达指令性计划,尽管具有行政的形式,但绝不是超越经济关系之外,强加于经济的一种'行政干预',而是社会主义全民所有制经济关系的内在要

---

① 吴敬琏、周叔莲:《试论社会主义计划经济的调节方式》,《社会科学辑刊》1983 年第 5 期。
② 赵人伟、荣敬本:《我国应该选择什么经济模式?》,《经济学动态》1982 年第 3 期。
③ 孙效良:《坚持计划经济与发挥市场调节的辅助作用》,《经济研究》1982 年第 6 期。
④ 景平:《计划经济和市场调节问题讨论述评》,《红旗》1982 年第 22 期。

求和体现。"① "如果国家放弃了对生产资料的使用权或支配权，即取消了指令性计划，国家同企业之间的关系完全变成资金借贷关系，这就同集体所有制没有多大区别了。" "久而久之……社会主义全民所有制就会变为集体所有制。"②

有的同志则认为："不能笼统地说社会主义全民所有制在经济上的实现在任何条件下必然表现在指令性计划。" "在不对企业下达指令性计划的情况下，只要国家还保持着宏观决策的权力，只要国家还在决定企业的行为规则，只要国家能够通过各种手段保证企业经济活动符合社会的利益和要求，就不能说国家已经丧失了支配权和使用权。" "既然全体人民能够通过国家的计划管理和市场调节安排好社会的生产，实现自己的生产目的——满足社会及其成员的需要，怎么能说全民所有制已经不能在经济上实现了呢？"③

（三）不以指令性计划控制微观经济活动是不是会架空宏观决策？

有的同志说："主张所谓宏观经济（如国民收入中积累与消费的比例的确定，国家基本建设投资的分配，社会购买力和商品供应量之间的平衡，工资总额的控制等）由计划调节，而企业的经济活动（即所谓微观经济），包括生产什么、生产多少，要由市场调节。" 这样，"'微观'完全和'宏观'脱离开来，'宏观'就很可能被架空，成为'梁上君子'。"④ 也有同志说："让各个企业在微观经济活动上各行其是，所谓宏观经济范围内的集中决策只能是一种善良的愿望。" "其结果很大的可能是由市场调节取代了计划调节成为调节机制中的主体，因而发展起经济生活中的盲目性和无政府状态，影响社会主义经济稳定的发展。"⑤

持不同意见的同志则认为："不以指令性计划控制企业的经济活动，并

---

① 王忍之、桂世镛：《坚持和改进指令性计划制度》，《计划经济与市场调节文集》（第 1 辑），红旗出版社 1983 年版，第 283、284、289 页。
② 吕律平、郑新立：《试论指令性计划》，《中国财贸报》1982 年 4 月 20 日。
③ 吴敬琏、周叔莲：《试论社会主义计划经济的调节方式》，《社会科学辑刊》1983 年第 5 期。
④ 有林：《计划经济是主体自由生产是补充》，《经济研究》1981 年第 9 期。
⑤ 吴树青：《理论上阐述社会主义经济优越性的有益探索——评〈社会主义经济制度及其优越性〉》，《经济研究》1981 年第 12 期。

不等于不控制企业的经济活动。"有些模式"把宏观决策对于微观经济活动的控制与调节作为自己设计的重点,计划调节起着主导作用,市场调节受到计划调节的制约。对此'完全脱离'和'架空'之说,似乎并无充分根据。"① 有的同志还论证说:"日常的产供销活动由企业自己来做主,虽然给企业以一定程度的自由,但这种自由并不是无限的。因为,宏观经济活动由中央来决策,就给企业的活动范围规定了一个总的轮廓","而且国家还可以通过一系列调节手段对这些活动发生具体的影响和控制","要使一个社会经济体系有秩序地运行,关键不在于微观经济活动的细枝末节作种种强制性的规定,而在于对宏观经济活动作出真正有科学根据的战略决策,使这种决策对微观经济活动真正具有指导的意义"。②

(四) 指令性计划管理范围的变化趋势如何?

即使是那些主张取消或基本取消指令性计划的同志,也是从改革的目标或方向提出问题的,并不主张在任何情况下都取消指令性计划,立即实现这一目标,也就是说:改革之初必须保留指令性计划这一点,是没有什么分歧的。因此,争论还往往表现在指令性计划管理范围的变化趋势问题上,大体有以下两种看法:

第一种:认为长期的趋势是缩小,例如,有的同志说:"从较长时期看,我们不能把扩大指令性计划的范围作为体制改革的方向。随着经济调整工作的进展,随着'买方市场'的逐步形成,随着价格的合理化,要逐步缩小指令性计划的范围,扩大指导性计划的范围。"因此,认为"指令性指标越多,计划就越强,并且,随着计划管理水平的提高,指令性计划的范围将越来越大。这种观点需要研究。"③

第二种:认为长期的趋势是扩大。例如,有的同志说:"由于过去我们实行指令性计划的范围过宽,脱离了现实的可能,因此,今后一段时期要适当缩小指令性计划的施行范围,相应地扩大指导性计划的领域,同时更好地发挥市场调节的辅助作用。但是,经过一个相当长的时期以后,随着

---

① 吴敬琏、周叔莲:《试论社会主义计划经济的调节方式》,《社会科学辑刊》1983 年第 5 期。
② 董辅礽主编:《社会主义经济制度及其优越性》,北京出版社 1981 年版,第 196 页。
③ 刘国光:《坚持经济体制改革的基本方向》,《人民日报》1982 年 9 月 6 日。

社会生产力的发展、人们经营管理能力的增强和计划工作水平的提高，我们就应当也能够按照经济发展的需要，逐步地、适当地扩大指令性计划的范围。到了那个时候，我们的社会主义计划经济将发展到更高的阶段，达到更高的水平。"① 有的同志说，那种认为"计划改革的方向就是逐步缩小以至最终取消指令性计划"的意见，"是值得商榷的"。②

此外，经济学界还讨论了如何看待生产资料按实物进行分配或调拨的问题。这是从如何看待指令性计划问题中所派生出来的，因篇幅所限，从略。

六 争论的实质是什么？

（一）是不是属于两个方向（社会主义还是资本主义）和两个原则（计划经济还是市场经济）的争论？

有的同志强调说："无论'特征'的讨论，还是'调节'的讨论，都关系着一个实质性的问题。这就是，我国经济管理体制的改革，是按社会主义计划经济的原则，还是按市场经济原则？""有的同志可能会说，没有人提出过按市场经济原则改革经济管理。是的，的确没有人提出过一个完整的系统的意见。但是，把不同的人从不同的角度提出的有些意见，归纳起来，实际上，就是市场经济原则"。例如："主张把国营企业改变为完全独立核算、自负盈亏的经济单位，有的更明确说，把国营企业改变为企业所有制，或者集体所有制（这不是指的那些本来不应当国有化的而过早地搞了全民所有制的经济单位）"；"主张社会的经济关系是商品货币关系。社会经济联系的唯一形式是商品交换"；"主张价值规律是基本经济规律，市场调节是唯一的经济调节者"；"主张竞争是经济发展的动力"；"主张计划

---

① 王忍之、桂世镛：《坚持和改进指令性计划制度》，《计划经济与市场调节文集》第1辑，红旗出版社1983年版。不过，桂世镛同志在后来的一篇文章中只提"从当前和今后一个时期来看，指令性计划的范围要逐步缩小，指导性计划的范围要适当扩大，同时在一定范围开展市场调节"，未提长期趋势问题。（参见桂世镛《关于正确认识计划经济为主市场调节为辅的几个问题》，《经济研究》1984年第5期。）

② 吴树青：《计划体制与社会主义商品生产》，《光明日报》1984年4月22日。

的作用性质是预测性的、参考性的,不具有约束力,更不具有指令性"。"这一套主张,实际上就是市场经济原则。"①

有的同志说:"有这样一种看法:……放弃指令性的计划调节,建立起充分利用市场的管理体制,就可以保证国民经济按比例地协调发展。照此看来,资本主义经济应该是有按比例协调发展的保证了,因为在那里没有指令性的计划调节,市场的作用发挥最充分。"②

不过,也有不少同志不同意把诸如有没有指令性计划这样的问题归结为是计划经济还是市场经济,是社会主义还是资本主义问题。有的同志说:"长期以来,人们以为实行计划经济就必须下达指令性计划。有的甚至把有没有指令性计划当作划分社会主义计划经济还是资本主义市场经济,是坚持社会主义方向还是推行修正主义,复辟资本主义的标志。这是一种误解。""马克思和恩格斯都没有说过,在社会主义经济中,每个经济单位的一切经济活动都要按上面的指令行事。""列宁也并没有说,要向企业下达指令性计划指标。"③ 有的同志提出:"既然我们承认了社会主义计划经济有不同的模式,那么也就应该承认下达指令仅仅是社会主义计划经济的一种(或几种)模式的特征,而不是全部模式的特征。"④ 看来,持这种意见的同志倾向于把社会主义经济中计划和市场不同程度结合的讨论,特别是要不要指令性计划的争论,归结为社会主义经济不同模式的比较和选择的问题,也有同志说:"肯定了社会主义经济具有计划和市场两种调节手段,就需要进一步研究两者之间的关系。近年间讨论得很多的社会主义经济理论模式的选择问题,在相当大的程度上就是如何处理两种调节方式关系的问题。"⑤

(二)何看待经济体制改革过程中出现的某些失控和失衡现象?

有的同志强调的是"摆脱计划经济"和"偏离社会主义方向"的问

---

① 李振中:《也谈计划和市场问题》,《光明日报》1981 年 12 月 26 日。
② 有林:《计划生产是主体,自由生产是补充》,《经济研究》1981 年第 9 期。
③ 何建章:《我国全民所有制经济计划管理体制存在的问题和改革的方向》,《经济研究》1979 年第 5 期。
④ 赵人伟、荣敬本:《我国应该选择什么经济模式?》,《经济学动态》1982 年第 3 期。
⑤ 吴敬琏、周叔莲:《试论社会主义计划经济的调节方式》,《社会科学辑刊》1983 年第 5 期。

题。例如：

有的同志列举了经济生活中出现的某些失控和失衡现象："农业方面，一些地方任意减少征购、派购任务，扩大超购加价和议价范围；工业方面，一些企业不接受国家合理的生产、调拨计划，乱涨生产资料价格、扩大议价范围；在基本建设中，一些地区、部门和企业，任意突破投资计划，计划外项目挤计划内项目；外贸方面，有些单位对外盲目竞销、肥水落入外人田。"并认为，这是"经济生活中出现一种削弱摆脱计划经济的倾向"，"不符合计划经济为主，市场调节为辅的原则，任其发展下去……会造成经济紊乱，偏离社会主义方向"。[①] 有的同志说，这种现象说明："应当由国家实行严格计划管理的经济活动，有的范围不恰当地缩小了，有的管不住了。"[②]

有的同志强调的是方法、步骤问题，像改革措施上"同步性考虑得不够充分"、不善于"运用各种间接计划手段"等问题。例如：

有的同志说，我国经济改革工作的缺点，"与其说是市场调节开展得太多，还不如说是由于在经济改革上采取的步骤，与调整、整顿的要求不够适应以及由于对经济管理体系的整体性和改革措施的同步性考虑得不够充分，计划调节和市场调节两者都很不完备，因而不能很好地发挥作用，同时它们两者也难于紧密配合，形成一个统一的国民经济调节体系。"[③] 还有的同志说："我们的经济生活中确实出现了一些失控现象，但究其原因，不是由于间接计划手段不起作用，而是由于还没有自觉地、系统地运用各种间接手段去指导经济活动。"像消费基金增长过快、价高利大的产品生产过多、价低利薄的产品企业不愿生产等失控现象，都同我们不善于运用税收、价格等手段有关。[④] 有的同志说："这几年我们在中央与地方、国家与企业的关系上采取的一些分权措施，并不是方向上出了问题，而只是在步子上即分权措施的数量界限上，超过了我国经济目前所能承受的限度。""从搞

---

① 利广安：《为什么必须坚持"计划调节为主、市场为辅"的原则》，《经济日报》1981 年 11 月 25 日。
② 王忍之：《必须坚持社会主义计划经济》，《财贸经济》1982 年第 7 期。
③ 吴敬琏在"坚持计划经济为主、市场调节为辅"座谈会上的发言，《财贸经济》1982 年第 4 期。
④ 孙效良：《坚持计划经济与发挥市场调节辅助作用》，《经济研究》1982 年第 6 期。

活经济的长远目标来看，企业扩权还在开始阶段，已经给予企业的自主权，如计划权、物资权、人权等，都是不够的。"①

七　几点看法

以上仅就我国经济学界在党的十一届三中全会和十二届三中全会之间关于社会主义经济中计划和市场问题的讨论情况作了简要的综述。由于取材和学识的局限，疏漏之处在所难免。下面，就讨论中所涉及的以下几个问题提出一些个人的看法或评论。

（一）运行机制问题

长期以来，我国经济学界对社会主义政治经济学的一些基本理论问题的研究同意识形态的斗争联系得比较紧密，对问题质的方面分析得比较多；随着党的工作着重点的转移，加强了经济理论研究同社会主义经济建设的联系，从而也加强了社会主义经济运行问题的研究。这样一种良好的趋向，无疑地也反映在计划和市场问题的讨论中，上述许多问题的争论，都直接涉及社会主义经济的运行问题，并提出了很多有益的见解。不过，从发展的眼光来看，运行问题的研究还是远远不够的。

例如，关于如何对待指令性计划的争论，虽然已经涉及运行问题，但有些争论却仍然停留在意识形态问题上，而没有通过运行机制的具体分析自然地得出意识形态上的判断。这说明对运行机制的研究还有待于深化和具体化。

又如，就以运行问题来说，我们的讨论还停留在"是否可控"问题上，而没有把"是否可控"的问题同"是否有效"的问题紧密地联系在一起，或者说，没有在运行效率问题上展开和深入下去，应该说，一种经济体制是不是合理，不仅要看它在运行上是不是可控，而且更重要的是要看控制的结果——运行的效率。计划和市场的不同结合程度的比较，社会主义经济不同模式的比较，归根到底，都离不开运行效率的比较。像如何看待指

---

① 刘国光：《坚持经济体制改革的基本方向》，《人民日报》1982 年 9 月 6 日。

令性计划这样的讨论，如果能更多地围绕怎样提高效率（包括微观效率和宏观效率）的问题来展开，也许更有利于讨论的深入。

再如，在指令性部分和非指令性部分并存的情况下，如何解决"双重体制"所带来的矛盾，使其损失减少到最低限度？是否应该逐步改变"双重体制"本身？如果是，又应该如何实现？这些问题不仅涉及改革的目标而且涉及改革的步骤，然而，像这样一些问题，应该说迄今为止仍然讨论和研究得很不够。

（二）方法问题

在讨论中还涉及一些方法论的问题。为了提高讨论的水平和效率，看来有必要在方法上更好地分清一些问题的界限，诸如：概念之争和实质问题之争的界限；长远的战略目标和当前的战术措施之间的界限；一种体制所固有的弊病和因外来干扰所引起的失误之间的界限；等等。从以往的讨论看，已有不少同志注意到划清上述种种界限，但实践证明，这并不是一件很容易的事情。

例如，概念之争和实质问题之争往往是交织在一起的，尽管参加讨论者普遍希望借助于一定的概念和表述方式进入实质问题的讨论，但有时却很难做到这一点，像讨论社会主义经济的性质问题时，有的同志主张"有计划的商品经济"，有的同志主张"有商品的计划经济"，但究竟持不同表述的同志对于社会主义经济性质的认识在实际上有多大差别，有时还不能简单地以其表述来判断。为了把握住问题的实质，有的同志提出这两种表述是互为补充的命题，有的同志提出应该求同存异，看来都是颇有启发的。

又如，有关如何对待指令性计划以及统购统销、定量供应问题的争论，在以往的讨论中往往因为未划清战略目标和战术措施之间的界限以及一般情况和特殊情况之间的界限而引起了一些无谓的争议，显然，一般情况下的指令和特殊情况下的指令是不一样的；一般情况下的定量供应和特殊情况下的定量供应也是不一样的。当然，这里又涉及什么是一般情况、什么是特殊情况的问题。战时状态是一种特殊状态，这是不会有什么争议的，但供不应求或短缺是一般现象还是特殊现象，看法就不一定一致。也许这样说是比较妥当的：对于传统的集中计划的社会主义经济模式来说，短缺是一般现象，而对于我们的改革所要达到的目标模式来说，短缺绝不应该是一般现象。因此，在目标模式的设想中，我们是不应该把短缺作为一般现象来加以考察的，或者说应该作为一种特殊现象而加以舍象。要不然，我们就无法揭示目标模式的质的规定性及其运行机制。

至于分清一种体制所固有的弊病和因外来的干扰所引起的失误之间的界限，在实际上也不那么容易，例如，有的同志虽然原则上赞成在考察经济体制时把政治动乱的因素加以剔除，但在具体考察时又把"大跃进"和"十年动乱"时期经济上的挫折归于经济体制上的分散。看来，如何把政治上的稳定和动乱同经济体制上的集中和分散这样两个不同的问题真正加以区别开来，仍然是一个有待进一步解决的问题。

（三）学风问题

回顾五年多来的讨论，总的来说，气氛是良好的。可以这么说，这一时期有关计划和市场问题的讨论无论从广度、深度和自由度来看，比新中国成立以后十一届三中全会以前任何一次有关商品生产和价值规律问题的讨论都好得多。当然，不能否认在学风方面仍然存在着差距。

例如，在某些情况下，探索和商讨的气氛不足，简单下结论的风气尚存。依我个人浅陋之见，探索和商讨的气氛不仅是任何学术讨论的一般要求，而且是计划和市场这样的问题讨论中所应该特别予以珍视的。这是因为：第一，这一问题具有特殊的复杂性，远的不说，自从十月革命以来的探索就已有六七十年的历史，迄今尚未找到圆满的解决办法，任何人想轻易地作出结论或定论，都不是郑重的态度。第二，就我国的情况来说，由于在此不必论述的原因，在一个相当长的时期内忽视乃至中断了这方面的研究，参加讨论的队伍，普遍存在着知识老化和面临着知识更新的问题，都需要在探索中重新学习。在我国社会主义政治经济学的理论队伍中，不止一代人是在以斯大林为代表的传统观念的影响下成长起来的，要改革按照斯大林的传统观念所建立起来的传统模式，不重新学习是不可能的。显然，凭借原有的知识和经验简单地作结论、下定论，至少不是一种谦虚的态度。

在学风方面值得提出来的另一个问题是信息质量问题。讨论的广泛性无疑是一种好事，但讨论中重复性论述太多，则又是一个问题。在所谓"信息爆炸"的时代，太多的人写几乎同样内容的文章或同一位作者写多篇内容大体相同的文章，无论对作者、读者的时间和精力来说，还是对出版、印刷和发行的力量来说，都不是一种节约的或经济的做法，当然，这并不是本专题讨论中所特有的现象，甚至也不是经济学界所特有的现象，但是，经济学界是不是应该带头来克服这种不经济的现象呢？

（原载《经济研究资料》1985年4月10日总第7—8期）

市场化改革进程中的实物化倾向

一　问题的提出

我国改革前经济体制的一个重要特征是实物化。其基本症状是经济的循环流转表现为非市场性的实物运动，无论是交换领域还是分配领域均实行由行政或计划操纵的实物配额——调拨制；企业物资的流出入服从于政府的调拨计划，满足居民生活基本需要的消费品也普遍实行实物配给，即定量供应办法。虽然存在着货币，但它在产供销及分配活动中基本被作为"计算筹码"或"核算工具"来使用，只起所谓"消极作用"。这种体制就其本质来说是排斥市场机制的，价格的高低，支付货币的多少，并不构成选择的基础；掌握了货币购买力，并没有相应的权利要求获得资源。所以，实物运动在这种体制的经济流程中始终起着决定性作用。[①]

始于 70 年代末的经济体制改革，在理论和政策实践上从一开始就向上述实物化行政配给制发起了冲击，各项宏观、微观体制性变革措施是市场取向的。尽管人们对改革的目标有各种各样的理解，对改革的目标模式也有各种各样的概括，如"有计划的商品经济"，"国家调控市场、市场引导企业"，等等，但十年来改革的主体目标选择乃是在保证宏观控制的前提下实现经济活动的商品化、货币化和市场化。经过十年的努力，我们的确在市场导向的改革道路上迈出了重要的一步。一个引人注目的事实是，目前

[①] 对此，国内外经济学家已作过许多研究。例如，刘国光等同志把我国原有经济体制概括为具有"军事共产主义供给制因素的传统集中计划经济模式"（参见刘国光等《中国社会主义经济的改革、开放和发展》，经济管理出版社 1987 年版，第 116 页）。石川滋把我国原有经济体制从其主体上定义为"集中管理的实物计划资源配置体制"（参见石川滋《社会主义经济和中国的经验——对经济改革的展望》，《科技导报》1986 年第 2 期）。

农副产品的循环流转就其主体方面来说已转向市场化轨道；农民行为的自然经济倾向和实物化倾向正在逐渐向市场化方向转变，农民之间、农民与政府之间及乡村与城市之间正在逐渐建立或许还属于"初级形式"的商品货币关系；粮食的合同订购和部分农业生产资料的政府专营虽然离"市场决定"还相距尚远，但同过去相比也更多地受市场价格信号的调整和影响；尽管工业品流转还表现为配给交换和市场交换的混合，要素市场发育还严重不足，但实物计划分配体制的僵局早已打破。因此，经济运行的主流和总方向正在逐步向市场化方面发展。

但是，国民经济的商品货币化进程并不像人们预期的那么顺利，也不是一个整齐划一的演进过程，它常常被某种与之相反的力量所干扰，受某种反市场因素的阻抑。这种相反力量或阻抑因素就是我们所讲的实物化倾向。我们当然不能将这种实物化倾向同改革前国民经济流程普遍实物化的旧格局相提并论，它不是简单重复全面指令性计划框架内的配额调拨和实物分配，而是在一定程度上逆市场化改革而行的并采取某种新形式的"逆反因素"，使改革的深化常常受阻。

经济运行中的实物化倾向是我国市场化改革过程中一个不可忽视的现象。分析这种现象的表征、成因及其弊病，并在此基础上探索相应的对策，是使改革向深层拓展从而在我国加速建立社会主义市场经济新秩序的一个重要课题，是总结改革经验，克服改革中的变化无序状态的一个重要内容，同时更是经济紧缩过程中需要经济学家和改革决策者引起高度重视的问题。据此，我们拟在近一年来对中国改革时期收入分配问题进行调查研究所获得的实感的基础上，对这一问题作一初步分析，并以此作为我们对十年来经济体制改革的反思的一个侧面，希望引起人们对这个问题的关注和讨论。

二　实物化倾向：市场化改革进程中的阻抑现象

国际社会主义经济改革运动的共同点是力图按照现代商品经济发展的要求重新组织国民经济运行系统，建立受政府宏观协调的市场操作机制。然而存在于我们身旁的一个基本事实却是：在几乎所有实施改革的国家，尤其是在中国，可以看到两种形式上矛盾但事实上并存的情形。

一方面，原来的指令性计划规模逐步缩小①，单纯由计划部门"分人、分钱、分物和分项目"的配给制经济格局开始被突破，中央政府对人、财、物的直接控制面缩小，同时人、财、物资源开始取得一定程度的商品身份并进入市场，初步形成了由劳动力商品流通（L—G）、资金交易（G—G）和商品流通（W—G—W）及其他流通形式构成的"市场体系"，尽管这种"市场体系"还是初级的、简单的。

另一方面，经济流转存在相当强的实物化倾向，个人、家庭、集团甚至政府机构都或多或少地、本能地产生反市场行为，寻找非价格约束的交易机会，进行非市场秩序的"赢利"活动，创造超越公开自由竞争的分配和"买卖"程序，等等。

从我国若干年的实际情况看，这种实物化倾向绝不是一种局部的和偶然的现象，它并不像西方市场经济中那样作为"特例"和"次级现象"而存在，而是一种"通例"和"普遍现象"。尤其是在 1984 年经济开始走上"过热"轨道后，总量和结构失衡趋于严重，经济系统的短缺程度加剧，通货膨胀率提高。在这种经济背景之下，实物化倾向表现得尤为明显。

就当前而论，经济实物化倾向既存在于分配领域，又存在于生产、交换和消费领域；既存在于家庭和企业间，又存在于政府间。相对于市场化改革的总方向而言，这种实物化倾向是改革进程中的阻抑现象乃至倒退现象。实物化倾向的主要表征可以概括如下。

（一）配给票证的复兴

配给票证，原是我国旧体制下实现经济物品短缺均衡的普遍手段，尤其是家庭生活资料的主要分配工具之一。它是用单纯抑制需求来适应低供给水平的一种措施。经过几年的改革，居民手持票证曾有明显的减少。② 但

---

① 据了解，到 1987 年年底，我国中央直接计划管理的工业品只有原来的 50%，中央统配物资只有原来的 10%。1988 年 7—8 月抢购风兴起后，部分工业产品和工业消费品又重新采取行政式指令性配给，不过配给规模还是较 70 年代末期要小。

② 60 年代，北京凭票供应的商品为 102 种，上海为 92 种。到 70 年代，全国凭票供应的商品仍有 73 种。80 年代上半期，城市居民除手持粮、油、布票外，上市采购基本上不要带票证，而且即使是粮、棉、油，由于票外供应比较充足，其票证亦对购买者行为约束不强。（参见姜波《票证的变迁》，载《经济日报》1987 年 10 月 15 日。）

是，近几年来票证现象又开始复兴：不但粮、油等基本食品仍维持凭票定量供应的制度，而且蛋、肉、糖、粉丝等副食又恢复了按人按户按月定量的票证配额制；甚至连卫生纸、肥皂、洗衣粉等日用品也定量、票据化；此外，还有彩电、冰箱等家庭耐用电器实行普通居民连定量票据都拿不到手的所谓"有限票据"供应。据某市调查，仅以吃这一项为例，票证供应量占普通居民的家庭消费总量的45%—65%，其中粮、油、蛋、肉的消费量85%—95%来自市政府的配给供应。家庭消费品票证的复兴，标志着我国消费品生产后的经济流程的实物化倾向又在强化。在这个流程中，居民对消费品几乎没有真正的量的选择自由，对消费品质的选择程度也是很低的。在这里，买者（居民）和卖者（企业）之间的交易行为不是由消费者主权支配，而是主要受计划者主权和生产者主权联合支配，因为配给票证事实上给买者行为作了事前规定，作为消费者的买者无权根据自己的偏好进行自由选择。

（二）福利性消费的相对扩张

改革以来，随着城乡居民家庭收入的较快增长，家庭总预算开支亦随之较快增长。但在城镇居民的生活开支体系中有若干相当重要的开支项目的比重近几年来一直保持在稳定乃至下降的水平。

表1　　中国1981—1987年城镇居民生活开支及其部分构成变动*

项目	1981年	1982年	1983年	1984年	1985年	1986年	1987年
（1）非农居民消费水平指数	240.9	242.7	252.2	277.3	309.0	929.2	348.2
（2）城镇居民人均年生活开支	456.8	471.0	505.9	559.4	673.2	799.0	884.4
（3）在镇居民人均年房租开支	6.36	7.08	7.68	7.80	6.48	7.20	7.74
（4）城镇居民人均年医药开支	2.8	2.9	3.1	3.4	6.2	7.6	8.9
（5）$\frac{(3)}{(2)}$（%）	1.39	1.50	1.52	1.39	0.96	0.90	0.87
（6）$\frac{(4)}{(2)}$（%）	0.60	0.61	0.62	0.60	0.93	0.95	1.00

说明：* 表中，第（1）行以1952年为100；第（2）、（3）、（4）行业单位取元。

资料来源：《中国统计年鉴》（1988），中国统计出版社1988年版，第801、807页。

其中最突出的是人均每年的房租开支。由上表可知，城镇居民人均每年的房租开支占人均每年生活费总开支的比重呈下降趋势，从1983年的1.52%下降到1987年的0.87%，甚至比传统体制下的1957年（占2.32%）和1964年（占2.61%）还要低得多[1]。这说明改革以来城镇居民的住宅消费的福利程度和实物化倾向相对地扩张。其他如公共交通、水电费等开支，也大体上同房租开支类似。至于医药费开支占生活费开支的比重虽然呈逐年增大趋势，但由于表中起点年份城镇居民的医药费开支基本都由公费报销负担从而属于高福利供养和高实物配给，所以即使1981—1987年提高0.4个百分点也不足以从根本上改变实物化倾向。而且如果从"城镇居民"中分离出"全民所有制单位职工"进行单独考察，那么容易理解，此开支项目的福利性消费的相对扩张特征是很明显的，因为迄今为止全民所有制单位职工的医药费主要还是采用实报实销的办法。

如果考察的对象是党政机构中的高级干部，其消费的高福利性和非货币化特征更为明显。譬如，一位月工资为250元的高级干部，年薪为3000元，相当于全国人均工资1459元（1987年）的两倍强。这种由货币工资表体现的高级领导人与普通职工的货币收入，差距并不大，但前者由于有专用小汽车和电话、宽敞的住宅、高级免费医疗、公费的家庭服务人员及其他特供和赠予的物质实惠等，他可以得到另一笔也许事实上超过3000元年薪的收入。我们这里不准备讨论年收入事实上超过6000元的高级干部与年薪1459元的普通职工之间的收入差距是否合适，而感兴趣的是这种非货币收入深刻地反映出我国高级领导层的收入分配和消费活动中存在着不可忽视的实物化倾向，而且这种倾向在以往十年中还呈现出进一步增强的趋势。

近十年来，我们在货币工资制度的改革上并没有取得实质性的进展，但在对不同级别的干部规定各种实物供给的待遇上却下了不少功夫。对处级、局级、部级干部的各种实物待遇（包括住房、用车、电话、医疗……）都作了比以往更为具体和更为优惠的规定。在这方面甚至还有所"创造"：未担任过部长的干部可以享受部级待遇；未担任过局长的干部可以享受局

---

[1] 参见《中国统计年鉴（1987）》，第692页。

级待遇，等等。① 于是，在货币工资为既定的情况下，人们纷纷为争取更高的实物待遇而奋斗。近年来报刊上出现了不少谴责"官本位"的文章。在这里我们应该看到：上述实物供给的扩展正是"官本位"盛行的一个重要的物质基础。当然下面我们将会进一步分析，实物化同"官本位"在一定意义上是互为因果的。

（三）"单位"内部配给②

在"放权让利"的改革过程中，企事业单位存在的一个普遍现象是，各单位巧立名目给职工分发物资。在传统体制下，消费品的实物配给基本上只是由政府部门按全社会统一标准（如按区域、户头和人口定量）来实现，全社会被看成是一个"大工厂""大家庭"。而现在的实物定量配给渠道却是双重的：政府配给和"单位"（企业和机关）配给并存。仅就"单位"配给而论，其特征表现为：（1）来源不限，如企业既可以从本单位的产品中拿出一部分分发给职工，又可以通过企业集体购买来给职工供给一些自身不能生产的物资；（2）攀比升级，若甲单位只给职工发了一条廉价的毛毯，但在得知乙单位给职工发了一个高级石英钟后，甲单位便设法在适当的时候也发一个石英钟或其他更值钱的东西，这样彼此示范攀比导致"单位"配给升级；（3）巧立名目，为了对付检查和审计，各单位在给职工发实物后要么是不入账，要么是巧立名目打入生产成本和其他可报销项目中；（4）寻找时机，如选择逢年过节给职工发钱发物或给职工购货券让其定点定时兑换商品。事实上，这种名目繁多的"单位"配给，不仅发生在宏观被控制单位——企业和下级社会机构，而且发生在宏观控制单位——

---

① 据统计，全国担任副局级以上领导职务的干部只有9万，而被批准享受这一待遇的人已达21万。（参见莜冬《淡化等级制》，《经济学周报》1988年6月12日。）

② 我国的配给范围相当宽。从配给主体来看，既有政府配给，又有单位配给；从配给资料来看，既有生产要素（资金、劳动力和生产资料）配给，又有消费品配给；从配给对象来看，既有给普通公民的配给（包括医疗保健、住宅、免费教育、低价定量物资等），又有给高级干部的特殊配给。而消费品配给制具有两个基准：一是按人头定量供应；二是按职位免费供给。前者是平等享有，享有者是城市居民；后者是差别享有，按级别决定。前者享有范围宽，目的是保障基本生产品供应；后者享有范围窄，目的是刺激为官的积极性，通常提供的是满足较高消费要求的消费品。前者存在部分预算约束，并按国家规定的低价支付货币。后者完全不存在货币支付，是典型意义上的"供给制"。（参见赵人伟《劳动者个人收入分配的若干变化趋势》一文第四部分，《经济研究》1985年第3期。）

各级政府和各部委。据调查,某政府级物资批发部门,逢年过节发给本单位职工的鱼肉食品足以满足职工家庭的节日消费并且有余。一般来说,"单位"配给要比政府配给的实物化程度更高,因为前者往往是"白给",职工不必或很少支付货币。

(四) 公买私享

公买私享是我国传统体制下实行供给性消费的一种普遍形式,在公费消费领域中,几乎包括衣食住行所有方面。改革以来,买者身份发生了一些变化,比如用经费包干的形式强化了下级单位的公费开支方面的预算约束,但对公费开支领域中的消费者来说情形依然如旧,依然是公买私享:买者是公有集体、消费者是个人。"公差使者"在合"法"(财务上允许报销)的条件下经常是"白吃、白住、白玩、白行"。为了不让其"白吃"太多,采用过"三菜一汤"或"四菜一汤"的办法,结果不但无济于事,而且吃的质量更高、碗盘更大;如果吃的费用超标准就将其记入住的费用之中。这种"买者"和"消费者"分离、购买行为和享受行为分离,必然强化实物化倾向。另外,财务上规定只有什么头衔和级别的人才能享有什么特惠待遇,如特供商店、特供医院,甚至列车上的软卧等仅供有特殊级别的人享用,而且由公家开支,这是一种典型的逆市场法则的实物化倾向。在这样的高实物化领域中,没有级别或级别低的人即使再有钱也不能进入,平等竞争、自由选择、等价交换的市场法则几乎全然绝迹。

(五) 实物串换

这是实物化倾向的又一个特征。在我国目前的经济生活中,尤其是在短缺程度很高的经济领域中,实物串换又以多种形式盛行起来。我们经常见到的实物串换形式主要有:(1) 以物易物,其图式是 W—W。比如用钢材换轿车,用汽油换彩电,用化肥换粮食和鱼肉等。(2) 以票易物,其图式是 N—W。比如用粮票换鸡蛋,用彩电票换其他实物等。[①] (3) 以权易

[①] 严格说来,无论是粮票、肉票、彩电票还是其他无价票证本身都不是等价物,而只是短缺的象征。但是,由于市场供求规律的作用,这种反映短缺信号的无价票据却又会通过灰市活动使其成为一般等价物。既然代表短缺的无价票据可以换物,那么用这种票据换钱即 N—W 形式被 N—G 形替代道理是一样的。

物，其图式是 P—W。比如利用手中的权力帮人办一件事，然后人家无偿赠物如赠冰箱、彩电、人民币甚至外汇以作报答。在三种形式中，形式（2）和（3）显然不是正常市场交换，它们偏离了商品、货币流通的正常的一般形式 W—G—W 或 G—W—G 及 G—G。用 N 和 P 换 W，其票证拜物教和权力拜物教表达得淋漓尽致，实物化倾向也一目了然。至于形式（1），经济学通常称之为简单商品交换。这种简单的用物换物形式既存在于原始商品经济（A）中，又存在于现代商品经济（B）中，也存在于我们这样一种半发育的混合商品经济（C）中。其区别主要在于：（A）是由于市场狭小；（B）是为了减少交易费用，（C）则主要是由于物资短缺等制度性因素所致（这一点本文第三部分专述），但共同点都在于实物化倾向，当然（C）形式中实物串换的实物化倾向通常是和灰市或黑市活动混杂在一起的。

（六）超常规补贴

在现代经济下，要想完全取消补贴似乎不大可能。但我国因其经济福利化程度太高背上了过于沉重的补贴包袱，踏上了超常规补贴轨道。如果对现有补贴进行分类，可分为如下几种：（1）生产补贴。这主要是指政府对企业等生产经营者给予的财政补贴，除了为扶植农业生产和新兴产业而给予的必要补贴外，政府因考虑到破产和失业可能造成社会不稳定还对大量亏损企业给予补贴。（2）消费补贴。这是指政府向城镇居民在诸如低价房租、低价粮食、公费医疗、免费教育等供给性和半供给性消费方面给予的暗补。[1]（3）差别待遇补贴。我国目前消费领域中除存在"人均一份"的国家补贴以外，还存在各种差别待遇津贴。实现差别待遇津贴的形式除货币收入外实物收入占有很大份额。现在我国分配和消费领域中政府分配

---

[1] 据有人估算，我国目前职工供给性消费（包括房补、粮补、公费医疗、免费教育等）约相当于职工平均工资收入的80%左右（参见李铁军、郑廉明《试论实现小康水平的条件和特点》，载《经济日报》1987年7月18日）。1987年，全国公费医疗近100亿元；1980—1986年，国家投资1000多亿元为国家职工盖房，收回房租仅占投资的2%，职工每住一平方米房子，国家每月要补贴2元多钱；城市居民每吃一公斤粮食，国家要补贴0.34元以上；吃一公斤花生油补贴1.6元；肉、奶、蛋、菜、烧煤、棉布等都要由国家补贴。国家用于购销倒挂的差价补贴，由1978年的55.6亿元增至1986年的244亿元（1984年达321亿元），这种增速大大超过国家财政收入的增速。（参见《北京日报》1988年6月22日《从物价看改革》；《中国统计年鉴》（1988）第763页。）据估计，目前北京市人均每年享受的各项财政补贴达550元（见《中国妇女报》1988年11月16日刘晓玲文）。

补贴的比重序列模式是：

农村居民 < 城市居民　或 Ar < Ur　私营居民 < 公职居民　或 Prr < Pur

集体居民 < 国营居民　或 Cr < Str　普通居民 < 特供居民①或 Gr < Spr

上述种种补贴滞缓了经济货币化进程，强化了实物化倾向，其表现程度是许多国家所不可比拟的。

三　实物化倾向的基本成因

（一）"官本位"与"社会拜权主义意识"

在中国这块土地上建立社会主义市场经济新秩序，让所有社会成员在平等的起点上贡献才智、寻找幸福的机会和实现个性的发展，遇到的一个直接障碍是反市场法则的"官本位"和"社会拜权主义意识"。它成为一种"教"，但不是直接对商品、货币和资本的"拜物教"，而是"拜权教"。如果说马克思分析的货币拜物教其表征在于由于货币的媒介作用使劳动者与作为劳动产品的商品物发生异化的话，那么我们这里的拜权教则由于官权的媒介作用使劳动者与作为劳动产物的商品和货币发生了异化。在前一种情况下，人们受货币驱使，经济学的理念是"只要有了钱就会有一切"；在后一种情况下，人们受权力（不是平等的权力而是等级的权力）的驱使，在头脑中形成的新的理念是"只要有了权就可拥有一切"。这种无须以任何可以捉摸的物作媒介的"拜权教"非常方便地为个人创造出实物来，从而使整个社会经济流程中的实物化倾向不断再生和扩展。

在人为地取缔了商品货币关系的旧体制下，由于"官本位"处于单一控制地位，社会经济活动中被人们信仰的只有一个"拜权教"，就使得人们不易清楚地发觉"拜权教"对以科学、民主和自由为诱因的现代经济发展的阻抑作用。随着市场取向的改革的展开，且当商品、货币市场直接冲击着包括笔者在内的许多人都很难自觉地和完全地摆脱的"官本位"和"拜

---

① 特供居民指那些可以获得特供消费品如免费的电话、小汽车、高标准低租金的住宅和享受其他公费性服务的居民，这部分居民的非市场约束的实物消费的人均额最大，享用国家的供给性消费补贴最多，对市场价格信号的反映程度也最低。

权教"时,这种"官本位"和"拜权教"就会更为变本加厉地成为反商品货币和反市场的力量,就会以各种方式在推进市场化的地方顽强地表现出实物化倾向。比如就会在一边设计居民住宅商品化改革方案的同时,一边又规定某级别以上的干部不参加改革即让其无偿或低偿享用公房;就会在一边提倡建立住宅市场、电话市场和小汽车市场的同时,一边又让中高级干部无偿享用住房、电话和小汽车的规模急剧扩大。① 这种用官代替钱,用权力代替购买,用"拜权教"代替"拜物教"的体制,亦是当前实物化倾向的基本成因之一。如前所述,"官本位"、"拜权主义"同对官员的实物供给是互为因果的。实物供给的扩展是"官本位"盛行的一个重要物质基础;而"官本位"的强化反过来又成为这种实物供给扩展的政治体制前提。

(二) 社会组织结构中的双层"父子关系"

社会分工是经济关系商品化的基础。亚当·斯密曾经正确地指出,市场的发展依赖于交换的发展,而交换的发展又依赖于分工的发展。在我国,家庭、企业、社会组织和政府,其行为活动虽然在形式上是彼此独立的,但职能分工不明显、不深透。不但政府(或国家)和企业之间存在"父子关系",它们之间的等价交换关系不鲜明,要么是政府对企业无偿或低偿给予,要么是企业向政府无偿或低偿奉献,形成实物让渡关系;而且企业和其他社会组织存在着"家庭化"倾向,即在企业和事业单位的领导人同职工之间也存在着一种"父子关系"。② 工厂、学校、机关、各个单位都是一个"大家庭"或"小社会",在这里,职工及职工家属成了"家庭成员",他们可以获得分享实物的机会。一个职工一旦进入了单位,他(她)及其家属子女就可以得到许多无须货币清偿的实物收益。一个大型企业(政府机关)都有自己的学校、医院、住宅、服务公司和其他免费娱乐和生活设

---

① 1988年11月17日《人民日报》转载了新华社大连11月16日报道:近日,一些从东北地区赴烟台全国化工产品订货会的代表,自带小汽车100多辆跨海赴会。有人说:"开会带汽车,太不像话了。要让自己掏钱,他们绝不会这样干。"实际上,我国目前高级干部出门无偿坐汽车是一个普遍现象。在这种消费行为中,毫无预算约束,是一种典型的实物化倾向,而这恰恰是"官本位"、"权本位"的产物。

② 关于两个层次的"父子关系",可参见科尔奈和丹尼尔《匈牙利经济学家看中国的经济改革》(《经济学译丛》1987年第12期)。

施，单位成为了职工及其家属的"第二家庭"，成为了仅次于政府的第二配给组织。

这两层"父子关系"，就形成了通常所说的"两个大锅饭"（企业吃国家的大锅饭、职工吃企业的大锅饭）的问题。改革以来不但在打破这双层"父子关系"的问题上并未取得实质性进展，而且，后一种"父子关系"还有所强化，即企业"家庭化"的倾向有所强化。这两层"父子关系"，特别是后一层"父子关系"，就成为实物化倾向的社会组织原因。各个企业和事业单位都争相为本单位的职工发实物和发现金。由于发实物更难以衡量、比较和监督，所以更易为人们所普遍采用。

（三）传统观念的影响与旧供给制的惯性

十年来改革的势头虽然对传统习惯和传统观念进行了猛烈的冲击，但传统的东西仍然不可忽视地成为市场化改革中的抑制力量。人们自觉地或不自觉地难以完全摆脱这种传统因素的影响。这方面的实例可以说是俯拾即是。

旧供给制的惯性就是一个明显的例子。尽管50年代中期在我国确定的工资制度只有微弱的市场因素，根本谈不上市场导向的改革，但就是那样一种工资制度也受到了传统的供给制的排斥，1958年掀起的批判资产阶级法权的运动，1975年掀起的批判八级工资制的运动，都在观念上和体制上强化了实物供给制。近40年来，我们实行的实际上是工资制加供给制，而且货币工资制经常受到压抑，实物供给制则经常抬头和扩张。社会下层的绝对平均主义思潮和社会上层的特权观念的结合，使旧供给制的惯性力量变得十分强大和顽固，十年来培育起来的这点市场力量简直无法与之抗衡。

工农业产品交换中的实物串换本来是60年代初经济困难时期盛行起来的一种治标的办法，但我们似乎已经积习成瘾，一遇农产品采购中的困难，好像就只能采用"一斤化肥换一斤粮食"的公式，而把市场、货币、价格的作用放在一边。

至于以"四菜一汤"来代替"十菜一汤"的宣传，也许有的宣传者本身尚未意识自己没有摆脱传统观念的束缚。因为，问题的实质不在于免费供给你吃（或仅仅象征性收费）多少，而在于是否真正地付费。可见，"十菜一汤"与"四菜一汤"之间的差别如果仅仅是实物供给量的差别,那是没有什么意义的,因为两者均为"白吃"。真正市场导向的改革应该提倡付费。如果真正自己付费,那么"十菜"与"四菜"之间完全可以留给消费者去自由选择,用不着决策者去决定配给量。由此看来,"没有免费的午餐"这种观念要在中国这块土地上真正地确立起来,确实尚需一些时日。

(四) 落后循环与低水平平衡

旧供给制在运行了30多年后之所以在市场化改革中还有惯性,其深层的原因是经济体制未发生根本改造,生产力发展水平低,经济落后,有效供给不足。在这样的大背景下,加上人口自然增长率减速并未实现预期,财富增长速度的加快并未达到从根本上形成以充足的供给量来取代低水平配给平衡的强大诱力的程度,就使得简易的政策操作时常自觉不自觉地偏向维持或利用实物配给方式。有同志或许会问,在这十年改革中,我国人口自然增长呈下降趋势,而宏观经济的各项收入和产值指标增长加快,改革十年所创造的财富量相当甚或超过此前30年所创造的财富量,在此情况下,还说我们落后、供给不足,未必可信。我们认为,从这种纵比中我们的确可以得到许多安慰。但必须看到,各国之间落后与先进的对比是一个同时代概念,我们摆脱了五六十年代那样的落后状况,而今天又变成了另一种形式的落后;消除了五六十年代那样的基本生活品绝对短缺的状况,但又形成了新消费品结构层次上的短缺格局,供求失衡取得新的形式。这种"落后循环"和短缺再生,加上利益调整和制度创新遇到了"重权主义"和平均主义的障碍,改革决策者不得不继续维持既少触及既得利益又搞一点利益均沾的低水平平衡。其结果,实物化倾向又被保护下来。

(五) 需求过度与通货膨胀的约束

在国际高消费的影响和传递作用下,落后必然导致短缺,然而短缺并非仅仅来自供给一方的作用。实际上,短缺是有效供给不足和需求扩张过度共同作用的结果。一般说来,短缺通常会加剧物价上涨的压力,如果宏观政策比较偏好于通货膨胀,需求扩张会更快,短缺程度会更高。这时居民对未来物价的预期,以及政府领导人对未来不稳定的预期,可能要求选择一种趋于安定的、保证每一个社会成员都应获取基本生活资料的物资分配方式。这样看来，实物化倾向似乎又与部分产生于需求过度和通货膨胀的短缺现象有关。在短缺强度很高的经济领域，如果大多数人对过分涨价的承受能力很小，加上官商之间、政企之间、权力与货币之间没有完全脱钩，以及流通秩序混乱，有限地搞一点定量配给和采取小范围的保量保价、保量不保价或保价不保量的措施似乎又是不得已而为之。一旦短缺强度稍有缓解，这些措施即应解除。但是，如果宏观政策指导经常制造过度需求，由体制效率下降而强化有效供给不足，高短缺状况亦难缓解，同时实物化倾向亦可能加剧。近几年的票证复兴、实物串换进一步发展、供给性消费相对扩张等情况证明了这一点。

（六）已有改革的局限性

前十年，我们在农村改革、企业经管机制改革等方面基本上是朝市场方向发展，并取得了明显的成效。但流通和分配领域的改革存在一些不容忽视的问题，其中这里有三个问题议论比较多：（1）企业（指国有企业）产权模糊给管理企业的人（厂长和政府官员）留下了侵蚀产权利益的空间，因为产权的"无人所有制"事实上等于说让大家都可以有机会无偿分享产权利益，也找不到有效办法要求厂长不给职工发实物，更难真正制止政府官员用批条子的形式从企业换回彩电等实物。因此，可以说产权模糊是产生实物化倾向的一个温床。（2）迄今为止，我们的政治体制改革主要着眼于人事调整和机构重组，并且基本上是在旧机构变化不大的基础上增加新机构，而对官员的利益结构及利益分配方式等方面没有实质性的改革措施。为了避免其他改革的阻力，我们采取了保护既得利益或者追加新的利益如职务津贴、离休津贴等办法。结果，全社会供给性消费规模日益扩大、实物化倾向愈加显著，因为进入官阶的人越来越多，官阶队伍直线膨胀，同时实物供给的资料也在不断升级（由上海牌轿车到桑塔纳轿车、由台扇到空调等）。有理由说，近几年进行的所谓机构改革和对官员利益的过分满足是改革局限性的表现，它助长了实物化倾向。（3）经济"过热"时理应采取紧缩措施，但用什么办法紧缩是一个涉及是否给下步改革设置障碍的问题。近两年来，我们的紧缩措施和方式有一些还是老式的，还是采取了一些直接的实物性控制。最近,理论界又有人主张用"户口"和发货票的办法来给生产企业定量配给生产资料。这是一种典型的非市场方法,它必然强化生产资料流转中的实物倾向。

从经济过程的表层现象看,实物化倾向的形成既有政治结构、社会组织形态和发展水平方面的原因,又有传统观念影响和决策偏差方面的原因,但深层的根源在于经济组织的基本制度,在于被泛化了的国有制体系未能进行根本的改造。市场经济学的基本定理是,一切交易均需按等价原则行事,对他物的权利的获取必须以让渡已物的权利为前提,因此交易的逻辑前提必然是:"他物"与"己物"的产权界区十分清楚,在这里排他性占有是天经地义的。而当产权掌握在"全民"或属于名义上代表全民的"国家"手中时,排他性占有消失了,每一个属于"全民"或"国家"一分子的社会成员都可以以"主人翁"的身份要求以各种方便的形式实现其对经济物品的所有者权利,而这种权利的实现程度又取决于他凭借权力和地位对国有资产控制和影响的程度。官越大,权越大;权越大,对国有资产控制和影响的程度亦越高,从而实现所有者权力的机会越多,结果不含"等价物因素"的权力就可以与"他物"形成交易,就可以成为无偿领取实物和享用各种供给性消费物品的"凭证"。如果"他物"的产权界区清楚,排他性占有完全,再大的权力对于等价交易也将是无济于事的,因为你没有等价物和"抵押品"就没有进入市场的"入场券"。在这个意义上,我们有理由认为,我们面前的实物化倾向首先是一个制度现象,是一个由泛化了的国有产权制度培育起来的经济现象。诚然,中国目前的农业还仍旧处在从自给农业向商品农业过渡的发展阶段,农民的消费主要是自给自足,这不但与分工不充分以及由此引起的交换不发达和市场狭小有关,而且与落后农业的"低水平剩余"有关。这种基于发展水平的商品化程度低的情形不包含在我们的"实物化倾向"概念之中,因为它与制度没有必然联系。

四 实物化倾向弊端分析

现代国际经济的发展表明,一国经济的循环流转如若走上了正常的货币化阶段,经济活动的评价就可以由公开的市场原则来进行,从而经济的发展和变化就具有很强的透明度；经济政策操作和宏观变量调整也就可以按同一准则来实行，从而自由选择的空间也就可能相当大。这就是当前各社会主义国家的经济体制改革几乎不约而同地选择市场取向的基本动因。事情越来越清楚，经济实物化无疑曾是原始共产主义和封建自然主义经济中的必然选择，同时也许可能成为国际资本主义高度发展之后产品共产主义社会的一种选择，但在当今国际市场经济秩序之下，它只能成为一种消极的经济力量。

我国经济生活中广为存在的实物化倾向，至少有以下弊端。

（一）利益分配不透明

我国目前的利益（收入）分配事实上属于"双渠分配"；一是市场渠道，主要表现在工资、利息、利润和其他货币收入上；二是非市场渠道，主要表现在实物配合、票证供应上。[①] 一般来说，前一种分配形式透明程度高，各收入主体间的利益差别易于比较；而后一种分配形式缺乏透明度，对个人、单位及各不同集团之间的利益差别很难测度、比较和监督管理，因为某人某单位在进行了实物分配后是不会声张的，更不会计入个人收入账目之中。目前，我国企业（政府机关和其他非营利机构）内部的实物分配的基本特征是隐蔽化，这不利于政府制定正确的收入调节政策。

（二）缺乏同一的经济评价尺度

由于单位内部实物分配过程是一个隐蔽的过程，缺乏社会透明度，并且不入账，就使得全国收入分配统计少一块，存在一块"黑地"。这样，社会范围内的个人收入分配就成为了一本模糊账。而按各单位拿出的工资表来评价和比较是不能说出各单位之间收入分配的真实差别的。我国现在个人收入分配的对比情况是：工资收入差别呈缩小趋势，实物化收入差别呈

---

① 把票证当作收入看待，是容易理解的。比如，国家按人每月无偿发给城市居民粮票 30 斤，如果每个城市居民只需用 20 斤粮票买平价口粮，那么这里要计算两笔额外收入：(1) 用 30－20＝10 斤粮票去换 1 斤鸡蛋（值 2.5 元），就等于另得 2.5 元收入；(2) 因粮店平价粮食和自由市场的议价粮存在假设为每斤 0.35 元的差价，那么，又得 20×0.35＝7 元的收入。这样一来，国家发给居民 30 斤名义上无价值的粮票，居民事实上可以从中得到 9.5 元的收入。因此，无偿获取票证，意味着得到实际收入。

扩大趋势。如果比较的不是单位之间而是普通职工和政府官员之间或不同级别的政府官员之间的个人收入差别，上述趋势更为明显。一个高级干部的工资也许只高出一个普通职工工资的一倍，但其实物化收入可能要比普通职工的实物化收入大若干倍。除了前面论及过的高级干部可以无偿享用和占有国家配给的轿车、电话、宽敞的房子、家庭服务员外，单是到各地开会、指导工作用餐的开支就是一笔可观的收入。个人收入分配的非同一性使经济评价系统缺乏同一测量尺度和同一管理准则。一方面，工资表不反映工资收入者收入差别的程度；另一方面，要准确统计计算所有社会成员实物化收入的真实量度又非常困难。结果，我国的个人收入分配账就很难摆脱糊涂账的困境。①

既然个人收入分配不透明，缺乏统一的经济评价尺度，那么收入分配的宏观决策就必然缺乏科学依据从而难免发生失误。我国1985年以来的工资改革不但未在工资制度创新上见成效，而且越改人们的意见越大，除了行政式工资结构性调整这个永无终日的办法必将在职工的互相摩擦和争夺之后形成平均主义的妥协方案，从而越调越不尽人心意以外，一个重要原因是收入分配改革只涉及了工资这个货币收入领域，没有涉及配给尤其是特供这个实物收入领域。实践证明，如果不将实物化分配改造成货币化分配，不形成对每一个社会成员都一样的收入评价尺度，不但分配改革难以见效，而且可能事实上背离现代商品经济的公平原则。

（三）寻租与灰市延伸

实物化倾向在流通中的表征是抑制价格调节，将一部分商品阻塞在通过货币评价的公开市场交易之外。在某种商品短缺现象严重时，采用票证方式实行限价定量配给，发给消费者购买许可证，并指令买者只能按给定的配额在指定的地方购买所需物品。这意味着人为限制公开市场交易，使价格与供求关系脱节从而其调节功能减弱。这就必然产生两种情形：其一，给定的配额数量不会恰好等于配额获取者按其偏好所要求的数量，二者总

---

① 有人把货币工资收入的差距不能真实反映实际收入的差距这样一种情况形容为不同的人所得到的等量货币具有不同的含金量，就是对收入分配中实物化倾向所造成的缺乏同一评价尺度和利益不透明的一种抱怨和批评。

是会产生或多或少的差异。这样,配给交换中必然会产生用以补齐这种差异的"寻租"活动。配额数量大于需求量的人会将其"剩余"即多出的配额购买许可证投入灰市以获取一般等价物(人民币);而配额数量小于需求量的人则会不惜花钱买进这张许可证。形成事实上的非等价交易。其二,配给者可以利用手中的权力将一部分配给物资的支配权掌握在私人手里或扣发一部分配给票证,然后他可以伺机将配给物资(平价)高价转手倒卖。或将配给票证有价售出,结果形成由配给者直接参与的黑市或灰市。这样一来,限价定量配给过程便产生两个直接结果:一是保障居民可以得到一定量的平价短缺物品,安定民心;二是人为地制造灰市,使寻租活动增加,灰市规模扩大。然而,通常的配给政策往往只考虑了第一种后果,而没有顾及第二种后果。

(四) 阻滞市场创新

实物化倾向的另一个弊害是妨碍竞争制度的形成,阻滞市场的创新和发育。实物化是自然经济和产品经济的必然伴侣,它排斥货币平衡的作用,排斥买者之间、卖者之间、买者和卖者之间的相互竞争。特别是在社会上盛行"拜官教"和"重权主义"的环境下,实物化交易活动必然官僚化、行政化,参与此交易的买者不得不处于被奴役被掠夺的地位,从而卖者垄断的背后事实上是权力垄断,谈不上公平竞争。另外,就实物化过程的形成本身来说是受行政机构来操纵的,因此它凝固了旧体制因素,限制了新体制因素的生长。我国近几年来市场化改革老是停停走走、走走停停,不断循环往复,一个基本的事实是,人们的观念和实践中依旧存在根深蒂固的实物化倾向。

(五) 因价格失真导致要素配置低效

实物化还有一个弊端,就是使价格失真并导致要素配置低效。市场配置系统效率高的基本前提是,参与配置的全部要素的价格是真实的。如前所述,实物化过程中的配给品无论是在公开市场(用票证按平价购物)还是在灰色市场(实物串换和直接进行票证交易),都会造成同一物品的价格混乱。生产者、消费者和宏观调节者每一方获得的价格信号都是被扭曲了的。三个经济当事人按各自得到的失真的价格信号作出的决策难免失误,最后导致经济系统的低效运行。①

(六)"外部短缺"和"内部过剩"的互相强化

实物化分配最初的经济功能在于用配额来创造低水平供求均衡,减缓市场短缺程度,让每一个人能得到同一数量的短缺物资,或者让一部分人(如官员)多得一些短缺物资(如住宅、电话、小汽车和高级医疗服务)而让另一部分人(普通公民)很少或根本得不到这些短缺物资。然而从长期的和根本的观点来看问题,配额供应的办法不能刺激供给的增加,因此,它不但不能缓解市场上的短缺现象,而且可能形成"外部短缺"和"内部过剩"相互强化的格局。由于外部短缺,必然造成家庭内部的囤积和过剩,从而进一步加剧外部的短缺,两者彼此相互强化,形成恶性循环的格局。这种格局从动态上来看就非常明显。譬如某市政府用财政补贴来支持春节期间给城市居民的消费品供应,一方面给居民增发购货的票证,一方面将本应在春节后上市的货物提前集中在春节期间上市。结果虽然春节期间消费品市场供应丰富、短缺消除,但春节后的市场短缺强度则会加剧,因为不同消费者在不同时期的消费需求不同,春节期间总会有一部分人的消费需求量小于配给量从而出现过剩和浪费。而这种过剩又会成为未来短缺的直接因素。② 因此实物化配给制不但难以实现积极的供求平衡,而且事实上是在创造供求非均衡化。

(七)增加交易费用,助长浪费和腐败

从货币的起源和职能我们可以得知,正是为了方便交换和节省交易费用,货币才被人们接受为一般等价物而畅通无阻。但我们的实物分配却与此背道而驰,整个实物分配系统无论是生产资料的分配系统还是消费品的

---

① 关于这方面的详细分析,可参见王忠民《我国产业结构中的主导产业问题探讨》一文,载《经济管理》1988年第1期。

② 据《人民日报》1989年3月2日报道,杭州市春节给市民发出的票证半月之后才回收,元宵节之后市民手持票证排长队购买春节的那份年货,出现了"过了元宵买年货"的现象。一位买者说:"春节单位发的东西都吃不完,如果不是票证要作废再过十天半月来买也可以。"由此可见,实物化配给制度不但人为地造成"内部过剩",而且还刺激了过度需求的生长。

分配系统，其机构都十分臃肿，其运作都极其笨拙，必然使交易费用大大增加。至于各种实物串换和各单位内部实物配给中交易费用之高，那就更不待言了。

上述各种各样的超常规补贴，一方面使国家财政背上了越来越沉重的包袱，另一方面却刺激了浪费和滥用。什么东西国家财政补贴得越多，什么东西浪费和滥用得也越多。这似乎已成了一条规律。城市职工食品、住房中的补贴和浪费及公费医疗中的补贴与浪费，都已经成为人所共知的常识。

由于实物分配的透明度低，难以衡量、比较和监督，因此成了滋生和助长腐败行为的温床和土壤。哪里的透明度越低（或隐蔽化程度越高），哪里的腐败现象也就越严重。

五　结语

通过对我国市场化改革进程中实物化倾向的上述分析，可以获得以下几点基本认识，并以此作为本文的结语。

从总体上来看，我们必须充分认识在我国实行市场取向的经济体制改革的艰巨性、长期性和渐进性。实物化倾向的成因是多方面的，既有经济、政治体制和社会组织结构方面的原因，又有发展水平方面的原因；既有传统的观念和习惯上的原因，又有决策欠妥乃至失误上的原因。这些因素都构成了阻抑市场导向改革进程的力量。事实证明，对经济体制改革的一切速胜的想法和做法都是不切合实际的。在世界上类似的改革尚无一个成功的经验可资借鉴、自身的理论准备和实践经验又很不足的情况下，即使有闯关的勇气也无法毕其功于一役。值得庆幸的是，这一点已被越来越多的人所认识。有的经济学者认为，30多年来，我国建立了一套严密的产品经济体制，要从这种体制转化为市场经济，恐怕比自然经济转化为市场经济更困难。因为，有组织的强大的产品经济比分散的微弱的自然经济具有大得多的"反市场力"[①]。

---

① 参见《理论信息报》1989年2月13日熊映梧文。

当然，在实物化倾向的阻抑面前，人们并不是无能为力的。实物化倾向固然有客观的、不可避免的一面，但也确实具有主观因素引起的、可以避免的一面。例如，在住房商品化不可能在一个早上实现的情况下，我们为什么不可以在货币工资有大幅度提高的同时，适当提高房租乃至其他诸如水电费、交通费的收费标准，从而减缓实物化倾向呢？看来，在市场化改革的进程中，我们没有必要只在跳跃和停步之间作出选择，而完全可以更好地学会走路。

基于以上总的认识，我们认为，无论是发展战略的选择还是改革战略的选择，都应该克服和防止过热的弊病。实物化倾向的某些方面在80年代的前期有所弱化，而在80年代的中后期反而有所强化，上述票证的减少和复兴就是一个明显的实例。显然，实物化倾向的增强是同供求失衡程度或短缺程度的加剧直接相连的。然而，短缺程度的加剧则导源于发展战略选择上的过热和改革战略选择上的急于求成（也是一种过热）。1988年夏秋之交的抢购风就是两个过热交汇起作用的结果，它既是短缺程度加剧的反映，又是实物化倾向进一步增强的表现。可见，两个战略选择上的过热，反而会产生"欲速则不达"的逆效应，滞延市场化改革的进程，这是今后在掌握发展和改革问题上值得吸取的经验。

在短期调整紧缩的过程中，切忌滥用行政办法，仍要尽可能地运用市场方法。在短缺加剧的情况下，我们习惯于实行传统的发票证定量供应的办法。这样做虽然容易实现经济运行中的行政性平衡，但从长期来看又会阻碍市场的发育，使传统的实物化经济重新还原，致使前期的运行机制改革的成果蒙受损失，并形成"实物化→市场化→实物化……"的机制性循环周期。因此，在运用某些行政办法来进行调整时，绝不能忘记我们的目标不是要形成一个实物化的配给均衡，而是要实现一个市场化的价格均衡——这是我国目前所进行的经济调整同60年代初期所进行的经济调整的一个根本区别。某些借助于行政手段的冻结性措施不宜凝固化。改革以前，我们已经吃够了价格、工资长期冻结的苦头，在新的调整中，绝不能长期沿用这种老办法。价格改革一步到位等设想固然失之于太理想化，但对价格等市场变量用行政措施加以冻死亦决非长久之计。因此，一切短期调整紧缩措施，都要以长期内有利于市场取向改革的进一步深化为原则，即以打破上述机制性循环周期为原则。

要使市场取向的改革推向前进，不仅涉及经济运行的问题，而且涉及更深层次的问题。例如，市场取向的改革必然要同产权制度改革联系在一起。从经济利益的角度来看，实物化倾向的一个根本问题是经济利益关系不清。在经济关系实物化的情况下，人们可以通过不明不白的手段和无偿的办法去占有本不属于自己的财产和利益；而市场取向的改革就是要弄清这种关系，明确各个市场主体的财产关系，解决谁都是公有财产的所有者，谁都对公有财产不负责任甚至可以加以损害乃至侵吞的问题。因此，产权制度的改革就成为市场取向的经济运行机制改革深化过程中一个无法回避的问题。再如，市场取向的经济体制改革必然要同非经济因素的变革，特别是政治体制的改革联系在一起，才能解决诸如"官本位"等政治因素所带来的实物化倾向的问题。由于本文主题和篇幅的限制，这些问题就不能在此细述了。

（与陈东琪、王忠民合作，原载《经济研究》1989年第4期，后被苏联《管理理论与实践问题》杂志1990年第6期摘要转载）

中国市场取向改革中所遇到的若干困难

一 引言：中国经济体制改革的目标是市场取向的

中国的经济体制改革是在理论准备和实践经验都很不足的情况下开始的，迄今已进行了十年。尽管人们对改革的目标有各种各样的理解和概括，如"有计划的商品经济"，"国家调控市场、市场引导企业"，等等，但十年来改革的总体目标选择是在保证宏观控制的前提下实现经济活动的市场化。从经济运行的实际情况来看，我们确实在市场取向的改革道路上迈出了重要的一步。在农产品的生产方面，指令性计划已经被取消，在农产品的流通方面，统购派购的任务又在 1985 年被取消，代之以合同定购和自由购销。尽管合同定购中市场机制的作用还比较小，但整个来说，农产品的生产和流通已在较大程度受市场价格信号的影响。在工业方面也有明显的变化。例如，国家计委主管的指令性计划产品的品种，已由 1984 年以前的 123 种下降到 1987 年的 20 种，它们的产值占全国工业总产值的比重也从 40% 左右下降到 17% 左右。生产资料中的统配物资的品种已由 1980 年以前的 256 种下降到 1987 年的 23 种，一些重要物资的统配数量占全国总产量的比重也大大下降，从 1980 年到 1987 年，钢材由 74.3% 下降到 47.1%，木材由 80.9% 下降到 27.6%，水泥由 35% 下降到 15.6%，煤炭由 57.9% 下降到 47.2%。到 1987 年年底，在工业部门购进的原材料中，通过市场购进的约占 2/3，依靠国家调拨的约占 1/3。国家预算内直接安排的投资占全民所有制单位基本建设投资的比重，由 1978 年的 62.4% 下降到 1986 年的 22.6%。

从企业经营机制的改革来看，改革以来，国务院发布了 13 个文件和 97

条规定来扩大企业的自主权。通过扩权，企业已在生产计划、产品购销、资金使用、劳动人事、工资奖金等方面有了若干自主权，在使企业变成相对独立的商品生产者和经营者的道路上迈出了一大步，初步改变了企业作为行政机关附属的地位。

因此，十年来，我国经济运行的主流和总方向正在向市场化方面发展。

二　困难之一：经济体制转换过程中的双重体制并存

在从旧体制向新体制转换的过程中，出现了双重体制并存的格局。1984年5月国务院《关于进一步扩大国营工业企业自主权的暂行规定》（十条）和同年10月《中共中央关于经济体制改革的决定》执行以来，双重体制并存的格局进一步明朗化和合法化。原来按照指令性计划实行生产的企业，现在已把生产分成计划内和计划外两个部分；企业所需的物资供应也分为两个来源，即国家统一分配的部分和自由采购的部分。与此相适应，计划内的产品实行国家用行政办法规定的牌价，计划外的产品则可按比较高的、不同程度反映市场规律的价格（浮动价格、协议价格、自由价格）出售。在这里，双重的生产体制、双重的物资流通体制和双重的价格体制是三位一体的。双重的生产体制（决定如何产出）是双重经济体制的基础，双重的物资流通体制（决定如何投入）是双重生产体制的保证，而双重价格体制则是整个双重经济体制的集中表现。

若干年来，人们对双重体制的利弊作了许多分析。赞成双重体制的人们认为，它的积极作用可以归纳如下：第一，有利于分步骤调整人们之间的经济利益关系，减轻改革中的动荡和阻力，分散改革的风险，化大震为小震。第二，对部分产品实行较高的市场价格，有利于增加供给，缓和供求之间的矛盾。第三，部分改变了资源（能源、原材料等）价格偏低的状况，有利于节约使用资源，并促使经济管理人员开始熟悉市场运行的规律性，提高经营管理的水平。

但是，双重经济体制并存却给经济生活带来了一系列矛盾和摩擦：第一，造成企业行为的双重化，企业作为生产单位和销售单位，总是力争压低指令性计划指标，以便把多余的生产能力用于生产计划外产品；企业作为的原材料的购买和使用单位，则力争多得计划统一分配物资的指标。在计划执行过程中，物资通过各种渠道从计划内流向计划外，使企业之间的合同兑现率下降，冲击计划的实现。第二，难以形成统一的市场机制和竞争机制，从而使企业难以在同等的价格条件下开展平等的竞争，考核企业经营好坏的标准也发生紊乱，无论是产值、销售额还是利润等标准，都不免失真。第三，双重价格之间的巨大差额，给投机倒卖和非法牟取暴利的活动提供了温床，败坏了社会风气，腐蚀了干部队伍。第四，计划外产品的高价虽然刺激了某些短缺物资的增产，有利于部门间结构的合理化，但同时又刺激了一些低效率的小规模企业的高成本生产，造成有限资源的不合理利用，导致规模经济效益下降和部门内产业结构的不合理。

双重体制的矛盾和摩擦，还延伸到个人收入分配的领域，计划内的经济活动，或国家直接范围内的经济活动，一般收入都比较低；而计划外的经济活动，或国家直接控制所不能及而间接控制系统又未能有效建立和运转的场合，部分人和部分经济活动的收入偏高。例如，全所有制内的职工，包括国营企业工人、机关职工和学校教员，收入偏低，而私营企业职工、个体户的收入则偏高，少数行业职工如出租汽车司机的收入明显偏高。

究竟如何对待双重体制所带来的矛盾和摩擦呢？人们可以提出各种各样的解决办法。归纳起来，无非有以下四种可能性：（1）重新实行集中化，回到原有体制；（2）维持双重体制不变，甚至把双重体制当作目标，只采取一些修补措施来减轻彼此间的摩擦；（3）立即结束双重体制，向间接控制的体制迅速过渡；（4）把双重体制当作从旧体制向新体制转换的过渡阶段，逐步争取早日进入新体制的运行轨道。我是赞成最后一种解决办法的。

三 困难之二：市场化改革进程中的实物化倾向

市场取向的改革过程中，整个经济生活的货币化和商品的过程并不像人们所预期的那么顺利，而常常受到某种反市场因素的阻抑。这种相反力量或阻抑因素，就是我们所讲的实物化倾向。1984年以来，由于经济过热，供求失衡趋于严重，短缺程度进一步加剧，通货膨胀率提高，实物化倾向表现得更为明显。

实物化倾向的主要表现形式可以概括如下：

1. 配给票证的复兴。改革以来，城镇居民凭票供应的吃、穿、用物品已大大减少，但近年来票证又开始复兴。不但粮、油等基本食品仍维持凭票定量供应的制度，而且蛋、肉、糖、粉丝等副食品又恢复了按人、按户、按月定量的票证配给制；甚至连肥皂、火柴等日用品也定量、票据化；此外，还有彩电、冰箱等家庭耐用电器实行普通居民难以到手的"有限票据"供应。

2. 福利性消费的扩张。改革以来，随着居民收入的增长，家庭总预算开支也随之增长。但在城镇居民的生活开支中，有若干相当重要的开支项目则一直保持在稳定乃至下降的水平。其中最突出的是人均每年的房租开支占人均每年生活费开支的比重呈下降趋势，从1957年的2.32%下降到1983年的1.52%和1987年的0.87%。这说明改革以来城镇居民住宅消费的福利程度和实物化倾向相对扩张。其他如公共交通、水电费等开支，也大体上同房租开支类似。

如果考察的对象是领导层尤其是党政机构中的高级领导人，其消费的高福利性和非货币化特征更为明显。他们享受专用小汽车、电话、宽敞的住宅、高级免费医疗、公费的家庭服务人员及其他特供和物质实惠等，这些费用已大大超过了他们的工资。这种特殊的供给制实质是反市场化的。

近十年来，我们在货币工资制度改革上并没有实质性进展，但在对不同级别的干部规定各种实物供给的待遇上却下了不少功夫。对处级、局级、部级干部的各种实物待遇都作了比以往更为具体的规定。甚至各级领导有权批准扩大享受级别待遇的范围。据统计，全国担任副局级以上领导职务的干部有9万，而被批准享受这一待遇的人已达21万。

3. "单位"内部配给。在"放权让利"的改革过程中，各单位纷纷巧立名目给职工分发实物。"单位"配给比政府配给的实物化程度要高，因为前者往往是"白给"，职工不必或很少支付货币。

4. 实物化串换。在我国目前的经济生活中，尤其是在短缺程度很高的经济领域中，实物串换又以多种形式盛行起来。我们经常看到的实物串换形式包括：（a）以物易物，如用钢材换轿车，用化肥换粮食等。（b）以票易物，比如以粮票换鸡蛋等。（c）以权易物，比如利用手中的权力帮人办事，然而人家无偿赠予物品等。

5. 超常规补贴。据有人估算，我国目前城市职工供给性消费（包括住房补贴、交通补贴、公费医疗等）相当于职工平均工资收入的 80% 左右；职工每住一平方米房子，国家每月要补贴 2 元以上，城市居民每吃一公斤粮食，国家要补贴 0.34 元以上，吃一公斤花生油，要补贴 1.6 元。目前，北京市人均每年享受的生活补贴达 550 元。

实物化倾向的成因是多方面的，既有政治体制、经济体制和社会组织结构方面的原因，又有发展水平方面的原因；既有传统的观念和习惯上的原因，又有决策失误上的原因。这些因素都构成了阻抑市场导向改革进程的力量。研究这些"反市场"的成因以及如何削弱其作用，就成为深化改革的一项重大任务。

四　困难之三：发展程度低的制约

我国市场取向经济改革的进程，不能不受到发展程度低的制约。十年来的经验证明，在一个发展程度低的国家里，要实现市场取向的改革，无法回避市场发育程度低的问题。我国是一个发展中的社会主义国家，长期以来现代工业和比较落后的工业乃至传统的农业和手工业并存，生产社会化和商品化的程度都比较低。正如有的经济学家所说，像中国这样的发展中国家还处于半自给半货币经济的发展阶段。我国目前还不具备一个有效率的市场体系。商品市场的范围有限，而且往往因为地区发展的不平衡和交通、通信工具的落后而缺乏效率，要素市场（资金、劳动力等）的发育程度更低。然而，间接控制系统中各项经济参数的调节作用在很大程度上取决于市场的发育程度。在市场很不成熟的情况下，企业和个人对于价格、利率、税率、工资等市场信号不能作出灵敏的反应，使这些经济参数不能在资源配置上起积极的导向作用。可见，在我国经济发展的现阶段，要在短时间内建立起一个囊括全社会的间接控制系统是不可能的。当然，这并不是说在社会化和商品化程度比较高的一定范围内确立这样一个系统是不可能的。从严格意义上说，在我国经济发展的现阶段，无论是建立直接控制体制还是间接控制体制都是要打折扣的，即使在直接控制体制鼎盛时期，我国中央统一计划产品的覆盖率也远远低于苏联和东欧各国①。有的外国经济学家分析道，由于中国的社会主义经济是低收入的发展中国家的经济，尽管中国原有的经济体制可以定义为集中管理的实物计划资源配置体制，但由于低收入条件的影响，这个体制的作用范围只限于整个国民经济的一部分。中国在进行利用市场机制的经济体制改革时，也不能不考虑"低收入和低生产力"这样的制约条件。"只要中国经济保持在低收入"阶段，就会"限制市场经济的有效部分在某些范围的发展"②。因此，可否这样说：在近期内，只能指望在有限的广度和深度内初步地确立一个以市场参数为信号的间接控制系统，只有随着商品化、市场化程度的进一步提高，这个系统才能逐步扩散和伸展，并运行得更加有效。

除了上面所讲的三个困难以外，还有其他许多困难。例如，市场取向的改革如何同所有制改革结合起来的问题，一直是经济学界争论的焦点之一。所有制的改革不仅仅是指所有制关系要实现从单一化向多元化的转变，即实行多种经济成分的并存，而且要把改革深入到公有制内部，特别是国家所有制内部，从根本上解决谁都是财产的所有者，谁都对财产不负责任的问题。有的经济学界强调应该在公有制的框架内去发挥市场机制的作用，不突破 30 年代 O. Lange 提出的模式，但有的经济学家则似乎倾向于在私有制基础上来实现市场导向的改革。这是一个在理论上和实践上都颇有争议的难题。

五 结语

从我国市场取向的改革所遇到的上述困难，我们似乎可以得出如下几点看法。

1. 必须充分认识在我国实行市场取向的经济体制改革的艰巨性、长期性和渐进性。事实证明，对经济体制改革的一切速胜的想法和做法都是不

---

① 华生等：《经济运行模式的转换》，《经济研究》1986 年第 2 期。
② 石川滋：《社会主义经济和中国的经验——对经济改革的展望》，《科技导报》1986 年第 2 期。

切合实际的。在世界上类似改革尚无一个成功经验可资借鉴，自身的理论准备和实践经验又很不足的情况下，即使有闯关的勇气也无法毕其功于一役。

2. 无论是发展战略的选择还是改革战略的选择，都应该克服和防止过热的弊病。上述实物化倾向的增强是同供求失衡程度或短缺程度的加剧直接相连的。然而，短缺程度的加剧则导致发展战略选择上的过热和发展战略选择上的急于求成（也是一种过热）。可见，两个战略选择上的过热，反而会产生"欲速则不达"的逆效应，滞延市场取向改革的进程。

3. 在短期调整和紧缩的过程中，切忌滥用行政办法，仍要尽可能地运用市场方法。有短缺加剧的情况下，我们习惯于实行传统的发票证定量供应的办法。这种办法容易实现经济运行中的行政性平衡，但从长期来看又会阻碍市场的发育。因此，在运用某些行政办法来进行调整时，绝不能忘记我们的目标不是要形成一个实物配给均衡，而是要实现一个市场价格均衡——这是我国现阶段的调整同60年代初的调整的一个根本区别。

（本文系提供给1989年4月在北京召开的第三世界国家发展战略国际研讨会的文章）

总结经验,继续前进

——计划和市场的关系问题的再探索

党的十一届三中全会以来,我国的经济体制改革针对排斥市场机制作用的传统体制,不断增加市场机制的作用,实行计划和市场的有机结合。我认为,改革的方向和成就应该充分肯定。

但也有一些经验教训值得研究总结。例如,在市场调节方面就应该总结一下,究竟有哪些方面是可以发挥市场机制的作用而未能发挥的,哪些方面是不应交给市场而放任给市场支配的。十年来,城市的房租以及某些大城市的公共交通费用基本上仍然是冻结的,在城镇居民货币收入有较大增长的情况下,人均每年房租开支占人均每年生活费总开支的比重是趋于下降的。据国家统计局公布的资料,这一比重不仅已从60年代的2.5%左右下降到改革初期的1.5%左右,而且到1988年又下降为0.71%。这说明,在城市住房分配方面,实物供给的倾向进一步增强,市场机制的作用进一步削弱。某些大城市的公共交通费用也有类似情况。其结果是财政补贴大幅度增加。这不能不说是在市场取向的改革中错过了一定的机会,应该认真地加以总结,以便吸取经验教训。当然,我们也应看到,由于对市场机制的局限性认识不足,对于某些不应该交给市场来调节的经济活动而任凭市场来调节的情况也是存在的,这在教育、出版和环境保护等方面是有所表现的,值得我们总结经验教训。

在计划调节方面,我认为,一条很重要的经验教训,是在宏观管理上,以直接控制为主向以间接控制为主的转变过程中出现了变化无序的状态。在以指令性计划为标志的直接控制逐步减少的同时,以指导性计划为标志的间接控制没有相应地跟上去。因此,间接控制系统下的比较理想的状态——活而不乱,管而不死——就很难出现。在今后的改革中,特别要注意体制转换过程中的衔接问题。如果由于各种主客观原因（如市场发育的程度、市场体系的完备程度、管理人员的素质等），在间接控制系统还不能有效运行的场合，就不能轻率地一放了之，以避免出现真空状态而造成的混乱和失控。从这一意义上讲，直接控制的减少程度，应以间接控制能力增强的程度为转移。当然，为了保证两种体制间的有序交替，还要竭力避免两种体制之间来回摆动。

在现阶段，人们往往把计划和市场关系的研究放在指令性计划、指导性计划和市场调节不同比例的组合上面，这是必要的。但从长期来看，研究的重点应放在以指导性计划为特征的间接控制系统中计划同市场如何有机结合的问题上。整个宏观经济活动必须置于国家计划的指导之下，而微观经济活动又要对各种市场参数作出灵活的反应。这种研究难度较大，要求也比较高，但这是计划同市场有机结合的重点和难点所在，必须认真解决。

继续搞好价格改革无疑是正确处理计划和市场关系中一个最现实又最迫切的问题。在我国这样一个幅员辽阔和国情极其复杂的国度内，价格改革想要毕其功于一役是不可能的，但又必须不失时机地进行这种改革。价格改革包括互相联系的两个方面：一是通过调整价格的办法来改变各种产品相对价格的扭曲状态；二是通过减少国家对价格的行政性控制使价格能反映市场规律，即进行价格形成机制的改革。这两个方面就是我们通常所说的"调放结合"。在治理整顿阶段，通过增强行政手段来进行价格控制是难以完全避免的，但必须在范围上和时间上掌握一定的限度。历史的经验证明，长时期的冻结物价不仅要在财政补贴上付出较大的代价，而且因价格扭曲而带来的经济关系的扭曲，无法优化资源的配置，也无法促进经济结构的调整和生产效率的提高。因此，坚持把价格改革进行下去，是发挥市场机制作用的关键一环，也是实现国家计划目标的一个重要条件。

（这是1990年6月在《求是》杂志主办的《关于计划经济与市场调节相结合问题的讨论》会上的发言，载《求是》1990年第13期。）

德国社会市场经济和经济转型印象[①]

1996年春夏,我应德国杜伊斯堡大学教授何梦笔(Carsten Herrmann – Pillath)邀请去那里讲学。我在那里讲的是中国经济,未专门研究德国经济。回国以后,经济研究所的同事们希望我讲讲德国的经济情况。由于我不是德国经济问题的专家,不可能写出系统研究德国经济的学术论文,只能根据我在那里生活了五个月的一些感受以及手头接触到的有限资料,谈一些访德的观感或印象。下面,我想就德国社会市场经济问题和两德统一后的经济转型问题谈一些个人感受或印象。

一 对德国社会市场经济的印象

去德国以前,对于德国实行的是社会市场经济以及这种经济的运转情况只有一个非常粗略的了解。到了那里以后,有几点给我留下了深刻的印象。

首先是德国社会市场经济的理论基础和思想渊源。

社会市场经济的基本思想是要把以下两个方面结合起来:一个方面是个人自由,在经济生活中就表现为市场上的竞争原则和发挥个人能动性的精神以及个人在选择工作岗位和选择消费品等方面的自由。另一个方面是社会秩序,在经济生活中就表现为社会平衡、社会责任、社会公正和社会保障等。阿尔弗雷德·米勒–阿尔马克给社会市场经济下的定义是:"社会市场经济的思想基础是把市场上的自由同社会平衡结合起来。"(阿·米勒–阿尔马克:《社会市场经济的含义》,Alan Peacock and Haus Willgerodt,1989)。一位研究德国社会市场经济的专家为其专著所起的书名就是《自由

[①] 本文是根据我在中国社会科学院经济所1996年10月的一次午餐讨论会上的讲话整理而成的。

和责任》（A. J. Nicholls，1994）。

与上述两个方面的结合相适应，社会市场经济的思想渊源是自由主义和社会主义这两种历史思潮（维利·克劳斯，1990）。维利·克劳斯教授认为，自由主义的基本价值是公民的个性自由、法律面前人人平等、积累和利用私人财产的权利；社会主义的基本价值是平等，不仅满足于要求法律面前人人平等，而且要实现和保卫事实上的平等。

为了实现上述两个方面的结合，社会市场经济的理论既反对自由放任的古典自由主义（自由资本主义），又反对中央计划经济。这种思想派别被称为"奥尔多自由主义学派"（"秩序自由主义学派"）或"新自由主义学派"。以弗朗茨·伯姆和瓦尔特·欧根为代表的"弗赖堡学派"的经济政策思想对社会市场经济的形成具有特别大的影响。"弗赖堡学派"的基本思想是，不能让市场过程的参与者随意决定经济活动的形式，国家应该担负起影响整个框架和经济活动秩序的重任，国家必须为竞争秩序确定一个框架，并不断保护这个框架。在保证自由进入市场和防止垄断行为的条件下，市场过程的参与者可以自主作出决策。社会市场经济的理想模式最终体现在路德维希·艾哈德和阿尔弗雷德·米勒－阿尔马克的设计之中。

对于社会市场经济的性质，有的学者认为它是介乎资本主义经济和社会主义计划经济之间的第三条道路。例如，克劳斯教授认为，"社会市场经济意味着走一条与'资本主义'和'中央调控'截然不同的独特的道路"（维利·克劳斯，1990）。但也有学者认为这并不是第三条道路，而是对传统的自由资本主义经济体制的改善，或者叫资本主义经济体制的变体（参见姚先国等《两德统一中的经济问题》，1992，第24—25页）。

看来，社会市场经济的设计者们并不是把上述自由和秩序两个方面作为两个板块简单地拼凑在一起。这一经济模式的根基还是个人自由和竞争，所有的有关社会秩序和社会公正的构想都是在这一根基之上的一种协调和调整。对于这样一个判断，我认为可以从艾哈德的一个著名论断中找到论据。在60年代，当人们纷纷议论"德国奇迹"时，艾哈德根本不同意"德国奇迹"这一说法，而反复强调的则是自由的原则。他说，德国"所取得的一切都不是什么奇迹，而是全体国民根据自由的原则能够重新发挥个人的积极性和能力而辛勤劳动的结果。如果说德国的例子对其他国家还有价值的话，那么也仅仅在于向全世界证实了个人自由与经济自由的威力"（艾哈德：《大众的福利》，丁安新译，1995，第120页；艾哈德：《来自竞争的繁荣》，祝世康等译，1983，第112页）。

当然，对于社会市场经济的描述，人们往往可以根据自身的体会突出其中的某一个侧面。这从艾哈德同一名著的两个不同的中译本书名中就可以看出。丁安新的译本是从德文译过来的，书名叫《大众的福利》（*Wohlstand für Alle*），意思是"为了全体人民的富裕"；祝世康等的译本是从英译本转译过来的，书名叫《来自竞争的繁荣》（*Prosperity through Competition*）。看来，德文原书名突出的是社会市场经济所要达到的最终目标，而英译本书名则要突出社会市场经济制度的主要支柱——竞争。

在谈到德国社会市场经济的最终目标时，艾哈德有一个座右铭："为了全体人民的富裕，不能让富人变穷，而是让穷人变富。"（维利·克劳斯，1990）看来，德国社会市场经济的设计者们并没有提出诸如让一部分人先富裕起来的政策，即在收入分配差距问题上并未提出先扩大后缩小的政策，而是一开始就提出了缩小的政策。在这里，我不想对德国推行社会市场经济过程中的收入分配政策同我国经济改革开始时所提出的收入分配政策作具体的比较，不过，至少有一点是可以肯定的，即各自的收入分配政策都是根据各自的国情提出来的。即使按照西蒙·库兹涅茨的"倒U形假设"，德国和中国处在经济发展的不同阶段，再加上其他因素的差异，两国收入分配政策上的差异是完全可以理解的。

德国社会市场经济的上述收入分配政策，加上强调"把蛋糕做大"的物质基础，德国居民的收入水平和生活水平有了大幅度的提高。据官方统计，1964年，老联邦州一个雇员的四口之家可支配的月收入为904马克，823马克用于个人消费，其中几乎2/3用于吃、穿、住。1993年，德国西部中等水平家庭每月可支配收入为5200马克。其中仅需一半左右用于吃、穿和住。（《德国概况》，1995，第240页）有一次我在火车上遇见一位在科隆工作的中年的公司雇员。他说他每月的可支配收入大约5000马克，维持四口之家（夫人不工作，带两个年幼的孩子），每月开支约3000马克，尚可结余2000马克。这同官方的统计极其相近。

德国社会市场经济设计方案的基本组成部分或宏观经济目标往往被概

括为"神秘四角"或"魔幻四角",即经济增长、充分就业、货币稳定和对外经济平衡。由于这四个目标之间往往发生矛盾和摩擦,要同时实现所有的目标难度较大,需要有魔术师般的调控经济的技巧,故称之为"魔幻四角"。

令人深思的是,长期以来,社会市场经济体制得到了联邦德国朝野上下的共同认可和支持。自1948年货币改革以来,不仅右翼的基督教民主联盟对此坚定不移,而且处于反对党地位的左翼政党——社会民主党自1959年通过哥德斯堡纲领以来,也接受了社会市场经济的基本原则。在1969年社会民主党成为主要执政党以后,仍然把社会市场经济作为理想的经济模式加以维护和实行。政局几经更迭没有造成经济体制框架和经济指导思想的变更,这也许是德国经济持续稳定发展的重要原因之一(见姚先国等,1992)。

对于德国社会市场经济的另一个突出印象是它面临的危机。

去德国以前,对于战后德国实行社会市场经济所带来的成就和繁荣已经听得很多。到了德国以后,对那里产品的高质量、居民的高生活水平以及良好的自然环境和相对安定的社会秩序等都留下了深刻的印象。不过,我所接触到的学者议论得最多的并不是社会市场经济体制在以往所取得的成就,而是这一体制目前所面临的危机。何梦笔教授就明确地指出:"德国的社会市场经济目前正处于危机状况"(C. Herrmann – Pillath, 1996)。英国《经济学家》则评论说:"德国模式——一个建立在政府、雇主和工会之间协商一致的令人羡慕不已的体制——已经深深地陷入了困境。……现在,奇迹已经变成神话"("Restoring Germany's Shine", 1996)。虽然目前德国经济所遇到的困难部分地可以归因于1990年的两德统一所带来的巨额的费用,但人们普遍认为,基本的原因还在于德国模式本身。

过分慷慨的社会福利制度,已成为德国社会经济的一个沉重负担。德国的社会保障制度在60年代末和70年代经历了一个大发展时期。经过大发展以后,社会保障的内容包罗万象,除疾病、养老、失业和工伤四大保障以外,还有社会救济、青年资助、战争受害者社会补偿、劳动促进补贴、教育补贴、住房补贴、儿童补贴、育儿费、育儿假、母亲保护,等等。而且,德国西部在一个长时期内(1961—1990年)劳动生产率平均年增长

4.3%，而社会福利开支则增长 4.7%。社会福利开支占国民生产总值的比重在一个长时期内都超过 30%，到 1993 年更达到 33.7%（《德国概况》，1995，第 220 页）。

据介绍，德国不仅有世界上最高的劳动成本（加工工业的小时工资在 27 美元以上），而且世界上没有哪一个地方的工资附加费用像德国的这样高。德国加工工业必须为每小时工资额外支付 19.46 马克。这方面包括：雇主为雇员支付的社会保险费份额、病假工资、休假工资和休假津贴、制造财富效绩以及其他的企业社会福利费用。相比之下，瑞典每小时的工资附加费用仅为 16.66 马克，法国为 13.18 马克，日本和美国甚至只有 7.18 马克和 6.93 马克。德国的劳动如此昂贵，在世界上几乎绝无仅有，而德国人的工作时间要比世界上任何其他工业国家短。在德国工业界，平均每个工人每年实际劳动时间约为 1499 小时，在美国为 1847 小时，在日本甚至达到 2139 小时。德国的工业企业每周平均只开工 53 小时，而英国为 76 小时（《德国概况》，1995，第 225—226 页）。

德国目前的经济增长率却很低，根据德国六大经济研究所的预测，1996 年的经济增长率仅为 0.75%[1]。与此同时，失业率则很高。1996 年全德的失业率为 10.1%，其中西部地区 8.8%，东部地区 16.6%。(The Association of Gercman Econonic Research Institutes, 1996)

在低增长、高福利、高失业的情况下，人们纷纷议论起德国模式的弊病。有人抱怨说，"社会市场经济"中的"社会"一词被某些集团所滥用了，他们打着"社会"的旗号来追逐自身特殊利益，并使之合法化；同时又损害公共利益，使社会经济的发展缺少动力和效率（C. Herrmann – Pillath，1996）。有人则批评德国的所得税制度既复杂又不合理。税收制度中的大量漏洞使富人可以逃税。德国中等收入者所付的税率在七大工业国中是最高的。德国的公司税率在各经济大国中也是最高的。德国模式中的工资决定也有问题：工资取决于工会同雇主协会之间的全行业谈判（集体谈判），而不顾个别企业的赢利情况，这种没有灵活性的工资决定机制往往无法应付来自低工资国家的竞争。当然，过度的福利带来的弊病仍然是人们

---

[1] 实际为 1.4%，参见 1997 年 2 月 20 日《人民日报》。

议论的中心。在德国,两天以内的病假无须医生证明,因此,据说在某些群体中,星期一和星期五请病假的人就比较多,于是,每周的双休日就可以自动地变成三休日乃至四休日。有一次我应特利尔大学之邀请去那里讲学,安排在星期二下午六时到八时。由于我次日在杜伊斯堡大学还有课程,所以必须当日午夜返回。安排这次活动的教授直向我表示歉意:星期一学生们不愿意来,星期五更不能安排,所以请校外教授来讲学只能安排在星期二的傍晚。

德国的社会福利对被收容的难民也是颇为慷慨的。我遇见一个越南难民之家,一家五口,一老一少由政府扶养,三个青年人有的正在上大学,有的刚毕业。这三个青年人半工半读所得的钱除用于学习之外全部花光——每逢假期就到各国旅游。我问其中的一个青年人:为什么不存些钱?回答是:如果存下钱来,一老一少就不能由政府来负担了。

面对社会市场经济所遇到的危机,德国全国上下都在讨论如何对德国模式进行改革的问题。拟议中的改革措施很多,例如:

△降低失业福利;

△病假工资从原工资的100%下降到80%;

△降低国家补贴的去矿泉、海滨、森林和山区进行疗养的标准:从原来的三年四个星期下降到四年三个星期;

△推迟提高儿童福利10%的承诺;

△逐步提高退休年龄:妇女从60岁提高到63岁(从1997年开始),男子从63岁提高到65岁(从2000年开始);

△消除假期工资中迄今包含的超时加班费;

△消除对雇用十人和十人以下企业的工作保障。

如果这些改革措施都能付诸实现,1997年可以节约支出相当于GDP的2%。政府的目标是把公共开支从现在占GDP的50%下降到2000年的46%。如果这一目标能实现,仍然高于英国目前的42%,但却低于法国和意大利目前的60%。("Restoring Germany's Shine",1996;"Germany—Is the Model Broken?" 1996)然而,上述改革建议在政府、雇主和工会之间进行协商并未达成一致,因此政府不得不将这些建议提交国会。这些建议不仅受到工会的反对,而且遭到社会民主党强烈反对。社会民主党的领导人谴责这些措施是"残忍的",是"对社会正义的宣战"。1996年6月,波恩35万人上街示威,反对降低职工的福利待遇。因此,有的评论认为,德国目前面临的是80年代英国政府为削减公共开支所遇到的同样问题(长达一年的煤矿工人大罢工),同法国政府于1995年冬所遇到的问题(数周大罢工)也颇为相似。

一次我问维利·克劳斯教授,上述改革措施,特别是改革过分慷慨的社会保障制度行得通吗?他紧锁眉头回答道:很难、很难,特别是医疗保障,往往不仅仅取决于制度的设计,还在相当大的程度上取决于个人的行为。

二 对德国统一以后经济转型的印象

经济转型问题涉及的面很广。由于没有系统研究,在这里我只能就个人的接触谈一些印象。

一个突出的印象是通过对国有企业的集中托管来实现私有化。

尽管对原来的国有企业要不要实行私有化有不同意见,但私有化是德国统一以后联邦政府的既定方针。在这种既定方针下,通过托管局(Trust Agency)来迅速地实现私有化可以说是德国统一后经济转型的一个特色。

托管局始建于1990年3月1日统一以前的东德,其目的是对全民财产进行管理,后来逐渐演化成实行私有化的机构。托管局主席布洛伊尔女士于1991年给托管局规定的任务有三句话:迅速的私有化、坚决的整顿和谨慎的解散。

私有化过程中遇到的一个问题是对原有国有资产的评估。据官方介绍,最后一届民主德国政府对东德国有资产的估计为13000亿马克,但托管局在实际估价后制定的期初资产负债表中该财产减少到负2100亿马克(《德国概况》,1995,第232页)。按另一种介绍,东德地区的国有资产按民主德国的统计约为17000亿马克,按联邦德国的重新估计减少到6000亿马克(姚先国等,1992,第135页)。

在原来国有企业的私有化过程中,托管局把企业分成三类:第一类具有竞争能力的企业,通过招标尽快予以出售,实行产权转移;第二类通过整顿具有一定竞争能力的企业,则由托管局或通过委托、租赁、承包等形式进行限期整顿,然后通过一定形式实行私有化;第三类是毫无前途的企业,则坚决予以关闭。

据介绍,托管局已于1994年12月31日完成了它的任务而结束。在托管局活动期间,大约有14000家企业实现了私有化,签订单项合同将近40000个。私有化进益约650亿马克,允诺增设工作岗位150万个,允诺投资额207亿马克,土地出售成交40000起。不过,托管局在结束时则债台高筑,负债将近2700亿马克。它已被记入"遗留债务偿还基金",遗留债务还包括民主德国国家债务和住宅建设债务,因此,遗留债务偿还基金总额为3700亿马克。这笔遗留债务将在一代人的期间内偿还,例如,1995年联邦政府已为此而支出260亿马克。

通过托管局实行私有化无论从目标和措施上看都是德国根据自身的特殊条件所采取的做法,即使在德国内部也有很多争论,我们当然不能照抄照搬。不过,在一项政策决定以后,其执行过程中的透明度和清晰度应该说是值得令人思索的。就以国有企业的债务问题来说,从横向看,国有企业相互之间的债务关系应该是清晰的,不能拖;国有企业同银行之间的债务关系也应该是清晰的,否则银行就无法商业化。从纵向看,长期以来欠下的债务究竟需要多长时间偿还也应该是清晰的,不能拖到哪天算哪天,更不能一边让国有资产继续流失,另一边又让国有企业的债务越背越重。国内有的经济学家提出,我国国有企业的债务问题也应该通过建立具有权威性和过渡性的托管机构一揽子加以解决。对此我没有专门研究,提不出更为具体的意见。中国国家之大,国情之复杂,即使这一设想可行,看来也有许多操作上的难题需要解决。但是,不管经济转型采取渐进的方式还是激进的方式,经济转型中遇到的问题既不能拖,更不能无期限地拖,这应该是千真万确的。

德国统一以后的一个突出问题是如何振兴东部经济,缩小东西部的差距,这也许是德国在东欧诸国经济转型中最具特色的问题。

看来这方面的变化是很显著的。自从1992年以来,东部的经济增长率大大高于西部,例如1994年,东部的经济增长率为9.2%,而西部仅为2.3%。(IMF,1995,第2、3页)东部地区的劳动生产率在1991年仅为西部地区的 31%，而到 1994 年已提高到 53%（《德国概况》，1996，第 235 页）。东部地区经济发展的最强大推动力是投资。1994 年东部地区每个就业人员的投资额比西部地区多 45%。据介绍，从 1990 年以来，从西部地区流向东部地区的公共援助资金达 6000 亿马克以上（《德国概况》，1995，第 235、229 页）。东部地区基础设施的改进也很明显。东部地区人均公共固定资产投资总额在 1992 年超过西部地区的 42%，1993 年超过 60%，1994 年超过 88%。如果这个势头能继续下去，东部地区将很快使基础设施达到国际的现代化标准（《德国概况》，1996，第 230 页）。我在东部地区作短暂访问时，基础设施建设和住房建设的规模给人留下了深刻的印象，特别是柏林市和柏林西郊的波茨坦，就像是一个大工地。崭新的现代化建筑群正在拔地而起，破旧的别墅区在作全面的翻修，连古老的国会大厦也在整容之列，道路的建设更是随处可见。当然，住房建筑绝非一日之功。当我去柏林附近的小城市哈勒（Halle）访问那里的经济研究所时，见到这个城市的建筑比较陈旧。该所的一位研究人员说，这是长期的政策因素（我想主要是低房租政策）造成的，因为这个小城市在"第二次世界大战"时并未遭到大的破坏。这使我联想起瑞典经济学家林德贝克的一个说法。他说（大意）：长期的住房价格控制对一个城市住房的破坏仅次于第二次世界大战中对一个城市的轰炸。可见，东部地区在经济转型过程中大幅度提高住房价格的措施是符合经济规律的（姚先国等，1992；顾俊礼，1994）。

　　在缩小东西部差距中的一个难题是如何缩小东西部的工资差距。德国统一之初的 1990 年，东部地区的平均工资仅为西部地区的 39.7%，随后提高很快：1991 年为 49.1%，1992 年为 62.7%，1993 年为 68%，现在已达到 85%—90%（参见 IMF，1995）。还有另一种比较：东部地区工业每小时劳工成本在 1990 年春介于波兰和土耳其之间，统一以后很快超过希腊，1992 年春达到爱尔兰的水平，1992 年年末达到美国和澳大利亚的水平，1993 年超过日本，1994 年超过奥地利和意大利，1995 年达到北欧斯堪的那维亚诸国的水平。（Sinn and Sinn，1992）东部地区工资水平的迅速提高既符合东部人的愿望，又可以防止从东向西的大量移民。然而，东部地区工资的迅速上升也带来了困难。有的经济学家说，目前，东部地区的工资大大超过了劳动的机会成本，政府不得不实行大量的工资补贴。这样的经济政策固然可以避免从东到西的大量移民所带来的低效率，但却无法避免高工资战略本身所带来的低效率。因为，投资、工资和赢利是相互关联的。吸引投资的前提是赢利，赢利的前提是工资不能过高。提高工资是增加投资和赢利的结果，而不是相反。要使东部地区的工资水平达到西部地区的水平必须首先使东部地区的资本水平达到西部地区的水平。这个问题还涉及究竟要多长时间东部地区才能在经济上赶上西部地区。有的经济学家认为，科尔所说的统一以后三五年东部就可以赶上西部的经济水平是没有根据的。据他们估计，要有一万亿马克的投资，才能使东部地区的人均资本存量达到1989年西部地区的水平。然而，即使西部地区的资本—劳动比率不增长，东部也要花10年（每年投资1000亿马克）到20年（每年投资500亿马克）才能赶上西部的经济水平。（Sinn and Sinn，1992，第141—144、168—169页）

由此看来，缩小东西部的经济差距确实不是一件轻而易举的事情。如果考虑到一些非经济因素，那么，情况就更为复杂。我虽然没有机会向东部居民作较为深入的了解，但据介绍，东部居民中所存在的心理失衡问题还需要一个较长的过程才能解决。统一以后一切做法都以西部为标准，大批西部人来到东部担任领导职务，使东部居民有二等公民的感觉。我去上述地处东部的哈勒经济研究所访问时出来接谈的几位经济学家都是从西部过去的。其中有一位经济学家还同我谈道，原来东部地区的经济学家很难适应目前的工作，其中年纪大的可以退休，年纪轻的可以重新学习，最困难的是中年人。看来这部分人只能在心理失衡中边干边学，也许这是转型中的痛苦和摩擦的一个小小的侧面吧！

参考文献

A. J. Nicholls, 1994, Freedom with Responsbility—The Social Market Economy in Germany, 1918 – 1963. Clarendon Press, Oxford.

Alan Peacock and Hans Willgerodt (eds.), 1989: Germany's Social Market Economy: Origins and Evolution. Macmillan, London.

Carsten Herrmann – Pillath, 1996, "To Readers", Journal of Political Economy (May) 10 – 15.

"Restoring Germany's Shine", 1996, "The Economist", May 4th, 11 – 12.

"Germany – Is the Model Broken?" 1996, "The Economist", May 4th, 19 – 21.

"The Association of German Economic Researoh Institutes", 1996, "The Economic Situation in Germany", May／June, Intereconomies.

International Monetary Fund 1995: "United Germany: The First Five Years——Performance and Policy Issues", May, Occasional Paper.

Gelinde Sinn and Hans－Werner Sinn: "Jumpstart: The Economic Unification of Germany", 1992. The MIT Press.

阿尔诺·卡普勒、阿德丽亚内·格莱弗：《德国概况》，德国莎西埃德出版社1995年版。

维利·克劳斯：《社会市场经济》，德国路德维希·艾哈德基金会1990年版。

路德维希·艾哈德：《来自竞争的繁荣》，祝世康、穆家骥译，商务印书馆1983年版。

路德维希·艾哈德：《大众的福利》，丁安新译，武汉大学出版社1995年版。

顾俊礼：《德国社会市场经济的运行机制》，武汉出版社1994年版。

姚先国、H. 缪尔德斯：《两德统一中的经济问题》，科学技术文献出版社1992年版。

（原载《改革》1997年第2期，原文为《访德观感》）

第三篇

经济体制转型和经济发展转型

中国经济体制改革目标模式的总体设想

一 研究我国经济体制改革目标模式的意义和前提

（一）研究我国经济体制改革目标模式的意义

自从党的十一届三中全会提出经济体制改革的任务以来，我国经济学界一直在进行经济体制目标模式的研究和探索。进行这种研究和探索的意义，至少可以从以下几方面来看。

第一，有利于克服盲目性，提高自觉性

我国的经济体制改革是在结束"十年动乱"以后不久提出来的，理论准备和实践经验都很不足；同时，经济体制是一个系统，经济体制改革是一项巨大的系统工程。在这种情况下，特别要加强对改革目标和方向的研究，才能指导改革的实践，防止今天这样改，明天那样改，使改革走弯路。当然，改革的过程不可能是一条直线，而是一道曲线。但这绝不是说改革不需要有一个目标模式或总体设想。改革中会出现一些曲折，其中的一些曲折是在改革的方向和目标既定的情况下为实现这一目标所必须付出的代价，是难以避免的，而不是在目标不明的情况下改到哪算哪。所谓"试错法"[①]（也称"试验和校正法""逐次接近法"）或"摸着石头过河"，都是为实现一定目标而采取的方法或手段，而不是目标自身。如果把这样一些方法和手段夸大为目标自身，或者混淆手段和目标，就会导致盲目的实践，不利于改革的进行。有的经济学者认为，"我国经济改革的理论准备很不充

[①] "试错法"是"通过试验直到错误消失的一种解决问题的方法"。参见《牛津现代英语高级词典》1980年英文版。

分，加之小农社会轻视理论的传统思想在社会上有着广泛影响，在相当长的时期中，改革不可设计，也无须设计，或者可以'边设计边施工'的想法占有支配地位"。① 对于改革不可设计和无须设计的思想究竟在实际上起了多大作用尚可进一步讨论，但这种思想不利于改革的实践则是毫无异议的。当然，我们也应该看到，目标模式的研究也需要有一个过程。若干年来，尽管许多经济学者都强调要有一个目标模式，而且对此提出了各种各样的设想，但迄今仍没有一个令人满意的总体设想。有的经济学者提出，"虽然说要搞总体设计，但并没有可供实施的总体设计方案，虽然说要按系统工程的方法部署各项改革，但实际上是走一步看一步，许多改革措施往往是临时决定，零星出台。这样做的结果，使整个经济管理体制作为一个系统失去了平衡"。② 这种尖锐的批评固然一方面说明了拟定总体设想的艰巨性，但另一方面也确实说明了进一步深入研究目标模式的必要性。

第二，有利于坚定改革的信念，防止改革中的摇摆。

所谓经济体制改革，是指在社会主义基本经济制度的范围内，从一种经济模式到另一种经济模式的变革。这种改革不是简单地对原有经济体制（在我国是指十一届三中全会以前的体制）里的具体细节进行修改补充，而是要对原有体制不合理的基本框架和主要运行原则加以改造。这样一种改革思路，是建立在社会主义经济制度存在着各种不同的经济模式的理论基础之上的。早在30年代，随着著名的兰格模式的诞生，已经从理论上突破了社会主义制度只能有苏联当时已经存在的那样一种模式的局限。第二次世界大战后，随着东欧各国（首先是南斯拉夫）经济改革的进展，又在实践上突破了苏联传统模式的框框。至于在我国，社会主义经济存在着多种模式的思想直到十一届六中全会提出"社会主义生产关系不存在一套固定的模式"以后才得到比较广泛的传播。但从若干年改革的实践来看，上述模式转换的改革思路仍然受到各种各样的干扰。例如，有的同志强调的是"改进"经济体制或者"完善"计划工作，不同意把经济体制的改革理解为模式的转换；有的同志心目中的经济体制改革，实际上是一种拨乱反正，

---

① 吴敬琏：《关于改革战略选择的若干思考》，《经济研究》1987年第2期。
② 孙效良：《论经济改革面临的抉择》，《光明日报》1987年1月3日。

把 1956 年或 1965 年的经济体制作为一种目标。[①] 这种视恢复为改革的思想，不仅在改革的初期曾相当流行，而且在改革的过程中也常常有所重现，在改革遇到困难时则尤为如此。为了坚持经济体制改革的基本方向，防止改革过程中的摇摆，我们必须对改革的目标模式进行深入的研究和慎重的抉择。

第三，有利于抓住根本，排除细节的干扰。

一种经济模式并不直接等同于一个国家实际上存在的具体的经济体制，而是舍弃了细节对某种经济体制的基本规定性所作的抽象和概括。这种理论上的抽象反映了一种经济制度中最基本的东西[②]。例如，我们通常所说的资本主义自由竞争模式就是对垄断前资本主义生产关系所作的抽象和概括。当我们研究社会主义经济制度下的不同模式时，为了揭示某种模式的基本特征，也运用这种抽象的方法。这种研究有助于我们防止因陷入细节而受到一些次要的因素的干扰，以便把握新的经济体制的基本特征。有一个时期，在总的目标模式尚不明确的情况下，许多部门各自设计出一套具体的改革方案。但这些方案往往陷入各部门的具体细节，看起来洋洋大观，包罗万象，但彼此之间不相衔接，而且很难使各部门的改革措施同总的改革要求协调一致。这种状况，正是多年来加强经济体制改革理论基础研究和深入进行目标模式和总体设想研究的呼声一直很高的原因之一。

（二）确定目标模式的指导原则

在明确了研究目标模式的意义以后，必须进一步弄清选择和确定目标模式的基本的指导思想或原则。

首先是选择的范围。就空间范围来说，我们是在社会主义经济制度的大范围内进行选择，经济体制改革必须坚持社会主义的基本方向，坚持公有制和按劳分配等基本原则。至于具体界限，将在本章和其他各章的具体

---

① 参见《建国以来社会主义经济理论问题争鸣》，中国财政经济出版社 1985 年版，第 488 页。

② 弗·布鲁斯说："使用'模式'这个术语的正确意思是表示经济机制运行的图式，它撇开复杂细节，而提供经济运行的主要原则的抽象图式。"（《社会主义经济的运行问题》，中国社会科学出版社 1984 年版，第 2 页）莫·伯恩斯坦说："经济制度的模式，是制度简化的抽象，表明了不同类型经济制度的主要的结构上的特征和运行上的特点。"（《比较经济制度综述》，《现代国外经济学论文选》第 9 辑，商务印书馆 1986 年版，第 42 页。）

论述中展开,在此不再重复。就时间跨度来说,人们提出了各种各样的设想。例如,有人提出了五年的改革设想,有人提出了二十年的改革设想,有人提出了更为长期的改革设想。看来,作为一种改革的目标模式而不是具体的实施方案,很难确定一个十分具体的时间界限。我们认为,必须从我国社会主义所处的发展阶段来把握经济改革的时间跨度。我国目前处于社会主义的初级阶段,它面临的总任务是发展已经创建起来的但尚未成熟的社会主义经济制度。这包括时间上先后为序的两大步骤:第一步是通过以经济体制为中心,包括政治、文化、教育和科学技术体制在内的全面体制改革,来解决与社会主义初级阶段基本特征不相适应的各种体制弊病;第二步是以此为起点,全面推进商品化、生产社会化和不断完善与调整经济体制中不符合生产力发展要求的东西。从而可以得出一个结论:经济体制模式的转换并不是一个无穷尽的历史过程,而只是社会主义初级阶段的第一个任务;同时,经济体制模式的转换又确实贯穿于初级阶段的一个相当长的历史时期。

其次,确定目标模式是重大的战略性选择,而不是战术性的过渡措施和改革过程中所出现的暂时现象。有些事情现在只能做到这一步,但不能说将来也不许越出这一步;有些事情是将来可以实现的,但不能说现在就必须实现。遗憾的是,许多问题的争论往往混淆了战略选择和战术措施的区别。例如,指令性计划不能一步取消并不等于目标模式中仍然以指令性计划为主,也不等于目标模式中的指令性计划仍然采取今天这样的形式。又如,目标模式是计划与市场的有效结合,但并不等于两者在一定阶段不能以板块的形式存在。现阶段虽然要继续保持对人口和劳动力流动的控制,但并不等于目标模式中不需建立劳动力市场,等等。[①] 因此,如果把现阶段的这种限制措施长期化和凝固化,就会降低改革的目标。

再次,目标模式的选择决不能过分理想化,甚至陷入空想的境地。如前所述,一定的经济模式是一定的经济体制在理论上的抽象,但这种抽象

[①] 世界银行的一个报告认为,中国"在体制改革过程中面临的一个根本问题,是对劳动力实行委派的体制和对人口迁移的限制。这种政策无疑是有更重大的政治和社会理由,任何改变必须逐步实行。但是,无论从经济效率或平等的角度看,这种政策似乎很难成为理由"。(参见世界银行经济考察团对中国经济的考察报告:《中国:社会主义经济的发展》)

并不是脱离现实，而是在一些根本问题上更深刻地反映现实（只要是科学的抽象，不论是实证的研究还是规范的研究都是如此）。因此，一种较好的或适度的模式绝不可能集中一切其他模式的优点和排除其他一切模式的缺点，我们只能在利害得失的权衡中，本着"趋利避害"和"两害相权取其轻"的原则进行选择。

（三）我国的国情是选择目标模式的重要依据

探索具有中国特色社会主义经济体制，实际上包括以下两个互相联系的问题或两个方面：第一，探索一种运行效率更高的社会主义经济体制模式，勾画出它的基本轮廓或框架；第二，把这种抽象的研究运用于具体的实际，使之适合中国的国情特点，并结合中国国情的研究来丰富和发展已有的理论。当人们说到苏联模式、南斯拉夫模式、匈牙利模式时，实际上已经把模式的各种研究和各国国情的研究结合起来，既以这些国别模式来反映理论模式的一般规律性，又以此来表示各国的具体特点。严格地说，国别模式是不科学的，因为各个国家的经济体制本身也在变化和重新选择。

研究中国经济体制改革的目标模式要从中国国情出发，这在原则上没有什么争议。但如何把中国国情特点和目标模式的构想挂起钩来，仍然是一个正在研究中的课题。在这里，仅仅罗列我国国情的特点还远远不够，简单地把某项国情特点同某种体制模式直接挂钩也无济于事。例如，在分析经济发展水平比较低对我国经济体制模式的影响时，就应该避免这种简单挂钩的方法。外国经济学界流行着这样一种看法，即当生产力水平比较低从而经济处于"外延型"发展阶段时，集权模式比较合适；当生产力水平比较高从而经济处于"内涵型"发展阶段时，分权模式比较合适。诚然，经济发展水平同经济体制是有联系的，但这并不意味着一个特定的经济发展水平一定要求有一种特定的经济体制模式与之相适应。事实上，在一个特定的经济发展水平之上往往可以建立多种经济体制模式。如果用经济的外延发展和内涵发展来直接论证经济体制的集中和分散，就会否认我国现阶段着手改革过度集中的经济管理体制的必要。

但是，我国是一个幅员辽阔、经济上明显地存在着二元结构和各地区经济发展很不平衡的国家。这样的实践必然给决策结构的设置和经济利益关系的处理带来许多特点。就决策结构来说，在改革之初，我们曾经批评过以往一些在下放决策权力的措施方面没有抓住扩大企业自主权这一关键，而仅仅在中央和地方的行政性分权兜圈子，这无疑是正确的。但根据中国的实情，并不能完全否认行政性分权的重要意义。如何发挥地方政权，特别是经济欠发达地区省一级政府的经济功能，仍然是目标模式构想中所无法回避的问题。这正是人们努力探索中观经济活动决策在决策体系中的作用的缘由。

　　一定的经济体制还必然要受一定的社会和文化因素的影响。经济体制改革目标的设计，一方面必须考虑到社会文化传统因素的影响，另一方面又必须引导这些因素向合理的方向变化。正如有的经济学者所提出的，经济体制的改革"必定也是文化的改革"。[①] 关于我国传统文化观念对我国经济体制的形成及变革的影响，人们存在着不同的看法。例如，有的经济学者认为，我国深受自然经济观念的影响，要确立有计划的商品经济，就必须破除自然经济观。[②] 有的经济学者认为，中国既有自然经济的传统文化观念，更有货币经济的传统文化观念，像独立性、自信心、讲信用、知廉耻等传统的中国文化价值观念，对发展商业文化都大有益处，因此经济体制改革的重要一环是中国传统文化观念的复兴。[③] 尽管人们对我国传统文化观念的估计上尚有差异，但经济体制改革必须从中国的实际出发，逐步复兴和培植商业文化这一点应该说是没有分歧的。事实证明，十一届三中全会以来我国经济体制改革的进展和商品经济的发展也是诸如"无商不奸"之类的观念的逐步破除和"无商不活"之类的观念的逐步树立的过程。因此，

[①] 费景汉、B·雷浩兹：《中国经济体制改革合理顺序的探讨》，《经济社会体制比较》1986年第6期。

[②] 在我国提倡经济体制改革的经济学者中，最系统地批判自然经济论，并把自然经济论作为传统体制的重要理论基础来进行批判的应首推孙冶方同志。他在一系列论著中反复强调，要进行经济体制改革，就必须克服自然经济论的影响（见《孙冶方选集》，山西人民出版社1984年版，第237、252—253页）。近年来，人们把经济体制改革的视野进一步拓宽，把它同文化传统观念的变革联系起来。例如，有的经济学者认为，我国几千年来深受以血缘为纽带的宗法关系以及君臣之间的行政依附关系这种传统文化的影响，"尽管中国历史上不乏有规模可观的商品交换和区域性市场这些商品经济的形式特征，但是与商品经济相联系的一系列社会规范，从而严格意义的商品经济本身却总是不能形成"。（见《伟大的实践需要伟大的理论——社会主义初级阶段学说》）

[③] 费景汉、B.雷浩兹：《中国经济体制改革合理顺序的探讨》，《经济社会体制比较》1986年第6期。

探索我国经济体制改革的目标模式，必然同对我国传统文化的"去其糟粕、取其精华"的过程交织在一起。

二 从比较中看我国经济体制目标模式的选择

（一）经济体制的构成要素和分类标准

在比较经济学文献中，许多经济学者根据经济体制的各个构成要素分析经济体制的特征，并以这些要素在结构上的差异（如决策结构的集中程度或分散程度上的差异）作为标准来区分经济体制的不同类型或不同模式。例如，纽伯格和达菲认为，任何经济体制都包括三个相互联系的组成部分——决策结构、信息结构和动力结构，各种经济体制的差别是由这三个结构的差异造成的。[1] 林德贝克则有"八面体"的分析：（1）在经济决策上，是集中的还是分散的；（2）在信息传递、资源配置和协调机制上，是通过市场的还是通过行政的；（3）在财产关系上，是私有的还是公有的；（4）和（5）在动力机制上，个人和公司是通过经济刺激还是通过命令来推动自己的行为的；（6）和（7）在个人之间和公司之间的关系上，是竞争性的关系还是非竞争性的关系；（8）在整个经济体制同外部世界的关系上，是开放的和国际化的还是封闭的和自给自足的。[2]

在研究社会主义经济体制的不同模式时，有的经济学家往往根据分析问题的需要，突出一个标准来进行分类。这方面最有代表性的是布鲁斯和科尔奈。布鲁斯从经济决策的角度对社会主义经济模式进行了分类。他把决策分为三个层次：（a）基本的或主要的宏观经济决策，（b）一般的或日常的微观经济决策，（c）个人的或家庭的在劳动力分配和消费选择方面的决策。并以这三个决策层次的集中还是分散，分为以下四个模式：第一模式——"军事共产主义"模式——（a）、（b）、（c）均集中化；第二模式——集权模式——（a）、（b）集中化，但（c）在原则上分散化；第三模式——含受控制的市场机制的中央计划经济模式即"分权模式"——

---

[1] 埃·纽伯格、威·达菲：《比较经济体制》，商务印书馆1984年版，第17—18页。
[2] 阿·林德贝克：《新右派政治经济学》，商务印书馆1981年版，第130—132页。

（a）集中化，但（b）和（c）分散化；第四模式——市场社会主义模式——（a）、（b）、（c）均分散化。① 科尔奈则从经济协调机制的角度对社会主义经济模式进行了分类。他认为，经济运行中经常起作用的协调机制可以分为行政协调（Ⅰ）和市场协调（Ⅱ）两类。每一类协调机制又有两种具体形态：直接的行政协调（ⅠA）、间接的行政协调（ⅠB），以及无宏观控制的市场协调（ⅡA）和有宏观控制的市场协调（ⅡB）。

应该指出，采取各种不同的标准所进行的不同的分类往往各有特色。多标准的分类使得对各种经济体制特征的分析比较丰满；单标准的分类则有助于这种分析具有较高的抽象层次并显得非常简明扼要。近年来，我国有的经济学者从所有制结构、决策对象、调节结构、利益和动力结构和组织结构五个方面来区分社会主义经济体制的各种不同模式和分析各种不同模式的特征，是一种比较全面的分析。② 至于单标准的分类，由于各个标准往往具有内在联系，突出这一标准和突出那一标准并不是互相排斥的，仅仅是分析的角度和所要说明的问题的侧重点有所不同。例如，以决策为标准和以协调机制为标准所作的区分常常具有很大的一致性。决策的集中化是同行政协调相比的，决策的分散化是同市场协调相配的，行政协调和市场协调的关系，从决策的角度看，也就是集中决策和分散决策的关系。如前所述，模式的研究往往要以实例研究为背景并从中吸取营养。用不同标准对各种模式进行区分，往往是为了从理论上去总结和概括经济体制的实际情况。科尔奈的上述区分，是同从理论上去概括匈牙利自1968年的改革以来尚处于ⅠB模式（间接行政协调）阶段这一任务分不开的。布鲁斯的四分法首次见于他1980年秋为世界银行考察中国经济所写的背景文章，显然，这是同他要从理论上去概括中国改革前的体制尚带有军事共产主义模式因素这一目的有联系的。

（二）社会主义经济体制模式的光谱

不管用什么标准来划分，社会主义经济体制各种不同模式的序列，都

---

① 布鲁斯：《社会主义经济的各种体制——历史的经验和理论的构想》，载《社会主义经济模式问题论著选辑》，人民出版社1983年版，第69—70页。

② 中国社会科学院经济研究所比较经济制度研究课题小组：《关于我国经济体制改革的目标模式问题》，《中国社会科学》1984年第5期。

会呈现出光谱的状态,每一种模式都处在这种光谱的一定色位上。总结十月革命以来各国的经验,综合各家的学说,我们可以把社会主义经济体制划分为以下六种模式。

第一种:军事共产主义的供给制模式。

它的特点是全部经济活动,包括宏观经济活动、企业日常经济活动和家庭经济活动(如职业的选择、劳动与闲暇的选择、消费方面的选择等)的决策权都集中在国家手中。除农业以外,几乎全部经济活动都实行国有化。完全排斥商品货币关系和市场机制的作用,经济活动的信息则采取纵向的流动形式。在工业的组织上则把整个社会看成是一个大工厂,没有从经济上区分为不同的生产单位,没有各自的经济核算,无所谓盈利还是亏本,实行彻底的统收统支。可见,无论从生产领域还是从分配领域来看,这都是一种实物供给型的经济。

这种经济模式,一方面是战争和经济封锁等异常情况下所不得不实行的应急模式,它在紧急动员和集中人力、物力、财力以应付战争和克服经济困难上起过积极作用,但一旦战争过去以后,就会影响人们的积极性和生产效率,因此,这种模式从总体上来说已成为历史。另一方面又是消灭货币的恒定倾向的产物,持有这种倾向的人往往把它作为目标,因此,它的意义和影响又超出了临时性的权宜之计的范围。

第二种:传统的集中计划经济模式。

这种模式名义上有生产资料的两种公有制,即全民所有制和集体所有制,但实际上完全由国家支配,只是程度略有不同而已。它在决策结构上的特点是宏观经济活动和企业日常经济活动这两个层次的决策权集中在国家手里,个人和家庭经济活动的决策原则上是分散化的。家庭、个人有选择工作和消费品的自由,相应的,存在着消费品市场和劳动市场。在这个领域内,国家的控制是通过间接手段来实现的。但国家和企业的关系仍然是等级从属的关系,企业的产、供、销活动都要通过国家下达指令性计划,经济决策基本上靠上级对下级的行政命令和下级对上级的行政服从来实施。经济信息主要采取命令和报告的形式在上下级之间纵向传递。国营企业要求建立在"经济核算"的基础之上,即有了盈亏的计算,但实际上仍然由国家统负盈亏,企业并没有相对独立的经济责任和经济利益。国营企业之间实际上不存在商品关系,"商品"只是外壳,"货币"只起消极作用,即只起核算和分配筹码的作用,并不构成选择的基础。买卖双方都不能根据支付货币的多少和价格的高低来决定买卖的数额和对象,而只能服从既定的资源分配实物指令。在这种情况下,货币的流动跟从实物的流动,而不是实物的流动跟从货币的流动。

这种模式因其集中程度很高,能把人力、物力、财力集中使用于国家决定优先发展的部门和地区,具有较高的积累率,从而可以使经济落后的社会主义国家在一定时期内实现较高的经济增长率,迅速地实现国家的工业化。但这种模式也有其内在的矛盾和弊病。在信息和决策问题上,存在着"知情者不能决策和决策者又不知情"的矛盾。实际的产品虽然是在各企业之间横向流动的,但决定这种产品流的信息流则是在中央行政机关和企业之间纵向进行的。这种体制往往造成供、产、销脱节和决策机构的官僚主义。在经济利益关系上,企业作为各级政府的附属物,只受到行政指令的强制推动,既无内在的动力,又无外在的压力,国家用计划指标来衡量企业的经营成果,往往造成"鞭打快牛"的棘轮效应,因此,企业倾向于少报产出的可能,多估投入的需要。这种模式普遍存在上下级之间讨价还价的机制而缺少企业之间通过市场进行的自动调节机制,往往要在经济效益上付出巨大的代价。如果说上述第一种模式因其集中程度极高而被称为"战时经济"的话,那么,这种模式则因其集中程度仍然很高而被称为"准战时经济"。

第三种:改良的集中计划经济模式。

这种模式基本上保留了传统的集中计划经济模式的特征,但企业在日常经济活动中有一小部分决策权,如计划外的产品有一部分可以自销,有一部分利润可以由企业留用于发展生产和奖金福利等。国营经济的活动基本上仍然由指令性计划控制,但减少了指令性指标,同时扩大了价值指标的作用,主要考核指标有所变化,如总产值变为产品销售额,又变为定额净产值等。由于程度不等地放宽了对集体所有制经济的控制,允许个体经济存在,市场调节作用的范围有所扩大,但对整个经济主体来说,市场只起外部的补充作用。这种体制开始注意发挥价格、利润、工资、信贷等经济杠杆的作用,但由于基本上保持了指令性计划和固定价格制度,仍然以行政手段为主。

这种模式使上述第二种模式中原有的矛盾得到了某些缓和,在一定程度上促进了经济的发展和经济效益的提高。但由于这种模式只是在第二种模式的基本框架内作了某些局部改良,所以第二种模式的弊病在这种模式中仍然得不到根本的克服。而且,由于这些局部改良同原来的基本框架不协调,又产生了一些难以解决的矛盾。例如,考核企业的指标从实物指标(总产值、产品品种等)为主改为价值指标(净产值、利润等)为主,是为了加强对企业的经济刺激,但因价格体系没有改变,企业对利润的追求没有多大意义,而且往往与满足社会需要发生冲突,使消费者的利益受到损失,供求之间严重脱节的问题难以得到解决。这正是实行这种模式的国家不断地徘徊于增加和减少指令性指标、反复地改变中心指标的原因。

第四种:间接行政控制模式。

这一模式的特点是:国家通过给企业下达实物指令对企业日常产、供、销活动进行直接行政控制的办法在原则上已经废除,即我们通常所说的指令性计划原则上已经取消;但国家通过市场、运用经济手段对企业进行间接控制的系统尚未真正确立。这种模式是对匈牙利改革以后的经济体制所作的一种理论上的概括。这种模式的出现一方面验证了如下的假设,即在社会主义国家,对产品的生产和分配取消指令性计划,经济也能够比较正常地并且可以更好地运行;另一方面又说明,通过行政手段所进行的直接控制的废除并不等于通过经济(市场)手段所进行的间接控制的确立,两者之间实际上存在着一种间接的行政控制。在这种间接行政控制系统中,企业在产供销的安排、投资的决策、利润的分享、价格的协商、工资的制定等方面都有了较多的自主权,但企业的典型行为却是一只眼睛盯着上级,一只眼睛盯着市场,形成了对上级权力机构和市场力量的双重依赖。这是因为:企业领导人仍由上级选择或指派;企业的兴建和关闭主要不是取决于市场规律而是由上级决定;企业的盈利主要不取决于本身的经营和市场竞争而依赖于同上级讨价还价的能力;补贴和税收的滥用往往削弱了利润的刺激作用,并影响企业财务预算约束的硬化;价格体系尚未理顺,价格形成中存在大量的行政干预,企业对价格变化的反应比较微弱。

上述第三、第四种模式都在不同程度上改变了传统模式的特征，但又都在不同程度上保留了传统模式的影响，同其他模式相比，具有较大的飘移性（缺乏恒定性），实质上均属过渡类型的模式。

第五种：计划和市场有机结合的模式。

这种模式的特点是：宏观经济活动决策权是集中化的，凡是关系国民经济全局的战略性经济活动由国家集中决策，企业日常经济活动则由企业自行决策。家庭和个人经济活动的决策也是分散化的。国家计划通过市场上的各种经济参数或经济手段来引导和控制企业的经济活动，使企业根据市场上的信号安排的经济活动符合国家计划所规定的要求，从而使计划调节和市场机制内在地有机地结合起来。企业作为相对独立的商品生产者，既有与其经营状况密切相关的自身利益所决定的内在动力，又有市场竞争的外部压力。生产者和消费者之间横向的经济联系和信息传递得到了广泛的发展，国家和企业之间的纵向信息传递与企业之间、生产者和消费者之间的横向信息传递交织成国民经济的信息网络。在经济组织上，企业将从条条块块的行政隶属中解脱出来，无论是条条还是块块，都将从行政管理为主变为经济管理为主，逐步形成政企分开、纵横交错的网络化的经济组织系统。

在这种模式下，传统的集中计划经济模式所存在的弊病在较大程度上得到了克服。分层的决策结构增强了决策的可靠性，减少了决策的失误，间接控制系统的确立，既增强了企业的活力，又能防止宏观经济的失控，保证宏观经济效率和微观经济效率的共同提高。当然，这种模式也有自身尚未解决的矛盾和问题。例如，在运行机制上，要不要有一个有限度的买方市场以及如何造成这样一个市场的问题，企业根据市场信号从自身利益出发安排的经济活动能否符合全社会利益的问题，都需要进一步探索和验证。再者，随着运行机制改革的深入，特别是要求企业成为自负盈亏的商品生产者和经营者，解决预算约束软化的问题，要求企业的经理和职工真正具有主人翁责任感，促使企业行为合理化，就必须对所有制关系进行改革，使计划和市场有机结合的社会主义经济运行机制有一个合理的所有制基础，这也需要进一步探索。

第六种：市场社会主义经济模式。

这种模式中的公有制基本是一个个集体经营的独立自治实体的集合，同时在较大范围内容许个体经济的发展和私营经济的存在。这种模式在决策上的特点是宏观、微观、家庭三个层次经济活动的决策都分散化和市场化。因此，它没有由宏观经济活动的集中决策所建立起来的基本框架，也没有必要的调节、控制手段来引导企业。在这里，扩大再生产的责任几乎完全从国家中央计划当局的手里转到企业的手里，纯收入的分配也完全由企业自己做主。市场机制在国民经济中起着主导的调节作用。

这种经济不可避免地具有市场经济所难以避免的弊病，即存在着急剧的通货膨胀、较高的失业率和经济的周期波动。所以，这种模式在微观经济方面所取得的某些成功，常常被宏观经济方面的损失所抵消。

（三）我国经济体制改革的起点和目标

在比较研究社会主义经济各种不同模式的基础上，需要进一步弄清我国原来属于什么经济模式和改革应该采取什么经济模式的问题，即改革的起点和方向问题。

关于我国原有经济体制的模式归属，我国学术界有一些争论。一种比较流行的看法是：我国原来的经济体制是 50 年代从苏联学来的，属于传统的集中计划模式；另一种看法是：尽管传统的集中计划模式对我国原来的体制有很大影响，但我国从来就没有在完整意义上实行过这种模式。其实，这两种看法在很大程度上具有互补性。这一讨论实际上向我们提出了传统的计划体制模式在中国所发生的变异问题。具体分析这种变异，将有助于对我国改革起点的把握。这种变异可以分别从空间上和时序上来看。

从空间上看，是传统的集中计划模式在多大范围和多大程度上起作用的问题。事实上，即使这种体制模式在我国的鼎盛时期（如 1956 年），其覆盖率也是不高的。[①] 有的经济学者认为，中国原来的经济体制虽然在广义上可以定义为"集中管理的实物计划资源配置体制"，但由于低收入等条件的影响，这个体制的作用范围只限于整个国民经济的一部分，剩下的是市

---

① 华生等：《经济运行模式的转换》，《经济研究》1986 年第 2 期。

场经济和习俗经济，它们起了补充的作用。① 因此，我们只能说，我国原有的经济体制，仅就其主体而言才是按传统的集中计划模式建立起来的。就这种模式的作用程度来说，即使在 20 世纪 50 年代，我国劳动者在选择消费品和职业上的自由度也同这一模式的原则要求相去甚远。可见，即使在这种体制模式的鼎盛时期，其作用程度也是打折扣的。

从时序上或从动态上看，是这种模式作为经济体制的主体在中国确立以后所发生的变异。我国原有的经济体制在 1956 年基本确立以后到 1976 年粉碎"四人帮"为止的这二十年间曾发生了若干变化。从原则上来说，经济体制模式的变化无非是朝着两个方向进行的，一个是分散化的方向，另一个是集中化的方向。回顾我国上述二十多年间，如果以传统的集中计划模式为起点的话，那么两个方向的变化都出现过。例如，在中央与地方的关系上，曾经采取数次下放措施，特别是 1958 年和 1970 年的两次下放，曾经扩大了地方的权限；在国家和企业的关系上，批判过去把企业折旧基金全部集中于国家财政的做法，是企业有支配部分折旧基金的权力。这些都是沿着上述前一方向所采取的措施。但是，由于这一时期受"左"出的错误的干扰很严重，沿着后一方向所发生的变化似乎更为突。这具体表现在以下几个方面：（1）在所有制和决策问题上，进一步公有化和集中化。就全民所有制内部来说，上述管理权限的下放主要停留在国家行政管理机构内部中央和地方权力的划分上，企业的决策权并没有明显的扩大。就整个国民经济来说，集体所有制经济单位的集体性质经常得不到保证，在农村，经常发生强势集体所有制经济向社会主义全民所有制经济乃至共产主义经济"穷过渡"的做法；在城镇，一些手工业合作社等集体经济也被强行过渡，成为变相的国营经济。至于个体经济，也常常当作资本主义尾巴而被砍。整个倾向是"越大越公"越好。再加上消费品分配方面定量供应范围的进一步扩大以及对劳动力和人口流动的进一步限制，使劳动者对个人经

---

① 参见［日］石川滋《社会主义经济和中国的经验——对经济改革的展望》，《科技导报》1986 年第 2 期。他在此文中写道："习俗经济是这样一种经济体制，其中社会中的每个人根据习惯规则从事经济活动。这种规则以保护社会每个成员福利为共同目标，规定了这些成员的义务和特权——资源配置是它的结果。习俗经济这一术语首先是约翰·希克斯（John Hicks）使用的。它的典型形式是农村的传统村社。但是它也出现在都市地区，特别是在个人关系和终身雇佣制盛行的商业组织和劳动市场中。"

济活动的决策权进一步缩小。（2）在计划和市场的关系上，进一步排斥市场的作用。在上述期间，出现过数次否定社会主义商品生产的浪潮（最突出的是1958年和1975年这两次），而每一次浪潮度都导致经济关系的实物化。尽管传统的集中计划经济模式中的经济核算制是以指令性计划为前提的，货币不起积极的作用，然而，就是这样一种经济核算制也屡遭冲击，而常常被供给制关系所取代。（3）在分配方面，平均主义的倾向进一步发展。按劳分配的命运同商品生产一样屡遭批判，计件工资制、奖金也屡遭否定，使劳动报酬同劳动贡献相脱节。分配上的平均主义造成"干多干少一个样，干好干坏一个样，干和不干一个样"的现象，必然影响生产效率的提高。而生产效率低和经济上的困难又反过来加剧了分配上的平均主义。因此，不仅原有职工的工资不能因劳动贡献的变化而变化，在此期间新增职工的工资平均主义倾向更为严重。（4）在组织经济的方式上，动员的因素增多。商品关系和按劳分配关系的削弱意味着物质利益关系的不清。因此，在积极组织工作上，特别是在人力资源的分配和使用上，就不得不更多借助于军事动员的方式来进行，采用高运动的方式来搞经济建设。其实，企业和人人对国家"吃大锅饭"和国家对企业和人人采取动员的方式是一个问题的两个方面。因为，要保证大锅中有饭吃，就不得不采取动员的方式来维持生产和供应。反之，人们既然按照动员的方式进行了生产和供应，也只能"吃大锅饭"。这些现象说到底都是国家、企业和个人之间经济利益关系不清、物质责任不明的表现。

可见，说我国改革以前的经济体制（就其主体而言）基本上属于传统的集中计划模式，但带有军事共产主义的供给制因素，是比较切合实际的。如果科尔奈的上述分类中的 IA 模式相当于我们这里所说的传统的集中计划经济模式的话，那么，正如有的经济学家所说的，中国经济改革的起点不是 IA，可以说是半个 IA。[①]

以上我们从时间和空间两个角度分析了传统的集中计划模式在我国所发生的变异，说明了我国改革的起点比苏联和东欧各国都要低。起点低固然有一部分是由政策失误等临时性因素所造成的，但也有一部分是由发展

---

① 刘国光等：《经济体制改革与宏观经济管理——"宏观经济管理国际讨论会"评述》，《经济研究》1985年第12期。

水平、社会文化传统等长期性乃至恒定性因素所造成的，因此，任意地拔高改革的起点是不可能的。切实地分析改革的起点并不是要降低改革的目标，而是要弄清起点和目标之间的距离，以便更好地、既积极又稳妥地实现改革的目标。

关于经济体制改革目标模式的选择，首先是要缩小选择的范围。上述第一种和第二种模式，因其过度的集中化和排斥市场机制而显得僵硬和缺乏效率，是我们改革的出发点，自然不能成为改革的目标，对这些模式进行研究，是要增强对改革必要性的认识，并防止走回头路。上述第六种模式，就其纯粹形态而言，类似科尔奈的无宏观调控的市场协调机制，即ⅡA模式，即一个国家的经济活动完全由不受控制的市场机制来协调。然而，这种体制的纯粹形态在当今世界的实际生活中是不存在的。即使不完全的ⅡA模式，有的社会主义国家也试验过，但如上所述，引起过度的分散化和市场化而具有传统的市场经济的通病，也不宜作为我国经济体制改革的目标。至于上述第三、第四种模式，其中的若干特点，如企业行为的双重化等，必然会在我国改革的过程中出现，但因其缺乏一种经济体制运行机制内在逻辑上的一致性，往往出现无法克服的摩擦和冲突，因此，只能作为过渡模式。于是，剩下来可供选择的就只有上述第五种模式，即计划和市场有机结合的模式。

至于目标模式的具体概括和表述，只要在对这种模式的基本方向、运行机理和内在逻辑具有共同认识的前提下，完全可以多样化。有的经济学者认为，我国经济改革的目标可以概括为"国家掌握市场、市场引导企业"。① 有的经济学者认为，我国经济改革的目标模式可以称为"国家—市场—企业型的间接管理模式"。② 显然，这样一些大同小异的概括和表述，既有利于集思广益，又有利于沿着同一方向来探索经济体制改革的目标。

本节的任务是从比较中来探索我国经济体制改革目标模式的基本方向和思路；下一节我们将沿着这一方向和思路进一步分析目标模式的基本框架。

---

① 参见李成瑞《关于宏观经济管理的若干问题》，《财贸经济》1986年第11期。
② 李由鹏：《试论建立具有中国特色的计划管理体制》，载《腾飞的构想》，辽宁人民出版社1985年版，第135页。

三 我国经济体制改革目标模式的基本框架

按照上一节所探索的基本方向，我们将从所有制体系（或结构）、决策体系、利益体系、调节体系和组织体系五个方面（或称五个基本点）对目标模式作进一步的分析。由于这五个方面均将在本书中独立成章分别展开论述，因此本节只准备对这几个方面作一扼要概述，然后着重对它们之间的相互关系，特别是其中的一些综合性问题作一横断面的剖析。

在所有制方面，要形成以公有制为基础、国有制为主导、多种所有制形式并存的新格局。这样一种新格局，看来应该包括以下内容：第一，所有制关系要实现从单一化向多元化的变革，不仅有作为基础和主导的国家所有制、集体所有制等公有制形式，而且有个体所有制、国家资本主义所有制（外资、中外合资企业）和私人资本主义所有制等形式。第二，各种所有制形式之间不是相互封闭的而是彼此开放的，使各种生产要素在不同所有制经济之间流动，以利于资源的优化配置和运行效率的提高。改革中已经出现了跨越所有制界限的经济联合体和企业群体，开始了不同所有制之间的互相渗透和互相配合，就反映了这一客观的趋势。第三，必须坚持以公有制为基础和国有制为主导，以保证经济体制改革的社会主义方向。这种基础主导的地位，不仅要从数量上看是否占有足够的比重，而且更要从质量上看是否掌握国民经济的命脉从而能否左右经济的发展。第四，改革必须深入到公有制内部，特别是国家所有制内部，才能从根本上解决谁都是财产的所有者、谁都对财产不负责任的问题。这是所有制改革的难点之所在。对一些小型的国有企业，可以通过"包、租、卖"，即承包制、租赁制乃至出售给劳动者集体和个人等形式来实现自负盈亏。因此，国家所有制内部改革的真正难点在于为数不多但占资产和产值的比重很大的大中型企业。对于这些企业，应该按照所有权和经营权分离的方向来探索改革的各种具体形式，使国有企业摆脱各级政府机构附属物的地位，真正成为相对独立的商品生产者和经营者。有关各种经营责任制和股份制等的探索，只要在坚持公有制的前提下，都是有益的。

在经济决策方面，要建立起一个国家（包括中央和地方）、企业和个人的多层次决策体系。由于社会主义经济是建立在社会化大生产基础上的一个大系统,其经济活动本身就是多层次的,因此,经济决策权力的分布也应当根据各层次经济活动的性质和要求,形成一个合理的分层决策体系,以保证国民经济的和谐发展。在这方面,人们提出了各种各样的设想。有的经济学者认为,涉及整个国民经济的增长速度,国民收入在积累和消费之间的分配,产业结构的变化,投资的规模、主要投资方向和重大投资项目,必要的价格控制,公共消费和个人消费的比例等,应该由国家集中决策。企业的产、供、销、人、财、物,以及设备更新、自有资金的使用等微观经济活动,则由企业分散解决。① 有的经济学者认为,社会主义国家的政府应该最低限度地控制三种生产(军需产品、基本食品、基础设施)和三种价格(基本食品、工资、汇率),还可以加上一些特别项目,如投资和消费的比例、向欠发达地区转移资源、城市住房的供应。② 对于社会主义经济活动最低限度的集中决策问题或最低限度的政府控制问题,国内外经济学界都有许多研究。具体的项目界限和数量界限当然可以进一步探索,但最低限度的集中决策或控制似乎是没有疑义的。看来,这里难度较大的是投资决策权的划分问题。有的经济学者认为,营利性投资(生产性建设)主要归企业负责,服务性投资(基础设施以及国防、科研、文教等建设)主要归中央政府和地方政府负责,同时要把投资的利益和风险捆在一起,建立起企业投资的自我调节机制。③ 有的经济学者则强调,尽管国家投资并没有必要在数量上占优势,但它必须具有足够强大的地位来影响未来生产能力的形成。④ 这些都是颇有见地并可供进一步思索的观点。至于劳动者个人经济活动决策的分散化,即劳动者在既定收入的范围内有选择消费品和劳务项目的自由以及有选择职业和工作地点的自由,在目标模式中应予以

---

① 中国社会科学院经济研究所比较经济体制研究小组:《关于我国经济体制改革的目标模式问题》,载《中国社会科学》1984 年第 5 期。

② 劳·雷诺兹:《比较经济制度》,载《现代国外经济学文集》第 9 辑,商务印书馆 1986 年版,第 24 页。

③ 参见 1987 年 2 月 24 日《经济日报》载该报记者对林森木的采访。

④ 参见布鲁斯 1986 年 5 月为美国加州大学举办的国际会议所提供的论文《共产主义经济制度的演变——范围和限度》。

实现，而不能像现阶段那样，只允许劳动力"在一定范围内的"或"有限的"① 流动等。

在经济调节方面，要在宏观经济活动和微观经济活动之间建立一个间接的调节和控制系统，或者叫做有计划指导和有宏观控制的市场调节体系。

广义的经济调节包括对宏观经济活动的调节和对微观经济活动的调节两个方面。如果把宏观经济活动的调节纳入计划决策的范围，那么，经济调节就仅指对微观经济活动的调节，这是一种狭义的经济调节。在宏观经济活动的计划决策既定的前提下，人们探索和争论的焦点往往在于后一种调节的方式，即通过什么方式使宏观经济活动决策微观化，同时又使微观经济活动决策符合整个社会经济活动的共同目标。不同的调节方式往往成为区别新旧体制模式的根本标志之一。所谓指令性计划和指导性计划之争、直接控制与间接控制之争，实际上都是由宏观经济活动和微观经济活动之间究竟采取什么调节和控制方式的不同所引起的。在目标模式中，应该在宏观经济活动和微观经济活动之间建立起一个间接的调控系统，即从原则上来说，国家不再给企业下达指令性的计划指标，企业所需要的生产资料也不再由物资部门统一分配。国家主要通过价格、税收、利率、工资等表现为市场数值的经济参数来引导企业的行为和调节资源的流向。企业经营的好坏不再以完成国家计划指标的状况来判断，而是以获得利润的多少来判断。企业作为选择的主体则无权操纵这些参数，而只能调整自己的活动来适应这些参数。

在经济利益方面，要在清晰界定不同经济利益主体利益界限的基础上，建立起国家（社会）、集体（企业等）和个人三者兼顾以及长期利益和短期利益兼顾的经济利益格局、利益刺激和利益约束对称的利益均衡机制。在国家和企业之间的收入分配上，要允许主观经营水平不同的企业在收入分配方面存在差别，以解决企业吃国家"大锅饭"的问题；但不同企业因客观原因（资源贫富、土地肥瘠、位置好坏、技术装备优劣等）所造成的级差收入应基本收归国有；企业的权、责、利要对称，不能只负其盈，不负其亏。在劳动者个人之间的收入分配上，要改变职工收入同个人劳动贡

---

① 冯兰瑞、顾榴珍：《劳动力流动及其调节机制》，《人民日报》1987年1月2日。

献相脱节的情况，以克服平均主义，解决职工吃企业"大锅饭"的问题；为了防止收入差距的过分悬殊，特别是对于非劳动收入所形成的悬殊收入，应该实行高税率调节；必须给劳动者个人以平等竞争、自由择业的机会，防止因机会不均等而引起的收入悬殊。通过企业内部的收入平衡机制和国家对积累和消费的有计划安排，在克服旧体制压抑个人消费的同时，防止消费膨胀。

在经济组织方面，要按照社会化大生产的要求，建立起政企分开、纵横交错的网络化的经济组织系统。经济组织体系改革的根本任务是要改变企业作为中央或地方行政机构附属物的地位，使企业从条条或块块的束缚中解放出来，中央和地方政府机构都要按照政企职责分开的原则来发挥其管理经济的职能。政企分开后，加强行业组织的作用。当然，在发挥行业组织和城市的作用的同时，应当防止它们变成新的条条和块块。政企分开以后，企业应该按照自愿互利的原则，向专业化、联合化和群体化的方向发展，克服"小而全"和"大而全"，逐步实行企业组织结构的合理化。企业专业化和协作的形式可以多种多样，但联合企业必须是经济实体，实行独立核算、自负盈亏，防止成为变相的行政性组织。在促进企业联合化的同时，还应该保护竞争、防止垄断。

以上，我们对目标模式的基本框架从纵的角度，即对五个基本点进行了逐一的非常简要的论述；下面，我们拟对这五个基本点之间的相互关系以及几个比较综合的问题作一探索，旨在对目标模式的基本框架作一横断面的解剖。

（一）从各个基本点之间的内在联系看经济体制改革的两条基本线索

上述五个基本点（或五个体系、五个结构）并不是彼此分割的，它们之间的密切配合才能构成一个经济有机体。正如许多系统（如骨骼系统、神经系统、呼吸系统、循环系统、消化系统等）的紧密配合才能构成一个生理有机体一样。其中，经济决策体系和调节体系涉及的是经济运行中的资源配置；经济利益体系涉及的是经济运行中的动力，每个层次的决策主体，其行为必然要受其所谋求的经济利益所支配；各种经济调节机制，无论是计划机制还是市场机制，都要以经济利益作为其运行的动力；经济组织体系是经济运行机制借以发挥的载体，经济有机体内任何一个细胞的活动以及彼此之间的协调和运转，都是在一定的经济组织系统之内进行的。总之，协调的经济运行机制要求这五个基本点实现内在的统一，决策主体根据各自利益所作出的各种经济决策，通过调节体系的调节达到均衡，通过组织体系进入实际的运行。

如果说，上述经济决策、经济调节、经济利益和经济组织都从各个不同侧面构成了经济运行机制的话，那么生产资料所有制关系则构成经济体制中另一个重要方面。东欧的许多经济改革理论家，从兰格到布鲁斯和科尔内，都把研究的重点放在运行机制改革上，而把生产资料的社会主义公有制（主要是国有制）作为既定的前提存而不论。从我国经济体制改革的实践来看，最初人们也把注意力放在运行机制的改革上，只有少数经济学者提出了所有制改革的问题。[1] 然而，随着改变的进展和深入，人们越来越清楚地认识到，运行机制的改革，必然要同所有制关系的改革交织在一起。实践中的经济改革也是沿着微观基础再造和运行机制转换这样两条基本线索推进的。有的经济学者提出："经济体制主要包括两个方面，即经济运行机制和所有制关系。经济体制改革的实质是经济运行机制的转轨和微观所有制基础的调整和重新构造。"[2] "经济改革有两种出发点可供选择：一是改造运行机制；一是改造劳动者与生产资料的组合状态。正确的抉择，是把两者结合起来，作为经济改革的出发点。"[3] 近年来，我国经济学界发生了"改革所有制是经济体制改革的关键"[4] 还是"调整不合理的价格体系是我国经济体制改革成败的关键"[5] 之争。由于价格改革是运行机制改革中的最综合性的问题，所以上述争论实际上是如何看待所有制改革和运行机制改革的关系问题。我们认为，这两个方面的改革是互相联系、互相促进和相辅相成的关系。在价格扭曲的状况下，企业的自主经营和自负盈亏是无法实现的，即使用股份制也难以达到硬化企业预算约束的目的；反之，如果

---

[1] 参见董辅礽《关于我国社会主义所有制形式的问题》，《经济研究》1979 年第 1 期。
[2] 边勇壮：《经济体制改革的两条主线》，《北京日报》1987 年 2 月 9 日。
[3] 孙效良：《论经济改革面临的抉择》，《光明日报》1987 年 1 月 3 日。
[4] 厉以宁：《关于经济体制改革的基本思路》，《世界经济导报》1986 年 6 月 9 日。
[5] 薛暮桥：《建设有中国特色的社会主义的必由之路》，《经济日报》1987 年 3 月 5 日。

不通过所有制关系的改革来使企业真正成为自主经营、自负盈亏的经济实体，企业的预算约束仍然是软化的，那么，即使在市场数值的各种经济参数，特别是价格参数理顺的情况下，企业也不会对市场信号特别是价格信号作出灵敏的和正确的反应。只有全面把握住经济体制改革的这两条基本线索，才能为间接控制奠定一个扎实的微观基础，同时为增强企业活动提供一个良好的市场环境。

（二）分权化的两条线索：经济性分权和行政性分权

所谓经济性分权，是指国家同企业的关系中企业不再是国家行政机关的附属物，而成为自主经营、自负盈亏的经济实体，或相对独立的商品生产者和经营者。当这种经济性分权的重要性被人们所认识以后，在国家政府机构内部的行政分权问题（中央和地方的关系问题）又引起了人们的争论。有的经济学者考虑到我国还是一个发展中的社会主义国家，提出了"高度集权的政府加商品经济"[1]的模式。有的经济学者则曾经设想，应该把"双向扩权"，即削弱地方的权力、扩大中央和企业的权力，作为经济体制改革的目标。[2] 这确实是涉及决策、利益、调节和组织等各个方面的一个综合性的重要问题。

看来，我们首先应该区分两种不同含义的行政性分权：一种是指对企业进行直接控制的权力从中央行政机关（条条）的手里转到地方行政机关（块块）手里，而不改变企业作为国家行政机关附属物的地位；另一种是指在使企业成为相对独立的商品生产者和经营者（政企职责分开）的前提下，国家管理经济的职能也部分地从中央政府的手里转到地方政府的手里。概而言之，第一种意义上的行政性分权是排斥经济性分权的，第二种意义上的行政性分权是以经济性分权为前提并与之共存的。在探索改革的目标模式时，除了指出第一种意义上的行政性分权的弊端和不可行性之外，应该加强对第二种意义上的行政性分权的研究，特别是结合我国的国情探索改革的目标模式时，这种研究就显得更为重要。我国是一个大国，在政企职

---

[1] 吴敬琏：《关于改革战略选择的若干思考》，《经济研究》1987年第2期。
[2] 转引自赵人伟《作为改革的方向和目标应是经济性分权和行政性分权的结合》，《经济研究》1987年第4期。

责分开的前提下，如何发挥地方（主要是省、直辖市）政府的经济职能，即通常所说的中间层次的作用，是一个十分重要的课题，这也许正是我国经济体制改革不同于东欧小国的特色之一。正如劳·雷诺兹所说的："哪些决策应当由中央政府作出？哪些则由下级政府作出？大的国家总是有这个问题，当政府的经济活动变得更重要的时候，这个问题也更重要了。"[①] 当然，改革过程中由于某种特定的情况造成地方政府决策权力过大和所占经济利益的份额过大的状况是有可能的，针对这种状况采取某些调整措施也是完全必要的。但是把"双向扩权"作为经济体制改革的目标则似乎欠妥。这种笼统的设想既没有明确区分经济性分权和行政性分权，也没有区分两种不同含义的行政性分权，过分强调了中央政府的作用，对国家经济作用作了过于简单化的理解，特别不适合我们这样一个大国的国情。实际上，发挥地方政府的经济作用，是发挥国家经济职能的一个组成部分，也是发挥中央政府经济作用的延伸。地方政府应该在制订地方计划、运用经济调节手段、加强行业管理、进行基础设施建设、提供各种服务、监督经济活动等方面发挥中间层次的作用。当然，重视地方政府的经济作用，并不是要夸大这种作用。我们认为，如果地方政府可以作为一个层次的经济决策主体、经济利益主体和经济调节主体发挥作用的话，那么，决策主体和利益主体的作用相对地要大一些，调节主体的作用相对地要小一些。地方政府在各种调节手段的运用上应该控制在避免形成地方经济封锁、地方经济割据和不影响统一市场的形成的限度之内。国外某些国家运用高度集权的政府同市场经济的结合来推动高速成长的经验对于我国的改革和发展当然具有借鉴意义，但绝不能照搬，因为在高速成长的国家中也有强调地方分权的成功实例。[②] 如果我们讨论的不是改革的过渡措施而是改革的方向和目标，那么事情也许更加清楚：应该是经济性分权和行政性分权（第二种意义）的结合，而不是经济性分权和行政性集权的结合。

[①] 劳·雷诺兹：《比较经济制度》，《现代国外经济学论文选》第 9 辑，商务印书馆 1986 年版，第 25 页。

[②] 杨培新：《论我国投资体制改革方向——从联邦德国的联邦、州、地方分权的投资体制说起》，《世界经济导报》1987 年 1 月 5 日。

（三）间接控制下的计划和市场的有机结合

直接控制是旧体制的一个重要特征，而间接控制是新体制的一个重要特征；从直接控制向间接控制的转换是从旧体制向新体制转换的一个根本标志。在这里，我们想通过从各个侧面分析直接控制和间接控制的区别，来进一步探索间接控制体制下计划和市场的结合问题。

直接控制和间接控制是两种完全不同的经济控制方式，其主要区别可以概括如下：（1）直接控制以政企职责不分为前提，间接控制则必须坚持政企职责分开；（2）直接控制是同高度集中决策相适应的，间接控制是同分层决策相适应的；（3）直接控制是实现指令性计划的形式，间接控制是实现指导性计划的形式；（4）直接控制表现为实物运动优先，货币仅起被动作用，间接控制表现为货币运动优先，并以此带动实物运行；（5）直接控制借助于行政手段，间接控制借助于经济手段即市场上的各种经济参数；（6）直接控制不承认或忽视控制对象具有独立的经济利益，间接控制不仅承认控制对象具有独立的经济利益并且以此为内在动力加以启动。[1] 从这些区别可以看出，从直接控制向间接控制的转换，不仅是控制系统的大转换，而且是以此为重要标志的整个经济体制模式的大转换。

那么，在以间接控制为重要标志的目标模式中计划和市场是什么关系呢？是不是指令性计划、指导性计划和市场调节不同比例的组合呢？

在以往关于目标模式中计划和市场关系的讨论中，人们往往把指令性计划、指导性计划和市场调节的不同组合作为争论的重点，似乎目标模式的不同设计仅仅在于这三个板块的不同比例的拼凑。有的经济学者认为，只有按指令性计划生产的产品在总产值中占有较大的百分比，至少是按指令性计划和指导性计划生产的产品加起来占有较大的百分比，才能保证经济的社会主义性质。[2] 我们并不否认现阶段我国经济生活中这几种调节形式并存的实际情况，但作为目标模式的构想，这种板块结合的思路似乎过于平面化。国民经济是一个大系统，在这个大系统中计划和市场的关系即使

---

[1] 参见沈立人《经济体制改革的新课题》，《经济研究资料》1986年第4期，具体概括不尽相同。
[2] 参见《计划经济与市场调节文集》第1辑，红旗出版社1983年版；《建国以来社会主义经济理论问题争鸣》，中国财政经济出版社1985年版，第484—485页。

不考虑动态因素也必然处于三维空间之中。在目标模式中，指令性即使存在也不再构成经济运行不可缺少的要素，和市场调节共同成为经济运行不可缺少环节的只能是指导性计划。国家计划调控市场，市场引导企业这样一种计划与市场融为一体的综合是目标模式中经济运行的立体系统。据此，我们同意这样一种看法："从较长远的角度来看，指令性计划不是不可以取消的，指导性计划有可能作为我国的唯一的计划形式。"①"指导性计划不具有强制性和约束力，国家通过掌握和调节市场参数，把国家决策翻译成经济信号，以此为杠杆，在市场上引导企业的生产活动服从国家计划的要求。它实质上是计划调节和市场调节的结合体。"② 我们强调间接控制和指导性计划，并不否认国家计划的重要性，正如我们强调分层决策时并没有否认最低限度的集中决策的必要性一样。国家计划是实行宏观经济管理的主要依据，在确定社会经济发展战略，包括经济发展的方向、增长速度、产业结构、生产力布局、国土开发、环境生态保护、教育人才培养等方面仍要起重要作用。国家计划还要通过国民收入的分配搞好宏观经济的综合平衡以及主要结构的平衡，如积累和消费、社会消费和个人消费、主要产品部门之间的平衡。国家计划在控制投资的总规模、主要投资方向以及重点建设项目方面将起特别重要的作用。可见，我们所说的从直接控制转为间接控制，并不是要放弃国家在总体上和全局上对国民经济的计划管理，而是要改变国家对微观经济活动的直接控制。

（四）从卖方市场到有限的买方市场

近年来我国经济学界对卖方市场和买方市场的问题，或者说社会总需求和社会总供给的关系问题进行了大量讨论。不过，多数讨论是围绕着改革需要什么样的环境这一主题展开的。然而，在这里我们则将把它作为改革目标中的一个重要问题来加以探讨。

事实很清楚，如果改革采取一揽子的方式可行的话，那么，造成供给略大于需求这样一个有限的买方市场，既是改革的目标，又是改革的环境，

---

① 厉以宁：《关于经济体制改革的基本思路》，《世界经济导报》1986年6月9日。
② 李由鹏：《试论建立具有中国特色的计划管理体制》，《腾飞的构想》，辽宁人民出版社1985年版，第137页。

两者是一致的。不过，在我国的改革采取逐步推进方式的情况下，目标模式中的市场均衡状态同模式转换中的市场均衡状态就会发生差异，如果否认了这种差异，就会混淆改革所要达到的目标与改革所应具备的条件和环境之间的界限。①

　　这里首先应该明确，不管对体制改革的环境问题有着什么样的分歧意见，目标模式中的市场均衡状态（有限的买方市场）也不能仅仅作为一个环境问题，它是一个新的经济机制正常运行的内在要求和有机的组成部分。因为，没有这样一个总供给与总需求大体均衡的条件，市场机制就不能正常发挥作用，目标模式也就会落空。布鲁斯指出："企业日常产供销活动决策的分散化，是同不能保持一般市场均衡那样一种过度紧张的经济不相容的。在出现明显的卖方市场的情况下，要把市场机制作为计划经济的一种手段来使用，是不怎么可能的；因为，在这种情况下，就有必要凭借行政手段和实物形式来分配资源。"② 因此，我们不能同意把需求增长总是超过生产增长、总需求总是超过总供给这种被称为短缺经济的现象看成社会主义经济的恒定现象，甚至看作是社会主义经济制度优越性的表现。相反，我们应该毫不含糊地认为，短缺经济和卖方市场只能是社会主义经济发展的某一特定阶段和传统的社会主义经济体制（包括传统的发展战略）的产物，决不是社会主义经济制度的本质属性和终身伴侣。如果社会主义永远解决不了短缺问题乃至认为不需要解决短缺问题，那我们为什么还要在经济体制改革问题上作出如此巨大的努力呢？

　　从卖方市场到有限的买方市场是一个过程，或者说，改革和买方市场的形成是一个鸡生蛋、蛋生鸡的互相促进的过程。简单地把形成买方市场当作改革的前提固然欠妥，但同样地，简单地把买方市场的形成当作改革的自然结果也未必完善。从过去的经验中也可看出，即使在改革过程中，从范围和时间上来看，某些产品、某些时期出现买方市场的势头不是不可

---

　　① 参见刘国光、赵人伟《当前中国经济体制改革遇到的几个难题》，《经济学文摘》1985 年第 1 期，另见《经济学周报》1985 年 9 月 22 日。
　　② 参见布鲁斯《社会主义的政治与经济》，中国社会科学出版社 1981 年版，第 16 页。

能的。① 从程度上看，对某种严重供不应求的产品通过增加供给和压缩需求的措施来减轻供不应求的程度也是可以做到的。我们很难想象，整个改革都将在短缺经济和卖方市场中进行，而买方市场则只是到了改革的尽头一夜之间才能出现。

我们之所以强调在保持总的市场均衡的前提下使供给略大于需求，从而建立起一个有限的买方市场，就是要探索一种新的经济体制模式，发挥社会主义经济制度的优越性。因为只有在这样的市场条件下，才能促进生产者和卖方的竞争，迫使生产经营者改进技术、改善服务环境，克服传统体制（卖方市场）下"皇帝女儿不愁嫁"的弊病。我们之所以强调总需求只能略为超过总供给，即强调买方市场是"有限度的"，旨在划清同资本主义经济制度的界限。因为如果加大总需求超过总供给的差额，就会出现资本主义经济中常见的生产过剩和生产设备利用不足等现象，从而放弃了增加产量和收入的机会，不利于资源的有效利用和再生产过程的顺利进行。可见，作为改革目标模式中的市场均衡，将既不同于传统的社会主义集中计划经济模式中的非均衡（所谓"资源约束型体制"），也不同于资本主义经济中的非均衡（所谓"需求约束型体制"）。②

四 对目标模式的归结和进一步的思索

关于我国社会主义经济体制改革目标模式的研究是一个难度很大的问题。我们在本文中对目标模式的方向和基本框架的总体设想只能作为一种阶段性的研究成果，需要进一步探索的问题还有很多。在本节中，我们将提出几个问题，并加以简要的评论，既作为本章的归纳和小结，又作为进一步思索的引子。

---

① 薛暮桥说："1983年有许多产品开始出现'买方市场'的苗头，为调整物价创造了良好的条件。"（见《经济日报》1987年3月5日薛文：《建设有中国特色的社会主义的必由之路》）刘国光说："某种买方市场的势头不是不可能出现，事实上在'六五'初期就出现过这种势头。"（见《中国社会科学》1986年第6期，刘国光：《关于发展社会主义商品经济问题》）

② 参见科尔内《短缺经济学》上卷，经济科学出版社1986年版，第34页。

（一）改革的范围和限度问题

我们所研究的是社会主义经济体制改革，即使把社会和文化等方面的改革暂时存而不论，也会遇到如何沿着社会主义的方向进行经济改革的问题，即在社会主义经济制度下改革的范围和限度的问题。首先，在生产资料所有制方面，改革的界限应该是保持生产资料公有制为主体，而不是要越出这一界限，转变为以生产资料私有制或公有财产的私有化为主体。尽管在传统模式下的生产资料公有制未能把社会主义经济制度的优越性足够显示出来，但经济体制改革的探索并没有必要建立在以生产资料私有制为主体的基础之上。自从30年代兰格模式诞生以来，社会主义者已经在如何把公有制和市场机制结合起来的问题上探索了半个多世纪，我们似乎应该继续这种探索而不是放弃这种探索。如果说，那种对生产资料公有制单一化的构思确实失之于过分简单化的话，那么，那种认为只有在生产资料私有制的基础上才能利用市场机制和调动人的积极性的想法也并没有摆脱思维上的这种局限性。事实证明，在生产资料公有制的基础上，人们已经沿着所有权和经营权相分离的思路探索了许多把公有制企业置于市场环境中去并受市场纪律约束的形式。其次，在运行机制方面，经济体制改革是要改变传统模式中那种排斥市场机制的做法，但即使从纯粹的经济效益的观点来看，改革也不能走向没有限制的市场化。事实上，即使在资本主义经济中，"市场失灵"也是客观存在的现实。例如，在有关全局性的和长期的投资决策上，在有关外部的成本—效益分析上，市场并不能提供可靠的信息。因此，从改革的两条基本线索来看，在所有制关系的改革上不能以全面的私有化为目标；在运行机制上不能以彻底的市场化为目标。在以公有制为主体的前提下寻求计划和市场的适度结合点，应该是我们在改革中需要把握的范围和界限。

（二）改革目标的确定性和不确定性问题

本章一开始就提出了研究经济体制改革目标模式的意义，强调了改革不可设计和无须设计的思想是不可取的。不过，有的外国经济学者认为，尽管中国对经济体制改革作出了决定，但这个决定只是给改革描绘了一个粗略的草图，尽管人们也试图提出各种各样的改革目标模式，但这些模式也都是一些设想，很难说将来的经济体制一定会是这样的，所以，中国的经济体制改革是一种"无确定止境的改革（open-ended reform）"。①这就向我们提出了一个改革目标的确定性和不确定性及其相互关系的问题。我们认为，改革的目标既有确定的一面，又有不确定的一面。从改革需要确定一个总的方向和基本框架、划定一些大的范围和界限等方面来看，改革的目标是确定的。但由于改革是在理论上和实践经验上都缺乏充分准备的情况下开始的，因此，任何有关改革的设想不仅在理论上不可能是完美无缺的，还必须接受实践的检验。所以，对改革目标的设想又不能僵化，特别是对一些具体的界限、方案和措施，更应该随着实践的发展变化而加以修改、校正和补充。从这一方面来看，改革的目标，特别是根据改革目标所制定的方案和措施，又有不确定的一面。只有正确处理改革目标的确定性和实践中的不确定性这两方面的关系，才能使我们的改革既有大体明确的方向，又能留下探索的余地，使改革积极地和稳妥地向前发展。

（三）目标模式实现程度的衡量问题

高鸿业教授认为，要想为我国的经济体制改革建立一套比较具体的目标是一件很不现实的事情，所谓搞"活"经济则是一个意义松散的说法。为了使搞"活"经济具有比较精确的意义，就必须选择一个有代表性的综合指标，即劳动生产率的水平，并以这一指标来衡量经济的"活"力和经济体制改革是否达到了最终目标。②他为此设计了一个简单的图形。图中以横轴表示市场调节的程度，从0（全部为集中的计划）一直到100%（全部为市场调节）为止。在其间的各点则表示集中计划和市场调节的不同程度的结合。图中的纵轴表示劳动生产率的水平。AC曲线表明，随着市场调节程度的加深，劳动生产率会持续提高，一直到B点时为止，这时（例如，集中计划与市场调节各占一半的程度时），劳动生产率具有最大的数值。在

---

① 英国牛津大学林至人先生在一次国际学术会议上提出了这种观点。转引自董辅礽《中国经济体制改革及其若干社会后果》。

② 高鸿业：《关于建立我国体制改革的目标模式的困难和避免困难的方法》，《论中国的宏观经济管理》，中国经济出版社1987年版。

B 点以后，劳动生产率会随着市场调节的进一步加深而下降。劳动生产率由上升而变为下降的转折点则代表体制改革的最终目标（如下图所示）。因此他认为，我们可以用劳动生产率增长量的变化情况来判断目标是否已经达到。

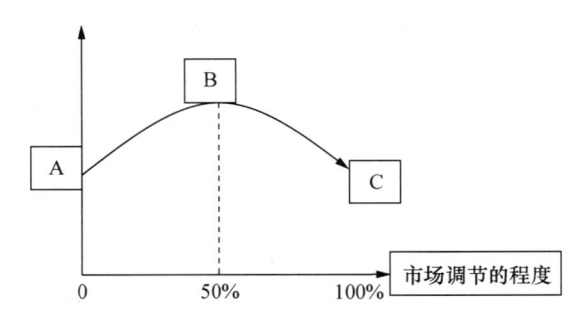

以劳动生产率或经济效益来衡量一种经济体制的优劣，从根本上来说无疑是正确的，因为改革的根本目的就是要寻求一种效率更高的经济体制。但把劳动生产率增长的变动情况作为衡量体制改革的目标是否已经达到的综合指标，则缺乏实际操作上的意义。因为，影响劳动生产率的因素是很多的，不仅有体制因素，而且有体制外的众多因素，这些因素的作用强度在实际上很难加以分解。如因体制外因素而引起劳动生产率停止增长，用这种办法来衡量就可能会造成改革的目标已经达到的错觉。并且，市场和计划的关系既不是板块式的，所谓市场调节度，其含义比计划度更不清晰，也难以作量化计算。因此，我们认为，高鸿业教授的这种研究虽然在理论上有一定的意义，但却缺乏实际操作上的应用价值。

（四）我们的改革设想是天真的吗？

科尔内认为，东欧许多改革家们的设想，反映在匈牙利 1968 年改革正式文件中的设想，乃至反映在中国改革正式文件中的设想，都具有天真的性质。他的论据主要有两条：第一，这些改革设想没有预见到许多复杂的情况，事实上情况的复杂性已成为实现改革设想的障碍；第二，这些设想都是在寻求计划和市场（或行政机构和市场）之间的和谐一致和相互校正，或者划分行政机构作用和市场作用的合理范围，但实际上这是不可能的。①

我们认为，说我们的改革设想还不成熟，毫无疑问是正确的。但是，我们决不能以实际情况的复杂性来否认某种理论构想特别是模式构想的合理性。连科尔内本人也承认，"模式自然要把同主要论点无关的复杂的现实细节抽象掉。根据现实比模式更丰富来批评某种理论模式，这是很容易的，但这是不公正的"。遗憾的是，科尔内并没有把这一看法贯彻到底。在他看来，"企业自治权、正确的价格信号，利润刺激，利用市场力量，过渡到买方市场等等"设想都因在实践中遇到了许多复杂的情况和障碍而变得天真了。迄今为止，还没有一个社会主义国家的经济体制改革实现了其预定的目标，并且各国在改革的实践中都遇到了各种各样的复杂情况和困难，但我们决不能以此来否定改革设想的合理性。至于计划和市场的关系问题，科尔内对简单再生产由市场来调节、扩大再生产由计划来调节的主张提出了批评，我们认为也是有道理的；但是如果把寻求计划和市场之间某种适度结合的任何努力本身都归结为天真，那也未免失之偏颇。

我们之所以要在这里提出上述问题，主要目的是力图引起进一步思索和论证，是要进一步表明我们的这样一个基本态度：在经济体制改革这样的难题面前，任何人都没有终极真理的权利，但作为献身于社会主义事业的经济理论工作者，则有努力探索并在探索中不断前进的神圣职责。

（本文写于1986年后期至1987年初期，系为刘国光主编的《中国经济体制改革的模式研究》一书，中国社会科学出版社1988年版所写的第一章。收入本文集时，是按原稿排印的。该书出版时，第一章对原稿作了少许改动。）

---

① 科尔内：《经济改革的设想和现实的对照》，《经济社会体制比较》1986年第6期。（本节中所引科尔内的论述，均见此文）

我国经济改革过程中的双重体制问题

一 双重体制是我国体制模式转换过程中的产物

经济体制改革是从一种运行模式转变为另一种运行模式。在我国经济体制进入全面改革和出现明显双重体制以前,许多从事经济改革研究的经济学家都认为,经济体制模式的转换应该尽力避免出现双重体制,因为每种经济体制都有其独特的运行机制和内在逻辑,把两种不同的经济体制混杂在一起,必然造成摩擦和混乱。①

同上述改革理论相适应,许多经济学家特别是东欧经济学家认为,在改革的做法或步骤上,应该采取一揽子行动,使改革的所有原则在涉及的所有领域都发生作用。其理由是:第一,零敲碎打的改革不可能把原来的计划机构打散,从根本上改变原来的管理原则和方法。一旦新体制在执行中发生问题,旧体制就会随时取而代之。第二,零敲碎打的做法不可能把新的运行原则真正坚持下去。仅仅在一部分企业中实行新体制,扩大了自主权,不受上面指令性指标的约束,当这些企业需要其他企业提供原材料时,其他企业可以因为没有上级的指示而加以拒绝。这样,新的产供销关系就建立不起来,新的运行原则就站不住脚跟。② 在他们看来,如果改革采

---

① 例如,布鲁斯认为:"一切经济的运行体制,都有在其本质的各点上不能损害的、独立的内在逻辑……从不同的模式中把不同要素加以折中主义的混合,往往会比一般效率较低但首尾连贯的体制可能期待的结果更坏。因此……经济的运行体制原则上在一定时期内应该以极为明确规定了的模式前提为基础。"(布鲁斯:《社会主义的政治与经济》,中国社会科学出版社1981年版,第19页;另见布鲁斯《社会主义经济的运行问题》,中国社会科学出版社1984年版,第193页。)

② 赵人伟:《布鲁斯关于社会主义经济模式的理论》,《国外经济学讲座》第3册,中国社会科学出版社1981年版,第334页。

取渐进的方式而形成了双重体制，就等于让一部分汽车靠左行驶，另一部分汽车靠右行驶，形成交通规则上的混乱。

在经济改革的实践上，通过双重体制实现从旧体制向新体制的过渡迄今尚无成功的先例。虽然有的社会主义国家在 20 世纪 60 年代末期的改革中曾经在一个短时期内出现过双重体制并存的局面，但因遇到种种摩擦和矛盾，很快就以重新实行集中化，即恢复实物指令计划而结束了双重体制。①

尽管在我国经济改革的早期阶段我们已经接触到了上述理论和经验，但七年多来改革的实践表明，我们并没有能够避免双重体制的出现，特别是以城市改革为重点的全面经济体制改革开展以来，已经明显地走上了双重体制的轨道。其情况的复杂性远远超过了东欧经济学家们的预料。原来东欧经济学家所说的双重体制，主要是指一部分企业实行新体制，另一部分企业实行旧体制；而我国的双重体制则深入到国营大中型企业的内部，即每个企业都有部分产供销活动按新体制原则运行，部分产供销活动仍按旧体制原则运行。

1984 年 5 月国务院《关于进一步扩大国营工业企业自主权的暂行规定》（十条）和同年 10 月《中共中央关于经济体制改革的决定》执行以来，双重体制并存的局面进一步明朗化和合法化。原来按照指令性计划实行生产的企业，现在已把生产分成计划内和计划外两个部分（这里所说的计划专指指令性计划）；企业所需的物资供应也分为两个来源，即国家统一分配的部分和自由采购的部分。与此相适应，计划内的产品实行国家用行政办法规定的牌价，计划外的产品则可按比较高的、不同程度反映市场规律的价格（浮动价格、协议价格、自由价格）出售。② 在这里，双重的计划体制、双重的物资流通体制和双重的价格体制是三位一体的。双重的计划体制（决定如何产出）是双重经济体制的基础，双重的物资流通体制（决定如何投入）是双重计划体制的保证，而双重价格体制则是整个双重经济体制的集中表现，也是我们后面要说到的双重体制的矛盾和摩擦的焦点。在双重体制下，企业的行为和国家宏观控制的行为都是双重化的，企业有了一定

---

① 参见 D. 格兰尼克《东欧企业概览》第 5—7 章，1976 年英文版。
② 按上述 1984 年 5 月国务院的规定，企业自销产品的价格可在高于或低于国家定价 20% 的幅度内浮动；从 1985 年 1 月开始取消了 20% 的幅度限制。

程度的自主权，但仍然要受行政指令的约束，因而不得不用一只眼睛盯住市场，一只眼睛盯住上级。国家对企业的控制也是直接的行政手段和间接的参数手段并用。

目前在一些重要产品的生产和流通中，双重体制各自所占比重尚无精确的统计资料，而且中央一级的指令性计划到省市一级以后有所变异，因此从中央的角度和从地方、企业的角度看，两者的比重也不完全一致。据1986年年初全国物资工作会议提供的资料，1985年国家计委和国家物资局统配物资从过去的256种减少到23种，煤炭、钢材、木材和水泥统配数量占全国总产量的比重分别下降到50％、56.9％、30.7％和19.4％。1985年各地方、各企业通过市场组织的物资占地方企业消耗总量的比重，钢材、木材和水泥分别为38％、46％和61％。①

我国的双重体制不仅表现在工业品的生产和流通中，而且表现在农产品的生产和流通中。早自1953年以来，我国对粮、棉、油等重要农产品一直实行按国家规定价格统一收购的政策。1979年提高农产品收购价格后开始出现了双重体制，即在原来统购定额范围内仍按统购价格收购，超过定额的部分则按超购价（比统购价格提高50％）和市场议价收购。以粮食为例，1984年国家按统购价收购的粮食约4000万吨，按超购价收购的粮食约4000万吨，按市场议价收购的粮食约4500万吨。

至于我国经济改革中为什么会出现双重体制，一般都从我国经济体制模式的转换不能采取一揽子方式而只能采取逐步推进方式来论证，这无疑是正确的。但是，我国的改革又为什么只能采取逐步推进的方式呢？看来至少可以从以下几方面来进行分析：第一，从改革的大背景来看，我国生产力水平比较低，分工和商品关系不发达，经济上存在着二元结构，城乡差别较大，地区发展极不平衡，经济增长类型上的双重化（内含与外延并存），文化相对落后，管理人才和经验不足等，很难同时同步地从一种体制转向另一种体制。第二，从改革的起点和目标来看，我国原有的经济体制从1956年初步确立以来到1978年年底党的十一届三中全会提出改革时为止，由于指导思想上"左"的偏差，经济体制中军事共产主义供给制因素

---

① 见《经济日报》1986年2月26日。据了解，各地方通过市场组织的物资中又有一部分再以计划分配形式供应给企业。

有所增强，这就使得改革起步时我国原有体制在集中化、实物化、封闭化和平均主义化的程度上都比东欧各国有过之而无不及。但是，我们又决不能因此而降低改革的目标。经过多年的探索，我国的经济体制从以直接控制为主转为以间接控制为主的方向和目标已经明确。这种实情显然也要求我国的改革有一个比较长的转换时间。第三，从改革的进程来看，改革不可能一蹴而就，而只能波浪式地推进。例如，从农村的改革推进到城市的改革，从流通领域的改革发展到生产领域的改革，从少数企业、少数城市的试点改革推广到更多企业、更多城市以及全国范围的改革，从沿海地区的改革发展到内地的改革等，都有一个渐进的过程。第四，从改革的预期来看，经济发展模式的转换和发展水平的提高、经济环境的治理（总供给与总需求平衡的实现）、经济结构的合理化、经济主体行为的变化、国家调节和控制机能的转变，都需要有一个过程。

二 双重体制的利弊

双重体制的并存表明原有体制的僵局已被打破，给经济生活带来了新的活力。因此，双重体制相对于原有僵化体制来说无疑是一个进步，它的积极作用可以归纳为以下几点。

（一）有利于分步骤地调整人们之间的经济利益关系，减轻改革中的动荡和阻力

经济体制改革必然涉及人们之间经济利益关系的调整，任何重大的改革措施，都会引起国家、集体和个人之间以及企业集体之间、不同居民集团之间经济利益关系的变化。这种变化过于剧烈会引起社会的动荡从而会增加改革的阻力。双重体制对此则能起缓冲作用。例如，农产品价格偏低是旧体制遗造留下来的一个问题。但提高农产品收购价格涉及国家、农民和职工之间经济利益关系的调整，提价幅度不能不受职工工资水平和国家财政负担能力的限制。因此，1979年以来我们不得不通过多种途径，包括统购、加价收购（后来又把统购和加价收购合并为定购）、市场议价收购等途径以及多重价格来打破原来的统购格局，又使各方面的经济利益关系在一

定时期内不要变动太大。近年来某些地区的试验表明，要立即拉平定购价和市场议价尚不可能，向上靠会超出国家与职工的承担能力，向下靠会影响农民的积极性，只有在一定时期内维持双重价格体制，才能正确处理各方面的经济利益关系。在工业品生产和流通中，双重体制也能起到类似的作用。在原有体制不可能立即废止的情况下，保留部分指令性计划，使这部分产品的生产和流通继续按原有轨道运行，并通过计划价格来维持原有经济利益格局不变；同时，使计划外的那部分产品的生产和流通纳入有调节的市场运行轨道，并通过反映市场规律的价格局部地调整人们之间的经济利益关系。如原有体制下矿产品的价格偏低、加工工业产品价格偏高这种不合理的经济利益格局得到了部分的调整，使某些亏损行业开始盈利，使不合理价格结构下苦乐不均的状况有所缓和。采用双重体制的过渡办法能分散改革的风险，化大震为小震。

（二）有利于增加生产和供给，缓和供求之间的矛盾

那些原来完全按照指令性计划进行生产和销售的企业，现在有了对计划外产品自产自销的权力，这就大大提高了企业增加生产的积极性。这时价格已部分地成为调节企业产供销活动乃至投资活动的参数，企业也能部分地对价格信号作出积极的反应。许多企业千方百计地挖掘潜力，多方筹集资金，进行技术改造，扩大生产能力，使原来一些供应紧张的产品增加了生产和供给，减轻了短缺程度。由于供求矛盾的缓和，一些产品计划外价格开始出现下降趋势。上述农产品收购价格的逐步调整也有力地促进了农业生产的发展，使我国由主要农产品需要进口变为粮食生产已经自给，棉花自给有余。双重体制还部分地改变了原有体制下"为生产而生产"的局面，有利于搞活流通和促进生产和需要之间的衔接。物资部门从过去单一的计划分配型向经营服务型的转变已经开始。

（三）有利于节约使用资源和提高企业管理人员的水平

在原有体制下，指令性计划的生产任务要以国家供应相应的低价物资为条件，企业对节约使用资源缺乏内在的动力。我国原材料、燃料消耗系数较高，固然同工业技术水平低有关，但价格偏低也在一定程度上保护了

落后和助长了浪费。在双重体制下，企业所需要的物资除由国家计划统一分配之外，还可以通过以下两个渠道得到：一是国营企业自销的产品；一是乡镇企业生产的产品。这些物资是按议价买卖的，因此对于购买者或用户来说，必须精打细算，严格核算成本，千方百计地节约使用原材料和能源，或在寻找代用品上狠下功夫。这对于企业管理人员来说，特别是对那些习惯于传统运行机制的管理人员来说，也是一种训练的机会，使他们能够逐步地了解和熟悉市场运行的规律性，提高经营管理的水平。

然而，人们议论较多的似乎是双重体制的弊病或它的消极方面。双重体制并存导致微观决策行为和宏观控制行为的双重化，从而给经济生活带来了一系列的矛盾和摩擦。

第一，在新旧体制模式交替过程中，常常会在两种运行体制之间出现某种真空状态，即某些直接行政控制手段放弃以后间接控制手段没有相应地和及时地跟上，从而造成经济生活的失控或混乱。1984年第四季度出现的财政支出失控、信贷支出失控、货币发行失控以及投资膨胀和消费膨胀等现象，在相当大程度上就是由新旧体制交替中的脱节造成的。

第二，在双重体制并存的条件下，信号系统特别是价格信号系统发生紊乱，一物多价削弱了货币作为一般等价物的作用，造成价值尺度的二元化，不符合价格同一性的原则。这种紊乱给经济生活带来一系列摩擦。例如，计划内产品实行较低的价格，计划外产品实行较高的价格，造成计划内产品流向计划外，企业间合同兑现率下降，冲击计划的实现。据统计，与1984年相比，1985年有钢材等12种产品的合同兑现率下降。由于企业行为的双重化，作为生产单位和销售单位，企业力争压低指令性计划指标，以便把多余的生产能力用于生产计划外产品；作为原材料的购买和使用单位，企业则力争多得计划统一分配物资的指标。在双重体制下，难以形成统一的社会主义市场机制和竞争机制，从而使企业难以在同等的价格条件下开展平等的竞争，考核企业经营管理好坏的标准也会发生紊乱，无论是产值、销售额还是利润等标准都不免失真。牌价和市价的差价还给投机倒卖非法牟取暴利的活动提供了温床，大量利润在流通领域中被不法分子所获取，不合理的中间环节增加。

第三，在资源的配置和利用上，双重体制既有如前所述积极的一面，但也有消极的一面。计划外产品的高价必然刺激某些短缺物资的增产，有利于部门间产业结构的合理化；但同时又刺激了一些低效率的小规模企业的高成本生产，造成有限资源的不合理使用，导致规模不经济和部门内产业结构的不合理。近年来乡镇企业的迅速发展在增加生产、扩大就业、拾遗补阙等方面起了积极作用，但也发生了以小企业挤大企业、以落后技术挤先进技术的问题，一些小企业同大企业争原料、争动力，降低了社会经济效益。双重价格还鼓励了非经济的长途运输。

三　对各种可能解决办法的分析

面对上述令人烦恼的摩擦和矛盾，人们可以提出各种各样的解决办法；归纳起来，无非有以下四种可能性：（1）重新实行集中化，回到原有体制；（2）维持双重体制不变，甚至把双重体制当作目标模式，只采取一些修补措施来减轻彼此间的摩擦；（3）向间接控制为主的体制迅速过渡，立即结束双重体制；（4）把双重体制当作从旧体制向新体制转换的过渡阶段，逐步地争取早日转入新体制的运行轨道。现在我们来逐一分析这几种可能性。

从原则上说，不能否认回到原有体制的可能性，而且要特别警惕走回头路的危险性。就宏观控制的难度来说，传统体制下的直接行政控制最简单易行；目标体制下的间接控制要困难得多；双重体制并存和交错下的宏观控制则最为困难和复杂。"由于双重体制中直接行政协调的削弱和市场协调的不完善引起的种种摩擦和矛盾，会使我们几乎每天都遇到走回头路还是把改革继续推向前进的困难的选择。"[1] 对于1984年第四季度的失控和膨胀以及1985年所采取的紧缩措施，人们一直存在着不同的认识，有的同志认为主要问题在于1984年的放得过多，有的同志认为主要问题在于1985年的紧缩过分。不管人们的认识有什么差别，走回头路的危险性总是一个客观存在的事实。有的同志认为，"我国目前所实行的宏观紧缩政策主要有四个方面：在投资规模方面，实行地区、部门首长负责制，进行指标控制，在信贷规模方面，银行实行'一刀切'的方法，进行额度控制；在消费基

---

[1] 刘国光等：《经济体制改革与宏观经济管理——"宏观经济管理国际讨论会"评述》，《经济研究》1985年第12期。

金方面，实行工资基金专户管理方法，进行基数控制；在短缺的能源、原材料方面，实行大部配给的方法，进行计划控制。这四个方面的紧缩措施，都可以归结为老的行政管理方法"。并认为这是"在加强宏观控制旗号下进行的""悄悄的倒退"。[1] 对1985年以来所采取的一些紧缩措施的这种评价是否全面，在此暂不加以评论，但这种看法尖锐地指出了走回头路的可能性和危险性，则无疑具有可取之处。当然，我们应该看到，在双重体制并存的情况下，直接的行政控制手段本来就没有完全放弃，特别是在某些特定场合（如上述失控场合），强化某些行政手段也在所难免。但这时必须注意以下两点：第一，直接行政控制手段的作用一定要掌握在一个必要的限度以内，绝不要因其简单易行而滥用；第二，这样做的目的是为向间接控制为主的方向转化创造条件，绝不可积习成瘾导致倒退。

至于维持双重体制不变，甚至把双重体制作为目标模式的观点，似乎并没有人明确地提出并系统地论证过。但只要我们仔细考察，这种观点实际上是存在的。我国经济体制改革是在理论准备不足的情况下开始从而自觉或不自觉地走上双重体制的轨道的。事实上，不那么自觉地把我们今天称为双重体制的过渡形式当作目标模式来看待的观点曾在我国相当流行。1982年前后有关计划和市场问题的讨论中，把指令性计划、指导性计划和市场调节的板块结合作为我国经济体制改革的目标的观点，特别是认为总产值的大部分应该实行指令性计划的观点，曾在当时占统治地位。尽管在当时讨论中没有使用双重体制这个术语，但实物指令计划和参数计划（指导性计划）的并存，实际上就是双重体制。而且，在我看来，把计划和市场的板块结合当作改革目标的观点实际上往往难以跳出把双重体制作为改革目标的局限（详后）。近年来类似的观点也仍然可以从经济学文献中看到。有的同志说："在整个计划体系中，指令性计划虽然要减少，但其重要性不减，仍是整个计划体系的基础和核心。'秤砣虽小，能压千斤'。""旧体制弊病很多，但毕竟还是社会主义的。新体制和旧体制都是社会主义的，'本是同根生，相煎何太急'。"[2] 有的同志认为，生产资料价格的双轨制将与计划和市场相结合的调节方式共存亡。按照这种观点，只要计划和市场

---

[1] 贺晓东等：《对经济增长速度陡跌的两点评论》，《世界经济导报》1986年6月1日。
[2] 关梦觉：《新旧体制不是一刀两断》，《经济社会体制比较》1986年第3期。

相结合的调节方式存在一天．双重体制也将继续存在一天。这种观点显然把过渡性措施凝固化，实际上会降低我国改革的目标。从长期的角度看，它违背了一种经济体制运行的内在逻辑，其结果，两种体制之间摩擦所带来的"内耗"就不是改革过程中所不得不付出的代价，而成为双重体制长期并存的积弊。

有的同志鉴于双重体制并存的局面所带来的紊乱。并鉴于这种情况下存在着走回头路的危险和加剧经济波动幅度的问题，提出了快速过渡的主张。例如，有的同志认为，"'双轨制'弊大于利，应尽早过渡"[1]。"最根本的对策是让宏观、微观配套改革措施尽早出台，以建立起比较完整的商品经济体系。历史给我们的时间并非很充裕。当前要紧的是咬紧牙关，渡过难关，尽快地走出困境。"[2] 有的同志认为，"近年来经济波动的体制根源在于新旧两重体制的相持状态"，"根本改善的出路……就在于打破新旧体制相持的状态，使新经济机制能较快发挥主导作用"[3]。我们不妨把这种观点称为快速过渡论，而把下面将要谈到的观点称为逐步过渡论。在这里我认为应该对双重体制的均势状态同双重体制的并存状态作必要的区分。前者是指新旧体制处于势均力敌的相持状态；后者是指新旧体制交替的过程中，一种体制处于主导地位，另一种体制处于从属但并不是无足轻重的地位，即没有一种体制能占据统治地位。如果作这种区分是合适的话，那么，上述快速过渡论实际上也可以分为两种：一种是指很快结束双重体制并存的局面，实现以间接控制方式占统治地位的新体制，另一种则仅指早日打破双重体制相持的僵局，使新的经济机制尽快地起主导作用，但并不能很快结束双重体制并存的局面。后一种意义上的快速过渡论实际上同逐步过渡论并无多大分歧，只有前一种意义上的快速过渡论才同逐步过渡论有明显的差别。这种快速过渡论力图早日摆脱双重体制的摩擦所带来的痛苦是可以理解的，但它似乎对改革中所要付出的代价估计不足。

有的同志考虑到我国改革的复杂性和艰巨性，认为尽量缩短双重体制并存的时间固然是应该力争的，但过渡期的长短并不取决于人们的主观愿

---

[1] 赵林如：《关于价格改革的几个问题》，《经济工作者学习资料》1986年第7期。
[2] 贺晓东等：《对经济增长速度陡跌的两点评论》，《世界经济导报》1986年6月16日。
[3] 吴敬琏：《经济波动和双重体制》，《财贸经济》1986年第6期。

望，而取决于客观条件。当建立全面的间接控制体系的条件尚不具备时强行过渡，其结果很可能是欲速则不达，所造成的紊乱和波动也许比双重体制并存时的情况有过之而无不及。笔者基本上赞成这种看法。我国国情的复杂性是人所共知的。即使比我国的情况要简单得多的匈牙利，从1968年的改革算起，经过了将近二十年的时间，也尚未达到改革的目标，仍然处于过渡阶段。按照科尔奈的分析，匈牙利的改革虽然已经离开了直接行政协调的传统体制（ⅠA），但尚未达到有宏观控制的市场协调体制（ⅡB），仍处在间接行政协调的过渡体制（ⅠB）。当然，匈牙利的ⅠB体制和我国目前的双重体制情况不同，因为匈牙利从1968年以来取消了指令性计划；但由于间接的行政干预大量存在，现在匈牙利国有企业的典型行为是对上级权力机构和市场的双重依赖，并以前一种依赖为主。不过，从企业行为的双重化这一点来看，我们也未尝不可以称ⅠB体制为一种广义的双重体制。看到这一点，并不是要人为地延长过渡期的摩擦和痛苦，而是要切实地估计到过渡期的必要性。科尔奈说："我不敢肯定，对匈牙利而言，在实现ⅡB之前是否一定要有一个从ⅠA过渡到ⅡB的阶段。历史不能为试验而重演。但如果一种体制过渡到了一种ⅠB机制起主要作用的阶段，则应该强调指出：这只是一个过渡性的阶段。如果改革者们具有长期的战略思想和长远的眼光，能认识经济体制改革将要达到的更远的目标，上述过渡阶段可能是非常合乎需要的。"[①] 可见，最主要之点并不在于沮丧这样一个阶段的出现，而在于以战略的眼光来认识它的过渡性。至于在承认要有较长过渡期的同志中，对过渡期究竟需要多长，看法并不完全一致。有的同志认为，"要实现这种过渡，首先还是要解决国民经济总需求与总供给的宏观平衡问题。这个问题不解决，不论是计划体制的双轨制、物资流通体制的双轨制，以及集中反映这两者的价格双轨制，都不可能消失"，而由于"上述宏观平衡问题一时难以彻底解决……双重体制向单一新体制的过渡以及双轨价格向单轨的新价格体系过渡的时间恐怕很难如中外经济学者所希望的缩得很短，这一过渡可能将存在于整个中国经济体制改革的全过程"。[②]

---

① 科尔奈：《匈牙利的某些经验教训对中国改革的意义》（这是作者1985年为"宏观经济管理国际讨论会"提供的论文，引自1986年修改稿）。
② 刘国光：《我国价格改革的一些情况和问题》，《财贸经济》1986年第5期。

对于双重体制是否将存在于我国经济体制改革的全过程，我还不敢肯定，不过，作如下的估计也许是比较稳妥的：在较短时间内改变双重体制对峙或相持的局面是可行的，但要从根本上结束双重体制并存的局面则要较长的时间。

四 双重体制并存下的宏观管理

如果双重体制并存的局面确实需要维持一段较长的时间，那么，如何在错综复杂的矛盾和摩擦中进行宏观经济管理就成为非常重要的问题，在这方面看来至少可以采取以下措施。

（一）直接控制手段的逐步减少和间接控制手段的逐步增加应该彼此衔接，即在微观经济活动放活的同时，要有相应的宏观间接控制手段紧紧跟上

在这里必须明确：第一，国家对企业的直接控制的削弱并不意味着使经济活动走向自由放任的轨道，让"看不见的手"来支配，我们必须改变那种要么就用行政办法来管死，要么就放任自流而不加管理的思想和习惯，并且要努力学会运用价格、利率、税率、工资等经济参数来进行间接控制这种难度更大的管理办法。第二，直接控制手段减少的程度不取决于对这种手段的主观好恶，而取决于间接控制手段的取代能力，或者说，直接控制手段的减少，要以相应的间接控制手段的形成作为前提。今后在设计改革的每一个重大步骤时都宜于谨慎从事，处理好破与立的关系。有的同志分析了1984年第四季度以来的经济波动与双重体制的关系，是颇有启发的。① 不过，我想在分析双重体制与经济波动的关系时，有必要具体区分哪些波动是双重体制并存下难以避免的，哪些波动是两种体制交替过程中的脱节（以及随后不得不采取的紧缩措施）所引起的。这样，我们不仅可以恰如其分地分析双重体制的弊病，而且可以在今后尽力避免因两种体制交替中的脱节所引起的波动，从而减轻经济波动的幅度。换言之，如果我们

---

① 吴敬琏：《经济波动和双重体制》，《财贸经济》1986年第6期。

更好地学会驾驭双重体制，特别是学会驾驭其交替过程，就不一定出现近两年来所发生过的那种程度的波动幅度。

（二）在原有体制的运行机制还不能完全废除的情况下，必须继续运用行政指令来维持原有运行机制的有效性和严肃性[①]

这就是说，针对两种体制之间的渗透和摩擦，要对两种体制采取相对分割的措施，以便使摩擦的程度尽可能减轻。例如，企业按照指令性计划和低价生产和销售产品，国家要尽可能地供应相应的低价物资，坚持"低进低出"和"高来高去"的原则，防止计划内物资流向计划外。应该通过法律手段来保证指令性计划范围内供货合同的履行，对那些不履行供货合同的企业应给予经济上的制裁。我国国民经济和社会发展第七个五年计划（1986—1990）明确规定："加强国家直接掌握的生产资料资源的管理。对不按国家分配调拨计划接受订货，或不按国家订货合同交货的，要追究责任，并停止企业的产品自销权。"[②] 采取这种措施是要使企业在缺乏平等竞争的环境中求得相对平等的竞争环境。有的同志对这种相对分割措施的可行性提出了质疑，因为计划内物资流向计划外和倒手转卖是不可避免的。诚然，要对两种体制实行绝对分割是不可能的，但实行相对分割的措施，尽可能减少计划内物资流向计划外，则是可以做也是必须做的。

根据上述两点（两种控制方式交替中的彼此衔接和两种体制的相对分割），我们可以用简化的形式设计出以下五个图形（见图1）。其中，圆圈表示中央控制或管理机构，方块表示企业，实线表示直接行政控制方式，虚线表示间接参数控制方式，作为企业的方块之分为两半，表示双重体制下企业行为的双重化。为了集中分析国家与企业的关系，图形中把企业之间的关系加以省略。

在这五个图形中，第1图表示传统体制下的直接行政控制；第5图表示目标体制下的间接参数控制；第3图表示双重体制下的混合控制；第4图表示双重体制出现后放弃了必要的行政控制或间接控制的客观条件尚不成熟

---

① 英国牛津大学的经济学家林至人先生早在1984年就指出了这一点，参见《经济学动态》1984年第12期拙作。

② 参见《人民日报》1986年4月15日。

时企图过多地运用间接控制手段而造成的宏观失控，不妨称之为向前的控制偏离；第 2 图表示双重体制出现后仍然采取了过多的直接行政控制手段，不妨称之为向后的控制偏离。当然，第 2 图和第 4 图中的线条都是过分简化的，只能表示一种偏离的趋势或倾向。这样，第 4 图在一定程度上反映了 1984 年第四季度所发生的宏观失控的倾向；第 2 图则在一定程度上反映了 1985 年所采取的紧缩措施强化直接行政控制的倾向。这两种偏离倾向都是我们在学会如何运用双重体制来实现改革目标中所付出的代价。第 3 图的控制状态是在"乱（双重体制所固有的紊乱）中求治"的情况下较好的状态。当然，图形是静态的，而改革的过程是动态的；因此，必须从动态的角度来把握双重体制下的混合控制及其交替过程。

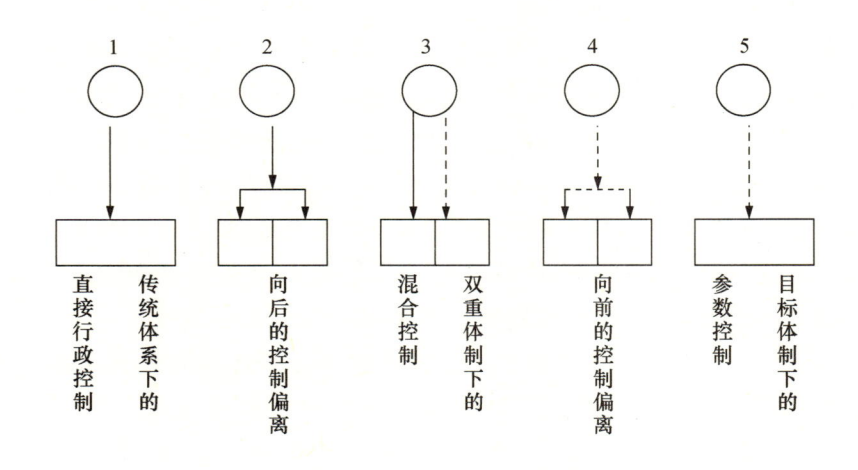

图 1　国家与企业关系简单示意

（三）在双重体制并存的局面不可能根本改变的情况下，采取一些变通措施来减轻摩擦

石家庄市对一些重要生产资料实行统一价格的办法就是一例。该市从 1985 年开始对钢材和木材不分计划内和计划外一律实行市场价格，用户直接到市场购买。按计划指标供应给各单位的钢材和木材，因市场价超出国家牌价而多付的钱，由物资部门返还给各单位。这种办法扩大了生产企业择优选购原材料的自主权，减少了物资流通的中间环节，改变了层层设库的情况，节约了费用开支，有利于物资企业由行政管理型向经营服务型转化，特别有利于减少拉关系、走后门、转手倒卖等现象。当然，实行这种办法时还必须解决差价及时返还、不多占用户资金等问题[①]；而且，这种办法只是在流通领域内试图解决同一市场上的一物多价问题，并没有从根本上解决生产资料的指令性计划供应问题。不过，它在缓解双重体制的摩擦方面无疑具有积极的作用，不失为一项重要的试验。可以设想，随着改革的深化，人们会在实践中创造出更多类似的经验。

（四）通过放、调结合的措施来促进新旧体制的此长彼消

从直接控制体制向间接控制体制的过渡是通过新旧体制的此长彼消来实现的，具体地说，是通过逐步缩小生产和流通中指令性计划部分产品的比重、扩大计划外部分产品的比重（所谓"放"）以及逐步调高计划价格从而缩小计划内价格和计划外价格的差距（所谓"调"）这两个互相联系的过程来实现的。这种放、调结合的措施在农产品收购特别是粮食收购中已经取得了某些成功的经验。下面我们拟通过图2把1980年以来粮食收购中双重体制的演变情况作一分析。四个图形的横轴表示粮食收购量，纵轴表示价格水平。为了集中分析调、放两个因素的影响，我们假定历年粮食收购量和用于收购粮食的货币投放量（供给和需求）均不变，横轴下面的数字是以1984年的近似收购量（单位为百万吨）为基础推算的。从1980年到1984年（如第Ⅰ图所示），粮食收购分三个部分，即统购、超购（加价50%）和市场议价收购。到1985年（如第Ⅱ图所示），取消了统购，把统购部分和超购部分合并为定购。定购价格是按原统购价占三成、原超购价占七成计算的。这一年，市场议价收购部分的比重没有变化，然而，同统购价与市场议价的差距相比，新的定购价和市场议价的差距是缩小了。到1986年（如第Ⅲ图所示），定购部分的价格未变，但比重缩小，相应地市场议价收购部分的比重扩大，如不考虑其他因素，显然市场议价也应有所下降，从而定购价和市场议价的差距也应有所缩小。预计1987年（如第Ⅳ图所示）定购部分的比重将进一步缩小，市场议价收购的部分将进一步

---

① 参见李开信《关于发展生产资料市场的探讨》，《人民日报》1986年6月23日。

扩大，如不考虑其他因素，两者的价格差距也将进一步缩小。从粮食收购双重体制的上述演变中可以看出：行政指令因素随着统购的取消、定购价格的提高（同统购价相比）和定购部分比重的缩小而逐步缩小；市场因素则随着议价收购部分比重的扩大而逐步增长；两种价格的落差则呈缩小的趋势。显然，粮食收购中双重体制演变的经验，对城市经济体制改革中双重体制的演变是有参考价值的。城市中工业生产资料的生产和流通也必将通过放、调结合的措施来实现向新体制的过渡。当然，这个进程的快慢要考虑社会的承受能力。

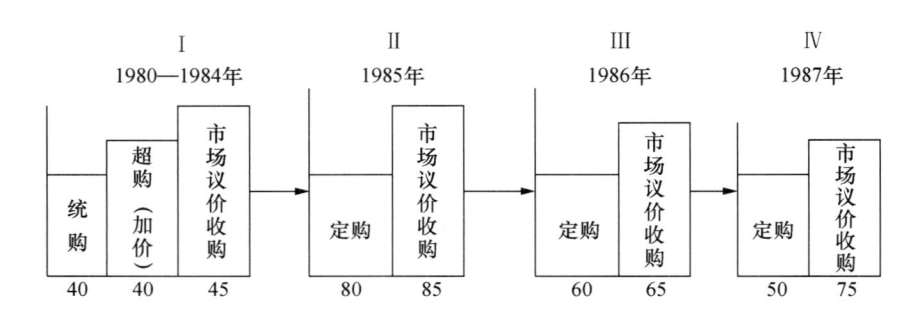

I 1980—1984年	II 1985年	III 1986年	IV 1987年
统购 / 超购（加价）/ 市场议价收购	定购 / 市场议价收购	定购 / 市场议价收购	定购 / 市场议价收购
40　40　45	80　85	60　65	50　75

图 2　1980 年以来粮食收购中双重体制演变情况

（五）防止需求膨胀，努力创造一个总需求和总供给基本适应的经济环境，以便减轻双重体制之间的摩擦

双重体制的矛盾和摩擦的程度取决于两种价格的差距，两种价格的落差越大，摩擦也就越严重。而两种价格的差距又同供求失衡的程度有关，需求超过供给的程度越大，两种价格的差距也就越大。因此，要减轻双重体制的摩擦，还必须从宏观上减轻供求失衡的程度入手。根据城市经济体制改革全面展开以来的经验，最主要的是要防止和克服需求膨胀，包括投资膨胀和消费膨胀。当然，总供给略大于总需求那样一种有限的买方市场并不是短时间内就可以形成的，但我们无疑应该通过控制需求、增加供给朝着这一方向前进。看来，新、旧体制的此长彼消过程，两种体制摩擦的减轻过程，也就是有限的买方市场逐步形成的过程。

五　双重体制的理论启示

改革过程的渐进性和双重体制的出现引起人们对许多理论问题的思考。在这里我仅想提出其中两个问题讲一点想法。

（一）改革进程的长短和发展程度的关系问题

改革进程的长短和进度的快慢要受许多客观因素制约。只有对客观的制约因素作实事求是的分析，才能对改革的进程和步骤作出积极而又稳妥的安排。撇开政治的、社会的和心理的因素不说，单以经济因素来说，我认为改革进程的长短至少要受以下四个因素的制约：

（1）体制模式起点的高低，即作为改革起点的原有体制模式的状况。如果改革的起点比较高，改革的进程就可以短一些；反之，改革的进程就要长一些。在我看来，我国改革的起点是比较低的，必须认真考虑起点低对我国改革进程的影响。[①]

（2）体制目标模式的选择。如果选择的目标比较高，把通过市场协调机制即利用各种经济参数进行间接控制的体制作为改革的目标，改革的进程就要长一些；如果改革的目标比较低，仅对指令性计划指标的数量作某些调整，不改变整个经济体制的直接控制性质，改革的进程就要短一些。

（3）经济发展战略模式的转变。许多经济学者认为，经济体制模式是经济发展战略模式的函数。有什么样的发展战略模式，就要求有什么样的经济体制模式与之相适应。如果从以高速增长为目标、外延发展为主要途径的发展战略模式转变到以满足消费为目标、内含发展为主要途径的发展战略模式进展得比较顺利，经济改革的进程就可以短一些；如果发展战略模式的转变不明确甚至反反复复、时进时退，就会拖延改革的进程。

（4）发展程度的高低。这里所说的发展程度是指生产力发展水平，主要是指生产的社会化和商品化程度。如果发展程度高，改革的进程就可以短一些；如果发展程度低，改革的过程必须和发展的过程交织在一起，改

[①] 请参见赵人伟、荣敬本《我国原来属于什么经济模式？》，《经济学动态》1982年第2期。

革的进程就要长一些。

在以往经济学文献中，对于前三个因素对经济改革进程的影响已有一定程度的论述，但对后一个因素的影响则论述较少。例如，就发展和改革的关系而言，以往对发展战略和改革的关系讲得比较多，而对发展程度和改革的关系讲得比较少。然而，研究发展程度和改革的关系，特别是对改革进程的影响，无疑是一个十分重要的课题。我国是一个发展中的社会主义国家，长期以来现代工业和比较落后的工业乃至传统的农业和手工业并存，生产社会化和商品化的程度都比较低。正如有的经济学家所说，像中国这样的发展中国家还处于半自给半货币经济的发展阶段。我国目前还不具备一个有效率的市场体系。商品市场的范围有限，而且往往因为地区发展的不平衡和交通、通信工具的落后而缺乏效率，要素市场（资金、劳动力等）的发育程度更低。然而，间接控制系统中各项经济参数的调节作用在很大程度上取决于市场的发育程度。在市场很不成熟的情况下，企业和个人对于价格、利率、税率、工资等市场信号不能作出灵敏的反应，使这些经济参数不能在资源配置上起积极的导向作用。可见，在我国经济发展的现阶段，要在短时间内建立起一个囊括全社会的间接控制系统是不可能的。当然，这并不是说在社会化和商品化程度比较高的一定范围内确立这样一个系统是不可能的。从严格的意义上说，在我国经济发展的现阶段，无论是建立直接控制体制还是间接控制体制都是要打折扣的，即使在直接控制体制鼎盛时期，我国中央统一计划产品的覆盖率也远远低于苏联和东欧各国①。有的外国经济学家分析道，由于中国的社会主义经济是低收入的发展中国家的经济，尽管中国原有的经济体制可以定义为集中管理的实物计划资源配置体制，但由于低收入条件的影响，这个体制的作用范围只限于整个国民经济的一部分。中国在进行利用市场机制的经济体制改革时，也不能不考虑"低收入和低生产力"这样的制约条件。"只要中国经济保持在低收入阶段"，就会"限制市场经济的有效部分在某些范围的发展"。②因此，可否这样说：在近期内只能指望在有限的广度和深度内初步地确立一个间接控制系统，只有随着商品化程度的进一步提高，这个系统才能逐

---

① 参见华生等《经济运行模式的转换》，《经济研究》1986年第2期。
② 石川滋：《社会主义经济和中国的经验——对经济改革的展望》，《科技导报》1986年第2期。

步扩散和伸展，并运行得更加有效。

（二）计划和市场的关系问题

改革的渐进性和双重体制的出现也给计划和市场关系问题的研究增加了新的内容。早在 20 世纪 70 年代末和 80 年代初，我国经济学界就对社会主义经济中计划和市场的关系问题展开了热烈的讨论，曾经出现过"板块结合论"和"有机结合论"之争。简言之，所谓"板块结合论"，就是把产品的生产和流通都分成两块，一块归计划来调节，另一块归市场来调节；所谓"有机结合论"，就是在整个经济活动按照计划所预定的方向发展的前提下，企业的日常经济活动纳入市场的轨道，通过各种经济参数来进行控制和引导。根据改革实践的进展，特别是从直接控制体制向间接控制体制过渡过程中双重体制的出现，在计划和市场的关系问题上，我们似乎可以得出以下一些新的认识。

（1）应该对计划的两种不同含义作明确的区分：一种是以直接控制为特征的实物指令计划；另一种是以间接控制为特征的参数计划。在科尔奈看来，以往在计划和市场问题的讨论中一些难解难分的问题，部分是因为没有分清两种不同含义的计划而引起的。我国的情况也是如此。

（2）第一种含义的计划即实物指令计划同市场是彼此排斥的，两者是此长彼消的关系，计划作用的加强即意味着市场作用的削弱，市场作用的加强即意味着计划作用的削弱。双重体制之间的摩擦在很大程度上反映了计划与市场之间的这种关系。因此，如果说计划与市场之间的板块结合或双重体制的并存作为一种过渡状态是不可避免的话，那么把它作为目标模式是不可取的。

（3）第二种含义的计划即参数计划同市场是能够融为一体的。参数计划的特征就是通过市场协调机制来实现计划所预定的目标。在这里，计划和市场是一种有机结合的关系，也是改革所要实现的目标。在以往讨论中的一些纷争，不仅是因为没有区分两种不同含义的计划而引起的，而且是因为没有区分目标模式和过渡状态而引起的。"板块结合论"者否认发展到有机结合的必要，以及"有机结合论"者否认一定阶段内板块结合的必要，就是这种混淆的表现。

（4）在双重体制下，计划和市场既有板块结合的一面，它表现为两种体制的并存和两种体制之间的摩擦；又有有机结合的一面，它表现为间接控制范围内经济参数作用的存在和发展。

（5）从以直接控制为主向以间接控制为主的模式转换过程，是计划和市场之间板块结合的一面逐步减少、有机结合的一面逐步增加的过程。只有当旧体制向新体制的过渡实现以后，计划和市场之间的有机结合才能最终实现。

（原载《经济研究》1986 年第 9 期）

对1985年"巴山轮会议"的回顾

1985年9月在"巴山轮"号邮轮上召开了一次在我国经济体制改革史上著名的"宏观经济管理国际研讨会"。这次研讨会是经国务院批准，由中国经济体制改革研究会、中国社会科学院和世界银行联合召开的。这是在中国经济体制改革的一个转折时刻所举行的一次重要会议，也就是人们通常所说的"巴山轮会议"。这次会议从9月2日"巴山轮"自重庆起航时开始，至9月7日到达武汉时结束，历时六天（中国经济体制改革研究会、中国社会科学院，1986；刘国光等，1985）。

一 巴山轮会议的背景

在介绍会议的内容以前，先了解一下当时经济改革和经济发展的背景是必要的。

我想从当时经济改革所处的大背景谈起。当时农村的改革已经取得了巨大成就，改革的重点正在从农村转向城市。城市的改革比农村的改革要复杂得多，它要求改革国有企业，把微观经济搞活，从而在宏观经济和微观经济的关系上要触动计划经济的核心——实物指令性计划，并对宏观调控提出了新的要求。众所周知，我国从1978年年底以来的经济体制改革，是在经济生活有迫切需要但理论准备又颇为不足的情况下开始的。尽管20世纪80年代初期曾经从东欧的改革中学习了一些可以借鉴的理论和经验，但直到80年代中期，中国的经济决策者（常常被称为经济工作者）和经济学者（常常被称为经济理论工作者）对市场经济如何运转和调控，特别是从计划经济如何转向市场经济（详后），仍然是相当陌生的。因此，把中外经济学家聚集在一起研讨中国经济中的热点问题，就成为中国人总结自身的经验和借鉴外国的经验的一次良好的机会。可见，我国以农村为重点的改革转向以城市为重点的全面改革，是巴山轮会议应运而生的重要背景之一。

中国从计划经济走向市场经济的探索是一个历史过程。把巴山轮会议放到这样一个历史过程中去考察是颇有意思的。众所周知，1978年年底中共十一届三中全会的精神是强调发展商品生产，在经济生活中更多地发挥价值规律或市场机制的作用。1979年春在无锡召开的价值规律讨论会，强调的也是如此。不过，当时无论是决策层还是学术界，从总体上来说都还在探索如何在计划经济的条件下加强市场机制的作用，并没有跳出计划经济的大框框。正因为如此，1982年秋举行的中共十二大仍然坚持"计划经济为主，市场调节为辅"，强调的是指令性计划。不过，这种情况到了1984年有了较大的转机和进展：1984年10月举行的中共十二届三中全会通过了《中共中央关于经济体制改革的决定》，提出了"有计划商品经济"的改革方向，强调的是缩小指令性计划。我认为，这是中国在从计划经济向市场经济转型过程中迈出了关键性或转折性的一步。尽管在表述上同后来的"国家调控市场，市场引导企业"（1987年）和"社会主义市场经济"（1992年）仍然有所区别，但是，既然从总体上确立了商品经济或市场经济作为改革的目标，那就为广大经济工作者和经济理论工作者提供了一个讨论如何走上市场经济的广阔空间。我认为，这是1985年能够举行巴山轮会议的重要背景。试想，如果当时还处在强调计划经济为主和指令性计划为主的情况下，难道能够举办这样的研讨会吗？人们常常说，中国自从1978年年底以来的改革是市场取向的改革。现在回过头来看，1978年年底至1984年秋的改革，在市场取向的改革进程中还仅仅是做了一点破题的工作（或称起始而非转折的工作），换言之，还仅仅是在计划经济的大框架中"嵌入"市场机制，还没有把整个经济的运转建立在市场机制的基础之上。然而，1984年的《决定》则开始了从计划经济向市场经济的根本性转变，或者说有了一个转折点。

以上所说的是巴山轮会议的经济转型背景，或称大背景。应该说，巴山轮会议还面临一个1984年下半年至1985年上半年所出现的经济过热的背景，或称小背景（直接背景）。

党的十二届三中全会不仅提出了如上所述的"有计划商品经济"的改

革目标，而且提出了20世纪末工农业生产总值"翻两番"的战略目标。在这种情况下，全国上下对于改革和发展的热情都十分高涨，各地纷纷要求扩大投资规模，在提工资和发奖金方面也竞相攀比；财政上实行分灶吃饭，货币和信贷上实行扩张政策。到1985年年初，出现了投资和消费双膨胀的局面。这种局面的集中表现则是通货膨胀的压力加大，不利于下一步的改革和发展。

正如薛暮桥同志在巴山轮会议的开幕辞中所说的："要把微观经济搞活，必须加强对宏观经济的控制。现在我们还不善于加强宏观管理，所以，微观放活以后就出现了许多漏洞。去年第四季度到今年第一季度就出现了银行信贷基金失控和消费基金失控，给今年的经济体制改革增加了困难……防止消费基金失控，特别是防止基本建设规模过大所造成的信贷失控，是我国目前宏观控制中最重大的问题。"（薛暮桥，1985）刘国光副院长和我为会议提供的文章中也对当时经济过热的背景进行了如下概括：一是经济增长速度过快，1984年经济增长率提高到14.2%，1985年上半年工业总产值同比增长23.1%。二是投资膨胀和消费膨胀的情况加剧，1984年固定资产投资增长21.8%，银行在工资、奖金方面的现金支出增长22.3%，大大高于国民收入增长12%的速度。三是信贷和货币投放过多，1984年银行贷款总额增长28.9%，货币流通量相应增加（刘国光、赵人伟，1985）。林重庚先生在研讨会的综述中也对当时经济过热的状况作了如下的描述：一是信贷过分扩大，重要原料、能源和交通粗线短缺和紧张，导致在许多情况下国家规定的牌价和市场价格之间差距巨大。二是国际收支平衡的急剧恶化。三是工资——物价的螺旋形上升，导致通货膨胀的压力增大（林重庚，1985）。

应该说，上述的大背景（经济转型背景）和小背景（经济过热背景）是相互关联的，而且在很大程度上是叠合或叠加在一起的。在这样复杂的背景下研讨宏观经济管理问题，就不仅要涉及比较成熟的市场经济条件下宏观经济管理的一般问题，而且要涉及经济转型初始条件下宏观经济管理的特殊问题；不仅要涉及间接调控中的普遍性问题，而且要涉及直接调控逐步放弃和间接调控尚未相应地建立和健全条件下的特殊问题。对于与会者来说，参加这些问题的讨论，不仅有利于研究中国这个特殊的案例

（case），而且也有利于丰富对市场经济和转型经济进行宏观管理的国际经验。

与会的国外专家是由世界银行林重庚先生出面邀请来的。这些专家都有丰富的经验，并且在各自的相关领域具有代表性。例如，诺贝尔经济学奖得主詹姆斯·托宾（James Tobin）对非集中性经济的宏观调控及其手段具有广泛而深入的研究。亚诺什·科尔奈（Janos Kornai）和弗·布鲁斯（W. Brus）则对传统社会主义计划经济的弊病以及如何从计划经济向市场经济过渡问题具有独到的见解。阿莱克·凯恩克劳斯（Alexander Cairn-cross）不仅对发达市场经济体系的宏观管理具有丰富的经验，而且对英国在"二战"以后从战时的硬控制经济到和平时期的软控制经济的过渡具有可供借鉴的经验。奥特玛·埃明格尔（Otmar Emminger）则对战后德国经济复兴中如何通过货币政策实行宏观经济调控具有独特的经验。其他外国专家，如南斯拉夫的亚历山大·拜特（Aleksander Bait）、美国的里罗尔·琼斯（Leroy Jones）、法国的米歇尔·阿尔伯特（Michel Albert）和日本的小林实，也都在经济研究或经济决策方面具有丰富的经验。

与会的国内专家主要是来自政府决策部门的经济工作者和来自研究部门的经济理论工作者。在他们中，既有像薛暮桥、安志文、马洪这样老一辈的经济学家，也有像刘国光、高尚全、吴敬琏这样相对中年的经济学家，还有像郭树清、楼继伟这样年轻的经济学家。尽管他们的年龄和工作岗位不同，但当时都是矢志改革并站在改革前沿的经济学家。

可见，这次会议的与会人员基本上是由三部分人构成的：来自中国的经济学家，包括经济决策者和经济理论工作者；来自东欧的或对东欧的改革富有经验的经济学家；来自西方的经济学家，特别是对市场经济的宏观管理和对经济转型富有经验的经济学家。从与会人员的组成可以看出，到20世纪80年代中期，中国的经济改革不能仅仅吸取东欧的经验、停留于在中央计划经济的框架下引入市场机制，而是要进一步吸取对市场经济进行宏观管理的经验以及如何从计划经济向市场经济转型的经验。换言之，与会人员的组成同上述经济转型出现转折是密切联系在一起的（林重庚，2008）。

二 巴山轮会议讨论的主要问题

(一) 经济体制改革的目标

与会专家们对经济体制改革的目标表现出浓厚兴趣,认为这是运用各种手段进行宏观调控的必要前提。

科尔奈教授在研讨会专题发言的一开始就对改革的目标模式提出了自己的看法(亚诺什·科尔奈,1985a)。他把宏观经济管理中的经济协调机制分为两种类型:一种是行政协调机制,另一种是市场协调机制。第一种机制的特点是,在上下级之间存在着纵向的信息流,从属关系占主导地位,整个经济呈现为集中化的状态。第二种机制的特点是,在买方和卖方之间存在着横向的信息流,买方和卖方处于同一个层次,不存在从属关系,决策是非集中化的。这两种协调机制可以用两个示意图来表示(见图1、图2)。

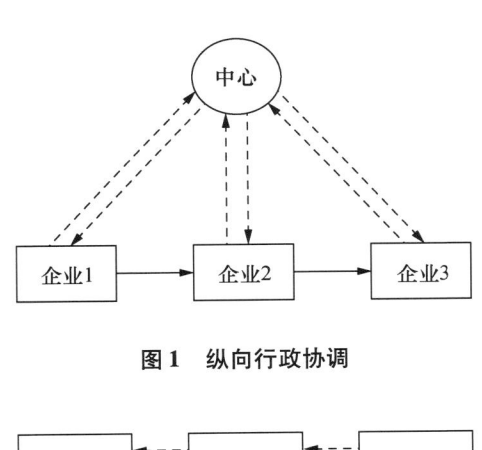

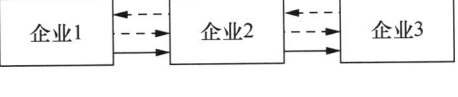

图1 纵向行政协调

图2 横向市场协调

在上述两张图中,从企业1到企业2和从企业2到企业3,都有商品的流动,这些商品流动用实线来表示。在两张图中也反映出有信息流,这些信息流则用虚线来表示，它们调节着实际存在的商品流。在图1中，这种信息流以垂直方向从一个"中心"流向企业，并从企业返回"中心"。这代表了行政协调形式。在图2中，信息流以水平方向从某一企业流向另一企业，从买方流向卖方，又从卖方流回买方。这代表了市场协调形式。

在上述两种协调机制中，每一种类型又有两种具体形态。行政协调分为直接的行政协调（ⅠA）和间接的行政协调（ⅠB）；市场协调分为没有宏观控制的市场协调（ⅡA）和有宏观控制的市场协调（ⅡB）。科尔奈教授认为，真正有效的改革应当把ⅡB作为目标模式。

行政协调机制 ⎰ 直接的行政协调（ⅠA）
　　　　　　 ⎱ 间接的行政协调（ⅠB）

市场协调机制 ⎰ 没有宏观控制的市场协调（ⅡA）
　　　　　　 ⎱ 有宏观控制的市场协调（ⅡB）

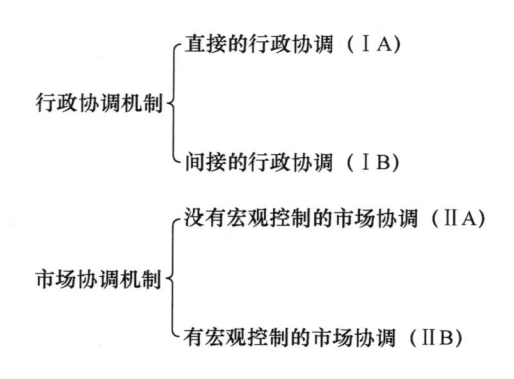

图3　经济协调机制的四种模式

科尔奈教授在对四种模式作了简单的描述以后指出，ⅡA的特点是在取消了行政指令性控制以后，并没有发展起新的宏观调控系统，经济过程完全受市场机制自发的和盲目的调节和引导。这种模式并不可取，而且，作为一个国家，这种模式在实际经济生活中是不存在的。在改革过程中，从ⅠA走出来以后，往往会走到ⅠB。他说，走到ⅠB模式，作为一种过渡是可以的，但也存在着在ⅠB停留下来的危险。因此，他认为，中国的改革应该坚持不懈，即使需要经过ⅠB模式，也千万不要忘记ⅡB这个真正的目标。他认为，在ⅠB模式中，企业有双重依赖，即横向依赖和纵向依赖。横向依赖是对买方和卖方的依赖，纵向依赖是对上级权力机构的依赖。其中，纵向依赖占主导地位。形象地说，企业领导人有两只眼睛，一只盯着上级主管机关，一只盯着市场，但主要是看上级的意图行事（亚诺什·科尔奈，

1985b)。

与会专家大都沿用科尔奈教授的划分进行讨论，而且原则上也同意ⅡB模式作为改革的目标。布鲁斯对ⅡB模式作为中国经济改革的目标没有提出不同看法，不过，他对中国经济改革的起点提出了自己的独到见解。他说，中国经济改革起点不是ⅠA，甚至可以说是半个ⅠA。在中国的经济改革之初，有一些方面连ⅠA也没有达到，例如，中国没有劳动力市场，这是与东欧国家不同的。这个观点同布鲁斯在1980年来华讲学时所说的中国经济改革的起点是"准军事共产主义模式"（有别于苏联和东欧改革的起点是"典型的计划经济模式"或"斯大林模式"）的观点是一致的。因此，布鲁斯说，中国的经济改革从半个ⅠA到ⅡB"是一次真正的长征"（郭树清等，1985）。

（二）体制转换的方式和渐进方式下的双重体制

在巴山轮会议以前，国内外经济学界已经对体制转换的方式问题进行了一定程度的讨论。有人主张"一揽子"的方式，有人则主张"渐进"的方式。根据东欧改革的经验和教训，布鲁斯和科尔奈都曾经认为，渐进方式会导致"交通规则的混乱"，不如采取"一揽子"方式。

经过在巴山轮会议上中外经济学家的讨论，大家的认识都有所提高，分歧也有所缩小。以下几点似乎已经达到了共识：第一，根据中国的基本国情（经济落后、二元结构、幅员辽阔、发展不平衡、改革的起点低等），中国的经济改革需要有一个较长的转换时间。第二，根据六年多来改革的初步经验，改革不可能一蹴而就，只能采取逐步推进的方式。例如，从农村的改革推进到城市的改革，从运行机制的改革推进到所有制的改革，从沿海地区的改革发展到内地的改革，等等。第三，不能把改革的两种方式绝对对立起来，把"一揽子"方式看成只是在某年某月某日实行全面配套的改革，而把"渐进"方式看成是旷日持久和枝枝节节、碰碰撞撞的改革。

有的经济学家还进一步分析说，对经济体制改革方式和步骤不能作简单化的理解。例如，科尔奈认为，相对来说，所有制结构的改革应该具有较多的渐进性，而运行机制的改革（如价格改革、工资改革、财政和货币手段的运用、企业预算约束的硬化等）则应该更多地考虑各项改革彼此配套的问题，从而应较多地考虑"一揽子"的问题。凯恩克劳斯则进一步补充说，改革如果要"一揽子"进行，必须有总供给和总需求比较平衡的前提条件，但进行改革的国家开始时往往不具备这样的条件，因此改革应该一步一步地走，采取渐进的逐步过渡的办法（阿·凯恩克劳斯，1985）。他介绍说，英国在第二次世界大战时期的经济所采取的控制形式，同社会主义计划经济的控制形式有许多类似之处。英国战后从硬控制型经济（以控制各项实物的供给为主的经济）过渡到软控制型经济（以控制总需求为主的经济），也是一个渐进的过程，大约花了十年时间，其中对外汇的控制一直延续到1979年才取消。

在改革采取逐步推进方式的情况下，双重体制在一个时期内并存的局面就不可避免。我国的改革，特别是党的十二届三中全会以后开展的以城市改革为重点的全面经济体制改革，已经自觉或不自觉地走上了新老双重体制并存的轨道。其中，同一产品的双重价格体制是整个双重体制的集中表现——同一种产品，计划内实行较低的计划价格，计划外则实行较高的市场价格。

在研讨会上，国内外的经济学家对双重体制的利弊作了观点几乎一致的分析。大家都认为，实行双轨过渡是为了避免改革中的大震荡，但双重体制的并存也必然带来摩擦和紊乱，因此双重体制并存的局面不能持续太久。正如布鲁斯所说的，从配给体制向商品体制过渡时，其他社会主义国家在消费品方面实行过双重价格，但中国在生产资料方面也实行双重价格，这可能是一项有益的发明创造。它是从旧体制进入新体制的桥梁，借助于这一桥梁，可以从行政的、官定的价格体系比较平稳地过渡到市场价格体系。但由于双重价格具有明显的消极面，因此持续的时间不能太久。

在讨论中，国内外的经济学家都认为，双重体制下的宏观管理比旧体制下的宏观管理或新体制下的宏观管理都要复杂得多，这是对改革者提出的严重挑战。

（三）实行间接调控的主要手段

与会专家认为，要实现有宏观控制的市场协调模式，必须在松开国家对企业微观经济活动的直接控制的同时，加强间接调控。直接控制的特点是对实物资源进行从上到下的行政性直接配置。那么，间接控制的重点和手段是什么呢？托宾认为，宏观经济管理的目标有三个：一是维持总需求和总供给的平衡；二是保持物价总水平的稳定；三是维持国家对外经济关系的稳定。三者之中第一条，即维持总需求和总供给的平衡是主要的。由于对总供给难以实行集中管理，所以，宏观经济管理的重点是对总需求的调节。

以控制总需求为重点的间接调控主要有四种手段。由于中国还处在转型的过程之中，换言之，还处在从直接控制向间接控制的转变过程之中，因此，这些间接手段的运用也是一个发展过程。

1. 财政政策

有的学者指出，一谈到间接的宏观调控，人们往往强调货币政策，但应该看到，财政预算才是控制总需求稳定的基础。凯恩克罗斯说，第二次世界大战以后，英国在避免过度需求方面并没有使用货币政策，因为通过利率来影响投资的过程比较缓慢，而通过财政政策则见效较快，一旦财政预算出现盈余，整个局面就会改观。有的专家指出，拉美国家往往是财政赤字有多大，货币发行就有多大，造成难以控制的通货膨胀，这从反面说明了保持财政预算平衡的重要性。

在保持财政预算平衡的前提下，是实行略有盈余的预算好，还是实行略有赤字的预算好，则要根据具体情况进行具体分析。当总需求超过总供给，产生通货膨胀的压力时，应该采取紧缩的财政政策，实行盈余预算；反之，当总需求不足时，应该采取扩张的财政政策，实行赤字预算。财政政策从两个方面影响总需求：一是调节政府自己对商品和劳务的需求，即调节政府的支出；二是通过税收和补贴调节企业和个人的支出。在需求不足时通过增加财政支出、减少税收、增加补贴刺激经济的发展；在需求过度时通过紧缩政府开支、增加税收、减少补贴控制总需求，实现预算的平衡。与会的专家一致认为，在任何情况下政府都不宜采用"创造货币"（例如向银行透支）的办法来筹措财源，必要时则可以用发行债券的办法来调节和抑制总需求。政府发行债券同增加税收的共同点是都可以抑制总需求，但也有明显的区别，那就是：增加税收会导致个人和企业拥有的财富的减少；而发行债券则只能把个人和企业的购买力转移给政府但并不减少购买债券者拥有的财富。因此，发行债券不失为平衡总供给和总需求的一个重要的辅助手段。

2. 货币政策

与会的外国专家介绍了西方国家运用货币政策进行间接的宏观调控的经验，也对中国遇到的实际问题进行了分析。埃明格尔和托宾介绍说，西方国家运用货币政策的核心是控制货币的总供应量，而中央银行控制货币供应总量主要是通过控制银行贷款来进行的，其具体办法有三条：一是规定商业银行要在中央银行存入存款准备金；二是调整再贴现率；三是"公开市场"买卖有价证券。

不过，与会的外国专家认为，根据中国金融市场发展的实际情况，"公开市场"操作的条件还不具备。至于利率这一重要手段，在中国所发挥的作用也是有限的。专家们认为，要使利率发挥杠杆作用，就必须使名义利率高于通货膨胀率，否则，在实际利率为负的情况下，人们将不愿意存款，而贷款者则会滥用借来的钱。埃明格尔甚至说，当前实际利率即使提高到1%—2%，仍不足以遏制过度需求，应该使其提高到4%以上，才能使企业不敢轻易贷款。存款准备金的制度则要根据存款流动性大小来确定不同存款的准备金比例，例如，对于随时会支付的支票存款要规定较高的存款准备金率，而对于储蓄存款则可以实行较低的存款准备金率。

与会专家普遍认为，根据中国当时的实际情况，银行利率和存款准备金制度等间接调控手段都还未能发挥有效的作用。因此，托宾和埃明格尔都认为，中国用信贷投放总额代替货币供应总量作为控制总需求膨胀的指标可能更为现实。与此同时，还要认真探索建立和健全银行体系和金融市场，逐步硬化企业的预算约束，以便逐步过渡到以间接控制为主的货币和信贷管理。

与会的专家们还讨论了财政政策和货币政策如何搭配的问题。从原则上来说，两种政策的松紧搭配有四种组合形态：松的财政政策和松的货币政策；紧的财政政策和紧的货币政策；紧的财政政策和松的货币政策；松的财政政策和紧的货币政策。根据中国的实际情况，究竟应该选择哪一种组合呢？当时的中国，由于旧体制所固有的"扩展冲动"、"投资饥渴"等倾向依然存在，加上微观经济放活以后又增加了"消费饥渴"的倾向，形成了需求膨胀的强大压力。在讨论中,托宾、凯恩克劳斯和埃明格尔等人都认为,当时的中国应该采取紧的财政政策和紧的货币政策的组合,即不仅要严格控制信贷和货币,而且要促使财政预算达到收支平衡,并力求有所结余。他们三人并说,他们属于不同的学派,从 60 年代以来,在讨论各个国家的经济问题时也经常发生各种意见分歧,但现在对中国的这一问题却取得了如此一致的意见,希望中国方面能够加以重视。

3. 收入政策

如前所述,从 1984 年下半年以来的工资失控和消费基金膨胀是我国当时所面临的一个迫切问题,所以,与会专家们对于如何运用收入政策对工资(和奖金等)的增长进行控制也进行了热烈的讨论。大家普遍认为,控制工资增长是战胜成本推动型通货膨胀的有效武器。托宾指出,最有效的财政政策和货币政策也只能对付需求拉动型的通货膨胀,而战胜成本推动型通货膨胀的武器是个人收入分配政策,中国在改革过程中绝不能放弃对工资增长的控制。与会专家分别介绍了匈牙利、南斯拉夫和日本在这方面的经验和教训,认为匈牙利和日本在控制工资方面做得比较好,保持了币值的稳定;而南斯拉夫则缺乏对收入分配的宏观控制,出现了高度的通货膨胀。他们建议,中国必须控制在现金的货币供应量中占很大比重的工资,才能有效控制货币供应量。

与会专家们还对工资增长率同劳动生产率增长率、通货膨胀率的关系进行了讨论。从理论上讲,名义工资增长率的变化取决于劳动生产率和通货膨胀率这两个因素的变化,但在实践中则很难对通货膨胀率作出预期。根据联邦德国的经验,工会总是要求工资的上升包括预期的通货膨胀率这一因素,但这样做的结果是为未来的通货膨胀率定下基调,从而造成工资与物价螺旋式上升的局面。这是一个教训,值得中国在改革过程中加以借鉴。不过,与会专家们认为,工资增长不能超过劳动生产率增长这一条是必须守住的。埃明格尔甚至认为,中国面临的是通货膨胀、需求过度、外贸逆差、建设资金不足等情况,工资增长率不但不应该超过而且应该略低于劳动生产率的增长率。

与会的外国专家还对我国国有企业实行工资增长同利润挂钩的办法提出了异议。因为,国有企业利润的增长往往同国家的投资和资源条件等外部因素有直接关系，如果由此而使部分企业工资增长过快，就会在企业之间产生攀比效应，使工资增长过快的势头蔓延到其他企业。于是，企业就会把工资成本的提高转移到产品的价格上去。这样，就会在社会上形成一股强大的压力，导致通货膨胀。

至于用什么办法来控制工资，专家们认为，不应该控制工资总额，而应该控制平均工资或小时工资。企业职工平均工资的增长超过社会平均水平的，必须是真正做出了超额贡献的企业和个人。

4. 国际收支

控制对外经济关系，实现国际收支平衡，是宏观经济管理的一个重要方面。布鲁斯说，控制对外经济关系同控制投资和控制收入是宏观经济管理的三个不可缺少的因素。控制对外经济关系，并不是要国家垄断对外贸易，而是要使国家保持应有的支付能力，在经济上独立自主的基础上使外国的经济变动不至于自动地和全面地引起国内经济的变化，而是经过国家评价和过滤后，有选择地把国外的先进技术和管理应验引进来，做到为我所用。托宾认为，在外汇平衡问题上放弃直接控制而转向间接平衡，对中国来说还不是目前或近期的事，而是未来的事，没有必要牺牲国内宏观经济的平衡来换取外汇的平衡。凯恩克劳斯介绍英国的经验时说，像英国这样一个国际金融中心，也是直到 1979 年才废除对外汇的控制。他们都认为，在一个相当长的时间内，中国都还不具备放弃外汇控制的条件，都不可能实现外汇的自由兑换。

（四）实行间接调控的重要条件

与会专家们指出，宏观经济运行同微观经济活动有着密切的联系，要在中国建立起一个有效的宏观经济间接调控体系，不仅取决于宏观经济管理机制是否合理，各种手段和政策措施是否得当，而且也取决于微观经济单位能否对宏观间接调控措施作出及时和灵活的反应，以及宏观经济管理的其他条件是否具备并与之相适应。专家们认为，实行间接调控的必要条件可以概括为以下几条：

1. 硬化企业的预算约束

企业的软预算约束这一概念是被科尔奈在《短缺经济学》一书中首先

提出来的，后来被越来越多的经济学家所接受和使用。在研讨中，国内外的专家一致认为，企业的预算软约束是传统的社会主义计划经济下宏观经济和微观经济关系中的一个严重弊端。在软预算约束的情况下，企业不可能实现真正的自负盈亏。当企业遇到入不敷出的困难时，往往可以通过软价格、软补贴、软税收、软信贷等途径从国家得到补偿或把自身的困难转嫁出去。这种预算软约束的条件不改变，国家的上述各种调控手段，包括税率、利率、汇率等都不可能促使企业作出灵活的反应，努力改善自身的经营管理，提高企业的经济效益。科尔奈把预算软约束条件下的国家和企业的关系比作父亲和儿子的关系，并认为只有改变这种"父爱式"的关怀，硬化企业的预算约束，才能使企业把两只眼睛都盯住市场，在市场竞争的压力下改善经营管理，提高效率；也只有在新的情况下，上述间接调控的各种手段才能起到应有的作用。

在讨论中，一些中国专家指出，我国在转入以城市为重点的改革以后，在搞活微观经济方面，往往强调对企业放权让利，而忽视增强企业自身的责任；在宏观调控方面，则偏重于发出调节的信号，而忽视调节对象对这些信号作出的反应。因此，硬化企业预算约束的理论和经验，对于我国在改革中如何改进宏观调控和微观搞活的关系是很有启发的。

2. 培育市场体系

专家们一致认为，实行有效的宏观经济间接管理的另一个重要条件是要有一个比较完善的市场体系，特别要有一个比较健全的商品市场和资金市场（或资本市场）。

首先要全面开放商品市场，包括消费品市场和生产资料市场。专家们指出，对产品实行实物供给的办法，只有在战争时期是可以接受的。在和平时期，不应该依靠组织实物供给，而主要应该进行需求管理。如果和平时期继续运用实物供给的办法，就会排斥市场机制的作用和阻碍竞争，使经济的发展失去动力，从而付出昂贵的代价。过去中国在生产资料不是商品的理论指导下，商品市场仅限于消费品，对生产资料一直实行实物调拨的办法。这种办法应该随着指令性计划的逐步取消而相应地逐步取消。

其次是要开放要素市场。专家们认为，没有一个正常的要素市场，特别是资金市场，就不可能有一个正常的商品市场。布鲁斯说，中国需要在投资方面建立中间金融机构，以帮助企业组织横向的资金流动，投资的很大一部分应该通过资金市场分配。外国的专家们当时考虑到中国对私人持有股票还存在着种种疑虑，因此建议先建立债券市场。托宾指出，在国内可以建立一个非货币的政府债券市场，使人们能够在政府债券和银行存款之间进行选择。没有这样一个债券市场，货币政策只能服从于财政政策，要控制通货膨胀就只能压缩财政开支。

在讨论中还涉及劳动力市场（或劳动市场）问题。布鲁斯指出，中国在相当程度上没有劳动力市场，这使得对国有企业的宏观管理中市场机制作用受到了限制。他认为，苏联在劳动力流动方面比中国还灵活一些，这值得中国考虑。不过，如何培育劳动力市场的问题在会上没有展开讨论。

3. 积极果断地进行价格改革

一个合理的价格体系是实行间接调控的必要条件。而且，上述硬化企业预算约束和完善市场体系也要求有一个合理的价格体系。科尔奈指出，没有价格的合理化，就没有正确的信息，从而不能对不同部门和不同企业找出一个具有普遍适用性的衡量标准。拜特也认为，在价格不合理的情况下，对于"预算约束"的任何程度的加强都是非常可疑的。这时，硬化企业的预算约束有可能损害而不是增进效益。

因此，专家们认为，应当在控制总需求基础上积极和果断地进行价格改革，改变价格形成机制（从行政价格改变为市场价格），逐步建立起一个比较完善的市场价格体系。而所谓市场价格体系，除了一般所说的商品价格以外，还包括资金价格（利率）、劳动价格（工资）和外汇价格（汇率）。只有当这些价格都实现市场化以后，才能说建立了一个比较合理的价格体系。

4. 实行所有制的多样化

这次国际研讨会，主要是讨论运行机制的改革问题，具体来说，是讨论如何发挥市场机制在经济运行中的作用。不过，也有的专家在发言中涉及所有制的改革问题，认为所有制形式的多样化也是实现市场协调或间接控制的重要条件。

布鲁斯提出，社会主义国家的公有制企业对经济发展所起的重要作用应当肯定，但也应该看到，在社会主义的条件下也有使所有制多样化的必要性。社会主义国家的传统看法是把国有制当成最好的、最理想的所有制形式,即使在法律上也承认集体所有制的合法存在,但实际上往往把集体所有制改造成同全民所有制没有什么差别的所有制形式。至于个体所有制经济,则往往处在被排挤和被打击的境地。然而,迄今还很难证明,一种所有制形式对另一种所有制形式有绝对的优越性。因此,在经济改革中,应该实现所有制形式的多样化,使各种所有制形式都能发挥各自的优越性。中国农业改革的突出成就和非国有经济活力增大所取得的效果,已经明显地证明了这一点。

阿尔伯特则认为,市场的作用比生产资料所有制的问题更为重要,在某些领域实行国有化是必要的,但前提是国有企业也要参与市场竞争,而不能阻碍市场的运转。

5. 建立健全经济信息和经济监督系统

专家们普遍认为,要管好中国这样一个庞大的开放经济,建立一个完善的信息系统是刻不容缓的任务。托宾说,他1972年访华时就曾经提出过这样的建议,时过13年,仍然要再提一次。如果没有可靠的统计资料和经济分析作基础,就不可能作出准确的经济预测和正确的宏观决策。阿尔伯特也强调,任何国家的经济都是随着信息的发展而发展的,离开准确信息所制订的计划,往往是盲目的计划。

为了保证宏观经济间接管理各种调控手段的有效实施,专家们提出,必须加强有关的经济立法,建立全国统一的会计制度和独立的审计系统。没有一个全国统一的会计制度,对企业的经营成果就很难作出准确评价,社会资源的配置就难以取得良好的效益。没有严格的审计制度,就不可能防止企业的欺骗和违法行为,经济法规也无法得到认真的执行。

历时六天的"宏观经济管理国际研讨会",是一次难得的盛会,上述几个方面的讨论成果有不少对于我国的经济改革具有参考价值和借鉴意义。正如有的学者所说的,"巴山轮会议"实际上是探索经济体制改革和加强宏观经济观管理的一次高级研讨班。

参考文献

中国经济体制改革研究会、中国社会科学院:《关于"宏观经济管理国际研讨会"主要情况的报告》，载中国经济体制改革研究会编：《宏观经济的管理和改革——宏观经济管理国际研讨会言论选编》（以下简称《选编》），经济日报出版社1985年版。

刘国光等：《经济体制改革与宏观经济管理——"宏观经济管理国际研讨会"评述》，《经济研究》1985年第12期。

薛暮桥：《开幕词》，载《选编》，1985年。

刘国光、赵人伟：《当前中国经济体制改革遇到的几个问题》，载《选编》，1985年，第193—203页。

林重庚：《与会外国专家的意见和建议综述》，载《选编》，1985年。

林重庚：《中国改革开放过程中的对外思想开放》，《比较》杂志第38辑，2008年9月号。

亚诺什·科尔奈：《提供给中国改革者的匈牙利的一些经验教训》，载《选编》，1985年。

亚诺什·科尔奈：《国有企业的双重依赖——匈牙利的经验》，《经济研究》1985年第10期。

郭树清等：《目标模式和过渡步骤》，载《选编》，1985年，第16—23页。

阿·凯恩克劳斯：《战后英国从硬控制经济到软控制经济的过渡》，载《选编》，1985年。

（以《1985年"巴山轮会议"的回忆与思考》为题发表于《经济研究》2008年第12期。收入本文集时，作者在上述文章的基础上作了压缩，删去了原文中的思考部分）

布鲁斯教授谈经济管理体制的改革

英国牛津大学圣安东尼学院客座教授 W. 布鲁斯于今年一月应邀来华访问。布鲁斯教授系波兰人，对东欧各国经济管理体制的改革进行过多年的研究。这次来华访问，谈了他的一些看法。现简要介绍如下。

一　关于经济管理体制模式的划分

布鲁斯教授首先介绍了他关于如何划分社会主义经济管理体制不同模式的理论。他认为，应该根据不同层次的经济活动如何决策来划分经济管理体制的不同模式。他把整个社会经济活动的决策分为三个不同的层次。第一个层次是宏观经济活动的决策，涉及国民经济的战略性问题，如经济增长的速度、国民收入在积累和消费之间的分配比例、重要投资及其技术水平等；第二个层次是企业经常性经济活动的决策，如生产什么、生产多少、要什么样的原材料、从哪里取得这些原材料、劳动报酬怎样确定等；第三个层次是家庭或个人经济活动的决策，主要是指选择什么样的职业和选择什么样的消费品和劳务项目。

他说，所有这三层经济活动都由国家来决定，仅见于战争时期和其他特殊条件下，可以说是一种例外的情况。在正常情况下，不论哪种模式，第三个层次的经济活动都是由家庭或个人自己来决定的。他认为，从苏联和东欧各国的情况看，目前大体上有以下三种不同的模式：一种是以苏联为代表的模式（包括波兰、捷克、民主德国、罗马尼亚和保加利亚在内），其特点是不仅第一层经济活动，而且第二层经济活动都是由国家来决定的，即企业的投入产出等活动也要听令于中央，只有第三层经济活动才是分散化的。第二种是匈牙利模式，其特点是只有第一层经济活动是由国家来决定的，第二、三层经济活动则分别由企业和家庭自己决定；因此，匈牙利模式同苏联模式的根本区别在于企业这一层经济活动的决策也是分散化的。第三种是南斯拉夫模式,其特点是所有这三层经济活动的决策都是分散化的。我国有的访问过南斯拉夫的同志问他,南斯拉夫自70年代中期以来也强调了社会计划的作用,能否认为南斯拉夫宏观经济活动的决策也是分散化的呢?他回答说,南斯拉夫近年来虽有些变化,想加强计划协调,但效果如何,还要看。

二 各种模式利弊的比较和最优模式的选择

他说,在当今世界上,没有一种绝对理想的、有利无弊的社会主义经济模式,我们只能在对各种模式的利弊进行比较中选择一种最优的模式。他认为,以苏联为代表的集权型经济的最大优点,是能够在一定时期内将资源动员起来集中用于非常明确的目标,因此,波兰一位著名经济学家奥斯卡·兰格称之为准战时经济。然而,这样做往往不考虑其他因素,要付出很大代价,从短期看能取得显著效果,从长期看会逐渐丧失效率。至于南斯拉夫模式,由于把所有经济活动的决策都分散化了,就为充分调动地方和企业的积极性创造了条件。南斯拉夫企业想尽一切办法少雇人,多增加收入,因此微观效率相当高。这种模式的缺陷主要在宏观效率方面。例如,积累和投资由企业自行决定,而企业的积累愿望往往低于全社会的需要,国家又不能根据全社会的需要作出决定。他认为,南斯拉夫的通货膨胀问题和失业问题是比较突出的,而且,这种过度分散和过分利用市场机制的体制,在缩小地区差别方面也显得无能为力。

布鲁斯教授认为,在上述三种模式中,苏联模式和南斯拉夫模式是两个极端,匈牙利模式则在计划和市场、集中和分散的结合方面做得比较好,其优点是既给企业以经济活动的自由,又不失去国家对整个经济生活的控制。企业在经济上的自主权主要表现在:①国家不再给企业下达强制性的计划指标,国家计划仅供企业参考,同企业计划之间没有相互依存的关系;②企业所需要的生产资料不再由物资部门统一分配,而代之以批发贸易;③企业经营好坏不再以完成计划的状况来判断,而是以获得利润的多少来判断。国家对企业经济活动的控制主要表现在:①宏观经济活动由国家来决策，这就给企业的活动范围规定了一个总的轮廓。例如，在重大投资的规模和方向、积累和消费的比例、收入分配的差距等有了一个总的规定的情况下，企业的自由是有限的；②国家可以通过一些目标函数，如规定企业要创造出最大限度的利润，或最大限度的总产值，或最大限度的净产值等（而不是具体规定企业生产的数量），来控制企业的经济活动；③国家还可以利用各种参数，如价格、工资、税收、利润等影响企业的经济活动。这样，在国家和企业的关系中，国家所起的不是司令部的作用，而是参谋部的作用。国家不是给企业直接下达命令，而是通过给企业规定行为准则来进行控制。此外，宏观经济活动由国家来决策，实际上也会影响对第三层经济活动的控制。如国家通过投资决策，会影响所能提供的工作的岗位，国家通过教育计划，会影响所能从事的工作的种类。总之，这种模式能使国家计划从一些烦琐的细节中摆脱出来，既能发挥下面的积极性，又能使中央多考虑大的和远的事情。这不是削弱了计划，而是加强了计划。他认为，这种模式尽管实行起来有困难，但在理论上是比较正确的。

三 关于经济改革的政治条件

他在介绍苏联和东欧经济体制改革的历史时指出，经济改革并不是一件孤立的事情，往往是整个社会改革的一部分。经济管理上的民主化是同政治上的民主化紧密联系在一起的。所以，经济改革往往会因触动某些奉行官僚政治的当权者的既得利益而遭到他们的反对。他们或者公开进行抵制，或者表面上表示支持，但在改革发生困难时加以挫败。他说，50年代波兰和匈牙利的经济改革是东欧经济改革的第一个回合，这个回合之所以归于失败，主要是政治条件不成熟。当然，所谓政治条件，既包括内部的政治条件，又包括外部的政治条件。1956年波兰经济改革的失败主要是因为内部反对者有力量，而1968年捷克的经济改革是得到国内党和国家的主要领导人的支持的，但因苏联的武装干涉而宣告失败。

他认为，苏联和东欧各国迄今为止，只有南斯拉夫和匈牙利两国进行了连贯的经济改革，获得了成功。其他国家虽然也发生了某些变化，但没有根本性的改革，总的来说经济改革是失败的。那么，南斯拉夫和匈牙利经济改革的成功同什么样的政治条件有关呢，他说，南斯拉夫的经济改革是本国领导人的重要决策，而且南斯拉夫不属于苏联集团，所受牵制小，这些都是有利条件。至于匈牙利，看来同1956年的大震动有关。1956年的事件使得党的领导人失去了人民群众的信任，广大群众不认为他们是合法的领导者。这就使他们深切感到，如果再不反映人民群众的要求，再不谨慎从事，就无法继续领导下去。而通过改革经济管理体制来提高效率，正是取信于民的必由之路，这就成为匈牙利经济改革成功的一个重要政治条件。

他还指出，尽管许多国家的经济改革由于政治上的原因而失败，但经济改革的呼声是不可能平息的。从1956年的波兰、匈牙利和1968年的捷克所发生的事件来看，尽管那些主张和支持经济改革的人一再被指责为修正主义分子，但经济改革的要求仍然不断地冒出头来，就像一个讨厌的人从前门被撵了出去，又从窗口爬了进来一样。这说明经济改革是不以人们的意志为转移的事情，失败只不过是暂时的。

四　关于经济改革的准备

他说，经济改革的成败不但同政治条件有关，而且同经济上是否做好了必要的准备也有密切关系。他反复强调，宏观范围内的经济均衡是实行经济改革的必要条件。当然，这并不意味着要达到非常好的均衡状态才能进行改革，但在经济均衡遭到严重破坏的情况下，是无法使改革有效进行的。例如，在国民经济各部门的比例关系严重失调的情况下，就必须先做必要的调整才能进行改革。在供求关系失调，出现了供不应求的紧张状况时，也必须使这种状况有所缓和以后才能进行改革。因为，如果生产资料和消费品都很匮乏，出现了对出卖者有利的市面，许多东西通过正常的途径得不到，票证泛滥，后门成风，那么，市场机制就不能很好地发挥作用。另外，在计划过于雄心勃勃、指标太高的情况下，经济改革也必然受到挫折。

他说，东欧许多国家20世纪六七十年代的经济改革之所以没有成功，是同缺乏必要的准备有关的。70年代波兰的改革就是一个例子。波兰著名经济学家卡莱兹基说过，农业丰收时，绝不能搞长期规划，因为头脑容易发热，易于搞高指标。70年代初波兰的新领导刚刚上台时还比较谨慎，后来由于农业丰收，加上借到了外债，头脑就开始发热，计划指标定得很高。1971—1975年，每年投资增长率达20%。尽管波兰的一些经济学家一开始就发出了警告，可是当局只许给1970年以前的政策提意见，而不许给1970年以后的政策提意见，结果一意孤行，不但经济改革进行不下去，而且经济增长速度也大大下降，国民收入的年增长速度从70年代初的10%下降到70年代末的几乎是零。目前，波兰的经济已成为东欧的病夫。相反，匈牙利经济改革的成功则是同周密的准备工作分不开的。匈牙利从1968年开始实行新经济体制迄今已有十二年的历史。这十二年连贯的经济改革是以在此以前的三年间扎扎实实的准备工作为基础的。他说，中国粉碎了"四人帮"以后，他很高兴，但后来见到所提出的建设目标太高，又有点担心。现在中国领导人发现了这一点，提出要经过调整，做好准备才能够进行全面的改革。这非常好。希望中国能吸取东欧各国的经验教训，在经济改革上取得成功。

五　关于经济改革的做法

一些中国同志向他提出经济改革应如何起步的问题。例如，究竟是从扩大企业的自主权入手比较好，还是从减少指令性的计划指标入手比较好？他说，这实际上是一个问题的两个侧面。扩大企业的自主权，必然要减少或取消指令性的指标。因此，起步问题并不是很重要的，经济改革的做法问题却是很重要的。他认为，经济管理体制的改革有两种做法：一种是一揽子的做法，另一种是零敲碎打的做法。要使改革获得成功，就必须在做好充分准备的基础上，采取一揽子行动，而不能采取零敲碎打的做法。从苏联和东欧的情况看，只有匈牙利和南斯拉夫是采取一揽子做法的，而其他国家都采取零敲碎打的做法，从而成为这些国家改革失败的原因之一。他认为，零敲碎打的做法之所以不好，主要有以下两条理由：第一，零星的改革不可能把原来的计划机构打乱，只要保留原来的计划机构，旧体制的原则就要继续起作用。而且，一旦新体制在执行中发生了问题，旧体制就要为自己的存在而顽固地对抗新体制。第二，如果仅仅在一部分企业中实行新体制，扩大了这部分企业的自主权，那么，当这些企业向实行老体制的企业要东西时，老企业就可以因没有上级的指示而完全不买账。而且，实行新体制的企业即使表面上取消了上级硬性规定的指标，但因旧体制没有打破，硬性的指标仍然可以通过后门进入企业——企业领导人往往会因自己的提升乃至保住现有的职位而接受这种指标。

他说，尽管他主张改革要采取一揽子行动，但并不排斥在某些独立性较大的部门中，采取局部行动取得成功的可能性。例如，改革即使分别在像农业、小型工业、小服务行业这样一些部门中进行，也是能够取得成功的。另外，改革中采取一揽子行动并不排斥做一些试点的工作。不过试点属于准备工作，不能同改革本身混同起来。而且，必须清醒地估计到，试点的企业一般条件都比较好，在全面改革中不一定也能取得同样效果。

六　关于新体制实行中的困难

布鲁斯指出，如果认为老体制改为新体制是从困难转为容易，那就大错特错了。相反，新体制是更有效率的体制，也是实行起来更为困难的体制。

布鲁斯认为，新体制在实行中往往会遇到这样一些困难，例如：（1）在实行新体制的过程中，为了加强对经济手段的利用，往往有一个合并企业和组织公司的过程。而组织程度的提高又往往给竞争带来困难，特别是像匈牙利这样的小国，企业规模一大，同类企业数量很少，垄断因素增长，竞争就很困难，这也是匈牙利在价格方面不能给企业以太大自由的一个重要原因。（2）新体制要求给各个不同企业在客观上创造相等的条件，才能用一个统一的尺度来考核企业的经营成果，促使企业挖掘内部潜力，改善经营管理。但各个企业在自然条件、技术水平等方面的差别往往很大，考核中要剔除这些差别所带来的影响是相当困难的。与此相联系，相同技术水平的工人，由于在不同企业工作而收入不同的问题也不易解决。（3）新体制要求企业职工的利益取决于企业的经营好坏和财务状况，这就要求企业职工改变那种旧体制所养成的干不干都一样的老习惯而紧张地进行工作。

职工之间因劳动贡献不同而带来的收入上的差别也就会显示出来。尽管新体制是符合工人阶级（所有工人）的长远利益的，但目前利益处理得不好，也会引起工人之间的摩擦，并且会被那些反对经济改革的人所利用。

因此，他认为，经济管理体制的改革固然非常必要，但体制不是万能的，还必须有其他方面的工作相配合。例如，制定切实可行的经济政策，就是保证新体制正常运行的一个重要方面。

（本文根据布鲁斯在华讲学的内容进行整理，发表于《中国社会科学院简报》第 2 期，1980 年 1 月 27 日；载《经济研究参考资料》总第 259 期，1980 年 4 月 16 日）

布鲁斯关于社会主义经济模式的理论

W. 布鲁斯系波兰人，现任英国牛津大学沃尔夫森学院客座教授。他的社会主义经济模式对东欧的经济改革有重大影响。西德曼海姆大学的简·奥泽斯甚至称布鲁斯为东欧经济改革的首创人。布鲁斯所著的《社会主义经济中的市场》和《社会主义的经济和政治》等书都涉及社会主义经济模式问题；1979 年年底和 1980 年年初他应邀来华就经济体制改革问题进行讲学过程中，也谈到经济模式问题。现以上述著作和讲学内容为主要依据，以他提出的理想模式或最优模式为主线，对他有关社会主义经济模式的理论作一概述。

一 社会主义经济不同模式的划分

（一）社会主义经济制度为什么可以划分为不同模式

布鲁斯认为，"经济模式"和"社会经济制度"是有区别的。经济制度反映生产关系，而经济模式则显示经济的运行原则或运行机制。他说，为了充分利用社会主义经济制度的潜力，它的运行问题必须解决。作为一种制度，它奠定了根据社会利益自觉地、有计划地决定经济过程的基础。但是，没有理由认为只有一种运行原则是适合于社会主义经济制度的。相反，在社会主义生产关系的范围内，可以采用不同的解决办法。例如，在社会所有的生产资料的组织方面，在集中决策和分散决策的范围方面，在工人参加管理企业的形式和程度方面，以及在刺激的形式方面，是可以各不相同的。这表明，在社会主义生产关系的框架之内，应用不同的模式不仅是可能的，而且是必要的；在社会主义政治经济学中包含不同模式的理论，也是正确的。

不过，在以往的一个时期内，区分生产关系的类型（经济制度）和经济运行机制的类型（经济模式）之间的差别是不可能的，因为，那时把苏联等国发展起来的运行原则看作是社会主义经济唯一可行的原则。随着南斯拉夫及其他社会主义国家摆脱了苏联模式以后，一种制度可以有不同模式就逐渐地被实践证明，也逐渐地被人们接受了。

（二）划分不同模式的标准

世界各国研究社会主义经济模式的经济学家都是以一定的标准来划分不同模式的。有的经济学家用单一标准划分，有的经济学家用多种标准划分；有的经济学家仅仅以经济因素作为标准，有的经济学家则把政治因素包括在内。在布鲁斯看来，既然讲的是经济的不同模式，就应该以严格的经济标准来划分。他认为，应该根据不同层次的经济活动如何决策来划分社会主义经济的不同模式。他把整个社会经济活动的决策分为以下三个不同的层次：

第一个层次（最高层次）是宏观经济活动的决策，涉及整个国民经济发展的战略性问题。如经济的增长速度（包括产品和国民收入），国民收入在积累和消费之间的分配，投资基金在国民经济各部门的分配（包括投资时选择什么样的技术水平），消费基金在集体消费和个人消费之间的分配（包括分配原则）等。

第二个层次是企业经常性经济活动的决策。这里所说的企业是就抽象的或概括的意义来说的；企业有大有小，可以是单个的企业，也可以是联合公司，但在这里都概称为企业。这一层次经济活动的决策涉及国民经济的局部，内容包括产品的规模和构成，即生产什么和生产多少；投入的规模和构成，如要什么样的原材料和劳动力，供给的来源和销售的方向，即供销关系的处理，劳动报酬的具体形式和方法等。

第三个层次是家庭或个人经济活动的决策。内容基本上有两项：一是在既定的消费收入的条件下个人消费的决策，即选择什么样的消费品和劳务项目；二是职业和工作地点的选择，即从事什么样的经济活动。

布鲁斯就是根据上述三个层次的经济活动是如何决策的来划分社会主义经济的不同模式的，即各个层次经济活动的不同决策情况成为他划分不同模式的依据或标准。

（三）可以划分为哪几种模式

迄今为止我们所看到的布鲁斯著作，采用的都是二分法，即把社会主义经济划分为集权模式和分权模式两种。然而，他来华讲学时采用的是三分法，即除集权模式和分权模式以外，还加上一种市场社会主义的模式。那么，他究竟是怎样按照他的标准来划分不同模式的呢？

在采用二分法时，他认为社会主义经济不管采取哪种模式，必须有以下两个前提：（1）第一层经济活动的决策必须集中化，也就是说，经济决策的中央这一层的存在是社会主义经济必不可少的特征。因为，这一层决策是以国民经济整体作为考虑的出发点，而不是以个别的部门和企业作为考虑的出发点，社会主义经济的本质绝不能放弃这样一个出发点。（2）第三层经济活动的决策必须分散化，也就是说，这一层经济活动只有在战争时期或其他特殊情况下才能由中央决定。在正常情况下，必须由家庭或个人自己决定。他认为，第三层经济活动决策的分散化，并不意味着中央对这一层经济活动失去发挥影响的可能性。如国家通过投资决策，会影响所能提供的工作岗位；国家通过教育计划，会影响个人所能从事的工作种类。至于通过个人选择的参数（工资、价格等），则能发挥更加具体的影响。当然，这是对最终由自主的主体作出的决策发挥影响的一种间接形式，它本质上不同于代替这种主体来决策。据此，他认为社会主义经济应该对集权的最小限度和分权的最小限度加以规定。他反复强调，在社会主义经济中，集权与分权问题的真正范围，原则上只限于第二层经济活动的决策。他在20世纪60年代以来的一系列论著中，都是按照第二层经济活动是由中央来决策的还是由企业自己来决策的，即第二层经济活动决策的集中化还是分散化，把社会主义经济分为集权模式和分权模式两种。

集权模式的根本特点是：不仅第一层经济活动，而且第二层经济活动也是由中央来决策的，只有第三层经济活动才是由个人或家庭自己来决定。在实际经济生活中，这种模式以苏联为代表，包括波兰、捷克、东德、罗马尼亚、保加利亚在内（显然，布鲁斯没有把阿尔巴尼亚列入考察的范围）。他说，这些国家虽然都经历了经济改革，但这些改革总的来说都是失败的，从经济模式或经济体制来说，并没有发生根本性变化，仍然同20世纪30年代初苏联所建立起来的体制差不多。

分权模式的根本特点是决策的多层性，即3个不同层次的经济活动是分别由3个经济活动的主体来决策的。显然，按照前面所说的前提，即社会主义经济必须有最小限度的集权和最小限度的分权，这一模式决策的多层性的关键是企业这一层经济活动是由企业自己来决策的。他认为，在今天现实的经济生活中，匈牙利的情况最接近这一模式；南斯拉夫的情况1965年以前和目前的匈牙利差不多，1965年以后发生了剧烈变化。因此，在实践中，他称这种模式为匈牙利模式。至于理论上概括为"分权模式"，他认为仅仅相对于"集权模式"时才是可取的，因为这种模式仍然强调第一层决策的集中化，概称为"分权模式"是不够确切的，比较确切的表述应该是"含有市场机制的社会主义计划经济模式"或"利用有调节的市场机制的计划经济模式"，而"分权模式"只能作为这种表达的不太确切的简称或缩写。

至于三分法，就是除了上述两种模式以外，再加上一种市场社会主义的模式。这是他沿用西方经济学家的说法，对南斯拉夫型的经济所作的一种理论上的概括。他认为，市场社会主义模式的根本特点是所有3层经济活动的决策都是分散化的，其中关键是把扩大再生产的责任转移给具有自治性质的企业单位，国家预算不包括用于投资的主要资金积累，扩大再生产的投资由企业自己解决。

至于在运用三分法时为什么认为宏观经济活动决策分散化的市场社会主义模式从总体上来看仍然不失为社会主义经济的一种模式，这究竟如何同他在运用二分法时一贯主张的社会主义经济必须有最小限度的集权这一前提相衔接的问题，他没有加以说明。不过，他对于宏观经济活动决策分散化以后所产生的问题颇多批评，特别是对于国家不干预扩大再生产活动所产生的问题，有时甚至提到同社会主义原则不相协调的高度来批评。

下面，我们按照他最新的划分法即三分法来介绍他对各种模式的比较和从中选择最优模式的理论。

二　各种模式的比较和最优模式的选择

（一）集权模式

他说，集权模式从决策的集中化这一根本特点派生出许多其他特点。例如，（1）在计划方法上，存在着严格的等级结构，下级计划是上级计划的相适应的正式的组成部分，这就造成等级制的各级之间垂直联系占优势，而企业相互之间的水平联系仅起补充作用，纯属技术的和执行的性质。从原则上来说，集权模式的逻辑是排斥通过在供给者和购买者之间直接的水平的联系方式来进行调整的可能性。（2）在信息的传达上，自上而下的信息采取直接命令的形式，这种命令对下级来说是强制性的；自下而上的信息叫做"报告"，仅为中央决策提供材料。（3）在货币的作用上，无论是经济计算和资源分配，都是实物形式占优势。尽管货币形式是存在的，但以货币形式所表现出来的数值，只能表示在既定的生产目标和生产方法的基础上的投入和产出，即只不过是实现中央决策的一种加总的工具，不构成选择的基础，所以货币的作用是消极的。

布鲁斯还特别强调，在集权模式中实行经济核算制并不必然使这种模式失去上述特点。因为，即使实行了经济核算制，计划仍然可以具有直接的、命令的性质，资源分配仍然可以主要采用实物形式。他认为，实行经济核算和利用市场机制之间不能画等号。尽管在这两种场合都使用货币—商品形式，但只有当货币—商品形式是资源分配的一种基本的、积极的工具的情况下，才能说是利用了市场机制。

他说，集权模式的主要优点是它的高度的选择性。所谓"高度的选择性"，就是把资源集中地用于经过严格选择的优先部门而不顾哪怕是有密切联系的其他部门这样一种能力。在战争情况下，或在高速实行工业化的某个时期，当需要把资源集中用于有限的主要目标时，这种模式就能显示出其优点。因此，波兰一位著名经济学家奥斯卡·兰格称这样的经济为"准战时经济"。当然，这种做法往往不考虑其他因素，要付出很大代价，从短期来看能取得显著效果，从长期来看会逐步丧失效率。

他认为集权模式的弊病之一是西方所谓的"棘轮原理"。棘轮是一种只能朝一个方向转动的齿轮，只能进，不能退。由于企业工作的好坏是根据计划任务的完成情况来判断的，所以企业必须想尽一切办法完成或超额完成计划。然而，今年计划完成得越好，生产得越多，来年计划指标就给得越大。这种只进不退的做法，使企业的利益和中央计划的利益发生了冲突。从企业的角度来说，要想办法使生产计划指标定得越低越好，劳动力、原材料、工资、资金等分配得越多越好，而中央计划则相反。这就导致企业隐瞒真相，中央制订计划时心中无数，并成为比例失调的重要原因之一。

他认为，这种模式的另一个弊病是计划指标体系的内在矛盾。这种模式尽管有一套指令性计划指标体系，但各个指标往往不是互相补充的，而是互相矛盾的。因此，在实际上，国家不可能对所有指标都严加控制，而只能抓产量指标；企业也只能集中力量完成产量指标，而不考虑成本、质量和消费者的需要。

此外，他还以波兰情况为例，认为这种模式带来种种有害的后果。例如，生产僵化，不能灵活地适应消费者需要；生产不惜工本，单位产品的投入量过多；企业和部门的积极性受到压抑，不关心技术进步，只重扩建，轻视挖潜；缺少经济刺激，而且刺激制度本身自相矛盾，国家和个人的利益不能协调好，国家机构和经济机构存在着官僚化；等等。

（二）市场社会主义模式

他说，如果集权模式是一种极端的话，那么，市场社会主义模式是另一种极端。他以南斯拉夫作为这种模式的实例，论述了这种模式的利弊。

他认为，市场社会主义模式的优点主要是能够充分发挥下面的积极性。由于把所有经济活动的决策都分散化了，就为充分调动地方和企业的积极性创造了条件。南斯拉夫的企业对降低成本、提高劳动生产率、制造新产品、采用新技术、适应用户的需要等方面都非常关心，从而有利于提高微观效率。

这种模式的缺陷主要在宏观效率方面。他把这方面的缺陷归纳为以下三类问题。

（1）积累率偏低。收入用于积累与消费的比例完全由企业自行决定，而企业的积累愿望往往低于全社会需要，国家又不能根据全社会需要作出决定，企业总希望把更多的收入用于消费，这是南斯拉夫通货膨胀率特别高的原因之一。他还说，不能认为通货膨胀是一种普遍现象而否认南斯拉夫采用这种模式所带来的问题。例如，如果以1970年的物价指标为100，那么1980年南斯拉夫的物价指数为359，匈牙利的物价指数为131。虽然两国都存在通货膨胀，但差距如此之大，说明南斯拉夫的问题具有特殊性质。另据南斯拉夫经济学家伊凡·马克西莫维奇谈，南斯拉夫积累率偏低还影响到生产发展的速度，例如，1955—1964年，南斯拉夫经济的年平均增长速度为8.2%，但由于后来积累率下降，使得1964—1974年的年平均增长速度下降到5.7%。

（2）存在较高的失业率。在南斯拉夫，企业工作的好坏是以每个工人平均净收入来判断的。企业受本身规定的目标的强烈驱动，存在着尽量少雇工人的倾向，在进行新投资时则倾向于尽量采用节省劳动力的方案。他认为，这种做法从宏观的角度上看在非常缺乏劳动力时是可取的，因为它对节约劳动力给以非常强烈的刺激，但在劳动力有多余的情况下，这种做法是不利的。1978年南斯拉夫国内的失业率高达12%，还有100万人在国外谋生。他说，虽然目前南斯拉夫较高的失业率不能完全归因于它所采用的经济模式或体制，但可以断言，这种体制本身无助于这个问题的解决。

（3）经济缺乏全面的协调。南斯拉夫国家虽然不大，但从宏观角度来看，经济的发展缺乏全面协调。例如，它有6个共和国，都各自倾向于发展本国生产力，这对全国来说，往往造成生产上的重复。又如，南斯拉夫的企业都受到鼓励，到国际市场上去同外商竞争，但同时也出现了本国的几家公司在国际市场上彼此竞争的怪现象。

总的来说，他认为南斯拉夫在实行市场社会主义模式以来取得了显著成绩，也存在着许多严重问题，主要是没有把微观的高效率同宏观的高效率很好结合起来。

（三）含有市场机制的计划经济模式（分权模式）

他说，如果集权模式和市场社会主义模式是两个极端的话，那么，含有市场机制的计划经济模式是介于两者之间的比较理想的模式。这种模式既有一定程度的分权，发挥了市场机制的作用，又保持了经济发展的计划性。

他严格遵循其方法论，认为虽然这一模式的经济决策是在不同层次作出的，但为了简化并突出问题的焦点，只要着重分析中央和企业这两个层次的决策，特别是这两层决策之间的联系就可以了。他认为，就中央计划当局按照长期的社会经济合理性的标准和根据总的社会偏好制订国民经济总体计划而言，集权模式的中央计划和分权模式的中央计划并没有根本区别，计划所包含的问题的范围也是相似的，尽管分权模式中某些指标（特别是产品的花色品种指标）并不那么详细。两种模式的主要区别是在中央计划和企业计划之间的联结的类型上面。在集权模式中，将一个指标列入中央计划，就意味着将一个命令发布出来。而在分权模式中，第一层决策和第二层决策之间并不是通过直接命令而是通过间接的经济手段取得联系的。在这里，起重要作用的是企业之间的水平联系，从而是市场关系。可见，分权模式的优点在于第一层决策和第二层决策的关系处理得比较好。用我们习惯的语言来说，就是国家和企业的关系处理得比较好。也就是说，这种模式的优点主要表现在这样两个侧面：一方面给企业以经济活动的自由，另一方面不失去国家对企业经济活动以及整个经济生活的控制。

企业在经济决策上的自主权（同集权模式相比）主要表现在以下几个方面。

（1）国家不再给企业下达强制性计划指标。他说，在分权模式中，国家和企业这两个层次是独立制订计划的。国家或中央这一层计划虽然包含了个别企业中也包含了的许多问题，但不是企业计划的简单汇总，而是考虑到全国利益，考虑到经济因素和非经济因素制订出来的。国家计划要通知企业，但不是命令，对企业不具有约束力，仅仅是国家对企业的发展所作的估计，供企业参考。企业制订的计划也要通知有关部和计委，但这仅仅是上下之间交流情况，不是以前的上报和下达。企业计划与中央计划之间不存在相互依存或隶属关系，即企业计划并不是中央计划的正式组成部分。之所以如此，不仅是因为企业计划包含了对中央计划来说是过分琐碎的因素，主要是因为企业计划是独立地精心地制订的，不必无条件地正式地同中央计划相一致。

（2）企业需要的生产资料不再由物资部门统一分配。例如，在集权模式中，一个制造厂需要钢材，必须向物资分配部门提出申请，经批准后才能拿钱去购买（在这种场合，货币起的是消极作用）。在分权模式中，这种统一分配的办法被批发贸易所代替，制造厂可以直接向钢铁厂订购钢材（在这种场合，货币起的是积极作用）。这样，企业一方面作为生产资料购买者出现在市场上，自主选择它的供应来源；另一方面又作为成品销售者出现在市场上，自主选择出卖成品的对象。

综合上述两项，就是企业日常的产、供、销活动，包括产出的规模和构成、投入的规模和构成、供给的来源和销售的方向等，都由企业自己决策。因此，在这种模式中，供应者能够对消费者的需求直接作出反应。除此而外，企业内部的组织问题，在总原则下的工资制度问题，职业的构成问题等，也都属于企业自主决策的范围。

（3）企业经营得好坏不再以完成国家计划的状况来判断，而是以获得利润的多少来判断。在集权模式中，企业经营得好坏以完成国家计划的状况来判断，不但束缚了企业的手脚，而且造成国家和企业之间利益上的冲突以及企业彼此之间的苦乐不均。在分权模式中，既然企业计划已经不是国家计划的正式组成部分，国家计划的完成情况自然不应该成为企业工作好坏的衡量标准。那么，应该采用什么标准呢？布鲁斯认为应该以获得利润的多少为标准。他说，用来作为自主企业决策基础的标准，导源于利润原则，对于经营那些具有真正选择权（特别是对生产的目标和方法）的企业来说，这是唯一可行的原则。

企业有了上述自主权以后，就产生了一个很大的问题，就是国家如何控制住企业经济活动方向。应该指出，布鲁斯在强调企业日常性经济活动自主决策的同时，非常强调国家对整个经济生活，特别是企业经济活动进行控制的必要性。他说，分权的目的不是分权本身，而是要提供一种为实现占优先地位的公共目标的适当手段，这种公共目标是在中央一级的指导下系统形成并实现的。尽管在分权模式中不同层次的计划之间没有正式的等级从属关系，但中央计划第一的原则，从而国民经济整体利益第一的原则是必须加以维护的。

那么，国家对企业的经济活动究竟是如何进行控制的呢？他认为主要

表现在以下几个方面:

(1) 宏观经济活动由国家来决策,就给企业的活动范围规定了一个总的轮廓。例如,在重大投资由国家规定的条件下,当国家将一定数额的投资用于建设钢铁企业,就决定了这部分企业只能生产钢铁而不能生产鞋子。又如,积累和消费的比例由国家规定,也就大体上规定了生产资料生产和消费资料生产的比例关系。再如,在消费基金的分配原则由国家规定的情况下,当国家采取劳动报酬差距较大的政策时,就会影响消费品需求的品种构成,进而影响消费品工业的生产。因此,宏观经济活动由中央来规定,就给企业经济活动的自由规定了一个一般的条件或范围。

(2) 国家可以通过制定一些目标函数来控制企业经济活动。中央机构对企业的控制,不在于规定非常具体的数量,而在于规定一些原则目标。例如,要企业在什么数值方面做到最大化,就是一种原则的控制。如果要求企业创造出最大限度的总产值,企业的活动就会是一种方式;它会不顾投入量的大小,甚至通过尽量采用贵重原材料的办法来增加总产值。如果要求企业创造出最大限度的净产值,那么企业的活动又会是另一种方式;它就要想尽一切办法节约原材料等物资消耗。如果要求企业创造出最大限度的利润,那企业就要考虑更多的因素,使投入与产出之间的差距最大。

(3) 国家还可以通过各种参数影响企业的经济活动。例如,国家对价格、工资、税收、利率等进行有效控制,就会对企业经济活动发生有力影响。布鲁斯特别重视分权模式中参数的作用,认为把借助于行政命令来管理的体制变成参数管理的体制是分权模式的中心思想。当然,重要的是这些表现为市场数值的参数必须由中央计划者按照社会的偏好加以确定或者至少用间接的途径给以有效的影响,即必须使企业作为选择的主体没有权力来操纵这些参数,只能调整自己的活动来适应这些参数。最明显的例子是价格。要使价格作为影响企业决策的基本工具之一,必须保证价格的参数性质,即价格必须反映社会的偏好,而不以个别企业利益为转移,不能使企业具有操纵价格的地位——像垄断组织所做的那样。

综合上述,从企业自主决策和国家进行控制这两个侧面来看,在国家和企业的关系中,国家所起的不是司令部的作用,而是参谋部的作用;国家不是给企业直接下达命令,而是通过给企业规定行为准则来进行控制。

在布鲁斯看来，这种模式既保持了国民经济发展的计划性，又利用了市场机制，而且，利用有调节的市场机制不但不会削弱计划经济，而且会使计划经济更加完善。他说，在分权模式中利用市场机制，并不是要把计划排挤掉，而是要利用一种工具来完善它。在这里，市场机制不是使生产和交换服从于自发过程的工具，而是使个别企业的活动适应于表现在计划中的整个社会偏好的工具。总之，这种模式能使国家计划从一些烦琐的细节中摆脱出来，既能发挥下面的积极性，又能使中央多考虑大的和长远的事情。这不是削弱了计划，而是加强了计划。

他说，有人把市场机制看作只适用于自发势力起作用的场合，这是一种严重的误解。有调节的市场机制应该看作是实现社会经济合理性的一种形式——看作能把部分的目标和指导整个社会经济活动的共同目标结合起来的一种形式。至于有人把利用市场机制同事后调节混同起来，认为只有利用行政方法才是事先调节，这也是一种误解。因为，事后调节是没有控制的经济的特征，这种经济是没有中央当局的，而中央当局则能够追求表现在计划中的社会目标。可见，事后调节并不是把市场机制用来作为自觉地影响经济过程工具的计划经济特征。

总之，他认为，含有市场机制的计划经济模式尽管实行起来有种种困难，但从理论上来说是比较正确的。

他还认为，探索和发展这样一种经济模式具有重大意义。因为，这种模式所面临的和所要解决的是新的问题。这些问题是古典的资本主义经济所不曾面临过的，因为，在那里根本没有发生过使市场机制从属于事先被认可的社会目标的问题；也是集权的社会主义经济所不曾面临过的，因为，在那里所使用的不是市场机制而是直接指标和实物形式的资源分配命令。

三 最优模式的实现条件和运行中的原则性与灵活性

布鲁斯的模式是从苏联、东欧长期的经济实践中总结和概括出来的，并对东欧当今的经济实践有重大影响。他本人非常重视他的模式的实际应用，并认为需要在实践中进一步发展和完善。下面就关于这种模式如何付诸实现的一些问题，包括实现的政治条件和经济条件以及运行中的原则性和灵活性问题，作一简要介绍。

（一）关于政治条件

如上所述，布鲁斯在对经济模式作抽象的理论分析时，是严格地以经济因素作为标准的，没有包括政治因素在内。但是，在实践中，即在把理论模式变为现实的经济改革中，则是离不开政治条件的。

他反复强调经济改革不是一件孤立的事情，而是整个社会改革的一部分；经济管理上的民主化是同政治上的民主化紧密联系在一起的。他甚至认为，对于社会主义来说，不能把经济与政治的关系归结为基础与上层建筑、决定因素与被决定因素的关系。他说，实际上，社会主义制度下经济与政治是紧密交织在一起的，特别是从动态上考察时，更是如此：社会主义生产关系的进一步发展，往往依存于政治关系的发展，依存于政治权力体制的变化。

这里还涉及生产资料所有制问题。当布鲁斯对经济模式进行理论解剖时，是把生产资料的社会主义公有制作为前提来看待的，至于这种公有制采取国家所有制形式，还是社会所有制形式的问题则予以抽象。那么，在这种经济模式付诸实施时，应该如何具体看待所有制问题呢？按照布鲁斯对政治和经济关系的看法，他是把所有制问题更多地同政治制度联系在一起的。所以，在一定意义上，我们可以把他所设想的社会主义公有制作为实现最优模式的政治条件来看待。他说，生产资料的公有化或社会化并不是一次性行动就能完成的，而是一个历史过程，生产资料的国有化仅仅是社会化的最初一步而不是最后一步。他反对否认生产资料的社会化是一个过程的如下两种极端的看法：一种是把目前条件下的国家所有制基本上当作社会所有制的成熟形式来看待，另一种是否认现有的国家所有制显示了社会所有制的某些特征。他认为，实现生产资料的国有化仅仅是克服劳动异化的一个开端，只有实现生产者完全直接占有生产资料，即实现生产资料的完全社会化，才能最终克服异化。因此，他也非常重视工人自治在实现生产资料社会化过程中的作用。

根据他的生产资料社会化是一个过程和自治在实现这一过程中的作用的思想，他认为经济改革中必须注意下面两个互相联系的问题（或两个条件)：(1) 必须克服某些奉行官僚政治的既得利益者的阻挠和反抗。从生产资料社会化和克服异化是一个过程的见地来看，克服这种阻挠和反抗是一个不足为怪的历史过程。(2) 必须使广大群众真正关心和参加经济改革。这既是经济改革的过程，又是克服劳动异化和向生产资料完全社会化发展的过程。

(二) 关于经济条件

西方经济学界流行着这样一种看法，即当经济处于粗放（外延）发展阶段时，集权模式比较合适，当经济处于集约（内含）发展阶段时，经济模式就应该向分权方向发展。这种看法的论据是：在粗放阶段，经济增长的各种要素比较丰富，其中最典型的例子是劳动力。只要把这些尚未被充分利用的要素动用起来，即增加它们的数量，就可以使经济得到较快增长。加上在这一阶段，训练有素的技术人员和管理人员较少，只能把这些人员集中在中央机构中发挥作用。所以，同经济发展的粗放阶段相适应的是集权模式。当经济发展到集约阶段，各种生产要素都已经利用起来了，就不能依靠增加各种要素的数量而只能依靠更有效地利用这些要素来解决经济增长问题。加上这时各种管理人员和技术人员也培养起来了，增加了改进基层管理工作的可能性。因此，同经济发展的集约阶段相适应，应该实行分权模式。

布鲁斯认为，把经济发展分为上述两个阶段是有一定道理的；资源的有效利用同经济改革有一定关系，也是不可否认的。但是，简单地把集权模式同经济的粗放性联系起来，把分权模式同经济的集约化联系起来，从而认为只有等待经济发展到集约阶段才能进行经济改革，才能实行分权模式，那是不能接受的。他提出了这样的质疑：如果认为分权模式是效率较高的模式，那为什么在经济发展的粗放阶段一定要反对提高效率从而拒绝采用这种模式呢？而且他认为，从历史的事实来看，东欧各国经济改革中实行不同程度的分权以及苏联自斯大林以后所采取的某些分权措施，都不能认为是经济集约化程度提高的直接结果。总之，他不同意把经济集约化作为实行分权模式的必不可少的经济前提。

不过，他认为，宏观的经济均衡是实行利用市场机制的分权模式的必要经济条件。在集权模式中，当出现比例失调和供求失衡的情况时，往往通过行政办法来维持经济的运行。但是，分权模式不容许这样做。因为，如果生产资料和消费品都严重地供不应求，出现了卖主市场（即在供不应求时对卖方有利的市面），许多东西通过正常途径得不到，票证泛滥，后门成风，那么，市场机制就不能真正发挥作用，分权模式也就会落空。他强调，第二层决策的分散化是同不能保持总的市场均衡的那种过度紧张的经济不相容的。在出现卖主市场的情况下，要把市场机制作为计划经济的一种手段来使用，是不怎么可能的；因为，在这种情况下，有必要凭借实物形式来分配资源。

布鲁斯之所以如此重视市场均衡条件，是同他对分权模式中市场均衡状态构想有关的。他说，购买力与货物供给之间的平衡，不发生生产过剩和生产能力的利用不足，是社会主义优越于资本主义的重要因素之一，因为，在资本主义经济中，广泛的买主市场（即在供过于求时对买方有利的市面）是浪费和不能充分利用社会生产力的一种表现。社会主义经济应该在保持总的市场均衡的前提下，使供给略微超过需求，从而创造出一种有限度的买主市场，这对于刺激生产是有利的。当然，如果加大这一界限，从而放弃增加生产和收入的机会，则是没有意义的。

（三）关于运行中的原则性

布鲁斯认为，任何一种经济模式都有其质的规定性或一些基本的运行原则。因此，采用某种模式，就必须遵循其基本原则，不能只实行其中的一部分原则而放弃另一部分原则。他说，每一种经济运行体制都有其在基本点上不能损害的内在逻辑。如果从不同模式中抽出一些互不相干的要素拼凑在一起，那么，结果往往比那种虽然效率较低但尚能连贯地运行的体制所能得到的结果还要糟。看来，我们可以据此作一联想：如果用一些互不配套的零部件拼凑成一辆新车子，运转起来也许还比不上一辆旧车子。所以，他认为，经济运行体制原则上应该以非常明确的模式为前提。

这样一种原则性，表现在经济改革的做法上，就是必须采取一揽子行动，使改革的所有原则在涉及的所有领域都发生作用，不能采取前后不连贯一致、彼此不相互配合的那种零敲碎打的做法。理由主要有以下两条：

第一，零敲碎打的改革不可能把原来的计划机构打散，不可能从根本上改变原来的管理原则和方法。而且，一旦新体制在执行中发生问题，旧体制就要准备随时取而代之。第二，零敲碎打的改革不可能把新原则真正坚持下去。试想，有一部分企业实行了新体制，自主权扩大了，不受上面指令性指标的约束了，这些企业就需要其他企业提供原材料，而其他企业尚未实行新体制，要等上级的指示。这样，新的产供销关系就建立不起来，新的运行原则就站不住脚跟。

（四）关于运行中的灵活性

布鲁斯认为，在强调一种模式在运行中原则性的同时，还必须注意有足够的灵活性，即允许若干必要的暂时的背离，以防止陷入有害的公式主义。他列举了最优模式在实行中会遇到的一些困难，并认为这些困难一方面说明这种模式在实践中必须克服种种阻力才能运行，另一方面也说明必须允许有某种程度的偏离。他列举的困难主要有：

1. 开展竞争方面遇到的困难

按照这种模式，要求企业之间开展竞争，以促使企业改进工作，提高效率。但在实践中，为了加强对经济手段的利用，往往有一个合并企业和组织公司的过程，这又往往使垄断因素增长，给竞争带来困难。例如，匈牙利的价格体系，有三种价格，即固定价格、浮动价格和自由价格。原先设想国家规定的固定价格的范围要逐步缩小（不是取消），自由价格的范围则要扩大。但由于竞争的微弱，国家为了不使个别企业具有垄断或操纵价格的地位，就不能缩小固定价格的范围和扩大自由价格的范围，同原先设想的原则有所偏离。

2. 给企业创造客观相等的条件所遇到的困难

按照这种模式，要求给企业创造客观上相等的条件，才能用统一尺度考察企业经营成果，促使企业挖掘内部潜力，改善经营管理，才能用统一尺度衡量哪些企业应该继续维持和发展，哪些企业应该淘汰。但各个企业在自然条件、技术水平等方面差别往往很大，在考核中要剔除这些差别所带来的影响相当困难。在这种情况下，国家无法以一视同仁的原则衡量不同企业的工作，不得不采取差别价格机制、税收和补贴等办法来保护一些经营得不好的企业，使得市场机制在鼓励先进和鞭策落后方面的作用有所削弱，这也是对原则的一种偏离。

3. 协调职工利益方面遇到的困难

按照这种模式，企业职工的利益取决于企业的经营好坏和财务状况，这就要求企业职工改变那种旧体制所养成的干不干都一样的老习惯，从而，职工之间因劳动贡献不同而带来的收入上的差别也就会显示出来。尽管新体制是符合工人阶级长远利益的，但目前利益处理得不好，也会引起工人之间的摩擦，而且会被那些从根本上反对新体制的既得利益者利用。显然，对于这样的问题，既要坚持克服来自既得利益者的阻力，又要容许适当地偏离某些原则，在掌握利益的差别方面适当地照顾一部分在旧体制下生活惯了的职工的利益，稳步地使所有职工都转移到新体制的运行轨道上来。

(原载《国外经济学讲座》第三册，中国社会科学出版社 1981 年版)

科尔奈经济思想研究

——对科尔奈若干经济学著作的解读

匈牙利经济学家雅诺什·科尔奈的自传《思想的力量》中文版（科尔奈，2009）已经问世。众所周知，20世纪80年代，在东欧经济学家中，科尔奈和弗·布鲁斯、奥塔·锡克对中国的经济改革影响最大；而且，在这三位经济学家中，科尔奈的影响力度最大，所持续的时间也最长。通过阅读科尔奈的这部自传来看一个东欧经济学家的学术探索之旅，并考察科尔奈的学术成就对我国经济改革和经济发展的启示，看来是颇有意义的事情。

在这里，我需要把这篇文章的范围加以限定：首先，它只涉及科尔奈的学术探索领域，而不涉及更宽的领域；其次，由于科尔奈的著作很多，再加上我自身知识结构的局限，即使是在学术领域，也只能限于我看过的、看懂的部分和有感的方面。

一 科尔奈学术探索的特色

科尔奈生于1928年，除了早年（1947—1955）从事过一段媒体工作以外，1955年以后，一直从事经济学的学术研究工作。要记述他半个多世纪的学术生涯是一件难事，在这里，我仅仅从个人感受的角度，对他学术探索的特色作一概述。

（一）定位和定向清晰

从科尔奈的自传可以看出，他的人生定位和定向是非常清晰的，即一生都献身于经济学的学术研究，而且一方面扎根于匈牙利，研究工作不脱离本土；另一方面研究过程完全对外开放，绝不封闭。因此，他在学术研究中的定位和定向可以概括为以下三点：不从政、不移民、不封闭。

不从政：科尔奈在一生中有很多从政的机会，但都被他拒绝了。1989年11月柏林墙倒塌以后，是继续从事学术研究还是转为从政的问题再一次摆在他面前，但他坚持继续从事学术研究。他写道："当时我需要在从政和从事学术研究之间作出抉择。在过去的三十二年里，我一直坚定不移地忠于研究工作，所以，现在我决定继续在这个领域中奋斗。"当时有记者问他是否准备担任政府顾问甚至投身政坛时，他回答道："我希望仍然把自己的根基牢牢地扎在科学研究领域，我不想担任部长、议员，或者政府委任的顾问。""我可以问心无愧地说，任何政治权力，对我都没有诱惑力。"（科尔奈，2009[①]，pp. 455、476、478）。他还讲述了一位捷克经济学家弃学从政的故事：1990年3月，他和杰弗里·萨克斯在赫尔辛基组织了一次学术会议，邀请正在经历制度变化国家的经济学家参加。在会议接近尾声时，一位捷克经济学家宣布，自己必须马上赶回捷克，并半戏谑半认真地说："所有现在不在瓦茨拉夫广场的人以后都没有机会当部长了。"他匆匆忙忙地赶回捷克，终于当上了部长。科尔奈说，他自己则没有赶回匈牙利的"瓦茨拉夫广场"，因为他根本没有当部长的意愿。1990年以后，他最多只是在得知匈牙利中央银行具有完全独立性的前提下参加了中央银行理事会的工作，他自称这是游走在科学与政治的边缘。

不移民：1956年以后，匈牙利发生了移民潮，许多人逃往西方。1963年以后，科尔奈出国的机会很多。从1963年和1964年访问剑桥大学和伦敦经济学院以后，科尔奈走访了欧美许多顶级的学府和研究机构，但始终坚持不移民。甚至在20世纪八九十年代担任了哈佛大学教授以后，他也坚持一半时间在哈佛，一半时间在布达佩斯，再次拒绝了移民的可能性。他坚持不移民的原因有两个：第一是对匈牙利有着强烈的感情依恋。他不仅依恋着匈牙利的土地——当他经过伊丽莎白桥看到布达佩斯美景时总会不由得心潮澎湃，还习惯于用匈牙利语，即使已经能够用英语自如表达想法时，仍然习惯于用匈牙利语写作，特别是要用匈牙利语进行计算。第二是专业研究方面的考量。他说，他的研究成果之所以具有独特的真实性，是因为

[①] 以下凡未注明作者和出版年份，而只注明页码者，均引自此书。

从他的第一本书直到他的最后一篇文章，都是根据他亲眼看到的以及亲身体验到的匈牙利发生的情况记录下来的。他曾经研究过许多具有普遍性的主题，都以选择匈牙利作为研究的范例，并且以它作为基础展开研究。正因为如此，他的研究能够从具体的观察结果中得出普遍性的结论。

不封闭：科尔奈虽然坚持不移民，而且身处匈牙利这样国土面积较小的国家，但是，他的思想和他的研究工作一直是对外开放的，用我们比较熟悉的语言来说，就是他的研究工作一直是与国际接轨的。正因为如此，他既能使他的学术成果走向国际，又能吸收国际社会以往的和最新的学术成果，从而把自己造就成一位国际级的经济学家。他说，他经常出国并不是为了游山玩水，而是为了学术交流。他写道："如果我能定期与西方同行见面，或者在西方最优秀的学府停留较长的时间，与时俱进地获得最新知识，那么我必然能全心投入自己的专业研究中，并且终有所成。生活在以近亲繁殖为特点的东欧学术世界里，使人们思想狭隘的风险性大大提高。当我的同龄人，在制度变化后，再踏入国际学术界时，他们很快便发现，自己处于相当不利的地位。"

（二）著作等身，享誉国内外

科尔奈是一位勤奋和多产的经济学家。他的大量专著和论文，我既没有读完，也无法在这里一一列举。如果一定要列出几本代表作的话，我想不揣冒昧地列出以下几本：

1. 《过度集中》（Kornai, Janos, 1957, 1959）和《双层计划》（Kornai, Janos, and Tamas Liptak, 1965, 1971）属于开山之作或者可以称为奠基之作。

《过度集中》是《经济管理的过度集中化》的简称。这本书以匈牙利轻工业部门的经验为基础，对指令性计划体制的规律性和不协调性作了深入分析，尖锐指出这种体制在激励机制方面的缺陷，并开始接触短缺问题，揭示了短缺和集中之间的密切联系。这本书在西方产生了巨大的影响，牛津大学出版社在1959年出版了英文初版，并在35年以后的1994年再次出版。

《双层计划》属于数理模型的经济学运用，是同数学家利普塔克合作的。科尔奈首先把他们的模型同兰格—马林沃模型进行了比较。他说，兰格—马林沃模型同他们的模型同样包括上层和下层。但两者的经济信息流的方向是相反的。在兰格—马林沃模型中，从上向下流动的是价格信息，在科尔奈—利普塔克模型中，从上向下流动的是数量信息，即资源配额和生产目标。科尔奈说，兰格—马林沃模型描述的是理想化的市场社会主义，而科尔奈—利普塔克模型描述的是理想化的中央计划经济体系。科尔奈还进一步说，科尔奈—利普塔克模型是"完美的计划"，而瓦尔拉斯一般均衡模型则属于"完美的市场"。

2.《反均衡》（Kornai, Janos, 1971；科尔奈，1988）属于最具挑战性和最具争议的著作。《反均衡》所挑战的不仅是传统社会主义计划经济体系下的不均衡状态，即长期的、恒定的短缺状态，而且是主流经济学，即新古典主义经济理论及其核心——瓦尔拉斯一般均衡理论。在《反均衡》中文版前言中，科尔奈指出，市场存在着两种状态：一种是"压力"状态，即买方市场；另一种是"吸力"状态，即卖方市场。市场长期偏离了瓦尔拉斯均衡，因此，新古典经济学并不能解释市场偏离均衡的实际状态。（科尔奈，1988）他还认为，新古典主义经济理论所描述的信息结构过于简单，即经济体系的各单位之间只有一种信息——价格；这种视价格为唯一角色的理论，既不符合社会主义计划经济的实际（价格的作用微乎其微），也不符合资本主义市场经济的实际（价格并非唯一信号）。（科尔奈，1988；2009）他还批评说，"瓦尔拉斯的世界是一个严格的单层次经济系统。……这个基本假设使得对多层次控制现象的进一步研究成为不可能"。（科尔奈，1988）《反均衡》出版以后，引来了很多争议，有人认为这本书中的离经叛道的主张是完全不可饶恕的。但科尔奈认为，"尽管现在我在这本书里，发现许多不足之处，甚至是谬误，但是我仍然认为它的许多观点仍然站得住脚。时至今日，我仍然用批判的眼光看待新古典主义流派，而不会盲目地把它捧为金科玉律"。"《反均衡》不仅是我的出版作品清单上的一个书名，也是我的研究生涯中最具挑战性的事业。我承担的这个重大而且艰巨的任务，远远超出了自己的能力范围。我虽然意识到这一点，但是仍然无法坦然接受它的失败。"

3.《短缺经济学》（Kornai, Janos, 1980；科尔奈，1986）则是巅峰之

作。科尔奈关于传统的社会主义计划经济体系中的短缺问题已经酝酿很久。在他较早时期的著作中，诸如《过度集中》和《反均衡》中，已经涉及短缺问题。但是，只有在《短缺经济学》这一专著中，才把他关于短缺问题的思想加以系统化。他是在1976年应阿萨尔·林德贝克的邀请，到斯德哥尔摩国际经济研究所工作时才着手写作《短缺经济学》的。他说，在着手写作此书以前，他已经对短缺问题从不同的角度反复探索了二十年，"但是在出版《短缺经济学》前，这些年里对短缺的研究成果，只是零零散散地堆积在我的大脑中。如今在瑞典宁静的生活中，这些拼图的碎片，完美地拼成一幅完整的图画"；"斯德哥尔摩理想的工作条件，把我的研究事业推向顶峰——我在那里完成了《短缺经济学》"。在《思想的力量》一书的封四载有五位著名经济学家的简短评论，其中有三位专门提到《短缺经济学》的突出贡献。可见，无论是科尔奈本人，还是经济学界的同行，都认为《短缺经济学》是科尔奈学术生涯中的巅峰之作。关于这本书的贡献，我们将在后文进一步加以评论。

4.《社会主义体制》则是科尔奈的集大成之作，其全称为《社会主义体制：共产主义政治经济学》。这本书的英文版是在1992年出版的。1992年11月间我在哈佛大学见到他时，他告诉我，这本书是他此前研究社会主义经济体制的综合成果。诚然，这本书不仅有对传统社会主义经济体系的分析，而且有对从计划经济向市场经济转型期问题的探讨；不仅有他所擅长的非经验性的实证分析，而且收集了许多实际资料、统计数据和图表，进行了经验性的实证研究；不仅有以往所集中研究的国有制经济和国内经济，而且增加了私有经济和对外经济关系的研究。科尔奈引用了阿力克·诺夫对本书的如下的一段评论："它的作者，不仅对东方体制的详细情况了如指掌，而且令人艳羡地精通所有相关的经济理论。他的这两方面的知识完美地结合在一起。"

由于他在经济学上的杰出贡献，长期以来他一直享誉国内外。在这里，只能举几个例子。

1976年，科尔奈成为匈牙利科学院院士。他还详细描述了他的院士资格是在最高当局表态以后才获得确认的。在讨论院士提名问题时，匈牙利最高领导人雅诺什·卡达尔发表了一下看法："就这些变化而言，我相信把科尔奈确定为候选人是可以接受的,因为这与政治素质的联系不大。我们不是在讨论党内职务的人选,或者入党问题,而是在讨论科学院的问题。只要学术作品是积极向上的,那么它们的作者,即使有些无足轻重的政治问题,也可以成为有创造力,而且对国家有用的科学院院士。所以他(科尔奈)没有达到老党员严格的意识形态标准,不是拒绝接纳他的理由。"尽管科尔奈对于科学院院士的遴选程序有所保留,但有趣的是,在他荣获院士的称号以后,居然还享受了院士的一项特权——在短缺经济的条件下跳越排在自己前列长长的队伍安装了一部家用电话。科尔奈说,享受院士的特权使他陷入了道德上的困境,不过,他并没有以令人不齿的方式获得利益,相对于他的学术贡献,他仍然可以心安理得地享受院士的特权。

科尔奈在国际经济学界的声誉,使他在20世纪70年代后期被选为世界经济计量学会会长,在21世纪初被选为世界经济学会的会长。这些职务,充分反映出他在国际经济学界的崇高地位。

(三)终身从事开拓性研究

科尔奈开拓性研究最突出的部分是对传统的社会主义计划经济体制的分析和解剖。正如他自己所说的,他力图使自己"成为一位解剖学家,而不是艺术家"。(科尔奈,2007,中文版序言)是否可以这么说:科尔奈对传统计划经济体制这一经济有机体运作机制的弊病用层层剥笋、抽丝剥茧、丝丝入扣的方法进行了生理学的解剖。

日本经济学家石川滋(S. Ishikawa)教授把传统的社会主义计划经济体制定义为"集中管理的实物计划资源配制体制"(石川滋,1986)。按照这一定义,传统的计划经济体制有两大特点或两大弊病:过度集中和资源的实物配置。科尔奈则对这两大弊端进行了解剖。对于过度集中的弊病,科尔奈的解剖较多体现在《过度集中》一书中,对于实物配置资源从而导致短缺的弊病,科尔奈的解剖集中体现在《短缺经济学》一书中。在这里,我仅想就他如何深入解剖短缺问题来谈一谈自己的看法。

科尔奈的解剖是以短缺为切入口,以没有价格信号和价格信号微弱为背景的。《短缺经济学》分为第一篇(上卷)和第二篇(下卷)。第一篇的标题是"没有价格条件下的调节";第二篇的标题是"价格存在条件下的调节"。第一篇的含义是很清楚的，即价格不起作用；第二篇的含义则要加以解释，即价格、货币等究竟起多大作用是值得存疑的，所以他不把第二篇的标题称为"通过价格来调节"，而仅仅指出有价格的存在而已。据此，我认为《短缺经济学》的分析是以没有价格信号（第一篇）和价格信号微弱（第二篇）为背景的。英国经济学家阿·凯恩克劳斯指出，"短缺是价格的函数"（阿·凯恩克劳斯，1985）。可见，科尔奈对短缺的分析是同价格的作用紧密地联系在一起的。

在《短缺经济学》中，科尔奈把传统的社会主义计划经济称为资源约束型经济。他详尽地分析了这种经济中的扩张冲动、数量冲动和投资饥渴以及与此密切相关的预算软约束和父爱主义等问题。他还从布鲁斯有关积极货币（货币的积极作用）和消极货币（货币的消极作用）的分析中得到启发，并把货币作用的这种区分纳入他的分析体系，指出："预算约束硬度和货币积极程度之间存在密切的关系。事实上，它们不是两种独立的现象，而是同一现象的两种不同的表述。"（科尔奈，1986，下卷，p.223）我记得，1979年年底和1980年年初，布鲁斯在中国社会科学院经济研究所讲学时也反复提到货币的积极作用和消极作用。可见，他们两位分析传统社会主义计划经济的运行机制的思路是相通的。

在分析短缺时，他又细分为纵向短缺和横向短缺，并把纵向短缺同预算软约束更加紧密地扣在一起；他还进一步分析了外部短缺和内部储存并存的情况。在分析预算软约束时，他还进一步细化，分析了预算约束软化的五个条件（价格、税收、拨款、信贷和外部投资）。在分析父爱主义时，他又将父爱主义分为五个等级。

可见，科尔奈在对传统的计划经济体制进行解剖时，已经形成了自己的一个独特的分析框架和体系。他借助于这个分析框架和体系，把传统计划经济体制的运作机理和内在联系解剖得非常深入和细致。

科尔奈开拓性研究的另一个表现是强调跨学科研究。包括：经济学研究中的跨学科；研究机构组织中的跨学科。

关于经济学研究中的跨学科，我们可以举出几个实例。

第一个实例是：他认为经济有机体同生命有机体具有相似性。在高等生命有机体（特别是人体）中存在两种不同的功能，即自控功能（植物功能）和高等功能。在经济系统中，这两种功能的区分也是客观存在的。他认为，在现代所有的各种经济系统中，自控系统的主要特征都是相同的；使具体的经济系统相互区别的是这些系统的高级功能。（科尔奈，1988）

第二个实例是：他把经济系统中的微观结构同物理学和生物学中的微观结构作比较进行分析。从表1可以看出不同学科微观结构的相似性和差别性。（科尔奈，1988）

表1　　　　　　　　　微观结构的划分

经济系统理论	物理学	生物学
经济系统	物质	生物有机体
机构	分子	器官
组织	原子	细胞
单位	粒子	细胞要素（细胞核等）

第三个实例是：他在东欧国家卫生部门改革的研究中把经济学原则和伦理道德原则紧密结合起来。他认为，尽管自己是经济学家，但是，在研究医疗保健改革时，出发点不是经济学原则，而是道德原则，因此，在他提出的医疗改革的九条原则中，第一条原则（个人权利原则）和第二条原则（一致性原则——宜译为共济性[①]原则）都是伦理道德原则。（科尔奈和翁笙和，2003）在科尔奈的启发下，我曾经写道："社会保障问题不仅仅是经济问题，而且是道德问题。社会保障措施的出台需要决策者有经济考量加道德考量，社会保障措施的受惠者则应该既是经济人，又是道德人。"（赵人伟、赖德胜、魏众［主编］，2006）

关于研究机构组织中的跨学科，我们也可以举出两个实例。

第一个实例是：普林斯顿高等学术研究所。科尔奈在1983—1984学年里受邀到美国普林斯顿高等学术研究所工作。这个研究所的研究人员不必从事教学工作或行政事务，能够集中全力从事研究工作。他的《社会主义体制》一书的写作就是在此工作期间开始启动的。科尔奈认为，这个研究

[①] 英文原文为"solidarity"。中文译本将"solidarity"译为"一致性"，中国读者不易理解。我认为此处宜译为"共济性"。——本文作者注。

所的吸引力"恰恰表现在其研究工作的跨学科性质上"。"这个研究所从成立的第一天起便汇聚了来自于各个学科的研究员。"在这个研究所工作的不仅有物理学家、数学家，还有经济学家、人类学家、政治学家。"以少数终身研究员为核心，周围围绕着人数大约为核心成员六七倍的访问学者。"科尔奈认为，这种跨学科的潜心研究，大大有利于提高学术水平。

第二个实例是：布达佩斯高等学术研究所。这个研究所成立于1992年，是由柏林高等学术研究所所长沃尔夫·莱佩尼斯教授发起成立的。科尔奈说，柏林高等学术研究所是仿效普林斯顿高等学术研究所建立的。可见，布达佩斯高等学术研究所是仿效前两者而建立的。科尔奈是这一研究所的创建人之一，莱佩尼斯教授还提议他担任所长的职务，但他没有接受这一职位。科尔奈认为，布达佩斯高等学术研究所的最大特色仍然是它的跨学科性质："它是一所跨学科研究所，而这正是它最具吸引力的地方。音乐学者和遗传学者，或者哲学家和历史学家等来自不同领域的学者，在午餐会的餐桌上热烈交谈，不断撞击出灵感的火花。""跨学科合作是一种可以带来深远影响的学术形式。""研究所要求所有的成员在研讨会上向其他学者汇报自己的工作，而且透过深入浅出的讲解，尽量让其他学科的实践者也可以理解他们汇报的内容。"

（四）定性和定量相结合，实证和规范相结合

定性分析和定量分析如何相结合的问题是长期以来困扰我国经济学界的问题之一。我们曾经发生过从概念到概念的倾向，也发生过从公式到公式的倾向；显然，这两种倾向都不符合理论和实际相结合的原则。

科尔奈在定性分析和定量分析相结合方面的贡献毋庸多说。不过，他对于文字表述和数理模型的关系的论述是颇有启发的。他写道："当我追溯许多学术理论的发展过程时，我发现人们提出令人激动的重大见解时，往往都是先用语言阐述其内容，而不是数理模型。"他列举了若干事实来证明他的这一判断：

先有亚当·斯密的"看不见的手"的协调作用，过了大约一百年，才出现了里昂·瓦尔拉斯以数学形式表现出来的均衡理论，再以后，才出现了阿罗和德布鲁提出的更加精密和完美的均衡模型。

先有约翰·梅纳德·凯恩斯的不太准确的利率和流动性偏好理论，后来才出现了约翰·希克斯的 IS—LM（即投资—储蓄、流动性—货币供应）理论，并以数学形式阐述和进一步提炼了这一理论。

先有约瑟夫·熊彼特的企业理论，后来才有菲利普·阿吉翁等经济学家的数学模型。

先有奥斯卡·兰格有关市场社会主义的理论模型，然后才有爱德蒙·马兰沃转化成数学语言的模型，随后才有兰格—马兰沃模型的通称。

科尔奈是以实证分析擅长的经济学家，但也作了许多规范的分析。总的来说，他早期以实证分析为主，自从 1990 年以后则加强了规范分析。

他在自传中写道："过去，我一直关注实证性研究工作。从现在起，我必须给予规范性研究方法充分的重视，同时开始投入经济政策的研究工作中。"1990 年以后，他感到"自己有责任使用规范方法研究，为匈牙利和其他挣扎在转轨阵痛中的国家，提出实用的经济政策建议"。例如，上述东欧国家卫生部门改革的研究中就是以规范分析为主的。

这里需要提出来讨论的一个问题是实证分析的经验支持问题。他在《短缺经济学》的引言中写道，他的书"只详细阐述描述性—解释性理论，而不提供规范性理论"。他又说，他仅仅提出"经验上能够检验的假说"，"而不是经验证实了的理论"。他还说，"我十分羡慕我的那些同事，他们能够用大量数据支持其论断"。（科尔奈，1986，上卷；Kornai, Janos, 1980）所以，他在引言中的一个小标题是"经验支持"，意思是他的实证分析是经验上能够得到检验或支持的假说，但并没有说他的实证分析本身就是经验实证。据此，我认为，中译本把"经验支持"译成"经验实证"是不符合原意的。按照我的理解，是否可以将科尔奈在《短缺经济学》中所使用的分析方法概括成"能够得到经验支持的理论实证，但还不是经验实证本身"。

二 科尔奈的学术成果对我国的启示

在科尔奈大量的学术成果中，关注的焦点是社会主义经济，而且是以匈牙利为考察的基点、以苏联和东欧的经验为基础的。虽然我国同苏联和东欧的发展阶段有所不同，但苏联和东欧的经济发展模式和经济体制模式对我国曾经发生过重大的影响。因此，科尔奈的学术成果，对于总结我国60年经济发展的经验，对于总结30年经济体制改革的经验，对于如何为经济学的研究创造条件，都具有借鉴的意义。在这里，我也只能以举例的方式谈几点看法。

（一）对总结我国经济60年经验的启示

我国在计划经济时代所出现的短缺和不平衡问题，特别是在"大跃进"和"文革"时期所出现的短缺和不平衡问题，同苏联和东欧有类似之处，有些领域比苏联和东欧还要严重。消费品供应的短缺情况，特别是短缺的范围之广、持续的时间之长，中年以上的人都还记忆犹新。生产领域的短缺（包括横向短缺和纵向短缺）、预算软约束和投资饥渴等问题也普遍存在。经济发展中的大起大落（改革开放以前有三次经济负增长）以及由此而造成的不平衡，也给我们带来经济效率上的损失。经济管理上的过度集中，则往往造成"统—死—放—乱—再统"的循环。

对于上述问题，应该说我国经济学界曾经进行过初步总结和讨论。20世纪50年代末和60年代初，我国经济学界就开展过若干重大问题的讨论。例如，关于平衡是相对的、不平衡是绝对的讨论；关于如何打破平衡问题的讨论（甚至有人提出经济研究所的平衡组是否应该改成不平衡组的问题）；关于"三平"（物资平衡、财政平衡、信贷平衡）和"四平"（加一个国际收支平衡）问题的讨论；关于长线平衡和短线平衡问题的讨论；关于积极平衡和消极平衡问题的讨论；关于高速度和按比例关系的讨论；关于商品生产和价值规律问题的讨论；关于经济核算、经济效果问题的讨论；关于再生产问题的讨论。在这些问题的讨论中，薛暮桥、孙冶方、于光远等老一辈经济学家都起了重要的积极作用。

遗憾的是，这些讨论持续的时间很短，基本上是发生在经济困难时期。困难时期一过，人们不得不把注意力转向"四清"运动和随后的"文化大革命"，这些问题的讨论和研究就中断了，更难实现理论上的升华。另一个引以为憾的是：这些讨论是在相对封闭的环境下进行的，外来的影响仅限于苏联，很难实现国际交流和具有国际视野。这就不难理解，在当时的条件下，中国经济学界难以出现像《短缺经济学》这样的著作。

不过，话要说回来，我国的改革开放已经持续了三十年，经济学界已经是新人辈出，现在已经完全有条件来总结上述经验。我们完全有理由提出这样的希望：新一代的理论经济学家、应用经济学家和经济史学家能够通过总结我国自身的经验，写出具有国际水准和国际影响的经济学专著。

（二）对进一步深化改革的意义

在我国经济改革重要时刻的1985年9月，我国举行了一次"宏观经济管理国际研讨会"。这次研讨会是经国务院批准，由中国经济体制改革研究会、中国社会科学院和世界银行联合召开的，也就是人们通常所说的"巴山轮会议"。在这次会议上，科尔奈的专题发言一开始就对改革的目标模式提出了自己的看法（亚诺什·科尔奈，1985a）。他把宏观经济管理中的经济协调机制分为两种类型，一种是行政协调机制，一种是市场协调机制。在这两种协调机制中，每一种类型又有两种具体形态。行政协调分为直接的行政协调（ⅠA）和间接的行政协调（ⅠB）；市场协调分为没有宏观控制的市场协调（ⅡA）和有宏观控制的市场协调（ⅡB）。科尔奈认为，真正有效的改革应当把ⅡB作为目标模式。

科尔奈在对四种模式作了简单的描述以后指出，ⅡA的特点是在取消了行政指令性控制以后，并没有发展起新的宏观调控系统，经济过程完全受市场机制自发的和盲目的调节和引导。这种模式并不可取，而且，作为一个国家，这种模式在实际经济生活中是不存在的。在改革过程中，从ⅠA走出来以后，往往会走到ⅠB。他说，走到ⅠB模式，作为一种过渡是可以的，但也存在着在ⅠB停留下来的危险。因此，他认为，中国的改革应该坚持不懈，即使需要经过ⅠB模式，也千万不要忘记ⅡB这个真正的目标。他认为，在ⅠB模式中，企业有双重依赖，即横向依赖和纵向依赖。横向依赖是对买方和卖方的依赖，纵向依赖是对上级权力机构的依赖。其中，纵向依赖占主导地位。形象地说，企业领导人有两只眼睛，一只盯着上级主管机关，一只盯着市场，但主要是看上级的意图行事（亚诺什·科尔奈，1985b）。

迄今为止，我国在市场取向改革的道路上已经取得了举世瞩目乃至举世公认的成就；但是，我们还不能说，改革的目标已经实现，从计划经济向市场经济的转型已经完成。无论是从间接调控手段的运用、间接调控条件的建立、市场体系的培育、企业产权的明晰、政企功能的分开、行政性垄断的消除等各个方面来看，我们离市场经济的目标，或者说，离巴山轮会议所讨论的ⅡB模式的目标仍然有相当大的距离。布鲁斯曾经在巴山轮会议上说，中国的经济改革是从半个ⅠA开始的；到了今天，能否说我们也只不过是走到半个ⅡB呢？看来，只有认识到"改革尚未成功"，我们才能为下一步的改革作出更具体的部署和作出更大的努力。

在经济体制转型中如何正确区分市场的功能和政府的功能，应该如何解决市场化不足和市场化过度并存的问题，就是我们面临的一个难题。在各类产品中，有一类在经济学上被称为准公共产品，主要是教育、医疗、低收入者的住房等。这类产品的分配不能完全推给市场，其中的一部分应该由政府来负责。我国在20世纪90年代的改革中曾经发生了把这一领域的责任过多地推给个人、过多地依赖市场的倾向，不妨称之为过度市场化（over-marketization）的倾向。当然，市场取向的改革并未到位，该市场化而未市场化的问题（如垄断问题）仍然存在。因此，我们目前是处在市场化不足（该市场化的没有市场化）和市场化过度（不该市场化的已市场化）并存的局面。这种局面是在今后的改革中需要进一步加以改变的。

从表2可以看出，按照科尔奈的研究，即使在改革以后，有一部分消费品也是不能完全按市场方法分配的。当然，科尔奈研究的经济体制改革以后的时期，还局限于匈牙利1968年改革以后1980年《短缺经济学》出版以前这一不长的历史时期，教育、卫生和城市住房的分配仍以非市场方法为主。随着改革的推进，这些准公共领域的分配应该在多大程度上通过市场、在多大程度上通过政府，仍然需要根据实际情况进一步探索。不过，这些领域产品的分配不应该完全市场化是必须肯定的。

表2　　　　　　　　家庭消费品不同分配方法的作用

产品组	战争时期和战后初期	传统体制下的相对和平时期	经济体制改革以后的时期
吃、穿、用	非市场方法为主	市场方法	市场方法
城市住房	非市场方法	非市场方法为主	非市场方法为主
教育和卫生	非市场方法	非市场方法为主	非市场方法为主

资料来源：亚诺什·科尔奈：《短缺经济学》，下卷，经济科学出版社1986年版，第147—148页。（此表系在科尔奈所制表格的基础上简化而成的——引者注）

（三）对如何为经济学的研究创造条件的启示

首先，社会要为经济学的研究创造必要条件。从软件方面来说，要为研究人员创造宽松的环境；从硬件方面来说，则要为研究人员提供必要的物质条件。记得2002年我访问匈牙利时曾到过科尔奈的办公室。办公室外间是他的秘书工作的地方，里间则是他阅读和写作的地方。像这样的工作条件，在国外的许多大学和研究机构里并不罕见。但是，在我国，只有担任行政领导职务的人员才能具备。官、学之间的这种差异，是不是值得我们反思呢？

其次，研究人员作为个人也要为自己创造研究的条件。如上所述，科尔奈的《短缺经济学》是在斯德哥尔摩国际经济研究所提供的良好环境下完成写作的；他的《社会主义体制》则是在普林斯顿高等学术研究所启动、在赫尔辛基联合国大学世界发展经济学研究所（WIDER）完成写作的。当然，研究者的行为并不以物质利益的最大化为目标，而应该以学术成果的最优化为目标。上述科尔奈被聘为哈佛大学教授以后每年只在哈佛工作半年从而只拿哈佛半年的工资就是一个明显的实例。

三　如何理性地和科学地评价科尔奈及其学术成就

1985年9月，科尔奈应邀来中国参加巴山轮会议和国有企业改革研讨会。此时，科尔奈的《短缺经济学》已经译成中文，正在酝酿出版。科尔奈的著作和在两次会上的报告在我国经济学界引起了很大的反响。科尔奈所到之处，往往被一群青年学子簇拥着。当时，在青年经济学者中流传着一种说法：马克思对传统的资本主义经济作了深入的解剖，科尔奈则对传统的社会主义经济作了深入的解剖。

巴山轮会议一年后的1986年10月，我应邀参加在美国纽约举行的中国经济改革目标和步骤研讨会。此会由美国比较经济学杂志等单位主办。科尔奈当时在哈佛大学任教，也应邀参加研讨会。会议结束后，中方与会人员和一些美籍华人共进晚餐。时任耶鲁大学教授的费景汉说："你们中国大陆经济学界有人把科尔奈抬得太高，把他和马克思相提并论；科尔奈怎能同马克思相比呢？同我费景汉比一比还差不多。"会后，我还听到美国经济学家们对科尔奈在《短缺经济学》中的实证分析有所议论。他们认为，科尔奈在《短缺经济学》中的分析是没有真实数据为基础的，不能算是严格意义上的实证，即不能算是经验的实证，有人甚至说这种实证非实证。

我认为，对经济学家和经济学著作的不同评论应该是极其正常的现象。不过，二十多年以前，不但中国有科尔奈热，而且国际上也有科尔奈热。但是，自从柏林墙倒塌以后，科尔奈在国际上的热度就迅速下降；中国也从科尔奈热变成科尔奈冷了。对照二十多年以前的过热和今天的过冷，我们是不是应该得出这样的反思：对待经济学的进步和经济学家的贡献应该冷热相济，回归理性，才有利于经济学的发展和繁荣呢？

当然，科学的发展是无止境的。西方学者对科尔奈著作缺少经验实证的评论科尔奈本人也是认知的，而且在后期的著作中已经加强了经验实证的研究。当然，从进一步发展的眼光来看，则有待于后浪推前浪。

至于平衡与不平衡、均衡与不均衡问题的研究，遗憾的是当年科尔奈并不知晓中国经济学家的讨论；中国经济学家也不知道科尔奈的挑战性研究。我认为，这一问题的进一步研究也需要提倡跨学科，特别是要把经济学、哲学和物理学结合起来。由于本人的学术素养过于浅薄，对此问题还谈不上研究，但想提出一个问题供参考：在经济生活中，如果既从绝对的角度，又从相对的角度来观察，是不是平衡和不平衡这两种状态都是客观存在，犹如钟摆的摆动那样？如果否认相对平衡，钟摆就要飞掉；如果否认绝对不平衡，钟摆就会停止。经济现象是不是同物理现象类似，只能存在于相对的静和绝对的动之中呢？

参考文献

亚诺什·科尔奈:《思想的力量:学术探索之旅的另类自传》,中文大学出版社 2009 年版。

Kornai, Janos, [1957] 1959, 1994, *Overcentralization in Economic Administration: A Critical Analysis Based on Experience in Hungarian Light Industry*, Oxford: Oxford University Press.

Kornai, Janos, and Tamas Liptak, 1965: *Two-Level Planning*, *Econometrica*, January, 33 (1), pp. 141 – 169.

Kornai, Janos, 1971, *Anti-Equilibrium*. Amsterdam: North-Holland.

亚诺什·科尔奈:《反均衡》,中国社会科学出版社 1988 年版。

Kornai, Janos, 1980: *Economics of Shortage*, Amsterdam: North-Holland.

亚诺什·科尔奈:《短缺经济学》上下卷,经济科学出版社 1986 年版。

Kornai, Janos, 1992, *Socialist System: The Political Economy of Communism*, Princeton, N. J.: Princeton University Press; Oxford: Oxford University Press.

亚诺什·科尔奈:《社会主义体制:共产主义政治经济学》,中央编译出版社 2007 年版。

石川滋(Shigero Ishikawa):《社会主义经济和中国的经验——对经济改革的展望》,《科技导报》1986 年第 2 期。

阿·凯恩克劳斯:《战后英国从硬控制经济到软控制经济的过渡》,载中国经济体制改革研究会编《宏观经济的管理和改革——宏观经济管理国际研讨会言论选编》,经济日报出版社 1986 年版。

亚诺什·科尔奈、翁笙和:《转轨中的福利、选择和一致性——东欧国家卫生部门改革》,中信出版社 2003 年版。

赵人伟、赖德胜、魏众主编:《中国的经济转型和社会保障改革》,北京师范大学出版社 2006 年版。

亚诺什·科尔奈:《提供给中国改革者的匈牙利的一些经验教训》,载中国经济体制改革研究会编《宏观经济的管理和改革——宏观经济管理国际研讨会言论选编》,经济日报出版社 1986 年版。

亚诺什·科尔奈:《国有企业的双重依赖——匈牙利的经验》,《经济研究》1985 年第 10 期。

(原载《经济社会体制比较》2009 年第 6 期)

曼德尔经济理论简析
——简评曼德尔《论马克思主义经济学》第十五至十七章

艾尔纳斯特·曼德尔的《论马克思主义经济学》（1962年）一书，已由商务印书馆出版（内部发行）。这本书的内容很广泛，在这里，我们仅对其中同社会主义经济有直接关系的第十五、十六、十七章以及第十八章中的"对马克思主义作辩解用的歪曲"一节提出一些看法，以供参考。为了对此书背景有一个概括的了解，我们先从它的作者及其所属流派谈起。

曼德尔生于1923年，比利时人，现任托派第四国际书记处书记。他的著述很多，除本书外，还写了《晚期资本主义》、《从斯大林主义到欧洲共产主义》等一系列著作。西方经济学界一般把他归为"新左派"经济学家之列，例如，瑞典经济学家阿塞尔·林德贝克在《新左派的政治经济学》一书中就把曼德尔的这本书列为"新左派"的代表作。而"新左派"又被一些人视为当代马克思主义的一个重要流派，例如，美国经济学家保罗·萨缪尔森在所著《经济学》一书的1976年新版本中就把"新左派"经济学列为当代马克思主义经济学的三大流派之一。其实，60年代中期到70年代中期活跃于欧美的所谓"新左派"，支脉众多，观点相当庞杂。曼德尔属于其中倾向托洛茨基主义的一翼。他作为第四国际的政治活动家和经济理论家，在政治上持托派立场，在经济上属托派观点。

这样就使曼德尔的这本书在论述社会主义经济的各个流派中具有一定的代表性。我们知道，托洛茨基派和托洛茨基本人在同联共主流的争论中，曾同后者的所谓"右派"经济政策针锋相对地提出自己的"左派"纲领；同时，对苏联经济和政治体制上的若干弊病，如"官僚主义蜕化"进行过猛烈的抨击。曼德尔显然受到这些观点的影响。在本书中，他运用大量苏联和世界经济发展的新材料,吸取现代经济学的某些成果,对斯大林时期苏联经济中的缺陷,特别是对管理体制的过度集中和官僚主义作了尖锐的批判;同时,对"左派"的经济观点作出了新的论证。因此,从对社会主义经济思想的不同流派和社会主义经济体制的不同模式作比较的研究以及对高度集中的经济管理体制缺陷作进一步分析来看,本书无疑值得一读。

我们认为,曼德尔在本书第十五和十六章中对斯大林时期的苏联经济的批评具有一定的参考价值。例如:

在所有制问题上,他认为生产资料的公有化不是一个简单的法律问题,而是一个生产关系的变化过程。他说:"如果单是私人企业主由什么经理、技术人员或万能的官僚所体现的国家业主所代替,那么生产关系是不会改变的。只有工人和职员集体开始真正地、日常地(而不仅是形式的和法律上的)过问企业领导、过问计划的制订和执行、过问企业生产的社会剩余产品的时候,生产关系才能改变。工人运动的经验和社会主义理论在这个问题上所提供的经典的解决办法是下面一系列步骤:工人监督、工人参加管理、工人自治。"他认为,斯大林时期的苏联并没有按这一方向来做。他写道:"把一切经济上的资源都集中在国家手里,就有保持或扩大社会不平等的危险。这样的国家自称'代表工人阶级'在进行管理,那不过是纯粹法律上的安慰人心的话而已。"

在经济管理体制上,他强烈反对"官僚主义的、中央集权的计划经济制度",认为"这样的管理制度是违反社会主义原则的,而且所能取得的经济结果会低于比较民主的管理办法。根据这种管理制度,只有中央(政治、经济、军事)机关才有权支配社会剩余产品,从而使中央机关有权控制和统治全社会。"他还认为,过度集中和官僚主义是产生国民经济比例关系失调乃至特权的重要原因:像"生产力的高度发展水平和生活资料匮乏之间的矛盾",就是"从官僚主义管理中产生出来的";当"物资还是显然缺乏的情况下,把社会剩余产品那样的集中在中央机关手里,就一定会造成中央机关成员享受重要的特权"。

在经济结构问题上,他揭露了斯大林时期出现了工农业之间、重工业和轻工业之间以及积累和消费之间比例关系失调的现象,存在着牺牲农民的利益来实现工业化和牺牲消费者的利益来实现高积累的弊病。他说,斯大林在1928年以后是在"损害农民利益的情况下"和"在反对派从来没有想象过的规模上"实行"超工业化"的;所谓"生产资料部门应当比消费资料部门发展得更快"的理论,则是"建立在粗劣的混淆之上的"。他认为,"两个部类,按实际上相等的增长率和谐地同时增长,既是可能的,而且从经济上来说,也常常是人们所希望的"。至于国民收入中积累和消费的比例关系,他认为应该把国民收入分为生产者消费、生产性积累和非生产性消费三个部分,在减少第三部分的情况下,可以同时增加前两部分。因此,不应该把经济增长速度同生产者消费看作互不依赖的因素。"实际上,一个国家越穷,其生产者的生活水平越低,那么,经济增长的速度就越依赖生产者消费的增加。"他认为,用降低生产者生活水平的办法来实现过高的积累率,必然对经济增长速度起消极作用。"最高积累率永远不会是最合宜的积累率,就是说永远不会使经济能最快地增长。"

应该指出,他的这些有参考价值的东西,因受其政治立场和理论体系的局限,也往往带有偏见。例如,当他批评斯大林用牺牲农民的利益来实现"超工业化"的错误做法时,明显地露出了他为托洛茨基的类似错误主张作辩护的立场。特别值得注意的是,由于曼德尔经济是从比斯大林更"左"的方面批评斯大林时期苏联的经济体制和经济政策的,这就使他对社会主义经济模式和经济政策的正面论述同他在批评斯大林时提出的有价值的意见处于无法调和的对立之中。国外的一些学者早就指出过,苏联国家集权经济模式,同托洛茨基主义的经济观点并不是截然对立的,与其说这种模式是在批判了托派观点的基础上产生的,还不如说前者是后者在另一种形态上的实现。托洛茨基及其经济学家普列奥布拉任斯基在20世纪20年代中期同布哈林争论时曾经提出:在整个过渡时期贯穿着"社会主义原始积累规律"(即无产阶级国家凭借自己的垄断地位,通过不等价交换等非市场的强制方法把非国营成分,特别是农民小资产阶级的产品收归公有,以便尽可能快地积累资金)同价值规律之间的斗争,其表现形式则是指令性的计划同市场关系之间的斗争,商品关系是从外部强加给社会主义经济的,商品关系的任何强化都意味着资产阶级力量的加强,必须限制价值规律的作用等。这些观点当时虽然受到批判,但在转向"反右"、批判布哈林以后,它们实际上又流行起来,对形成否定市场作用的高度集权的行政指令计划体制有很大影响。后来,斯大林对这种国家集权模式曾采取过一些修补措施,如强调企业经济核算,强调物质鼓励,大力贯彻执行按劳分配原则等。对此,托洛茨基采取全盘否定的态度,提出按劳分配是资产阶级的分配标准,集体农庄之间的收入差别会带来根本性的社会对立,资产阶级法权的存在造成危及公有制本身的复辟趋势等。曼德尔的这本书表明,他在一系列有关社会主义建设的重大理论问题上,坚持托派的观点。

在商品生产问题上,本书的有关章节始终贯穿社会主义同商品生产、货币交换和市场关系不相容的观点。

在曼德尔看来,承认社会主义阶段存在着商品、货币和市场不是对马克思主义的发展,而是对马克思主义的修正。他写道:"照苏联的官方论点来说,苏联从1936年起已经完成了建设社会主义。然而,'商品、价值、货币'这三个范畴却显然还在应用。这样便修正了马克思主义关于社会主义社会的理论。"他认为,存在着商品生产的社会主义社会是"古怪的社会主义社会"。

尽管他承认从资本主义到社会主义的过渡时期存在着商品生产,甚至有一节专门论述过渡时期的"计划经济和市场经济",但他认为这仅仅是过渡时期的权宜之计。因为,本来"如果在全世界废除了资本主义生产方式,那么,完全有可能不经过任何过渡阶段,立即着手组织一种消灭了商品生产的、使人类的生产活动用于满足日常需要的经济",只是因为存在着一些难以克服的障碍,才需要有过渡时期,从而不得不利用商品、货币和市场。而且,在他看来,即使是过渡时期的商品、货币,其性质是同旧社会一样的,而同社会主义格格不入。他认为任何市场关系都是私有关系的反映,任何市场规律都是盲目起作用的规律,任何商品、货币都不可避免地会产生"向上爬、任人唯亲、贪污、对上级卑躬屈膝、对下级专制横行"等现象。他特别反对把生产资料当作商品,认为一旦生产资料领域内出现了商品生产和商品流通,计划化就要瓦解。

曼德尔在强烈反对高度集中的经济管理体制的同时如此强烈地反对社会主义商品生产,就使他在对待计划和市场的关系问题上的观点同对待集中和分散关系问题上的观点无法统一起来。难怪西方有的评论家认为曼德尔的这种观点使自己陷入进退维谷的境地。我们也完全有理由提出这样的疑问:尽管曼德尔对斯大林的高度集中的管理体制作了无情的揭露,但按照他的排斥市场机制的理论体系建立一种社会主义经济管理体制，又怎能真正摆脱高度集中的管理和实现分层决策的民主管理呢？

在按劳分配问题上，本书把按劳分配、资产阶级法权和资本主义混为一谈，并沿用托洛茨基的一贯说法，把按劳分配说成是"资产阶级的分配标准"。

曼德尔不仅沿用托洛茨基的说法，认为斯大林时期苏联经济的特点是"非资本主义的生产方式和根本上仍然是资产阶级的分配方式的矛盾的结合"，而且认为这一矛盾"是任何从资本主义过渡到社会主义的社会的基本矛盾"。他竭力反对"根据劳动者提供劳动的数量和质量"来规定报酬，认为在社会主义制度下一旦考虑了劳动的质量，承认复杂劳动和简单劳动在分配上差别，就会脱离马克思主义的原则，变成资本主义的原则。

由于他歪曲了按劳分配的社会性质，因此，他不但否认按劳分配是反特权的有力武器，反而认为按劳分配是产生特权和官僚主义的经济基础。他写道，在斯大林领导下所建立起来的苏联社会，"在'根据每人提供劳动的数量和质量'进行分配的论点掩护下，存在着官僚主义的特权"。"当生活必需品仍十分缺乏时，在一个以重大特权为基础的分配制度中，官僚主义管理的粗暴的专横做法是不可避免的"，他还认为按劳分配是产生个人发财欲望的根源，说"在过渡社会时期，特别是在苏联，产生个人发财欲望的，不是'资本主义残余'而是按金钱多少来分配的日常的现实情况"。

同他在商品生产、按劳分配问题上的上述观点相联系，他对经济利益问题，特别是对企业集体利益和个人利益采取了鄙夷的态度。例如他认为，企业赢利的原则"往往同实现具体计划的需要、同产品的质量发生冲突，要不就直接同计划发生冲突"。又说，经济能力有差别的集团之间进行等价交换，企业作为自由的竞争者到市场上去进行交易，只能扩大差距，使先进的工厂和地区"剥削"落后的集体和地区。因此，对有的问题的解释陷入了无法克服的矛盾。例如，他明明看到了靠动员乃至强迫的办法是无法使劳动热情长久维持下去的，并举了我国公社的实例。但他又说，刺激的办法并不一定比命令的办法更可取；每当使用刺激的办法不利于重大社会问题的解决时，"就应当毫不犹豫地使用命令的办法"。所以到头来，在动员和刺激两者之间，他仍然只能崇尚动员而不肯触及经济利益问题，企图离开经济利益而把劳动热情建立在依靠某种"政治力量和（或）社会力量""动员"劳动人民"自愿进行这种努力"的基础上。

本书对社会主义的一些设想，特别是对"国际社会主义"的设想，是脱离实际的和空想的。

从他对社会主义商品生产和按劳分配等重大原则问题所持的虚无主义态度中，我们可以看到，他并没有一个可行的社会主义经济模式来代替他所痛加抨击的斯大林模式。曼德尔既反对"过分集中的官僚主义计划化"，又肯定强制性的全面计划，否定市场机制；既主张工人自治，又反对企业在经济上享有广泛自治权和自负盈亏；既反对滥用命令方法和强迫劳动，又不赞成广泛运用物质利益原则；如此等等。显然，符合他的这些理想的模式在现实中是不存在也不可能存在的。因此，在本书的有关章节中，他并未对社会主义经济运行机制勾画出一个清楚的轮廓。他的许多设想，不能不建立在假设基础上或完全陷入脱离实际的空想。

例如，他不顾当今世界的现实，把解决"过渡时期的关键问题"——积累问题的希望寄托在世界范围内废除资本主义制度，建立新经济制度上。他说："第三次工业革命所解放出来的生产力，必须由一个世界经济发展计划来加以控制、驯化，使之不用于军事，不致成为毁灭世界的力量"；"制订这样一个世界经济发展计划乃是人类的第一号任务"。他还认为，通过"国际社会主义积累"，"把目前因重整军备浪费掉的资源用于'第三世界'的工业化，那么，'世界问题'就能在20世纪结束以前获得解决"；"单从在20世纪结束前解决物质问题在理论上是可以设想的这一点来说，就可能使人们和国家的行为起一次真正的革命。"他还认为，只要按照他的设想去做，在本世纪末以前就能实现每周工作20—24小时，甚至本世纪末就能实现大学教育的普及化。我们不难看到，这里有托洛茨基在反对"一国社会主义"时提出的"国际革命论"的影子。

总之，尽管本书对斯大林时期苏联经济的缺陷的批评有值得我们吸取的地方，但就它对社会主义经济的正面论述来说，其基本观点是不可取的，也是同我国经济改革的指导思想相抵触的。因此我们认为，在阅读本书时应采取分析的态度，与目前为数众多的论述社会主义经济模式的著作相比较，对各种观点作出自己的鉴别和判断。

（本文由赵人伟执笔，吴敬琏、荣敬本参加讨论，载《经济学动态》1980年第11期。）

改革中的中国经济体制
——经济改革十年的回顾

中国的经济体制改革,从1978年年底到现在,已经持续了将近十年的时间。近十年的改革,大体上可以分为两个阶段。第一阶段从1978年12月到1984年10月,这一阶段的改革主要在农村进行,在城市也作了一些探索和试验;第二阶段从1984年10月开始,进入了以城市为重点的全面改革阶段,这一阶段的改革还在继续之中。

一 引言:改革的起点和目标

中国的经济体制改革是在理论准备和实际经验都很不足的情况下开始的。在刚刚提出改革的时候,人们对于"非改不可"具有强烈的感受,但对于改革的起点和目标却并没有一个清楚的轮廓,因此不得不在改革过程中探索这些问题。

关于改革的起点,最初的看法比较笼统,认为我国原来的经济体制是20世纪50年代从苏联学来的,属于传统集中管理的实物计划资源配置体制。经过多年来的实践和比较研究,对改革起点的认识大大地加深了:第一,从苏联学来的经济体制不能囊括整个国民经济,其适用范围只限于国民经济的主体部分。第二,这种经济体制作为主体在中国确立以后的二十多年间(1956—1978年)发生了若干的变异,改革以前(1978年)的经济体制比二十多年以前的体制在所有制上更为单一化,在经济决策上更为集中化,在经济流程上更为实物化,在收入分配上更加平均主义化,在对外经济关系上更加封闭化。第三,中国的经济体制改革是在经济发展程度和市场发育程度很低的情况下进行的,经济体制改革的进程必然要受这种低发展程度的制约，对于我国改革的起点比苏联和东欧大多数国家都要低这一点，几乎没有什么争议地取得了比较一致的认识。

至于改革的目标，则是一个难度很大争论较多的问题。在改革之初，人们对市场取向这一点似乎没有多大分歧，但沿着这一方向走多远，认识是不一致的。在改革的第一阶段，即1984年以前，许多经济学文献把指令性计划、指导性计划和市场调节这三者不同比例的组合作为考察的重点，似乎改革目标的不同设计就在于这三个板块的不同比例的拼凑，而且当时占支配地位的理论是：只有保持指令性计划的主导地位，才能保持经济的社会主义性质。显然，这样的理论无论是在观念上还是在方法上都是比较陈旧的。1984年以后，即改革的第二阶段，在改革目标的设想上有了明显的突破，逐步形成了三位一体的基本框架的构想：（1）国家所有制企业成为具有独立决策权和自身利益的商品生产者和经营者，企业的行为要对市场信号作出灵敏反应，在市场竞争中实现企业的自负盈亏。（2）建立一个比较完整的市场体系，不仅要有货物市场，而且要有生产要素市场，包括资金市场、房地产市场、技术市场和劳动力市场；还要相应地建立起市场规则和市场秩序。（3）国家对企业的管理，将由直接的、通过行政办法进行的控制转变成间接的、通过市场上各种参数进行的控制；政府在服从市场规则的条件下通过对市场活动的参与去实现指导性计划。在经济学文献中包括官方的文件中，都从经济运行的角度把这样一种构想概括为"国家调节市场、市场引导企业"。显然，这样一个目标设计，从根本上是排斥指令性计划的，这不能不承认是改革理论的一大突破。

改革目标的设计，不仅涉及经济运行机制的转换，而且涉及生产资料所有制的变革。不过，在改革的第一阶段，人们似乎把注意力集中在运行机制的改革上，而把生产资料公有制作为既定的前提，只有少数经济学家强调国家所有制本身需要进行改革的问题。然而，随着改革的发展，人们越来越清楚地认识到，运行机制的改革，特别是企业行为的变革，必然要同所有制关系的改变交织在一起。因此，人们对经济体制改革逐步形成了两条基本线索，即所有制关系的改革和运行机制的改革。当然，这里所说的所有制关系的变革，不仅仅是指所有制关系要实现从单一化向多元化的转变（多种所有制经济成分并存），更重要的是指如何把改革深入到公有制内部，特别是国家所有制内部，从根本上解决谁都是财产的所有者，谁都对财产不负责任的弊病。近几年来，经济学界对所有制改革的问题进行了广泛而热烈的讨论。

总之，在改革的目标问题上，从维护原有体制的指令性计划转变到原则上否定指令性计划，从把原有体制下的公有制作为不变的前提转变为要对所有制关系本身进行改革，不能不说是中国经济体制改革在指导思想上的两大突破。

二　改革的进展和成绩

中国的经济改革首先从农村取得了显著的成果。农村的改革大体上包括以下三个方面的内容：第一，广泛推行家庭联产承包责任制，把集体所有的土地承包给农民家庭经营，同时取消了原来"政社合一"的人民公社制度，使政权组织和经济组织分开。到目前为止，全国已有1.8亿农户实行了家庭联产承包责任制，占全国农户总数的98%。第二，调整农产品的价格政策和收购政策。1979年农产品的收购价格提高了20.1%，1980年又提高了8.1%。仅此一项，1979—1980年农民收入就增加了460亿元。第三，调整农村产业结构，大力发展非农产业。到1986年，在农村社会总产值中，农业产值所占比重为53.1%，工、商、建、运四业所占比重已达46.9%。1986年全国乡镇企业达1515万个，从业人员7937万人，占农村劳动力总数的20.9%，年总收入3364亿元，占农村经济总收入的48.9%。

十年来在所有制关系上发生了明显变化。农村中家庭联产承包责任制的推行，实际上是所有制关系的变革。农民对土地的承包，实现了土地所有权和经营权的分离，农民可以拥有一定的生产资料，形成了土地集体所有和其他生产资料私有的混合所有制。城市的所有制关系大体上是按以下两个线索进行变革的：一是变单一的公有制形式为多种所有制形式并存；二是在公有制内部实行所有权和经营权的分离。改革以来，个体工商户和私人企业有了显著的发展，全国城镇个体工商户已由1978年的十多万户发展到1986年的500多万户。随着改革和开放的进展，我国以各种形式引进外资，到1987年6月，已批准建立的中外合资企业、合作企业和外商独资企业 8516 家，协议合同外资金额 1171.76 亿美元。在公有制内部除推行了承包经营和租赁经营等方式以外，还在广州、沈阳、北京、上海等城市进行了股份制的试点。1978—1986 年，全民所有制企业的产值在工业总产值中所占的比重已从 80% 下降到 68.7%；集体所有制企业的产业从 20% 上升到 29.2%；个体和其他经济则几乎从无到有，达到 2.1%。显然，迄今为止所有制关系的变革无论从广度和深度来看都是很初步的，但无疑是一个良好的开端。

企业经营机制的改革是经济改革的一个重要方面。针对原有体制政府对企业管得过多、过死的弊病，改革一开始就抓住了扩大企业自主权这个重要环节。改革以来，国务院发布了 13 个文件和 97 条规定来扩大企业自主权。通过扩权，企业已在生产计划、产品购销、资金使用、劳动人事、工资奖金等方面有了若干自主权，在使企业变成相对独立的商品生产者和经营者的道路上走出了一大步，初步改变了企业作为行政机关附属物的地位。

在国家同企业关系上，基本上用上缴所得税等形式代替了上缴利润，企业的留利水平不断提高。据统计，企业留利占利润总额的比重，1978 年为 3.7%，1981 年为 26.1%，1985 年为 38.9%，1986 年为 42.4%。从 1985 年起企业的折旧基金全部留为企业自行支配。这样，企业开始有了自我改造和自我发展的能力。

在企业内部则实行了厂长（经理）负责制，把企业中党组织的工作同企业的经营管理分开，许多企业的厂长通过招聘、招标等形式产生，以利于培养一批懂得市场竞争规律、勇于创新的企业家。

1987 年在大中型企业中普遍推行了各种形式的承包经营责任制，即按一定条件（主要是上缴利润的指标和企业资产的增值）把企业包给个人或集体去经营。承包制对减少政府对企业的行政干预、保证国家的财政收入、增加企业的留利和调动企业职工的积极性有一定好处。但是，从总体来看，目前所实行的承包制仍然通行着承包者和发包者之间纵向的讨价还价原则，并未真正形成各企业之间横向的平等竞争关系，更未从根本上改变传统国有企业产权制度的弱点。因此，许多经济学家设想应该朝着产权关系重组的方向即股份制的方向发展，以便使企业实现真正的自负盈亏。

1987 年和 1988 年，国家还相继制定了企业破产法和企业法，其目的是要促使企业逐步做到自负盈亏，为国家的资产在企业中得到有效利用和资产增值提供有力的保证。

为了逐步扩大市场机制的作用，对原有的计划体制和价格体制作了初步的改革。生产领域和流通领域的指令性计划的范围已大大缩小。按中央下达的指令生产的工业品已由1984年的120种减少到1986年的60种，其产值占全国工业总产值的比重，已由40%下降到20%左右。在生产资料的流通方面，由中央统一分配的原材料已从1984年的256种减少到1987年的26种。在消费品的流通方面，长期以来实行的各种定量供应的票证，除少数品种以外已基本取消。

价格改革是从以下两个方面进行的：一是通过调整价格的办法改变各种产品相对价格严重扭曲的状况，一是通过减少国家对价格的行政性控制使价格能反映市场规律，在中国这种情况被称为"调放结合"的价格改革。按照这一方针，1979年以来，农产品收购价格有了大幅度提高，工业消费品的价格作了有升有降的调整。经济初步改革，缩小了农产品与工业品的差价。农产品收购价格总水平1986年比1978年提高77%，而工业品在农村的销售价格，1986年比1978年上升14%，同量的农产品所能换到的工业品数量1986年比1978年约增加54%。生产资料价格的改革也是从这两个方面展开的：一是调整部分产品的计划价格，如原煤价格从每吨16.52元提高到32.32元，铸造生铁从每吨150元提高到285元，水泥由每吨40元提高到90元。二是企业超计划的产品可以按较高的价格自销。这样，不仅农产品价格存在着"双轨制"，即一部分产品按国家固定价格收购，其余部分由生产者按市场价格出售，而且形成了生产资料价格的"双轨制"。到目前为止，已有65%的农产品、55%的工业消费品和40%的工业生产资料是按不同程度地反映市场规律的市场价格和浮动价格出售的。

为了改变国家管理经济的职能和方式，逐步从直接控制向间接控制过渡，财政、税收体制和全能体制也作了某些改变。

在财政体制方面，除了上述调整了国家和企业的分配关系以外，同时还扩大了地方政府的财权。在国家预算收入中，中央所支配部分已由改革前的60%下降到50%左右，地方所支配的部分相应地从40%上升到50%左右。

在税收体制方面，从1983年起，对国营企业实行第一步利改税。即在企业实现的利润中，先征收所得税，税后利润采取各种形式在国家和企业之间进行分配，实际上是上缴税收和上缴利润并存。1984年实行第二步利改税，主要是把企业上缴利润部分改为以调节税形式上缴国家财政。调节税是一厂一率，各厂不统一，因此只能是一种临时的过渡的办法。

银行正在从依附于国家财政的地位中解脱出来。中国人民银行已被确定为中央银行，还恢复和新建了一批专业银行。一个以中央银行为核心、四大专业银行（中国银行、农业银行、工商银行和建设银行）为支柱，包括其他金融机构在内的金融体系已初步形成。国家用于营利目的的投资，已由财政直接拨款改为银行贷款。各城市的银行系统普遍开展了金融机构的同业拆借业务，一个短期资金市场已经初步建立起来，债券市场也开始出现。

改革促进了经济的发展和人民生活的改善。按可比价格计算，1986年比1978年国民生产总值增长了102%，国民收入增长了95%，国家财政收入增长了98%，部门、地方、企业的预算外资金增长了3.8倍。我国的电力、钢、煤炭、石油的产量，分别从占世界的第七、第五、第三、第八位上升到第五、第四、第二、第五位。1979—1986年，社会总产值每年平均递增10.1%，其中最高年增长16.5%，最低年增长4.6%，偏离平均速度+6.4和-5.5个百分点，同改革以前二十多年间的大起大落（偏离平均速度为+24.8和-41.4个百分点）相比，经济增长的稳定程度已有所提高。改革以来，就业情况有了明显的改善，农村中有8000万农民从农业转入非农产业，城市中有7000万人走上了就业岗位。至于人民生活，1986年同1978年相比，扣除物价上涨的因素，城镇居民人均生活费用收入增长了82.5%，农民人均收入增长了1.7倍。1987年尽管物价上涨幅度较大，城镇和农村居民人均实际收入仍比上一年分别增长1.7%和5.3%。

同改革以前的数十年相比，改革的十年确实是经济发展最稳定的时期，也是人民得到实惠最多的时期。

三　深化改革中面临的一些难题

然而，在改革的征途中还存在着一系列的问题和困难，要把改革引向深入,就必须解决这些问题,克服这些困难。因篇幅的限制,在这里我只能提出几个我认为比较突出的问题作一概括的分析。

(一) 双重体制引起的矛盾和摩擦问题

改革以来,特别是1984年以来,中国的经济体制已经走上了双重体制的轨道。计划体制是双重的,即一部分产品按指令性计划生产,另一部分产品由企业按市场的需要生产;物资流通体制是双重的,即一部分物资由国家统一分配给企业,另一部分物资由企业自行采购;价格体制也是双重的,即计划内产品按行政办法规定的计划价格出售,计划外产品按不同程度地反映市场规律的价格(浮动价格、协议价格、自由价格)出售。在双重体制下,企业的行为和国家宏观控制的行为都是双重化的。在改革之初,经济学家们都知道双重体制会发生交通规则的混乱问题。但改革的实践表明,我国的改革并没有避免出现双重体制并存的局面。对双重体制的评价,则历来存在着分歧。有的经济学家认为,鉴于我国改革的起点低和目标高,从旧体制向新体制的过渡不可能在一个早上实现,双重体制并存的局面是从旧体制向新体制过渡过程中不可避免的现象,尽管两种体制并存会带来一些摩擦和混乱,但它毕竟能分散改革的风险,化大震为小震,使改革易于推行,不失为一种过渡措施。有的经济学家认为,双重体制不仅造成计划内产品流向计划外,影响国民经济计划的实现,而且使衡量企业经营状况的标准发生紊乱,还给投机倒把非法牟取暴利的活动提供了温床,败坏了社会风气,腐蚀了干部队伍,因此应立即结束双重体制。如何对待双重体制,是多年来困扰经济学家们的一个两难问题,因我已有几篇专文讨论这一问题,在此不再赘述。

(二) 价格改革和企业改革的关系问题

如上所述,在改革中人们已逐步形成了运行机制改革和所有制改革两条基本线索,但这两方面的改革何者为关键,何者应放在优先的地位,又引起了经济学家们的争论。一种是"企业—所有制改革中心说"。持这种观点的经济学家认为,价格改革只能为市场经济的发展创造一个环境,只有所有制改革才涉及盈利、责任制度和动力等根本问题,加上供不应求的短缺状况不可能在短期内得到改善,因此,应该绕开价格改革,集中力量先进行以企业产权制度转换为中心的所有制改革。另一种是"价格—市场改革中心论"。持这种观点的经济学家认为,企业经济机制的改革,把企业塑造成市场主体,必须以市场的存在为前提,特别是要有比较合理的价格体系为保证,新的企业制度不可能产生于被扭曲了的价格体系之中,因此应该集中力量推进以价格改革为中心的市场改革。

这两种观点就其自身的逻辑来说都是有理的,但我认为都有一定的片面性。实际上,这两方面的改革没有一个谁先谁后的问题,毋宁说是一个硬币的两个方面。这两个方面的改革是互相联系,互相促进的。在价格扭曲的情况下,企业的自主经营和自负盈亏是无法实现的,当前因价格混乱给承包企业所带来的困难就是一个明显的实例。相反,如果不进行企业改革,企业对盈亏不负责任,或者说,企业的预算约束仍然是软化的,那么,即使在市场信号特别是价格信号不被扭曲的情况下,企业也不会对这些信号作出灵敏的和正确的反应。从实践看,1986和1987年前一种观点对决策的影响比较大,强调企业改革而放松了价格改革;近几个月来则又强调了价格改革的问题。我希望今后的改革能总结以往的经验教训,把这两个方面结合得更好。我认为,价格和工资长期冻结(改革开始以前的二十年基本如此)是不利于经济发展的,但急剧的变动也是不利于经济发展的,不能指望价格和工资改革能毕其功于一役。

(三) 通货膨胀问题

自1985年以来,我国的物价呈现出全国上涨的态势。按官方统计,零售物价指数的年上升率1985年为8.8%,1986年为6%,1987年为7.3%。今年第一季度比去年同期上升10%以上。从品种看,食品类价格上升最快,1987年为10.1%;从地区看,城镇特别是大城市物价上升最快。物价上升的原因当然是多方面的。即使是为了改变原有体制下形成的相对价格的扭曲状况,即对价格作结构性的调整,也会引起价格总水平的提高。但过去两三年在调整价格结构方面并未采取重大措施,物价上涨的趋势却越来越明显。因此,许多经济学家认为,近几年来的物价上升,根本原因在于货币的过量发行,从根本上来说是一种通货膨胀性的物价上涨。

至于货币的过量发行,则又是由投资规模过大和消费基金膨胀所引起的。从1985年以来,每年固定资产投资和工资的增长率都大大超过国民收入的增长率(见表1)。

表1　　1985—1987年国民收入、固定资产、工资总额增长情况(%)

年份	国民收入增长率	固定资产投资增长率	工资总额增长率
1985	12.3	38.8	22
1986	7.4	18.7	14
1987	9.3	16.5	12.4

其结果则表现为财政赤字和信贷差额,而财政赤字往往靠向银行透支来弥补,信贷差额也靠增发货币来平衡,从而出现了货币的过量发行。据统计,四年来货币流通量的增长率是:1984年49.5%,1985年24.7%,1986年23.3%,1987年19.4%,都大大超过各年国民生产总值的增长率。即使考虑到国民经济货币化的需要,货币供应仍然是过量的。

治理通货膨胀的根本出路在于消除投资膨胀和消费膨胀,解决"经济过热"的问题;同时,也要改变通货膨胀对经济增长有益的观念。

(四)收入分配不公的问题

改革以前我国收入分配强调平等而忽视效率,存在着平均主义的弊病。改革以来,实行了让一部分人先富裕起来的政策,强调合理拉开收入差距,通过促进效率提高的办法来实现共同富裕的目标。这是符合中国的实际情况的,也同国际上库兹涅茨等经济学家的研究成果有类似之处。

但在实践中贯彻这一政策却遇到了种种困难。近来社会上对收入分配不公的问题反应强烈,已成为人们关心的热门话题之一。例如,出租汽车司机的收入显著地超过公共汽车司机的收入。私营企业职工的收入高于国营企业职工的收入,第二职业的收入高于第一职业的收入。至于少数人通过非法途径获取暴利的收入,更引起群众的不满。

实际上,平均主义的问题在我国尚未解决。据一种统计,改革以来农村的基尼系数虽略有上升,从1978年的0.2124上升到1985年的0.2636,

但城市的基尼系数反而略有下降,从1977年的0.185下降到1984年的0.168。1985年的工资初步改革实行了差距更小的工资制度。例如,大学教授、副教授、讲师、助教之间的工资收入差距比20世纪50年代要小得多。因此,我国当前个人收入分配中的问题可以说是以下两种现象并存:在国家直接控制所能及的范围,老平均主义尚未消除,新平均主义已经出现;在国家直接控制所不能及,而间接控制系统又未能有效建立和运行的场合,部分人和部分经济活动的收入偏高。这两种现象的并存说明,我国当前的收入分配状况同经济体制改革所要实现的通过合理拉开收入差距达到共同富裕的要求发生了偏离。

产生这种现象的原因是多方面的,首先同双重体制有关。双重体制的存在,使计划外经济活动的收入明显地高于计划内经济活动的收入。上述两种现象的反差,在相当大的程度上是改革中双重体制的矛盾和摩擦在个人收入分配领域的表现。当然,通货膨胀的结果,必然使计划内价格和计划外价格的差距扩大,使计划内经济活动的收入和计划外经济活动收入之间的差距扩大,从而使上述两种现象反差的程度进一步加深。至于机会不均等问题的普遍存在,则是更深层次的原因。可见,要解决个人收入分配中出现的问题,必须针对产生这些问题的原因,对症下药;同时要注意不能就分配论分配,头痛医头,脚痛医脚,而要从整体着眼,着重于治本。

(五)经济性分权和行政性分权的关系问题

市场取向的改革从决策的角度看是分散化(分权)的改革。十年来的改革既有经济性的分权,也有行政性的分权。所谓经济性分权,就是改变企业作为国家行政机关附属物的地位,使之成为商品生产者和经营者,把企业放到市场环境中去。所谓行政性分权,就是国家管理经济的职能部分地从中央政府的手里转到地方政府的手里。改革一开始,人们已从苏联、东欧和中国自身的经验中认识到,扩大企业自主权的经济性分权是决策分散化的关键,离开了经济性分权的单纯的行政性分权是没有意义的。但十年来在这两种分权化的过程中,仍然发生了向行政性分权方向的倾斜。到1987年为止,中央直接管理的工业品只有原来的50%,中央统配物资只有原来的10%;但是,决策权真正落实到企业的只有近40%,其原因是中央政府下放的权力有很大一部分被地方政府截留了。这种格局的形成,从80年代初部分省、市实行财政包干开始,后来发展到投资、物资、信贷、外贸和外汇的"地方包干",甚至发展到投资、物资、外汇的"部门包干"。"地方包干"强化了多地方的区域分割和彼此封锁,强化了地方政府对企业的干预,阻碍了全国统一市场的形成。有鉴于此,有的经济学家提出应该实行"高度集权的政府加商品经济"的模式。在我看来,在改革和发展的现阶段,特别是针对现存的问题,在今后一个时期内弱化地方的行政分权,强化企业的经济性分权是必要的。但从长期目标来看,"高度集权的政府"是不合适的。特别是像中国这样的大国,发挥地方政府的经济职能,即通常所说的发挥中间层次的作用,是非常重要的。因此,作为改革的长期方向,我认为应该是经济性分权和行政性分权的统一,而不是经济性分权和行政性集权的结合。

以上我只从经济的角度分析了改革面临的一些困难。事实上,改革所面临的困难还来自非经济方面,例如政治体制和人们的传统观念中尚有若干同改革要求不相适应的东西,如官僚主义、以权谋私、腐败行为等,都已经成为改革进程中的障碍,亟待在深化改革中加以克服。

四 结束语——积极和稳妥地把改革推向前进

十年的改革虽然已经取得了举世瞩目的成果,但我国改革的起点是如此之低,而改革的目标又是如此之高,改革的过程又必然要同发展的过程交织在一起,因此,改革已经走过来的路同改革所要走的路相比还仅仅是一小段。当前改革面临的困难是如此之复杂,正如有的经济学家所说的,现在改革正处在一个新的转折点。在这一转折关头,人们可以作出各种各样的选择:一是用强化和恢复直接行政控制的办法来治理当前经济生活中所遇到的失控现象,如重新冻结物价,普遍恢复实物配给等。然而这意味着走回头路和倒退,是无论如何不足取的。二是维持现状不变,仅仅采取一些修补措施来减轻摩擦。这是把新、旧体制转换中的过渡状态加以固化,显然不符合改革的方向。三是通过剧烈的措施,甚至通过人为的办法制造一个买方市场形成供求大体平衡的改革环境,立即过渡到新体制。这种设想就其本意来说是可取的，但似乎对我国改革实情的复杂性认识不足。须知，即使买方市场可以人为地造成，但市场的发育程度则是自然发展的结果，无法人为地加以制造的。因此，我认为唯一可供选择的道路是采取积极的、稳妥的措施把改革推向前进，逐步地争取早日建立起新的经济体制的基本框架。

参考文献

《中国统计年鉴》(1987)，中国统计出版社1987年版。

高尚全：《九年来的中国经济体制改革》，人民出版社1987年版。

石川滋：《社会主义经济和中国的经验——对经济改革的展望》，《科技导报》1986年第2期。

赵人伟等：《我国原来属于什么经济模式》，《经济学动态》1982年第2期。

董辅礽：《关于我国社会主义所有制形式问题》，《经济研究》1979年第1期。

刘国光等：《中国社会主义经济的改革、开放和发展》，经济管理出版社1987年版。

厉以宁：《关于经济体制改革的思路》，《世界经济导报》1986年6月9日。

吴敬琏：《关于改革战略选择的若干思考》，《经济研究》1987年第2期。

刘国光：《正视通货膨胀问题》，《经济日报》1988年4月5日。

张卓元：《我国物价上涨的原因与对策》，《光明日报》1988年4月25日。

赵人伟：《我国经济改革过程中的双重体制问题》，《经济研究》1986年第9期。

Wu Jinglian and Zhao Renwei, "The Dual Pricing System in China's Industry", *Journal of Comparative Economics*, U.S.A., November, 1987.

（此文是提供给1988年8月在美国加州大学伯克莱分校举行的中国经济改革和海峡两岸关系学术研讨会的论文）

中国经济改革二十年的回顾与展望
——特点、经验教训和面临的挑战

中国经济体制改革已进行了二十年。在这篇文章里,我不想简单地描述二十年来改革的过程,而想着重总结一下改革的特点、经验教训和所面临的挑战,以便为进一步深化改革提供一些有用的东西。

一 中国经济改革的特点

同苏联和东欧相比,中国的经济改革具有显著的特点。美国哈佛大学教授珀金斯(Dwight H. Perkins)提出了社会主义经济体制改革的亚洲类型(The Asian pattern of reform of Socialist economic systems)。他认为,改革的亚洲类型具有以下三个特点:①

第一,经济改革优先于政治改革(Economic reform precedes political reform)。

第二,亚洲的社会主义国家比苏联和东欧的社会主义国家要穷得多。

第三,在亚洲的社会主义国家,改革起步时多数人口从事农业;在工业产出中,多数来自于中小工业。

他还指出,这三个特点是互相联系的。

珀金斯教授分析的这三个特点,不仅适合于像越南这样的亚洲国家,而且适合于中国这一亚洲大国。不过,就中国的具体社会经济情况来说,我认为中国的经济改革还可以加上另外三个特点(当然,这些特点同上面所说的特点也是密切相连的)。这些特点可以概括如下:

---

① Dwight H. Perkins, "Reforming the Economic Systems of Vietnam and Laos", in *The Challenge of Reform in Indochina*, edited by Borje Ljunggren, 1993.

第一，从苏联学来的经济体制在国民经济的各个部分所起作用的强度是不一样的，作用强度最大的仅限于国民经济的主体部分，即工业化的部分，而对分散的农业和小工业，控制的程度就要低一些。正如日本石川滋（S. Ishikawa）教授所指出的，中国原来的经济体制虽然在广义上可以定义为"集中管理的实物计划资源配制体制"，但由于低收入等条件的影响，这个体制的作用范围只限于整个国民经济的一部分，剩下的是市场经济和习俗经济。[①]有的经济学家则把这一特点概括为计划经济的覆盖率比较低。这一特点为中国改革采取渐进方式和先打外围后攻坚提供了一个空间。

第二，中国经济改革的起点比苏联和东欧国家都要低。这是因为，上述经济体制作为中国经济体制的主体在确立以后的二十多年间（1956—1978年）发生了若干的变异。改革前夕（1978年）的经济体制比二十多年以前初步确立时（1956年）的经济体制在所有制上更为单一化，在经济决策上更为集中化，在经济流程上更为实物化（即在资源配制上更重视实物计划而排斥市场机制），在收入分配上更为平均主义化，在对外关系上更为封闭化，在经济组织的方式上更具动员的（Mobilized）色彩。因此，中国改革前夕的经济体制尽管可以概称为传统的计划经济体制，但它却带有较多的军事共产共产主义的供给制因素。如果说，改革前的苏联和东欧各国的经济体制可以称为典型的计划经济（斯大林模式）的话，那么，改革前的中国的经济体制则可以称为准军事共产主义的模式。从图1可以清楚地看出，中国改革的起点低于苏联和东欧各国。[②]

计划（集中）					市场（分散）
军事共产主义经济	准军事共产主义经济	典型的计划经济（斯大林模式）	修改了的计划经济	有调节的市场经济	自由放任的市场经济
	中国经济体制改革的起点				

图1 中国经济体制改革的起点

---

① 石川滋（Shigero Ishikawa）：《社会主义经济和中国的经验——对经济改革的展望》，《科技导报》1986年第2期。

② 关于中国经济改革的起点问题，参见赵人伟、荣敬本《我国原来属于什么经济模式?》，载《经济学动态》1982年第2期；赵人伟《中国经济体制改革目标模式的总体设想》，载刘国光主编《中国经济体制改革的模式研究》，中国社会科学出版社1988年版，第52—94页。

以上还仅就经济体制本身来看中国改革的起点。如果联系到体制以外的其他因素，诸如经济改革理论准备不足以及经济发展水平低等，那么中国改革起点比较低就更为明显了。

第三，同苏联和东欧相比，中国的经济改革是同经济发展紧密地结合在一起的。改革以前的苏联和东欧，从总体上说，已经实现了工业化，属于发达国家，而中国则属于发展中国家。如图2①所示，中国不仅在经济体制的转型上有一个从计划经济向市场经济的转变过程，而且在经济发展的转型上有一个从习俗经济或自然经济向市场经济的转变过程，有一个从二元经济向现代经济转变的过程。关于如何把这两个转变过程结合起来，我将在本文第二节论述中国改革的经验时进一步加以探讨。

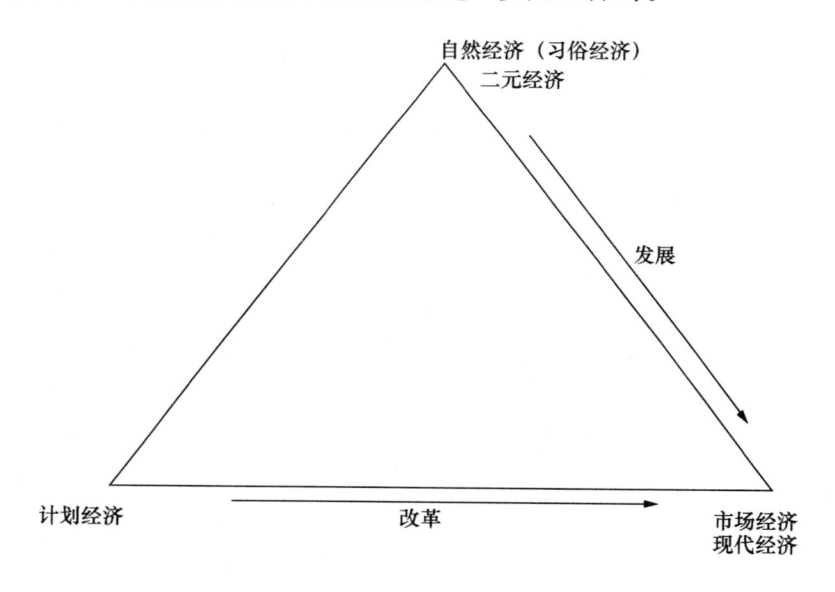

图2　中国体制转型和发展转型

同发展转型相比，体制转型是一个更为艰难的过程。因为，发展转型是一个演化过程，而体制转型则是一个改革过程。改革过程必然要遇到更多人为的障碍，主要是意识形态的障碍和既得利益的障碍。当然，人们的

---

① 此图形的关系，可参见加藤弘之（Hiroyuki Kato）《中国的经济改革和市场化》，日本名古屋大学出版社1997年版，第11页。

认识也绝不是一条直线。正因为如此，二十年来中国的改革经历了错综复杂的曲折过程，并充满了反反复复的争论。其中有关改革目标的争论就是一个典型的事例。

从图3可以看出，自从1978年12月中共十一届三中全会提出经济体制改革的任务以后，直到1992年10月中共第十四次代表大会明确地制定了社会主义市场经济的改革目标为止，期间经历了若干个重大的起伏。在改革之初，人们对于要扩大市场机制的作用似乎并没有多大分歧，但沿着这一方向该走多远，认识却很不一致。这种不一致在1979—1980年关于计划和市场关系的讨论中表现得还不太明显。因为当时即使主张市场取向改革的经济学者从总体来说也并未跳出计划经济的框框，而只是对市场机制作用的程度具有不同的看法，从而同坚持计划经济的经济学者并没有表现出显著的分歧。

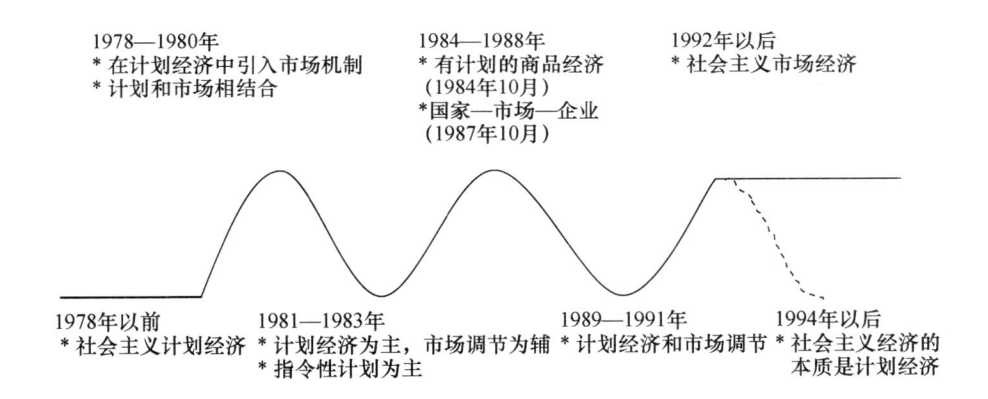

图3 关于中国经济改革目标的争论

但是，随着改革的进展，分歧就变得明显了。1981—1983年，主张缩小指令性计划、扩大指导性计划的观点受到批判，主张计划经济为主，特别是指令性计划为主、市场调节为辅的观点占了上风，并且被中共十二大肯定为改革的目标。现在回过头来看，当时的这一曲折是完全可以理解的。因为，在20世纪80年代初期，中国有一种浓厚的"拨乱反正"的气氛。

人们强烈地要求彻底改变十年"文革"所造成的混乱状态,恢复到一种有序的状态。然而,有关改革的理论准备却极其不足,连东欧的改革理论也刚刚开始引入,全国上下都还在"摸着石头过河"。而根据中国自身的经验,则只有1956年和1965年这两个计划经济鼎盛时期的状态是比较好的,所以,当时占主导地位的思潮是:改革的目标应该是恢复到指令性计划为主的那样一种有序状态,辅之以一定的市场调节。这种以"拨乱反正"来代替改革的思潮尽管当时就受到过某些质疑,而且这种思潮在逻辑上也必然要遭到改革实践的突破(因为即使恢复到典型的计划经济并不能称为改革),但是它毕竟在一个不太长的历史阶段内成为改革目标设计中的主导思想。

随着改革的发展,1984年的中共十二届三中全会提出了"有计划的商品经济"的目标,把缩小指令性计划作为改革的中心内容。1987年的中共十三大又提出了"国家调控市场、市场引导企业"的间接调控方式。这些无疑都触动了计划经济的根基,向市场经济的改革目标迈出了重要的两步。可以说,1984—1988年是中国的经济改革大踏步地向前推进的五年。

由于1988年价格闯关(详后)的失败以及1989年春夏之交的政治风波,中国的经济改革再一次陷入了低潮。上述间接调控的提法消失了,同"计划经济为主,市场调节为辅"极其相似的"计划经济和市场调节"再一次成为占主导地位的思潮,"鸟笼经济"的比喻再一次被官方媒体所肯定。

不过,这一次曲折为期不太长,在邓小平1992年年初的南方谈话以后很快得到了扭转。而且,这一次曲折是在改革开放总政策不变的前提下发生的,波动的强度毕竟也是有限的。根据邓小平南方谈话的精神和改革实践的发展,1992年10月召开的中共十四大终于确立了"社会主义市场经济"作为改革的目标。①

从上述起伏可以看出,尽管中国的经济改革一开始就是以市场为取向的,但在改革目标的选择上完成从计划经济向市场经济的转变却花了大约十四年的时间。而且,在1992年以后,并不意味着改革目标争论的结束。

---

① 《中国共产党第十四次代表大会文件汇编》,人民出版社1992年版,第22页。

认为社会主义的本质是计划经济的观点，认为计划经济是宏观调控的样板的观点仍然出现在争论之中。只不过由于"社会主义市场经济"具有官方认定的性质，这种争论更具非正式的色彩罢了。因此，对于1992年以后的这种争论，我在图3中以虚线（dotted line）来表示。

二 中国经济改革的经验和教训

中国的经济体制改革已经取得了举世瞩目的成就。我们没有必要在这篇短文里一一列举这些成就，不过，就其大的方面来看，可以用几句话简单地概括如下：第一，在所有制方面，打破了"一大二公"的格局，初步形成了多种经济成分共同发展的多元化所有制结构。第二，市场机制在一些重要领域开始发挥基础性作用，竞争性市场体系的建设有了显著的进展，市场化的程度有了很大的提高。第三，在宏观经济管理方面，从直接调控向间接调控的转变取得了重要进展，通过财政、税收、金融、投资等体制的改革，以经济手段为主的间接调控体系已经初步形成。第四，劳动就业制度和收入分配制度也发生了重大的变化。第五，全方位、多层次的对外开放格局已经基本形成。

在中国经济改革取得巨大进展的基础上，必然有许多成功的经验值得我们总结。在这里，我不揣冒昧地提出以下两点：

（一）改革和发展（增长）同步进行，两者互相促进

许多专家认为，改革不论采取什么方式，在改革的最初阶段，生产水平和消费水平的下降是不可避免的，即改革的初始阶段必须以牺牲经济增长为代价。美国芝加哥大学教授 Adam Przeworski 根据东欧和拉丁美洲的改革经验提出，改革不管是采取激进的方式还是渐进的方式，生产和消费的下降是必然的，无非激进方式下降得快、回升得也快（大落大起），而渐进方式则下降得慢，回升得也慢（小落小起）。图4显示的就是这种情景。[1]在图4中，S 代表改革的起点，R 代表改革的激进方式，G 代表改革的渐进方式。

---

[1] Adam Przeworski, *Democracy and The Market: Political and Economic Reforms in Eastern Europe and Latin America*, Cambridge University Press, 1991.

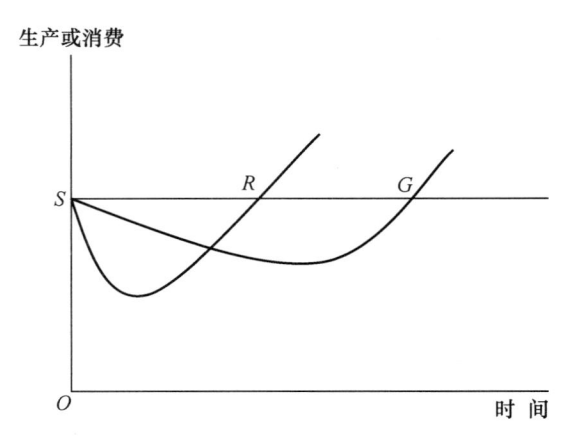

图 4　改革以牺牲增长为代价

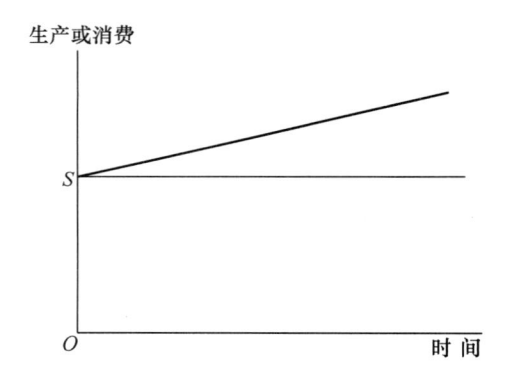

图 5　改革和增长同步进行

然而，中国的经验则与上述情况相反，实现了改革和增长的同步进行，而且在一个相当长的时期内实现了经济的高速增长，如图 5 所示。在 1978—1996 年，中国国民生产总值（GNP）的年平均增长率为 9.8%，其中，1991—1996 年更高达 11.8%。随后两年的增长率虽然略有下降，但二十年来的年平均增长率仍高达 9% 以上。中国的经济改革，无论是农村改革还是城市改革，每一项措施的出台，都着眼于改进激励机制以增大经济总量，在"做大蛋糕"的基础上再推动下一步的改革。农村家庭联产承包责任制的推行、农产品收购价格的改革、鼓励农村乡镇企业（TVEs）的发展，城市扩大国有企业的自主权、鼓励非国有经济的发展、外贸企业的外汇留成、经济特区的建立和发展等，无不如此。①如果没有经济的高速增长，就不可能在一部分人先富裕起来（收入差距扩大）的同时，还使将近两亿人摆脱了贫困，使人民生活水平普遍地和大幅度地获得了提高。②按照官方的统计，中国的贫困人口已经从 1978 年的 2.5 亿下降到 1996 年的 6000 万。③关于经济增长、不平等和贫困之间的关系，世界银行的报告从国际比较的角度进行了分析。④可见，改革同增长之间互相促进，形成一种良性循环（virtuous circle）的关系，应该是中国改革迄今为止的一项成功的经验。

（二）渐进的转轨方式，有利于降低改革的成本和风险

中国和外国的学者对于改革的渐进方式和激进方式孰优孰劣的问题，乃至中国的改革是否采取渐进方式的问题，都存在着不同的意见。⑤在这里，我仅就中国迄今为止的改革方式提出一点看法。我认为，中国的改革除了 80 年代初期农村家庭联产承包责任制的改革带有激进因素以外，从总体上来看采取的是渐进方式。从 1980 年 9 月中共中央发布《关于进一步加强农业生产责任制的几个问题》开始，到 1982 年秋短短的两年时间内，农村就以家庭联产承包责任制取代了人民公社的三级所有制，这可以说是激进改革。但这仅仅是农村改革的一部分。农村改革的其余部分，特别是价格改革，以及整个城市改革，应该说都是采取渐进的方式。根据中国的国情，这种转轨方式迄今基本上是成功的。不仅许多中国学者，而且一些从总体上主张激进改革的外国学者，都认为中国的渐进改革方式是成功的。例如，美国哈佛大学教授 J. Sachs 是在苏联和东欧的一些国家推行激进改革方式（所谓"休克疗法"）的著名学者，但他于 20 世纪 90 年代初来中国讲学时也肯定了中国改革的渐进方式。又如，英国牛津大学教授 W. Brus 在 80 年代初来中国讲学时

---

① 有关这方面的论述，可参见林毅夫、蔡昉、李周《中国的奇迹：发展战略与经济改革》，上海三联书店、上海人民出版社 1994 年版，第 247 页。
② The World Bank, *Sharing Rising Incomes：Disparities in China*, Washington, D. C. 1997, p. 9.
③ 赵人伟、李实：《中国居民收入差距的扩大及其原因》，《经济研究》1997 年第 9 期。
④ 《世界银行发展报告（1996）：从计划到市场》，中国财政经济出版社 1996 年版，第 4 章。
⑤ 吴敬琏：《中国采取了"渐进改革"战略吗》，载《渐进与激进——中国改革道路的选择》，经济科学出版社 1996 年版，第 1—10 页。

曾主张中国改革应采取"一揽子"方式,即激进方式,以避免双轨价格这种"交通规则混乱"所带来的摩擦。然而,当他 90 年代初再次来华访问时,也认为中国改革的渐进方式是适合中国国情的。

那么,中国改革的渐进方式在哪些方面是成功的呢?我认为,从经济改革的两条主线(或两个主要方面)来看,主要是在价格改革中采取了"调放结合"的过渡方式和所有制改革中采取了先打外围战的方式。在价格改革中采取"调放结合"的双轨过渡方式,一方面使计划内的价格通过不断调整逐步接近市场均衡水平,另一方面使计划外的市场价格在比重上不断扩大,最终实现向市场轨的合并。这种转轨方式虽然要付出双轨摩擦的成本或代价,但比起"一步到位"的价格改革或价格闯关(详后)来说,风险要小得多。在所有制改革中采取先打外围战的办法,让非国有的新工商业进入,既有利于改革所有制结构,让非国有经济的比重扩大,又有利于经济的增长。这种经常被人们称为"增量改革"[①]的渐进方式,既符合中国原来的计划经济体制覆盖率低的特点,又切合中国从二元经济向现代经济过渡的发展水平,还体现了上述改革与增长同步进行的特色。

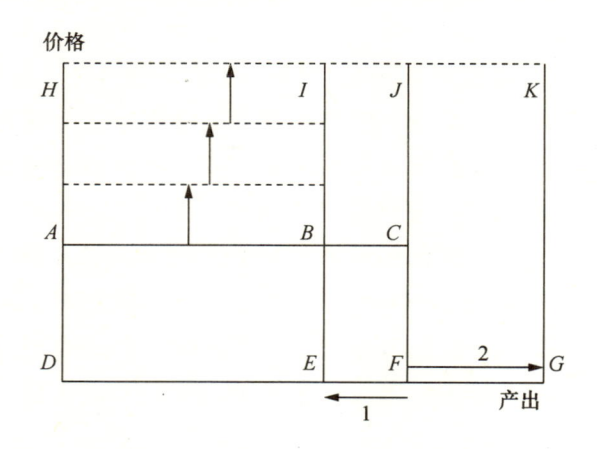

图 6 农村的价格改革和所有制改革

农村的价格改革是中国价格改革的一个缩影。至于农村的土地承包,

[①] 樊纲:《中国经济体制改革的特征与趋势》,载《渐进与激进——中国改革道路的选择》,经济科学出版社 1996 年版,第 11—22 页。

虽然保留了土地的集体所有制，但由于承包期限很长（十五年再延长三十年），农户的权责利是清晰的，不失为一种比较成功的所有制改革。撇开一些改革的细节不说，图6可以显示出20世纪80年代农村价格改革和所有制改革给农民带来的利益。在改革以前，农民必须把全部余粮和其他重要农产品都以很低的计划价格卖给国家，得到的利益仅为 ACDF 这一块。然而，通过价格改革，农民增加了 HJAC 这一大块的利益。其中，通过价格的逐步调整得到的是 HIAB 这一块，通过价格的放开得到的是 IJBC 这一块。所谓价格的逐步调整，就是国家逐步地提高农产品的计划收购价格，改变农产品同工业品的相对价格（change the relative prices），缩小两者之间的"剪刀差"（如图6中三个往上的小箭头所示）。所谓价格的放开，就是国家减少农产品统购或定购的配额（quota），使农民可以把配额以外的农产品拿到市场上按市场价格出售（如图6中箭头1所示）。所以，放开价格实际上是改变价格的形成机制（change the mechanism of the price formation）——从计划价格变成市场价格。农村价格改革的这种"放调结合"的经验后来被推广到城市的各项改革之中。至于农村的所有制改革，其效果也是很显著的。例如，1978—1984年，农业总产值增加了42.23%（如图6中箭头2所示），其中46.89%来自于家庭联产承包责任制的推行所带来的生产率的提高。[①]农村所有制改革的成功，不仅增加了农产品的产量，而且由于可以按较高的市场价格出售这些产品，农民从中得到的利益是可观的，为图中所示的 JKFG 这一块。所有制改革在城市具有很大的特殊性，难以照搬农村的经验。不过，无论是城市非国有经济的迅速发展，还是农村非农产业，特别是乡镇企业的超高速发展，应该说都是上述渐进式增量改革的显著成果。

那么，中国的经济改革有些什么教训可以吸取呢？对此，我非常赞同经济学界的老前辈、富有经验的经济学家薛暮桥的分析，即1988年的价格"闯关"和80年代中期至90年代初期对国有企业实行的承包制，是两个值得吸取的教训。他甚至称这两条为"改革的误区"。[②]我想简要地谈一下自己

[①] 陈吉元：《农村经济体制改革》，载张卓元等主编《二十年经济改革回顾与展望》，中国计划出版社1998年版，第81页。

[②] 《薛暮桥回忆中国改革曲折历程》（记者王燕臣采访），载香港《经济导报》（*Economic Information*, Hong Kong）1998年第42期。

对这两个问题的看法。

第一，关于1988年夏季的价格"闯关"。

被称为价格"闯关"的激进价格改革方案是在1988年6月间仓促推出的。当时对价格改革的指导思想是"长痛不如短痛"和"一步到位"。但是，当时我国的宏观经济形势相当紧张：通货膨胀的压力很大（当时的年通货膨胀率为18.5%），双轨价格的摩擦也很严重（该年是我国改革开放二十年来计划价格同市场价格之间的差距最大的一年，例如，普通钢材的计划价格每吨是700元，而市场价格是每吨1800元）。在这种情况下，要绕过制止通货膨胀和缓解双轨价格的摩擦这两个条件去搞"一步到位"的价格闯关是脱离实际的。事实正是如此。7月间我也被邀参加价格改革方案的讨论。但8月间"闯关"的消息刚刚被媒体透露，就发生了全国性的银行挤兑风潮和商店抢购风潮。这一风潮把主观设想的加快价格改革的方案冲得无影无踪。

这一次价格"闯关"的失败从反面再一次证明了上述价格改革"调放结合"的双轨过渡方式是可行的。当然，不能一步到位并不是不要到位，双轨过渡的目标就是要并轨，即实行市场轨。不过，我们似乎可以从上述教训中悟出一点道理，即究竟双重价格并轨的条件是什么。我认为，并轨的条件至少需要以下三条：首先，计划内的价格通过不断的调整应该逐步接近市场均衡价格水平，即双轨价格的差距不能太大，双轨摩擦的程度要大大降低。其次，通过价格形成机制的转换，市场轨价格的比重要扩大到相当程度，即价格放开的部分已占较大的比例。再次，宏观经济形势不能太紧张，特别是通货的供求要比较适度。

第二，关于国有企业的承包制。

国有企业的承包制在1986年以前仅仅在一些地区和企业试行。1986年12月国务院作出《关于深化企业改革增强企业活力的若干规定》以后，承包制在全国全面推开。其基本内容是"包死基数，确保上交，超收多留，欠收自补"。其间经历了两轮承包（每轮大约三年）。1992年7月国务院公布了《全民所有制工业企业转换经营机制条例》，提出将企业推向市场；特别是1993年11月中共十四届三中全会通过了《关于建立社会主义市场经济若干问题的决定》，提出建立现代企业制度。此后，国有企业的承包制也就变成了历史。

对于国有企业的承包制,经济学文献中出现过以下三种不同的评价:第一种评价是很高,甚至把它当作改革的战略方向。第二种评价是一般,仅仅把它当作国有企业改革的一个阶段。第三种评价是很低,甚至把它当作改革的"误区"。薛暮桥先生的评价属于第三种。

我完全赞同薛老的评价,理由如下:第一,在机制的设置上,承包制强化的是企业和政府之间纵向的一对一的讨价还价关系或谈判关系,而不是企业与企业之间横向的多个市场主体之间的平等竞争关系。这种机制设置从根本上来说是不符合市场取向的改革方向的。恰恰相反,它倒是承袭了计划经济中企业和政府之间的讨价还价关系。无非计划经济中争的是投入和产出的各项指标,承包制中争的是上缴利润的基数。第二,在国家和企业之间的利益关系上,从短期来看,国家似乎可以得到稳定的财政收入,但从长期来看,国家总是吃亏的。因为,在企业与政府部门的谈判中,对于承包基数的确定,并没有一套比较规范的标准。在谈判中,企业有利益驱动,而政府部门的干部没有责任的约束。在承包过程中,普遍出现了企业负盈不负亏的状况。而这种状况恰恰成为国有资产流失的原因之一。于是,承包制名义上是实行所有权和经营权的分离,维护全民所有制的财产,但实际上是掏了国家的财产。有人说这是"静悄悄的私有化"。这不是有违维护全民所有制财产的初衷吗?后来的事实也证明,随着国有资产的流失和企业亏损面的扩大,承包制也难以继续维持下去。

正如薛老所指出的,"国有企业改革的方向和重点应逐步转向政企分开和国企的制度创新上来。国有企业应……成为独立核算、自主经营、自负盈亏、平等竞争、优胜劣汰的商品生产者和经营者,而承包制是解决不了这些问题的,因而延误了国有企业改革的时机。"我认为,这是对国有企业承包制失误的一个科学总结。

三 中国经济改革面临的挑战

中国的经济改革虽然已经度过了二十个年头,取得了显著的成就,但它仍然面临着挑战。

首先，渐进改革本身就面临着挑战。因为，渐进改革和激进改革的区分并不是绝对的，两者孰优孰劣更不是绝对的。在前一时期的改革中，我们确实通过渐进的方式以较小的风险和较低的成本取得了较大的成果。不过，中国改革的渐进方式本身就有"先易后难"、"先外围后攻坚"的内涵。因此，我们必须清醒地认识到，最困难的问题还没有解决，今后必须着力于攻坚和克服难点。例如，国有企业的改革、金融体系的改革、住房制度的改革、社会保障体系的改革等，都是属于攻坚的难题。如果我们不是知难而进，而是知难而退；如果我们满足于渐进改革的已有成就，甚至把渐进改革的优点加以绝对化，从而有意无意地拖延改革的进程，那么，改革的成本就会上升，改革的正面效应就会下降。试想：如果我们眼看实行激进改革的那些国家纷纷获得了经济的回升，我们还能躺在既得成就的基础上心安理得吗？

其次，改革所面临的挑战还表现在如何处理好以下几个平衡关系上。

1. 改革、发展和稳定之间的平衡关系

正确处理这三者的关系是一个原则。但实践中如何运用这一原则是一个非常复杂的问题。有的经济学家强调稳定，提出"稳中求进"，在经济政策上强调控制通货膨胀；有的经济学家强调发展和改革，实际上是主张"进中求稳"，在经济政策上强调增长和就业。我认为，根据中国的情况，处理这三者的关系所遇到的主要是如何把短期利益和长期利益结合起来的问题，特别是要防止追求暂时的稳定而忽视改革、削弱发展的倾向。举一个例子来说，国有企业改革同社会保障体系改革的关系中就有一个如何把短期稳定和长期稳定结合起来的问题。人们还记得，90年代初，国有企业改革中曾经掀起了一个"破三铁"（铁交椅、铁饭碗和铁工资）的热潮。这本来是国有企业改革题中的应有之义。但由于当时缺乏必要的社会保障体系与之配合，"破三铁"不得不陷于停顿，以防止职工流落街头，影响社会稳定。为了短期的稳定，那样做是完全可以理解的。但是应该看到，问题并没有解决。过了若干年以后，"破三铁"中所遇到的问题又通过职工"下岗"等形式表现出来了。而为了妥善安排下岗职工，社会保障体系改革的问题再一次被提到日程上来。于是我们似乎可以得出这样一个看法：国有企业改革同社会保障体系改革要尽可能地避免顾此失彼和打打停停，而应该建立起良性循环或良性互动的关系。只有这样，才能既推动改革的进展，又保持社会经济的稳定——不仅是短期稳定，而是长期的稳定。近年来，关于"可持续发展"的观念已经被举国上下所认同。我们是不是也应该树立起"可持续稳定"的观念，以促进改革和发展的持续进行呢？

2. 经济改革内部的平衡关系

经济改革内部的平衡关系，就是我们通常所说的经济改革的各个环节之间的配套问题。这是改革的初始阶段就提出来的问题，不过在改革已经深化的现阶段更有其现实意义。当然，配套改革并不意味着各项改革必须机械地齐头并进。事实上，以往的各项改革也往往是有先有后的。例如，农村改革先于城市改革，价格改革先于所有制改革或产权改革。不过，这种有先有后的改革就像两条腿走路一样，有一条腿先迈出一步，但另一条腿随后总要跟上，两条腿互相配合，才能顺利地向前走。改革的各个环节之间，也有这种互相配合的问题，不能有的环节过分地超前，而另一些环节过分地滞后。就目前的情况来说，在经济改革中，产权改革仍然滞后于市场改革，而在市场改革中，要素市场的发育仍然滞后于产品市场的发育。诸如此类的滞后问题，都需要在今后改革中逐步解决。目前，我国经济的市场化已经达到了相当的程度。据测算，价格形成的市场化程度在60%—70%，其中，社会商品零售总额的市场化程度已达92.5%。①但是，由于产权制度改革的滞后，使得国有企业的改革难以摆脱困境。而国有企业改革的困难，又拖住了金融体制改革和银行商业化的进程。据估计，目前我国国有企业的不良债务达一万亿元以上，其中有6000亿—8000亿元表现为国有银行的不良债权。正如有的学者所指出的，"没有真正的企业，就没有真正的银行"。②住房商品化和劳动力市场化之间也有类似的关系。市场价格很高的住房职工买不起，公有住房以较低的价格卖给职工以后又不能随便出卖。住房资源的缺乏流动性又制约着劳动力的流动性。劳动力的缺乏流动性又制约着企业走向市场。事到如今，经济改革的各种难点实际上已经像

---

① 温桂方：《价格改革》，载张卓元等主编《二十年经济改革回顾与展望》，中国计划出版社1998年版，第118、130页。
② 杨继绳：《邓小平时代：中国改革开放二十年纪实》，中央编译出版社1998年版，第446—447页。

一筐螃蟹一样互相绞在一起。必须解开扣子、打破僵局，才能推动下一步的改革向前发展。

3. 经济改革同政治改革及其他非经济因素的平衡关系

随着经济改革的进一步深入，必然要求各种非经济因素，包括政治的、道德的、文化的等因素与之配套。如上所述，经济改革优先于政治改革是中国改革的特点之一，在一定意义上，还是中国改革的优点之一。然而，几乎没有人认为，经济改革的推进根本不需要政治改革与之配套，或者政治改革可以无限期地滞后。

国有企业经营机制的转换同政府职能的转换之间的关系，是经济改革同政治改革之间的关系的一个典型事例。国有企业改革的一个重要任务就是要把企业从政府机构的附属物变成市场的主体。显然，要完成这一任务，只有企业单方面的努力是不够的。企业经营机制的转换同政府职能的转换可以说是一个问题的两个方面。当企业改革深入到一定程度以后，如何转换政府职能往往成为矛盾的主要方面。如果没有政府职能的转换，什么产权清晰、政企分开、自主经营等都只能是一句空话。

当然，转换政府职能并不意味着政府是无所作为的。正如世界银行1997年世界发展报告所指出的：良好的政府不是一个奢侈品，没有一个有效的政府，经济和社会的可持续发展是不可能的；在市场失灵的场合，没有政府的干预也是不行的。①

在市场失灵的领域，不仅要有政府的干预，还要有道德的调节。道德因素对经济改革和经济发展的意义，已越来越引起人们的重视。如何处理经济人和道德人的关系这个亚当·斯密时代就提出来的古老问题，目前已越来越引起中国学术界的关注。我相信，随着经济改革的进一步深入，道德因素必将起到更加重要的制约作用。

总之，中国经济改革所面临的挑战是相当严重的。世界银行首席经济学家约瑟夫·斯蒂格利茨（Joseph Stiglitz）于1998年夏来华作报告时，一方面赞扬了中国经济改革所取得的辉煌成就，另一方面也指出中国经济改

---

① 《世界银行发展报告（1997）：变革世界中的政府》，中国财政经济出版社1997年版，绪论和第一章。

革所"面临的难点和挑战是艰巨的"。①

人们常常说，经济改革是一个系统工程。这就经济本身而言，已是如此。如果再考虑各种非经济因素的配合，经济改革则是一项更大的系统工程。我们已经为这一工程奋斗了二十年。今后应该迎接新的挑战，以更大的热情和毅力来完成中华民族历史上前所未有的这一项伟大的工程。

（写于 1999 年 1 月，本文主要内容原载《经济社会体制比较》1999 年第 3 期；《新华文摘》1999 年第 9 期摘要转载）

---

① Joseph Stiglitz：《中国改革的第二代策略》（黄澄泓整理），香港《大公报》1998 年 10 月 21 日。

中国经济体制改革三十年断想

中国的经济体制改革已经持续了三十年时间，发生了沧海桑田的巨变，取得了举世公认的辉煌成就。关于我国经济体制改革的特点、经验和教训，我已经在另文中有所探讨。[①]在这篇短文里，我仅想从进一步深化改革所面临的问题的角度提出一些值得思考的问题。因此，此文只能称为对经济改革的若干思考或断想。

一 我们现在离改革的目标还有多远？

三十年来，国内外经济学家对中国经济改革的目标进行过许多研究和讨论，官方的文件中对我国经济改革的目标也进行过一步比一步更加明确的表述。官方的表述以如下三次最为明确：第一次是1984年党的十二届三中全会的表述，把我国经济改革的目标定为"有计划的商品经济"；第二次是党的十三大的表述，把我国经济改革的目标定为"国家调控市场，市场引导企业"；第三次是党的十四大，我国经济改革的目标定为"社会主义市场经济"。这三次表述的变化反映了从计划经济向市场经济转型的变化。国外经济学家对我国经济改革目标的研究以1985年的"巴山轮会议"的成果最为突出。"巴山轮会议"把宏观经济管理中的经济协调机制分为两种类型，一种是行政协调机制，一种是市场协调机制。在这两种协调机制中，每一种类型又有两种具体形态。行政协调分为直接的行政协调（ⅠA）和间接的行政协调（ⅠB）；市场协调分为没有宏观控制的市场协调（ⅡA）和有宏观控制的市场协调（ⅡB）。真正有效的改革应当把ⅡB作为目标模式。在

---

① 赵人伟：《中国经济改革二十年的回顾与展望——特点、经验教训和面临的挑战》，《经济社会体制比较》1999年第3期；《新华文摘》1999年第9期摘要转载。

改革过程中，从ⅠA走出来以后，往往会走到ⅠB。他说，走到ⅠB模式，作为一种过渡是可以的，但也存在着在ⅠB停留下来的危险。因此，中国的改革应该坚持不懈，即使需要经过ⅠB模式，也千万不要忘记ⅡB这个真正的目标。① 上述划分是科尔奈教授在会上提出的。与会专家大都沿用科尔奈教授的划分进行讨论，而且原则上也同意ⅡB模式作为改革的目标。布鲁斯对ⅡB模式作为中国经济改革的目标没有提出不同看法，不过，他对中国经济改革的起点则提出了自己的独到见解。他说，中国经济改革起点不是ⅠA，甚至可以说是半个ⅠA。在中国的经济改革之初，有一些方面连ⅠA也没有达到，例如，中国没有劳动力市场，这是同东欧国家不同的。这个观点同布鲁斯在1980年来华讲学时所说的中国经济改革的起点是"准军事共产主义模式"（有别于苏联和东欧改革的起点是"典型的计划经济模式"或"斯大林模式"）的观点是一致的。因此，布鲁斯说，中国的经济改革从半个ⅠA到ⅡB"是一次真正的长征"。

1985年的"巴山轮会议"迄今已经有23年；从1992年确立社会主义市场经济的改革目标算起，我国的经济改革又进行了16个年头。但是，我们还不能说，改革的目标已经实现，从计划经济向市场经济的转型已经完成。无论是从间接调控手段的运用、间接调控条件的建立、市场体系的培育、企业产权的明晰、政企功能的分开、行政性垄断的消除等各个方面来看，我们离市场经济的目标，或者说，离巴山轮会议所讨论的ⅠB模式的目标仍然有相当大的距离。布鲁斯说，中国的经济改革是从半个ⅠA开始的；到了今天，能否说我们也只不过是走到半个ⅡB呢？看来，只有认识到"改革尚未成功"，我们才能为下一步的改革作出更具体的部署和作出更大的努力。

二 应该如何总结和评估渐进方式所带来的成本上升的风险？

应该说，在巴山轮会议上，中外学者对于经济转轨的渐进方式和与之相应的双重体制并存问题已经大体上取得了共识，即渐进的转轨方式和双

---

① 参见赵人伟《1985年"巴山轮会议"的回顾与思考》，《经济研究》2008年第12期。

轨并存是为了避免改革中的剧烈震荡和降低改革的成本，但必然带来各种摩擦，因此，双轨并存的局面不能维持太久。

回顾三十年的经济改革，我国总体来说采取的是渐进方式，只有20世纪80年代初的农村改革和1988年的价格闯关具有激进的因素。其中，农村改革是成功的案例；而1988年的价格闯关则是失败的案例。至于渐进改革中所出现的商品价格双轨制，包括生产资料的价格双轨制，到20世纪90年代中期前后已经结束。由于到了20世纪90年代的中期供求关系已经日趋均衡，加上多年来在价格改革中采取了"一调二放"的方针和措施，两种价格之间的差距日益缩小，因此比较顺利地实现了双重价格的并轨，这应该说是我国双轨过渡的一个显著的成就。通过双轨过渡的渐进方式是为了降低改革成本或代价。总结近三十年来的经验，我们已经在降低改革成本方面取得了显著的成绩，但是，从20世纪90年代以来，我们也付出了一些过高的代价，换言之，也付出了一些可以不必付的代价——下面仅举几个实例。

实例之一：上述城乡居民收入差距的扩大就很难说是由于发展的因素所引起的，而是过多地沿用了改革以前的体制和政策所造成的。像城乡分割的户口制度在很大程度上一直沿用至今，对农村居民的净税收政策和对城市居民的净补贴政策直到近年来才有较明显的改变。这些制度因素和政策因素都不利于缩小城乡居民的收入差距。

实例之二：20世纪90年代以来的房地产开发过程中，土地从无价变高价，发生了土地买卖中的"设租"活动，使一部分人从土地买卖中获得了超常的利益。众所周知，20世纪80年代实行价格双轨制的条件下产生了"寻租"活动。如果说，寻租活动中所造成的租金流失是为了避免价格闯关带来的过度震荡从而在一定程度上付出了必要代价的话，那么，房地产开发中的设租活动所造成的租金流失并不是非付不可的代价，而是一种可以不付的和过高的代价。

实例之三：我国的公务车使用一直沿用传统体制所形成的老办法。这种办法所造成的浪费和特权是人所共知的。按照渐进改革的理论，渐进改革是一种"增量改革"，即存量按老体制的规则运行，增量则按新体制的规则运行。改革开放近30年来，我国的公务用车翻了好几倍，但新增的公务车仍然按老体制运行。尽管1998年国务院曾经拟定了公车使用货币化改革的方案，但由于阻力太大，迄今未能推行。显然，长期沿用公车使用的老办法并不符合渐进改革的要求，也不符合公平分配的要求。

而且，从更深的层次和更广的角度来看，中国经济体制转换中的双轨并存问题并没有根本解决。

众所周知，进入20世纪90年代以来，国内外的经济学家对渐进改革都作了进一步的研究，指出渐进改革的内涵是增量改革（incremental reform）。具体来说，就是增量或新增的财富进入新体制（市场轨），存量或原有的财富留在老体制（计划轨）。随着改革的推进和经济的发展，留在老体制内的财富比重将不断下降，而进入新体制的财富比重则将不断上升，从而有利于最终以新体制来取代老体制。然而，三十年来，中国的许多新增财富并没有按照增量改革的要求进入新体制。上述大量新增的公务用车都以实物配给形式进入了老体制仅仅是一个实例。

如果我们把视野从产品价格扩展到劳动价格即工资的形成机制，那么，其中的双轨制问题也没有解决。由于中国的特殊国情和历史背景，长期以来，在消费品分配方式上，除了货币工资方式以外，一直在不同程度上保留了实物供给的方式，也就是人们通常所说的除了工资制以外，还保留了部分的供给制因素。这些供给制因素特别表现在汽车、住房等较高档次的消费项目上面。看来，这些实物供给因素都要加以工资化和货币化，仍然是一项艰巨的任务。

劳动价格的扭曲还会带来其他价格的扭曲。在医疗领域，医疗服务价格的偏低和药品（改头换面的新药）价格的高企及由此而产生的以药补医现象就是这种扭曲的具体表现。

同渐进改革和双轨过渡有密切关联的是寻租活动和租金收入的问题。目前学术界对租金总量和灰色收入有各种各样的估计。例如，有的学者估计，1988年因价格双轨制而引起的租金总量为3569亿元，占当年国民收入的30%[①]。还有的学者估计，2005年全国城乡居民收入总和大约是13.5万亿元，而根据官方数据推算的此项收入为8.7万亿元，前者比后者高出4.8

[①] 胡和立：《1988年中国租金价值的计算》，《经济社会体制比较》1989年第5期。

万亿元，相当于当年 GDP 的 26%，其中，绝大部分属于灰色收入[①]。不过，学术界对上述估计在数据的可靠性和方法的科学性上都提出了质疑。迄今为止，没有一个人能证明自己的计算是准确的；但也没有一个人能否定上述租金和灰色收入的数额是庞大的。

改革采取渐进方式的本意是为了降低改革的成本，但是，渐进方式同时也存在改革成本上升的风险。在总结改革三十年经验的时候，我们是否应该考察一下如何防止和克服改革成本上升问题呢？

三 应该如何面对和解决收入差距过大的问题？

在生产发展的基础上提高城乡居民的收入和生活水平是改革开放的根本目标之一；改革开放以来居民收入水平的普遍提高是不争的事实。我认为，改革开放以来这方面有两大突破：第一个突破是提出了先富带后富的政策，即打破大锅饭，通过增加激励，允许一部分人先富裕起来，提高效率、做大馅饼，实现共同富裕的目标。第二个突破是在重视居民劳动收入的同时提出了重视居民财产及财产性收入的问题。

然而，经过三十年来的改革，收入差距过大已经成为经济生活和社会生活中的一个非常突出的问题。用最简单的语言来概括：在收入分配方面，发生了从平均主义盛行到收入差距过大的变化；在财产分布方面，则发生了从几乎没有个人财产到个人财产的高速积累和显著分化的变化。关于收入差距和财产差距变化的具体情况，我已经有另文探讨，不在这里赘述。

从时序上看，我认为 30 年来收入分配格局的变化可以分为三个阶段。现将这三个阶段及其主要倾向简述如下。

——20 世纪 70 年代末至 80 年代中：平均主义。在改革开放初期，即 20 世纪 70 年代末和 80 年代初期和中期，收入分配方面的主要倾向仍然是计划经济时期遗留下来的平均主义。这一阶段农村的改革取得了很大的成功，但是，无论是农产品收购价格的提高还是家庭联产承包责任制的推行，其经济利益的分配是比较均衡的。当时城市的改革还没有全面推开，无论

---

① 王小鲁：《我国的灰色收入与居民收入差距》，《比较》第 31 辑，2007 年 7 月。

是机关、事业单位还是企业单位，收入分配领域基本上还是沿用计划经济体制的传统做法。

——20世纪80年代中后期至90年代初：两种现象并存。到了20世纪80年代中后期和90年代初期，由于双重体制的并存和摩擦，在收入分配方面的主要特征是两种现象（计划体制内的平均主义和体制外和体制间的收入差距较大）的并存。所谓"手术刀不如剃头刀""搞原子弹的不如卖茶叶蛋的"之类的抱怨，就是双重体制的并存和摩擦初现时的矛盾在收入分配问题上的反映。在这一阶段，人们最为关注的是利用双重体制所进行的"寻租"活动所引起的收入差距的扩大。

——20世纪90年代中后期以来：差距过大。20世纪90年代中后期以来，尽管平均主义问题在某些部门和企业内还存在，但从全社会来看，收入差距过大已经成为主要倾向，特别是同激励机制（促进效率提高）无关的收入膨胀，即所谓的暴富，则更引起了社会上强烈的不满。如果说，经济增长引起的收入差距的正常扩大是人们所能普遍认同的话，那么，这一阶段因权钱交易、贪污腐败、各种垄断、内部人控制、设租活动等因素引起的收入差距的非正常扩大就成为人们关注的焦点。

至于收入差距扩大的原因，学术界有各种各样的分析，其中最令人注目的是关于收入差距的扩大同经济改革关系的分析。我认为，在分析收入差距扩大同经济改革的关系时，有两种倾向都需要防止。一种是把收入差距的扩大以及出现的问题都简单地归罪于经济改革本身；另一种是把收入差距的扩大简单地归结为经济改革所应该付出的代价。我认为，对于收入差距的扩大，应该分为三个不同层次来对待：第一层次是属于有利于提高效率的激励部分，这部分是属于克服平均主义的成果，从而应该加以肯定。第二层次是属于经济改革所必须付出的代价。例如，中国的改革只能采取双轨过渡的渐进方式，从而必然会出现利用双轨进行寻租等活动。在一定限度内，这可以说是改革所应付出的代价。第三层次是属于过高的代价，或者说是属于不应该付的部分，或应该防止和避免的部分。当然，第二层次同第三层次之间的界限是很不容易分清的，特别是难以量化，但我想从理论上讲是能成立的。过高的代价往往是同腐败、垄断、寻租和设租等活动联系在一起的。

可见，收入差距过大并不是市场取向改革的必然结果。相反，只有进一步深化改革才能从根本上解决收入分配不公的问题。而且，许多收入差距和财产差距过大的问题是同权钱交易、寻租设租等活动联系在一起的，换言之，是同权力缺乏制衡联系在一起的。为了防止有人利用权力化公为私，权力制衡是必不可少的。为了加强权力制衡，在继续推进经济改革的同时推进政治改革也是必不可少的。在我国的改革已经推进了将近三十年之际，是不是应该静下心来好好地总结一下改革的经验教训，把改革的事业继续向前推进？

四 在转型中应该如何正确发挥市场的功能和政府的功能？

改革开放初期，中国经济学界对计划和市场的关系问题进行了广泛讨论。20世纪90年代中后期以来，许多经济学文献都把这一问题进一步具体化为如何明确划分和正确处理市场的功能和政府的功能问题。

沿着这条思路来考察一下经济改革所面临的新课题是颇有意思的。

（1）在个人产品或私人产品的领域，主要是吃、穿、用领域，通过近三十年来的改革，已经实现了通过市场机制来配置资源，交由个人来负责的目标。

（2）在公共产品领域，主要是国防、环保、基本公共服务等领域，则通过政府来配置资源，由国家来负责。

（3）在准公共产品领域，主要是教育、医疗、低收入者的住房等，则应该分别通过市场和政府来配置资源，换言之，分别由个人和国家来负责。这一领域的难点是如何划分市场功能和政府功能。由于这一领域存在着灰色地带，容易发生政府和个人之间互相推诿的问题。如上所述，尽管我们的经济改革已经持续了将近三十年，有些领域仍然存在着市场的作用没有到位、政府的作用过大的问题。但是，在准公共产品领域，却常常发生本来应该由政府来管却在实际上推给市场的问题。20世纪90年代以来，教育领域和医疗领域的改革就发生过把责任过多地推给个人、过多地依赖市场的倾向；住房制度的改革也发生过类似的倾向，即过多地强调住房商品化的一面，而没有对低收入者的廉租房问题足够地重视。

由此可见，在经济体制转型的过程中，市场功能不到位和政府功能不到位都是容易发生的倾向。究竟如何防止和克服这两种倾向，使政府的功能和市场的功能发挥得恰如其分，仍然是一个亟须探讨的问题。

五　如何进一步培育要素市场？

近三十年来，我们在商品市场的培育方面已经取得了长足的进步，无论是消费品还是生产资料，总体来说已经实现了市场化。然而，在要素市场的培育方面，虽然也有若干进展，应该说仍然有很大的差距。

早在1985年举行的宏观经济管理国际研讨会（俗称"巴山轮会议"）上，中外经济学家就开始讨论过如何建立资本市场的问题。不过，当时许多外国经济学家对于资本市场一般都暂时避开股票市场而只提到债券市场，指出发展债券市场可以使人们在银行存款和政府债券之间进行选择。后来的改革和发展证明，人们不仅可以在存款和债券之间进行选择，还可以选择股票。尽管股票市场的不确定因素还很多，但走到了这一步，不能不说是培育资本市场方面所取得的重大进步。

在这里，我仅想对培育劳动力市场和土地市场问题谈几点看法。

改革开放以来，中国在容许劳动力流动方面已经取得了长足的进步，但是，劳动力流动中有形和无形的地区封锁、部门分割的问题仍然存在。这种状态必然导致工资形成中排斥市场机制的作用，使得同工不同酬的现象普遍存在。

这种状况的存在，不仅影响劳动报酬形成中的客观性和科学性，而且影响劳动报酬和资本报酬之间的合理关系。我们曾经从居民个人的角度谈到劳动收入和财产收入的关系，现在又遇到从培育市场体系的角度如何处理劳动报酬和资本报酬的关系。看来，十七大报告所指出的要"提高劳动报酬在初次分配中的比重"是有针对性的。这说明，在GDP高速增长、企业利润和国家财政收入都大幅度提高的情况下，绝不能忽视劳动收入的相应提高。只有这样，才能使广大劳动群众都能共享改革开放的成果。进一步来说，用压低职工工资或劳动者收入的办法来提高企业的利润并不利于发挥劳动者的积极性和提高经济效率；只有在企业利润的增长同劳动者收入的增长之间建立起一种平衡的关系，才符合建设以人为本的和谐社会的要求。而要做到这一点，就必须在培育资本市场的同时培育劳动力市场。可以这么说，一个同资本市场并存的、比较健全的劳动力市场，是劳动者获取自身正当权益的重要前提。

培育要素市场中的一个新问题和难题是如何培育土地市场。20 世纪 90 年代以来的房地产开发中，土地买卖就遇到了土地市场极不规范的问题。在从计划经济向市场经济的转轨中，土地从无价变成高价，然而，农民作为土地的所有者（即使是集体所有）并没有从土地流转和土地升值中得到应有的利益。土地的买价和卖价之间有一个巨大的差额，从而形成一个巨大的获利空间。如果说，20 世纪 80 年代的产品价格双轨制的获利空间一般是低价的半倍至一倍的话，那么，20 世纪 90 年代以来土地交易中的获利空间往往是数倍、数十倍乃至更大。正如有的学者所说的，20 世纪 80 年代的产品价格双轨制是寻租活动的温床，而 20 世纪 90 年代以来的土地价格双轨制本身就是一种设租活动。既然我们能够在不太长的时间内实现产品价格双轨制的并轨，为什么就不能尽早消除损伤群众利益，首先是损伤农民利益的这种设租活动呢？

六 如何处理拨乱反正和改革开放的关系？

中国的改革开放是在经历了"文化大革命"的十年动乱、国民经济处于濒临崩溃的情况下提出来的。当时的政策文件中和经济学文献中，常常把改革开放和拨乱反正当作相似的任务加以相提并论，有人则索性把拨乱反正等同于改革开放。记得 20 世纪 80 年代初，中国有的经济学家在向国外的经济学家介绍中国的改革开放情况时，往往把 20 世纪 50 年代当作中国经济体制的黄金时代；具体来说，是把 1956 年和 1965 年这两个时段当作中国经济体制的黄金时段。难怪当时有的外国经济学家就发问说："你们既然把 50 年代当作黄金时代，只要恢复到 50 年代就可以了，何必提出改革任务呢？"

可见，这里向我们提出了改革开放同拨乱反正的异同问题，或两者的区别和联系问题。当十年动乱刚刚结束的情况下，人们很自然地会提出拨乱反正的要求。所谓拨乱反正，就是"治理混乱的局面，使恢复正常"[①]。当时提出改革开放和拨乱反正，其共同点都是要治理"文革"造成的混乱局面。但两者也有不同点：改革开放是要在治理混乱的基础上探索一条新的路子；拨乱反正则要求在治理混乱的基础上"恢复正常"。

这里又向我们提出了一个问题，即究竟什么是"正常"？我看，我们不妨把"正常"分解为"积极的正常"和"消极的正常"两种。这一分解的灵感来自有的经济学家把货币分解为"积极的货币"和"消极的货币"。其含义是：在市场经济条件下，价格的高低、支付货币的多少构成选择的基础，决定买不买和买多少，这时的货币是积极的货币；反之，在计划经济的条件下，配置资源是按实物形态进行的，价格的高低、支付货币的多少并不构成选择的基础，价格和货币只不过是计算的符号，这时的货币是消极货币。借此，我们可以这样来分析：消极的正常仅仅是恢复到历史上的某种正常状态；而积极的正常并不是简单地恢复到过去，而是要有创新。具体来说，就是在拨"文革"之乱时能够举一反三，进一步扬弃以高度集中和实物配置资源为特征的计划经济体制本身，当然，问题并不在于"计划"这个词不好，而在于这一体制是低效率和不可持续的。可见，我们认同的是积极意义上的拨乱反正，因为，只有这一意义上的拨乱反正才是符合改革开放的大方向的。

纵观人类文明发展的历史：欧洲14—16世纪的文艺复兴是要结束中世纪的黑暗，但并不是简单地回到过去，而是要探索新的未来。所以，文艺复兴的英文词 renaissance 的含义是新生、再生、复活和复兴。被誉为中国的文艺复兴的"五四运动"也常常被解释成新生的运动，因为这一运动提出了民主与科学的口号和反帝、反封建的目标。中国自1978年开始的改革开放是在中华大地上实现祖国现代化梦想的伟大创举。如果一定要把这一创举同拨乱反正相提并论的话，那么，这只能是积极的反正，只能是使中华民族复兴和新生的反正。

在探讨拨乱反正和改革开放的关系时，我们还可以联想到温故和知新

[①] 中国社会科学院语言研究所：《现代汉语词典》，商务印书馆2005年版，第101页。

的关系。总结三十年改革开放的经验教训固然是一种温故，但其目标仍然是知新或创新，即要在总结经验教训的基础上更好地推进今后的改革开放事业。在这纪念改革开放三十周年的时刻，我们必须铭记在心的是：审视过去，开拓未来！

（原载《当代财经》2008年第9期，收入本文集时内容有所增减）

关于发展战略的指导思想问题

——参加联合国教科文组织有关会议的一些印象和感想

1984年11月上旬,联合国教科文组织在巴黎召开了讨论发展中的理论问题的国际会议。我以个人身份应邀参加会议,所得印象和感想如下。

这次会议是根据联合国教科文组织已通过的1984—1985年的计划召开的,其出发点是认为迄今为止所流行的有关发展问题的理论和实践越来越显示出它们的局限性和不完善性,联合国及其专门机构有责任在探索新的途径和方法中做出自己的贡献。从会议所发的文献和会上会下的讨论,我觉得会议强调的是以下几个互相联系的方面。

一 强调内源的发展

内源的发展(英文叫endogenous development),是从生物学中借用过来的一个术语,意指在一个有机体(或其中的一部分)内部发生和发展的过程。内源有内生、内成的意思,同外源、外生、外成的意思恰好相反。由于社会也被看作一个有机体,因此一些研究发展问题的专家也常常用内源的发展来说明社会有机体的发展,并特别为联合国教科文组织所倡导。

提倡内源发展的背景是因为过去第三世界的一些国家在发展中照抄照搬别国模式和方法,造成本民族文化的异化。所以会议强调,再也不能把适用于世界某一地区的知识、思想方法、生活方式或经验直接扩展到全世界;每一个地区的发展都必须符合这一地区自身的价值和文化,仅仅把发达国家的知识总和转移到发展中国家去是不够的。法国的罗兰·柯兰教授认为,内源的发展、自我指导的发展、减少南北依赖的发展、独立的发展等说法，都从不同的角度表达了类似的意思。

教科文组织发展研究处负责人黄高智还特别从资源利用的角度阐述了内源发展的重要性。他认为，发展是一个国家内部资源的动员，在发展中国家，这种资源往往是很丰富的。在人力资源方面，那些没有利用、利用不足或利用不当的人力资源，应该通过教育和训练等办法来增强利用。在物力资源（原料）方面，仍然存在着由本国开采不足、由外国开采过度并付给很低价格的问题，改变这种状况正是建立国际经济新秩序的目标之一。在技术资源方面，那些土生土长的科技知识，尽管还有简单的和粗糙的特点，但常常具有实际运用上的有效性，即不仅适合于这些国家的发展水平，而且适应于这些国家的社会文化条件。有迹象表明，一些土生土长的做法很可能导致新的科学技术知识的出现。而且，许多科学技术上的发展既不是单纯个人行动的结果，也不是偶然的巧遇，而是和社会的动机联系在一起的，更不用说科学家们也是社会全体成员的一部分。因此，科学家们应该从他们所处的环境中获得动机和灵感来进行研究。

二 强调多方面的发展

多方面的发展或多维的发展是针对以往发展理论中的缺陷和发展实践中的教训而提出来的。会议主持人在开幕词中就指出："多方面发展是新认识来自当前世界性的危机——不仅是经济上的危机，而且是人的价值的危机。"教科文组织发展研究处工作报告中也指出，现存发展模式的缺陷是，它们都是以经济标准来划分的，把不同的国家分为发达的（工业化的）国家、发展中的国家和最不发达的国家。法国教授罗雪尔也指出，已经建立起来的发展理论，不论属于哪个流派——自由主义的新古典学派、发展主义学派和新马克思主义学派——都把科学技术作为发展的一般自导过程。按照这种理论，顺序应该是：科学—技术—发展。然而事实并不那么简单，社会和文化的因素往往成为发展的原因。

因此，一些与会者的发言和教科文组织的有关文献非常强调多方面、多目标、多因素综合发展的必要性。例如，教科文组织的中期规划指出："经济增长只是发展的一个方面，尽管是一个基本方面，它提供物质福利所必需的产品和劳务的手段。但是，为了满足每一个人的物质和精神愿望及其创造能力的进一步发展，发展应包罗生活的一切方面。"许多与会者指出，从全面的观点来看问题，应该把发展看作是把经济、技术、社会、政治、文化、道德、精神等融为一体的综合现象，即发展应包括社会生活的所有方面。因此，不能仅以经济作为标准来衡量发展的程度，而应该给其他标准以重要的地位。罗雪尔教授认为，随着衡量发展的标准从单一指标变为多项指标，应该给发展规定一组目标或一个目标体系。

根据多方面发展的思想，柯兰提出应该考虑以下六个方面或六个系统：(1) 技术系统。每一个社会都拥有一定的工艺技术资源以满足社会的需要。(2) 经济系统。同一定的技术系统相联系，通过生产、分配、消费的相互作用，建立起一定的经济设施。(3) 政治系统。它决定"社会工程"，并通过个人行动和整个工程的和谐一致来使之合法化。(4) 家庭系统。它建设和维系婚姻关系以保证社会单位的再生产和延续。(5) 个人社会化的系统。它通过适当的教育途径，为社会成员建立起参与社会的基础。(6) 思想、哲学和宗教系统，也可以称之为精神系统。它决定使社会集团精神生活合理化的代表。他认为，发展必须考虑这六个方面或系统的相互作用。有的与会者还特别用经济和教育的关系来说明多方面发展的必要性，指出：教育应该适应于经济，这是没有疑问的，但更确切地说，应该把经济的发展和人力资源的发展结合起来；在某种意义上，还应该使经济适应于教育的可能性和要求。在实践中，教育计划再也不应该在经济社会计划之后才来安排，因为，教育是人力资源的发展，教育的结果已经对社会发展的所有活动发生反作用。

三　强调以人为中心的发展

发展要以人为中心的思想是和多方面发展的思想联系在一起的。黄高智在给会议提供的论文中描述了这样一种背景："在物质要素占据支配地位的增长概念令人欣快了一个短时期之后，以人为中心的发展思想已经成为当今发展理论的一个显著特征。"

以人为中心的发展同内源的发展既有一致性，又有差别。从发展必须尊重每一个社会和民族的特性这一点来说，两者是一致的。例如，教科文组织的中期规划明确表示："以人为中心的发展并不意味着强制推行一种无个性特征的模式，发展只能理解为一个独立的自我支持的过程，一个社会只有借助于这样一个过程才能自觉地和自由地选择同它相适应的模式。"但内源的发展并不必然是以人为中心的发展。例如，墨尔罗提出，19世纪的欧洲因产业革命而加快的发展无疑是一种内源的发展，但并不是以人为中心的发展，它产生了欧洲的劳动阶级自身受压迫的后果；在今天，南部一些国家在经济增长上是快的，而且从民族的标准来衡量也可以说是内源的发展，但从社会的见地来看则并不是以人为中心的发展。所以，有必要在强调内源发展的同时强调以人为中心的发展。

至于什么是以人为中心的发展，根据我接触到的文献和发言，大体上可以归纳如下：

（1）发展的目标是为了人。人是发展的受益者、发展必须满足人的真实需要，首先是满足迄今仍常常被忽视的社会最下层人们的真实需要。必须使各个居民集团都能从发展和进步中得到实惠，并更加平等地分享发展的成果。然而，当前技术进步的成果并没有被国际社会所有成员平等地分享。拥有世界人口80%的发展中国家，只得到世界收入的30%。这表明，在现存的国际经济秩序下，要实现国际社会的稳定与平衡的发展是不可能的。

（2）在发展的途径上要依靠人。人不仅是发展的目的，而且是发展的手段和发展的推动者，必须使个人和团体积极地参加发展计划的制订和发展结果的评价，才符合发展途径民主化的要求，才能真正发挥人的积极性和创造才能。从这点上看，也可以说人是发展的起源。

（3）发展的结果要促使人自身的全面发展。所谓以人为中心的发展，就是通过人自身的努力来保证人的前进的一个过程。各种因素的结合都要服从于这样一个简单的目标——整个人的全面的发展。在发展中，人们不仅追求满足基本需要，也追求人的发展。他们的目标不是生产、收入或消费本身，而是充分体现个人和集体的自我完善和保护自然，即不仅达到个人与个人之间关系的和谐，而且达到人与自然之间关系的和谐。

四　强调文化在发展中的作用

教科文组织非常重视文化在发展中的作用，并特别强调维护各民族的文化特性对发展的重要意义。例如，教科文组织在1982年所通过的《墨西哥城文化政策宣言》中提到："文化是发展过程的一个基本方面"，"只有通过把文化因素纳入旨在实现发展的战略才能保证平衡的发展，因此，这种战略必须始终考虑每个社会的历史、社会和文化背景。""每种文化代表一整套独特的不可替代的价值，因为每个民族通过其传统和表达方式最完美地体现其存在于世界之林。""因此，肯定文化特性有助于各国人民的解放。反之，任何形式的统治都是对这种特性的否定。""应避免一切形式的从属关系或以一种文化取代另一种文化。"

黄高智认为，第三世界人民面临着四个互相联系的问题或任务：第一，通过民族解放实现政治上的独立；第二，通过内部革命和国际斗争实现社会和经济上的公平；第三，通过发展实现进步和提高人民的福利；第四，维护并和谐地发展作为人类共同文明的一部分的自身的文化特征。他说，一些发展中国家的人民，在经历了一个长时期的外来文化入侵而引起的异化以后，强烈地感到恢复历史发展中的文化特性的必要。他们很难接受一种同他们的过去完全割断的社会——即使这种社会将提供物质上大有希望的前景。相反，如果一种更高水平的社会将在不否定他们以往的文化和社会历史中逐步实现，人们将为此而献出他们的身心。他还说，当然，不借助于科学和技术，不考虑经济的规律和方法，不重视环境的因素，发展是不可能的；但只有当科学、技术、经济和环境适应于文化或置文化于优先地位的情况下，才能有真正的发展。

根据人家所强调的以上几个方面，结合我国的发展情况以及会议进行过程中外国一些专家对我国发展战略的评论，我有以下几点感想或看法：

第一，在我国的社会主义建设过程中，不仅面临着正确处理物质文明和精神文明的关系问题，而且面临着正确处理东方文明和西方文明的关系问题。简而言之，我们面临的不是一对文明的关系问题，而是两对文明的关系问题。在党的工作着重点刚刚转移、开放政策刚刚提出以后不久，人们把注意力集中在物质、经济问题上和吸收西方现代科技成果上是可以理解的。在一定时期内出现一些忽视精神文明建设的现象或在吸收外来文化中的一些夹生现象，也不值得惊讶，这在一定意义上也可以说是长期忽视经济建设和长期闭关自守的一种反应。不过，一个长期的、全面的和高瞻远瞩的发展战略的设想，则必须贯穿正确处理两对文明的关系问题。我们强调建设具有中国特色的社会主义，同人家强调内源的发展和保存本民族的文化特征，确有相通之处，但如何在发展理论和发展实践中加以系统化和具体化，则还需要进行大量的研究。

第二，根据多方面、多目标、多因素的综合发展思想，有的与会者对我国前一段发表的论述社会经济发展战略的文献提出了一些评论，认为这些文献太强调经济技术因素，忽视了其他因素，希望我们吸取第三世界其他国家的经验教训，免蹈人家的覆辙。对此，我个人认为，教科文组织的着眼点是整个发展问题，而我国前一段主要是讨论经济发展战略问题，因讨论的口径和范围不一样而引起的分歧，可以另当别论。不过，从他们的评论中，我们似乎可以吸收两点：第一，即使是讨论经济发展战略问题，也要从整个发展战略出发；第二，除继续研究经济发展战略问题外，其他方面的发展问题也应加强研究。

第三，在强调多方面综合发展的同时，实际上也涉及平衡发展和稳定发展的问题。与会者根据我国"大跃进"等经验教训，特别关心我国今后动态上的平稳发展问题。有的与会者以我国过去人口发展政策上的变化为例，提出今后在制定发展政策时应多多考虑十年、二十年乃至更长时期以后的发展结果，才能避免发展中的起伏过大。我认为这种意见也是值得重视的。至于生产和消费的关系问题，简单地抑制消费固然是不对的，但是，正如南斯拉夫教授特拉柯维奇在为会议所提供的论文中所指出的，以"购买—短期使用—扔掉—再买新的"这种恶性循环为特征的"病态消费"或"变态消费"也是应该防止的。看来，在发展过程中只有在一系列问题上防止或避免从一个极端走向另一个极端，才能保证动态上的平稳发展。

（原载《经济学动态》1985 年第 2 期）

总结省域经济转型的有益探索

——评方民生等著《浙江制度变迁与发展轨迹》一书

方民生等著的《浙江制度变迁与发展轨迹》已由浙江人民出版社出版。①读后一个突出印象是：从一个省的角度总结二十年来经济改革和经济发展的经验，本书堪称为一本力作。本书不是二十年来一个省的经济状况演进的简单叙事，而是把这种演进放到"两个转型"之中所进行的比较系统的分析和比较细致的考察。众所周知，无论从全国来看，还是从一个省来看，我国的经济都处在"两个转型"之中，即从指令性的计划经济向市场经济的转型，从传统的农业社会向现代的工业社会的转型。②本书作者进一步把这两个转型概括为经济体制的转型和社会结构的转型。从经济的层面来看，我认为不妨把这两个转型概括为经济体制的转型和经济发展的转型，并进一步简称为体制转型和发展转型。③因此，本评论所说的体制转型和发展转型，相当于本书所说的体制转型和社会结构转型，也同本书的主题"制度变迁"和"发展轨迹"相一致。我认为，抓住改革和发展这两条基本线索，从两个转型的演进中和两个转型的互动中去总结一个省的经验，是一项很有意义的工作。本书无论在体制转型还是在发展转型的研究和探索中，都取得了可喜的成果。

从体制转型来看，本书从浙江省实际情况出发，对以下问题进行了独到的、具有特色的探讨：

---

① 浙江改革开放研究书系——方民生等：《浙江制度变迁与发展轨迹》，浙江人民出版社 2000 年 8 月第 1 版。

② 见该书第 1 页（本评论所注明的页数，凡未注明其他出处者，均引自该书）；另见世界银行《2020 年的中国：新世纪的发展挑战》，中国财政经济出版社 1997 年版，第 5 页。

③ 赵人伟：《对我国经济改革二十年的若干思考——特点、经验教训和面临的挑战》，《经济社会体制比较》1999 年第 3 期。

一 体制变迁的程度或深度

本书是用市场化的程度来测定体制变迁的，这无疑是一种比较简明的办法。作者在总结了国内外专家各种研究的基础上，分别从资源配置的市场化、市场主体的发育状况等四个方面进行考察，得出了浙江的市场化程度已经接近60%的判断，大约比全国的平均水平高出10个百分点。由于国际上市场经济国家的市场化程度的极限为80%—85%，因此，浙江市场化的进程已完成了70%—75%。这无疑是对浙江市场化进程的一个有力的肯定。

二 体制变迁的路径选择

我认为，在市场经济的改革目标为既定的前提下，体制变迁的路径选择就成为体制创新的焦点。在20世纪80年代，改革途径的激进还是渐进的问题曾经是人们争论的焦点。到了90年代，当我国的渐进式改革已显成效时，人们的注意力似乎又转移到总结渐进改革的经验上来。本书在肯定了渐进改革的前提下总结浙江渐进改革的路径选择方面颇有独到之处。除了体制外（原有计划经济体制外）成长和体制内渐变的增量改革的途径之外，本书还对浙江改革中的边际创新和非边际创新、外生型变迁和内生型变迁进行了总结。所谓边际创新，就是利用原有的制度和组织进行市场改革的创新，如杭、嘉、湖、绍、甬的乡镇企业有不少是依托国有大中型企业的制度边际调整而发展起来的；所谓非边际创新，是指突破原有的制度和组织进行市场改革的创新，像浙江的股份合作制和专业市场，可以说是这一类创新。为了节省篇幅，外生型和内生型变迁的实例在此从略。作者还进一步指出，就路径选择的体制创新来说，浙江既有边际创新，又有非边际创新，而以非边际创新为主；既有外生型变迁，又有内生型变迁，而以内生型变迁为主。这些总结显然把我国渐进改革的途径在一个省的范围内加以具体化和深化了。

三　体制变迁中市场主体的构造和市场体系的发育

作者明确指出，在计划经济体制下，我国没有真正意义上的企业和企业家，也没有真正意义上的市场主体。因此，重新塑造市场主体就成为走向市场经济的必由之路。在农村的改革中，无论是家庭联产承包责任制的推行，还是乡镇企业的发展，都是围绕着重新塑造市场主体展开的。在城市，市场主体的构造则以转换企业制度为中心。浙江在发展私营企业方面比较放手。到1998年，全国500家最大的私营企业中，浙江占了112家，总量居全国第一。通过吸引外资，建立和发展了相应的"三资"企业制度，也引进和嫁接了一批市场主体。通过积极推进国有企业和城镇集体企业的改制，又造就了一批市场主体。本书还对90年代浙江股份合作制企业在制度创新和市场主体发育方面的积极作用作了充分的肯定。作者指出，"股份合作制的最大特点就是将劳动联合与资本联合有机地结合起来，形成了一种产权明晰、利益直接、风险共担、机制灵活的制度安排"，"这种新型的制度安排，就是将股份制与合作制的基本要素有机地结合起来"。

至于市场体系的发育，本书所总结的浙江经验中，除了指出要素市场的发育滞后于商品市场的发育这类在省内乃至在全国都具有普遍性的问题之外，我认为如下两点是特别值得提出来的：第一，浙江发展专业市场的经验。浙江全省年成交额超亿元、超10亿元的专业市场数连续多年名列前茅，其中义乌的中国小商品城和绍兴的中国轻纺城1998年的成交额分别达到196.8亿元和180.2亿元，为全国的冠、亚军。诚如作者所指出的，"以某一类商品的现货批发、集中交易为特征的专业市场是浙江市场体系发育进程中的一大特色和重要成果"，"浙江专业市场的生成和发展，实质上是一种降低交易成本的制度变革"。书中对浙江专业市场如何以产业为依托、如何逐步形成以专业市场为中心的经济圈等问题的论述也颇有见地。通俗地说，浙江兴办专业市场的经验就是"办一个市场，活一片经济，兴一批产业，富一方百姓"。第二，放开市场和组织市场的关系。在市场取向的改革中，为了摆脱计划经济的束缚，人们强调放开市场、放开价格无疑是正确的。但是，从计划经济向市场经济的转型并不能简单地归结为一个放字，而是有一个放和管的关系，即放开市场和组织市场的关系问题。本书总结了浙江的各级政府在组织和加速市场发育中的作用，并明确地指出，"听凭市场自发地形成和演化，将是低效的和不明智的；而积极发挥政府对市场的组织、协调、引导和调控作用，则是缩短市场自然演进的历史过程、加快市场体系发育的一条有效途径"（第284页）。这不仅是对以往二十年转型经验的总结，对今后进一步向市场经济的转型中如何有效地发挥政府的作用也具有重要的意义，而且同国际上的普遍关注也是接轨的。[①]

四　体制变迁中的创新动力

这实际是改革的动力问题。作者指出，从浙江的实际情况来看，民众的诱致性创新是制度变迁的主动力，是变迁的"第一行动集团"，政府是这种变迁的"第二行动集团"；只有这两个行动集团共同努力，即由民众和政府组成一种合力，才是实现这种巨变的保证。像农村联产承包责任制的落实，温州模式的肯定，专业市场的生成，农民小城镇（如龙港镇）的建立，股份合作制的推进，无一不是这种合力起作用的结果。应该说，如何把这两种动力巧妙地协调在一起，迄今所作的总结仍然是初步的，但确实是非常有意义的。

从发展转型及其同体制转型的关系方面来看，本书的分析也有独到之处。

五　发展程度的估计或判断

经过二十年的努力，浙江经济的发展究竟到了什么样的程度？人们有各种各样的说法。有的说"浙江已经从经济小省变为经济大省"；有的说"浙江正处于工业化的中期"；有的说"浙江已从温饱型生活走向小康型生活"。应该说，这些说法是从各个不同的角度和侧面所作的判断，本书对这

[①] 参见世界银行《1997年世界发展报告：变革世界中的政府》，中国财政经济出版社1997年版；联合国开发计划署《中国人类发展报告（1999）：经济转轨与政府的作用》，中国财政经济出版社1999年版。

些判断都作了吸收和论述。用经济指标来衡量，最为突出的是浙江二十年来GDP的超常规增长和经济实力的迅速提升。二十年来，人均GDP以13.01%的速度增长，为全国之冠；人均GDP在全国各省市的排序中从1978年的第16位上升到1997年的第四位。在经济实力的评估上，作者对国内外的研究成果采取博采众长的办法，在九个变量的基础上设计了四个方案，经过反复比较以后，得出了浙江经济实力在全国各省市的排序中从1978年的第19位上升到1997年的第5位的判断。

六 经济增长周期同宏观经济环境

一个省的经济是全国经济的有机组成部分。因此，一个省的经济增长及其周期变动同全国的宏观经济环境息息相关，这可以说是不言而喻的事情。本书在这一领域的研究既总结浙江经济周期波动同全国经济周期波动的同步性，又指出浙江经济周期不同于全国的特点。作者指出，改革开放以来，浙江的经济增长已经经历了1978—1983年、1984—1990年、1991—1998年6月三个周期，从1998年7月开始进入第四个周期。这四个经济周期的波动与全国基本上是同步的，是由全国的宏观经济环境所决定的。作者在描述了各个周期波动过程中波峰和波谷的变化及其背景之后指出，浙江的经济周期波动还具有自己的特点。这主要是：第一，改革开放以来浙江经济周期波动的强度要高于全国。浙江的经济波动系数，在改革开放以前的1951—1977年为11.8，略低于全国的12.56；而在改革开放以后的1978—1990年为6.2，大大高于全国的3.1。二十年来，在浙江的经济周期波动中，波峰要比全国高，波谷要比全国深，这说明浙江经济的市场敏感度很高。第二，国家宏观经济政策对浙江经济波动的影响度比较小。国有经济在浙江的比重较低，国家在浙江的投资也比较少。当国家采取从紧的货币政策时，对非国有经济比重较大的浙江的影响就比较小；当国家采取压缩基本建设投资的政策时，对浙江经济的影响也比较轻。这说明浙江经济的自主性和应变能力都比较强。

七　经济发展的进程和经济结构的转换

经济的发展是同经济结构的转换紧密联系在一起的；有的经济学家索性把发展理解为经济结构的转换。本书根据浙江的实际情况，具体分析了浙江经济发展进程中经济结构的转换。

就三次产业的结构转换来说：浙江在 1950—1957 年属于传统农业社会的结构，产业结构的排序呈"一、三、二"的特征；1958—1978 年属于向优先发展重工业倾斜的结构，产业结构的排序呈"一、二、三"的特征。改革开放以来，浙江经济高速发展，产业结构也急剧转换。第一产业在 GDP 中的比重从 1978 年的 38.1% 下降到 1997 年的 13.7%（下降了 24.4 个百分点）；同期，第二产业的比重从 43.3% 上升到 54.1%（上升了 10.8 个百分点）；第三产业的比重从 18.6% 上升到 32.2%（上升了 13.6 个百分点）。具体地看，改革开放以来的二十年又可以分为两个阶段：第一阶段为 1979—1986 年，属于加速向工业社会转型的结构，产业结构的排序呈"二、一、三"的特征；第二阶段为 1987—1998 年，属于向工业化中期演进的结构，产业结构的排序呈"二、三、一"的特征。

除此之外，本书还对二十年来三次产业内部的结构转换作了更为具体的分析。例如，在农业内部，已经从单纯注重种植业的局面转变为农、林、牧、渔四业的全面发展，特别重视粮食品种结构的改善和农产品品质的提高。在工业内部，根据浙江省的比较优势，逐步向以轻加工为主的方向转换；在轻工业内部，以农产品为原料的轻工业比重下降，以非农产品为原料的轻工业比重则呈上升趋势。在第三产业内部，最初是以商贸流通为主体的第三产业的补偿性大发展；接着是交通邮电的大发展；随后是以金融、保险、房地产、市场中介、教育为主体的第三产业的全面发展。

在这里值得提出来的是，本书在论述经济结构的转换时还特别提到企业的组织结构问题。作者认为，在培育大企业集团的同时，还要重视提高小企业的组织程度，使部分小企业成为"小而精、小而特、小而专、小而优"的企业，走"小产品 + 全球市场"发展路子的"小巨人"。我认为，这种"小巨人"的思想是颇有见地的。为什么德国人在一个小镇上发展起来的 Solingen 刀具和 Adidas 运动服装可以进入全球市场，而我们中国人、浙江人就做不到呢？

八 经济的发展和产业布局的演进

经济的发展离不开产业布局的演进，而产业布局的演进则不仅要受经济发展战略和经济政策的影响，而且要受地理环境和自然资源的制约。本书在这方面的探索也颇有浙江的特色。作者指出，按照区域经济学的原理，区域开发一般遵循点、轴、面依次推进的过程。改革开放以来，浙江的区域开发基本处于轴线开发的阶段，二十年的历史是一个轴线开发和深化的历史。经过二十年的努力，浙江经济的区域开发形成了"三区"、"三带"的格局。所谓"三区"、"三带"，就是：（1）杭州湾地区，形成了以沪杭线与杭甬线为依托的 V 轴成长带（杭州湾 V 形产业带）；（2）温台沿海地区，行成了以温州为中心、温台交通干线为依托的 I 轴成长带（沿海 I 形产业带）；（3）浙西南地区，形成了以浙赣铁路和金温铁路为依托的 T 轴成长带（沿线 T 形产业带）。浙江省内区域经济的发展所形成的这种 VIT 的产业布局，是完全符合本省的实际情况的。浙江的陆地环境呈"七山二田一分水"的状态，平原、平地集中分布在杭州湾沿岸、温台沿海和金衢盆地，从而农业资源、人口和城镇也就集中分布在这些地区，产业开发的重心也就无疑地落到这些地区。对二十年来产业布局演变的上述总结，无疑将有助于今后产业布局的调整和由线到面的进一步发展。

九 发展轨迹和制度变迁

作者把上述二十年来浙江经济超常规增长首先归因于制度变迁，指出"浙江经济发展的轨迹之所以能呈陡峭式的曲线增长，功在独特的制度变迁模式，释放了生产潜能，改变了运行机制，重塑了新的发展环境"（第 11 页）。作者还从时间上和空间上总结了浙江经济发展轨迹同制度变迁的相关关系。从时间上看，浙江经济增长最快的时期是 1979—1982 年、1984—1988 年、1992—1995 年，而这些年份正是制度变迁比较快的时期。从空间上看，哪个地区的制度变迁进程比较快，那里的经济发展也就比较快。例如，20世纪80年代的农村改革是从温州、金华、丽水开始的，因而那里的农业生产在80年代初发展得也比较快；嘉兴地区和湖州市的农村改革滞后，相应地，农业生产和与之相关的乡镇企业的发展也滞后。进入90年代，股份合作制的产权制度改革在温州、台州地区广泛推行，并扩展到绍兴和金华地区，因此，90年代上半期经济增长最快的也是这四个地区。作者对制度变迁同经济发展之间相关关系的分析，显然有助于我们在决策层面上提高以改革来促发展的自觉性。

从写作特色和写作背景来看，本书是一本总结经验的著作，从而具有很强的实践性，但同时它又颇具理论性和学术性。本书是一本经济类的著作，但同时也涉及若干社会、文化和历史传统等问题。从实际背景来看，本书的经验则来自浙江的实践；从理论背景或学术背景来看，本书不仅吸收了经济学基本理论的学术成果，而且吸收了经济学的许多分支学科乃至边缘学科（如制度经济学、发展经济学、产业经济学、区域经济学、经济计量学、经济地理学）的学术成果。因此，可以说本书是一本理论和实际相结合的著作，也是一本实证分析和规范分析相结合、定量分析和定性分析相结合的著作。

从分析的结构和方法来看，本书采用综合分析—分类研究—再综合分析的结构。采用这种有分有合的方法，避免了一般集体论著容易出现的各章节之间缺乏协调、全书缺乏整体性的弊病。应该说，在一般的集体著作中，本书的整体性和完整性是比较好的。在这里，我想顺便就集体著作的署名问题谈一点个人的看法。目前集体著作的署名流行着三种做法：第一种是在每章或目录分别署上作者的名字；第二种是在全书的后记或前言中写明每章作者的名字；第三种是只在后记或前言中列入参加写作者的名单，而不标明每章的作者。本书采用的是第二种做法。在我看来，第一种做法和第二种做法没有本质的区别。因为，这两种做法都写明了每位作者的贡献和责任。第三种做法虽然可以突出主编或主笔的地位，却模糊了每位作者的贡献和责任，在提倡产权清晰和责任分明的时代，这种做法是不值得提倡的。

本书是一个省的经济转型经验的总结。因此，如何把一个省的经验放到全国乃至全球的经济环境中去考察，是一个非常重要的问题。本书在这方面已经作了许多努力，如上所述的关于经济增长周期同全国宏观经济环境的关系的分析、关于"小产品＋全球市场"的"小巨人"构想，均属于这种努力。不过，从高标准的要求来衡量，这方面还是大有作为的。在国内西部大开发的形势下，在国际全球化进程加快的形势下，如何抓住机遇和迎接挑战，发挥浙江经济的比较优势，都需要更加深入和具体的探讨。

本书是以两个转型问题为基本线索的，对市场化的问题也进行了较多的研究（第四篇共有五章从总体上是研究市场化问题的）。然而，如何把市场化问题同两个转型问题更好地结合起来进行研究，仍然是一个需要进一步探索的问题。在我看来，我国现阶段的市场化实际上可以分成两个侧面：一个是体制转型过程中的市场化；另一个是发展转型过程中的市场化。前者是以计划经济为起点的，后者是以自然经济或半自然经济为起点的（换一个角度是以二元经济为起点的）。本书虽然在论述市场化时也提到"从半自然经济起步"，并指出"市场化总是与经济发展联系在一起"，但总的来说是把市场化归结为制度变迁的问题。我认为，区分体制转型中的市场化和发展转型中的市场化是有意义的。因为，相对来说，前者是一个改革过程，后者是一个演化过程。改革过程必然要遇到更多的人为障碍，主要是既得利益的障碍和意识形态的障碍。区分市场化过程中的这两个不同的侧面，对于分类指导今后的市场化进程来说无疑是有政策含义的。

最后，本书如果能在数据的核对和文字的修饰上再作一些努力，将进一步提高质量。

上述评论完全是个人的见解，如有不当之处，欢迎指正。

（原载《经济研究》2001年第2期）

中长期发展规划借鉴国际经验的问题

——解读《中国经济中长期发展和转型：国际视角的思考与建议》[①]

内容提要：本文作者参与了题为"中国经济中长期发展和转型：国际视角的思考和建议"的研究报告形成过程的咨询工作，现拟从学术研究的角度对它的内容进行解读和评论。相较于 1985 年的"巴山轮会议"，此次的报告从新的背景形势出发，提出了针对中国中长期发展和转型的建议。其中，对发展方式转变的内涵提出了实质性定义；对转型中可能出现的问题及对策提出了参考意见。但同时，正是由于此份报告由外国专家起草定稿，在对某些中国经济问题的认识、了解方面仍存在分歧与偏差，这也是作者希望与读者进一步探讨的问题。

关键词：中长期发展和转型　国际视野　发展差距　外国经验

一　缘起

在我国制定国民经济和社会发展第十二个五年（2011—2015 年）规划之际，受中央财经领导小组办公室和国家发展和改革委员会委托，一个由国际专家组成的国际团队撰写了一份题为"中国经济中长期发展和转型：国际视角的思考与建议"的研究报告。这份报告中的综合报告在 2010 年春节期间完成，提供中方作参考。经过反复修改和补充，报告于 2011 年 7 月在北京由中信出版社出版。报告的主要执笔人是世界银行驻中国首任首席

[①] 林重庚、迈克尔·斯宾塞编著：《中国经济中长期发展和转型：国际视角的思考与建议》，中信出版社 2011 年版。

代表林重庚博士（Edwin Lim）和诺贝尔经济学奖得主迈克尔·斯宾塞教授（Michael Spence）。其中，综合报告近十万字，连同20篇背景文章，总共近百万字。

两年来，我参加了这份报告形成过程的咨询工作。在报告正式出版的时候，我拟从学术研究的角度（因而具有探索的成分）对它的内容进行解读和评论，以便更好地借鉴国际经验，同时也有助于学习2011年3月间公布的我国"十二五"规划纲要（"十二五"规划纲要，2011）。在解读和评论中属于我个人的观点，如有不当之处，均由个人负责，与作者无关。

二 背景和特点

三十多年来，我国在经济改革和经济发展过程中借鉴国际经验已经成为一种惯例。那么，同以往的国际经验相比，这份研究报告具有什么样的特色呢？

第一，同以往提供的国际经验相比，这份研究报告在时代背景和涉及的内容上都具有鲜明的特色。

如前所述，这份报告是由林重庚博士等主持编写的。此前，林重庚博士主持和参与过许多提供国际经验的报告和会议，最为突出的有两项：一项是他任团长的世界银行1984年经济考察团所形成的考察报告，这份考察报告的题目是"中国：长期发展的问题和选择"，在1985年出版（世界银行经济考察团，1985）。另一项是1985年9月所举行的"宏观经济管理国际研讨会"（通称"巴山轮会议"）（赵人伟，2008）。这次会议的许多外国专家都是通过林重庚博士的联系应邀参加会议的。应该说，最近的这份研究报告同上述两项研究相比，既有一脉相承的一面，又有重大的进展。

例如，这份研究报告同上述四分之一世纪以前所做的两项研究相比，在经济体制改革问题上，都是要推动市场取向的改革，正确处理市场的作用和政府的作用，但这份报告对政府的作用提出了更高的要求，特别是在社会政策的改革上提出了更为具体和广泛的要求。再者，前两项研究主要是着眼于如何从计划经济向市场经济过渡的问题，而这份报告则提醒人们要防止和克服传统计划经济体制弊病的重现。

又如，这份研究报告同上述考察报告相比，在经济发展问题上都作了相当全面的论述乃至预测，但这份研究报告特别强调经济发展方式转变的问题。上述考察报告探讨的是中国如何从一个低收入国家向中等收入国家过渡的问题，而这份研究报告探讨的是中国如何从中等收入国家向高收入国家过渡的问题。与此相适应，城市化问题和壮大中产阶级问题也就成为这份研究报告的崭新议题。

再如，"巴山轮会议"讨论的主要问题是经济改革的目标和过渡方式。上述考察报告和最近的研究报告讨论的主题则是经济发展。不过，上述考察报告所影响的主要是第七个五年规划，而这份研究报告所影响的主要是第十二个五年规划。

还有，同上述两项研究相比，这份研究报告对于中国经济在世界经济中的地位和作用着墨很多。这是同我国同世界其他国家经济交往越来越密切、我国经济总量已经达到世界第二的新背景分不开的。

当然，这份研究报告同"巴山轮会议"相比，也有一个共同点，那就是：都有一个第一流的国际专家团队。

"巴山轮会议"的参与者中，诺贝尔经济学奖得主詹姆斯·托宾（James Tobin）对非集中性经济的宏观调控及其手段具有广泛而深入的研究；亚诺什·科尔奈（Janos Kornai）和弗·布鲁斯（W. Brus）则对传统社会主义计划经济的弊病以及如何从计划经济向市场经济过渡问题具有独到的见解；阿莱克·凯恩克劳斯（Alexander Cairncross）不仅对发达市场经济体系的宏观管理具有丰富的经验，而且对英国在"二战"以后从战时的硬控制经济到和平时期的软控制经济的过渡具有可供借鉴的经验；奥特玛·埃明格尔（Otmar Emminger）则对战后德国经济复兴中如何通过货币政策实行宏观经济调控具有独特的经验。

这份为"十二五"规划提供参考的研究报告的参与者（包括综合报告的执笔者和背景文章的作者）中，诺贝尔经济学奖得主迈克尔·斯宾塞（Michael Spence）曾任"增长与发展委员会"（Commission on Growth and Development）主席、美国斯坦福大学商学院院长；不久前因对经济政策如何影响失业率的理论分析获得2010年诺贝尔经济学奖的彼得·戴蒙德（Peter Diamond）是美国麻省理工学院教授，也是社会保障等领域的专家；保罗·罗默（Paul Romer）是美国斯坦福大学经济政策研究所高级研究员、经济增长问题专家；托尼·阿特金森（Tony Atkinson）是牛津大学纳菲尔德学院前院长、收入分配和社会政策领域的专家。能够邀请到国际上第一流的专家为中国的改革和发展献计献策，说明中国的改革和发展是举世瞩目的事情。

第二，这份研究报告的另一个特色是从世界经济增长和发展的角度来看中国三十多年来经济的增长和发展。

本报告的主要执笔人之一迈克尔·斯宾塞，作为世界经济增长和发展委员会的主席，自然要从这一角度来看中国。本报告一开始就指出，"经济增长是人类历史上近期才出现的现象"（见图1，本文中引用的插图，均转引自本报告中的综合报告）。该进程始于18世纪末的英国工业革命，到19世纪推广至欧洲和北美，并逐渐加速。进入20世纪（尤其是后半叶），经济增长再次拓展和加速。我国经济的快速增长则开始于20世纪后半叶的最后20年。

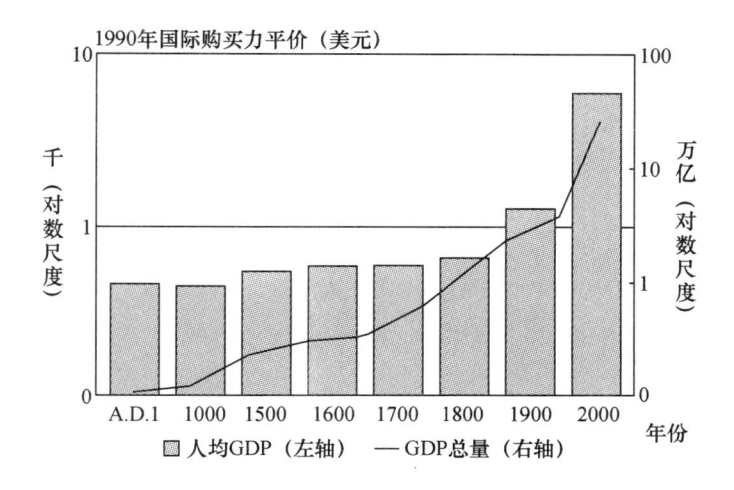

图1 过去2000年中全球GDP和人均GDP的变化

第二次世界大战结束以来，许多国家和地区都经历过至少短期的快速增长，但只有13个经济体在25年或更长的时间维持了年均7%及以上的增长率，其中包括中国。但是在这13个经济体中，迄今只有6个继续成长到高收入阶段。中国正处在从中等收入向高收入过渡之中。报告的正文中虽然没有使用"中等收入陷阱"的说法，但指出了从中等收入向高收入过渡的艰巨性。报告特别提醒中国应该吸取拉丁美洲一些国家在达到中等收入水平以后没有跨入高收入国家行列的教训。报告指出，拉丁美洲一些国家的进步是间歇性的：旺盛的增长常常被严重的宏观经济危机打断，然后又进入复苏和重新增长。这种不稳定模式的主要原因可能是收入不平等以及社会政策在解决不平等问题上的失败。因此，报告希望中国能够吸取拉美国家的教训，比较顺利地实现向高收入国家的过渡。

第三，这份研究报告还有一个特色是从中国在世界经济中扮演的角色来看中国经济的发展。

本报告专门设置了题为"中国在世界经济中的角色"一章，讨论中国经济在世界经济中地位的变化以及今后中国在世界经济发展中的作用。报告指出，无论从中国占世界 GDP 份额的变化来看还是从中国占世界出口份额的变化来看，"中国经济如今已具有全局性的影响力，不再是世界经济中的'价格接受者'"。"中国已经从一个边缘性质的参与者进入世界经济和金融体系的中心舞台。""中国经济总量已在近期超越日本，成为全球第二大经济体，具有了可以影响全局的地位。"（图 2 至图 5 显示了中国在世界经济中地位的变化）

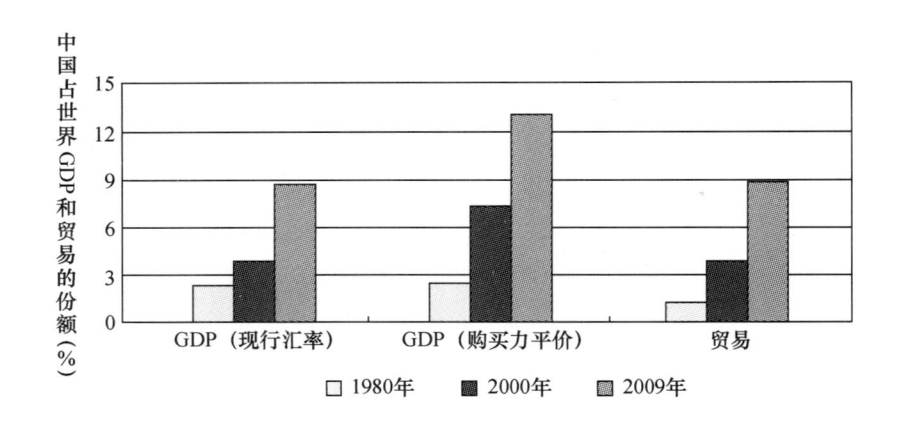

图 2　中国占全球 GDP 的份额不断上升

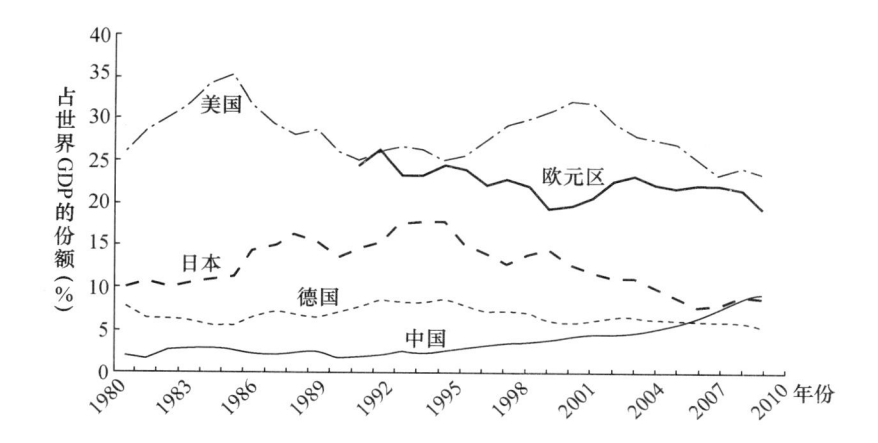

图 3　按现行汇率计算的世界 GDP 的份额

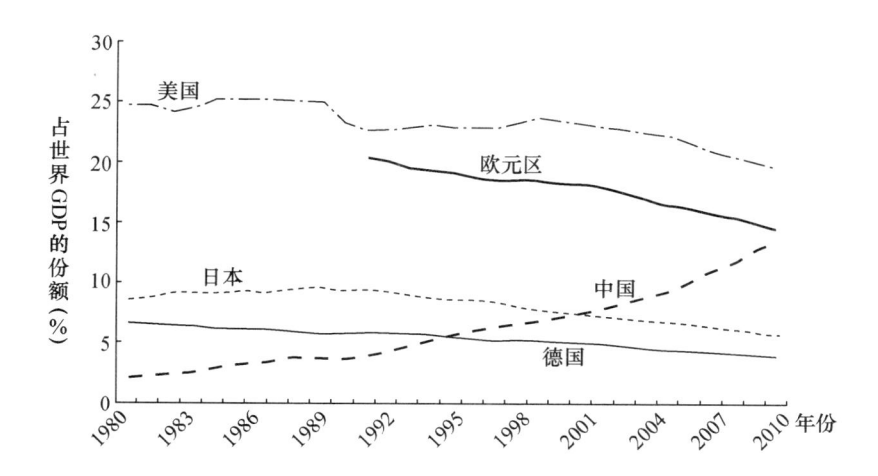

图 4　按购买力平价计算的世界 GDP 份额

报告也希望中国今后在世界经济的重新调整中发挥更大的作用。中国不仅有自身的经济再平衡任务，减少对发达国家市场的依赖，更多地转向国内市场，而且要对世界经济作出更大的贡献，包括向低碳经济过渡方面作出更大的贡献。

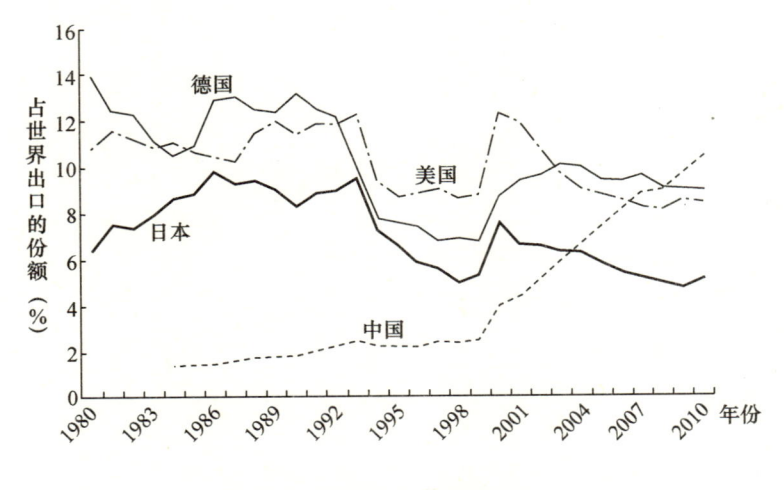

图 5　世界出口份额的分布

三　亮点和借鉴

这份研究报告的亮点和值得借鉴的地方很多，在这里，只能有重点地作一番解读。

（一）对发展方式转变的内涵作了界定

我国经济学界对发展方式的转变问题已经讨论了很长时间，可以说是众说纷纭。这份报告对发展方式转变的内涵作了如下界定：第一，从基于资本和劳动力积累的投资驱动型增长转向基于生产率提高型的增长；第二，产业结构从以工业为主转向以服务业为主；第三，需求结构的调整从强调外需转向强调内需。

值得注意的是，本报告在界定发展方式转变的内涵时特别强调要把这种转变同中国经济的巨大规模联系起来。它指出，虽然中国过去20多年的增长模式与之前的"四小龙"并无太大差别，但影响则要大得多，包括中国的贸易盈余、原材料的消耗、碳排放等，都引起了世界的极大关注。报告认为，中国不能简单地模仿如今发达国家以往的发展方式，因此，加快发展方式的转变，也是中国作为一个超级经济大国应尽的国际责任和义务。

(二) 对影响发展方式转变诸因素的相互关系进行了分析和解剖

例如，报告指出，要转向以生产率为驱动、以知识为基础的增长方式，投资的重点必须相应地从物质资本转向人力资本。因为，影响生产率的最大因素不是物质资本的存量，而是人力资本，也就是国民的技能。研究表明，中国人力资本的投资回报率远远高于物质资本的投资回报率。从人力资本的重要性进一步引出加强教育的重要性。

又如，报告没有把汇率的升值仅仅同出口行业的就业联系起来，而是把汇率的升值同产业结构的升级和需求结构的转变联系起来。报告认为，应该把汇率升值作为促进消费、推动产业结构的升级和实现内部平衡的一种手段。

再如，报告还对发展方式的转变作了更为广泛的联系。它指出，中国从扩大外需转向扩大内需，必然同产业结构从工业转向服务业相联系，因为外需主要是工业品，内需则有相当大的比重是服务业。它还认为，服务业比重的扩大，还有利于减少碳排放，有利于实现经济的再平衡。

(三) 分析了中国经济各部分差异较大或均质性较低的问题

报告认为，中国经济实际上可以分为人均收入差别极大的三大块：
(1) 农村经济：以农业为主，就业不足，收入低。
(2) 沿海经济：出口导向，工资低，引领过去20年的经济增长。
(3) 知识经济：将在今后数十年引领中国向高收入国家过渡。

因此，中国宏观经济政策必须在这三者之间寻求平衡。报告还认为，中国农村就业不足的劳动力的继续存在，意味着追赶式增长的机遇还没有耗尽，这对中国的宏观经济前景是一件好事，但是，如此大的差别也给构建和谐社会带来障碍。

为了缩小如此巨大的差别，报告认为，不能仅仅依靠经济的力量。报告专门介绍了欧盟关于"社会融合进程"的经验。虽然本报告的正文没有使用"包容性增长"这一术语，不过，其思路是一致的，即不能有社会排斥现象，要使低收入群体也能够共享经济增长的成果，这比减少贫困的要求还提高了一个层次。社会融合同我们有关构建和谐社会、以人为本的发展理念也是一致的；同后面要进一步论述的壮大中产阶级（阶层）和加强社会政策的力度等理念也是相通的。

（四）分析了中国城市化中存在的问题

报告把城市化作为经济增长中的地理因素来看待。报告认为，中国城市化存在着若干需要解决的问题，诸如：

1. 城市的规模分工缺乏效率。同世界平均水平相比，人口规模小的城市比重太大，人口规模大的城市比重太小（见图6）。这个问题的存在，是否同我们的习惯思维有关系？例如，20世纪80年代初乡镇企业发展的早期，我们曾经流行过一个口号，叫做"离土不离乡，进厂不进城"。直到今天，在我们的正式文件中，还是使用城镇化，而避免使用城市化。我认为，城市规模的分工要讲究效率的国际经验是很值得我们借鉴的。

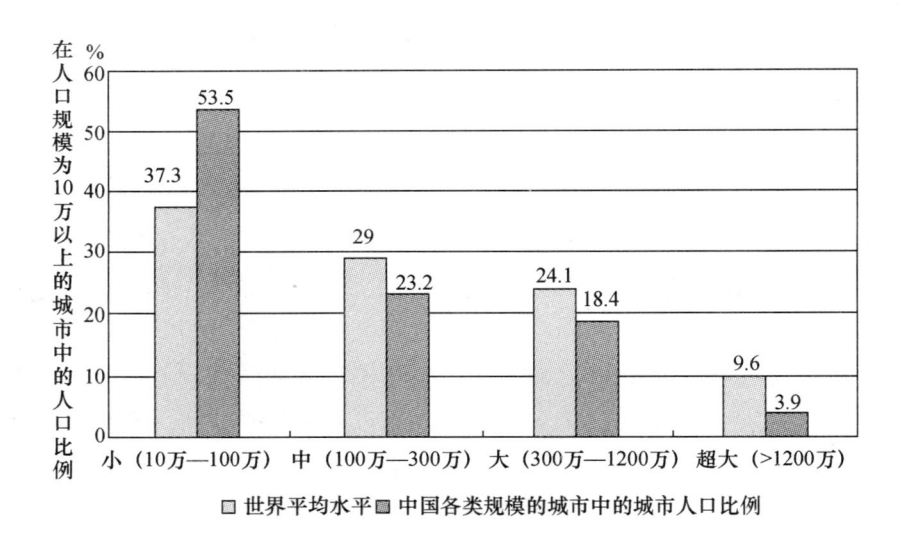

图6 不同规模城市人口比重，中国与世界平均水平对比，2000年

资料来源：背景论文11：弗农·亨德森，《中国的城市化：面临的问题及其解决之道》，包含10万人口以上的城市。

2. 城市经济缺乏专业化分工，也缺乏效率。根据国际经验，应该逐步形成一个城市梯级体系：中小城市专注于特定产业的生产，例如钢铁、纺织和服装等；而特大城市的天然经济基础是商业服务业和金融业。但中国的许多大城市仍然借助于自己的权力和资源，在吸引制造业方面享有不平等的优势。即使这些城市已经达到应更多地关注服务业发展的阶段，它们依旧在发掘制造业方面的优势。

3. 城市的土地利用缺乏效率，城区边缘地区的开发过于碎片化。未纳入城市行政管理的"城中村"四处延伸，大部分没有户口的农民工都借住在那里。城市周边的建成区又散布在农用土地中间，由于对农用土地转作其他用途有极其严格的配额限制，这些土地的开发很难顺利地开展。

4. 中国的城市政府过度地依赖土地出让作为收入来源。由任期相对短暂的政府官员来负责城市的长期资产（土地）的出售，以此维持经常性支出和部分资本性支出，这样做等于剥夺了未来的市民可以从这些资产中获得的收入。这是一颗潜在的"定时炸弹"，急需排除。据此，报告认为，对住房开征从价房产税，即按照房产的估价来征收房产税，将是一大进步。目前，中国的城市财政收入主要来自增值税、营业税和土地出让收入，它们都鼓励城市吸引产业而不是吸引居民。对住房征收房产税不但有利于增加地方收入，还能鼓励城市接纳更多的居民。

（五）对中国中产阶级（阶层）的现状和壮大做了一种估计

对于中产阶级（本文将中产阶级和中产阶层视为同义词）的研究，可以说是五花八门，莫衷一是。本报告承认"中产阶级"是一个较为含糊的社会分类术语，迄今并未有一个清晰的和公认的定义，但其重要性又是被普遍认同的。例如，中国要从强调外需转向强调内需，就需要一个庞大的中产阶级；中国要构建和谐社会，也需要有一个作为社会稳定基础的中产阶级。报告认为，拉丁美洲一些国家之所以未能实现向高收入国家的过渡，重要原因之一就是未能造就一个足够强大的中产阶级，因此，中国要实现从中等收入向高收入国家的过渡，就必须构建一个足够壮大的中产阶级。报告还认为，全球经济再平衡也需要中国乃至整个亚洲有一个消费力强大的中产阶级。2008年以来的金融危机提醒人们，以亚洲的生产、西方的消费和世界其他地区的资源开采为基础的世界增长模式不能再持续下去。要打破这种格局，亟须中国乃至全亚洲的中产阶级快速成长。

同其他许多同类的研究相似,本报告也对中产阶级的生活状况作了一番描述。报告写道,从经济的角度看,中产阶级可以定义为具有一定数量的宽裕收入,在付完生活必需品之后,还有一些节余,可以自由地用于耐用消费品、高质量的教育、医疗、住房、度假及其他休闲活动等方面开支的群体。与贫困阶层不同,这个群体对于消费品有更多的选择;与富裕阶层不同,他们的选择更受制于预算,对价格和品质都比较敏感。这个阶层由各种职业构成,可以是政府官员、富裕农民、商人、企业员工和专业人士等。

本报告采用了一个可以适用于世界各国的中产阶级定义(我认为这仅仅是一家之言,详后)。作者认为,按照这个定义,就可以对中国大量涌现的中产阶级同目前主要集中在美国、欧洲和日本的多数中产阶级进行比较。这个研究统一地将全球的中产阶级定义为:按购买力平价计算,每人每天的支出在10—100美元。区间的下限与葡萄牙和意大利的平均贫困线相当,区间的上限相当于最富裕的发达国家卢森堡中位数收入的2倍。按照这个定义,全球中产阶级不包括最贫困的发达国家的穷人,也不包括最富裕的发达国家的富人。

按照上述定义,本报告引用了相关背景文章作者赫米·卡拉斯的估计,认为2009年中国中产阶级的比重约为12%。尽管许多学者认为这一估计是偏低的,但是即使按照比这一估算较高,例如按照比重为20%的估算来看,中国目前中产阶级的比重仍然是过低的。例如,按照国家统计局2011年2月28日发布的2010年统计公报折算,我国2010年的人均GDP为4500美元。在与这一收入水平相当的情况下,韩国(1986年人均GDP为4600美元)的中产阶级所占的比重为55%;日本(1965年的人均GDP为4900美元)的中产阶级所占的比重也接近55%。我国中产阶级比重过低从一个侧面反映了收入差距过大的问题。

报告认为,随着收入的提高,越过中产阶级门槛的人数将快速增长。如果中国人的平均收入从目前到2030年维持7%的增长率,那么,日均支出超过10美元的人口所占比重将提高到74%(见图7)。

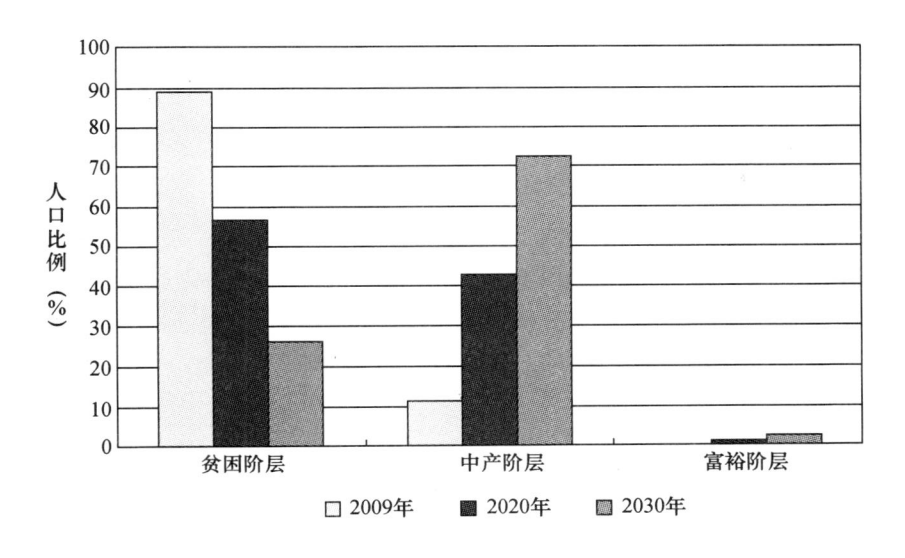

图 7　中国的中产阶层的壮大

（六）中国应该加强社会政策的力度

本报告除了关注经济发展问题以外，还特别关注民生问题、社会发展问题，强调要加强社会政策的力度，包括养老、教育、医疗、低保等各个方面。在这里，只能介绍比较突出的几点：

1. 提出了社会政策改革应该遵循的一些基本原则，包括：
- 社会政策的制定必须与经济政策的制定紧密联系起来。
- 在市场与政府之间寻求恰当的平衡。
- 社会项目尽可能地确保全国性的普遍覆盖。
- 尽量避免制度性的缺陷，因为历史问题很难纠正。
- 在资源允许的情况下，社会项目应该能够比较容易地推广。
- 在中央政府、地方政府与个人之间公平地分配服务成本。
- 为项目管理和服务提供最佳人选。
- 确保项目能够得到有效的监督、测算和评估。

2. 报告建议，除了非缴费型基本养老金（公民养老金）和强制性缴费型养老金以外，可以借鉴瑞典等国家的经验，建立记账式缴费确定型个人账户(记账式个人账户有时译为名义个人账户)。

报告指出,这种养老金体系是最近才出现的创新,采用的国家希望既能保持缴费确定型体系的优点,又不需要实现完全积累。记账式积累和完全积累这两种制度安排可以并存,例如,瑞典的养老金缴费率为18.5%,其中16%计入记账式个人账户,2.5%进入完全积累账户。

对于记账式缴费确定型养老金体系(Notional Defined Contribution systems,NDC),我国有的学者已经从理论上进行了比较全面的探讨,不过,在实践中如何根据中国的实际情况加以具体应用,仍然是一个需要进一步探索的问题。(见郑伟、袁新钊,2010)

3. 报告建议中国应该提高退休年龄,并认为提高退休年龄会加重失业的担心根据不足。报告指出,在人类的寿命都在延长的背景下,世界各国都在考虑延长退休年龄的问题;中国也应该考虑这一问题。然而,中国有许多人担心提高退休年龄会加重失业。这种担心的根据是:员工们在其工作岗位上滞留的时间越长,提供给新增劳动力的工作机会就越少。报告认为,这个观点一般来说是错误的,因为,在市场经济中,就业岗位的数量不是一成不变的,它取决于劳动力供求的一系列因素。首先,新加入劳动力市场的员工会给工资带来向下的压力,并使企业更容易找到合适的员工,从而创造更多的工作岗位。其次,提前领取养老金通常并不会使员工退出劳动力市场,某些员工会一边从前任雇主那里领取养老金,一边在新雇主那里继续工作。再次,大量的农村劳动力才是最大的潜在失业来源。

4. 中国应该扩大社会政策项目的支出。同其他国家相比,中国政府对该领域的投入明显偏低。例如,中国政府的预算中,教育经费支出仅占GDP的3.2%,远低于越南以及下中等收入国家的平均值,更无法同经合组织的国家相比。中国在医疗领域的公共支出仅占GDP的1.8%,也显著地低于大多数下中等收入国家的水平。因此,报告认为,从国际标准来看,中国完全可以在教育、医疗以及其他社会项目上投入更多的资金。(关于教育领域的公共支出,见图8)

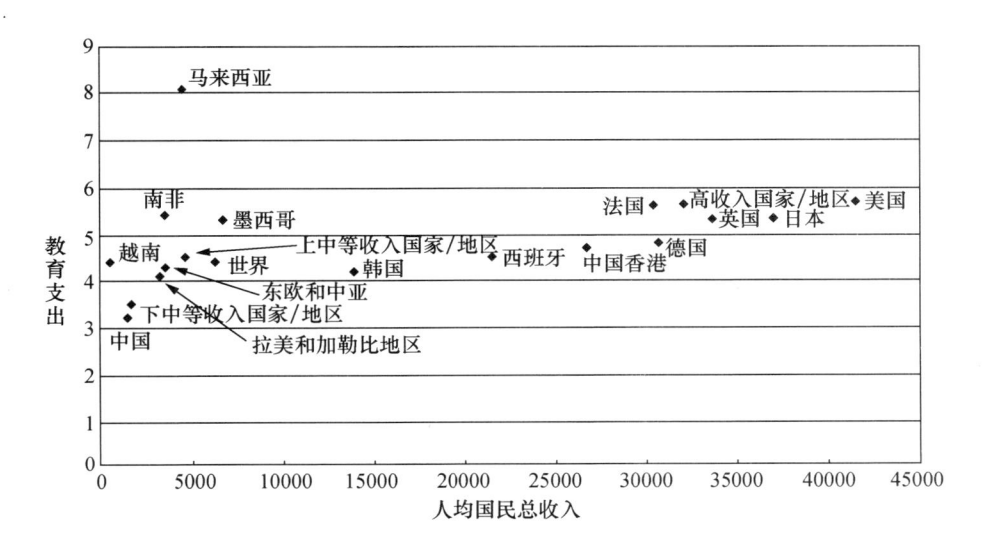

图 8　2004 年教育领域的公共支出（占 GDP 的百分比，参照按美元的人均国民收入）

资料来源：Dahlman、Zeng 和 Wang，"The Challenge of Life Long Learning for Education Finance in China"，为中国财政部和世界银行在 2006 年组织的研讨会提供的论文。

（七）对深化体制改革提出了若干建议

这方面的议题很多，在这里，我仅介绍以下三点。

（1）改革国家、企业和个人之间的分配关系，即改革所谓的大分配关系。

第一，提高财政收入占 GDP 的比重。中国近年来财政收入仅占 GDP 的 20% 左右，即使加上预算外收入也仅占 25%，仍然低于美国（30% 左右）和欧盟（40% 左右）。报告建议，财政收入占 GDP 的比重应该在近期内提高到至少 30%，即相当于美国目前的水平，但仍低于大多数发达国家。

第二，家庭收入（消费）占 GDP 的比重目前仅为 36%，大大低于世界平均水平的 61%，也低于越南（66%）、印度尼西亚（63%）、印度（54%）和泰国（51%）。因此，提高家庭收入在 GDP 中的比重是摆在中国面前的一大任务。上述财政收入的增长应该尽可能不加重居民家庭的负担（除了极少数高收入阶层以外），避免与提高家庭收入占 GDP 的比重的目标相冲突。

第三，为了避免上述两个提高的目标相冲突，应该将国有企业的利润（目前年利润达 9000 亿元以上）原则上上缴财政。报告认为，允许国有企业留存全部利润是 20 世纪 90 年代中期引进的临时措施，当时许多国有企业的财务状况不佳，今天的国有企业利润非常丰厚，但这个临时措施却沿用了下来。

第四，居民和家庭还可以从储蓄和投资中获得更多的收入。报告认为，中国长期以来对银行存款执行较低的管制利率，损害了储户的收益，减少了家庭收入。因此，可以考虑通过提高存款利率和降低贷款利率来适当压缩银行的利润，让居民户和借款人从中获益。

（2）推动财税改革。

第一，为了开辟城市的财源，除了上述开征从价房产税以外，还可以发行城市债券。报告认为，中国将需要规模更大、流动性更好的债券市场，包括地方政府为支持城市的快速发展而发行的市政债券市场。

第二，地方税收中，除了房地产税以外，还应该有自然资源税。这些不动产的价值在很大程度上取决于地方政府所创造的治理环境。自然资源税对于那些矿产资源丰富的欠发达地区尤为有利。

第三，要改革政府间的财政体制。目前，地方政府在政府总支出中的比重为 79%，但在税收收入中的比重仅为 47%。在目前这种政府间财政体制下，基层政府往往既没有资源也没有动力来履行社会指出方面的责任。这种失衡的状态，即我们通常所说的财权和事权失衡的状态，必须改变。

（3）设立"改革团队"。

报告指出，世界上一些高速成长的经济体往往存在着由高水平的技术官僚组成的"改革团队"。例如，新加坡有经济发展局（Economic Development Board），韩国有经济企划院（Economic Planning Board），日本有通商产业省（Ministry of Trade and Industry），马来西亚有经济计划署（Economic Planning Unit）。报告根据世界各国的经验，建议中国设立一个"改革团队"。这个团队既居于政府内部，又摆脱日常的行政事务和现实的政治压力；既能协调政府内的各种力量，又能克服官僚主义带来的阻力。

四　问题和挑战

经过三十多年的改革开放，应该说，无论是中国专家对国外的了解还是国外专家对中国的了解都比以前深入多了，中外专家之间的交流也比以前容易多了。但是，由于体制背景、文化历史背景，甚至教育背景的原因，彼此间的了解仍然有待加深。我国经济的中长期发展和转型中，仍然面临着一系列的问题和挑战。在这里，我只能以举例的性质，从三个方面来提出自己的看法。

第一，外国专家应该如何更深入地了解中国实际？

例一，缩小收入差距是否只能通过再分配等社会政策来实现？国外专家生活在市场经济环境中，普遍认为初次分配只能依靠市场机制，政府不能干预初次分配，只能通过再分配来实现社会公平。然而，中国尚未完成从计划经济向市场经济的过渡，劳动力资源正处在由政府统一配置向市场配置的转型期。迄今为止，初次分配中的许多不合理现象是劳动力资源配置转型不到位、市场机制没有发挥应有作用的结果。例如，劳动报酬在 GDP 中的比重下降，很难说是市场机制发挥基础作用的结果；农民工工资长期被过分压低，是城乡劳动力市场被分割的结果；垄断行业和竞争性行业收入差距过大是行政性垄断造成的结果；企业内部一般职工同管理层之间过大的收入差距，是工资集体谈判机制不健全的结果。因此初次分配领域的改革仍然是大有作为的，政府在初次分配领域中既应该逐步退出不必要的干预，又应该通过一系列措施，促进市场机制在劳动力资源配置中的基础作用的发挥，包括加快城乡统一劳动力市场的建设、加大行政性垄断行业的改革、加快集体谈判和协商机制的建设、促进劳动法律法规的建设和执行等（参见宋晓梧，2010；赵人伟，2010）。可见，外国专家强调通过社会政策来实现缩小收入差距的目标无疑是正确的，但希望他们也能更多地了解现阶段中国在初次分配过程中市场机制受到干扰的复杂情况。

例二，如何更全面地估算中国中产阶级的现状？如上所述，本报告对中国中产阶级的估计用的是绝对标准，每人每天的支出下限是 10 美元。然而，亚洲开发银行有的专家也用绝对标准，但每人每天的支出下限是 2 美元。这两种估计的结果当然相差很大。可见，用绝对标准会产生如此巨大的差距就对这种方法本身提出了挑战。而世界银行的一位专家布兰克·米兰诺维奇用的是相对标准，研究的是全世界。他将中产阶级定义为收入落在中位数的75%和125%范围内的人，其估算的结果是全世界的中产阶级只有10%左右。他得出的结论是："一个没有中产阶级的世界"（"A World without a Middle Class"）。(参见 Branko Milanovic，2005；布兰克·米兰诺维奇，2007)

看来，米兰诺维奇的结论似乎有点过分。实际上，中产阶级的比重再低，也不能否认其存在。因此，从全世界来看，是否应该说是："一个中产阶级过度微弱的世界"（"A World with a Too Weak Middle Class"）。至于中国的现阶段，是否可以说是："一个中产阶级有望壮大的中国。"总之，我国中产阶级问题的研究可以说是还处在起步阶段。

第二，中国专家应该如何进一步借鉴国际经验？

例一，应该如何征收房产税？本报告的建议是根据国际经验在中国开征从价房产税。近年来，在房价暴涨的背景下，我国有关决策部门和经济学界也在热烈讨论征收房产税和推行对房产的限购政策。但是，在这场讨论中，无论是实行限购，还是开征房产税，很少听到"从价"（按照价格）的呼声，却常常可以听到从量（按照平方米）乃至从套（按照所谓一套、两套、三套，套是比平方米更为笼统的量）的呼声。所谓对某些人群限购第三套，对某些人群限购第二套等。我不知道这种政策的科学依据是什么。不分大套和小套，是不是要维护大套拥有者的既得利益？就房产来说，不仅有量的差别，还有位置的差别。其实，不管是量的差别，还是质的差别，都只能通过价格反映出来。我国从计划经济向市场经济的转型已经经历了三十年，什么时候能够实现从"从量到从价"的转型呢？

例二，应该如何进一步摆脱传统的计划经济的弊病所带来的影响？三十年来的经济体制转型中，我们经常讨论传统的计划经济中的两大弊病：一是"投资饥渴症"，二是"短缺"。应该说，我们在克服这两大弊病中已经做出了很大的努力，取得了很大的成就，特别是在克服短缺方面，更是取得了惊人的进步。但是，当一种现象已经形成了传统以后，要彻底摆脱并不是一件易事。

就以投资问题来说：正如本报告所指出的，计划经济的一大特征是通过压制消费来维持很高的投资率，这种所谓的"投资饥渴"现象目前仍然在延续，特别是地方政府更具有投资的冲动。因此，下一步的改革必须解决这一问题，即要调整支出结构，压缩投资和增加居民的家庭消费，才能实现经济的再平衡，促进经济发展方式的转变。

再以短缺问题来说：早在上述"巴山轮会议"期间，如何解决短缺问题就已经是一个热门话题。我认为，现在值得进一步来回味和借鉴的是价格和短缺的关系问题。英国经济学家阿·凯恩克劳斯在"巴山轮会议"上指出，"短缺是价格的函数"（阿·凯恩克劳斯，1985）。匈牙利经济学家科尔奈对短缺的分析也是同价格的作用紧密地联系在一起。《短缺经济学》分为第一篇（上卷）和第二篇（下卷）。第一篇的标题是"没有价格条件下的调节"；第二篇的标题是"价格存在条件下的调节"。第一篇的含义是很清楚的，即价格不起作用；第二篇的含义则要加以解释，即价格、货币等究竟起多大作用是值得存疑的，所以他不把第二篇的标题称为"通过价格来调节"，而仅仅指出有价格的存在而已。据此，我认为《短缺经济学》的分析是以没有价格信号（第一篇）和价格信号微弱（第二篇）为背景的。（亚诺什·科尔奈，1986）这些分析都属于国际经验，其警示作用是：要防止短缺的再现，就必须注意价格信号的真实性。过度的和长时期的价格控制必然使价格信号失真，从而形成短缺。最近我国出现的电荒现象，尽管是由多重因素造成的，但应该承认其中的价格控制因素是不可忽视的。在治理通货膨胀的严峻形势下，政府对价格的干预是可以理解的，但这种干预必须掌握好时间和强度。如果发电的原料煤炭已经涨价，对电价实行长期的控制必然要造成电力供应的短缺，即所谓"电荒"。正如有的评论所指出的，"市场煤"和"计划电"是不可能长期共存的。

第三，中方和外方应该如何联合起来攻坚？

在这里，我仅想举一个实例作为攻坚的难题，那就是如何缩小城乡居民收入差距的问题。众所周知，按照官方的统计，我国在改革开放之初的1978年，城乡居民的收入的比率为2.5，即城市居民的收入为农村居民的2.5倍。由于农村改革的成功，到了1984年，这一比率下降到1.8。然而，自从改革的重点转入城市以后，城乡居民收入的差距一直呈扩大的趋势。

尽管个别年份有些波动，但总体来说并没有改变这种扩大的趋势。进入21世纪以来，由于政府采取了一系列利农的政策（如取消农业税等），这种扩大的趋势得到一定程度的遏制。最近这些年来，城乡居民收入差距大体上围绕着3.3的比率进行波动。应该特别指出的是，上述比率是根据官方公布的城市居民的人均可支配收入和农村居民的人均纯收入计算出来的。城乡居民之间在养老、医疗、教育、住房等公共服务方面的差距并没有得到足够的反映。所以，实际上的差距比官方公布的数字还要大。众所周知，发达国家的城乡差距是很小的，即使是发展中国家，城乡居民收入差距的比率超过2的也很少。而且，从发展经济学的常识来看，从二元经济向现代经济的发展转型中，城乡差距应该呈缩小的趋势。

可见，在我国经济的中长期发展和转型中，寻找城乡居民收入差距从扩大到缩小的转折点（Turning Point）应该是摆在我们面前的一项挑战性任务。即使按照"十二五"规划纲要的规定，今后五年城镇居民人均可支配收入和农村居民人均纯收入分别年均增长7%以上，也还没有涉及转折点的问题。所以，寻找这个转折点，不仅是一项攻坚战，而且也是给研究者提供的一个探索空间。

若干年来，我国学术界经常讨论的是刘易斯转折点、库茨尼兹曲线（这一曲线中自然有一个转折点）。我认为，今后应该多多讨论城乡收入差距从扩大到缩小的转折点——这才是中国的特色。我认为，至少应该从以下方面进行研究：

- 土地制度对城乡收入差距的影响；
- 户口制度对城乡收入差距的影响；
- 劳动力流动政策对城乡收入差距的影响；
- 转移支付政策（养老、医疗、教育等）对城乡收入差距的影响；
- 工业化和城市（镇）化政策对城乡收入差距的影响。

如果我们能够将这些影响因素的作用程度加以量化，并进行静态的和动态的分析，从而寻找到这一转折点，无疑将有助于我国经济社会的融合进程，加快小康社会与和谐社会的建设。

参考文献

《中华人民共和国国民经济和社会发展第十二个五年（2011—2015年）规划纲要》，

《人民日报》2011 年 3 月 17 日。

世界银行经济考察团：《中国：长期发展的问题和选择》，中国财政经济出版社 1985 年版。

赵人伟：《1985 年"巴山轮会议"的回顾与思考》，《经济研究》2008 年第 12 期。

郑伟、袁新钊：《名义账户制与中国养老保险改革：路径选择和挑战》，《经济社会体制比较》2010 年第 2 期。

宋晓梧：《政府应在调解一次分配中发挥作用》，《比较》总第 49 辑（2010 年 10 月号）。

赵人伟：《收入差距过大的原因从哪里找》，《同舟共进》2010 年第 9 期。

Branko Milanovic, *Worlds Apart: Measuring International and Global Inequality*, Princeton University Press, 2005, pp. 128 – 135.

布兰克·米兰诺维奇：《世界的分化：国家间和全球不平等的度量研究》，北京师范大学出版社 2007 年版。

阿·凯恩克劳斯：《战后英国从硬控制经济到软控制经济的过渡》，载中国经济体制改革研究会编《宏观经济的管理和改革——宏观经济管理国际研讨会言论选编》，经济日报出版社 1986 年版。

亚诺什·科尔奈：《短缺经济学》上下卷，经济科学出版社 1986 年版。

（原载《经济学动态》2011 年第 8 期）

经济学人的探索和转型

中国共产党成立迄今已经90年，《经济研究》也经历了56个春秋。我是1957年从北京大学经济系毕业以后来到经济研究所工作的。来经济研究所以后的第一个任务就是从事《经济研究》杂志的编辑工作。

在经历了50多年的风风雨雨以后，不少学术界的朋友常常问我：一生中最值得回忆的事情是什么？我想，最值得追忆的往事是从经济学研究的角度投身于改革开放的事业。

总体来说，改革开放是从1978年年底的中共十一届三中全会开始的。不过，从学术研究的角度，从经济思想演变的角度，似乎还可以追溯到更远。在这里，我只想重提在《经济研究》上发表的两篇文章及其意义。一篇是孙冶方的《把计划和统计放在价值规律的基础上》（载1956年第6期），另一篇是顾准的《试论社会主义制度下的商品生产和价值规律》（载1957年第2期）。在被称为第一个改革浪潮的1956年，我国经济学界出现了这样两篇催生改革的文章确实是令人深思的。应该说，当时传统的计划经济体制的主体在我国还刚刚确立，这种体制的弊病也还仅仅初露苗头。但是，他们两位都以其敏锐的眼光察觉到这种体制内在机理的弊病：用行政价格对资源进行实物配置的体制是低效率的。因此，他们都主张在行政价格之外去寻找一种价格形成的客观机制。经过探索，孙冶方随后找到了生产价格；顾准则直截了当地找到了市场价格（尽管用的是"经济核算制的最高限度"之类的表述）。孙冶方被扣上了"修正主义"的帽子；顾准则被扣上了"右派"的帽子。孙冶方在上述文章的末尾曾经注明得到过顾准（吴绛风）的帮助。有趣的是，一个鲜为人知的情况是：孙冶方撰写这篇文章之前，还得到过汪道涵的咨询。记得2001年我到上海参加一个学术研讨会，会上遇到时任海协会会长的汪道涵老先生。他在会间休息时对我说，孙冶方的那篇文章是孙、汪两位在北京一个小饭馆里吃饭时构思的。

当时汪道涵担任机械工业方面的领导工作，孙冶方则担任国家统计局的副局长。由于工作性质的差异，约定汪道涵不出面，而由孙冶方一人出面撰写此文。

无论是孙冶方、顾准，还是汪道涵，都是在中国共产党建党早期（20世纪二三十年代）入党的青年革命家。人到中年，他们又加了一个身份：改革的探索者。这两种身份统一在他们身上是极其自然的：他们都是中华民族的精英。为了振兴中华、救国救民，他们以献身的精神投身于革命；为了同样的目的，特别是为了探索中国经济的未来，他们又以极大的勇气投身于改革。尽管当时的探索是初步的，但是，放到历史的长河中去考察，他们应该是属于探索中国从计划经济走向市场经济的先驱或先行者。

说到我们这一代人，应该说是属于改革开放事业的直接参与者。三十多年来，我逐渐地形成了这样的看法：经济在转型，经济学在转型，经济学家也在转型。在这里，经济的转型从狭义来说仅仅是指经济体制的转型，即从高度集中的、以资源的实物配置为特征的中央计划经济向有宏观调控的、资源配置中价格机制起基础作用的市场经济的转型；但从广义来说，则还包括经济发展的转型，即从二元经济向现代经济的转型。经济学的转型则是指经济问题的研究从一种封闭的、停滞的状态向开放的、发展的、努力吸收人类文明先进成果的方向的转变。经济学家的转型则是指经济研究工作者同上述两个转型相适应，使自己的研究工作跟上时代的步伐。

经济学家的转型是一个艰难的过程。就我本人所从事的收入分配领域的研究来说，就经历了从拨乱反正到理论实证，从理论实证到经验实证的过程。

如所周知，粉碎"四人帮"以后、改革开放初期，我国经济学界曾经对按劳分配问题进行了热烈讨论，一共举行了四次按劳分配问题的讨论会。当时讨论的主要议题是要不要按劳分配、按劳分配是资产阶级法权还是无产阶级法权、按劳分配是不是产生资产阶级分子的基础，等等。这些讨论在拨乱反正方面起了很大的作用。我当时的主要精力放在经济体制转型问题的研究上，没有直接参与这方面的讨论，不过仍然十分关注这一讨论。由于在20世纪80年代初关于经济体制转型的研究中，我们从东欧改革的文献（特别是科尔奈的《短缺经济学》）中借鉴了一些对传统体制进行实证分析的经验。于是，我试图把这种实证的方法运用到收入分配领域的研究中。20世纪80年代中期，我对传统体制下工资和价格基本双冻结给不同代人所产生的不同效应进行了实证分析，特别是对青年一代的不利影响进行了实证分析。这种分析无疑对经济改革的必要性和经济改革的方向提供了理论支持，可以说是在上述拨乱反正的基础上的进一步研究。

不过，随后不久就发现，这种没有数据支撑的实证研究有很大的局限性。当我听到国外有的经济学家对东欧改革文献中的一些没有数据支撑的实证研究批评为"实证非实证"时，才恍然大悟：没有数据支撑的实证仅仅是可以得到经验证明的假设，不妨称之为理论实证；有数据支撑的实证，即经验实证，才称得上是真正的实证。因此，直到20世纪80年代末和90年代初，我们在收入分配领域的研究上才逐步地走上经验实证的道路。从概念之争到理论实证，再从理论实证到经验实证，这是一条艰苦的道路。

经过多年的实践，我深深地体会到，要对经济问题的一个领域进行比较深入的研究，往往要求研究人员具有较高的和较全面的素养。这些素养包括：有较高的理论素养，即能够掌握迄今为止人类文明在本领域所创造的理论成果；掌握比较先进的分析方法和工具，特别是经济计量的工具；掌握同研究主题有关的数据，最好是有第一手的数据或资料；对研究的主题要有实感，最好是通过一定的实地调查来取得和增强这种实感，并且要把实感和数据结合起来进行分析；要有较好的表达能力，包括：分析框架的合理性、叙事和推理的逻辑性以及文字上的准确性和清晰度（除中文的表达能力以外，最好还有一种乃至一种以上外语的表达能力）；能围绕主题进行纵向的（时间的）和横向的（空间的）比较。这样的素养看来很难在某一个研究人员身上得到全面的体现。因此，当今的许多研究课题往往要组织一个团队来进行合作研究。这种合作研究从原则上来说应该采取老中青相结合的形式。

根据我自身的经验，这种合作不仅是静态的，而且应该是动态的。换言之，老年人应该逐步退出，青年人则应该不断地进入。这就是研究中的代际合作和代际交替问题。多年来，我们在收入分配领域的研究中就采取了这种形式和机制。用通俗的话来说，就是几代人联合作战，加上几代人连续作战。其中，如果联合作战主要体现为静态的话，那么，连续作战则主要体现为动态。由于过去半个世纪中我国特殊的国情，我们这一代人从事研究的黄金时间往往是被耽误了的，因此，按上述素养来要求，也往往有更多的欠缺。在认识到自身的这种局限性以后，我认为我们这样的人应该自觉地实行快速折旧，着力培养青年一代的快速成长，才能使我们的经济学研究较快地赶上国际先进水平，较好地为我国的经济改革和经济发展服务。

  经济学研究中应该体现理论结合实际的精神是经济学界内外的一贯要求。但是，如何真正做到这一点，则一直是困扰我们的一大难题。在改革开放以前的一段时期内，不符合理论结合实际的倾向主要表现在"从概念到概念"，缺乏经济事实，特别是缺乏计量的分析。我认为，这种倾向的产生主要有两个原因：一个是1959年以后的一个长时期内国家不公布经济统计的数据；另一个原因是受斯大林经济理论的影响，斯大林的经济理论往往对经济问题只作判断和下结论，而不对经济运行过程进行分析和解剖，后来被人们称为"口号经济学"。应该说，孙冶方是力图克服这种倾向的。早在20世纪60年代初，他就派黄范章和乌家培到中国科技大学进修数学，希望在经济学研究中加强计量分析。改革开放以来，上述"从概念到概念"的倾向已经得到了很大程度的克服。而且，随着时代的进步，经济学文献中既有理论又有事实、既有质的分析又有量的分析的文章也大量涌现。不过在这种可喜的进步的同时，我们也应该看到，目前又出现了另一种不符合理论结合实际的倾向，那就是：量的分析脱离了质的分析，公式的推导脱离了经济运行的过程，造成经济学文章不能告诉人们其中的经济含义。这种情况不妨称之为"从公式到公式"的倾向。我诚恳地希望，我国经济学的研究能够在克服上述两种倾向中继续不断前进。

（原载《经济研究》2011年第6期）

第四篇

社会保障和福利体系

从经济转型看中国的社会保障体制改革[①]

一 经济转型中的重大课题

社会保障改革是我国经济转型中的一个重大课题。这一改革在 20 世纪 80 年代可以说是处在试探阶段,到 90 年代则进入了实施阶段。社会主义市场经济体制这一改革大目标的确立大大地推动了社会保障体制改革的进程。特别是 1993 年党的十四届三中全会《关于建立社会主义市场经济体制若干问题的决议》把社会保障体制同现代企业制度、统一的市场体系、宏观调控体系、收入分配制度并列为构筑我国社会主义市场经济框架的重要组成部分,标志着我国社会保障体制改革进入了整个市场经济体系建设的一个有机组成部分。经过 90 年代以来的改革,已经取得了若干进展和阶段性成果。除了在养老保险、医疗保险、失业保险和社会救助等方面改革的进展以外,在工伤保险、生育保险以及社会福利、优抚安置等改革也有不同程度的进展;企业补充保险、个人储蓄保险也有所发展。商业保险在经办企业补充保险和个人储蓄保险中也正在发挥作用。

我国社会保障体制改革迄今为止的进展虽然是可喜的,但是,如果把这项改革放到我国经济转型的大背景中去考察,那么,这方面的改革可以说还处在起步阶段。按照国际通行的表述,社会保障体制的改革可以称为福利制度的转型。而我国福利制度的转型是以整个经济转型为大背景的。我国现阶段的经济转型又可以分为两个方面,即从计划经济向市场经济的转型和从二元经济向现代经济(或称从乡村型农业社会向城市型工业社会)

[①] 这是我为本人主持的关于中国社会保障改革研究项目的成果所写的述评。整个研究项目的成果参见赵人伟、赖德胜、魏众主编《中国的经济转型和社会保障改革》,北京师范大学出版社 2006 年版。

的转型；我们常常把前者简称为体制转型，把后者简称为发展转型。放到体制转型和发展转型的大背景中去考察我国福利制度的转型，就可以清楚地看出我国福利制度转型的复杂性和艰巨性：我国现阶段实际上存在着三种转型，即经济体制转型、经济发展转型和福利制度本身的转型；而东欧国家已经实现了工业化，不存在二元经济结构，从而没有发展转型问题，但却存在着经济体制的转型和福利制度的转型；发达的市场经济国家则既没有经济发展转型问题，又没有经济体制转型问题，只存在着福利制度的转型。可见，在这三类国家中，中国福利制度的转型是最为复杂的。我国社会保障体系或福利制度（福利安排）现状的复杂性以及社会保障体系改革的艰难性实际上都是在这样一种背景下产生的。

例如，我国传统的福利制度安排中所存在的"过度"和"不足"两种现象并存的局面，就是在二元经济结构和制度性分割的复杂背景下产生的。我国社会保障体系以城市和农村为界限划分为明显的两个板块，绝大部分社会保障资源用于城市。而在城市内部，社会保障体系也存在着制度性分割的问题。福利制度的这种二元结构乃至多元结构，必然造成结构顶端的福利浪费和过度以及结构底层的福利不足。这样一种福利结构，不但造成公平缺失，而且造成效率缺失。

又如，在探索社会保障体系改革取向时，首先遇到的一个棘手问题是在现阶段要不要建立一个统一的社会保障体系，以及与此相关的另一个棘手问题是如何改革和建立农村的社会保障体系。这样一些棘手问题，也是在上述复杂背景下产生的。

正因为体制转型和发展转型的大背景对社会保障体系改革的重要意义，我们才把本书（研究项目的成果）的书名定为《中国的经济转型和社会保障改革》。

本项目（及其成果本书）研究的特点除了上述以体制转型和发展转型为背景之外，还有其他一些特点也是值得加以总结的。例如：（1）强调从实际出发。从实际出发的第一步是要掌握资料。考虑到本项目研究中掌握大量的和系统的第一手资料有困难，我们除了运用间接资料之外，还作了一些小范围的问卷调查，如北京农民工社会保障调查。为了弥补系统资料的不足，还在可能的条件下加强了案例的分析。例如，在农村医疗保障体系的改革和重建中，选择了陕西省的镇安县作为合作医疗萎缩的案例；吉林省的农安县作为合作医疗恢复试验失败的案例；江苏省的江阴县作为建立农村医疗保险制度比较成功的案例。（2）注意相关问题的研究和分析。为了克服研究中容易出现的"就保障论保障"的倾向，即忽视同社会保障有关联问题研究的倾向，我们在本项目的设计中，特别重视相关问题的研究，如研究就业状况、劳动力市场、人力资本投资、人口结构、收入再分配（税收和转移支付）等相关的因素对社会保障的影响。在我们的研究成果中，已经不同程度地涉及这些相关的领域。当然，我们的工作还仅仅是一种尝试，不过，这种从相互关联中来研究社会保障问题是应该加以肯定的。（3）进行比较分析。我们把瑞典作为发达国家的一个极端、美国作为发达国家的另一个极端来进行比较分析；同时又把匈牙利作为体制转型国家的典型；中国则作为既有体制转型又有发展转型的国家来进行比较分析。这些比较分析，使我们既看到了中国社会保障体制改革同其他国家改革的巨大差别，又看到了许多共同点以及可资借鉴的地方。（4）强调学术性和专题性。国内已经出版了许多有关社会保障问题的文献。然而，其中大量的是教材和政府文件。因此，本项目在设计和研究中都强调了学术性和专题性。在我们的研究成果中，如收入再分配和社会保障、人力资本投资和社会保障、女性的就业和社会保障、农民工的社会保障、"统账结合"养老模式的困境与出路等，都是按照专题研究的要求来设计和安排的。当然，我们在这方面的努力也仅仅是一种尝试，其中有的专题可以说还仅仅是提出问题，很难说是取得了应有的成果。（5）强调研究的政策含义和研究的独立性相结合。我们在重视本项目的研究成果对政府的决策要有影响之外，还特别强调研究本身的独立性。像养老金隐性债务及其偿还问题，在迄今为止的有关决策文件中通常是避免涉及的。然而，在我们的研究成果中则对这一问题进行了反复的讨论并提出了若干决策建议。我们希望，研究工作的这种独立性不仅无害于政府的决策，而且有助于决策过程中的集思广益。

二 已经取得的初步成果和主要发现

从社会保障改革问题研究的进程看，本项目所做的工作可以说是沧海一粟。尽管如此，我们认为，哪怕是极其初步的成果和发现，乃至是研讨中所获得的初步共识，也是值得加以总结的。在这里，我们不揣冒昧地提出以下几点来供参考。

第一，关于社会保障体制改革的基本原则。

本书概括的个人责任和社会互济相结合、保障水平同经济水平相适应、以人为本和从总体出发等原则，应该说既吸取了国际的经验，又符合中国的实际情况。可以说，这些原则是所有进行社会保障体系改革的国家的共同精神财富。当然，把这些原则运用到各个国家，则必须结合各国的具体情况。例如，以保障水平同经济水平相适应的原则来说，根据中国经济发展的实际水平，我国现阶段的社会保障就只能是低水平的。又如，以社会保障应该以人为本的原则来说，具体到发达国家就成为福利普遍性原则，即福利标准是全国统一的；但具体到中国现阶段的实际情况，则只能具体化为逐步扩大覆盖面的原则。

社会保障改革中最难处理的是个人责任和社会互济的关系。几乎所有实行福利制度改革的国家都要克服政府包揽的责任过大和承担风险过多的弊病，从而要加强个人在福利事务中的作用；许多改革措施还要求把享受的福利保障同个人的工作贡献联系起来。但是，在社会保障领域，由于福利的互济性和风险的共担性，不能要求权利和义务之间在个人层次上机械地对等。因此，在改革中如何在增强个人的自主权和责任心的同时，又不放弃社会的关怀、互济、团结和政府的责任，确实是一种难度很大的、需要有高度智慧的平衡技巧。这里向我们提出了一个非常重要的问题，那就是：社会保障问题不仅仅是经济问题，而且是道德问题（科尔奈称之为道德原则或伦理原则）。社会保障措施的出台需要决策者有经济考量加道德考量，社会保障措施的受惠者则应该既是经济人，又是道德人。

第二，关于我国社会保障体制改革和建设的总体设想。

在关于总体设想的讨论中，最令人瞩目的是在现阶段要不要建立全国统一的社会保障体系的争论。对此，社会上的各种意见可以说是五花八门，本书的许多章节也参与了讨论。看来社会上的讨论分歧意见比较大，而本书有关作者的看法则比较接近。在本书有关作者研究的基础上，我们愿意提出这样的看法：建立全国统一的社会保障体系固然有公平合理、便于管理等好处，但在现阶段显然不符合上述两个转型的复杂背景和国情。我国整个社会的均质性很低，城乡差别和地区差别都很大，即使是城市的养老保障也只能实行省级统筹，要立即在全国建立统一的社会保障体系显然是不切合实际的。但是，如果长时期地把农民和城市的边缘人群排除在社会保障体系之外，一味地强调"土地就是保障"、"家庭就是保障"，则也不符合上述两个转型的目标，而只能使现有的经济发展结构和经济体制结构凝固化。

既然在现阶段中国不可能建立一个全国统一的社会保障体系，但上述福利制度的二元结构和多元结构又必须逐步改变。因此，改变的基本趋势应该是在逐步扩大覆盖面的同时又要坚持多层次。基于以上认识，本书的许多章节都讨论了社会保障体系改革和建设中的广覆盖和多层次的问题。

我国的一些经济学文献认为，经过20多年努力，特别是经过20世纪90年代以来的改革和建设，我国社会保障体系的基本框架已经形成。但是，从广覆盖的要求来看，目前已经形成的基本框架仍然具有较大的局限性。直到2002年，养老、医疗和失业保险的覆盖面分别只占全体居民的18.3%、10.7%和13%，还没有达到1952年国际劳工组织制定的这三项保险至少应该覆盖全体居民20%的国际最低标准。可以说，进一步扩大覆盖面仍然是今后社会保障改革中任重而道远的事情。

在社会保障体制的改革和建设中，贯穿多层次的设计思想是很有必要的。如果说，广覆盖是要解决公平性问题的话，那么，多层次所要解决的是承认差别的问题。

即使是已经建立了城乡一体化的、统一的社会保障体系的国家，在改革中也在向多层次方向发展。最为明显的就是在改革中把养老保险和医疗保险都明确地区分为基本保险和补充保险两个部分；基本部分满足普遍的需要，体现公平性；补充部分满足一部分人较高的需要，体现差别性。我国的改革显然也在正在朝这一方向发展。

多层次的设计思想体现在许多方面。最为突出的是城乡之间的社会保障水平在今后一个相当长的时期内仍然会处在不同的水平之上——尽管会逐步缩小。在农村，目前最为迫切的是对低于最低生活标准的人进行救助。因此，当前的重点是建立农村的最低生活保障制度。当然，在抓住这一重点的同时，还要在农村积极推行以大病统筹为主要内容的新型合作医疗制度，稳步开展农村的养老保险。多层次有时还可以体现在某个保险项目上面。例如，有的作者提出，失业保险计划可以分为以下三个层次，即城镇国有企业职工构成该计划的第一层次，具有城镇户口的从业人员构成第二层次，在国有企业就职的农民工则构成第三层次。

第三，关于比较中的借鉴。

福利制度的改革可以说是席卷全球的浪潮。因此，我国的改革必然要吸取别国改革的经验和教训。由于主客观条件限制，本项目主要是对以瑞典为代表的欧洲福利国家和美国作了一些比较研究（对其他国家的比较则仅散见于各章之中）。那么，我们能否从瑞典和美国这样同中国国情相去甚远的国家的福利制度改革中获得借鉴呢？我们的体会是：从纯操作的层面来看，确实从国情相似的国家可以获得更多的借鉴；但是，从福利制度的运行机制的层面来看，我们仍然可以从发达的福利国家的转型中获得许多借鉴。

例如，在几乎所有进行福利制度改革的国家都面临着政府所承担的责任和风险过大和福利开支支付上的危机。即使像瑞典这样的国家，改革以前的公共开支高达 GDP 的 70% 也还发生了严重的支付危机，因此，在改革中如何实现需求约束的适度硬化，减少支付上的困难，也是任何实行改革的国家所要实现的一个重要目标。

又如，在福利制度改革以前，许多国家存在着福利欺诈和福利依赖问题。因为，所谓"吃大锅饭"的福利机制设计本身就只有单向的需求膨胀机制而缺乏反向的供给约束机制。这种机制不仅会导致供不应求的经济问题，而且会引发诸如"泡病号"等福利欺诈的道德问题。可见，福利制度的推行不仅是一个经济问题，而且是一个道德问题。一个健全的福利制度的建设，不仅要依赖于经济发展水平的提高和经济体制的完善，而且有赖于公民道德情操的锤炼。

再如，即使发达的福利国家，改革以前也存在着对劳动积极性的反激励和收入的隐性转移问题。人家从"同工同酬"演化成"对所有的工作付同样的报酬"；我们则从"同工同酬"演化成"干多干少一个样，干好干坏一个样，干和不干一个样"，颇有相似之处。因此，如何改变这种对劳动积极性的反激励和收入的隐性转移,我们完全可以从人家的改革中获得借鉴。

在瑞典这样的福利国家,同福利依赖相关的一个突出事例是家庭功能的过度社会化。瑞典的经验表明,家庭服务功能的过度社会化会降低效率。美国的经验也表明,社会保障体系的建立和发展不应该冲击家庭的功能。而就我国的情况来说,在福利制度的安排上如何处理家庭功能和社会功能的关系是一个非常值得研究的问题。如果说,瑞典在福利制度改革以前曾经出现过家庭功能过度社会化的弊病的话,那么,我国在现阶段则存在着家庭功能社会化不足的情况。特别是在农村,许多农户都因为社会功能的不足(社会互济性的不足)而导致因病致贫和因老致贫。可见,根据我国经济发展的状况和文化传统,在社会保障改革和建设的不同阶段设计出家庭功能和社会功能如何结合和如何互补的方案,应该是今后的一项重要任务。

发达国家社会保障体系对于国民基础教育的促进作用也是值得我们借鉴的。美国的社会教育福利支出占总社会保障支出的比例在24%—34%。正是这种突出教育保障特点的美国社会保障体制,造就了美国在世界上领先的基础教育普及率和高等教育参与率,以及全民受教育程度在世界上最高的优势。在美国的社会教育福利支出的结构中,初等和中等教育约占69%,高等教育占20%,职业和成人教育为7%,其他方面的教育支出为4%左右。这种突出教育保障的社会保障体制,一方面,为中低收入的家庭提供了大量的教育补贴,使得他们的生活水平在整体上有了较大提高,同时也为这些家庭的下一代创收能力的提高奠定了基础。另一方面,为国家的可持续发展以及提升国际竞争力,提供了不可或缺的一代代人力资本积累。这种以社会保障来支持教育的做法,对我们构建一个起点公平、和谐发展的社会来说,是具有参考价值的。

三 有待进一步探讨的若干难题

如上所述,无论从理论上还是从实际上来看,我国社会保障体系的改革和建设都还处在一个探索的过程之中。在这个过程中,有待解决的难题很多。在这里，我们只能举几个例子来作一些探讨。

第一，如何解决"统账结合"模式中的功能混乱和责任不清问题？

在养老保险体制目标模式的选择上，世界上多数国家和地区都参照世界银行的建议，不同程度地实行了三支柱模式，在我国则具体化为"社会统筹和个人账户相结合"的模式，简称"统账结合"模式；从筹资模式的角度，也称为部分积累制（混合制）或混合模式。这种模式是从总结完全现收现付的社会统筹制和完全积累的个人账户制的利弊中发展而来的。

这种模式的特点是：在退休人员养老金中，一部分来自现收现付的筹资方式，一部分来自完全积累式的筹资方式。这种模式可以尽可能地吸收上述两种模式的优点，形成两种模式的优势互补，同时又可以减少单纯依靠任何一种模式所带来的风险。这种模式一方面部分地保留现收现付体制下个人收入在代际之间进行再分配的功能，另一方面又能部分地发挥完全积累制下对人们的劳动和缴费的激励功能；既能够缓解现收现付体制下因福利刚性所带来的支付危机，又能够克服完全积累制下个人年金收入过度不均的弊病。这种模式能较好地体现个人责任和社会共济相结合、公平和效率相结合、目前利益和长远利益相结合的精神。正因为如此，1993年中共中央十四届三中全会《关于建立社会主义市场经济体制若干问题的决议》中所提出的"社会统筹与个人账户相结合"的模式被人们公认为比较切合实际的目标模式。直到1997年国务院颁布了《关于建立统一的企业职工基本养老保险制度的决定》，最终形成了社会统筹与个人账户相结合的养老保险制度。

然而，"统账结合"模式在制度设计和实际操作上也存在着若干缺陷。首先是政府承诺的基本养老保险的标准太高。国际上这一部分是以能否满足退休人员本人的基本生活为标准的，而我国则超出了这一标准，从而引发了第一支柱过大和支付方面的危机。其次，"统账结合"模式没有解决隐性养老金债务问题，从而引发了个人账户的"空账"运行。再者，对企业补充养老保险和个人储蓄性养老缺乏制度安排，使第二支柱和第三支柱对企业和个人缺乏吸引力，也难以进行规范操作。这些缺陷的结果则造成再分配功能同储蓄功能之间的混乱，政府责任和个人责任之间的不清。因此，如何解决这种功能混乱和责任不清的问题，就成为今后社会保障体制改革和建设中的一大难题。

第二，如何解决隐性养老金债务及其偿还问题？

本书的许多作者从不同角度探讨了隐性养老金债务的问题。在完全积累制的养老金计划中，每一代人都为自己退休而储蓄，不存在隐性养老金债务问题。但是，从现收现付制向部分积累制转变时，职工的缴费就不应该再用来支付已退休人员的养老金。这就意味着新体制建立以前已经发生的养老金费用以及在职职工已有工作年限所应积累的养老金，应该另外寻找筹资来源；否则，现有职工就必须承担两代人（自己一代和上一代）的养老费用。这笔要支出的养老费用，并没有列入政府公共开支的计划，而是隐含在对未来福利的承诺之中，所以被人们称为隐性养老金债务。许多学者认为，这种隐性债务实际上是从现收现付制向部分积累制转换过程中应该付出的"转轨成本"或"过渡成本"。

对于隐性债务的规模有着各种各样的测算和估计。高估计已超过十万亿元，低估计也有数万亿元。尽管隐性债务或转轨成本的规模不小，但有的作者对解决这一问题却持有比较乐观的态度。因为，这一巨大的转轨成本并不需要在一年或是几年的时间内全部用现金解决，只有到1997年改革时的"老人"和"中人"全部去世时，也即大约到2050年，转轨期才算结束。换句话说，转轨成本可以在50年左右的时间内分摊。这样，落实在每年的转轨成本是有限的，并不高。2000—2035年每年需落实的转轨成本数额约占年度GDP的0.6%，到2050年该比例将降至GDP的0.3%。有的学者还对偿还这种隐性债务的筹资手段进行了探讨，如发行国债、增加财政支出、出售国有资产等。

第三，如何寻求适度的养老金工资替代率和缴费率？

养老金的工资替代率和缴费率是一个问题的两个方面。从筹资的角度看，替代率取决于缴费率。目前普遍的呼声是替代率和缴费率都偏高。但经过深入分析以后，又可以进一步发现替代率和缴费率都有计算失实和虚高的问题。因此，寻求适度的替代率和缴费率仍然是一个尚需进一步研究的问题。

有的学者认为，世界上多数国家把养老保险的工资替代率定在40%—50%，60%就算是高的，而我国现行的养老保险的工资替代率却高达80%

以上，甚至达到100%，具有较明显的福利化倾向。然而，在我国现行收入结构中，工资外收入的比重相当高。如果养老金只同工资相比，可能很高；但如果同实际收入相比，又可能很低。由于我国计算替代率时作为分母的工资很不完整，据此计算出来的替代率也很不准确，再按这种替代率来作国际比较并没有什么可比性。因此，要对工资替代率进行比较准确的计算，就必须先解决工资外收入过高和替代率虚高的问题。

有的学者认为，从国际上看，企业缴纳的基本社会养老保险费一般在工资总额的10%左右，但我国到21世纪初企业的缴费率已达到25%，过高的缴费率已经成企业的沉重负担。然而，如果把缴费率同缴费基数联系起来考察，那么又出现了缴费基数不实和"逃费"的问题，从而引发了缴费率虚高的问题。老问题还是我国企业职工的收入结构中工资外收入的比重很高，而这些工资外收入均不计入缴费基数，从而缴费基数不实就成为养老保险基金流失的突出问题。因此，要对缴费率进行比较准确的计算，也必须先解决工资外收入过高和缴费率虚高的问题。

第四，在完善社会保障体系的过程中如何正确发挥政府的收入再分配功能？

首先是要改变历史遗留下来的"逆向再分配"的格局。所谓"逆向再分配"，就是政府通过税收和转移支付这些再分配工具不是缩小了收入差距，而是扩大了收入差距，不是起的"抽肥补瘦"的作用，而是起的"抽瘦补肥"的作用。我国城乡之间收入差距过大以及社会保障资源在城乡之间的分布极其不平衡，在一定程度上是这种"逆向再分配"的结果。

除了历史遗留下来的城乡之间的"逆向再分配"以外，我们还要关注新形势下外部因素导致的城乡收入差距拉大的问题。例如，在我国加入WTO以后，进口发达国家的农产品会减少农民的收益；而发达国家的农产品往往得到政府的补贴。这种外部的因素引起的"逆向再分配"，我国的政府应该采取什么相应的对策，则是一个复杂的、绕圈子的问题。

在各项社会保障政策的实施过程中，也要警惕"逆向再分配"现象的出现。例如，在解决上述缴费基数不实的问题时，如果有的企业做实了，而另外的企业仍然做不实，就会产生老实人吃亏的"逆向再分配"问题。

国家还要通过再分配政策来逐步缩小各部门之间社会保障资源分配的

不平衡状况。除了上述城乡之间的不平衡状况以外，在城市内部的正规部门同非正规部门之间、机关事业单位同企业之间也存在着不平衡的状况。当然，解决这些问题需要有一个相当长的过程，但是，再分配政策在制定时需要以缩小这种不平衡状况为一个着眼点，应该是毫无疑问的。

根据国际经验，适度再分配不仅应该成为一种理念，而且应该成为一种政策目标。当然，怎样的再分配既不是过度，又不是不足，而可算是适度，那是要根据各国的经济发展水平和文化传统等因素来确定的。例如，许多国家在进行福利制度的改革时都在调整税率，瑞典和美国都采取了降低最高边际税率的措施，但是，瑞典的最高边际税率仍然比美国要高出一截。至于转移支付占国民生产总值的比例究竟多大算是适度，世界各国也不一样。我国应该如何根据经济发展的不同阶段来确定转移支付的规模，也是一个尚待探索的问题。

（原载《经济学动态》2006年第4期）

以瑞典为代表的福利国家的转型及其对中国的启示

二十多年来，我国的经济体制处在从计划经济向市场经济的转型之中。与此相适应，我国对社会保障体制（或称体系，下同）的改革也进行了积极的探索，特别是从20世纪90年代中期以来迈出了较大的步伐。

在以往的四分之一个世纪中，西方发达的福利国家也遇到了福利制度[①]的危机和困境，从而掀起了改革或转型的浪潮。

应该说，福利国家的转型同我国社会保障体制的改革是两件有很大差别的事情。但是，无可否认，这两者之间也存在着某些相似或共同之处。因此，人家的改革或转型的经验，对我们也有值得借鉴的地方。特别是当我们对彼此的实践进行机理分析的时候，更可以从中找到共同点。例如，人家是"富大锅饭"吃不下去；我们是"穷大锅饭"吃不下去。换言之，都是原有体制的"不可持续性"才造成非改不可或非转型不可的局面。因此，诸如怎样打破大锅饭之类的经验是可以共享的（关于两者的异同，随后将辟专节讨论，不在此赘述）。

对于福利国家，学术文献中有各种各样的理解。本报告所说的福利国家，主要是指西方发达的福利资本主义国家。对于这些福利国家，又有各

[①] "福利"一词有广义和狭义之分。就广义来说，"福利国家"、"福利制度"，同我们通常所说的"社会保障体制"的含义相似；就狭义来说，"福利"则仅相当于我们通常所说的"社会救助"和"社会福利"的含义。在一般情况下，本章在广义上使用"福利"这一概念，仅在个别场合在狭义上使用这一概念。科尔奈认为，"福利国家"的表述是欧洲的含义，在美国，"福利"的定义则缩小到社会救助的范围。参见亚诺什·科尔奈等《转轨中的福利、选择和一致性——东欧国家卫生部门改革》，中信出版社2003年版，第3页注2。

种各样的模式分类。①本章并不具体研究发达的福利国家的各种模式，而是从总体上涉及福利国家的转型。第二次世界大战以后，英国是率先宣布第一个建成的福利国家。随后，西方发达资本主义国家纷纷效法，争相以福利国家自诩。其中瑞典以其福利最广泛和最优厚闻名于世，获得了"福利国家橱窗"的称号。可见，从总结福利国家转型经验角度来看，瑞典具有特殊的意义。瑞典的福利制度在发达的资本主义国家中属于一个极端的事例。可以这么说，改革或转型是要从极端转向适度。正如有的学者所指出的，我们从一个极端的和特征鲜明的事例中可以比从一般的事例中学到更多的东西。(Richard B. Freeman, 1997) 因此，本章在研究福利国家的转型时将较多地涉及瑞典的事例。

一　以瑞典为代表的福利国家的转型

福利国家于20世纪五六十年代在西欧和北欧得到了比较充分的发展。关于福利国家，人们有各种各样的表述或定义。我们认为，如下的表述不失为较好的一种，即"所谓福利国家，是指那些有意识地运用政治权力和组织管理的力量，在分配领域为主的某些领域，减缓市场机制的作用力度，矫正市场机制优胜劣汰的缺陷，为所有社会成员提供最基本的物质生活需要的国家"。(和春雷，2001) 这些福利国家具有以下特点：(1) 强调福利的普遍性和人道主义、人权观念，受益对象为社会全体成员。(2) 福利开支基本上由企业和政府负担，个人不缴费或低标准缴费。(3) 福利保障项目齐全，包括"从摇篮到坟墓"的一切福利保障，保障的标准也比较高。(4) 保障的目的是维持社会成员一定标准的生活质量，而不仅仅是消除贫困。(和春雷，2001)

瑞典是福利国家的橱窗。以瑞典为例，福利国家的成就可以作如下简单的概括，即五高、一低、一无。所谓五高，就是高均等、高税收、高福利、高调节和高开放；所谓一低，就是低失业；所谓一无，就是无贫困。就以其中的高均等来说，瑞典福利国家的成就也是举世瞩目的。瑞典的基

---

① 例如，埃斯平—安德森把西方发达的福利资本主义国家分成保守模式、自由模式和社会民主模式三种。见 G. Esping - Anderson：*The Three Worlds of Welfare Capitalism*，Cambridge，Polity Press，1990.

尼系数从20世纪60年代的0.28下降到80年代初的0.2。在80年代，按十等分组，瑞典家庭可支配收入最高组和最低组之比为2∶1；而同期美国的这一比率为6∶1。当时，美国的人均实际收入比瑞典高28%，但最低组的瑞典人的收入则要比最低组的美国人的收入高出63%。换言之，瑞典的穷人比美国的穷人有更高的收入。(Richard B. Freeman，1997)

然而，福利国家在经历了一个不很长的繁荣以后就陷入了危机，从20世纪70年代中期以后就掀起了改革或转型的浪潮。国内外许多文献对福利国家的转型已经做了大量的论述。下面，我们将综合前人的成果，并结合中国的实际和自身的研究，着重探讨三个问题：第一，究竟福利国家的危机及其成因的根本性质是什么？第二，福利国家转型的进展和困难是什么？第三，福利国家的转型同中国社会保障制度的改革有什么异同？从两者的比较中我们能得到什么启示？

（一）福利国家的危机及其成因——性质分析

许多经济学文献在论述福利国家的转型时总要把这一转型同1973年的石油危机联系起来。诚然，石油危机带来的经济困难确实是福利国家从其黄金时期转向改革和调整的一个转折点。不过，石油危机所带来的经济困难仅仅是引发福利国家转型的一个导火线，而不是根本原因。要真正从福利国家危机中汲取教训，必须从这种福利制度或社会保障制度的机制设计中找原因。道理很简单，即使没有当年的石油危机，福利国家的危机迟早是要发生的。正如有的学者所指出的，这是一种"制度性失败（systems failures）"或"制度性危机"。(Richard B. Freeman，1997) 这种制度性危机表现在许多方面。

1. 过度慷慨的福利制度安排造成福利的增长超过经济的增长，使经济实力无法继续承担其福利开支

在西欧和北欧的福利国家，福利的增长或扩张在1960—1975年达到了顶峰。在这一期间，GDP的年平均增长率为2.6%—4.6%，而福利开支的增长率竟达5.6%—9.1%。(上海市社会保险科学研究所，1999) 过度慷慨的福利制度首先表现为入不敷出的财政预算危机。福利的涵盖面很广，而且标准很高，国家又无法控制其增长的势头。在社会保障收不抵支的情况

下，政府作为"最后供款者"的角色不得不动用财政收入予以弥补，造成公共开支扶摇直上，财政预算严重失衡。以瑞典为例，各项福利开支（包括养老、医疗、失业、生育、伤残等）大约占政府公共开支的85%。（黄范章，1987）由于福利开支的扩张和失控，使得瑞典的公共开支在GDP中的比重也不断上升，从60年代的35%上升到80年代的63%和90年代经济危机发生时的70%。过度的福利是经济危机的重要原因，而经济危机又动摇了福利国家的基础，在过度福利同经济危机之间形成了一种恶性循环。瑞典在1990—1993年的经济危机期间，GDP累计下降5%，工业生产下降8%，零售额下降13%，资本形成下降1/3，就业下降12%，1993年年底的总失业率达到9.3%（其中，青年的失业率高达21.4%），1993年财政赤字占GDP的比率达13%。（Richard B. Freeman，1997）

2. 福利国家的制度安排对劳动积极性不起激励作用，反而起抑制或反激励的作用

仍以瑞典为例，实行"团结工资"政策的初衷是要强调人们之间的平等和合作，但实行结果则往往事与愿违。最初的口号是"同工同酬"，但实际上则变成了"对所有的工作付相同的报酬"。这样一种制度安排，表面上看是缩小了不同部门的工人之间、熟练工人和非熟练工人之间的收入差距，从而增强了人们之间的团结。但是，实际上却发生了一种隐蔽的收入转移，即发生了从高工资工作者向低工资工作者的收入转移。其结果是使得拿了较高工资的非熟练工人降低了提高技术的积极性，减少了人们对人力资本的投资，从而不仅挫伤了熟练工人的积极性，而且造成了在劳动市场上技术人员供应的短缺。

3. 过度的福利还造成了"福利欺诈"和"福利依赖"

过度的福利安排还引起了道德问题。周弘指出：福利国家危机的一个重要表现是"高福利对劳动道德的威胁"（周弘，2001）。在瑞典，福利的项目繁多。根据林德伯克的分析，过度的疾病福利、工伤福利、对单亲家庭的经济支持、有选择的住房补贴、提前退休补贴等，都会引发道德问题。特别是其中的疾病福利制度，更容易引发"福利欺诈"。例如，当瑞典的疾病福利制度使得替代率达到90%—100%的情况下，人们就会"泡病号"，声称有病而不上班。1955年，每人因病请假的天数为14天，到80年代末

则达到了26天。有的人甚至一方面在享受疾病支付金、失业补偿金、提前退休金等福利，另一方面却在黑市上打工。因此，关于瑞典已经变成"一个骗子的国家"的说法就成为过去二十多年来的讨论中引用最多的话语之一。(Assar Lindbeck, 1997) 福利依赖的一个突出事例是家庭服务的过度社会化。即使在许多发达国家，照顾老人和儿童的服务基本上是由家庭提供的，但在瑞典却是由社会提供的，其补贴费用则由政府列入其公共开支。据统计，1991—1992年，为学龄前儿童所支付的公共开支约占当年GDP的3.5%。换言之，政府一年要为每个学龄前儿童花费6万克朗，约合8000美元。这种个人或家庭服务的社会化，使社会付出了高昂的代价。因为，其结果是服务上的总体消费发生了膨胀，而这种服务消费的膨胀，又是以牺牲物质产品上的消费为代价的。如果这种服务改由家庭来提供，效率损失就会下降，整个生活水平就会提高。(Sherwin Rosen, 1997)

4. 高福利和高补贴必然导致高税收和高物价

在这种福利制度的安排下，究竟谁来雇用享有高工资、高福利、高补贴的低效率工作人员呢？换言之，究竟谁来养懒人呢？回答是：只有公共部门。那么，又由谁来承担费用呢？回答是：第一，为公共部门纳税的人。第二，为产品付出高价格的消费者。在1980年，瑞典个人劳动所得税的平均边际税率为56.8%，最高边际税率达85%；同年，个人劳动所得税（包括社会保障税和消费税）占个人劳动收入的比重为65.2%，占GDP的比重为47.7%（见附表1和附表2）。包括瑞典在内的北欧福利国家的高物价也是举世闻名的。可见，羊毛出在羊身上，高福利的费用最后还是落在纳税人和消费者的身上，只不过是扭曲了经济的运转过程。

5. 过度的福利制度安排必然影响宏观经济的稳定和损害经济效率和经济增长

所有上述弊病，都会集中表现在整个宏观经济的不稳定上来。例如，由于社会保障费用占劳动力成本的比例过高（在西欧和北欧的福利国家，一般占25%—30%），直接影响了企业的国际竞争能力，迫使劳动密集型行业向发展中国家转移，导致失业率的提高。由于税率和保险费的缴费率很高，人们的收入所剩无几，迫使雇主和政府提高工资，导致通货膨胀加剧。由于高福利和高缴纳，使得人们既缺乏储蓄和投资的意愿，又缺乏储蓄和投资的能力，从而影响了生产率的增长。如前所述，瑞典是福利国家的橱窗，也是过度的福利制度所带来的后果最为严重的国家。正如有的学者所指出的，瑞典的生产可能性边界已经内移，瑞典人均 GDP 在 OECD 国家中的排序已明显下降。按购买力评价计算的人均 GDP，瑞典在 25 个 OECD 国家中的排序，1970 年为第 4 位，高于平均水平 15%；1990 年下降到第 9 位，高于平均水平 6%；1995 年下降到第 16 位，低于平均水平 5%。（见附表 3）福利国家的上述制度性失败或制度性危机使人们对福利国家的可行性和有效性发生了质疑。有的学者提出，福利国家面临着以下 11 种因素的挑战，即人口的老龄化、家庭结构的改变、经济增长的放缓、失业的高水平、预算赤字的增长、对高税收的日益增长的抵制、市场力量的支配地位、经济活动和社会活动的私有化、国内和国际间日益增长的竞争、全球化的加速以及技术的改变。（G. Esping – Anderson，1996）这些因素，迫使福利国家走上了改革或转型之路。

（二）福利国家改革的动向——进展和困难

福利国家的改革已经探索了许多年，各国的做法因国情的差异而有所不同[①]。在这里，我们只是对改革的一般趋势作一探讨。

总的来说，改革是要解决对福利的滥用问题，使福利从过度回到适度，以便实现两个平衡，即福利增长同经济增长之间的平衡、社会保障内部收入同支出之间（供求之间）的平衡。可见，福利制度的改革并不是要摧毁福利制度本身，而是要在福利制度内部各个经济变量之间、在福利制度的诸经济变量同整个经济的诸变量之间形成一种良性循环的关系，从而使得福利制度变得具有可持续性。

最重要也是最令人注目的是机制设计上的改革。西方福利国家改革的一个重要动向是变政府的单一福利为混合福利，即除了政府以外，雇主和雇员也应该对社会保障负责任，并且鼓励私营部门以职业年金与私人养老计划和医疗计划参与福利资源的配置。世界银行认为，现代福利国家的养

---

① 例如，埃斯平 – 安德森就把发达的福利国家的改革分为斯堪的那维亚道路、新自由道路和大陆欧洲道路。见 G. Esping – Anderson（ed.）*Welfare States in Transition：National Adaptations in Global Economies*，SAGE Publications，London，1996，pp. 10 – 20。

老保险模式已经无法同时解决养老和发展的问题,因此,建议建立一个由三根支柱构成的养老保障体制:一个是公共管理的、以税收筹资为基础的养老体制,称为强制性公共管理支柱;另一个是私人管理的、以完全积累制(设立个人账户)为基础的养老体制,称为强制性私营支柱;还有一个是以个人的自愿储蓄为基础的支柱,它可以作为补充,以满足较高水平的保障需求,称为自愿支柱。在这三个支柱中,前一支柱发挥再分配功能,后两个支柱发挥储蓄功能;前两个支柱具有强制性,后一个支柱具有自愿性;当然,所有这三个支柱都发挥共同保险的功能。(世界银行,1994)这种体制正在许多国家不同程度地试行。由于它带有混合的特点,所以常常被人们称为部分积累制。

机制设计上的另一个重要变革是改进社会保障的受益规则。在受益规则的改进中,最重要的制度创新是引入"工作福利"制度。所谓"工作福利",是指凡是接受政府福利补助金的人必须接受政府或立法规定的有关工作。这样做是为了克服福利同贡献完全脱节的现象,使福利从一种同工作毫无联系的权利变成同工作义务有紧密联系的权利。"工作福利"一词最早出现在20世纪60年代末期美国的"工作激励方案"之中。后来,美国、英国、瑞典、德国、丹麦等国都在自己的社会保险计划中引入了这一收益准入制度。例如,在瑞典的失业保险计划中就明显地增强了从事工作和培训的要求;在丹麦,还规定给失业满一年的青年人提供工作的保证。

此外,还采取了一系列具体的措施。例如:

(1)降低福利水平。其中,最为突出的是降低替代率。在瑞典,20世纪90年代初期大多数社会保障体系中的(工资)替代率从90%—100%下降到80%,有时甚至下降到75%(Assar Lindbek,1997)。在德国,90年代中期因病缺勤的工资替代率也从原来的100%下降到80%。(赵人伟,1997)在美国,失业保险金的替代率则从20世纪70年代中期的70%下降到1989年的33%。(G. Esping-Anderson,1996)

(2)减少税收。福利和税收是一个问题的两个方面。福利的降低也就为税收的减少创造了条件。为了解决对劳动的反激励等问题,福利国家在改革中都采取了减税的措施。其中,瑞典的税制改革是一个明显的事例。瑞典从1983年就开始了税制改革,90年代初加强了改革的力度。林德伯克指出，1991年瑞典税制改革的精髓是用两级税制来代替高额累进税制。大多数人只要缴纳26%—33%的税给地方政府就行了，高收入者则还要缴纳20%的税给中央政府。税制改革的结果，对大多数有收入的人来说，总的边际税收插入（wedges）在1983—1995年下降了15个百分点，最高边际税率则从85%下降到70%。（Assar Lindbek，1997）

（3）延长退休年限。在社会保障体系中，公共养老计划的收支所占比重最大。因此，如何在公共养老计划的改革中实现增收节支，就成为各国改革的一个关注点。其中，提高退休年龄就成为各国普遍采用的做法。例如，美国已将退休年龄提高到67岁，德国则提高到65岁。提高退休年龄对增收节支的意义是很明显的：一方面，由于延长工作年限就相应地延长了缴费的年限，从而产生了增收的效应；另一方面，由于延长工作年限就相应地减少了领取退休金的余命年限，从而产生了节支的效应。在人的平均预期寿命不断延长和老年人口的比重不断上升的情况下，延长退休年限就更加成为各福利国家防止老龄危机的一个重要措施。当然，延长退休年限也是一把"双刃剑"：提高退休年龄将会对年轻人的就业产生挤出效应；同时，在技术进步突飞猛进的当今世界，由于老年人的人力资本存量的不足，即使在身体状况容许的情况下，也存在着知识更新和技术培训所带来的难题。

福利国家通过上述改革，取得了一些明显的成绩。仍以瑞典为例。从经济增长来看，如前所述，瑞典在1990—1993年的危机期间GDP呈负增长状态，通过改革，已于1995年恢复到1900年的水平。政府的赤字占GDP的比重从1993年超常的13%下降到1995年的8%和1997年的2%。（Richard B. Freeman，1997）由于税负的减轻和替代率的下降，人们的工作积极性有所提高，例如，每人每年因病缺勤的天数从1989年的24天下降到1995年的11天。福利制度的改革，特别是税制的改革还改变了人们的储蓄倾向和消费倾向。家庭的储蓄率（储蓄占家庭可支配收入的百分比）1990年为-2%，1994年上升到10%。同期，家庭的消费总需求则明显下降，下降额为GDP的6%。（Assar Lindbek，1997）储蓄率的提高还有利于促进资本资源的合理配置。

当然，福利制度的改革是非常艰难的事情，既要付出代价，又要遇到阻力。

在改革过程中，瑞典的收入差距明显扩大了。1980—1993 年，基尼系数提高了 3—5 个百分点。在 1978 年，瑞典只有 2.7% 的家庭的可支配收入低于中位数收入的 50%。到 1993 年，这一数值则上升到 5.7%。（Assar Lindbek，1997）收入差距的扩大，在一定程度上是改革或转型所付出的代价。

另外，福利是具有刚性的。长期的高福利政策还造就了既得利益集团，降低福利的改革措施必然要遭到既得利益者的反抗，有时甚至会表现为政治的和党派的斗争。例如，德国政府于 1996 年拟定了一系列降低福利措施的建议。这些措施不仅受到工会的反对，而且遭到社会民主党的强烈抨击。社会民主党的领导人谴责这些措施是"残忍的"，是"对社会正义的宣战"。1996 年 6 月，波恩有 35 万人上街示威，反对降低职工的福利待遇。这同英国政府在 80 年代中期为削减公共开支所遇到的问题（长达一年的煤矿工人大罢工），同法国政府于 1995 年冬所遇到的问题（数周大罢工）都颇为相似。有一次我问德国的维利·克劳斯教授，改革过分慷慨的社会保障制度行得通吗？他紧锁眉头回答道：很难、很难，特别是医疗保障的改革，往往不仅仅取决于制度的设计，而且在相当大的程度上还取决于个人的行为。

尽管改革或转型的难度确实很大，但是，由于过度慷慨的福利制度的不可持续性，非改不可这一点看来仍是不可动摇的。这同上面所说的改革并不是要从根本上摧毁福利制度本身似乎具有同样的重要性。

（三）福利国家的转型同我国社会保障体制改革的异同——比较分析

究竟福利国家的转型对我们有什么启示呢？看来有必要对西方发达的福利国家转型同中国社会保障体制改革的异同作一番比较分析。只有通过比较，我们才能认识哪些是带有普遍性的经验和教训，哪些是属于中国的特色；才能做到对外来的东西既不盲目照搬，也不盲目排斥。以下，我们想从大的背景方面的异同和福利制度或社会保障体系本身的异同这两个方面来作比较。

从大的背景来说，我们认为，西方福利国家的转型同我国社会保障体系的改革的经济体制背景和经济发展程度背景都有很大的差别。

从经济体制背景来说，西方福利国家的福利体系是建立在市场经济基础上的，而我国的社会保障体系在改革以前是建立在计划经济的基础上的。因此，福利国家的转型是在市场经济的总体框架不变的基础上福利制度安排上的改变，而我国社会保障体系的改革是以整个经济体制从计划经济向市场经济的转变为背景的。换言之，在我国，社会保障体系的改革是整个经济体制改革的一个组成部分。因此，在西方福利国家，福利制度的改革并不会遇到诸如怎样培育资本市场、怎样建立劳动力市场、怎样适应对外开放的形势等问题，因为，这些仅仅是计划经济向市场经济转型的国家才会遇到的问题。正如王梦奎所说的，我国社会保障体制的改革必须考虑"经济体制的转变，即从计划经济向社会主义市场经济体制的转变。社会保障体制的改革是这种根本性的经济体制转变的一个重要组成部分，其他方面的改革，例如所有制结构的调整、企业制度的改革、财税体制的改革，都对社会保障体制的改革有不可忽视的影响"。（王梦奎主编，2001）从体制背景的差异来看，我国社会保障体系改革的深度和难度都比较大。

再从发展程度背景来说，西方发达的福利国家早已实现了工业化，所处的是后工业社会的发展阶段。我国则正处在实现工业化的进程，经济的二元结构还非常明显，而且城市化的进程还落后于工业化的进程。由于发展水平的差异，必然会对福利水平和社会保障的覆盖率带来很大的影响（详后）。由于发展水平和产业结构的差异，就业的压力、收入差距的压力、国际竞争的压力等也会呈现出明显的差异。而这些压力的差异，必然会对社会保障提出不同的需求。就以就业压力和收入差距压力来说，我国现阶段面临着农业劳动力向二次和三次产业转移的重大压力，而发达的福利国家已不存在这个问题。当然，在后工业社会，由于技术和信息产业的迅速发展，在三次产业中产业结构和就业结构的两极分化所带来的就业压力和收入差距压力是很明显的。我国虽然还是发展中国家，但在高新技术领域仍然是要赶超国际水平的，从而发展高新技术所带来的对非熟练劳动力的就业压力在我国也是存在的。可见，在就业问题上，我们既有后进带来的压力，又有先进带来的压力。这双重压力都会在收入的初次分配上产生扩大收入差距的效应，这就对社会保障体系在收入再分配上发挥有效功能提出了更加强烈的要求,以促进社会的公平和稳定。

正如世界银行报告所指出的:"中国正处于两个历史性的转型过程之中:即从乡村型农业社会向城市型工业社会的转型;从指令性经济向市场经济的转型。"(世界银行,1997)在现阶段,中国所有经济问题的研究,包括社会保障问题的研究,都要以这两个转型为背景。只有这样,才能切合中国的实际。

如果进一步扩大视野,把东欧后社会主义国家福利制度的改革及其背景也纳入考察和比较的行列,那么,我们可以发现(见表1):在中国、东欧国家和 OECD 国家这三类国家中,中国是三种转型(当然,这三种转型并不是简单并列的,在中国,一般认为,福利制度的转型在很大程度上是经济体制转型的一部分,作者则进一步认为,福利制度的转型在一定程度上又是经济发展转型的一部分)兼而有之;东欧国家已实现了工业化,不存在二元经济结构,从而没有经济发展转型的问题,但同中国一样,仍然有经济体制转型的问题;OECD 国家则既没有经济发展转型问题,又没有经济体制转型问题,只有福利制度转型的问题。可见,就福利制度转型的大背景来说,中国是最为复杂的,东欧国家属于其次,OECD 国家则相对来说最为简单。

表1　　　　　　　中国福利制度转型背景的复杂性

类型	中国	东欧国家	OECD 国家
经济发展转型	有		
经济体制转型	有	有	
福利制度转型	有	有	有

本文第二部分将要联系中国社会保障体制的改革,必然要从中国这三种转型兼而有之的大背景为出发点。换言之,我国社会保障体制改革复杂性是建立在上述转型背景复杂性的基础之上的。

然而,即使就大的背景来说,西方福利国家的转型同我国社会保障体系的改革在起点上也有某些相同或相似的地方。

例如,20世纪50年代我国在社会主义计划经济建立初期所追求的重大社会目标之一就是高均等和无失业。这同第二次世界大战以后西方的福利国家，特别是其橱窗瑞典，在社会目标的追求上颇有相似之处。瑞典当年所追求的社会目标是均等主义和经济安全，前者主要是缩小收入差距，后者主要是充分就业。(Assar Lindbek, 1997) 瑞典在其福利的鼎盛时期和中国在计划经济鼎盛时期，收入分配的基尼系数都在0.2左右。

又如，转型前瑞典经济管理的机制设计也倾向于集中化。林德伯克认为，瑞典可以说是集中体制占统治地位的社会。构成集中体制要素很多，诸如：庞大的公共部门开支和高额的税收；政府强烈干预下的稳定政策，特别是充分就业政策；政府往往通过公共部门的储蓄、资本市场的调节、税收、补贴等手段来影响储蓄、信贷、投资的总量及其配置；中央政府对地方政府的控制也是强有力的；工资谈判也是集中在国家一级进行的；等等。(Assar Lindbek, 1997) 我国在计划经济鼎盛时期，经济管理也是集中化的。当然，我们也有自己的特色，那就是集中化的程度更高。如前所述，瑞典是市场经济，上述的集中体制是同一个自由贸易的体制结合在一起的；而我国当年的集中体制是同资源配置的实物计划体制结合在一起的。所谓统收，就意味着人们连所得税也不用缴纳，因为已经事先被暗中扣除了；所谓统支，就意味着许多补贴都是暗补，受益者不必申请就可以不知不觉地拿到。当社会保障体系纳入到这样一个统收统支、暗扣暗补的大体系之中时，一切责任和风险都集中在政府手里了。

下面将对两者的福利制度或社会保障体系本身的异同作一比较。从相异方面来说，我们仅择要列出以下几条。

1. 覆盖面和公平性不同

西方发达的福利国家强调福利的普遍性原则，像瑞典、英国等国家的福利安排都是包括全体居民的，而且保障的范围广、水平高，是一种"从摇篮到坟墓"的福利制度。而我国从社会保障体系的建立开始，就侧重于城市；在城市，又侧重于全民所有制部门，即国有的企事业单位和行政部门。毫无疑问，我国社会保障体系的覆盖面小是同上述的发展水平低密切相关的。但是同时应该看到，这同长期以来城乡分割的体制和政策因素也有密切的关系。像城乡分割的户籍制度，其重要的用意之一就是要在享用各种福利和补贴制度方面在城乡居民之间设置一道屏障。

因此，如果说发达福利国家的福利安排存在着慷慨"过度"的话，那么，我国传统体制所造成的福利安排则存在着"过度"和"不足"并存的复杂局面。我国社会保障体系以城市和农村为界限划分为明显的两个板块。而在城市内部，社会保障体制也存在着制度性分割的问题，如国有企业和非国有企业之间、特权阶层和非特权阶层之间的制度性分割。福利制度的这种二元结构乃至多元结构，必然造成结构顶端的福利浪费和过度以及结构底层的福利不足。正如有的学者所指出的，这样一种福利结构，不但造成效率缺失，而且造成公平缺失。显然，我国福利制度的这种复杂结构给社会保障体制的改革和建设带来了很大的困难。不过，我们完全可以分解出两个不同的侧面：如果说，因经济发展水平的二元结构所引起的福利制度的二元结构必须主要通过经济发展才能最终加以解决的话，那么，被计划经济体制所强化了的福利制度的多元结构和制度性分割则必须主要通过改革来加以解决。

2. 社会化的程度不同

如前所述，发达的福利国家社会保障的社会化程度是很高的，有的国家甚至把应由家庭承担的责任也加以社会化了。我国社会保障体系的建立之初，就其覆盖所及的范围内，社会化的程度也是相当高的，也就是列入上面所说的统收统支的范围之内。但是，随着时间的推移，却产生了越来越严重的"单位化"倾向。这种情况最早发生在"文化大革命"初期。"文革"的发生打破了企业正常的缴费机制，使社会保险制度无法正常运转，因此，财政部不得不于1969年2月发出有关通知，要求"国营企业一律停止提取劳动保险金，企业的退休职工、长期病号工资和其他劳保开支在营业外列支"。（陈佳贵等，2002）其结果是使社会保险微观化为企业保险、单位保险，使社会保险因统筹职能的丧失而丧失了其应有的社会性和互济性的功能。这种单位化倾向不仅加大了单位之间在保险待遇上的苦乐不均，而且恶化了职工在养老金筹资和给付上的代际冲突。社会保险单位化倾向的延续后来成为单位办社会的一个重要组成部分，职工在某种意义上也从社会人变成了单位人。因此，在我国80年代以来的社会保障体制改革中，如何变单位化为社会化，变单位人为社会人，就成为改革中的一大特色和难题。

3. 面临老龄化挑战的程度不同

无论是西方发达的福利国家还是中国，都面临着老龄化的挑战。但是，我国所面临的挑战要严峻得多。这主要表现在两个方面：第一，老龄化的速度快。我国由于20世纪50年代的高出生率和80年代以来的计划生育使人口年龄结构在过去的40年中从金字塔形迅速向梯形方向转变，今后几十年这一趋势还将继续。据美国人口普查局的统计和预测，65岁以上老人的比重从7%上升到14%所经历的时间，法国为115年，瑞典85年，美国66年，英国45年，日本30年，而我国只要25年。（宋晓梧，2003）第二，未发达，先老龄化。一般来说，在发展中国家，由于出生率和死亡率较高，平均寿命较低，人口的年龄结构比较年轻，养老金支出的负担也较轻。在发达国家，则由于出生率和死亡率都较低，平均寿命较长，人口的年龄结构比较老化，养老金支付的负担也比较沉重。我国虽然是发展中国家，但由于计划生育政策的推行和医疗卫生条件的改善，出生率和死亡率都比较低，平均寿命也大大提高，因此，遇到了未发达，先老龄化问题，即所谓"未富先老"的问题。我国2000年65岁以上人口占总人口的7%，已进入老龄化社会的门槛。但这时我国的人均GDP仅为860美元，而发达国家一般在人均GDP达到2500美元以后才进入老龄化社会。据估计，我国的老龄化将在2030年左右达到高峰。到那时，我国60岁以上人口在全世界60岁以上人口中的比重将大大提高。按照世界银行的测算，我国这一比重将从1990年的21%提高到2030年的26%。而OECD国家这一比重将从1900年的30%下降到2030年的20%。（世界银行，1994）人口老龄化给养老金支付所带来的压力将日益加大。

毫无疑问，即使就福利制度本身来说，两者也存在着许多相同或相似的问题。

例如，都存在着福利欺诈和福利依赖问题。虽然我国社会保障体系的覆盖面要小得多，但是，就在这有限的范围内，同样存在着福利和补贴的滥用、福利欺诈和福利依赖等问题，因为这种吃"大锅饭"的福利机制的设计本身就只有单向的需求膨胀机制，而缺乏反向的供给约束机制，必然会引发道德问题。如果说，人家把"泡病号"作为福利欺诈的典型事例的话，那么，我们的名堂也绝不少。什么不是药品也当药品卖呀，家属的住宿费也当病人的住院费在公费医疗中报销呀，诸如此类的新闻在一般的报刊上可以说是俯拾皆是。初闻此类新闻时，人们还有所震动乃至义愤，但是，久而久之，也就见怪不怪，变得麻木起来了。于是，自然病同社会道德病交织在一起；而在社会道德病中，欺诈病又同麻木病交织在一起。试问，这样的病不治行吗？

又如，都存在着对劳动积极性的反激励和收入的隐性转移问题。如上所述，人家是从"同工同酬"演化成"对所有的工作付相同的报酬"；我们是从"同工同酬"演化成"干多干少一个样，干好干坏一个样，干和不干一个样"。应该说，这种演化都是由福利机制设计的内在缺陷造成的。当然，人家对这种反激励给劳动力市场所带来的负面影响以及给经济效率所带来的损失有比较具体的研究，而我们迄今还缺乏这方面的深入研究。至于收入的隐性转移，在转型以前，人家是就高不就低，即对非熟练工作者付高报酬，发生了从高工资工作者向低工资工作者的收入转移。我们则是就低不就高，即对熟练工作者付低报酬，也发生了类似的收入转移，无非是通过事先扣除和暗补等更加隐蔽的形式。

再如，都存在着政府承担的责任与风险过大和福利开支支付上的危机。如前所述，像瑞典那样的高福利和高税收的国家，政府承担过多的收入再分配的责任，而企业和个人则可以躺在国家的身上吃"大锅饭"。其结果，瑞典即使公共开支高达 GDP 的 70% 也还发生了严重的财政赤字。在我国，上述单位化倾向的发端固然是在"文化大革命"的动乱年代，但为什么这种单位化倾向不但没有随"文化大革命"的终止而终止，而是愈演愈烈呢？显然，深层次的原因是政府包揽的福利开支已经难以为继，难以实现其统收统支的承诺，发生了支付危机。于是不得不把责任放给了企业或单位。可见，所谓的单位化，其实质是在社会化的承诺无法实现情况下的一种蜕变性的权宜之计而已。

以上我们对以瑞典为代表的福利国家的转型进行了概括性的探讨，下面，我们将把重点转到这种转型对我国的启示上面来，即转到对我国社会保障体制改革的思考上面来。

二 启示——对我国社会保障体制改革的若干思考

同整个经济体制从计划经济向市场经济的转型相适应，我国对传统的社会保障体制也进行了初步的改革。这一改革在 20 世纪 80 年代可以说是处在探索阶段，到了 90 年代则进入了实施阶段。但是，如果我们把这项改革放到本章第一部分所说的我国的体制转型和发展转型的大背景中去考察，那么，这方面的改革可以说还在起步阶段。特别是考虑发展转型的大背景，这方面的任务可以说是任重道远。许多同发展转型相联系的问题，诸如扩大覆盖面的问题、改变社会保障体制二元结构的问题、提高社会保障水平的问题，都是长期的和艰难的任务。正如有的学者所说的，"我国在经济发展水平不高，管理能力和技术支持手段薄弱的条件下，建设一个完善的社会保障体系需要一个艰苦的长期过程，这个过程大概需要 30—50 年"。（劳动与社会保障研究所，2001）可见，我们一般所说的社会保障体制改革，就其严格的科学内涵来说，应该包括改革和建设两个方面，即一方面要对传统体制中的不合理部分加以扬弃，另一方面又要从无到有、从小到大地建设一个新的体制。在这里，我们仅就我国社会保障体制改革和建设中的一些基本原则、基本思路（总体设想）和需要解决的难点问题提出若干思考。这些思考，既要从上述福利国家的转型中得到启示，又要从比较分析中探索中国自身要走的特色之路。

（一）社会保障体制改革和建设应遵循的一些基本原则

在进行社会保障体制的改革和建设中，弄清一些基本原则是非常必要的。它可以减少盲目性和避免走弯路。上述以瑞典为代表的福利国家在实施社会保障中所遵循的原则有许多是值得我们借鉴的，但又必须根据我国的实际情况加以具体化。根据国际经验和我国的具体情况，我们拟提出以下一些基本原则以供讨论。

1. 个人责任和社会互济相结合

根据福利国家以往由政府包揽的责任过大和承担风险过多而个人几乎不承担什么责任和风险的弊病，各种改革方案都提出了加强个人在福利事务中的责任问题。科尔奈认为，"福利国家的改革应该在首先确立个人自主性和责任感的新文化的基础上进行"。（亚诺什·科尔奈，2003）用我们习惯的和通俗的语言来说，就是打破"大锅饭"。如果说，增强个人的自主性和责任感是一种新文化的话，那么，吃"大锅饭"就是一种旧文化。福利国家转型中强调的"工作福利"就是要把享受的福利保障同个人的工作贡献联系起来。改革中的三支柱模式，特别是其中建立在缴费基础上的个人账户积累制，也是要把未来的福利享受同今日的强制性储蓄贡献联系起来。

不过，这样一种联系并不是机械地对等的。由于福利的互济性和风险的共担性，不能要求权利和义务之间在个人层次上的完全一致或机械均等。这里，仍然需要政府的介入和发挥其在收入再分配上的有效功能，以便那些有困难的人和处于不利地位的人能得到社会的帮助。

如果对这一原则的两个方面作更加细致的考察，似乎又可以分为以下两个层次：从个人这一面来说，可以分为个人自主权和个人责任这两个层次；从社会这一面来说，则可以分为社会的关怀、互济、团结和政府责任这两个层次。从改革或转型的总趋势来说，看来都要增强个人的自主权和责任心，反对和克服把责任都往社会和政府身上推的倾向，但是又不能放弃社会和政府应有的责任。

可见，问题的难点不在于这两个方面要不要结合，而是两者如何结合。关于两者如何结合的问题，看来需要把握以下两点：一是不能走极端；二是要与时俱进。处理个人责任同社会互济的关系，同处理效率同公平的关系有类似之处。所谓不走极端就是要两者兼顾，像发达国家的过度福利和中国的计划经济，就因走了极端即要了公平而舍弃了效率而不得不进行改革。所谓与时俱进，就是要根据社会经济发展的阶段来调整两者的具体关系。像我国现阶段正处在经济起飞时期，就要侧重于效率，强调效率优先。当经济发展到了更高的阶段以后，公平的因素可能就可以考虑得更多一些。在处理个人责任同社会互济、政府责任的关系时，也不能在破除"大锅饭"的时候放弃对有困难的人的关怀。

2. 保障水平同经济水平相适应

社会保障从根本上说是对收入的一种再分配。显然，可供再分配资源的多少则取决于经济发展水平，即国民收入的总量或人均国民收入的水平。

可见，社会保障水平同经济发展水平之间的关系是源与流的关系。然而，福利国家的经验表明，福利制度或社会保障制度一旦确立，就往往因为既得利益的驱动而使保障水平有不断膨胀的趋势，从而使保障水平脱离了经济发展水平，搅乱了源与流的关系，使社会保障变成无源之水或无本之木。20世纪70年代福利国家的危机就是在这种情况下发生的。因此，改革中人们都在纷纷探讨如何恢复或建立两者之间的平衡关系。为了防止保障水平超过经济发展水平，许多学者强调我国目前应坚持保障的低水平。例如，陈清泰认为，根据我国的国情，我国现阶段的社会保障只能维持在低水平之上。（陈清泰，2001）科尔奈也警告说：要防止出现"早熟的福利国家"。（亚诺什·科尔奈，1997）中国共产党十六大的报告也指出："建立健全同经济发展水平相适应的社会保障体系，是社会稳定和国家长治久安的重要保证。"

那么，我国现阶段社会保障开支水平是否同经济发展水平相适应呢？应该说，迄今为止这方面的研究还是很不够的。世界银行根据92个国家从1986—1992年的数据对人均收入同公共养老金支出之间的关系进行了研究。我国的公共养老金开支占GDP的2.6%（世界银行，1994）。从附图1中可以看出，这一支出水平已经略为超出经济发展水平。而且，我国领取公共养老金的人口在总人口中的比重很低，或者说，覆盖面很小，而许多发达的福利国家是覆盖全民的。因此，如果把覆盖面小的因素考虑进去，那么，我国公共养老金支出水平超出经济发展水平的程度就更大；从另一个角度来说，即使是现有的养老金水平也是无法在大范围推广的。

为了使社会保障水平同经济发展水平相适应，人们都在探讨如何把开源和节流结合起来。看来，最根本的是要在经济增长同社会保障之间建立起一种互相促进的良性循环关系，要防止出现两者之间互相拖后腿的恶性循环关系。经济增长是社会保障的物质基础，它决定着社会保障的水平和范围，这是毋庸赘述的。人们关注得最多的是什么样的社会保障机制，特别是其筹资机制最有利于促进经济的增长。就以养老金的筹资模式来说，为什么世界各国，包括我国在内，都在探索从现收现付制向基金积累制和部分基金积累制（混合制）转换呢？根本的原因是现收现付制无法形成稳定的资金积累，并且对个人储蓄产生排挤效应，从而对经济增长的效应不是趋强而是趋弱。基金积累制或部分基金积累制则有利于人们在工作期间形成庞大的资金积累,并且对个人储蓄不产生排挤效应,具体来说,不会在强制储蓄和自愿储蓄之间产生明显的替代效应,人们仍然有个人自愿储蓄的偏好,这些都有利于促进经济的增长。

3. 以人为本

社会经济的发展要以人为本,即要以实现人的自由和全面的发展为最终目标。社会保障体系的建立和发展,也是以实现这样一个目标为原则的。现代福利国家强调要保证每一个公民最低标准的收入、营养、保健、教育和住房,认为公民享受这些服务是属于公民的基本政治权利而不是接受施舍。我国早在 1954 年公布的第一部《中华人民共和国宪法》中就确认了社会保障权是公民的一项基本权利。1948 年联合国大会通过的《世界人权宣言》和 1968 年联合国大会通过的《社会发展宣言》都规定:人作为社会的一员,自然有享受社会保障等权利;而社会则应该为那些因疾病、残废以及年老而暂时或永久不能谋生的人提供社会安全计划及社会福利服务。

以瑞典为代表的西方发达福利国家的福利普遍性原则,我国近年来在社会保障体制改革中所强调的广覆盖原则,都体现了以人为本的精神。公平和效率相结合中的公平,也体现了以人为本的精神。而且,进一步来说,公平要以效率为前提,人的自由和全面的发展要以人自身的努力(表现为效率的提高)为前提。因此,从广义来说,公平和效率的结合、权利和义务的对应,也都体现了以人为本的精神。

当然,实现以人为本的原则并不是一件一蹴而就的事情,但确实是一件千里之行始于足下的事情。就以广覆盖来说,上述我国传统体制下形成的社会保障体系的二元结构是实现广覆盖原则的一大障碍。然而,这种二元结构固然有一部分是受制于经济发展的水平,要等经济发展水平的逐步提高才能逐步解决,但是有一部分是由制度性和政策性因素所造成的,完全可以通过体制改革和政策调整来解决。像限制人口流动特别是限制农民进城的户口制度,离土不离乡、进厂不进城的政策,都属于制度性和政策性因素。这些因素在二十多年来的改革中已经有不少的变化,但变革的速度仍然是相对迟缓的。例如,我国的城市化进程严重滞后于工业化的进程就是这种制度性和政策性变革迟缓的一个重要表现。如果让离土又离乡的劳动大军早日进入城市的正式部门，就将大大地促进社会保障覆盖面的扩大。

4. 从总体出发

正如收入分配是整个社会经济系统中的子系统一样，收入的再分配和社会保障体系也是整个社会经济系统中的子系统。社会保障体系改革和建设必然同整个经济系统联系在一起。因此，在社会保障体系改革和建设中，就保障论保障是论不通的，必须从大处着眼，从总体出发，从小处着手，才能解决社会保障中的一系列问题。

社会保障同宏观经济中的许多经济变量，如经济增长的程度、就业率和失业率、通货膨胀的程度等有密切的关联，同政府的收入再分配功能，特别是其中的税收和补贴的功能也有密切的联系。社会保障中的各种福利措施对劳动力市场的影响是多方面的——不仅影响对劳动的激励和反激励，而且影响劳动力的供给和需求，甚至影响劳动力的流动。福利的程度和机制还影响居民的储蓄和投资的行为乃至资本市场的运作。在微观层面，社会保障中的企业缴费率还会直接影响企业的盈利能力和企业的经营业绩。（周小川，2000）甚至在国际层面，福利制度还通过竞争能力等因素同经济全球化的影响联系在一起。上述瑞典在20世纪后期国际竞争能力的下降就是同过度的福利制度安排联系在一起的。因此，我们必须从中汲取教训，在福利制度的安排同保持国际竞争能力之间取得一种平衡。可见，社会保障体制的改革和建设是一件既综合又具体的任务，如果不从总体出发，而是就保障论保障，甚至仅仅局限于应付支付危机，那就只能陷入捉襟见肘乃至挖东墙补西墙（诸如后面将要谈到的挪用个人账户的专款等）的窘境。

(二)建立新型社会保障体制的基本思路

在探索我国社会保障体制改革过程中，如果说，上面所说的基本原则同西方福利国家有着较多的共同点，从而可以从福利国家中的转型中得到较多的借鉴的话，那么，下面进一步探讨改革的基本思路（总体设想）和需要解决的难题时，则更具有中国的特色，需要在借鉴福利国家转型经验的同时更加紧密地结合中国的实际国情。

关于我国需要建立一个什么样的社会保障体制，决策部门和学术界都有许多设想和讨论。例如，劳动与社会保障研究所认为，"当前和今后一个时期完善我国社会保障体系的总体目标是：建立一个与社会经济发展水平相适应、资金来源多渠道、保障方式多层次，权利与义务相对应，管理和服务社会化，统一规范，持续可靠的社会保障体系"（劳动与社会保障研究所，2001）。陈清泰认为，"我们要建立的是什么样的社会保障制度呢？概括起来或许有这样几条。首先是社会化。社会保障就是改变小团体保障，只有独立于企业之外，才可能具有社会共济的性质。其次是覆盖面要广。不能只覆盖国有企业，否则就不能叫社会保障。第三是在经济上要可持续。社会保障制度不是为了处理短期的支付危机，要从制度设计上解决长期的资金平衡问题。第四是低水平。根据国情，中国社会保障的性质只能是维持在社会平均较低水平上的基本保障，但可以以商业保险做补充，体现差别"（陈清泰，2001）。宋晓梧认为，"经过近 20 年的努力，适应社会主义市场经济要求的社会保障体系框架现在已经基本构成。在此基础上，再经过 20 年的奋斗，建立起统一的覆盖城镇全体劳动者的基本养老、医疗和失业保险制度，建立起覆盖城乡全体居民的最低生活保障制度和适合农村的新型合作医疗制度、医疗救助制度，建立起多层次的保障体系"（宋晓梧，2003）。这些思路从总体上来说无疑是可取的，当然还要加以具体化。

在今后一个历史时期内我国社会保障体系改革和建设的基本思路或总体设想的讨论中，最令人瞩目的是要不要建立全国统一的社会保障体系的争论。这个争论在西方发达的福利国家已经不存在，甚至像匈牙利这样的东欧国家也已经不存在，因为它们早就建立了城乡统一的社会保障体系。但在我国现阶段，这仍然是一个颇具争议的大问题。有的学者认为，"我们要建立的应当是全社会统一的社会保障制度"，"农村的社会保障应该和城市实行同一体制"（刘福垣，2003）。另有学者认为，"建立中国统一的社会保障体系是自损国际竞争力的短视国策"（陈平，2002）。我们认为，以我国目前的社会经济背景——例如，处在上述两个转型之中，地区差别和城乡差别都很大，整个社会的均质性很低等——来说，要建立统一的社会保障体系确实是不现实的；在社会保障体系改革和建设中要注意保持和提升竞争力也是非常重要的。但是，这并不意味着不需要改进我国现行的社会保障体系，或者说，只要城市居民有了住房，农村居民有了土地，就可以基本上取代社会保障的功能。就我国现阶段来说，缺少社会保障乃至劳动保护的民营企业、乡镇企业和进城打工的农民确实是保持和提升竞争力的一个重要因素。但是，从长期来看，我们的竞争力绝不能建立在这样一种缺乏社会保障的廉价劳动力的基础之上，而应该建立在创新能力，特别是科技创新能力基础之上。而要培养这样一支具有创新能力的队伍，是离不开社会保障体系的建设的。如上所述，社会保障改革的总体趋势是要改变政府和社会大包大揽的弊病，增强个人的责任心，以利于增强对劳动积极性的激励，提高效率和竞争力。但是，这并不意味着放弃社会关怀和社会共济性和公平性，从而走向另一个极端。

为了建立新型的社会保障体系，我们认为需要对以下一些问题作进一步的探索。

1. 关于广覆盖

如上所述，一些经济学文献认为，经过近20年的努力，特别是经过90年代以来的改革和建设，我国社会保障体系的基本框架已经形成。但是，从广覆盖的要求来看，目前已经形成的基本框架仍具有较大的局限性。

目前已经形成的基本框架可以简单地概括如下：第一，社会保险。这是社会保障体系的核心部分或主体部分，其中又分为养老、医疗、失业、工伤、生育等险种。在这五项中，养老和医疗两项实行社会统筹和个人账户相结合，养老、医疗、失业三项要由国家、企业、职工三方面负担费用。第二，企业补充保险和个人储蓄性保险。这类保险主要委托商业保险公司和其他金融机构办理。第三，社会救济、社会福利和优抚安置。这三项是由国家财政支撑的、通过国家立法强制实施的保障项目。其中，社会救济是对那些失去生活来源、失去生活能力或者遭到自然灾害而造成生活困难的公民提供一定物质援助的措施，一般以维持基本或最低生活为标准，如目前在城市实行的城镇居民最低生活保障线就属于这一范围。社会福利这一项所保障的对象是无依无靠的孤老残幼、精神病人等。优抚安置则属于国家的特殊保障，是国家对转业、复员、退伍军人和对有突出贡献的人员给予的生活安置和优待措施。

在这样一个社会保障体系的框架设计中，基本上局限于城市，特别是作为社会保障主体部分的社会保险，更是局限于城市，有的甚至还局限于城市的正规部门。

就城市本身来说，社会保险的覆盖面也是比较低的。到 2001 年年底，全国城镇各类（公有）企业职工 7052.3 万人，私营企业和个体就业人员 3658.0 万人，两项合计 10710.3 万人。其中，参加社会保险的人数按险种区分分别为：养老 9198.0 万人，医疗 3514.9 万人，失业 8149.5 万人，工伤 4177.3 万人，生育 3242.7 万人；覆盖率则分别为 85.9%、32.85%、76.1%、39.0%、30.0%（见表 2）。

表 2 中国城镇社会保险的覆盖率（2001 年）

单位：万人

	养老	医疗	失业	工伤	生育
覆盖人数	9198.0	3514.9	8149.5	4177.3	3242.7
覆盖率（%）	85.9	32.85	76.1	39.0	30.3

资料来源：高书生：《中国社会保险制度架构的缺陷分析》，打印稿，第 10 页。

如果把目前的覆盖人数放到城乡全体居民中进行比较，覆盖面就显得更低。按照 1952 年国际劳工组织制定的社会保障最低标准公约，养老、医疗和失业保险至少应该覆盖全体居民的 20%。但截至 2002 年第三季度，我国养老、医疗和失业保险的覆盖面分别只占全体居民的 18.3%、10.7% 和 13%，还没有达到 50 年前确定的国际最低标准。（宋晓梧，2003）

覆盖面窄的根本的原因是农村缺乏基本的社会保障。应该说，尽管经过这么多年的改革，农村的社会保障问题迄今仍然是一个被忽视的领域。例如，2000 年 8 月由国务院发展研究中心主办的关于中国社会保障体制改革的大型国际研讨会，邀请国内外著名专家参加，并得到了国务院领导的重视，但讨论的问题仍然主要地局限于城市。有的研究报告认为，"农民的社会保障问题在今后相当长的一个时期内还要以家庭和亲友互助为主"。（劳动与社会保障研究所，2001）就以农村的养老保障来说，肯定家庭养老在今后一个时期内的主导地位无疑是符合中国实际情况的。但是，这仅仅是问题的一面。问题的另一面是：农村的家庭养老正面临着种种挑战，迫切要求逐步增加社会化和共济性的因素。例如，农村家庭养老首先面临人口老龄化的挑战。目前，农村老年人口的比例已经超过城市，今后从农村向城市迁移的人口中又以年轻人为主。因此，在城市化的进程中，农村人口的老龄化要快于城市。据预测，2020年前后，我国农村人口老龄化程度将比城市高出2—6个百分点。农村家庭养老还要受到家庭结构变化（特别是老年人单独居住家庭的增加）、家庭内聚力下降等因素的挑战。在种种挑战之下，迫切需要我们发展社区养老、社会养老等形式，来补充家庭养老功能的弱化。（张金昌，2001）因此，我们认为，在社会保障体系的框架设计中，应该增加农村社会保障的内容。只有这样，才符合广覆盖、社会化等基本要求。为此，我们认为有必要从两个方向上作努力：一是要克服对农村社会保障问题的一些不够全面的看法（或偏见），如家庭就是保障、土地就是保障等；二是要正确发挥政府在收入再分配上的功能，增加对农村社会保障的经济支持（详后）。如果说，像上述瑞典家庭服务的过度社会化是一个极端的话，那么，我们在农村的养老保障等问题上，则要防止另一个极端，即固守家庭自然养老的状态，不重视随着经济的发展和社会的进步增加社会化和共济性的因素。

在探讨社会保障覆盖面的问题时，不仅要认真研究农民的社会保障问题，而且要认真研究在工业化、城市化过程中逐步脱离农业的非农就业人员的社会保障问题。这些非农就业人员，既是一个不断壮大的群体，又是一个处在变动中的群体，还是一个难以在短期内完全融入城市社会保障体系的群体，被人们称为边缘群体。研究这个边缘群体的社会保障问题，理所当然地应该成为广覆盖研究中提上日程的问题。

当然，在新型社会保障体系设计中，仅仅提出广覆盖的目标是远远不够的。由于经济发展水平的限制，广覆盖必然要受多层次和低水平的制约。

2. 关于多层次

如果说，广覆盖是要解决公平性问题的话，那么多层次所要解决的是承认差别的问题。

即使是已经建立了城乡一体化的、统一的社会保障体系的国家，在改革中也在向多层次方向发展，我们不妨称之为"一体化中的多层次"。最为明显的就是在改革中把养老保险和医疗保险都明确区分为基本保险和补充保险（或叫辅助保险）两部分；基本部分满足普遍的需要，体现公平性；

补充部分满足一部分人较高的需要，体现差别性。西方发达的福利国家和东欧国家社会保障体制的改革都在朝着这个方向进行，我们完全可以从中得到借鉴和启示。

在我国，不仅在原覆盖范围内的社会保障项目应该朝着多层次的方向改革，而且，在原覆盖范围外新拓展的社会保障领域更应该在一开始就体现多层次和差别性。

就以原覆盖范围内养老保险的改革来说，在改革的设计中确实是要严格区分基本保险和补充保险两个部分，以体现多层次。但实践中却是基本保险部分进展迅速，而补充保险部分远远滞后。目前，实行作为企业补充养老保险的企业年金的职工不到全部职工的5%，积累基金仅100多亿元；而实行基本养老保险的职工和离退休人员已达1.4亿，积累基金上千亿元。两者相比，可以说，我国养老保险体系中，迄今仍然是国家的基本保险在唱独角戏。（宋晓梧，2003）但是，这种情况只能说明改革的艰难——改革必然要遇到原有体制的"路径依赖"，但绝不能改变改革要向多层次方向发展的趋势。

多层次实际上还体现在社会统筹的分层次上面。我国在养老保险和医疗保险中都引入了社会统筹和个人账户相结合的模式。社会统筹中的社会化程度实际上是因时、因地而异的。由于县级统筹难以体现社会的共济性，而全国统筹又无法体现地区的差别性，所以目前推行的是省级统筹。当然，省级统筹仍然无法体现全国范围的共济性，因此，有的学者提出如何将省级统筹提高到全国统筹的问题；有的学者则提出在目前全国统筹条件不成熟的情况下可以考虑把社会统筹分为国家级统筹和地方（省）级统筹两部分，即实行分级统筹的体制。我认为，这种分级统筹体制的设想，显然是符合我国实际情况的。

至于农村的社会保障和上述边缘群体的社会保障，应该说还处于探索阶段，同已有的社会保障相比处在不同层次上可以说是不言而喻的。但是，不管层次如何低，有总比没有好。因此，与多层次相联系的是，在社会保障体系改革和建设过程中还有一个如何有重点拓展的问题。

在农村，目前最为迫切的是对低于最低生活标准的人进行救助。因此，当前的重点是建立农村的最低生活保障制度。近年来，已有广东、浙江等省在全省范围内推广了农村的最低生活保障制度,还有27个省、市、自治区在部分县、市开展了这方面的工作。但是,截至2002年年底,农村享有最低生活保障的人数只有405万人,而农村的贫困人口则有3000万人。因此,有的学者估计,我国要到2020年左右才能最后形成覆盖城乡所有居民的最低生活保障制度。当然,在抓住这一重点的同时,还要在农村积极推行以大病统筹为主要内容的新型合作医疗制度,稳步开展农村的社会养老保险。至于城市边缘群体或农民工的社会保障,目前最为迫切的是建立工伤保险制度,应该以此为重点地发展。在城市,最低生活保障制度的推行相对来说难度较小,应该以养老、医疗和失业保险的改革和建设为重点。

综上所述,多层次和一体化实际上是互相联系的两种不同的倾向。看来,只有"一体化中的多层次"倾向和"多层次中的一体化"倾向互相拉动和互相制约,才能在经济发展的不同阶段和水平的基础上构筑起既有共济性又有差别性的社会保障体系。

3. 关于低水平

我国现阶段为什么要特别强调社会保障的低水平呢?从根本上说是受到我国经济发展水平低的制约。可以说,同西方发达的福利国家相比,低水平是我国的一大特色。许多研究认为,我国目前的缴费率和替代率都已经偏高,如果不降低缴费率和替代率,势必脱离我国的经济发展水平,而且会影响社保资金收支上的平衡和经济上的可持续。这可以说是保持低水平的根本理由。另外,如果少数群体保持社会保障的高水平,就必然使其他群体只能维持更低的社会保障水平乃至没有任何保障,从而影响各群体之间的团结。且不说城乡之间社会保障水平巨大差别的不合理性,就以城市内部来说,目前机关事业单位职工的养老金比企业职工的养老金大约要高出一倍,也引发了若干社会矛盾。

在关于缴费率和替代率的讨论中,普遍的呼声是认为这两个率都太高;但同时又遇到了这两个率在计算上的失实问题。

按照制度设定,五大险种的综合缴费率已达40.8%,其中,养老保险28%,医疗保险8%,失业保险3%,工伤保险1%,生育保险0.8%。在费用的分担方面,由企业负担的费率为29.8%,由职工负担的费率为11%。实际的缴费率则远比制度设定的要高。这样高的缴费率,必然损伤参保企业的竞争力，也不利于补充保险、商业保险的培育和发展。因此，有的学者提出，应该在降低缴费率的基础上降低替代率或支付标准。根据一项测算，到 2005 年，我国的综合缴费率可以下降到 30.1%，由企业负担 19.6%，由职工负担 11%；替代率则可以考虑从 85%—100% 下降到 60% 左右。

关于两率计算失实的问题：根据费尔德斯坦的研究，虽然企业的缴费率已经相当于工资的 24%，但实际收入比工资收入要高得多，因此，实际的收缴率很低，仅相当于城市 GDP 的 3%，大约有 3/4 的应该收缴的保险费逃逸了。（马丁·费尔德斯坦，2001）郭树清也有类似看法，认为以目前具有极不完整性的工资作为分母来计算缴费率是不真实的。他提出："说目前的缴费率偏低或偏高似乎都缺乏充足的理由，但是，鉴于目前的收缴状况不那么令人满意，而且确有一大批企业无力承担，恐怕不宜在近期再提高缴费水平。"（郭树清，2001）其实，养老金替代率的计算也存在类似问题。由于我国计算替代率时作为分母的工资很不完整，据此计算出来的替代率也很不准确，再按这种替代率来作国际比较并没有什么可比性。劳动和社会保障研究所认为，"目前按照统计局统计的工资计算出来的养老金替代率大多在 85%—100%，明显偏高。但职工办理退休之后领取养老金与在职相比，收入一般要下降 50%。"（劳动与社会保障研究所，2001）可见，考虑两率计算上的失实问题，如何降低缴费率和替代率的问题，尚有进一步研究的必要。

(三) 社会保障体制改革和建设中有待解决的一些难题

应该说，我们面临的难题是很多的。在这里，只能有选择地讨论其中的一些重要问题。

1. 如何解决"统账结合"模式中的功能混乱和责任不清的问题？

在养老保险体制目标模式选择上，世界上多数国家和地区参照世界银行的建议，不同程度实行了上面所说的三支柱模式，我国则具体化为"社会统筹和个人账户相结合"的模式，简称"统账结合"模式；从筹资模式的角度，也称为部分积累制（混合制）或混合模式。这种模式是从总结完全现收现付的社会统筹制和完全积累的个人账户制的利弊中发展而来的。

完全现收现付制的特点是将个人收入在代际之间进行再分配,即正在工作的一代为上一代支付养老金,而自己这一代的养老金则由下一代来支付。其优点是不受通货膨胀等因素的影响,不存在基金的保值增值等问题。其缺点是经不起经济波动和人口结构变动的冲击,在人口老龄化和经济不景气的情况下,就很难实现以支定收,会出现缴费困难和支付危机。这种模式在权利和义务的关系上分离过多、联系不够,从而缺乏激励机制。

完全积累制是为克服现收现付制的弊病而发展起来的一种模式。其特点是将个人收入在个人的现在和将来之间进行再分配,即个人在工作时实行强制性的储蓄积累,退休后按以往的积累数额支付退休金,实行以收定支。其优点是不受老龄化的影响,而且对个人有明显的激励。其缺点是基金保值增值的风险比较大,容易受通货膨胀的影响,而且过分强调个人的自我保障,缺乏人们相互间的共济性。

部分积累制是上述两种模式的混合。这种模式的特点是:在退休人员的养老金中,一部分来自现收现付的筹资方式,一部分来自完全积累式的筹资方式。这种模式可以尽可能地吸收上述两种模式的优点,形成两种模式的优势互补,同时又可以减少单纯依靠任何一种模式所带来的风险。这种模式一方面部分地保留现收现付体制下个人收入在代际之间进行再分配的功能,另一方面又能部分地发挥完全积累制下对人们的劳动和缴费的激励功能;既能够缓解现收现付体制下因福利刚性所带来的支付危机,又能够克服完全积累制下个人年金收入过度不均的弊病。这种模式能较好地体现个人责任和社会共济相结合、公平和效率相结合、目前利益和长远利益相结合的精神。正因为如此,1993年中共中央十四届三中全会《关于建立社会主义市场经济体制若干问题的决议》中所提出的"社会统筹与个人账户相结合"的模式被人们公认为比较切合实际的目标模式。直到1997年国务院颁布了《关于建立统一的企业职工基本养老保险制度的决定》,最终形成了社会统筹与个人账户相结合的养老保险制度。

然而,"统账结合"模式在制度设计和实际操作上也存在若干缺陷。首先是政府承诺的基本养老保险标准太高。国际上这一部分是以能否满足退休人员本人的基本生活为标准的,而我国则超出了这一标准,从而引发了第一支柱过大和支付方面的危机。其次,"统账结合"模式没有解决隐性养老金债务问题，从而引发了个人账户的"空账"运行（详后）。再者，对企业补充养老保险和个人储蓄性养老缺乏制度安排，使第二支柱和第三支柱对企业和个人缺乏吸引力，也难以进行规范操作。这些缺陷集中地表现为这一模式中的功能混乱和责任不清（见表3）。

表3　　　　"统账结合"模式中的功能混乱和责任不清

支柱	强制性公共管理支柱	强制性私营支柱	自愿支柱
筹资	税收（统筹）	完全积累（设个人账户）	完全积累
功能	再分配（基本养老保险）	强制性储蓄（补充养老保险）	自愿储蓄（个人储蓄性保险）
责任	政府	单位和个人	个人
问题	为什么政府财政兜底？	为什么产生"空账"运行？	为什么个人储蓄猛增？

由于第一支柱过度肥大，加上"暗债暗还"的制度安排，政府不得不挪用个人账户中的资金，造成再分配功能同储蓄功能之间的混乱，政府责任同个人责任之间的不清。从当前和表面看是政府承担无限责任，具体来说，就是政府的财政兜底。但是，从长期来看，如果财政兜底发生困难甚至发生危机的情况下，就会从政府的无限责任变成个人的无限责任。为什么我国的个人储蓄会如此的猛增，早已超过10万亿元大关了呢？当然，储蓄猛增的原因很多，但原因之一应该说是对个人无限责任的担忧所产生的一种自卫性反应。

2. 如何解决隐性养老金债务及其偿还问题？

在完全积累制的养老金计划中，每一代人都为自己退休而储蓄，不存在隐性养老金债务问题。但是，从现收现付制向部分积累制转变时，职工的缴费就不应该再用来支付已退休人员的养老金。这就意味着新体制建立以前已经发生的养老金费用以及在职职工已有工作年限所应积累的养老金，应该另外寻找筹资来源；否则，现有职工就必须承担两代人（自己一代和上一代）的养老费用。这笔要支出的养老费用，并没有列入政府公共开支的计划，而是隐含在对未来福利的承诺之中，所以被人们称为隐性养老金债务。

对于隐性养老金债务的规模，目前有各种各样的估计。由于各种研究所依据的条件、测算的范围和方法的差异，对隐性养老金债务规模的估计也有很大差别。估计较低的是1万多亿元，估计较高的则达11万亿元，但一般研究者则倾向于3万亿元左右。例如，根据世界银行的推算，我国1994年隐性养老金债务应占当年GDP（43798.8亿元）的46%—69%，即20147亿—30221亿元。（孔泾源，2001）有的学者还对我国养老金个人账户的发祥地——上海的养老金的"社会负债"进行了测算。按照左学金、周海旺的测算，上海的"社会负债"总额为1840亿元，大约相当于该市1994年国民生产总值的2/3。（左学金、周海旺，1996）

对于这种隐性债务，我们认为首先要承认其客观存在，不能因为偿还的困难而加以回避或不予正视。虽然公开否认隐性债务的情况并不多见，但在"统账结合"模式的设计和实施中，对这种隐性债务却又在事实上加以回避。许多学者认为，偿还隐性债务实际上是从现收现付制向部分积累制转换过程中应该付出的"转轨成本"或"过渡成本"（在这里，我们不准备讨论学术界尚有争议的关于"隐性债务"同"转轨成本"的差别）。但是，政府没有明确承诺自己是转轨成本的承担者，也没有明确的偿还计划并公之于众，于是，"统账结合"在实践中便变成了"统账混淆"，出现了个人账户的所谓"空账"运行问题。虽然个人账户在产权上归个人所有，但由于退休人员急剧增加，社会统筹部分的基金无法满足退休金的支付需求，所以各地都采取了挪用个人账户基金去支付退休金的办法，使个人账户的基金处于"空账"状态。"空账"的出现本身就表明，上述隐性债务是回避不了的，因为，"空账"只不过是上述隐性债务的另一种表现形式而已。至于"空账"的规模，据测算，1997—2000年已经达到2000亿元（王延中，2001），而且还在进一步扩大。可见，个人账户的"空账"已经形成了一个巨大的财政隐患，一旦显形化，就将危及整个财政。如果容许"空账"的继续存在和发展，还将进一步危及"统账结合"模式本身——重新蜕变为现收现付模式。换言之，如果不想支付转轨成本，就将危及转轨本身。

要解决个人账户的"空账"问题，就必须提高透明度。正如有的学者所说的，与其"明债暗偿"，不如"明债明偿"。（李珍，2000）应该说，暗扣、暗补之类，都是计划经济时代惯用的做法，市场经济则应该提高透明度。严格地说，上述隐性债务是一种"暗债"，想通过"毕其功于一役"的办法（现有职工既要为自己的个人账户缴纳保险费，又要为已退休的职工提供养老金）来暗中消化上述隐性债务或"暗债"，则是一种"暗偿"。只有从"暗债暗偿"变成"明债明偿"，才能真正地实现转轨。在这方面，德国人的一些做法值得借鉴。两德统一以后，原东德国有企业改革中的资产清理工作由托管局负责。到1994年年底，清理工作结束，但托管局则债台高筑，负债额将近2700亿马克。这笔债务被记入"遗留债务偿还基金"。连同原东德的国家债务和住宅建造债务一起，遗留债务偿还基金中的债务总额共计3700亿马克。这笔债务由联邦政府在一代人的期间内偿还。（《德国概况》，1995）看来，德国人这种透明的和理性的做法是可以借鉴的。

只要养老基金债务真正变成了明债明偿，偿还的具体方式和筹资手段就比较好办了。国际上通行的诸如发行国债、增加财政支出、出售国有资产、发行福利彩票等，都可以考虑采用，在此不再赘述。

3. 在完善社会保障体系中如何正确发挥政府收入再分配功能？

实行市场经济并不是不要发挥政府的功能，而是要发挥政府的有效功能，特别是收入的再分配功能。在收入分配领域，人们通常说初次分配由市场来决定，再分配则由政府来管。在社会保障领域，储蓄功能是个人的事情，再分配功能则是政府的事情。实际上，这两个领域政府的再分配功能是交织在一起的。那么，政府究竟应该如何正确发挥其再分配的功能呢？

我认为，当务之急是如何改变"逆向再分配"的问题。所谓"逆向再分配"，就是违背了收入再分配的初衷——通过再分配不是缩小收入差距而是扩大了收入差距，通俗地说，就是没有"抽肥补瘦"，而变成了"抽瘦补肥"。这种逆向再分配在国外也存在，例如，"年轻的劳动者（他们中有些是穷人）缴纳高额税赋以资助领取公共养老金的退休老人（他们中有些是富人），但他们也许永远得不到与他们的缴费相同的补偿"。（世界银行，1994）不过，我国的情况可能更为突出。因为，计划经济时代造成的再分配关系的扭曲状态，特别是城乡之间的扭曲状态，并不是短时间内就能改变的。众所周知，政府在收入再分配上的功能主要是通过税收和转移支付（特别是其中的补贴）这两个途径来实现的。但在计划经济时代，对农村实行的是净税收的政策，对城市实行的是净福利、净补贴的政策，被人们称为逆调节的政策，其结果是扩大了城乡间收入的差距。这种再分配功能的失调就成为社会保障在城乡之间的制度性分割的一个重要原因。改革开放以来，这种状况虽然有所好转，但仍然存在。根据中国社会科学院经济研究所收入分配课题组在 1988 年和 1995 年的两次调查，城市居民仍然享有大量补贴，而农村居民的收入构成中净补贴这一项是负数，即不但得不到补贴，而且变成了净税收（见附表 4 和附表 5）。世界银行报告也指出，"由于补贴虽然在减少但仍然数额巨大，城市生活水准比官方的人均收入数据所表明的水平高得多。如包括实物性福利，就会使 1990 年的城市居民收入增加 78%，1995 年的城市居民收入增加 72%"（见附表 6 和附表 7）。即使按官方计算，2002 年，城市居民和农村居民收入的差距为 3.1∶1，加上城市居民的社会保障和福利收入，这一差距扩大到 5∶1 以上。（宋晓梧，2003）社会保障资源在城乡之间的这种逆向再分配，已经越来越引起人们的关注。

当政府把税收作为再分配的重要手段时，特别要注意税收的累进还是累退。为了发挥税收在再分配中的积极作用，一般都采用累进税率，而且设有起征点。但是，这要以收入有较高的透明度为前提。例如，由于我国目前银行存款的实名制还不完备、利息收入的透明度还不高，征收利息税还只能实行比例税率，而不是累进税率，即对所有的存款利息都征收 20% 的利息税。应该说，这种办法是不完备的，具有过渡性，因为它不能起缩小收入差距的作用。斯蒂格利茨甚至认为，"如果富人比穷人缴纳更多的税，但不是按比例递增的，那么这种税收制度仍然被认为是累退的"（约瑟夫·斯蒂格利茨，2000）。可见，根据这种"不进则退"的税收理念，要发挥税收的调节功能，就必须在提高收入透明度的基础上向累进制方向发展。

为了正确发挥政府的再分配功能，还必须引入适度再分配的理念和政策。科尔奈指出，他并不赞同拒绝任何形式再分配的自由哲学思想，这种思想认为任何形式的再分配都会侵犯个人的自主权，但他也反对过度的再分配而影响效率，而是支持有限的国家再分配。（亚诺什·科尔奈，2003）实际上，世界各国社会保障体制的改革都在不同程度上使再分配摆脱过度和不足两种状态，走适度再分配的路子。当然，什么叫适度，还要依各国的具体情况而定，例如，就个人所得税的最高边际税率来说，在瑞典似乎降低到 50%

左右比较为人们所认同,在美国则调到40%左右才被认为是合适的。再从国家社会转移支付占国民生产总值的比例来说,盎格鲁撒克逊国家为34%,欧洲大陆国家为44%,瑞典和丹麦为52%。(周弘,2001)在我国,究竟什么样的税收和转移支付才算适度,可以说是尚待探索的问题。

要在社会保障领域正确发挥政府再分配功能,一个重要问题是正确处理再分配功能同储蓄功能的关系。在上述三支柱模式中,第一支柱同第二支柱的关系在很大的程度上是再分配功能同储蓄功能的关系问题。针对现收现付模式的弊病,三支柱模式中的第一支柱,即收入的代际转移或代际间再分配的功能应该弱化。三支柱中的第二支柱则是通过储蓄使收入在个人生命周期不同阶段间发生转移,不存在人们相互之间的收入再分配问题。显然,个人储蓄功能的加强就可以减轻政府在再分配上的负担。在处理第一支柱同第二支柱(或再分配功能同储蓄功能)的关系时,特别应该注意以下两点:第一,第一支柱不能太大。尽管在三支柱模式的设计上是要减轻政府的负担,但由于政策的惯性和传统的习惯,政府承诺的基本养老保险的目标仍然过高。这是政府再分配功能的越位,确实值得引起人们的警觉。第二,两个支柱及其功能要严格分开。如果说,第一支柱过大是第二支柱对第一支柱的依赖的话,那么,上述个人账户的空账运行则是第一支柱对第二支柱的侵占。而一个良好运行的模式,两个支柱之间的关系应该是互相补充的而不是互相挤压的甚至是互相取代的。

面对我国对外开放的进一步发展,特别是加入世贸组织(WTO)以后,外部因素也将进一步影响我国收入分配的格局,从而对政府的再分配功能提出了更高的要求。根据国务院发展研究中心李善同研究员等人的研究和模拟分析表明,由于中国加入世界贸易组织,1998—2010年大约有960万农业劳动力需要转移到其他部门,同时,纺织和服装行业则会增加540万个就业机会。其结果,"村居民的实际收入将比基准情景下降2.1%,而城镇居民的人均实际收入则会增加4.6%,从而加大收入分配的不均"。(李善同等,2000)尽管具体的数据还将根据实际情况的发展而会有所调整,但我国加入世贸组织会影响收入分配格局,特别是会扩大城乡之间收入差距这一趋势可以说是一个不争的事实。这样一个事实,也会对政府如何发挥再分配功能,特别是城乡之间的再分配功能提出了新的挑战。

附表

附表1   瑞典劳动收入和资本收入的平均税率

年份	1965	1970	1975	1980	1985	1990	1991	1992
劳动收入税：								
占国内生产总值的百分比	31.4	36.8	41.2	47.7	47.7	53.4	49.0	49.5
占劳动收入的百分比	45.1	52.4	57.9	65.2	68.5	71.7	65.8	68.2
资本收入税：								
公司税占国内生产总值的百分比	2.2	1.8	1.9	1.2	1.8	1.8	1.6	0.9
财产税占国内生产总值的百分比	1.8	1.6	0.7	0.1	0.8	1.6	2.4	2.6
资本收入税总计占资本收入的百分比	19.4	17.7	15	8.8	15.2	28.3	33.4	22
总税：								
占国内生产总值的百分比	35.2	40.2	43.6	49	50.4	56.9	53.2	52.1

资料来源：Erik Norrman and Charles E. Mclure Jr., *Tax Policy in Sweden*, See Rechard Freeman (ed.), *The Welfare State in Transition: Reforming the Swedish Model*, The University of Chicago Press, Chicago and London, 1997, p.125。

附表2   瑞典劳动收入和资本收入的平均边际税率和最高边际税率

年份	1965	1970	1975	1980	1985	1990	1991	1992	1993
劳动收入：									
平均边际税率 a	42.2	47.4	53.4	56.8	50.2	52.1	39	39	39
平均边际有效税率 a	54.5	61.8	69.6	73.4	71.3	73.4	67.1	64.6	61.4
最高边际税率	71	72.4	82.2	85	80	66.2	51.2	51	51
最高边际有效税率	76	77.6	86.1	88.7	88	80.6	73.5	71.2	70.3
资本收入：									
平均边际税率 b	42.2	47.4	53.4	56.8	50.2	52.1	30	30	30
最高边际税率 b	71	72.4	82.2	85	80	66.2	30	30	30
股票（资本）收入的有效税率	0	7.5	8.2	28.7	25.7	23.5	16.6	13.9	13.9
利息扣除的最大值	71	72.4	82.2	85	50	40	30	30	30

资料来源：Erik Norrman and Charles E. Mclure Jr., *Tax Policy in Sweden*, See Rechard Freeman (ed.), *The Welfare State in Transition: Reforming the Swedish Model*, The University of Chicago Press, Chicago and London, 1997, p.127。

a 平均边际税率是通过对所有收入群体的边际税率按群体进行加权平均得到的。有效税率包括社会保险费、产品与服务税和房屋补贴。

b 有效税率等于边际税率。

附表 3　　瑞典人均 GDP 在 OECD 国家中的排序
（按购买力平价计算，平均指数为 100）

1970 年		1990 年		1995 年	
序列	指数	序列	指数	序列	指数
1 瑞士	154	1 卢森堡	143	1 卢森堡	159
2 美国	148	2 美国	137	2 美国	138
3 卢森堡	131	3 瑞士	133	3 瑞士	127
4 瑞典	115	4 加拿大	114	4 挪威	121
5 加拿大	108	5 日本	110	5 丹麦	112
6 丹麦	106	6 挪威	109	6 日本	110
6 法国	106	7 法国	108	7 加拿大	109
8 澳大利亚	104	7 冰岛	108	7 奥地利	109
8 荷兰	104	9 瑞典	106	9 比利时	108
10 新西兰	101	10 奥地利	104	10 德国	106
11 英国	98	11 丹麦	103	11 冰岛	104
12 比利时	95	12 比利时	102	11 法国	104
12 德国	95	12 意大利	102	13 意大利	102
14 奥地利	91	14 芬兰	101	14 芬兰	101
15 意大利	89	15 德国	100	15 澳大利亚	99
15 挪威	89	15 荷兰	100	16 瑞典	95
17 芬兰	86	15 澳大利亚	100	16 英国	95
18 日本	85	18 英国	99	18 芬兰	89
19 冰岛	83	19 新西兰	84	19 新西兰	87
20 西班牙	67	20 西班牙	74	20 爱尔兰	85
21 爱尔兰	56	21 爱尔兰	70	21 西班牙	74
22 希腊	53	22 葡萄牙	59	22 葡萄牙	67
23 葡萄牙	47	23 希腊	57	23 希腊	61
24 墨西哥	37	24 墨西哥	32	24 墨西哥	35
25 土耳其	28	25 土耳其	29	25 土耳其	29

资料来源：Assar Lindbeck, "The Swedish Experiment", *Journal of Economic Literature*, Vol. xxxv (September 1997), p. 1285, Table 2。

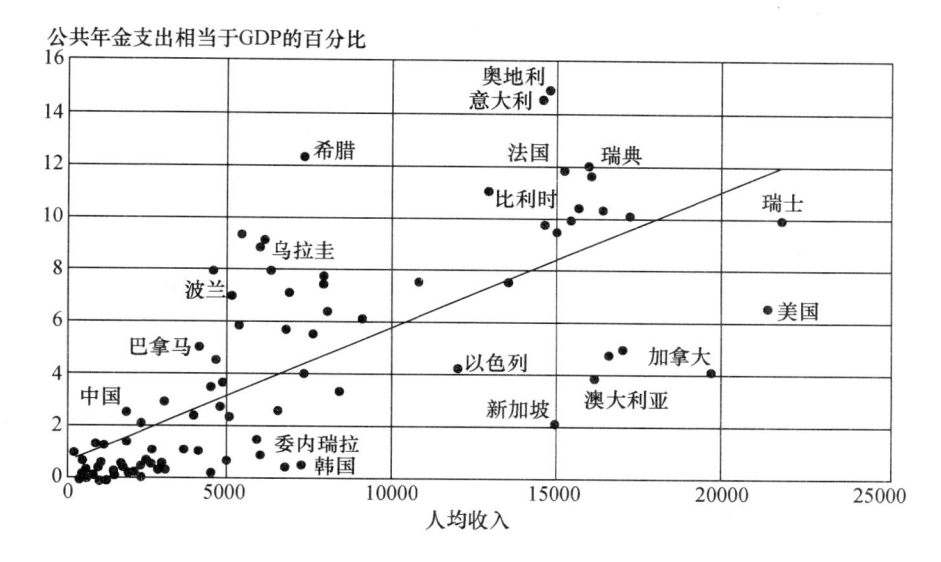

附图 1　人均收入和公共养老金支出之间的关系（公共养老金开支占 GDP 的百分比）

注：由于空间有限，未标明所有的数据点，$R^2 = 0.55$，$PS/GDP = 0.66708 + 0.000519 \times YCAP90$，样本包括 1986—1992 年 92 个国家的情况。

数据来源：Putacios 199 世界银行（1992d）。

资料来源：世界银行：《防止老龄危机——保护老年人及促进增长的政策》（1994），中国财政经济出版社 1996 年版，第 27 页。

附表 4　中国农村人均收入及其构成

人均收入及其构成	1995 年 数量（元/年）	1995 年 比例（%）	1988 年 比例（%）
总计	2308.63	100.00	100.00
其中：			
1. 个人工资等	516.78	22.38	8.73
2. 企业经营收入	139.89	6.06	2.40
3. 农业纯收入	1072.15	46.44	74.21
4. 非农业经营纯收入	224.08	9.71	
5. 财产收入	9.98	0.43	0.17
6. 自有房屋估算租金价值	267.93	11.61	9.67
7. 从国家和集体得到的净转移收入	-10.99	-0.48	-1.90
8. 其他收入（个人转移收入等）	88.81	3.85	6.71

资料来源：赵人伟、李实、李思勤主编：《中国居民收入分配再研究》，中国财政经济出版社 1999 年版，第 79 页，表 2-2。

附表5　　　　　　　　　　中国城镇人均收入及其构成

人均收入及其构成	1995年 数量（元/年）	1995年 比例（%）	1988年 比例（%）
总计	5706.19	100.00	100.00
其中：			
1. 工作成员的现金收入	3497.77	61.30	44.42
2. 离退休人员收入	667.14	11.69	6.83
3. 个体或私营企业主收入	30.23	0.53	0.74
4. 财产收入	72.28	1.27	0.49
5. 房屋实物补贴	555.66	9.74	18.14
6. 其他净补贴收入	71.12	1.25	20.94
7. 自有房屋估算租金价值	650.12	11.39	3.90
8. 其他收入	161.87	2.84	4.53

资料来源：赵人伟、李实、李思勤主编：《中国居民收入分配再研究》，中国财政经济出版社1999年版，第82页，表2-3。

附表6　　　　　　　　　　中国城市地区收入（1995年）

单位：元/人

收入构成	合计	底层10%	10%—30%	30%—50%	50%—70%	70%—90%	顶层10%
用于开支的收入	4612	1777	2733	3592	4572	6153	10250
实物性收入	3304	2076	2803	3284	3629	4030	3882
其中：							
住房补贴	1960	1182	1705	2047	2267	2353	1906
养老金补贴	595	233	380	495	603	853	1222
医疗补贴	306	226	264	295	325	366	367
教育补贴	252	289	269	255	238	255	185
交通补贴	14	14	14	14	14	14	14
物价补贴	59	59	59	59	59	59	59
其他实物收入	87	69	83	88	91	95	95
其他福利性补贴	31	24	29	31	32	35	34

资料来源：世界银行：《共享增长的收入：中国收入分配问题研究》，中国财政经济出版社1998年版，第17页，表2-2。

附表7　　　　　　中国城市地区的实物收入（1990年和1995年）

单位：元/人

年份	实物收入占住户调查收入的百分比	家户百分位数，按人均收入排列					
		底层10%	10%—30%	30%—50%	50%—70%	70%—90%	顶层10%
1990	77.7%	137.5	106.3	90.5	79.4	67.1	49.8
1995	71.6%	116.8	102.6	91.4	79.4	65.5	37.8

资料来源：世界银行：《共享增长的收入：中国收入分配问题研究》，中国财政经济出版社1998年版，第17页，表2-3。

参考文献

《德国概况》，莎西埃德出版社1995年版。

《马丁·费尔德斯坦的建议书》，王梦奎主编：《中国社会保障体制改革》，中国发展出版社2001年版。

陈佳贵等：《中国城市社会保障的改革》，阿登纳基金会系列丛书第11辑。

陈平：《建立中国统一的社会保障体系是自损国际竞争力的短视国策》，《北京大学中国经济研究中心简报》2002年第14期。

陈清泰：《我们要建立什么样的社会保障制度》，王梦奎主编：《中国社会保障体制改革》，中国发展出版社2001年版。

郭树清：《养老基金的筹集与隐性债务的补偿》，王梦奎主编：《中国社会保障体制改革》，中国发展出版社2001年版。

和春雷：《中国传统社会保险的检讨》，陈佳贵等：《中国城市社会保障的改革》，阿登纳基金会系列丛书第11辑。

和春雷主编：《社会保障制度的国际比较》，法律出版社2001年版。

黄范章：《瑞典福利国家的实践与理论——"瑞典病"研究》，上海人民出版社1987年版。

贾康、杨良初：《可持续养老保险体制的财政条件》，《管理世界》2001年第3期。

劳动与社会保障研究所：《中国社会保障体系研究报告》，王梦奎主编：《中国社会保障体制改革》，中国发展出版社2001年版。

李珍：《与其"明债暗偿"，不如"明债明偿"》，《中国社会保障》2000年第5期。

李善同等：《加入世界贸易组织对中国经济的影响》，载余永定等主编《中国入世研究报告：进入WTO的中国产业》，社会科学文献出版社2000年版。

刘福垣：《建立全社会统一的社会保障体制》，中国人民大学复印报刊资料，《社会保障制度》2003 年第 1 期。

上海市社会保险科学研究所：《中国社会保障体系改革研究》，1999 年。

世界银行（1994）：《防止老龄危机：保护老年人及促进经济增长的政策》，中国财政经济出版社 1996 年版。

世界银行：《2020 年的中国：新世纪的发展挑战》，中国财政经济出版社 1997 年版。

宋晓梧：《适应全面建设小康社会的需要，完善社会保障体系》，王梦奎主编：《回顾和前瞻——走向市场经济的中国》，中国经济出版社 2003 年版。

王梦奎主编：《中国社会保障体制改革》，中国发展出版社 2001 年版。

王延中：《中国社会保险基金模式的偏差及其矫正》，《经济研究》2001 年第 2 期。

亚诺什·科尔奈：《后社会主义国家的福利部门改革：规范方法》，1997 年。

亚诺什·科尔奈等：《转轨中的福利、选择和一致性——东欧国家卫生部门改革》，中信出版社 2003 年版。

约瑟夫·斯蒂格利茨：《经济学》第二版上册，中国人民大学出版社 2000 年版。

张金昌：《中国农村养老保障制度报告》，陈佳贵主编：《中国社会保障发展报告》，社会科学文献出版社 2001 年版。

周 弘：《福利国家向何处去》，《中国社会科学》2001 年第 3 期。

周小川：《社会保障与企业盈利能力》，《社会经济体制比较》2000 年第 6 期。

孔泾源：《隐性养老金债务及其偿还问题》，王梦奎主编：《中国社会保障体制改革》，中国发展出版社 2001 年版。

左学金、周海旺：《养老保险引入个人账户后的社会负债问题：上海实例》，《中国社会保险》1996 年第 3—5 期。

Assar Lindbeck, "The Swedish Experiment", *Journal of Economic Literature*, Vol. XXXV (September 1997).

G. Esping-Anderson (ed.), *Welfare States in Transition: National Adaptations in Global Economies*, SAGE Publications, London, 1996.

Richard B. Freeman (ed.), *The Welfare State in Transition: Reforming the Swedish Model*, The University of Chicago Press, Chicago and London, 1997.

Sherwin Rosen, *Public Employment, Taxes, and the Welfare State in Swiden*, Richard B. Freeman (ed.), *The Welfare State in Transition: Reforming the Swedish Model*, The University of Chicago Press, Chicago and London, 1997.

（原载赵人伟、赖德胜、魏众主编《中国的经济转型和社会保障改革》，北京师范大学出版社 2006 年版）

对东欧国家卫生部门改革的有益探索

——读科尔奈等著《转轨中的福利、选择和一致性》一书

由亚诺什·科尔奈（Janos Kornai）教授和翁笙和（Karen Eggleston）教授合著的《转轨中的福利、选择和一致性——东欧国家卫生部门改革》一书中文版已于 2003 年 5 月由中信出版社出版。[①]科尔奈教授是我国读者非常熟悉的经济学家，曾长期担任美国哈佛大学经济学教授，并任匈牙利布达佩斯高级研究所终身研究员，还是世界经济学会现任会长，是研究东欧经济体制改革或转型方面的著名专家。翁笙和教授在美国 Tufts 大学经济系讲授卫生经济学，是美国哈佛大学肯尼迪政府学院研究员，医疗保健经济学家。

本书以东欧十个国家卫生部门的改革为研究对象，而且侧重在制度与结构的改变上。正如作者所说，本书并不直接研究卫生部门的资源是否充分以及这些资源应该如何分配的问题，而是研究"什么样的经济和政治制度应该管理其卫生部门的资源配置"；"本书的主题将是决定卫生部门分配的政治经济体制，而不是分配决策本身"。

全书分为两大部分：第一部分论述改革的出发点，包括改革的指导原则、卫生部门特有的属性、国际经验和东欧一般性的初始环境等；第二部分讨论推进改革的指导方针和各种政策建议，特别是讨论第一部分所提的原则在改革实践中如何具体运用以及实践和原则之间、各原则之间的冲突问题。

---

① 此书原文为英文：*Welfare, Choice, and Solidarity in Transition—Reforming the Health Sector in Eastern Europe*, Cambridge University Press, 2001。

从本书的研究对象、主题和结构来看，这是科尔奈教授以往几十年来研究东欧改革问题的继续和发展。如果说，像《短缺经济学》这样的名著主要是用实证的方法（尽管是理论实证而非经验实证）从总体上研究传统计划经济的运转机制及其弊病的话，那么，本书则是用实证和规范相结合的方法研究一个具体领域如何从计划经济向市场经济转型的问题；如果说，像《短缺经济学》等著作主要是探讨改革的必要性（非该不可）的话，那么，本书则是探讨如何改革的问题，包括改革的原则、方针和目标等。可见，作者研究工作的这种进展是同东欧各国变革的进展相适应的。作者的这一研究，同以往的研究一脉相承，不但以东欧各国的实践为背景，而且具有强烈的前瞻性。

在这篇简短的书评里，我不准备对本书的内容作平铺直叙式的介绍，而仅就其中我认为具有特色的地方，特别是对中国的改革具有借鉴意义的地方作一番评介。

本书最为令人注目的是有关改革的一般原则的论述。作者在书中提出了以下九条原则：

原则1（个人自主权）：要推进的变革必须增加个人在福利事务中的决策范围，减少政府的决策范围。

原则2（一致性）：帮助受苦的人、困境中的人和处于劣势地位的人。

原则3（竞争性）：不应该存在国家所有和控制的垄断，允许在不同的所有制形式和协调机制之间存在竞争。

原则4（对效率的激励）：必须建立鼓励效率的所有制和控制形式。

原则5（政府的新角色）：政府在福利部门的主要功能必须是提供法律框架，监管非国有机构，并提供最后的救助与保险。政府有责任保证每一个公民享有获得基本教育和医疗保障的权利。

原则6（透明性）：居民必须明确国家提供的福利服务与为此进行融资的税负之间的联系。改革必须先通过公开的、公众知晓的讨论然后再行实施。政治家和政治党派必须宣布其福利部门政策是什么以及如何进行融资。

原则7（方案的时间要求）：必须留出时间，让福利部门的新机构得到发展，让公众学会适应。

原则8（和谐增长）：在用于直接促进快速增长的投资资源与用于经营和发展福利部门的资源之间保持和谐的比例。

原则9（持续地提供资金）：国家预算必须有能力为履行国家义务而持续地提供资金。

正如作者所说，尽管本书讨论的是卫生部门改革，但书中所阐述的上述原则却可以扩展到卫生部门范围以外，即可以应用到"其他福利部门，如养老金制度、社会救助和失业补贴系统"。用我们熟悉的语言来说，就是书中所阐述的原则适用于整个社会保障体系的改革，包括养老、医疗、失业和社会救助等各个方面。

作者还指出，虽然他们都是经济学家，但上述原则并不都是经济学原则；作为出发点的原则1和原则2倒是伦理道德原则，随后讨论的才是经济学原则。作者把上述9条原则分为三类：1、2属于伦理道德方面的原则；3、4、5、6、7属于制度和协调机制方面的原则；8、9属于资源（包括实际资源及其财务方面）的合理配置方面的原则。

应该指出，本书并没有简单罗列原则就算了事。作者极力从理论和实际相结合的高度把这些原则的阐述和应用贯穿于全书之中。作者不但对各个原则之间的一般关系进行了深入的分析，而且对改革实践中应用这些原则的困难（实践同原则之间的矛盾和冲突）也作了具体的探讨。

关于各原则之间的一般关系，最有代表性的是原则1、2之间的关系和原则1、5之间的关系。就原则1和原则2的关系来说，可以说它们是一个问题的两个方面。原则1要求在福利事务的决策中增加个人作用和减少政府作用，这是符合改革过度集中的管理体制的精神的。然而，尊重个人的自主权和增加个人的作用并不是要放弃人们之间的相互关怀和否定共同利益的存在。由于东西方文化背景的差异，作者对原则2的简单表述（一致性原则）中国人不容易理解。"一致性"的原文为"Solidarity"，它的基本含义为"团结一致"，具体来说，是"因共同具有的利益、感情、行动和同情心而产生的团结和一致"[①]。这样一种精神，是不能因为改革而放弃的。可以说，正是因为有这样一种精神，人们才有建立社会保障体系的要求。

---

① 《牛津高阶英汉双解词典》第四版，商务印书馆1997年版，第1446页。

因此，作者有时把一致性原则解释成"社会的集体利他主义"。在对一致性原则进行阐述时还写道："这种共同的感情来自于人类普遍的美好愿望，一种同事和同社区的感觉和一种与生俱来的利他主义感觉，无须基于任何特定的知识传统或者世界观。"可见，处理好原则1同原则2的关系，实际上就是在社会保障领域处理好个人和社会的关系。与此相似的是原则1同原则5的关系。原则5要求改革中转换政府的角色，即政府应该从对社会保障事务的大包大揽中解脱出来，把主要的功能放在提供法律框架和对基本保障（包括基本医疗和基本教育等）承担责任上面。如果说原则1同原则2的关系是个人自主权和社会关怀之间的关系的话，那么，原则1同原则5的关系就是个人责任和政府责任之间的关系了。可见，作者在强调个人自主权和个人责任的同时，并没有走向极端——并没有走向自由放任主义。

关于改革实践中所发生的同各原则之间的矛盾和冲突，这里只能举几个简单的实例。一个突出的实例是医疗保健服务"供应方"的权力和垄断。所谓供应方，指的是提供这种服务的组织和人，具体来说就是医疗单位和医生。作者指出："制造出垄断的组织制度，或者导致近似于垄断局面出现的组织制度在卫生部门的供应方是非常普遍的。"这种供应方的垄断局面往往使病人处在被动的地位。显然，这种局面不仅同原则1（个人作为消费者的自主权）相冲突，而且同原则3（竞争性）相冲突，而这种局面则只能随着改革的推进才能逐步改变。另一个实例是"逆向选择"和"风险选择"所带来的问题。就消费者一方来说，那些被认为比较健康的人往往不愿意购买他们需要的保险；而那些被认为健康状况不佳的人则往往被迫支付很高的保险费率。作者指出，这种"逆向选择"如果使得许多人无法购买保险的话，那么我们就有理由认为它违背了消费者主权和团结一致的道德原则（原则1和原则2）。就保险商和医疗单位来说，他们往往只愿意为那些低风险的消费者提供服务，而排除乃至拒绝为那些高风险、高成本的消费者提供服务。作者指出，这种"风险选择"显然也同原则1和原则2发生严重的冲突。还有一个实例是"共同支付"所带来的问题。在医疗保险制度的改革中，为了防止过度消费或浪费医疗资源，许多国家采用了共同支付的办法，即让消费者（需求方）分担部分费用的办法。共同支付可以防止过度使用医疗服务、减少浪费、缓解短缺，这在经济学上是不言自明的道理；而且这也符合原则4鼓励提高效率的要求。但共同支付也有负面效应，特别是会成为低收入者的一种负担；同时会同原则2、8、9发生冲突。因为，原则8和原则9实际上都要求基本医疗保健服务完全可以通过健康税或强制性缴费来提供资金，不要求共同支付。因此，作者认为，"共同支付是对疾病的一种税收，它削弱了通过广泛基础的税收向基本医疗保健服务提供资金的再分配效果"，"有理由设置相对低的共同支付水平，以减小其负面效应"。

本书的一大特色是有广阔的国际视野。虽然本书是以东欧卫生部门的改革作为研究对象的，但国际经验的比较却贯穿于全书之中，并且专辟一章（第四章）讨论国际经验。

作者在研究了OECD国家卫生部门的经济机制以后提出了这样一个重要观点，即传统做法或起始状态对后续发展起着重要的制约作用。"一旦一个国家采取了某种路径，就很难偏离它。不是不可能改变方向，而是以前的条件经常限制了下一步的发展。德国或法国很难放弃普惠性社会保险的意识，而美国却很难引入这种概念。"我认为，作者指出的这种在改革和发展中所出现的"路径依赖"现象是非常值得重视的；这同我们在研究收入分配改革中所发现的"政策惯性"现象颇有相似之处[①]。

在对医疗保健体制的多样性进行研究的基础上，作者归纳出六种模式。每种模式都有自己的特征，而且都有一个国家作为代表。由于篇幅的限制，我们不可能对每一种模式的特征一一加以介绍，而只能非常概括地列举如下：（1）国家健康服务模式：英国模式；（2）国家健康保险模式：加拿大模式；（3）社会保险模式：德国模式；（4）自愿保险模式：美国模式；（5）医疗储蓄账户模式：新加坡模式；（6）医疗服务的公共提供模式：苏联模式。

作者还指出，尽管各国的改革都会继续显示各自的特点，但发达的欧洲国家总体上可能会逐步接近一种混合的、多支柱的机制。这种机制有如下三个共同点：（1）公有制不但没有占垄断地位，而且其比重在下降；（2）在保健系统的资金来源中，公共筹资仍然保持优势，但远不是独占的；（3）越

[①] 赵人伟、李实：《中国居民收入差距的扩大及其原因》，《经济研究》1997年第9期。

来越重视支付方面的激励在协调消费者同提供者之间的利益关系中的作用。

本书在总结东欧十国乃至世界上更多国家卫生部门改革基础上，提出了一系列经验，这些经验在不同程度上都值得我们学习和借鉴。在这里，我仅仅根据自己的阅读体会，从这些经验中概括出以下几条供读者讨论。

1. 在改革设计中如何接近帕累托最优？

人们常说改革是经济利益关系的调整，在医疗体系的改革中也是如此。作者指出，"最好能设计一种帕累托最优的改革，每一个人都不是失败者，而且很多人都是赢家。我们不能保证这种情况一定会出现，但是本书中推荐的改革计划长远来看是会接近此目标的"。作者认为，实现这一目标的难点之一是：一些改革的有利后果同改革的措施相比往往会滞后出现。例如，改革从总体上来说将使原来被压低了的医生收入大大提高。但是，改革之初往往会使医生的灰色收入（小费等）减少。因此，改革设计者应该让医生放心，在小费收入消除后他们的总收入会稳步上升，而且，改革将使医生同病人之间的关系变得更加透明和干净。与此相对应的是：有的病人也担心，原来通过付小费等途径建立起来的人际关系会被改革所破坏。改革的设计者也应该让病人放心，在新的所有制和组织结构形式下所建立起来的人际关系会变得更加简单和愉快。

2. 在改革中如何实现适度再分配？

社会保障体系的建立和改革都离不开如何发挥政府的再分配功能的问题。从本书对各个原则问题的阐述和对许多实际问题的探讨中我们可以看到：作者既反对政府再分配功能的过度，又反对政府再分配功能的不足。贯穿全书的是一种适度再分配的思想。

作者认为，他们并不赞同拒绝任何形式再分配的自由哲学思想，这种思想认为任何形式的再分配都会侵犯个人的自主权。他们主张原则1和原则2应该很好地结合起来，而原则2本身是要求有再分配机制的。就基本医疗保健服务领域来说，再分配的必要性至少是基于以下原因：第一，有一些人患有先天性疾病或易患某种疾病从而处于劣势地位，而另一些人则比较幸运，在这两群人之间进行利益的再分配是有利于团结一致的；第二，处于不同年龄段的人对医疗保健的需求是不同的。为了保证所有的人不论年龄大小都能获得基本医疗保健服务，也必须进行再分配；第三，不同群体的人们由于特定的遗传禀赋、自然衰老过程的不同其开支也必然不同，也需要通过再分配机制来调整他们之间的利益关系。作者还认为，在一种特定的情况下，除了运用一次再分配机制以外，还可以运用二次再分配机制。例如，当人们按收入而非按所获得的医疗保险服务支付强制性保险费的时候，发生了医疗保险的第一次再分配。而当人们为某种短缺的服务支付更高的费用的时候，就发生了医疗保险的第二次再分配，这是类似于消费税的一种附加的二次再分配税。

但是，作者也反对过度的再分配而影响效率。根据作者对匈牙利、捷克和波兰的调查，公众一般并不支持通过提高税收、强化再分配机制来获得更多医疗服务的途径；相反，有较多的人宁愿以减少福利开支为代价也希望减少税收。作者认为，他们不对市场存在幻想，不抛弃所有的国家干预，而是支持有限的国家再分配。

3. 医疗改革中为什么要区分基本医疗保健服务和辅助医疗保健服务？

本书以较大篇幅反复讨论了医疗改革中区分基本医疗保健服务和辅助医疗保健服务问题（以下简称基本服务和辅助服务）。作者认为，所有的居民都应该获得基本服务，这一权利必须写进法律，国家还应该从经济上和组织上确保对这一法定的承诺予以支持。人们应该普遍而平等地获得这些基本的利益，这是上述原则2的要求；基本服务的水平应该同国家经济发展的水平相适应，国家还应该有能力为这种基本服务持续地提供资金，这些是上述原则8和原则9的要求。基本服务的资金来源主要是公共财政，即公民纳税和向公民强制性征收的保险金。与此相对照的是辅助服务，这种服务是不能普遍而平等地获得的，其资金来源为私人资金，包括个人的直接付款和自愿购买的保险金。愿意付费的人可以获得基本服务以外的辅助服务。因此，辅助服务在社会成员之间的分配是不平衡的。这取决于个人或家庭的收入水平和他们的消费偏好，即他们愿意牺牲多少其他支出来满足医疗保健方面的支出。

除了论证了区分基本服务和辅助服务的必要性以外，作者还进一步讨论了对两者如何区分的问题。确定这两种服务之间的界限，既是一个政治问题，又是一个技术问题。从政治上讲，基本服务开支的上限是可行的宏观预算。从技术上讲，则是对基本服务收益组合作出限定的问题。作者介绍了许多限定基本服务的方法和确定辅助服务范围的方法。在这里不可能对这些方法作一一的介绍，不过其中的一种排除法应该是简便易行的，例如，作者指出，许多国家都把牙齿和视力的护理、定期体检和预防接种、人工授精等排除在基本服务收益组合之外。

4. 医疗改革中如何控制需求的不断增长和如何确定需求约束硬化的目标？

医疗改革中的一大难题是如何控制需求，换言之，是如何使需求约束硬化和预算约束硬化。作者认为，以往的经验表明，完全不控制需求和为了节约开支而牺牲服务质量都是不可行的。为了解决这一问题，可以设想有两种纯粹的或极端的办法：一种是纯粹的计划经济的办法，其结果是导致常规服务的短缺、医疗标准的落后、排队、特权、腐败等。另一种是将保健服务完全置于市场机制之中，其结果是使许多人无法享受医疗服务。因此，在经济发达和政治民主的社会中，人们都在寻求一种"混合"的方式来避免上述两种纯粹方式的弊端。于是，完全硬化需求约束的目标因为道德的原因而被放弃了。据此，作者的建议是"一个温和的目标，即需求约束适度硬化"。作者还认为，要实现这样一个温和的目标，必须让基本服务的所有参与者（政府、医院、医生、病人等）都感到支付能力的约束；还应该鼓励私有部门的发展，因为，私立医院、私人医生、私有保险商更加倾向于硬化需求约束和更加反对无法满足的需求。我认为，作者所说的"适度硬化"的目标从理论上来说无疑是正确的，但操作起来仍然是非常困难的。正因为如此，作者有时也说，"对保健服务的需求约束的硬化而言，没有完全的解决办法，并且永远不会有"。

最后，我想从"转轨"或"转型"角度对借鉴本书的经验时所可能产生的局限性提出一点看法。本书从标题到内容都提到转型问题。在国内外的文献中，"转型"一词最为普通的含义是指从计划经济向市场经济的转型，我们常常称为体制转型。我想，本书标题中所说的转型，指的就是体制转型。但是，对发展中国家来说，还有一个从工农和城乡差距较大的二元经济向现代经济转型的过程，这个过程常常被我们称为发展转型。再从社会保障体系的改革来说，近二十年来，西方许多发达的福利国家都在不同程度上改变其保障过度的福利制度，这种改革也往往被称为福利国家的转型。因此，当人们遇到"转型"一词时，必然要弄清是哪种意义上的转型。西方发达的福利国家的转型仅仅是福利制度本身的改革，不存在上面所说的体制转型和发展转型的问题。本书研究的是东欧各国，这些国家的大背景是处在体制转型之中，具体的研究领域是卫生部门乃至整个福利部门的改革或转型，但这些国家基本上不存在二元经济结构和发展转型的问题。对当前的中国来说，既存在着体制转型和发展转型的问题，又存在着社会保障体系的改革或转型的问题。因此，借鉴本书所提供的经验时，必须结合中国的实际。如前所述，本书具有广阔的国际视野，但在比较世界各国的经验时，仍以OECD等发达国家为主，基本上没有涉及发展中国家的经验。无论是OECD国家，还是东欧国家，都不存在二元经济结构，他们的社会保障体系，包括医疗保障体系，都是城乡一体化的，换言之，是全国统一的，而不是城乡分割的。我本人于2002年在匈牙利的访问中就得知，匈牙利在20世纪70年代中就开始实行全国统一的社会保障制度。可见，我们在学习原则2和原则5的经验时，特别是在具体应用时，绝不能盲目照搬，而必须结合中国的实际。当然，如果本书的作者能在现有的基础上扩大研究领域，进一步研究发展中国家社会保障体制的改革，特别是像中国这样面临着多重转型任务国家社会保障体制的改革，必将对人类社会所面临的这一共同的、重大的、千差万别的问题作出进一步的贡献。

（原载《比较》第七辑，中信出版社版2003年版）

对我国农村医疗改革的十年探索

——读《减轻经济全球化中的健康脆弱性：中国农村案例研究》

一 重要的主题

《减轻经济全球化中的健康脆弱性：中国农村案例研究》一书已由经济管理出版社于2008年1月出版。本书是中国社会科学院经济研究所农村基本健康保障课题组长期积累的成果，也是卫生部"加强中国农村贫困地区基本卫生服务项目"（世界银行在华贷款卫生Ⅷ项目）中的评估部分①的成果，并且是中国社会科学院"全球化与卫生扶贫"课题的研究成果。可见本书是多课题研究的综合性成果。十一位研究人员，用了将近十年的时间，完成了这样一部大约65万字的著作，堪称"十年磨一剑"。课题组的负责人是朱玲，本书的执行主编是魏众和朱玲。

尽管研究持续时间很长，涉及面也很广，但本书所反映出来的课题研究始终围绕着一个主题，即我国农村的基本健康保障（或基本医疗保障，下同）问题。农村的健康保障体系由农村公共卫生服务、新型合作医疗制度和农村特困人口医疗救助制度三部分组成，三者相辅相成，构成农村的健康保障安全网。这三个部分的优先顺序，则取决于社会经济发展水平和地方政府的能力。在地方政府的财政和行政能力都很薄弱的欠发达地区，强化公共卫生服务和医疗救助制度，对于减轻农民家庭，尤其是贫困农户

---

① 评估部分称为"对农村特困群体实施医疗救助"，即 Medical Financial Assistance，简称 MFA 项目。

的健康脆弱性，是最具可行性的选择。正如本书导言所说的，"本课题组主要从考察农村人口特别是贫困人口健康脆弱性的角度，研究医疗保险和医疗救助项目对个人就医行为和农户家计的影响。目的在于，评估这些制度的实施效果，为改善现有的扶贫和社会保障政策提供参考"。作者还指出，卫生事业中公共投资的中的重点必须置于面向大众的基层卫生服务，而非精英医疗保健。可见，本课题的主旨是要改善我国农村居民，特别是其中特困人口的健康状况和医疗保障。

这样的主题选择首先符合我国进一步深化改革的大方向。我国改革开放事业已经持续了30年，但社会保障体制改革中的医疗保障改革问题，特别是农村的医疗保障改革问题，仍然是一个极其薄弱的环节。看病难、看病贵的问题，因贫致病和因病致贫的恶性循环问题，长期以来困扰着广大的城乡居民，特别是农村居民。如何通过医疗体制的改革来缓解和解决这些问题，引起了全国上下的关注。综观国内外的经验，在很多发达国家，国民医疗保险和医疗救助体系已经运行了数十年；但在绝大多数发展中国家，医疗保险仅仅局限于获得正式工作的雇员，而医疗救助制度几乎都未建立。与大多数其他发展中国家不同的是，中国在20世纪60年代曾经建立起一个初级的农村医疗保障体系，并在70年代得到世界卫生组织的表扬。尽管对于当年那个初级医疗保障体系建立和后来变得衰落的原因仍然众说纷纭，但是，如何向新型的合作医疗制度和医疗救助制度过渡（详后），则是摆在我们面前的迫切任务。正如2002年《中共中央、国务院关于进一步加强农村卫生工作的决定》指出的："到2010年，在全国农村基本建立起适应社会主义市场经济体系要求和农村经济社会发展水平的农村卫生服务体系和农村合作医疗制度。主要包括：建立基本设施齐全的农村卫生服务网络，建立具有较高专业素质的农村卫生服务队伍，建立精干高效的农村卫生管理体制，建立以大病统筹为主的新型合作医疗制度和医疗救助制度，使农民人人享有初级卫生保健，主要健康指标达到发展中国家的先进水平。"显然，本课题的研究方向同中央的上述改革方向是完全吻合的。

其次，这样的主题选择也符合以人为本的理念和构建和谐社会的要求。应该指出，我国现有医疗资源及其分配，既有患寡的问题又有患不均的问题。我国医疗资源的分配不公，特别是在城乡之间的分配不公，早已成为社会关注的一个焦点。正如本课题的研究所指出的,"有限的医疗卫生公共支出不成比例地集中到了城市尤其是大中型城市,农村地区和农民基本与这一公共补贴无缘"。"占全国人口70%的农村居民花费的卫生费用不到全国卫生费用的1/4。"这种分配不公,在收入分配和再分配的专题研究领域常常被人们称为"逆向再分配"。应该说,这样一种分配不公的格局,既有计划经济时代城乡分割的体制所造成的后果,又有经济改革三十年来沿用原有体制较多、突破原有体制不足所带来的后果。尽管进入21世纪以来这种局面已经有所改变,但离根本性的改变还有很大差距。然而,只有实现了根本性的改变,才能符合以人为本的理念和构建和谐社会的要求。从这一角度来看,本课题的全部工作都是围绕着这样一种理念和要求而展开的。

二　宽阔的视野

本课题所考察的是农村居民的医疗保障问题,特别是其中的新型合作医疗制度和医疗救助问题。应该说,这些问题都是比较具体的。不过,本课题研究和考察的视野则是颇为宽阔的。用宽阔的视野来考察具体问题,通俗地说,就是大处着眼,小处着手,我认为是很值得提倡的一种研究途径。从本书的内容来看,广阔的视野可以归纳为三个背景,即经济全球化背景、经济转型背景和学术背景(或理论和方法背景)。下面,我想从这三个背景来看本书的广阔视野。

(一) 经济全球化背景

如上所说,本书是中国社会科学院"全球化与卫生扶贫"项目的一项研究成果,而且,本书的标题就是《减轻经济全球化中的健康脆弱性》,因此,经济全球化作为本书的背景是理所当然的事情。本书以经济全球化作为切入点,通过一个个中间环节,最后落实到我国农村的医疗保障问题。这些中间环节实际上就是经济全球化同农村医疗保障之间的桥梁。在这些中间环节或桥梁中,我认为,以下几个问题的论述是颇有启发的。

一是经济全球化对人类健康的影响。作者指出,经济全球化对人类的健康既有负面的影响,也有正面的影响。随着国际贸易规模的扩大和旅游业的繁荣,人员和货物在国家间的流转以前所未有的强度提高,传染性疾病在世界范围内的传播速度因而快得惊人,2003年发生的SARS疫病和目前仍在蔓延的HIV/AIDS都是典型的事例——这是属于负面的影响。另外,与生物技术、基因技术和高新技术革命相联系的健康产业创新层出不穷。这些创新通过各种渠道从发达国家向发展中国家扩散,使得发展中国家的居民也能分享健康维护的最新科技成果——这是属于正面的影响。

二是健康同经济发展或增长的关系。作者不仅论述了健康和发展的一般关系,即人的健康既是发展的一个目标,又是发展的一个重要条件——这无疑是以人为本的科学发展观的一个重要内涵;而且还进一步用省级面板数据分析了健康对中国经济增长的具体影响——包括这种影响的显著性和在不同时期的差异性。

三是经济全球化带来的健康风险和健康福利的不均等性。作者指出,经济全球化带来的健康风险和健康福利在不同国家和社会群体中的分布是不均等的。发展中国家的穷人居于最不利的地位:他们不得不分担经济全球化增大了的健康风险,却难以与其他社会阶层同等分享健康产业创新带来的福利。

(二)经济转型背景

社会保障体制的改革,包括农村医疗体制的改革,按照国际上通行的表述,可以概称为福利制度的转型。这种福利制度的转型可以说是近二十年来席卷全球的热门话题。然而,同发达的市场经济国家福利制度的转型相比,甚至同苏联和东欧国家福利制度的转型相比,我国福利制度的转型最为复杂。因为,我国福利制度的转型是以整个经济转型为背景的。我国现阶段的经济转型又可以分为两个方面,即从计划经济向市场经济的转型和从二元经济向现代经济的转型;我们常常把前者简称为体制转型,把后者简称为发展转型。放到这样一个背景中去考察,我国现阶段实际上存在着三种转型,即体制转型、发展转型和福利制度转型;而东欧国家已经实现了工业化,不存在二元经济结构,从而没有发展转型问题,但却存在着体制转型和福利制度转型;发达的市场经济国家则既没有发展转型问题,又没有体制转型问题,只存在着福利制度的转型。

本书许多篇章反复论述的我国医疗体制改革中所遇到的问题，许多是同我国福利制度转型的复杂性相联系的。例如，我国医疗资源分配不公的问题，特别是在城乡之间分配不公的问题，医疗资源供给和需求中的"过度"和"不足"并存的问题，就是在二元经济结构和制度性分割的复杂背景下产生的。又如，我国医疗服务价格和药品价格的扭曲问题，医疗部门的行政性垄断问题，都是同经济体制转型尚未到位有密切的关系。

本书对农村医疗体制改革的许多探索，例如关于我国农村新型合作医疗制度的设计和推进，关于新型合作医疗制度和医疗救助制度的相互衔接和配合运用等（详后），实际上也离不开经济转型这个大背景。作者指出，在欠发达的地区，应该先建立医疗救助制度，然后逐步向合作医疗制度推进。在我看来，这种循序渐进的指导思想和决策建议，实际上也来自对我国经济转型的复杂性的认知。

（三）学术背景（或理论和方法背景）

参加本课题研究和本书写作的都是中青年学者，其中青年学者占的比重很大。他们都是在改革开放年代成长起来的，经历过比较系统的相关专业知识和技能的训练。从本书的内容看，这些作者在不同程度上具备理论经济学、卫生经济学、计量经济学的专业知识，可见，本课题的研究具有较好的学术背景或理论和方法背景。撇开理论背景不说，就方法而言，我认为本书有两点是特别引人注目的：第一，在经验实证方面做得相当突出。本书的论述都以大量和广泛的抽样调查和典型调查所收集的信息为依据。课题组先后深入到将近 20 个县的乡、镇、村作问卷调查和典型调查。此外，还对许多相关的家庭和个人（主要是医疗制度的受惠者）以及相关机构（主要是卫生行政机构）进行了走访。这些调查和走访，掌握了大量第一手资料，为本书的写作打下了坚实的基础。第二，运用经济计量的方法，对我国农村医疗保障体系中的各种变量之间的关系进行了具体的分析。例如，用线性概率模型（Linear Possibility Model，LPM）来分析患者是否就医的决策，可以发现，无论是医疗救助还是合作医疗都有助于提高患病人群的就诊率，但这个效应不具有统计意义上的显著性。再如，用多元选择的 logit 模型（Multinomial Logit Model，MNL）来分析患者对医疗服务供给者

(医疗机构和就医地点)的选择,可以发现,医疗救助制度显著地促使他们选择乡镇卫生院。这些计量分析,大大有助于对农村医疗制度的前因后果和来龙去脉作比较深入和具体的透视。

三 鲜明的特色(独特的发现)

一项建立在第一手资料基础上的经验研究成果,其好坏主要是看它有没有独特的发现,或是否具有鲜明的特色。在这篇简短的书评里,我不可能把本书的特色和发现一一加以细说,而只能根据自己阅读后的体会,择其要者加以评介。

(一) 关于向农村新型合作医疗制度转型的必然性问题

我国在20世纪六七十年代曾经在农村实行过初级的农村合作医疗保障体系。因此,对转型以前的农村合作医疗体系进行实事求是的评价是向新型合作医疗制度转型的一个前提。本书认为,原有的农村合作医疗体制是建立在经济水平很薄弱的基础之上的,而且同人民公社大队为基础的集体经济制度紧密联系在一起,同赤脚医生制度相结合,从而在那样一个历史条件下发挥了一定的积极作用。在当时,农村劳动力的边际生产率基本为零,农村供养赤脚医生的机会成本也基本为零,将少数农民转为赤脚医生不会使生产大队产生额外的成本。不过,本书同时也认为,不能夸大或过高估计这一体制的实际效果。即使在当年,这一体制的资源共济效果仍然很弱,农村缺医少药情况仍然很严重。加上整个"大锅饭"体制和等级制的约束,原有医疗体系既不能有效地激励赤脚医生的工作积极性,又无法避免干部的特权,常常会出现"干部吃好药,群众吃草药"的不公平现象。随着经济体制改革的推进和经济发展水平的提高,原有农村医疗体系无论从外部条件和内部运行机制来看都难以为继,因此,探索一种新型的医疗合作制度,就成为一种历史的必然。尽管在从计划经济向市场经济过渡的早期,出现了农村原有医疗体系衰落和新型合作医疗体系尚未跟上的脱节现象,这可以说是经济转型过程中的一种阵痛,不过,这种阵痛只能说明加快向新型合作医疗体系过渡的迫切性。

在此基础上，本书还探讨了新型农村合作医疗体系究竟新在哪里。首先，与计划经济时代的合作医疗不同，新型合作医疗以大为提升的经济水平作为后盾，通过中央、地方和个人三级筹资的方式筹集资金，极大地激励了农民参加合作医疗的积极性。到 2005 年年底，全国已有 678 个县的农民参加了新型合作医疗，参合率达到 75.6%。中央还决定进一步提高农村合作医疗筹资中中央和地方政府的筹资比例，并在 2008 年全面推行新型农村合作医疗制度。其次，以县为单位进行管理，不仅资金比较雄厚，而且大大降低了运行的成本。最后，建立相对独立的合作医疗管理机构，使得卫生院逐渐变成纯粹的医疗机构。

与此相关的是，本书还探讨了新型合作医疗体系在应对健康风险冲击方面的积极作用。作者发现，就减轻健康脆弱性和维护家庭经济安全而言，合作医疗对于低收入群体的效用更大。作者还以苏州地区为例，分析了农村新型合作医疗保障体系在应对健康风险冲击方面对于低收入人群有特别重要的意义；尽管低收入群体面临的健康风险是最严重的，但合作医疗体系对这一群体所起的缓解作用也是最大的。

（二）关于农村医疗救助制度对农户经济状况和经济行为的影响

如上所述，除了新型的合作医疗制度以外，医疗救助制度也是我国农村医疗保障制度的重要组成部分。所谓医疗救助，是指政府和社会对贫困人口中因病而无力进行治疗的人实施专项帮助和支持的行为，因此，有时也把医疗救助制度定义为对农村特困人口的医疗救助制度。当然，从更宽的角度来看，医疗救助制度还是整个社会救助制度的重要组成部分。

我认为，本书对农村医疗救助制度的研究中，有关这一制度对农户经济状况和经济行为影响的分析是颇有启发的。

例如，本书根据实施医疗救助的 6 个项目县的住户调查资料，对救助户家庭消费结构的比较分析表明，医疗救助制度的推行对于降低医疗支出与非医疗支出之间的替代性、改善家庭内部成员之间医疗资源分配的不均等性方面具有非常显著的改善作用；具体来说，就是医疗救助制度会减弱家庭医疗支出与其他消费支出之间的替代性，有助于处于弱势地位的家庭成员获得更多的医疗资源。

又如，本书还对医疗救助制度对家庭医疗支出和家庭收入的影响进行了探讨。研究的结果表明，医疗救助制度对于目标人群减少医疗支出的作用并不显著，但无论是否被医疗救助制度所覆盖，大病患者基本上都会前往医疗机构就诊。研究的结果还表明，医疗救助制度并不能使居民获取收入的能力得到有效的恢复。

再如，在医疗救助制度对农户就医行为的影响方面，本书的研究还发现：在中国的中西部贫困地区，医疗救助制度对农户决定是否就医的决策不具有显著作用，但对农户选择医疗机构则有一定的作用。

此外，本书还特别指明了我国医疗救助制度的创新性。作者指出，与合作医疗制度不同，农村特困人口的医疗救助制度在中国还属于一个新生事物。因为，即便是在计划经济时代，也没有专门的医疗救助的制度设计。改革开放以后，随着国际经验的传入，医疗救助制度才被提上日程。在一些国际组织和非政府组织的农村医疗项目（如世界银行的卫生Ⅷ项目）中加入了医疗救助制度。到2002年，《中共中央、国务院关于进一步加强农村卫生工作的决定》则首次将医疗救助制度纳入农村医疗保障制度的框架，从而使这一制度得到了官方的认定。

（三）同农村合作医疗制度有关的各项制度的衔接和配套问题

改革开放以来，经济改革中各项改革措施和各项制度如何配套的问题一直是人们关注的话题。我想，整个经济改革是如此，农村医疗改革也是如此。本书对于同农村医疗改革有关的各项制度的衔接和配套问题进行了颇有现实性和前瞻性的探索。

首先是合作医疗和医疗救助之间的制度衔接问题。我国目前新型合作医疗制度的参合率约为85%，医疗救助制度的覆盖面为5%的特困人口。在现行管理体制下，前者归卫生部门管理，后者归民政部门管理。作者指出，这方面的制度衔接主要应解决以下两个问题：一是提高特困人群免费参合的知晓度，以避免一些已经被医疗救助所覆盖的家庭仍然由自己去缴纳参加合作医疗的费用，而不知晓自己不需要缴纳参合费。二是要使收益群体了解自己应该收益的程度。例如，一般所说的大病二次补助是指合作医疗补助之后由医疗救助所提供的，这就要求两种补助、两种制度之间有很好的衔接。

其次是医疗救助和其他农村社会救助的衔接问题。农村医疗救助既是农村医疗保障的一个组成部分，又是农村整个社会救助制度的一个组成部分。目前正在全国推广的农村最低生活保障制度是总体的社会救助制度，而医疗救助制度则是其中的医疗方面。可见，这两个制度在设计上就有重叠或叠合之处。为了降低管理成本，目前民政部门对医疗救助的管理大多纳入低保管理的范畴。因此，在具体操作上，对于重叠的部分并不需要额外的医疗救助，但对于非重叠的部分则需要给予医疗救助，这也要求两个制度之间有很好的衔接。

再次是合作医疗同商业保险之间的衔接问题。根据课题组的调查，我国广大农村普遍存在着在校学生参加商业保险的情况。因此，对于那些既参加合作医疗又参加商业保险的人来说，在报销的时候就容易发生以下两种情况：一种是不当得利，即既从合作医疗得到补偿，又从保险公司得到补偿，使得两者的补偿之和超过了医疗费用。另一种是补偿不足，即商业保险公司在补偿时要先扣除合作医疗已经补偿的部分，使得参加两份保险的人没有相应地获得较高的收益。据此，作者从两种制度如何衔接的角度提出了相关的决策建议。

（四）看病难和看病贵的体制性根源——医疗体制弊端和价格扭曲问题

这个问题不仅存在于农村，也存在于城市。对于这一问题的解剖，无疑对城乡医疗保障体制的改革具有积极作用。

本书通过对我国现行医疗管治模式的分析，发现我国公立医疗机构除存在着行业所特有的自然垄断地位以外，还拥有政府的管治模式所赋予的行政垄断地位。这种行政垄断地位是双向的：面对众多的医疗生产要素供给方，公立医疗机构处于买方垄断地位，因为它控制着80%以上的终端市场。这里的生产要素既包括医疗专业人员，也包括医疗设备、医用材料，还包括药品。面对这样一个垄断买方，数量众多的医药工商企业根本没有讨价还价的能力。而面对患者，公立医疗机构则处于卖方垄断地位，因为它控制着80%以上的医疗服务供给以及药品零售，尤其是它还控制着公费医疗与医保的报销资格。面对这样一个垄断卖方，患者也根本没有什么讨价还价的能力。作者认为,这种双向的行政垄断,是导致"看病难"和"看病贵"的直接原因。

作者还进一步分析了在现行管治模式下医疗服务价格和药品价格的扭曲问题。总的情况是:技术劳务价格明显偏低、传统设备检查价格偏低、普通药品价格偏低,医院在提供这些服务和药品时无从盈利甚至亏损;而新设备检查价格和新药品价格明显偏高,医院在提供这些服务和药品时可以获得高额的盈利。这种价格扭曲必然导致医疗机构的行为失范,主要表现为严重偏好于提供价高利厚的医疗服务和药品,减少甚至拒绝提供成本低廉的传统医疗服务项目和低价药品。

从上述价格扭曲和行政性垄断的情况来看,体制转型中的价格双轨制所带来的摩擦问题并未根本解决,体制转型中市场功能和政府功能之间的静态失衡和动态失衡问题依然存在。从本书的分析可以看出,解决这些问题确实是任重而道远的事情。但是,本书确实为解决这些问题指明了方向。

四 美中之不足

放到整个改革和发展的进程中去考察,我国农村医疗体制的改革和建设应该说还处在初级阶段;与之相适应的研究工作也仍然处在探索过程之中。在这一探索中取得上述成果确实已经不易。然而,任何探索的成果都会有美中不足之处。我并不是这一领域的专家,只能不揣浅陋,冒昧地对书中的不足之处提出几点个人的看法。

从本书的背景来看,全球化的背景是相当突出的。不过,本书的主题同全球化背景之间的连接还不够紧密。如上所述,我曾经列举了全球化同我国农村医疗保障制度之间的若干中间环节,但是,如何通过这些中间环节落实到农村医疗保障问题上来,似乎还有探索的空间。

本书的另一个背景是经济转型(体制转型和发展转型)。实际上,这一背景同本书主题的联系比全球化更为紧密。不过,这种联系在本书中却散见于各个篇章之中,而缺少总体上的提炼和概括。如果能把各篇章的具体论述同经济转型背景扣得更紧,无疑能加强本书各篇章之间的内在联系。

本书是众多研究人员合作研究的成果,时间跨度很长,内容极其丰富,从而对全书内容的取舍、梳理和提炼提出了很高的要求，对总体上把握全书的结构带来较大的难度。如果能在这方面多下一些功夫，全书就会显得更加浑然一体。当然，瑕不掩瑜，本书的丰富内容仍然是基本的。

（原载《经济研究》2008 年第 10 期）